인문학 개념어 사전

1

논리 · 사상 · 철학

인문학 개념어 사전 1 │ 논리·사상·철학

초판 1쇄 발행 2022년 1월 15일 **초판 2쇄 발행** 2022년 4월 30일

지은이 김승환 **펴낸이** 박성모 **펴낸곳** 소명출판 **출판등록** 제13-522호

주소 서울시 서초구 서초중앙로6길 15, 2층

전화 02-585-7840 **팩스** 02-585-7848

전자우편 somyungbooks@daum.net **홈페이지** www.somyong.co.kr

값 45,000원

ISBN 979-11-5905-652-9 04000

　　　979-11-5905-651-8 (세트)

ⓒ 김승환, 2021

인문학 개념어 사전
1

논리 · 사상 · 철학

Dictionary of the Concept of Humanities
Logic | Thought | Philosophy

김승환 지음

서문

『인문학 개념어 사전Dictionary of the Concept of Humanities』은 2008년부터 2054년까지 46년간 문학, 역사, 철학, 예술, 미학, 문화, 사회, 정신, 감정, 자연, 과학, 종교의 중요한 개념을 서술하고 해석하는 기획이다. 『인문학 개념어 사전』은 여러 영역을 통섭通涉하는 한편 종단縱斷하고 횡단橫斷하지 않으면 전체를 알 수 없다는 반성에서 출발했다. 아울러 학자는 학설과 이론을 정립하는 것도 중요하고, 현장에서 실천하는 것도 의미 있지만, 근본개념과 기본용어를 정확하게 해석하는 것도 중요하다고 생각했다. 하나의 개념을 서술하면서 느낀 점은 어느 것도 쉬운 것이 없고, 아는 만큼 보이고 아는 만큼 들리며, 아는 만큼 쓸 수 있다는 것이다.

글은 한 글자 때문에 뜻이 달라지므로 정확하게 서술하는 것은 무척 어렵다. 어떤 개념을 이해하려면 그 개념의 기원과 본질을 알아야 하고, 그 개념에 내재한 맥락을 이해해야 하며, 사용되는 의미를 파악해야 한다. 한 영역을 잘 안다고 하더라도 여러 영역과의 관계를 알지 못하면 정확한 해석을 할 수 없을 뿐 아니라 함축적인 설명도 할 수 없다. 하나의 개념을 서술하는 것은 무척 어려워서, 한순간도 그 개념에서 떠나지 못했다. 꿈속에서도 써야만 겨우 한 편의 글이 완성되었는데 마치 바위를 깎아서 꽃을 만드는 것 같은 심정이었다.

『인문학 개념어 사전』은 확장성 기본 텍스트[multi-basic text]이고 다양한 조합과 다각적 응용應用이 가능하도록 설계되었다. 이를 위해서 몇 가지 규칙을 지켰다. 먼저 그 개념이 생성된 기원, 본질, 어원을 서술한 다음 반드시 들어가야 할 의미와 들어가지 않아야 할 의미를 가려냈다. 그리고 각 항목을 개괄적으로 설명하면서 일관된 체제를 갖추었다. 아울러 서술의 보편성, 객관성, 함축성, 예술성, 완결성을 추구했다. 모든 개념은 서, 기, 승, 전, 결의 5단 구성이며 한국어 2,200자영어, 독일어, 라틴어, 중국어, 한자어 등 제외 분량으로 서술했다.

가능하면 원전에 근거했으며 그렇지 못할 경우 영어판본, 중국어판본과 더

불어 한국어 자료와 번역본도 참조했다. 그리고 최대한 보편적으로 기술하여 영어와 중국어 등 외국어 번역이 가능하도록 설계했다. 언어만으로 표현하고자 했기 때문에 그림과 도표는 사용하지 않았다. 특히 쉽고 재미있는 설명보다 정확하고 함축적으로 설명했다. 아울러 공자孔子가 말한 술이부작述而不作의 엄격함을 지키고 칸트I. Kant가 말한 순수이성純粹理性에 따라 비판적 재인식을 거치고자 노력했다.

『인문학 개념어 사전』현재 690항목은 매우 부족한 글이다. 그리고 총 1만 개의 항목을 기술하는 것은 무모한 기획이다. 하지만 인간과 우주자연과 사회를 총체적으로 설명해 보려는 목표를 포기할 수 없다. 하얗게 밤을 지새우며 수많은 고민도 하고 한탄도 했지만, 하나의 개념을 비교적 정확하게 서술했을 때의 기쁨이란 그 무엇과도 비교할 수 없었다. 또한, 인류가 오랫동안 축적한 지식과 가치를 마주할 때 즐거웠고 다양한 인물과 역사적 사건에 담겨 있는 희망, 고통, 기쁨, 슬픔, 욕망, 공포, 통찰, 고뇌, 열정, 비애, 분노, 사랑을 읽으면서 놀랐다. 한 인간이 46년 걸린 이 작업을 머지않아서 메타인간Meta-human 또는 인공지능AI은 단 46초에 끝낼 것이다. 하지만 21세기의 인간종人間種 인간류人間類의 사유와 감정도 의미 있다고 믿는다. 간절한 소망은 시간과 공간의 끝에 인간 존재의 가치를 전하는 것이다.

멀고 또 험한 길이지만 수양하는 수도사의 심정으로 하나하나를 학습하고, 연구하고, 또 서술할 것이다. 그리하여 '나는 누구인가?, 인간은 무엇인가?, 인간의 감정과 사상은 어떤 모습인가?, 문명과 문화와 사회는 어떤 것인가?, 인간은 무엇을 생각하고 무엇을 느낄 수 있는가?, 우주는 왜 생겼는가?, 시공간은 무엇인가?, 자연의 원리는 무엇인가?, 인간의 삶은 가치 있는 것인가?' 등을 최대한 잘 설명하고자 한다. 무한한 우주와 영원한 신에 경배하면서, 자기 존재에 대하여 깊이 성찰하는 현생인류Home-Sapience-sapience에게 이 책을 헌정獻呈한다. 아울러 미래에 지구와 우주의 주인이 될 미지의 존재에게 인간의 사유를 전한다.

차례

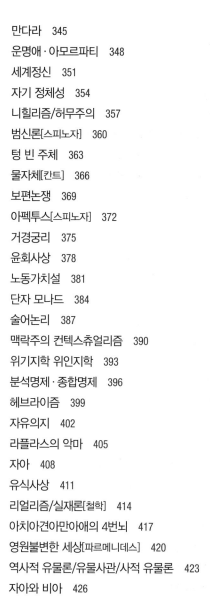

이발사의 역설

Barber Paradox | 理发师悖论

스페인 세비야에 어떤 이발사가 있었다. 그는 문 앞에 '면도함' 즉, '자기가 면도를 하지 않는 사람을 면도합니다'라고 써 놓았다. 그러니까 이발사는 다른 사람을 면도해주는 존재라는 것이다. 이 문장에 담긴 또 다른 의미는 '자기가 면도하는 사람은 면도를 해주지 않는다'이다. 그것을 본 어떤 사람이 그에게 이렇게 물었다. '그렇다면 당신의 면도는 누가 합니까?' 단순한 것 같은 이 문답에는 중요한 문제가 내재해 있다. 첫째, 자기 자신이 면도한다면 그것은 '자기가 면도를 하지 않는 사람을 면도합니다'. 즉, '이발사는 다른 사람을 면도하는 사람이다'라는 명제를 위배한다. 둘째, 자기 자신을 면도하지 않는다면 다른 이발사가 해주는 경우일 것이다. 그런데 이 이발사는 '자기가 면도를 하지 않는 사람'이 되는 것이므로 '자기가 면도를 하지 않는 사람을 면도합니다'에 따라서 자기를 면도해야 한다.

결국, 자기가 자기를 면도할 수도 없고 하지 않을 수도 없는, 이것도 아니고 저것도 아닌 논리적 모순의 역설에 처하는 것이다. 이발사의 역설은 영국의 철학자, 수학자, 논리학자, 문인, 사회운동가였던 러셀B. Russell, 1872~1970이 제기한 불확실성에 관한 역설이다. 비트겐슈타인에게 큰 영향을 미친 러셀은 로시니의 오페라 〈세비야의 이발사〉를 빗대서 위와 같이 역설의 문제를 제기했다. 이 문답은 수학사에 길이 빛나는 과학적 발견이고 철학의 근본적인 문제를 제기한 물음이면서 문학예술의 기본이 되는 중요한 구조인 역설이다. 역설逆說은 원래 옳은 것 같지만, 모순이거나 잘못된 결론으로 이끄는 논증이다. 이발사의 역설은 훗날 여성 이발사, 수염이 없는 이발사 등의 논리로 비판받기는 하지만 불확실성을 입증한 중요한 이론이다. 이 역설은 러셀의 역설이라고 불리기도 하는데 일반적으로는 집합론적인 역설로 분류된다.

'거북이와 아킬레스의 경주'와 같은 '제논$^{Zenon, BCE\ 495~BCE\ 430}$의 역설'에 나오는 역설^{paradox}은 그리스어 반反을 의미하는 'para'와 의견을 의미하는 'dox'가 결합한 어휘다. 이와 유사한 딜레마^{dilemma}가 이럴 수도 없고 저럴 수도 없는 곤란한 상황인 것과 달리 역설은 그 자체에 모순이 있는 것이다. 한편 반어/아이러니$^{反語, irony}$는 표현의 효과를 높이기 위해 실제와 반대되는 의미구조로 되어 있다. 실제 의도와 달리 '우리 삼촌은 바보다'라고 말하는 것은 반어적 아이러니이고, '내 말은 모두 거짓말이다'처럼 참도 아니고 거짓도 아닌 모순적 진술은 역설逆說이다. 즉, '내 말은 모두 거짓말이다'라고 한 다음에 어떤 것을 발화했다면 그것은 거짓말이라고 할 수도 없고 참이라고 할 수도 없는 역설의 상황에 놓이게 되는 것이다. 역설의 상황에서는 논리적 모순이 생긴다.

역설은 모순과 유사하지만, 모순은 하나가 참이면 하나가 거짓이어서 중간이 없는 배중률排中律이고, 역설은 이것도 아니고 저것도 아닌 판정 불가한 주장이다. 러셀은 이발사의 역설을 바탕으로 '자신을 원소로 갖지 않는 모든 집합의 집합 A가 있을 때, A는 자기 자신을 원소로 포함하는가'가 역설이라는 사실을 밝혔다. 가령 과일의 원소인 사과나 석류는 먹을 수 있지만, 그 집합의 개념인 '과일'은 먹을 수 없다. 그런데 A가 자신을 원소로 포함하지 않는다면 집합 A의 정의에 따라 자신은 A의 원소가 된다. 반대로 자신을 A의 원소로 포함한다면 집합 A의 정의를 위배한다. 다시 말하면 A가 그 집합의 원소가 될 수 있는 것은 A의 원소가 아닐 때만이 가능하다. 이것이 칸토어$^{G.\ Cantor, 1845~1918}$의 법칙이 모순이라는 것을 밝히면서 얻은 답이다. 이것을 러셀은 집합 A가 '자신을 원소로 포함하지 않는 모든 집합의 집합'이라고 할 때 'A는 A의 원소이면서 A의 원소가 아니다'로 정리했다.

러셀이 말한 이 역설은 보통 '집합론적集合論的 역설'이라고 한다. '자기 자신을 원소로 하지 않는 모든 집합의 집합'이란 자신을 원소로 가진다고 하면 원소가 아니며, 자신을 원소로 가지지 않는다고 하면 원소가 되는 것을 말한다. 이런 집합론적 역설과 다른 것이 의미에서 생기는 의미론적意味論的 역설이다. 앞에서 본 것과 같이 '내 말은 모두 거짓말이다'가 역설이 되는 것이 의미론적 역설이다. 문학작품에서는 이런 역설이나 반어가 미적 긴장을 유발하기 때문에 중요한 것으로 본다. 역설은 이른바 낯설게하기를 강화하는 형식적 특징이 있다. 특기할 점은 러셀이 시나 소설 등 문학작품을 많이 쓰지 않았지만 '글로 세상에 이바지했다'는 이유로 노벨문학상을 받았다[1950]는 것이다. 그것은 러셀의 사유와 글이 수학적이고 과학적이면서 철학적일 뿐 아니라 문학적이고 예술적이라는 사실을 말해준다.

참고문헌 Bertrand Russell, *Mysticism and Logic and Other Essays*, London : Longmans, 1918.

참조 기술이론(러셀), 낯설게하기, 논리·논리학, 대당사각형, 딜레마, 말할 수 없으면 침묵하라, 술어논리, 아이러니·반어, 역설, 의미, 정언명제

만인에 대한 만인의 투쟁
War of All Against All | 一切人反对一切人的战争

원시인 A는 아침에 일어나 이웃 마을로 약탈을 하러 나섰다. 건장한 A는 부지런한 B가 어제 수렵 채집한 것들을 강제로 뺏으려는 것이다. 그렇지만 며칠 전 B와 그의 가족은 북쪽 먼 곳으로 떠나 버렸다. 그러자 A는 아직 남아 있는 C의 움막으로 가서 협박했으나 C의 거센 반항에 물러서야 했다. A가 이런 행동을 하는 이유는 어떤 것이든 소유자가 없으므로 약탈을 잘못된 것으로 생각하지 않기 때문이다. 거칠고 폭력적인 성격을 가진 A는 고독하고 가난하고 잔인하고 무기력하고 지저분하다. A는 본능에 따르는 동물처럼 하루하루를 연명할 뿐이고 과거를 돌아보거나 미래를 생각하지 않는다. 또한, A는 누구를 죽이거나 폭행을 한다고 해도 그 역시 잘못이라고 생각하지 않는다. 자기는 자유로운 존재일 뿐 아니라 생존을 위해서는 어떤 일이라도 할 수 있다고 믿기 때문이다. 그는 동물적 야만성에 따라서 살 뿐이다.

영국의 사회사상가 홉스T. Hobbes, 1588~1679는 이런 상태를 만인에 대한 만인의 투쟁이라고 명명했다. 자연상태의 인간은 본능에 따르거나 자기 이익에 몰두하는 동물과 같은 야만적 존재다. 그러므로 모든 사람은 평등한 권리를 가지고 있으며 약탈을 하거나 약탈을 당하는 무정부 상태에 놓여 있다. 홉스가 말한 만인의 만인에 대한 투쟁은 '모든 사람은 모든 사람에게 전쟁과 유사한 투쟁의 관계에 있다'는 관점에서 사회가 구성되기 이전의 인간의 생존과 욕망을 분석한 이론이다. 또한, 만인에 대한 만인의 투쟁은 죄의식, 도덕, 선악의 기준이 없는 자연상태에서 사는 인간의 야만성에 관한 이론적 설명이다. 자연상태에서는 과학이나 기술도 필요가 없으며 교육이나 지식도 필요가 없다. 약육강식弱肉强食과 정글 법칙만 있고 규칙이나 도덕도 없으며 통제하는 사람도 없는 이런 무정부 상태는 누구에게나 매우 위험하다. 이것을 홉스의 개념으로 말하면 '사람은 사람에게 늑대다homo homni lupus'가 된다.

홉스는 『시민론De Cive』1642에서 자연상태에서 모든 인간은 동등한 권리를 가지고 전쟁을 벌인다고 분석했다. 이어 논란을 불러일으킨 저서 『리바이어던Leviathan』1651을 출간하고 '만인에 대한 만인의 전쟁War of all against all' 라틴어의 전쟁을 투쟁과 경쟁으로 재해석을 창안했다. 인간은 전쟁과 위험으로부터 자기를 보호하기 위하여 자유와 권리를 스스로 제한하고 계약을 통해서 타자와 평화로운 공존을 모색한다. 그리하여 사회를 구성하는 한편 주권을 가진 국가를 설립한다. 국가는 상호약탈을 금지하는 법을 만들고 집행하며, 전쟁으로부터 국민을 보호하고, 세금을 받는 대신 생산 활동을 촉진하고 안전을 보장한다. 홉스는 인간이 어떻게 사회를 구성하고 국가에 복종하는가에 대하여 사유한 끝에 사회계약Social Contract이라는 개념을 창안했다. 사회계약은 상호 계약을 통하여 공동의 이익을 추구하는 제도다.

사회가 형성되고 국가가 생겨나면서 사람들은 만인에 대한 만인의 투쟁을 중지하고 그 대신 계약에 따라서 자신의 자유와 권리를 사회와 국가에 이양했다. 그리고 사람들은 국가의 신민이나 국민이 되었다. 『리바이어던』에서 홉스는 상당히 근대적인 개념의 자유와 평등 그리고 국가론을 개진하면서 확실한 통제가 가능한 절대 정부를 지지했다. 그것은 이 책을 쓰던 시민전쟁 당시 홉스는 사람들의 무법적이고 잔인한 폭력을 보고 질서와 계약을 통한 통제가 필요하다고 생각했기 때문이다. 원래 리바이어던은 기독교 성경 「욥기Job」 41장에 나오는 바다 괴물의 이름인데, 홉스는 이것을 국가권력에 비유한 것이다. 그 대신 홉스는 왕권신수설王權神授說을 부정하고 왕과 국가를 분리하여 봉건 절대군주와 다른 개념의 통치원리를 제안했다. 그것이 근대적 개념의 주권sovereignty이고 신흥 근대시민의 법과 계약이다.

이처럼 홉스는 자유와 평등의 개념을 정립하고 불문법 완성에 이바지했으나 박해에 가까운 억압을 받았다. '몸즈베리Malmesbury의 홉스'라는 특별한 이름으로 불리던 그는 무신론자로 지목되어 종교재판을 받아야 할 처지에 놓이기도 했고 자기의 모교인 옥스퍼드대학에서 저서가 불태워지기도 했다. 한편 유물론자이자 결정론자였던 홉스는 왕과 국가를 분리했기 때문에 영국 왕실에서도 배척받았다. 반면 홉스는 '국가에 대한 복종은 신의 말씀에 따르는 것'이라고 하여 기독교인의 의무를 역설했다. 그 연장선에서 홉스는 이상적인 전제군주專制君主 정치체제를 주장했다. 이런 홉스의 사회계약설, 시민론, 국가론과 같은 제도는 지배계급이 피지배계급을 수탈하기 위한 장치라는 마르크스주의자로부터 역시 비판을 받았다. 아울러 인간의 심성을 부정적으로 본다는 점도 논란이 되었다. 하지만 홉스의 사회계약설은 계몽주의와 근대사회의 성립에 지대한 영향을 미쳤다.

참고문헌 Thomas Hobbes, *Leviathan*, http://www.gutenberg.org/ebooks/3207.

참조 갈등, 결정론, 계급투쟁, 계몽주의/계몽의 시대, 국민국가, 성악설, 유물론, 인정투쟁, 자유의지, 적자생존

천명사상
Thought of the Heavenly Order | 天命思想

진시황秦始皇, BCE 259~BCE 210은 이렇게 말했다. '저 소나무에 대부의 벼슬을 준다.' BCE 219년에 있었던 이 특별한 일은 '봉선의식封禪儀式' 때문에 생긴 사건이다. 이 사건을 기록한 『사기史記』의 「진시황 본기」는 다음과 같다. '봉선封禪과 여러 산천에 대한 망제望祭의 일을 의논했다. 마침내 태산泰山에 올라서 비석을 세우고 제단을 쌓아 하늘에 제사를 올렸다. 황제가 산에서 내려오는 중 갑자기 비바람이 몰아쳐 한 나무 아래서 쉬었다. 이 일로 그 나무를 오대부五大夫에 봉했다.' 여기서 말하는 봉선의식은 하늘에 제사 지내는 '봉封'과 땅에 제사를 지내는 '선禪'을 합친 제례의식이다. 이로부터 황제가 하늘에 제사를 지내고 하늘의 뜻에 따르는 전통이 확립되었다. 이 천명사상은 인간은 하늘의 뜻에 따라야 한다는 인식의 방법이다. 천명사상은 중국, 한국, 일본, 몽고를 비롯하여 세계 여러 나라에 있었던 전통사상이다.

하늘이 인간에게 내리는 명령이 천명이고 그 하늘 아래가 천하天下이며 그 뜻을 받드는 하늘의 아들이 천자天子다. 여기서 유래한 천명은 하夏와 은殷 시대의 노예제도 및 계급사회와 더불어 형성되었다. 한편 천하의 중심인 중원中原이라는 개념은 은을 멸망시킨 주周, BCE 1046년경~BCE 256를 중심으로 제후국들이 봉건제도를 이룬 것에서 출발한다. 주周 왕조를 완성한 주문왕周文王, BCE 1046 이전은 천명을 받은 유일하고도 신성한 군주로서 자신이 하늘을 대행한다고 선언했다. 당시 중원中原은 주의 군주가 직접 통치하는 내복內服인 중원과 제후들이 통치하는 사방의 외복外服으로 이원화되어 있었다. 자연현상은 물론이고 인간의 지위나 빈부, 사회현상과 자연현상, 지배와 압제, 생활과 현상 등은 모두 자기 스스로 결정하는 것이 아니라 하늘이 결정한다는 천명사상天命思想이 주周 왕조 시대에 완성되었다.

천명天命, Mandate of Heaven은 하늘이 부여한 천하의 원리를 의미한다. 천명에 따르지 않는 폭군을 타도하는 방벌放伐과 천명에 따르는 군주에게 천자를 넘겨주는 선양禪讓이 천명사상의 핵심이다. 여기서 유래한 천명사상은 하늘의 뜻에 복종하는 사상인 동시에 종교적 의미와 신적인 신성성이 부여된 중원 중심의 통치이념이다. 그리고 중화주의 천하관天下觀이다. 이 세계관에서는 천자가 다스리는 곳이 천하天下이고 그 천하의 중심인 중원에만 문명과 문화가 있다고 본다. 이후 천하관의 범위가 확대되었는데 중원 바깥에 황제가 직접 통치하는 군현인 내번內藩, 그 밖에 중국 황제의 덕치가 미치는 주변을 외번外藩, 그 밖을 이적夷狄이라고 하여 중화주의 화이관華夷觀이 형성되었다. 주周의 전통을 지키고 이적夷狄으로부터 중화의 문화적 가치를 지켜야 한다고 믿었던 공자孔子는 도덕을 천명이라고 하면서 하늘의 덕치를 강조했다.

공자는『논어』에서 '오십이 되어 천명을 알았다五十而知天命'고 하고 '할 일을 다 하고 천명을 기다린다盡人事而待天命'고 하면서 천명이라는 개념을 유학의 기본 사상으로 설정했다. 여기서 천명은 곧 자연의 이치이자 그 자체가 목적이고 결과인 천도天道이다. 또한, 공자는 하늘의 명에 따라서 악을 징벌하고 선을 권장한다는 권선징악勸善懲惡의 춘추대의론春秋大義論에 따라 역사서를 집필했다. 공자와 달리 맹자는 천명에 따르지 않고 악정을 하는 군주가 있다면 천명은 다른 유덕자有德者에 옮겨가므로 군주와 백성은 그 천명에 따라야 한다는 역성혁명易姓革命을 주장했다. 그러니까 패도覇道가 아닌 왕도王道 정치를 하는 군자야말로 이상사회를 이루는 주체라고 보았고, 백성의 민심이 곧 천명이라고 보았다. 한편 나관중의『삼국지연의』에서 제갈량은 관운장이 운이 다하지 않은 조조를 살려주었다면서 수인사대천명修人事待天命이라고 썼다.

문화인류학적으로 보면, 하늘을 숭배하는 경천사상敬天思想과 하늘을 섬기는 제천의식은 거의 모든 민족이 가지고 있던 공통적인 사상이었다. 가령 고대 중국인들이 이적夷狄으로 여겼던 북방의 흉노匈奴도 초원에 사는 자신들이 천신족天神族이며 천하의 중심에서 천하를 지배하면서 하늘을 섬긴다고 믿었다. 고대 한국인들 역시 (단군신화에 나오는 것처럼) 하늘의 자손으로 믿고 있었다. 이처럼 천명사상은 동양 여러 민족이 가지고 있던 종교적 경천사상敬天思想과 정치, 경제, 행정이 결합한 정치이념이었다. 또한, 천명사상은 천심天心이나 천도天道와 같이 하늘의 뜻이 세상만사를 결정한다고 보는 만물의 창조원리이자 운행원리이지만 기독교와 이슬람에서 말하는 창조론적 신은 아니다. 이 천명사상은 천인합일天人合一과 같이 하늘과 인간이 하나라는 일원론의 기반이며 운명론運命論과 숙명론의 토대이다.

참고문헌 司馬遷, 『史記』 卷六 「秦始皇 本紀」; 孔子, 『論語』 「爲政篇」.

참조 공자, 거경궁리, 도, 무극이태극, 성선설, 성악설, 운명론, 인심도심, 중화주의, 초원의 사상, 춘추대의, 화이관

동일률 · 모순율 · 배중률

Law of Identity · Law of Contradiction · Law of Excluded Middle | 同一律 · 矛盾律 · 排中律

'내일 전투가 있을 것이다'는 참인가 거짓인가? 이것은 미래이기 때문에 참과 거짓을 판정할 수 없다. 반면 '내일 전투가 있거나 없을 것이다'라는 문장은 참이다. 왜냐하면, '전투가 있거나 있지 않은 것'은 둘 중의 하나는 참이고 하나는 거짓인 모순 관계이므로 중간 상태가 없기 때문이다. 한편 '모든 용은 죽는다'는 문장으로만 보면 참이지만 용龍이라는 존재는 없으므로 거짓 명제이다. 반면 '이 규칙을 위반하면 처벌을 받는다'는 명제이지만 앞으로도 '위반하는 사람'이 없을 수도 있으므로 존재를 가정할 수 없다. 이처럼 논리 추론은 쉽지가 않다. 그래서 아리스토텔레스는 세 가지 추론推論 또는 사유思惟의 원칙laws of thought, 思惟法則인 동일률, 모순율, 배중률을 지켜야 한다고 말했다. 훗날 스피노자와 라이프니츠가 충분근거율을 첨가하여 형식논리formal logic의 네 가지 사유의 원칙 또는 추론의 원리가 완성되었다.

첫째, 긍정 판단인 동일률同一律은 'A는 A다' 또는 A=A, A≡A, A⊂A(부분 동일) 등으로 표시되며 '모든 대상은 그 자체와 같다'는 형식논리학의 근본원리이다. 또한, 동일률은 내용과 표현이 같은 것 즉, 의미와 지시대상이 같은 것을 의미한다. 가령 '플라톤은 플라톤이다(A=A)'는 분명한 진술이다. 그런데 '플라톤은 철학자다(A⊂A)'는 외연과 층위를 따진 다음에 부분 동일률이라는 것을 알 수 있다. 반면 '플라톤은 소크라테스다'는 동일률을 어긴 것이다. 이처럼 동일률은 논리 추론을 할 때 어기지 않아야 하는 원칙을 강조하는 개념이다. 특히 한 번 사용한 개념과 판단은 이후에도 똑같이 적용해야 한다. 동일률은 너무나 당연하기 때문에 의미가 없어 보이지만 이 원칙을 지키지 않으면 사유나 추론에 오류가 생긴다. 그래서 아리스토텔레스는 동일률을 추론과 사유의 첫 번째 원리로 설정한 것이다.

둘째, 부정판단인 모순율矛盾律은 '~(p·~p)'로 표시되는데 '어떤 명제와 그 명제의 부정이 동시에 참이거나 동시에 거짓일 수 없다'는 추론의 원리다. 가령 '죽은 것이면서 동시에 사는 것은 불가능하다'와 같은 부정판단에서 '죽는다'와 '산다'는 동시에 참이 될 수 없다. 또한, '삼각형은 네 변으로 구성되어 있다'는 것은 모순이다. 삼각형이라는 주어에 이미 세 변이라는 것이 함의되어 있으며 주어와 술어가 상치되기 때문이다. 둘 다 거짓일 수 있는 반대反對와 달리 모순矛盾은 하나가 참이면 다른 하나는 거짓이며 하나가 거짓이면 다른 하나는 참이다. 모순율을 논리기호로 표시하면 '~(p·~p)'로 모든 명제 p에 대해서, p와 비非 p가 동시에 참일 수 없다는 것이다. 따라서 동일률의 부정인 'p는 p가 아니다'는 언제나 거짓인 모순율이다.

셋째, 선언판단인 배중률排中律은 '명제의 참과 거짓만 있고 중간은 없다'는 추론의 원리다. 'p or ~p'나 'p∨~p'로 표시되는 배중률에서 상호모순 되는 명제 중 하나는 반드시 참이다. 그 외에 제3의 논리값이 없다. 바꾸어 말하면 모순되는 명제의 중간을 없애야 한다는 논리 추론의 방법이다. 가령 '나는 배가 고프다'라는 명제를 부정한 '나는 배가 고프지 않다'라는 배중률이므로 중간은 없다. 그런데 배중률은 두 명제 중 하나가 참이라고 주장할 뿐, p가 '어떤 내용의 진리인가'에 대해서 주장하지 않는다. 한편 얀 우카시에비츠Jan Łukasiewicz, 1878~1956는 참도 거짓도 아닌 제3의 진릿값이 성립한다고 주장하여 모순율과 배중률에 문제가 있음을 밝혔다. 그는 진위眞僞의 이치논리학을 넘어서는 다치논리학을 정초했다. 한편 러셀과 화이트헤드는 『수학의 원리Principia Mathematic』에서 배중률을 자명한 공리axiom가 아닌 정리theorem로 분류했다.

이 세 가지 원칙 이외의 넷째, 충분근거율 또는 충족이유율充足理由律은 '어떤 것이 그렇게 된 것은 충분한 이유와 근거가 있다'는 추론이다. 결과로부터 원인과 이유를 추론하는 근거율은 '어떤 것은 우연과 무작위random로 생기는 것이 아니므로 반드시 그렇게 될 수밖에 없다'는 것이다. 그리고 모든 것은 원인과 결과의 관계이며 그 인과과정에는 필연성necessity과 보편타당성universal validity이 작동한다. 아울러 어떤 결과는 우주의 순행과 시간의 흐름 속에서 인과성causality이 실현된 것이므로 원인 없이 어떤 것도 생기지 않는다. 충분근거율에는 존재의 충분근거율, 생성의 충분근거율, 명제의 충분근거율이 있다. 한편 쇼펜하우어는 충족이유율을 생성의 이유reason of becoming, 인식의 이유reason of knowing, 존재의 이유reason of being, 행위의 이유reason of acting로 나누었다. 충분근거와 충족이유를 추론할 때는 논리적 형식 이외에 내용도 고려한다.

참고문헌 Arthur Schopenhauer, *On The Fourfold Root of the Principle of Sufficient Reason*, S29, translated by E. Payne, Open Court Publishing Company, 1997.

참조 귀납 · 연역 · 귀추, 내포 · 외연, 논리 · 논리학, 대당사각형, 명제, 분석명제 · 종합명제, 술어논리, 이발사의 역설, 인식론, 정언명제, 충분근거율

보편문법
Universal Grammar | 普遍文法

어느 날 어미 새가 새끼를 둥지 바깥으로 밀어 버린다. 파닥이다가 땅에 떨어진 작은 새는 다시 날아보려고 두 날개를 움직여 본다. 얼마 후 새는 약간 더 높이 날아 나뭇가지에 앉는다. 그리고 두 날개를 좀 더 크고 힘차게 움직여 더 먼 곳으로 날아간다. 이소離巢, 즉 새가 처음으로 자기 둥지를 떠나는 모습이다. 그렇다면 이 새는 어떻게 하여 한 번도 연습하지 않은 '날기'를 할 수 있었을까? 거의 모든 조류는 연습하지 않아도 이미 가지고 있는 '날기'라는 능력이 있다. '날기'와 같은 것이 인간의 언어능력이다. 어릴 적에 외국으로 이주한 사람이 모국어를 잃어버리지 않는 것이나 새로운 언어를 습득하는 것 역시 인간에게는 '날기'와 같은 보편적 언어능력이 있기 때문이다. 인간에게도 새의 '날기'와 같은 타고난 언어능력이 있다고 주장한 것은 30대의 청년 언어학자 촘스키Noam Chomsky였다.

엄격한 유대교 문화에서 자라 히브리어, 이디시어, 영어 등 다양한 언어를 구사했던 촘스키는 청년 시절, 심리학의 대가 스키너B.F. Skinner, 1904~1990의 신행동주의 학습이론을 반박했다. 하버드대학 교수였던 스키너는 인간은 유기체이므로 자극에 대하여 능동적으로 반응한다는 행동주의 심리학을 완성했다. 스키너의 주장은 반복적 강화학습이 교육에 효과가 있다는 것이다. 경험을 중시한 스키너는 '파블로프의 개'(S-R)와 달리 인간은 선택적으로 반응하는 조작 행동Operant Behavior(S-O-R)을 한다고 보고 언어 역시 경험과 반복을 통한 조작 행동으로 학습된다고 주장했다. 이에 대해서 촘스키는 모든 인간은 천성적으로 타고난 인지능력이 있으며 이 단순하고 추상적인 원리만 터득한 다음 조합을 통하여 언어를 학습하고 사용한다고 반박했다. 촘스키에 의하면 인간의 두뇌는 무엇을 인식하고 판별하는 인지능력이 있고 그 능력에 따라서 언어를 습득하고 구사한다.

보편문법普遍文法은 모든 언어에는 보편적 규칙이 있다는 언어이론이다. 이것은 모든 언어가 가진 공통적인 문법이라는 의미인데 소문자 보편문법universal grammar으로 쓴다. 이와는 달리 생래적이거나 본능적이고 또 보편적 원리가 있다는 의미의 대문자 보편문법Universal Grammar, UG이 있다. 소문자 보편문법이나 대문자 보편문법이나 내재한 원리가 있다는 것은 같다. 그런데 촘스키가 말한 대문자 보편문법은, 인간의 타고난 보편능력을 말한다. 특히 보편문법은 단순하고 추상적인 문법인데 여러 형태의 결합merge을 통하여 실현되는 수학적 규칙과 원리다. 이 보편문법UG은 어린이가 짧은 시간에 언어를 습득하는 것과 한정된 단어만으로 무한할 정도의 문장을 만드는 변형과 생성의 능력에서 입증된다. 그러므로 '단어와 어절은 문장을 중심으로 변형된다'는 문장의존성과 더불어 핵심 단어가 반복되는 것 역시 촘스키가 말하는 보편문법의 특징이다.

일찍이 영국의 로저 베이컨Roger Bacon, 1214~1294 역시 모든 언어에 내재하는 공통 문법이 있다고 보았다. 또한, 데카르트는 인간이 자기를 표현하는 원리와 규칙을 철학적으로 정리할 수 있다고 믿었다. 그것을 철학문법哲學文法이라고 한다. 철학문법은 인간의 생각이 표현되는 원리를 보편성으로 규범화하려는 철학적 시각이다. 특히 계몽주의 시대에 언어를 논리와 철학으로 이해하는 이론이 완성되었다. 주로 라틴어의 통사구조를 문법의 관점에서 바라보는 철학문법과 모든 언어가 가지고 있는 문법구조의 유사성이라는 보편문법은 청년 촘스키에게 큰 영향을 미쳤다. 이처럼 인간만이 가지고 있는 언어사용능력은 유전적으로 부여된 것genetic endowment과 외부의 자료external data와 보편적 사용 원리의 유기적인 결합이다. 이것을 발전시킨 것이 촘스키의 변형생성문법transformational generative grammar인데, 이 이론은 인간은 생래적으로 경험한 적이 없는 단어와 문장을 생성해 낼 수 있다는 이론이다.

보편문법 이론에 의하면 인간의 두뇌에는 말하고 인지하는 원리이자 문법의 통사구조인 내적 언어internal language가 있다. 이 내적 언어가 작동되는 과정에서 인지능력이 발휘되어 결합/조합을 통한 언어의 생성generation과 변형transformation이 가능하다. 하지만 그런 능력이 생래적이라면 그것은 일종의 결정론이므로 바꾸어 말하면 언어의 학습 불가능성unlearnability을 의미하는 것이다. 또한, 보편문법은 학습하지 않아도 언어능력이 습득된다는 뜻이어서 '언어학습은 큰 의미가 없다'고 오해되는 경우도 많다. 한편 촘스키의 학설은 언어만이 아니라 컴퓨터나 미술, 음악과 같은 영역에도 보편문법이 있다는 이론으로 발전했다. 하지만 보편문법 이론은 인도유럽어를 중심으로 한다는 한계 때문에 많은 비판을 받는다. 보편문법은 인간의 타고난 이성을 중시하는 이론으로 철학, 심리학, 교육학, 사회학에서도 중요하게 여긴다.

참고문헌 Noam Chomsky, *Syntactic Structures*, The Hague/Paris : Mouton, 1957; Noam Chomsky, *Aspects of the Theory of Syntax*, Cambridge, Massachusetts : MIT Press, 1965.

참조 결정론, 경험론/경험주의, 실용주의/프래그머티즘, 이성, 이성론/합리주의, 촘스키의 선전모델, 타불라 라사, 행동주의·파블로프의 개

탈식민주의

Post-colonialism | 後殖民主義

'쓰레기들! 저런 쓰레기들은 이 세상에서 사라져야 한다.' 과격한 좌파 A가 이런 말을 한 것은 '그 쓰레기들 때문에 혁명에 실패했다'고 오인했기 때문이다. 그 쓰레기는 과연 누구일까? 좌파인 A가 스승으로 삼은 마르크스는『공산당선언*Manifest der Kommunistischen Partei*』1848에서 범죄자, 깡패, 부랑자를 포함하는 룸펜 프롤레타리아*lumpenproletariat*를 쓰레기로 묘사했다. 이들은 게을러서 아무 일도 할 수가 없다. 그러므로 이들은 역사의 주인이자 정의로운 형제인 프롤레타리아와 달리 사회의 해악일 뿐이다. 그런데 이들 룸펜 프롤레타리아야말로 역사발전에 의미가 있다고 주장한 사람이 있으니, 그는 알제리에 묻힌 혁명가 프란츠 파농*F. Fanon, 1925~1961*이다. 파농은 프랑스 식민지 마르티니크에서 태어나서 식민지민들의 신경증은 지배와 피지배의 사회적 모순이 원인이라는 것을 밝혀낸 정신과 의사였다.

파농에 의하면 노동자와 농민은 제국주의와 자본주의 체제에 편입된 존재들이고, 룸펜 프롤레타리아는 피지배계층이며 식민지배의 고통을 가장 많이 받는 사람들이다. 따라서 식민지배의 고통에서 벗어나려면 이런 반체제적인 사람들의 의식을 일깨워서 탈식민*decolonization*의 혁명 대오隊伍에 세워야 한다.『대지의 저주받은 사람들』1961에 나오는 이런 파농의 생각은 제삼 세계 여러 국가를 지배한 제국주의 식민의 유산을 극복하자는 의미의 탈식민주의*Post-colonialism, Postcolonialism*의 이론적 근거가 되었다. 탈식민주의 연구들에 의하면 해방 이후에도 계속되고 있는 식민지배 담론의 극복을 위해서는 (파농처럼) 폭력을 통한 전복, (스피박처럼) 하위주체subaltern의 자기인식과 자기 방식으로 말하기, (호미 바바처럼) 혼종성混種性, hybridity의 극복 등 주변부 식민지 민중들의 적극적인 실천이 필요하다.

영문학자 에드워드 사이드E. Said, 1935~2003는 『오리엔탈리즘Orientalism』1978에서 서양은 동양, 더 정확하게 말하면 중동의 아랍국가들을 타자로 삼아 자기 주체를 확립하면서 침략과 지배의 논리를 확보했다고 분석했다. 아울러 서양은 '서구가 아닌 다른 모든 국가와 민족을 지배와 수탈의 대상으로 설정했다'고 보았다. 이 책에서 사이드는 동양은 신비, 무질서, 열등, 야만, 여성, 과거, 수동적, 감성적인 존재로, 서양은 과학, 질서, 우월, 문명, 남성, 현대적, 능동적, 이성적인 존재로 이항대립되었다는 것을 밝혔다. 그리고 이것이 동양인들에게 내면화되었다는 것도 밝혔다. 그 결과 서구인들은 잘못된 심상지리의 인식을 근거로 동양을 지배와 수탈의 대상으로 설정했다. 따라서 서구의 산업화, 제국주의화, 자본주의화로 파생된 탈식민주의는 세계를 어떻게 보느냐와 관계가 있다.

두 번의 세계대전을 겪으면서 민족 대다수가 독립했으나 독립 이후에도 식민지나 반식민지를 겪은 국가의 국민은 피식민의식 즉, 내면화된 식민성coloniality을 가지고 있다. 여기서 유래한 탈식민주의는 과거 식민지 민중들에게 내면화된 식민성과 제국주의의 유산을 해체하고 반성하면서 새로운 체제를 전망하는 사상이다. 또한, 탈식민주의는 제국주의 시대의 질곡을 해체하거나 극복하고 식민지민들이 자기 주체를 가지며 식민지배자들 역시 자기반성을 해야 한다는 강력한 이념이다. 탈식민주의의 탈脫을 이후로 해석하여 후기 식민주의라고 하는 경우가 있는데 이것은 '식민주의를 극복한 이후의 세계'를 강조하는 역사적 개념으로 보아야 한다. 그런 점에서 탈식민주의는 식민지배자들의 반성과 세계화 시대의 불평등을 의미하기도 하지만, 그보다는 과거 식민지민들의 내면화된 식민주의와 식민성植民性을 주체적으로 극복하려는 적극적 의식으로 보아야 한다.

인류의 근대사를 종단하는 제국주의 식민지배는 인종차별, 디아스포라

diaspora, 민족 간 불평등, 서구중심주의 등 수많은 모순을 초래했다. 이것을 자각한 이론가들은 제국주의의 굴레에서 벗어나야 한다고 주장했다. 그리하여 생겨난 탈식민주의는 주변부 민중들이 자기 결정권을 행사하여 정신적 상흔, 제도적 모순, 사회적 구조, 국가 간 불평등, 감성적 오류 등을 극복하자는 이론이다. 탈식민주의는 포스트모더니즘과 함께 인식되어야 한다. 두 이론은 상보적이면서 상대적인데 포스트모더니즘은 이질성, 다양성, 파편성破片性 등 현대적인 감성과 내용을 표현하거나 분석하는 것이고 탈식민주의는 주체성, 평등성, 반제반서구 등 식민지민들의 내면에 잠재하는 모순과 상처를 표현하거나 분석하는 것이다. 탈식민주의는 1960년대부터 21세기까지 문학예술, 철학, 사회학, 역사학, 문화인류학 등에 광범위하게 적용되는 이론이자 사회변혁 운동이다.

참고문헌 Edward W. Said, *Orientalism*, New York : Penguin, 1995 ; Frantz Fanon, *The Wretched of the Earth*, translated by Constance Farrington, New York : Grove Weidenfeld, 1963.

참조 계급의식, 계급투쟁, 근대·근대성, 디아스포라, 모더니즘(예술), 문화다양성, 심상지리, 오리엔탈리즘, 의식, 자본주의, 제국주의, 포스트모더니즘, 하얀 가면, 하위주체

소크라테스의 문답법
Socratic Method | 苏格拉底反诘法

'트라시마코스, 기분이 어떤가? 우울합니다. 우울하다는 것은 무엇인가? 침울沈鬱하다는 것입니다. 침울하다는 것은 무엇인가? 기분이 나쁘다는 것입니다. 기분이 나쁘다는 것은 무엇인가? 모르겠습니다. 자네는 그래도 낫네. 자네는 모른다는 것을 알고 있지 않은가?' 이 글은 고대 그리스의 철학자 소크라테스Socrates, BCE 469~BCE 399가 어떤 청년과 나눈 대화다. 소크라테스는 이 짧은 문답을 통해서 청년이 자신의 무지를 스스로 깨우치도록 했다. 여기서 소크라테스는 무엇을 가르치지 않는다. 그러니까 소크라테스는 산모가 아이를 낳도록 돕는 산파maieutike나 조력자에 머물 뿐이다. 이처럼 부정과 반어反語, eironeia의 변증법적 문답을 산파술 또는 소크라테스의 문답법이라고 한다. 소크라테스의 문답법은 당시 유행하던 수사법 즉, 다수를 상대로 자기주장을 정당화하는 변론술辯論術, rhētorikē과 구별되는 대화법이었다.

소크라테스는 '내가 아는 것은 단지 내가 무엇을 알지 못한다는 것뿐이다'라고 말했는데 이것은 '너 자신을 알라'라는 유명한 격언으로 정리되었다. 그가 현자가 되는 출발점은 델피의 신탁이다. 어느 날 그의 친구가 델피의 신전에 가서 '소크라테스보다 현명한 사람이 있느냐'고 물었다. 그러자 델피Delphi의 신탁은 '그런 사람은 없다'는 답을 보냈다. 이에 의문을 품은 소크라테스는 정치가, 교사, 시인 등 많은 사람을 만나서 여러 가지 대화를 했다. 그 결과 사람들은 아는 것이 많지 않으면서도 무엇인가 알고 있다고 착각하고 있음을 발견했다. 반면 소크라테스는 '나는 전혀 아는 것이 없다know nothing at all'에서 보는 것과 같이 모른다는 사실을 알고 있는, 즉 무엇인가 알고 있는 소크라테스의 역설^{paradox} 또는 소크라테스의 아이러니를 통하여 가장 현명한 사람임이 증명된 것이다.

이런 반어적 문답법에는 두 가지 형태가 있다. 소크라테스의 문답법 중 첫째, 소극적 반어는 대화의 상대자가 스스로 자신의 무지를 깨우치면서 또 다른 난제로 이행하도록 하는 문답법이고 둘째, 적극적 반어는 상대방이 제기한 의문을 반박함으로써 그 본질을 인식하고 새로운 발견을 하게 하는 문답법이다. 이 방법들은 더 이상 해결할 수 없는 아포리아^{aporia}를 만나지만 이것은 또 다른 의문을 낳는 씨앗이 된다. 도가와 불교의 선문답과 유사한 문답법은 비판적이고 창의적이며 다원적인 인식을 통하여 문제를 발견하고 스스로 해결하도록 유도한다. 이런 소크라테스의 문답법에서는 먼저 무엇이 문제인가를 분명하게 하고, 인식에 논리적 결함이 있다는 것을 인정하도록 하며, 간명하게 반대로 논증하면서 예를 들어 설명하고, 귀납추론으로 개별 사실들이 보편화될 수 있는가를 점검하여 결론을 도출한다.

문답법에는 개념 정의 시도, 개념 정의 실패와 무지 자각, 진리에 대한 호기심과 탐구, 결론 없는 종결 과정 등을 통해서 지적 탐구의 자세를 가지도록 유도한다. 문답법을 하면서도 소크라테스는 자신을 상대보다 우위에 놓지 않고 무지한 존재로 가장하면서 산파나 조력자의 역할에 머물렀다. 이것이 바로 플라톤과 아리스토텔레스에 의해서 궤변가로 매도된 소피스트들과 소크라테스의 차이점이다. 플라톤의 설명에 의하면 소크라테스는 소피스트들과 같은 직업적 교사가 아니며, 이상한 논리로 사람들을 현혹하지 않고, 자신을 성찰하고 물질적 안락이 아닌 정신적 행복을 추구하는 영혼이 지혜로운 현자이며, 답을 찾는 방법만을 알려주는 스승이다. 하지만 그는 민주주의를 부정했던 것으로 알려져 있으며 소크라테스의 문답법은 반대 논증을 통해서 무지만을 알려줄 뿐 진리에 이르도록 하지 못한다는 비판이 있다.

당시 아테네는 스파르타에 패했고 독재자들이 출현하여 혼란스러운 사회였다. 이때 소크라테스는 '쇠파리gadfly와 같이' 끈질기게 묻고 또 물으면서 아테네 시민들이 지혜, 절제, 용기, 정의 등의 덕德과 선善을 스스로 터득하도록 했다. 소크라테스는 (아테네의 현자로 알려지면서) 주위에 많은 제자가 모였다. 하지만 소크라테스는 청년들을 타락시키고 '신에 경건하지 않다'고 비난받은 후 민주적인 재판에 따라서 사형당했다. 이때 아테네 사회의 뜻에 따르겠다는 그의 말은 훗날 '악법도 법이다'라는 경구로 정리되었지만 악용되는 경우도 많다. 한편 이 사건은 플라톤으로 하여금 철학자가 통치하는 이상국가를 추구하도록 만든 계기가 되었다. 일생을 가난하게 살았다는 소크라테스의 행적은 주로 플라톤에 의해서 전해지기 때문에 역사적 사실을 판명하기 어려운 점이 많으나 소크라테스는 인류의 위대한 스승으로 인정받고 있다.

참고문헌 *Apology, Crito, and Phaedo of Socrates* by Platon, http://www.gutenberg.org/ebooks/13726.

참조 귀납·연역·귀추, 변증법, 소크라테스, 아리스토텔레스, 아이러니·반어, 역설, 이데아, 이발사의 역설, 충분근거율, 형이상학

현상학적 환원
Phenomenological Reduction | 现象学还原

그의 아들은 국가가 동원한 전쟁터에서 죽었다. 자신 또한 성실하고 근면한 시민으로 국가에 대한 의무를 다했다. 죽는 날까지 철학자의 길을 걸었던 그는 개신교 세례를 받았으나 나치의 마수를 피하지 못했다. 그는 대학의 강단에서 쫓겨났고 도서관 출입도 할 수 없게 되었다. 그러나 그는 연구 활동을 멈추지 않았다. 다행히 그는 유대인 대학살이 시작되기 전에 타계했고 4만 쪽 분량의 원고가 출간되었다. 바로 그가 철학의 철학, 명징한 최후 진리를 찾고자 했던 후설Edmund Husserl, 1859~1938, 현상학의 아버지라고 불리는 독일의 유대인 철학자다. 그의 제자 하이데거는 『존재와 시간』을 후설에 헌정했으나, 나치에 가담함으로써 큰 논란을 빚었다. 현상학은 후설이 창시했다고 알려져 있는데 그의 학설은 브렌타노의 심리철학, 분트의 심리학, 람베르트의 인식론을 발전시킨 것이다.

칸트는 현상학을 경험적 현상을 다루는 학문이라는 의미로 사용한 바 있으며 헤겔은 『정신현상학Phänomenologie des Geistes』1807에서 현상을 감각, 경험, 정신의 문제로 이해했다. 반면 후설은 분트와 브렌타노의 견해를 받아들여서 객관적이고 물리적 현상physical phenomenology이 아닌 관념적이고 정신적 현상mental phenomenology에 주목했다. 후설의 현상학에서는 이것을 나무와 인간의 관계로 설명한다. 즉, 나무는 그 자체로 실재하는 즉자적 존재이고, 인간은 '무엇에 대한 의식', 가령 '나무에 대한 의식'을 가진 대자적 존재이다. 실재하는 나무가 있더라도 '지향하여 의식'하는 과정이 없으면 나무의 존재를 확인할 수 없다. 이런 과정을 '무엇에 대한conscious of 지향성intentionality'이라고 한다. 후설이 말하는 것은

'의식은 무엇을 지향하는 의식All consciousness is consciousness of something'이며 인간은 언제나 지향성을 가지고 있다는 것이다. 그리고 주체(생각하는 인간)와 객체(생각의 대상)의 관계가 생활세계를 구성한다는 개념이다.

후설은 인간의 의식작용noesis과 의식대상noema을 나누었다. 노에시스와 노에마는 인간 의식 활동의 핵심이다. 이에 근거한 현상학은 '경험을 통하여 대상을 인지할 수 있다'는 경험론과 인간의 순수이성에 근거한 관념론을 통합하고자 하는 점에서 현상에 대한 인식론인 현상론現象論이 아니다. 후설에 의하면 경험과 지각 등에 의해서 객관적으로 존재하는 것처럼 보이는 대상들은 의식이라는 거울에 맺힌 상象에 불과하다. 그러므로 의식에 맺힌 상의 본질이 무엇인지 알기 위해서는 현상학적 환원이라고 불리는 사유작용을 해야 한다. 기존의 선입견을 배제하는 한편 모든 판단을 중지하고 새로운 관점으로 대상을 보아야 한다. 그것이 현상 내면 또는 이면에 놓인 본질을 알아내기 위하여 끊임없이 회귀하고 반성하는 환원還元이다.

환원을 위해서는 인간의 의식에 내재하는 불확실하고 불완전한 모든 것을 판단중지하고, 의식의 거울에 비친 외부의 현상을 '괄호치며bracketing, 유예하고, 배제한 다음', 끊임없는 환원을 통하여 본질로 들어가야 한다. 이것이 후설이 말하는 판단중지 즉 에포케Epoch다. 에포케는 현상학이 '자연 세계에서 사물이 실제로 존재한다'고 믿고 인식하는 태도를 괄호치고 차단한 다음 순수한 의식에서 다시 분석하는 출발점이다. 그렇다고 해서 현상학이 자연 세계와 현실을 부정하는 것은 아니다. 바로 이 지점에서 현상학의 개념인 '의식 그 자체는 무엇인가'라는 현상학의 핵심이 드러난다. 그러니까 철학이 기하학과 같은 명료한 공리성에 근거하기 위해서는 명증한 의식 활동을 찾아내야 한다는 것이다. 이렇게 해야만 의식에 내재하고 있는 최후이면서 진정하고도 명료한 본질을 알 수 있다. 하지만 이 본질 역시 의식에 맺힌 또 다른 가상假象일 수 있으므로 또다시 현상학적 환원이라는 반복적 분석을 통하여 마지막 자기반성을 해야 한다.

현상학적 환원은 의식 내부에 주어진 것을 분석하기 위하여 원래의 상태로 되돌리는 방법이다. 현상학적 환원을 위해서는 1차 환원인 형상적 환원을 거쳐서 2차 환원인 선험적 환원으로 나가야 한다. 1차 환원인 형상적 환원은 비본질적 요소를 제거하여 본질적 요소를 포착하는 것이고 2차 환원인 선험적 환원은 의식 바깥에 있는 초월적인 것을 순수의식 안으로 다시 환원하는 것이다. 아울러 생활세계生活世界 전반에 공통적인 상호 주관적 환원이 필요하다. 이 과정에서 직관이 작동되는데 가령 모든 삼각형을 다 경험하지 않더라도 삼각형이라는 보편적 본질을 인지하게 된다. 이런 현상학적 환원을 수행하는 것은 개별적이거나 특수한 자아가 아니고 보편적 의식의 주체인 선험적 자아다. 데카르트와 칸트의 사유방법을 비판적으로 계승한 후설의 자기반성은 인간 존재와 의식을 연결한 실존적 현상학으로 발전했다.

참고문헌 Edmund Husserl, *Ideas Pertaining to a Pure Phenomenology and to a Phenomenological Philosophy—First Book : General Introduction to a Pure Phenomenology*(1913), translated by F. Kersten, The Hague : Nijhoff, 1982.

참조 경험론/경험주의, 생활세계, 순수이성, 실존주의, 의식, 이성, 이성론/합리주의, 인식론, 존재론, 지각우선의 지각현상학, 지향성(현상학), 현상, 현상학

이항대립
Binary Opposition | 二元対立

'저 강을 어떻게 건너야 하지요?' 그러자 선사禪師는 이렇게 말했다. '나룻배를 타고 건너야 하겠지요.' 그러자 다시 K는 '강을 건너면 나룻배는 어떻게 하지요?' 다시 선사가 말했다. '피안에 도달했으니 나룻배는 버려야 하겠지요?' 그제야 알았다는 듯 K는 이쪽과 저쪽, 이승과 저승을 차안此岸과 피안에 비유해 보았다. 여기서 말하는 강 건너 저쪽 언덕이라는 피안彼岸은 이쪽 언덕이라는 차안此岸의 반대 개념이다. 원래 피안은 산스크리트어 바라밀다pāramitā의 한자어波羅蜜多로 현재의 생애를 해탈하고 깨달음을 얻은 경지를 말한다. 한편 차안을 지나 피안에 이른다는 도피안到彼岸은 불교의 생사관生死觀인데 생과 사의 두 어휘는 양립 불가능하다. 이처럼 이항대립은 상반되면서 모순인 두 개념이 서로 대립하는 것이다. 이항대립은 서로 다른 성질과 가치를 가진 두 가지가 공존한다는 것을 전제로 한다.

이항대립二項對立은 인간, 자연, 사회 등 세계를 인식하는 인식론인 동시에 플라톤 계열의 형이상학에 대한 비판이면서 일상생활에서 실행하는 실천의 방법이다. 인식론에 한정하여 말하면 이항대립은 이분법적 사고와 계통분류의 방법을 의미한다. 또한, 이항대립은 서구의 형이상학에서 남성을 중심으로 하는 수직적 위계관계와 폭력성 그리고 그 지배의 정당성을 드러내는 전략이자 방법이기도 하다. 이항대립의 사유를 체계화한 프랑스의 후기구조주의 철학자 자크 데리다J. Derrida, 1930~2004는 서구사회가 가진 합리주의와 남성중심주의, 권위적 형식, 사회구조, 제도, 관습, 윤리와 도덕, 인식 방법을 해체deconstruction하고자 이항대립을 사용했다. 데리다는 대립하고 상반되는 차이가 없다면 그것은 차이라고 할 수 없다고 말하고, 인간의 언어와 사고는 근본적으로 대립적이라고 선언했다.

이항대립은 구조주의적 체계를 포함한다는 뜻에서 이항체계^{binary system}라고 불리기도 한다. 이런 대립적 사고는 구조주의 언어학자 소쉬르^{F. de Saussure, 1857~1913}의 언어학에서 유래했다. 소쉬르는 선善이라는 개념은 악惡이라는 개념과 대립하는데, 만약 대비되지 않으면 그 개념을 명확하게 표현할 수 없다고 하면서 이를 구조주의적으로 설명했다. 러시아의 언어학자, 로만 야콥슨과 문화인류학자 레비스트로스 또한 대립하는 사유체계가 언어로 표현된다고 주장했다. 이들은 기표記標, signifiant, signifier와 기의記意, signifie, signified는 임의의 관계지만 그 관계가 의미를 생산한다고 보았다. 가령 '사과'라는 기표는 실제 사과와 관계가 없으나 지시어인 기표와 지시대상인 기의가 일치한다고 본 것이다. 데리다는 이 관계가 상대적이라고 보고, 고정된 관계를 해체하고자 해체적 방법론을 창안했다.

이항대립의 예는 남/여, 서양/동양, 백인/유색인, 기독교/이슬람, 이성/감성, 현존/부재, 지배계급/피지배계급, 문명/야만, 높은 학력/낮은 학력, 발전/정체, 선/악, 비장애인/장애인, 도시/시골, 부자/빈자, 정신/육체 등이 있다. 이항대립하고 있는 전자의 특징을 모아보면, 서양에 사는 기독교 남성 비장애인이면서 높은 학력을 가진 이성적 백인이 발전된 도시에서 부유하게 사는 지배계급이다. 반면 후자의 특징을 모아보면, 중동에 사는 이슬람 여성 장애인이면서 낮은 학력을 가진 감성적 유색인이 낙후된 시골에서 가난하게 사는 피지배계급이다. 이항대립은 이러한 대립을 통하여 자기와 타자를 구분하고 그 차이를 통하여 문제와 본질을 추출할 수 있다는 점에서 유용하다. 또한, 이항대립을 통하여 세상의 모순을 선명하게 드러내고 그 모순을 극복하자는 목표도 설정할 수 있다. 그런 점에서 이항대립은 사유의 방법이자 실천의 원리다.

구조주의적 사유는 서양철학의 오랜 전통에 뿌리를 두고 있는데, 있음presence과 없음absence, 실재real와 비실재unreal를 대립적으로 분류한 플라톤 이래의 전통인 이분법적 사유를 바탕으로 한다. 이항대립을 통하여 사회가 불평등하고 모순에 차 있다는 것을 추출할 수 있으며, 세상이 서구중심의 위계질서로 짜여 있으므로 이런 구조적 모순을 해체하고 평등하고 정의로운 세계를 만들어야겠다는 목표를 구체화할 수 있다. 그런데 이항대립의 이분법은 차이에 대한 고려가 부족할 뿐 아니라 이항대립 자체도 사실은 차이일 뿐이므로 위험한 사고일 수 있다. 역설적으로 이항대립은 서구중심주의를 강화한다는 점에서 후기구조주의, 페미니즘, 탈식민주의 등으로부터 비판을 받고 있으며 논리적으로는 무조건적 이분법이라는 비난을 받고 있다. 한편 동양에서도 (이기철학理氣哲學이나 음양이론은 대립과 조화의 이분법이라는 점에서) 이항대립의 구조적 사유를 해 왔다고 할 수 있다.

참고문헌 Jacques Derrida, "Afterwords" in Limited Inc, Northwestern University Press, 1988.

참조 구조주의, 기표·기의, 오리엔탈리즘, 음양오행, 이성론/합리주의, 차연, 철학, 탈식민주의, 페미니즘, 포스트모더니즘, 후기구조주의

기관 없는 신체

Body Without Organs | 无器官的身体

어느 날 토끼가 거북이의 속임수에 빠져서 바닷속 용궁龍宮으로 잡혀갔다. 용왕이 병에 걸려 토끼의 간을 먹어야 한다고 하자, 천연스럽게 '그 간은 바위에 널어두고 왔으니 가서 찾아오겠다'라고 하여 도망쳐서 살아난다. 이런 이야기는 물론 허구다. 그런데 실제로 토끼나 인간에게 간이 없다면 어떻게 될까? 당연히 존재할 수 없다. 폐와 간 등의 기관이 없는 인간이라는 개념은 생물학이나 의학적인 개념이 아니고 은유적인 표현이면서 철학적인 개념이다. 들뢰즈는 생물학적 상상력을 철학에 대입하여 '기관 없는 신체' 개념을 창안했다. 그리고 그는 인간을 욕망의 실현 주체로 보는 관점을 '기관 없는 신체'에 비유했는데 기관 없는 신체는 어떤 것으로도 진화나 변화가 가능한 상태를 뜻한다. 따라서 기관이 없다는 것은 '신체와 기관이 유기적으로 통일되지 않는다'는 것과 '신체가 기관을 통제하지 못한다'는 두 가지 의미가 있다.

기관 없는 신체는 들뢰즈G. Deleuze, 1925~1995와 가타리F. Guattari, 1930~1992가 철학적으로 개념화한 용어로, 근대의 기계주의機械主義를 비판하기 위해서 사용되었다. 이들은 스피노자의 신체 개념을 받아들여 인간의 신체는 자기보존과 생성의 욕망이 있으며 능동적으로 변화할 수 있는 부분들의 결합체라고 설명한다. 스피노자는 단일 실체substance인 보편의 신이 가진 속성attribute이 다양한 양태mode로 변용된 것이 우주, 세상, 자연이라고 보았다. 여기서 중요한 것은 실체의 변화와 변용이다. 이에 따르면 고정 불변하는 존재는 없으므로 모든 존재는 생성할 수 있고 변용할 수 있다. 인간의 신체 역시 고정된 유기체가 아니라 끊임없이 변화할 수 있고 변용될 수 있는 미정형의 존재다. 이처럼 수목구조樹木構造인 플라톤 철학을 부정하는 것에서 이들의 사유가 출발했다는 점에서 기관 없는 신체는 현대인의 자유로운 사유를 반영한 중요한 개념이다.

조직화된 유기체가 아니라 어떤 조직화라도 가능한 유기체가 기관 없는 신체다. '기관 없는 신체'의 대립 항은 '기관 있는 시체'다. 기관 있는 시체는 진화와 변화가 끝나서 고착되었거나 경직된 상태를 뜻한다. 이들은 동물의 알卵에는 어떤 기관도 형성되지 않았지만 어떻게든 변화할 수 있는 것으로 보고 그런 상태가 기관 없는 신체와 흡사하다고 말했다. 비정형이고 미분화된 원형적 형상인 알卵이 가지고 있는 강렬도에 따라서 여러 형태로 분화하고 변화할 수 있다. 그러니까 기관 없는 신체는 알의 미정형성, 리좀의 다차원성, 유목적 개방성 등이 실현되는 철학 이전의 철학이자 사유의 근본이다. 그런 의미에서 보면 기관 없는 신체는 기관이 분화되지 않았거나 몸과 머리가 분리된 상태이며 인식과 감각이 통합되지 않는 관계이다. 이런 이유로 기관 없는 신체는 다양한 잠재성과 가능성 또는 예술적 창의성에 적용할 수 있다.

기관 없는 신체가 유용한 것은, 새로운 사상과 감성을 찾기 위해서는 고착된 층위를 유연한 상태로 바꾸어야 한다는 이유 때문이다. 인간은 언제나 고정된 것을 해체하고 싶어 한다. 그런데 의식이 조직화되어 있고, 유기체화 되어 있으며, 주체가 분명하면 유연해질 수가 없고 새로운 것을 생각할 수가 없다. 따라서 경직된 사고, 체제, 조직으로부터 탈주하려면 경직된 층위를 해체하면서 기관이 없는 것과 같은 미정형의 상태가 되어야 한다. 그러므로 역동적인 사유가 가능한 내재의 평면plane of immanence에서 무한 질주를 하면서 고정된 것을 파괴하고 개념의 근원을 찾아가야 한다. 그런 다음 고정된 영토와 기능을 해체하는 탈영토와 탈지층脫地層을 통하여 탈주의 비상선을 확보하고 억압으로부터 탈출해야 한다. 이처럼 진정한 인간해방과 자유를 찾는 과정에서 고안된 사유가 기관 없는 신체다.

기관 없는 신체는 다양한 소재와 주제로도 변용된다. 그런데 기관 없는 신체는 경직된 세상으로부터의 탈주와 탈주를 통한 새로운 세상의 표현이라는 점에서 중요하다. 예술가가 원초적 감정, 미정형의 원형 또는 신비한 것을 표현하고자 할 때, 예술가는 그것이 가진 고정된 기능이나 의미를 해체하고 그로부터 탈주선脫走線을 찾아서 탈주한 다음, 상상을 통하여 새로운 것을 창조해야 한다. 이 과정에서 예술적 낯설게하기defamiliarization와 같은 기관 없는 신체의 변형과정을 거쳐야 한다. 그리고 고정된 영토를 해체하여 탈영토화를 하거나 리좀과 노마드nomad처럼 열린 구조를 가지는 과정에서 기관 없는 신체가 필요하다. 들뢰즈가 말하는 기관 없는 신체는 스피노자, 니체, 베르그송으로 거슬러 올라가는 자유주의의 사유다. 그리고 기관 없는 신체는 플라톤, 헤겔, 마르크스로 이어지는 이원론Dualism이나 변증법과는 다른 사유체계에서 생산된 전복의 이론이다.

참고문헌 Gilles Deleuze and Félix Guattari, *A Thousand Plateaus*, translated by Brian Massumi, London and New York : Continuum, 2004.

참조 개념, 근대·근대성, 낯설게하기, 내재의 평면, 노마디즘, 리좀, 변증법, 예술, 오이디푸스 콤플렉스, 욕망기계, 원형(칼 융), 인간(신체), 탈영토, 탈주의 비상선

계급의식

Class Consciousness | 阶级意识

어느 날, K는 P에게 '당신은 부르주아의 전형이다'라고 말했다. 그러자 P가 기분 나쁜 표정을 지으면서 '나는 프롤레타리아다'라며 선언하듯 내뱉었다. K 는 건강한 자유시민의 책임감을 긍정적으로 이야기한 것인데, 받아들이는 P는 탐욕스러우면서 반동의 역사를 사는 부정적 계급으로 오인한 것이다. 이런 의식에서 작동되는 계급은 지위, 신분, 계층 등 여러 의미를 포함하고 있는데 근대 자본주의 시대에 새롭게 정립되었다. 일반적으로 계급의식은 계급에 대한 자각적 의식을 말하는 것인데, 문화와 생활의 경험으로부터 생기며, 자신이 속한 계급의 이해관계를 반영하는 의식이다. 계급의식은 계급의 이해를 반영하기 때문에 계급적 심리를 통해서 형성된다. 계급의식은 유사한 집단이 가지는 신념, 가치, 태도, 인식, 판단, 규범 등을 포함한 계급의 집단적 의식이다.

계급의식이라는 용어와 개념은 하부구조인 경제와 산업을 과학적으로 인식한 마르크스주의의 이론이다. 마르크스Karl Marx, 1818~1883에 의하면 인간은 생산수단과 생산양식 그리고 분배를 통하여 생존하는 경제적 동물이다. 그는 『정치경제학비판』1859 서문에서 유물론적 역사관을 제시하고 현실의 '사회적 존재가 의식을 결정한다Social existence determines their consciousness'고 하여 경제적 토대가 집단의 계급의식을 형성한다고 보았다. 특히 산업혁명을 거친 근대 자본주의 이후 계급이 공고해졌고 계급의식이 강화되었다. 근대의 계급의식은 사회적 생산관계 속에 놓인 의식과 행위의 계급적 공통성을 말한다. 그런데 계급의식은 일반적으로 생활에서 획득한 즉자적 계급의식과 사회적 요구, 역사적 사명, 정치적 자각을 통한 대자적 계급의식으로 나뉜다. 계급의식은 현실을 의식적으로 자각하고 계급적 불평등을 해소하려는 적극적인 실천 운동에서 이해되어야 한다.

한편 헝가리의 철학자 루카치Georg Lukács, 1885~1971는 『역사와 계급의식History and Class consciousness』1923 3장에서 계급의식을 분석한 다음 4장에서 프롤레타리아트의 계급의식을 설명했다. 루카치는 현재의 생활과 생존이 계급의식의 조건인데, 같은 계급의 의식을 공유함으로써 그 계급의 의식을 형성한다고 보았다. 생활과 생존에서 형성된 계급의식이 아니면 허위의식일 가능성이 크다. 이런 루카치의 계급의식은 헝가리 혁명이 실패한 다음 그 원인을 고찰하면서 얻어진 것이고 역사적 계기 속에 놓인 인간의 행동을 분석하면서 체계화된 것이다. 루카치는 허위의식에 사로잡혀 있는 부르주아와 달리 역사의 변혁기에 적극적인 행동을 하는 프롤레타리아가 진정한 계급의식을 가질 수 있다고 단언했다. 왜냐하면, 프롤레타리아만이 역사와 사회를 총체성totality의 차원에서 이해하면서 물화物化된 인간의 허위의식을 극복할 수 있는 주체이기 때문이다.

계급의식은 근대 자본주의 사회에서 집단의식으로 드러난다. 산업사회 이후 생산수단을 가지고 있고 분배를 결정하는 것이 지배계급이고 생산수단을 가지지 못하거나 잉여가치를 착취당하는 집단이 피지배계급이다. 피지배계급은 노동력을 제공하고 임금을 받는 과정에서 지배계급과 계급적 차이가 심화된다. 근대사회에서 역사의 주체로 떠오른 부르주아 시민계급은 자신들 중심으로 세상을 만들면서 지배자의 지위를 쟁취했다. 따라서 프롤레타리아인 노동자계급은 현실을 자각하고 노동자계급의식을 토대로 계급투쟁을 통하여 질곡에서 벗어나야 한다. 이것은 단지 프롤레타리아계급만의 해방이 아니라 모든 계급적 차별을 없애면서, 계급과 국가가 소멸하는 마지막 인간해방을 향한 실천이어야 한다. 이런 고전적 계급의식과 달리 그람시A. Gramsci, 1891~1937는 부르주아 헤게모니를 분석하고 하위주체Subaltern라는 계급개념을 제시했다.

어떤 계급에 속한다고 해서 자신이 속한 계급의식을 가지는 것은 아니다. 가령, 상류 지배계급이라도 민중해방의 의지가 있다면 그의 계급의식은 민중적 계급의식이다. 반면 노동자와 농민이라도 지배계급을 동경하고 내면화했다면 그의 계급의식은 지배자의 계급의식이다. 이것이 세계관 즉, 세상을 보는 철학적 관점인 이념인데 그 세계관이 정확하게 현실을 반영하지 못할 때는 허위의식虛僞意識일 가능성이 있다. 그런데 '자각한 프롤레타리아Proletariat'에서 보듯이 계급의식을 가진 사람들은 자신이 속한 계급을 철저하게 인식함으로써 계급사회를 폐기할 수 있다고 전망한다. 계급의식은 노동자 또는 프롤레타리아가 자기 노동의 대가를 잉여가치로 착취당하고 있다는 자각에서 고양된다. 하지만 생산양식과 관계없는 계급도 존재했다. 예를 들어 고대 군주사회의 노예라든가 현대의 다양한 중간계급은 자본주의적 계급개념과는 다르지만, 이들 역시 자기가 속한 계급의식을 가지고 있다.

참고문헌 Georg Lukács, *History and Class Consciousness : Studies in Marxist Dialectics*, translated by Rodney Livingstone, The MIT Press, 1972.

참조 계급투쟁, 공산주의적 인간형, 노동가치설, 마르크스, 반영론, 역사, 역사적 유물론/유물사관/사적 유물론, 유물론, 의식, 인정투쟁, 잉여가치, 하위주체, 허위의식

타자

other, Other | 他者

'나는 지금까지 무엇을 했던가? 모든 것이 부질없고 또 허무한 것인가? 나는 왜 이 세상에 태어나, 찾아도 찾을 수 없는 나의 존재를 찾아서 헤매야 하는가? 나를 둘러싸고 있는 존재들은 또 무엇인가? 나는 도대체 무엇이고 또 누구인가?' 인간은 누구나 이런 자기성찰을 한다. 그런데 자기가 자기 존재를 입증하는 것은 언제나 벽에 부딪힌다. 왜냐하면, 자기와 자기의 관계를 자기가 입증하는 것은 자기의 문제로 돌아가기 때문에 시작도 없고 끝도 없기 때문이다. 그러므로 타자로부터 자기를 증명해야 자기를 알 수 있다. 실제로 모든 인간은 타자他者, das Andere, other와의 관계 속에서 자기를 인식하고, 자기를 확인하며, 자기를 인정받는다. 따라서 타자는 자기를 인식하고 자기 존재를 이해하는 가장 중요한 대상이다. 자기와 타자는 대립적일 수도 있고 상호보완적일 수도 있다. 하지만 타자 없는, '독립적인 자기'도 가능한 존재의 방식이자 사유의 방법이다.

자기, 자아, 자신을 주체로 두었을 때 자기, 자아, 자신과 대립적인 사람이나 객체를 타자라고 부른다. 타자는 나를 제외한 모든 존재와 사물을 말하며, 타자는 다른 사람이라는 의미의 타인他人을 포함할 뿐 아니라 동일자인 '자기'의 대립적인 실재나 가상도 포함한다. 또한, 타자는 의식의 주체인 '나'가 아닌 '너', 이것이 아닌 '그것'이다. 이처럼 주체인 '나'의 상대로서의 '너'가 타자가 되는데 윤리학이나 종교에서는 '나나 너'와 관계없는 신이나 선험적 존재인 절대적 타자 또는 대타자를 상정하기도 한다. 신과 같은 절대타자를 제외한 자기와 타자의 관계는 경쟁과 인정의 관계다. 그런데 모든 존재는 타자를 인정하지 않으려 한다. 하지만 타자가 없다면 자기 역시 존재할 수 없으므로 자기가 존재하기 위해서는 타자를 인정하고 긍정할 수밖에 없다. 타자는 자기의 거울이고 자기를 측정하는 좌표다.

헤겔은 인간 내면에 다른 모든 타자를 살해하고 싶어 하는 욕망이 있다고 말했다. 그런데 사람들은 자기 존재를 위하여 타자를 살해하는 대신 타자를 긍정함으로써 자기와 타자의 관계를 설정한다. 이 과정에서 인정투쟁認定鬪爭이 벌어지면서 주인과 노예의 변증법이 성립하고 이때 보편의 역사라는 인류사의 행정이 구성된다는 것이다. 헤겔은 또한 '내가 아닌 것not I'을 타자로 설명하면서 '존재하는 것과 존재하지 않는 것은 같다'라고 하여 자기와 타자를 하나의 총체로 놓았다. 이런 자기 주체 중심의 헤겔식 타자와 달리 레비나스는 타자에 대한 책임을 강조한 타자 윤리학을 제일철학으로 설정했다. 그리고 타인을 의미하는 타자Autrui, the Other와 자기가 아닌 다른 모든 것을 의미하는 타자Autue, the other를 구분하면서 타인에 대한 윤리적 책임을 특별히 강조했다.

철학적 개념으로 보면 타자는 '자기가 아닌 것'이다. 철학, 교육학, 정신분석학, 예술에서 말하는 자기는, '한 인간의 마지막 본질적인 것'을 말한다. 라캉과 지젝은 자기 주체를 상징계의 언어에 등록함으로써 무엇욕망을 상실한 소타자小他者가 무의식에 위치하고, 대타자大他者는 상징기호를 얻어 상징계에 위치한다고 보았다. 한편 현상학에서 타자는 자기의 비본질적인 것을 지속해서 배제하거나 환원reduction하고 남는 최후의 자기 또는 영혼의 자아다. 자기 존재 최후의 자기는 육체도 아니고, 감정도 아니며, 인간관계나 사회적 실체도 아니다. 그것은 '지금 여기에 존재하고 있다'라는 존재의식일 뿐이다. 생각하기 때문에 존재한다는 이 말에서 생각은 의문 또는 의심이다. 공자孔子도 끊임없이 의문을 가지고 탐구하라고 했는데 그것이 바로 생각하고 사유하는 주체인 자기다. 이것은 모두 이성적 주체를 말하는 것으로서 의식/무의식에 존재하는 또 다른 주체가 아닌 선명한 자기 주체다.

데카르트R. Descartes, 1596~1650는 내가 무엇인가를 끊임없이 생각하고 내가 어떻게 존재하는 것인가를 사유하는 그 순간의 의문과 의심만은 진실하다고 주장했다. 이 순간이 자기 또는 자아를 확인하는 과정이다. 이때 자기와 타자 개념이 집단과 계층에 적용되면서, 자기 주체를 가진 집단/계층이 다른 개인/집단/계층을 대상으로 간주하는 경우가 생긴다. 이것이 다른 사람의 인격이 나에 의해 대상화對象化되고 물화物化하는 타자화他者化다. 이리하여 중심의 주체와 주변의 타자라는 선명한 이항대립이 성립하는 것이다. 페미니즘에서처럼 어떤 사회에서 주류와 중심이 되지 못하는 것을 타자로 설명하기도 한다. 이처럼 타자는 주체가 아니고 객체이자 대상이고 상대이다. 한편 타자는 종속적이고 수동적인 존재와 상태를 말하고, 타인他人은 인격을 가진 자기 아닌 다른 존재를 말한다.

참조 대타자·소타자, 상징, 상징계, 상징적 거세, 인정투쟁, 자아, 자아와 비아, 존재·존재자, 존재론, 주이상스, 주체·주체성, 타자윤리, 페미니즘

호접지몽

Butterfly Dreaming | 胡蝶之夢

'인간이 나비인가, 나비가 인간인가?' 인간 존재에 관한 특별한 사유인 인간과 나비의 우화는 은유적이면서도 상징적이어서 많은 사람이 좋아하는 글이다. 이것이 바로 호접지몽胡蝶之夢이라는 우화인데 그 내용은 다음과 같다. "어느 날 장주가 꿈속에서 나비가 되었다 / 훨훨 날아다니는 나비가 되어 / 즐겁고 유쾌했지만 / 자기가 장주라는 것을 알지 못했다 / 그러다가 문득 잠에서 깨어나 보니 / 누워 있는 자신은 분명히 장주였다 / 그가 꿈에서 나비가 된 것인지 / 꿈속의 나비가 그가 된 것인지 알 수가 없다 / 장주와 나비는 / 틀림없이 다른 존재이다 / 이를 일컬어 물物이 되었다고 하는 것이다."[1] 두 존재가 현실에서 각기 다른 물物 즉 실체가 되었으나 사실은 분리되지 않는 하나다. 이처럼 호접지몽은 현실과 꿈이 분리되지 않으며 나비와 자기의 경계가 없어지고 하나로 합일되는 상황을 말하는 우화다.

호접지몽에서는 장자莊子 자신이 꿈에서 나비가 된 것인지, 아니면 나비가 꿈에서 자기가 되어 있는 것인지, 어느 쪽이라고 말할 수 없다. 한마디로 호접지몽은 변화하는 세상에서 모든 것은 일시적이기에 '세상과 나의 구별은 무의미하다'는 우화다. 장자는 유한한 존재인 인간이 무한 광대한 세상을 알고자 하는 것은 불가능할뿐더러 무의미하므로 그저 흐르는 물이나 바람처럼 살아야 한다고 말했다. 그 절대 경지에 이르면 꿈과 현실, 삶과 죽음, 어둠과 밝음, 유와 무,

---

1   昔者莊周爲胡蝶 栩栩然胡蝶也 自喩適志與 不知周也 俄然覺 則蘧蘧然周也 不知周之夢爲胡蝶與 胡蝶之夢爲周與 周與胡蝶 則必有分矣 此之謂物化.

기쁨과 슬픔도 차이가 없다. 이처럼 물아일체物我一體, 즉 대상인 물物과 주체인 내我가 하나로 합일하는 경지가 바로 호접지몽이다. 이것은 노자가 말한 도가 도비상도道可道非常道 즉 '도는 도라고 할 수 있지만, 항상 도가 아니다'라는 유무의 현묘함을 의미한다. 세상에는 고정불변의 진리는 없으며 모든 것은 상대적이고 시공간에 따라서 달라진다는 도가도비상도가 호접지몽의 철학적 토대다.

인생을 바람과 같이 소요逍遙하는 것으로 이해하는 도가道家에서는 사람들에게 한바탕의 너털웃음처럼 살 것을 권고한다. 인생이 일장춘몽일 뿐이라면 욕망과 의지 또한 꿈처럼 허망한 것이다. 또한, 한바탕의 꿈일 뿐인 인생에서 무엇을 욕망하거나 성취한다고 하는 것 자체가 잘못된 목표다. 따라서 인간이 허망하고 인생이 허무한 것을 인정하고 깨우칠 때 진정한 자유인이 된다. 이 고사는 철학적인 글이지만 한 편의 시처럼 예술적 가치가 있다. 호접지몽은 『장자』 「제물」에 나온다. 장주의 본명은 주周, BCE 365~BCE 290로 자유분방하면서 막힘이 없는 현자였다. 그는 그 어떤 인위적인 변화도 거부하고 자연 그대로 살아가는 무위자연無爲自然을 제창했다. 따라서 호접지몽은 노장철학에서 이해되어야 한다. 그래서 장자는 시비是非, 선악善惡, 진위眞僞, 미추美醜, 빈부貧富, 귀천貴賤을 초월하여 자연 그대로 살아가는 무위자연無爲自然을 실천하고 또 설파했다.

무위자연은 자연적인 것만이 유일한 가치이자 진리라는 일원론이다. 무위는 원인과 목적도 없고, 결과도 중요하지 않은 그 자체의 길 즉 천지자연의 흐름이다. 따라서 인간은 자연의 도로 돌아가야 한다. 그러니까 꿈과 현실은 분리되지 않으며 유와 무도 결국 하나라는 것이다. 장자와 함께 노장철학의 시조로 알려진 노자는 '하늘의 법은 도이고 도의 법은 자연이다天法道 道法自然'라고 하여 무위자연과 물아일체를 설명했다. 이처럼 도가들은 '예술은 자연의 법에 따르는 것'이라고 보았던 것이고 이것이 물아일체의 예술관을 형성했다. 노장사상老莊思想과 다른 철학을 직접 비교하는 것은 위험한 일이지만 노장철학은 현대 포스트모더니즘의 탈중심, 탈경계, 탈영토 등과 유사한 면이 있고 힌두교나 불교의 사상과도 상통한다. 사상과 감정이 시공을 초월하여 존재하는 편재성遍在性과 막힘과 닫힘이 없는 유연성에서 이들 사상은 유사하다.

모든 체제와 제도를 부정하는 한편 허무적이고 냉소적인 이런 태도는 무정부주의적이기 때문에 현실보다는 이상과 낭만으로 이해되는 경향이 있다. 따라서 허무주의로 보일 수 있는 이런 관점에 서게 되면, 인간사회의 법과 제도는 물론이고 윤리, 도덕, 욕망, 욕심이 모두 의미가 없다. 발전과 진화 또한 의미가 없기에 결국 염세적이거나 현실도피의 청담청빈淸談淸貧 사상으로 나간다. 하지만 시적이고 우화적으로 표현된 호접지몽은 존재의 본질에 대한 신선한 사유다. 또한, 호접지몽은 현실과 가상이라는, 철학적이면서 과학적인 사유와 연결되고 실재와 사실에 대한 리얼리즘과 연결된다. 한편 현대철학의 아버지로 불리는 데카르트R. Descartes는 실재하는 것은 인식 주체의 객관적 대상에 대한 지각과 직관의 문제, 즉 '생각에 대하여 생각하는' 문제로 보았다.

참고문헌 『장자(莊子)』「제물(齊物)」.

참조 니힐리즘/허무주의, 도, 도가도비상도, 리얼리즘〔예술〕, 리얼리즘/실재론〔철학〕, 무극이태극, 무위자연, 물아일체, 사실, 알레고리/풍유, 존재·존재자, 존재론, 증강현실, 탈중심주의

인정투쟁[헤겔]

Recognition Struggle | 认定斗争

인간은 언제나 자기에 대해서 깊은 사유를 한다. '나는 무엇인가, 누구인가, 어떻게 살아야 하는가, 생전이나 사후에는 어떤 존재인가?' 등 무수히 많은 존재론적 물음을 반복한다. 이것은 '나는 이 세상에서 살 가치가 있는 존재인가?' 라는 물음으로 환원한다. 그런데 살아야 할 이유나 가치는 저절로 주어지는 것이 아니다. 다른 사람이나 다른 존재로부터 승인 또는 인정을 받아야 한다. 자기 자신으로부터 인정받고, 주위 사람으로부터 인정받으며, 사회나 세상으로부터 인정받으려는 욕망은 주체적 인간이 되기 위한 필연적 과정이다. 그런데 타자들은 쉽게 자기를 인정해 주지 않기 때문에 주체적 인간은 인정투쟁을 벌인다. 인정을 받는 것은 일종의 투쟁이고, 그 투쟁은 때로 피비린내 나는 싸움일될 수도 있다. 이 인정투쟁은 헤겔 철학에서 유래한 투쟁이론으로, 개별 존재의 투쟁과 계급 간의 투쟁을 유물론으로 해석한 역사철학 이론이다.

독일의 철학자 헤겔G.W.F Hegel, 1770~1831은 『정신현상학』에서 주인과 노예라는 개념으로 인정투쟁을 설명하고 있다. 헤겔이 볼 때 인간은 인정받기 위하여 투쟁하는 존재다. 모든 인간은 기본적으로 자기로부터 인정받고, 타자로부터 인정받으며, 세상으로부터 인정받아야 한다. 왜냐하면, 모든 것은 인정과 부정을 통해서 질서가 정해지기 때문이다. 예나대학 시절의 헤겔에 의하면 인간은 고립된 단독자가 아니고 인정하고 인정받는 상호적 존재이며, 이 과정의 반복을 통하여 운동하고 진전하는 것이 역사다. 그런데 이 보편의 역사는 주인과 노예 Master and Slave의 변증법을 거친다. 주인과 노예의 모순은 필연적으로 충돌을 일으키는데 그 모순의 해결 과정에서 인정투쟁이 벌어진다는 것이다. 이 상호인정mutual recognition에는 사랑의 형태, 법적 인정, 사회적 연대의 단계가 있는데 이 과정에서 갈등과 충돌이 생긴다.

인정투쟁에서 승리한 존재는 주인主人이 되고 패배한 존재는 노예奴隸가 된다. 지배하는 주인과 지배받는 노예의 상호관계가 성립하는 것이다. 그런데 인정투쟁에서 승리한 주인은 노예가 없이는 존재할 수가 없다. 그러므로 표면적으로는 주인이 노예를 지배하는 것 같지만 사실은 노예가 주인을 지배하는 현상이 발생한다. 한편 자신의 처지를 자각한 노예는 노예에서 벗어나기 위하여 인정투쟁을 다시 시작하게 된다. 만약 노예가 인정투쟁에서 승리하면 주인과 노예의 관계는 역전된다. 이것이 헤겔이 말하는 주인과 노예의 역전 재역전의 변증법이다. 주인의 긍정을 노예가 부정하는 변증법적 과정을 거치면서 주인과 노예의 지위는 역전될 수 있다. 이처럼 인정받고, 인정하는 상호 투쟁은 계급갈등의 원인이 된다. 따라서 인정투쟁론은 역사철학과 유물 변증론의 바탕이 되는데 이것은 인정투쟁이 국가, 민족, 사회에서도 성립하기 때문이다.

인정認定의 문제를 계급적 관점에서 보면 역사 유물론과 계급투쟁설이 된다. 하지만 인정투쟁은 근대 자유시민의 자기 주체와 보편의 역사에서 이해되어야 한다. 역사주의에 근거하여 역사를 절대정신이 구현되는 과정으로 본 헤겔은, 근대의 자유시민이 보편의 역사를 실현한다고 믿었다. 여기서 자유와 주체의 문제가 대두한다. 인간은 고립된 개인이 아니라 사회를 구성하는 주체이자 이성적 존재이므로 상호주관성이 성립해야만 사회와 국가가 존재할 수 있다. 여기서 헤겔은 인정투쟁을 통한 자기보존과 상호인정을 통하여 독립적이고 자유로운 개인이 존재하게 된다고 말했다. 결국, 인정투쟁은 자기가 자기를 인식하는 것에서 시작하여 대립과 모순의 갈등을 거치는 인간의 존재 방식이다. 그러니까 인정투쟁은 유한과 무한, 있음과 없음, 특수와 보편의 변증법적 발전을 통한 보편적 역사가 있다고 믿은 헤겔의 정신현상학적 개념이다.

헤겔 자신은 주인과 노예의 관계를 계급과 연관하여 생각하지 않았지만, 헤겔 좌파들이 주인과 노예의 관계를 계급투쟁이론階級鬪爭理論으로 발전시켰다. 마르크스를 비롯한 헤겔 좌파들은 인류사회를 수탈과 지배의 모순으로 보고 인류의 역사는 그 모순을 타개하기 위한 계급투쟁의 역사라고 말했다. 헤겔의 이론은 1990년대 소련이 붕괴한 이후 새롭게 해석되면서 헤겔 원전 그 자체로만 읽히는 경향이 생겼다. 모든 존재는 생명을 가지고 있다는 이유만으로 존재해야 할 가치가 있으며 그 어떤 상황에서도 존재가 보장되어야 한다는 점에서 이런 변증법적 존재론은 비판을 받을 수 있다. 한편 프랑크푸르트학파 3세대로 알려진 악셀 호네트Axel Honneth는 『인정투쟁』에서 헤겔의 인정투쟁론을 발전시켜, 무시와 모욕으로부터 개인과 사회의 투쟁이 시작한다고 보았다.

참고문헌 Georg Wilhelm Friedrich Hegel, *Lectures on the History of Philosophy* Volume 1 : Greek Philosophy to Platon(Lectures on the History of Philosophy Vol.1), translated by E.S. Haldane, Bison Book, 1995.

참조 계급의식, 계급투쟁, 마르크스, 변증법, 세계사적 개인, 역사, 유물론, 자본주의, 자아, 자아와 비아, 절대정신, 존재론, 주관·주관성, 타자

노마디즘

Nomadism | 游牧主義

1162년 5월 31일, 세계의 역사를 바꾼 한 인물이 태어났다. 유목민족의 왕인 아버지 예수게이는 그를 타타르의 군주라는 뜻으로 테무친이라고 불렀다. 그는 인류의 역사와 세계의 지도를 바꾼 정치가이자 군인이었다. 그의 이름은 칭기즈 칸Genghis Khan, 成吉思汗, 1162~1227인데 몽고어로 테무친은 대장장이라는 뜻이다. 대장장이는 정주민에게는 농기구를 만들어주고, 유목민에게는 전쟁 무기를 만들어주는 중립적인 존재다. 인류는 원래 수렵 채집狩獵採集의 오랜 역사를 지난 다음 단계에 유목 중심의 생존을 했다. 그리하여 농경 기술을 터득하고 가축을 기르는 방식을 습득하면서 한곳에 정주하는 사람들이 생겼다. 유목민遊牧民과 정주민定住民은 잘 지내기도 했지만 충돌하는 경우가 많았다. 경계가 없는 유목민과 경계가 분명한 농경인의 생존방식에 차이가 생겼기 때문이다. 고정된 영토를 가진 정주민들의 사유와 행동은 구조적이고 체계적이다.

인류의 역사는 정주민의 승리사勝利史였다. 선사시대에 일군의 유목민이 정주민이 되었다. 그리고 신석기 시대와 농업혁명 이후, 정주민은 유목민을 추방하면서 끊임없이 정주의 공간을 넓혀나갔다. 정주한 인간은 동물을 사육하고 식물을 경작했다. 동물사육과 식물경작의 시대를 농업혁명 또는 신석기 혁명으로 불린다. 이처럼 수렵 채집의 시기를 지나고 고대부터 중세를 거쳐 근현대에 이르기까지 세계 모든 지역의 역사는 정주민의 정착과 성장발전의 과정이다. 그래서 인류는 정주하는 삶의 체제와 정착민의 사상 및 감정을 키워왔고, 국가나 사회와 같은 경계를 만들고 민족과 인종을 구분하며 끊임없이 나와 타자를 분리했다. 그리하여 마침내 정주민들은 유목의 감각을 잃어버렸다. 하지만 인간의 몸에는 유목의 유전자가 남아 있다. 자유롭게 옮겨 다니고, 자연환경과 조건에 맞게 생존하면서, 적과 동지를 구분하지 않는 유목적 생활과 사유는 인간의 중요한 자산이다.

질 들뢰즈^{G. Deleuze}와 펠릭스 가타리^{F. Guattari}가 쓴 『천 개의 고원』은 유목적 사유의 결과다. 이들은 현란한 문체로 철학과 여러 영역을 통섭하고 융합하는 한편 종단하고 횡단하면서 유목적 사유를 시도했다. 노마디즘은 그리스어 'nomos' 즉, 초원에서 '풀을 뜯는다'는 뜻이고 노마드인 유목민은 가축과 함께 떠돌아다니는 사람을 뜻한다. 그런데 이들은 단지 유랑하는 것이 아니라 새로운 사유를 하면서 새로운 삶을 영위한다. 그래서 유목민의 사상과 감각이 무질서한 것처럼 보이고 유목민은 정착 생활을 하는 정주민을 공격하는 전쟁 기계처럼 작동하는 것이다. 그러므로 유목주의는 평화롭게 보이지만 침략주의이며, 유목민들은 용감하지만 잔인한 사람들로 알려지기도 한다. 반면 고정된 영토보다는 여러 곳을 옮겨 다니는 유목민들의 사유와 행동은 탈구조적이고 탈지층적^{脫地層的}이다. 그리고 내재의 평면^{plane of immanence}과 같은 열린 구조다.

현대철학과 현대예술에서 노마디즘이 중요한 것은, 근대의 기계주의, 이성중심주의, 자본결정론, 국가주의, 민족주의 등 모든 고정된 사유를 해체하고 자유로운 정신을 가능하도록 만들기 때문이다. 노마디즘 사유에서는 중심과 주변이 없고, 제국과 식민이 없으며, 근대와 비근대가 없다. 고정된 영토와 영역도 무의미하다. 그런 점에서 탈중심, 탈영토, 탈근대, 탈경계, 탈식민 등은 노마디즘과 상통한다. 현대인들은 농경사회의 생존방식이나 근대의 산업생산양식과 다른 생존을 영위하고 있다. 고정되거나 얽매이지 않고 자유롭게 사유하고 자유롭게 행동하고 싶어 하는 것이다. 현대인들이 사이버 공간에서 유랑하다가 처음 들어갔던 컴퓨터 화면으로 나오는 것도 유목의 한 양상이다. 이것을 디지털 노마드^{digital nomad}라고 하는데, 현대 생활은 이처럼 다원화되고 다양해졌으며 인간 자신의 정체성 또한 끊임없이 변화하고 있다.

노마디즘은 공간의 이동을 넘어서 새로운 생각으로 과거의 생각을 대치하는 창조적인 시간의 이동이다. 이것이 자유롭게 다른 것으로 변화할 수 있는 노마디즘의 공간이고, 천 개의 고원이다. 그것은 또한 형식, 초월, 실제 등을 부정하고 서로 연결되는 관계를 긍정하는 열린 공간이다. 한편 사회학과 철학에서 일반적으로 이야기하는 노마디즘은 노장사상老莊思想과 유사한 면이 있다. 그런데 두 사상은 경계를 짓지 않고, 중심을 부정하며, 차별과 차이를 최소화한다는 점에서 유사하지만, 철학적 계보는 다르다. 또한, 일탈, 도피, 방랑, 회피, 망각, 여행 등은 노마디즘과는 다르다. 유목은 무규칙적인 것 같지만 규칙이 있고, 순환성이 있다는 점에서 정주적 사유와 정주민의 생존과 소통한다. 들뢰즈와 가타리의 노마디즘은 철학적으로 자유로운 사유를 가능케 했으며 현대예술의 새로운 지평을 열었다는 평가를 받는다.

참고문헌 Gilles Deleuze and Félix Guattari, *A Thousand Plateaus*, translated by Brian Massumi, London and New York : Continuum, 2004.

참조 구조주의, 국가주의, 기관 없는 신체, 내재의 평면, 리좀, 메소포타미아문명, 석기시대, 신석기혁명·농경사회, 안티 오이디푸스, 욕망기계, 초원의 사상, 초월(칸트), 칭기즈 칸, 탈영토, 탈주의 비상선

생체권력

Biopower | 生体权力

현대의 권력은 '잘못하면 이런 처벌을 받는다'가 아니라 '잘하면 이렇게 행복하게 살 수 있다'라고 하면서 인간을 지배한다. 모범적인 시민을 선발하여 상을 주고, 상징적인 인물을 만들어 대중의 우상Idol, 偶像이 되게 한다. 그것을 본 대중들은 자신을 규율과 상징 속에 유폐시킨다. 과거에는 인간의 신체를 처벌하는 것으로 권력을 행사했다. 가령 공개처형이나 태형笞刑 또는 수감과 같은 처벌을 통하여 권력을 행사하는 형식이었다. 그런데 현대에는 여행, 여가, 오락, 위생, 건강권, 무공해 식품, 신체검사, 예방접종 등 행복한 삶을 제시하고 자발적으로 이에 동의하게 함으로써 인간을 구속한다. 이처럼 권력은 건강하고 행복하게 살아야 한다는 무병장수의 신화를 조작하면서 인간을 제도나 체제에 복종하게 하는 것이다. 여기서 유래한 푸코의 생체권력生體權力은 인간의 신체를 규율과 통치의 대상으로 삼는 권력이라는 뜻이다.

인간의 몸은 정신의 외피일 뿐이라는 관점도 있지만 반대로 몸이야말로 모든 것 즉 주체이자 실체라는 관점도 있다. 처벌이든 포상이든 모든 것은 몸과 관련이 있는데 이것이 바로 신체를 통한 권력 행사의 방식이다. 사람들은 대체로 자기 몸이 감시당하고 있다고 느끼게 되면 처벌을 피하고자 자기가 자기를 감시하고 처벌한다. 이런 자기감시自己監視와 자기 처벌은 몸을 둘러싸고 벌어지는 전쟁이다. 그렇다면 왜 현대인들은 자기를 감시하고 처벌하게 되었을까? 신체/몸은 권력이 행사되는 구체적인 장소이기 때문이다. 가령 성性을 억압함으로써 교회나 국가가 권력을 행사하는 방식이다. 이에 관하여 푸코Michel Foucault,

^{1926~1984}는 1970년대 후반 통치성^{Governmentality}이라는 개념을 창안했다. 푸코가 말하는 정치성^{政治性} 또는 통치성^{統治性}이란 대중을 권력과 정치에 배속^{配屬}시킴으로써 개인을 통제하는 정치적 전략^{political strategy}이다.

푸코의 이론인 생체권력은 몸의 생체를 통제하여 권력을 행사하는 정치의 방법이다. 재화와 명예를 통제하는 것도 권력 행사지만, 그보다 효과적이고 강력한 것이 생체를 통제하는 권력 행사다. 그러자면 몸에 대한 지식을 바탕으로 몸을 통제해야 한다. 이것을 푸코는 몸을 통제하여 권력을 행사하는 생체정치^{生體政治}라고 명명했다. 이 생체정치에서 의학과 생물학은 통제하고 조작하는 전문지식으로 이용된다. 시간이 가면서 인간의 신체를 담보로 한 권력의 행사는 한 국가만이 아니라 지구 전체의 중요한 담론이 되었다. 이처럼 생체권력은 몸의 한 부분을 통제하는 것과 같은 미시적인 것으로부터 시작하여 인간, 가족, 지역, 국가, 민족, 대륙을 넘어서 지구온난화, 황사현상, 복제인간, 인공지능^{AI}과 같이 전 지구적 생태통치^{Eco-governmentality}와 생체정치의 영역에 이르러 있다. 이것이 과학화된 근대 권력이 행사되는 방식이다.

푸코에 의하면 '규율은 개인의 행위를 통제하는 기술이다^{discipline is the technology deployed to make individuals behave}'. 신체를 속박하고 처벌함으로써 권력을 행사하고 통치를 강화하는 이 방법은 시대와 역사에 따라서 변했다. 가령, 원시시대에는 동물적 본성에 따라 투쟁을 했고, 중세의 봉건 군주제에서는 가혹한 처형을 했다. 18세기에는 원형감옥과 같은 감시를 했으며, 근대사회에는 죄수만이 아니라 인간 모두가 감시의 대상이 되었다. 현대사회에서는 사회 전반에 걸쳐서 더욱 정교하고 치밀한 감시와 통제가 이루어지고 있다. 가령 현대사회는 홍채인식, 전자여권, 주민등록번호, 지문날인 등으로 신체를 속박하여 인간을 통제한다. 여권에 담겨 있는 생체정보를 통하여, 그 사람의 몸을 관리하고 감시하는 방식이다. 이처럼 시대마다 생체권력의 행사방식이 다른 것은 시대마다 인식의 원리인 에피스테메^{episteme}가 다르기 때문이므로 그것을 이해하기 위해서는 고고학적 방법론이라는 특수한 방법이 필요하다.

푸코의 말처럼 권력이 통제하고 규율하고자 하는 것은 정신이나 영혼이 아니라 몸이다. 사회는 그 시대에 적합한 상징적 신체를 제시한다. 이 모델화된 신체를 내면화한 사람들은 모델처럼 되고자 노력하는 것이다. 가령 비만은 죄악이라거나 '키 큰 사람은 쓸모가 없다'라는 식의 담론을 만들어 낸다. 이처럼 생체권력은 인간의 몸을 규격화하고, 기술화하여 통제, 감시, 관리, 처벌, 규범의 영역 안에 가두어 버린다. 생체인 생명과 신체를 감시하고 처벌하거나 상징화하는 것 자체가 권력이 될 때, 인간의 욕망은 그 권력의 지배에 놓이게 된다. 이 과학화된 통제기술은 몸 전체를 통제하는 때도 있지만, 부분을 통제함으로써 전체를 관리하는 형태를 취하는 경우가 많다. 생활 속에서 미시권력을 행사함으로써 결과적으로 거시권력을 획득하는 정치방식이 바로 생체정치生體政治다. 이처럼 권력은 생체정보를 통하여 인간의 정신, 사상, 감정, 영혼, 신앙 등을 통제하고 있다.

참고문헌 Michel Foucault, *Society Must Be Defended*, lectures at the Collège de France, 1975~1976.

참조 감정·정서, 광기, 권력의지/힘에의 의지, 근대·근대성, 에피스테메, 영혼, 원형감옥, 이성론/합리주의, 인간(신체), 자본주의, 정신, 지식의 고고학

안티 오이디푸스

Anti Oedipus | 反俄狄浦斯

어릴 때 무척 가난하게 살았던 L씨는 사업을 해서 큰돈을 벌었다. 천만 달러 정도의 백만장자가 되었으므로 모두 그를 부러워한다. 하지만 L씨는 자신을 천만 달러를 가진 부자라고 생각하는 것이 아니라 사천만 달러가 부족한 사람이라고 생각한다. 그의 기준은 오천만 달러다. 그는 모든 것을 돈과 연관하여 생각한다. 이처럼 돈에 집착하는 사람이 있다면 그의 돈에 대한 집착은 극도의 가난과 같은 결핍에 의한 것인가, 아니면 돈을 가지고 싶어 하는 욕망 때문인가? 두 가지 다 맞겠지만 욕망이론에서는 욕망하기 때문에 결핍이 생긴다고 본다. 결핍이 욕망을 만든다는 프로이트와 욕망이 결핍을 만든다는 라캉은 오이디푸스 콤플렉스의 관점이고, 욕망이 무의식 속에 잠재하여 기계적으로 생산된다는 것은 들뢰즈와 가타리의 안티 오이디푸스의 관점이다. 안티 오이디푸스는 들뢰즈와 가타리가 프로이트 정신분석학의 핵심인 오이디푸스 콤플렉스에 대립항anti-thesis으로 설정한 정신분석 개념이다.

이드id를 성적 욕망과 거세 공포로 해석한 것은 프로이트S. Freud, 1856~1939였다. 그가 고대 그리스 시대 소포클레스의 비극 〈오이디푸스왕〉을 심리적으로 해석한 것이 오이디푸스 콤플렉스다. 이 해석에서 그는 어린 남아는 어머니에 대하여 성적 욕망을 느끼지만, 아버지의 권위에 공포를 느껴 스스로 욕망을 철회한다고 보았다. 그러니까 가족구조에 숨겨진 성적 욕망과 거세의 공포가 무의식 속에 잠재되면서 결핍으로 남고, 그 무의식은 가족의 질서를 유지하게 하는 힘이며, 이것이 확대되어 사회질서가 된다는 것이다. 한편 라캉은 오이디푸스 콤플렉스를 발전시켜서 무의식의 욕망은 언어처럼 구조로 짜여 있다고 보았다. 들뢰즈와 가타리가 프로이트의 오이디푸스 이론을 비판한 책이 『안티 오이디푸스Anti-Oedipus』다. 또한, 안티 오이디푸스는 사회구조와 인간 내면에 대한 새로운 이론이기도 하다.

들뢰즈와 가타리에 의하면, 인간은 오이디푸스 콤플렉스 때문에 욕망의 결핍이 생기는 것이 아니다. 오히려 오이디푸스 콤플렉스는 마르크스적 생산이론과 결합하여 프로이트-마르크스적 사회구조의 층위로 발전한다. 이들의 관점 즉, 자본주의 사회에 대한 비판과 반성적 사유의 산물인 이 개념은 가부장제 권위가 인간의 정신만이 아니라 사회구조까지 지배하고 있다는 인식에서 출발한다. 즉, 오이디푸스 신화의 의식/무의식적 가족구조와 수목樹木 사회구조는 생산의 힘으로 볼 수 있다는 것이다. 여기서 유물론적인 욕망기계desiring machine의 개념이 등장한다. 즉 한 인간의 욕망은 기계적으로 반복되는 것이기 때문에 자기 존재와 주체를 상실하지만, 역설적으로 생산을 가능케 하는 긍정적인 힘이라는 것이다. 나아가 현실은 허구의 영원한 반복이며 미세한 차이를 가진 생산양식의 재생이라고 주장했다.

들뢰즈와 가타리는 인간의 욕망을 무의식의 부정적인 힘으로 보지 않고 인간과 사회를 가능케 하는 긍정적인 힘으로 본다. 유연하면서 열린 유목적 주체의 기관 없는 신체와 원래의 의미나 고정을 끊임없이 바꾸는 비상선line of flight을 통하여 탈영토와 재영토를 거듭한다. 들뢰즈와 가타리는 (라캉이 소쉬르의 구조주의와 결합한 것과 달리) 프로이트와 마르크스를 결합하여 인간과 사회, 특히 자본주의 생산에 관해서 설명한다. 프로이트에 의하면, 부모는 자식을 의식적으로 억압함으로써 자식의 의식을 식민화하고 행위를 노예화한다. 그리고 자본주의는 인간을 순응적 노동자로 탈영토화하고 생산의 주체로 만들어 시장경제를 유지한다. 이런 오이디푸스 구조를 깨기 위해서는 마음의 영토를 재구성해야 한다. 여기서 말하는 영토는 언어적 맥락에서 규정된 일종의 기호 또는 암호다. 하지만 그 암호는 정신분열증을 강요하는 자본의 독재로부터 인간을 지키는 탈영토와 재영토이다.

들뢰즈와 가타리는, 칸트식의 삼단논법으로 인간과 사회를 해석했지만, 아이러니하게도 반파시즘이나 노마디즘^{유목주의}과 같은 탈주의 철학으로 인식되고 있다. 그리고, 프로이트와 마르크스를 비판했지만, 헤겔과 마르크스의 후예로 분류되기도 한다. 이들에 의하면 자본주의 사회는 인간을 미치게 하는 사회이기 때문에 인간은 늘 쫓기고 억압을 당하는 정신분열적인 존재다. 특히 자본주의 시대의 인간은 자기 주체와 자기 주관을 가진 존재가 아니라 생산에 복무해야 하는 기계이기 때문에 정신분열증에 걸릴 수밖에 없다. 따라서 인간은 자본주의가 강요하는 정신분열에서 탈주하여 유연한 자기 주체를 다시 세워야 한다. 『안티 오이디푸스』¹⁹⁶⁸와 『천 개의 고원』¹⁹⁸⁰을 쓴 들뢰즈와 가타리의 이론이 중요한 것은 폭력적이고 독재적인 자본주의에서 탈주할 가능성을 탐색하기 때문이다.

참고문헌 Gilles Deleuze and Félix Guattari, *Anti-Oedipus : Capitalism and Schizophrenia*, Minneapolis : University of Minnesota Press, 1983.

참조 기관 없는 신체, 내재의 평면, 노마디즘, 리좀, 오이디푸스 왕, 욕망기계, 자본주의, 정신분석, 초원의 사상, 탈영토, 탈주의 비상선, 현존재 다자인, 호명

인식론
Epistemology | 认识论

불현듯 K는 해가 동쪽에서 뜨는 이유를 알고 싶었다. 모든 인간은 K처럼 '이 것은 무엇일까? 그 원인은 무엇일까?' 등에 대하여 생각한다. 일찍이 아리스토 텔레스는 '모든 인간은 본능적으로 알고 싶어 한다All men by nature desire to know'고 했 다. 알고 싶어 하는 그것, 즉 '왜 그럴까'라고 묻고 답하는 것이 철학이다. 그래 서 그의 스승 플라톤은 '철학은 경이로부터 시작한다Philosophy begins with wonder'고 했 다. 하지만 플라톤의 스승 소크라테스는 '아무것도 알 수 없다Nothing can be known' 고 하여 지식의 불완전성을 설파했다. 공자 또한 '아는 것을 안다고 하고 모르 는 것을 모른다고 하는 것이 곧 아는 것이다知之爲知之不知爲不知是知也'라고 하여 인식 의 본질을 간파하고 있었으며 장자莊子는 「호접지몽胡蝶之夢」에서 인식에 대하여 근원적인 회의를 한 바 있다. 여기서 '무엇을 안다고 할 수 있는가'라는 철학의 제1 원리가 시작한다.

사람들은 '2+5=7'이라는 것을 알고 있다. 그런데 '그것을 어떻게 알았나?' 또 는 '그것이 과연 정당한가?'라는 질문을 받으면 답하기 쉽지 않다. 이에 대한 답 인 인식론은 '무엇을 알고 있는 것' 즉, 지식知識에 관한 학문이다. 인식론은 참 과 거짓을 판명하는 한편 생존을 위한 인식 활동이다. 인식에 관한 학문인 인식 론Epistemology은 그리스어 지식인 에피스테메episteme와 학문인 로기아logia가 결합 한 명사다. 그러니까 인식론은 지식의 원인, 본질, 의미 등을 찾기 위한 과정과 방법이다. 그런데 지식은 그것에 대한 믿음belief이 있고 믿음의 정당성justification이 증명되는 진리truth여야 한다. 무엇에 대하여 안다고 하더라도 증명되지 않으면 그것은 단순한 생각, 상상, 관념, 주장일 뿐이다. 그렇다면 '정당한 증명'은 어떤 것이 있을까? 지식은 첫째 인간의 지각인 경험과 둘째 인간의 생각인 이성을 통해서 얻어진다.

첫째, 경험론Empiricism, 經驗論은 인간의 경험을 지식의 근거로 본다. 경험론은 경험 이후a posteriori에 얻어지는, 특수한 사례로부터 일반적 결론을 내는 귀납추론을 바탕으로 한다. 그리고 경험론은 감각과 지각의 내면화를 지식의 근거로 간주한다. 가령 어떤 것을 관찰하거나 체험한 것을 통해서 축적한 지식은 사실이다. 이런 직접 경험은 어떤 경우에도 부정될 수 없지만 귀납추론은 모든 것을 경험하기 전에는 불완전한 추론이다. 한편 경험을 절대적으로 믿었던 경험주의자 버클리G. Berkeley, 1685~1753는 '존재하는 것은 인식되는 것이다Esse est Percipi'라고 단언하여 경험에 의미를 부여했다. 또한, 데이비드 흄D. Hume, 1711~1776은 '이성은 감성의 노예'라고 주장하면서 경험적 감각과 인식만이 확실한 지식이라고 단정했다. 전통적 인식론은 선험적이면서 규범적이기 때문에 경험학문의 기초로 간주된다.

둘째, 이성론Rationalism, 理性論은 인간의 생각하는 능력Cogito을 지식의 근거로 본다. 이성론의 지식은 경험 이전의 선험a priori에서 얻어지며 특수한 사례로부터 특수한 결론을 내는 연역추론을 바탕으로 한다. 합리주의合理主義 또는 이성론은 이성의 판단과 종합을 중시한다. 이성론에 의하면 인간에게는 생각만으로 알 수 있는 생득적innate 능력이 있다. 한편 플라톤은 그림자인 현실 너머에 이데아idea의 세계 또는 본질의 형식form이 있다고 주장했다. 그래서 플라톤은 이데아의 진리/본질을 아는 것이 진정한 앎이라고 보았다. 근대 합리주의 철학의 토대를 놓은 데카르트는 '지각은 불확실한 것'이라는 회의주의Skepticism에서 출발하여 인간의 생각Cogito만이 확실하다고 주장했다. 데카르트에 의하면 '내 생각'이 세상의 지식(진리)을 구성한다. 한편 유식사상에서는 '마음 바깥에는 아무것도 없다'는 만법유식萬法唯識과 일체유심조一切唯心造를 주장한다.

존 로크^{John Locke}는 『인간지성론』¹⁶⁹⁰에서 신의 피조물이 아닌 주체적 인간의 감성과 지성^{知性}/오성^{悟性}이 지식을 구성한다고 보았다. 또한, 그는 생각 즉, 관념은 경험에서 유래하는 것이며 언어로 표현되는 것으로 간주했다. 지식의 근거에 대한 견해는 칸트에 의해서 새로운 이정표를 맞이했다. 칸트는 이성의 독단을 경계하고 경험으로 검증되는 지식/진리를 추구했다. 그는 인간을, 경험하지 않아도 알 수 있는 선험 종합^{a priori synthetic} 능력이 있는 존재로 보았다. 하지만 칸트는 인간의 지식은 순수이성의 비판과 경험적 분석^{a posteriori analytic}을 거쳐야 타당한 지식이 된다고 보았다. 이처럼 인식론은 인식의 주체인 인간과 객체인 대상의 관계를 어떻게 설정하는가에 따라서 달라진다. 한편 데카르트와 칸트의 이성론을 선험적 규범에 근거한 전통적 인식론으로 비판한 콰인은 경험론과 자연과학의 방법을 도입하여 자연화된 인식론^{Naturalized epistemology}을 주장했다.

참고문헌 John Locke, *An Essay Concerning Humane Understanding*, 1st ed. 1 vols, London : Thomas Bassett, 1690; Immanuel Kant, *Critique of Pure Reason*, translated by and edited by Paul Guyer and Allan W. Wood, Cambridge University Press, 1997.

참조 감성, 경험론/경험주의, 귀납·연역·귀추, 물자체, 본질, 순수이성, 실재론, 아 프리오리/선험·후험, 에피스테메, 유식사상, 이데아, 이성, 이성론/합리주의, 인식, 자연화된 인식론, 존재·존재자, 존재론, 지성·오성, 지식

리좀

Rhizome | 根莖

오늘은 감자를 캐는 날. 어린 K는 하얗고 둥근 감자를 캐고 싶어 일찍 일어났다. 그리고 호미를 들고 아버지보다 앞장서 밭으로 나갔다. 감자나 고구마의 땅속줄기와 뿌리는 땅 위의 줄기와 다르다. 이런 형태를 리좀이라고 한다. 한편 나무는 좌우대칭의 질서정연한 형태로 줄기가 배치되어 있다. 이것을 수목구조라고 한다. 고대나 중세도 그랬지만 특히 근대사회는 수목처럼 구조화되어 있으며 군대처럼 질서화되어 있고 피라미드처럼 체계적이다. 이 수목구조와 반대되는 개념이 리좀 구조다. 식물학에서 말하는 리좀은 땅속에서 수평적으로 뻗어있는 구근bulbs과 덩이줄기tubers 형태의 뿌리를 일컫는데 형태상으로는 땅에서 하늘로 향하지 않고 땅에서 땅속을 향하고 있다. 이 식물의 리좀에서 유래한 사회학의 리좀은 수목arbolic과 달리 계층화되거나 구조화되지 않고 중심이 없으며 모든 것이 중심인 열린 구조이다.

들뢰즈G. Deleuze, 1925~1995와 가타리F. Guattari, 1930~1992는 『천 개의 고원』에서 근대사회와 이성주의를 비판하는 개념으로 리좀을 사용했다. 이성과 논리가 설계하고 자본과 법이 실현하는 근대사회는 수목구조樹木構造와 같은 완결성을 추구한다. 그런데 세상과 사회를 수목구조로만 이해할 수 없고 수목구조를 지향할수도 없으므로 리좀 구조의 열린 사유가 필요하다는 것이다. 그래서 그들은 수목구조라는 개념에 함의된 근대의 과학, 제도, 권력, 정주定住, 자본, 제국, 합리, 이성 등을 해체하는 한편 새로운 사유의 틀이 필요하다고 보고 리좀에 다원적무질서와 예측 불가능한 우발성을 삽입했다. 이런 사유로부터 탄생한 리좀은

'망상조직과 같은 다양체'이며 여러 특징을 가진 복합체다. 한편 이들의 리좀은 노자老子나 장자莊子 등, 도가道家들의 사유와 유사한 면이 있지만 발생구조적 토대가 다르고 사상적 계보도 다르다.

리좀은 시작도 없고 끝도 없으며 어떤 것들의 사이와 중간이고 종단한다. 그리고 횡단하는 동시에 융합하면서 통섭한다. '사유의 말馬'이 창조의 역동성과 가변성을 가능케 하는 내재의 평면Plane of Immanence을 무한 질주하는 것이다. 당연히 리좀은 고정된 체계와 구조가 없고 중심이 없을 뿐만 아니라 질서도 없고 인과관계도 아니며 다층적이고 다원적이다. 또한, 리좀은 선형, 원형, 방사형, 등의 유클리드 기하학적 위계가 아니고 동형반복의 프랙탈Fractal 기하학도 아니다. 리좀은 연기나 안개와 같다. 그런 점에서 리좀과 연계되는 또 다른 어휘들은 기관 없는 신체Body without Organ와 강렬도, 그리고 인터넷 노마드Internet Nomad 등이다. 리좀은 서양철학 특히 후기구조주의의 탈영토, 탈근대, 탈 중심, 기관 없는 신체와 같은 담론과 함께 이해되어야 하고 들뢰즈의 철학에서 해석되어야 한다.

리좀에 내포된 '그래서' 또는 '그리고'라는 접속사가 함의하듯이 연결되는 망이 있기는 하지만 그 자체의 고정된 완결성을 부정한다. 특히 리좀은 단절이 있어도 곧 복구되는 유연성도 가지고 있다. 그래서 들뢰즈와 가타리는 『천 개의 고원』에서 데칼코마니decalcomania처럼 서로 섞이고 통섭하는 이질성heterogeneity, 상호연결, 다원성multiplicity 등을 강조한다. 연기와 안개처럼 인간의 사유와 조직도 자유롭다. 따라서 고정된 사유, 고정된 구조, 정형화된 방법이 아닌 불확정, 불확실, 애매모호, 자유, 열려있음, 변형 가능성 등이 바로 리좀의 특징이다. 리좀의 망상성, 다질성多質性, 불확정성, 혼돈이야말로 '무엇이 어떻다'는 것과 같은 규정을 거부하는 리좀적 사유다. 이런 사유에서 파생된 리좀은 수직적이고 정주적인 사유나 고정된 영토를 추구하지 않는다. 반대로 수평적이고 유목적인 사유와 탈영토/재영토를 통하여 새로운 관계와 존재를 지향한다.

들뢰즈와 가타리 사유의 종착점은 정신분열증을 강요하는 자본주의 근대를 탈주하고 전복하는 것이다. 사람들은 고정된 영토를 끊임없이 탈영토화하고 또다시 재영토화하면서 탈주의 비상선Line of Flight을 통과한 다음 개방적이고 유연하게 횡행할 수 있어야 한다. 이들이 『안티 오이디푸스』에서 보여준 것과 같이 자본주의 생산의 욕망은 가족구조에서 순치된 이후 사회화된다. 따라서 자본주의적 생산과 소비는 피라미드처럼 고정된 수목구조이므로 이것을 해체하고 유연하게 만들어 진정한 인간성을 회복할 필요가 있다. 이렇게 볼 때 리좀은 온갖 구조적이고 위계적이고 체계적인 것 즉, 폭력적인 것으로부터 벗어나서 탈주하고 날아갈 수 있는 비상선이다. 유목적 사유라고 할 수 있는 리좀은 철학, 사회학뿐만 아니라 예술에도 지대한 영향을 미쳤는데 예술의 상상력, 표현, 자유 감성 등도 리좀적 사유와 같다.

참고문헌 Gilles Deleuze and Félix Guattari, *A Thousand Plateaus*, translated by Brian Massumi, London and New York : Continuum, 2004.

참조 감성, 기관 없는 신체, 노마디즘, 내재의 평면, 안티 오이디푸스, 열린 사회, 예술, 오이디푸스 왕, 욕망기계, 자본주의, 초원의 사상, 탈영토, 탈주의 비상선, 표현, 후기구조주의

생활세계
Life World | 生活世界

가정주부 J는, 가스레인지가 막혔을 때 어떻게 하면 되는지 알고 있다. 한 달 전에 가스레인지의 노즐이 막히면 치약으로 닦아주면 된다는 것을 알았다. 그런데 이 생활의 지혜는 논리나 과학이 아니다. 생활의 지혜는 현실 속에서 사는 사람들이 자연스럽게 얻은 실용적인 지식이다. 따라서 J는 감각과 경험으로 얻은 이 지식이 어떤 화학적 분해 작용이 일어나서 그렇게 되는지 설명하지 못한다. 저녁 무렵 남편에게 이에 대하여 질문을 하자 남편인 화학교사 K는 왜 이런 현상이 생기는지 과학적으로 설명했다. 가정주부 J는 생활세계에, 화학교사 K는 과학세계라는 각기 다른 영역에 근거하고 있다. 이 예에서 보듯이 생활세계生活世界가 주관적, 감각적, 실천, 경험, 지각, 감정 등이 작동하는 세계라면 과학은 객관적, 논리적, 실험, 관찰, 증명, 이성 등이 작동하는 세계다.

인간이 사는 공간은 환상적이거나 초현실적이지 않고, 종교나 신화의 세계가 아니며, 과학적 정밀성만을 원칙으로 하지 않는, 말 그대로의 일상 현실이다. 사람들이 살고 있는 현실과 세상이 바로 생활세계다. 또한, 생활세계란 경험이 가능한 실재하는 세계로서 개인이나 집단의 평범한 삶을 말한다. 이 생활세계를 인식론과 존재론에 연결하여 설명하고 있는 현상학現象學에서는 생활세계를 주관적인 가치나 개인의 감정이 개입하는 세계로 본다. 따라서 관념이나 초월의 세계가 아닌 예측 불가능한 변화의 현실 생활에 주목한다. 또한, 현상학자들은 생활세계를 명징하게 분석하고 정교하게 환원하여 무엇이 본질인가를 밝히면서 인식 주체의 문제에 주목한다. 후설이 말한 현상학적 생활세계는 이미 주어져 있는 친숙하고 친밀한 공간이다. 또한, 현상학적 생활세계는 주관들이 서로 연결된 열린 공간이므로 생활의 규칙이 적용되는 공간이다.

독일의 사회학자 하버마스J. Habermas와 현상학자 후설은 개신교에서 말하는 생활세계Lebenswelt를 사회학과 연결하여 다시 개념화했다. 하버마스에 의하면 생활세계는 문화, 사회, 인격으로 구성되어 있으며 문화적 재생산이 가능한 공간이면서 사회적 통합을 이룰 수 있는 현장이다. 또한, 생활세계는 일상적인 생활의 공간이기도 하다. 프랑크푸르트학파 2세대를 대표하는 하버마스는 세상을 민주적인 소통이 가능한 생활세계Life World와 권력과 돈으로 왜곡되는 체계System, 體系로 나누었다. 그런데 근대사회가 효율성과 이성을 앞세운 결과 공공영역Public Sphere은 붕괴하였고 생활세계는 식민화되었다. 생활세계의 식민화는, 일상적인 의사소통이 어려워진 대신 돈이나 권력과 같은 비언어적 매체가 지배하는 현상을 말한다. 그 결과 사람들 사이에는 불통이 심화되었고 사적 이기심이 사회를 파괴하게 되었다.

공과 사, 개인과 사회, 생활세계와 체계의 관계가 흔들리자 제도와 법으로 움직이는 권력과 모든 것을 물화物化하는 돈의 힘이 더 강력해졌고 인간은 권력과 자본의 노예로 전락해 버렸다. 건강한 비판, 자유로운 대화, 창의적 감성, 이상을 향한 노력 등은 사라지고 오로지 돈과 권력을 추구하거나 그것에 지배당하는 초라한 인간만 남았다. 이리하여 자본주의 근대사회에는 심각하고 중대한 모순이 생겼고 인간과 사회, 인간과 인간, 인간과 의식 사이의 불통과 불화가 심화되었다. 그래서 하버마스는 근대사회가 안고 있는 모순인 불통과 식민화를 극복하기 위해서 민주적이고 이상적인 의사소통이 중요하다고 보았다. 그리고 그를 위해서는 제도, 체제, 돈, 권력, 이념에 의해서 왜곡되지 않는 건강한 생활세계 회복이 필요하다고 주장했다. 그의 주장은 민주주의적 합리화가 작동되는 생활세계가 식민화된 현실을 극복하는 토대라는 것이다. 한마디로 하버마스의 의사소통이론은 체계에 의해서 교란되고 훼손된 생활세계가 복원되어야 한다는 것이다.

하버마스는 권위를 해체한 합리적인 공론의 장을 찾아보았다. 하버마스는 열린 공간과 민주적 토론의 기원을 영국과 독일의 커피하우스에서 찾았다. 그는 커피하우스가 17~18세기의 영국과 독일에서 시작되어 열린 공론의 장 기능을 했음을 알았다. 그래서 하버마스는 커피하우스와 같은 열린 공간에서 민주주의가 싹텄다고 생각했다. 근대 자유시민은 커피하우스^{Coffee house}에 모여 사적 생활과 공적 문제를 토론했다. 당시 커피하우스는 계몽과 비판의 공간이었다. 하지만 하버마스는 실제 생활에 근거하고 있으면서 건전한 이성에 근거한 공공의 담론이 더욱더 살아나야 한다고 주장했다. 하버마스에 의하면 문화, 예술, 사회, 인격이 기능적으로 복합된 생활세계야말로 인간의 억압을 없애고 진정한 인간해방을 가능케 해준다. 이렇게 볼 때 불통과 소외가 없고 모두에게 열려있으며 서로 존중하면서 소통하는 생활세계는 이상사회를 건설하고자 하는 열망이자 목적이다.

참고문헌 Jürgen Habermas, *The Theory of Communicative Action*, translated by Thomas McCarthy, Cambridge : Polity, 1984.

참조 계몽주의/계몽의 시대, 문화산업[프랑크푸르트학파], 열린 사회, 예술, 의사소통이론, 이성, 인간소외, 인식론, 일차원적 인간, 자본주의, 존재론, 커피하우스

디에게시스

Diegesis | 叙事

도스토옙스키의 『죄와 벌』 첫 문장은 이렇게 시작한다. ① '7월 초순 어느 오후, 한 청년이 S 거리에서 나와 K 다리 쪽으로 걸어가고 있었다. 청년은 집에서 나올 때 주인 여자와 마주치지 않은 것을 다행으로 여기며 천천히 걸어갔다.' 이것을 다음과 같이 다시 쓸 수 있다. ② '7월 초순 어느 오후, 한 청년이 S 거리에서 나와 K 다리 쪽으로 걸어가고 있었지요. 청년은 집에서 나올 때 주인 여자와 마주치지 않은 것을 다행으로 여기며 천천히 걸어갔습니다.' 전자는 보여주기showing이고 후자는 말하기telling이지만 사실 앞의 문장 ①은 보여주기라고 할 수도 있고 말하기라고 할 수도 있다. 글에서는 명확하지 않은 이 문장이 연극이나 영화에서는 그 차이가 분명해진다. 공연예술에서 ①은 대화 없이 한 청년이 다리를 걸어가는 장면만을 공연한다면 보여주기에 해당한다. 그러나 어떤 사람이 ②와 같이 무대에서 말로 설명한다면 그것은 말하기에 해당한다.

디에게시스는 사건, 생각, 장면, 인물 등을 작품 안에서in world 말하기telling로 표현하는 방법narrating, narration이다. 반면 미메시스는 사건, 생각, 장면, 인물 등을 자기화하여 표현하는 방식 즉 글로 서술하는 보여주기showing인 모방imitation 또는 재현representation이다. 철학, 예술, 법에서는 어떤 내용을 어떻게 표현하는가에 따라서 각기 다른 의미와 효과를 낸다. 이 문제를 수사학으로 정리한 그리스인들은 '어떻게 표현할 것인가'인 표현방법 렉시스Lexis를 디에게시스diegesis와 미메시스mimesis로 나누었다. 특히 플라톤은 이데아form, Idea의 이상국가를 지향하면서 진리를 표현하고 전달하는 수사법을 디에게시스라고 생각했다. 플라톤이 볼 때 미메시스는 '어떤 것을 재현하고 모방하는 것'이므로 진리/이데아를 표현하지 못한다. 그래서 플라톤은 진리를 표현하지 못하는 예술가와 시인을 이상국가에서 추방해야 한다고 주장했다.

플라톤은 진리를 '어떻게 말할 것인가?How it is said'인 서술의 방법narrative을 첫째, 순수한 디에게시스 둘째, 미메시스를 통한by means of mimesis 디에게시스 셋째, 첫째와 둘째의 결합으로 나누었다.[1] 그리고 호머는 『일리아스』와 『오디세이아』에서 작가가 자기 목소리로 정확하게 디에게시스하지 않고 미메시스와 혼합하여 썼다고 비판[2]했다. 이것은 이야기를 서술/기술할 때는 진실을 정확하게 그리고 윤리적으로 표현해야 한다는 뜻이다. 반면 아리스토텔레스는 미메시스에 주목하여 창조적 재현인 미메시스의 예술적 가치를 인정했다. 플라톤과 아리스토텔레스 이후, 디에게시스와 미메시스는 반대되는 것으로 여겨지고 있지만, 그것은 잘못된 견해다. 디에게시스적 미메시스도 있고 미메시스적 디에게시스도 있으며 디에게시스인 동시에 미메시스인 있다.

고대 그리스 시대 이후 미메시스는 모방론模倣論으로 발전한 것과 달리 디에게시스는 수사법적 진술의 의미를 유지했다. 이때의 말하기는 로고스logos의 내용인 '이야기story를' '말하는narrative' 방법이다. 한편 제라르 주네트G. Genette는 이야기 바깥의 삼인칭 화자가 서술하는 이종말하기Heterodiegesis와 이야기 안의 인물이자 일인칭 화자가 서술하는 동종말하기Homodiegesis로 나누었다.[3] 아울러 디에게시스의 층위를 첫째, 표면텍스트와 플롯에 대한 서술extradiegetic level 둘째, 심층 텍스트와 사건에 대한 서술intradiegetic level 셋째, 화자가 자신의 이야기를 서술

---

1   Platon, Republic, 392d.

2   Platon, Republic, 394b~c.

3   Gérard Genette, *Narrative Discourse : An Essay in Method*, translated by Jane Lewin, Ithaca : Cornell University Press, 1980, p.245.
    We will therefore distinguish here two types of narrative : one with the narrator absent from the story he tells ……, the other with the narrator present as a character in the story he tells ……. I call the first type, for obvious reasons, heterodiegetic, and the second type homodiegetic.

autodiegetic level하는 것으로 나누었다. 일반적으로 보면 디에게시스는 '이야기를' '말하는 방법' 또는 담론discourse이다. 한편 문학에서 디에게시스는 작가의 목소리로 기술된 1인칭 화법이고 미메시스는 서술자의 목소리로 기술된 3인칭 화법으로 여겨지기도 한다.

디에게시스는 작품 안에서 무엇을 설명하는 것in world explanation이다. 그러므로 장르에 따라서 그 의미가 달라진다. 일반적인 서술문체는 (보는 시각에 따라서) 디에게시스일 수도 있고 미메시스일 수도 있다. 반면 연극과 영화 등 공연예술에서는 '작품 안에서 무엇을 설명하는 디에게시스'가 선명하게 드러난다. 그리고 (브레히트의 소외이론과 같이) 제4의 벽을 허물고 화자가 직접 설명하는 것이 디에게시스이고 배우가 공연하는 장면은 미메시스다. 영화나 뮤지컬에서도 같은 장면을 보여주기만 하면 미메시스이고 그것을 화자가 설명하면 디에게시스다. 한편 영화, 연극, 무용 등 공연예술에서 작품 바깥의 무엇(예: 배경음악)을 비非디에게시스Non-diegesis라고 한다. 간단히 말해서 디에게시스는 화자의 말하기로 정의할 수 있지만, 장르와 수용자의 수용관점에 따라서 큰 차이가 있다.

참고문헌 Gérard Genette, *Narrative Discourse : An Essay in Method*, translated by Jane Lewin, Ithaca : Cornell University Press, 1980.

참조 교훈주의, 내러티브, 모방론, 미메시스(아리스토텔레스), 미메시스(아우어바흐, 미메시스(플라톤), 보여주기와 말하기, 소설, 스토리·이야기, 시인추방론, 장르, 제4의 벽, 캐릭터·인물, 플롯, 화자/서술자

이성은 감성의 노예
Reason is the Slave of the Passion │ 理性是激情的奴隷

열대지방에 사는 인도의 왕자가 있었다. 어느 날 왕자는 '물은 언다'고 말하는 사람에게 '물은 얼지 않는다'고 반박했다. 그렇다면 이 인도 왕자의 주장은 틀린 것인가? 아니다. 인도 왕자에게는 '물은 얼지 않는다'는 것이 참이고 '물은 언다'는 것이 거짓이다. 그는 물이 얼음이 되는 경험을 한 적이 없다. 따라서 '물은 얼지 않는다'는 그의 반박은 분명한 진리이며 그 진리는, 이성과 논리를 넘어선 경험의 진리다. 이렇듯 인간이 무엇을 안다고 하는 것은 경험이 바탕을 두고 있는 지각知覺 즉, 인식하거나 느끼는 것으로부터 생긴다. 생각하는 능력인 이성도 경험이 없으면 잘 발휘되지 않는다. 더구나 경험을 토대로 생각하는 인도 왕자에게 경험 바깥에는 아무것도 없을 뿐 아니라 오로지 경험만이 믿을 수 있는 진리다. 이처럼 경험이 인간의 지식, 도덕, 윤리, 법 등 모든 것의 토대라고 말한 사람은 스코틀랜드의 철학자 데이비드 흄이다.

에든버러 근교에서 태어난 데이비드 흄David Hume, 1711~1776은 방대한 독서를 한 후 『인성론人性論』을 집필했다. 이 책에서 흄은 '인간은 동물적 지각과 일상의 경험을 통해서만이 지식을 얻는다'고 보았다. 한편 '인간에게는 선험적 능력이 없으며 이성은 신뢰할 수 없다'고 말했다. 흄에게 중요한 것은 감성과 직관이다. 경험주의자 흄이 말한 것은 데카르트가 '생각하는 나'라고 말한 '이성의 주체는 근거가 없다'는 것이다. 여기서 유명한 '이성은 감성열정/정념의 노예reason is, and ought only to be the slave of the passions'라는 경구가 나왔다. 그러니까 흄이 말한 '이성은 감성의 노예'는 '이성은 감성에 복종하면서 감성의 목표를 달성하도록 하는 방법일 뿐'이라는 경험주의 이론이다. 그러므로 정신은 감성의 반응이다. 그러니까 인간 개인은 자신의 심리적 관습convention에 의해서, 사회는 역사적 관습에 의해서 각각 지배된다.

그는 '인간을 편향되지 않는 중립의 공간에 놓은 다음 뉴턴I. Newton이나 갈릴레이와 같이 과학적 관찰과 실험에 근거해야 한다'고 믿었다. 그리고 베이컨의 경험론을 발전시키는 한편 인간의 마음을 연구하여 '이성은 감성의 노예'라는 결론에 이르렀다. 특히 흄은 인간의 생각은 감각과 인상에서 생기는 것으로 보았다. 그런데 흄에 의하면 지식은 동물적 감각을 바탕으로 하며 그것들의 관계를 이해한 다음 습관으로 정착되고 축적된다. 또한, 마음/정신은 카메라 옵스큐라camera obscura와 같이 감각을 통해서 대상을 이해한 다음 인과관계를 정리하는 과정이자 기능이다. 또 다른 경험주의자 존 로크J. Locke와 같이 흄은 인간의 마음/정신을 일종의 백지상태인 타불라 라사tabula rasa로 간주했다. 그리고 '무감각의 중립상태에 외부의 인상이 입력되면 성찰을 거쳐서 무엇에 대한 지식이 생긴다'고 보았다.

흄의 인식론에서 어떤 존재는 그 자체로 실재하는 것이 아니라 인식 주체가 경험을 통하여 실재하는 것으로 인식하는 과정이다. 특히 흄은 (인간에 관한 탐구는) '체험이나 관찰과 같은 경험적 방법이 유효하다'는 논리실증주의의 태도를 견지했다. 그런 그에게 인간의 이성과 관념은 지각의 다발이 지나가고 작동되는 경험의 흔적일 뿐이다. 그의 다발이론theory of bundle은 아리스토텔레스와 데카르트 등이 주장한 실체이론theory of substance과 대비된다. 예를 들면 사과가 실제로 존재한다고 보는 실체이론과 달리 다발이론은 인간이 생각하는 사과는 분절적인 실체property의 연결이다. 모든 존재는 실체가 없고 인식의 결과라는 그의 생각은 프랑스에서 머물 때1734~1737 불교의 공사상空思想 또는 중관사상의 영향을 받아서 형성된 것으로 알려졌다. 그런데 흄은 경험의 절대성을 주장했기 때문에 기독교와 대립하게 되었다.

흄은 귀납의 오류^{fallacy of induction}로 인하여 경험조차 불확실하다는 것을 밝혔다. 가령 신神과 기적奇績은 인간의 경험 바깥에 있으므로 판단 불가능하고 또 그런 것을 판단하거나 분석하는 이성은 불완전하다. 이처럼 흄은 모든 것을 회의했기 때문에 회의론자懷疑論者로 불린다. 한편 흄은 '도덕과 윤리 역시 공감共感에서 생긴 것이고 감성과 욕망 때문에 작동된다'고 주장했다. 역사학자이기도 했던 흄의 사유는 경험론, 분석철학, 인지과학, 경제학, 정치학을 비롯한 여러 영역에 지대한 영향을 미쳤다. 하지만 그의 경험론은 '현실에 실재하는 것에 한정된다'는 점에서 관념론과 이성론의 비판을 받는다. '경험론으로는 신, 영혼, 자유, 사랑과 같이 실체가 없는 것을 생각하고, 그 원인이 무엇이며, 왜 그런 것이 존재해야 하는가에 관한 사유는 할 수가 없다'는 것이다.

참고문헌 David Hume, *A Treatise of Human Nature*(1740), edited by David Fate Norton and Mary J. Norton, Oxford/New York : Oxford University Press, 2000.

참조 감각, 감성, 경험론/경험주의, 공/수냐타, 귀납·연역·귀추, 데카르트의 악마, 순수이성, 의식, 이성, 이성론/합리주의, 자아, 존재론, 지각우선의 지각현상학, 타불라 라사

순수이성

Pure Reason | 純粹理性

그가 깨어났을 때 사방은 어둠이었다. 아무 소리도 들리지 않았고 어떤 것도 분간할 수가 없었다. 차근차근 회상을 해 본 결과, 자기가 납치되었다는 것과 그들이 이곳에 버리고 갔다는 것을 알 수 있었다. 그는 손을 더듬어 보기 시작했다. 그리하여 위로 올라가는 통로와 아래로 내려가는 통로가 있음을 알아냈다. 그러자 그는 '위로 올라가야 할 것인가, 아래로 내려가야 할 것인가'를 두고 곰곰이 생각에 잠겼다. 그는 자신이 지하 감방과 같은 곳에 갇혔다고 생각하여 위로 올라가는 통로를 선택했다. 그 선택에 이르기까지 그는 많은 것을 생각하고 다양한 것을 분석했다. 결론적으로 이 선택은 잘못된 것이었다. 왜냐하면, 그가 갇힌 곳은 완전히 밀폐된 탑과 같이 생긴 감방이었기 때문이다. 그가 납치되었다는 회상은 경험으로 지각한 것이므로 구체적인 사실이고, '어느 쪽을 택할 것인가'는 경험과 관계없는 추상적인 사유다.

칸트I. Kant, 1724~1804는 인간은 경험하지 않아도 미리 알 수 있는 능력이 있다고 주장했다. 이것을 선험적 능력reine Vernunft, a priori이라고 하는데 그 능력은 '무엇이 어떻다'는 것과 같은 판정과 판단이다. 선험적 능력은 물자체物自體, ding an sich라고 하는 선험적인 본질에 관한 이성의 능력이다. 이 순수이성은 지식과 판단의 토대가 되는 선천적 인식능력이며, 감성적 직관과 깨달음의 지성/오성을 포함한다. 그런데 순수이성은 이론과 사유를 넘어서서 경험의 영역까지 재단하려는 경향이 있다. 그것은 무엇을 인식하고 경험하는 주체가 주관적이기 때문이다. 이것을 칸트는 인간 인식능력의 한계라고 말한다. 그는 인식이 곧 판단이며 그

판단은 이성에 의한 분석판단이 아니라 경험에 의한 종합판단이라고 설명한다. 그런 판단을 위해서는 경험, 인식, 감성, 상황 등을 끊임없이 비판하면서 본질 속으로 들어가야 한다. 그러므로 이런 가상은 순수이성에 의하여 비판적으로 재인식되어야 한다.

칸트에 의하면 순수이성은 이론과 사유의 영역에 머물러야 하고, 실천이성은 인간 행위에 머물러야 한다. 그런데 이론이성인 순수이성은 인식하는 능력과 관계가 있다. 순수이성은 칸트의 철학 개념으로 경험에 의하지 않고 선험적으로 인식하는 능력이다. 또한, 순수이성은 이성이론이며 '7+5=12'라는 예에서 보듯이, 그 자체로 증명되는 수학과 과학의 이성이다. 이런 수학적 진리는 따로 증명할 필요가 없다. 왜냐하면, 그것은 선험적 진리이기 때문에 인식하기만 하면 되기 때문이다. 이 중 생각하는 것이 이성의 핵심이며 느끼는 것^{감성과 직관}은 이성에 영향을 미친다. 그런데 순수이성에는 생각하고 느낀 것에 질서를 부여하고 판단하며 직관적으로 이해하는 능력이 있다. 따라서 지성/오성[1]이 개념을 통제하고 체계화하는 규칙의 능력이라면 이성은 추론과 같은 원리의 능력이다.

칸트의 순수이성은 '생각하는 인간 나 자신은 무엇을 생각하고 무엇을 알 수 있는가'라는 물음에서 출발한다. 인간은 감각적 경험, 분석적 이성, 비판적 순수이성에 근거하여 종합적으로 판단해야 한다. 그런데 일반적인 이성은 다른 것의 영향을 받거나 주관적이어서 믿고 싶어 하는 것을 믿고 느끼는 대로 인식하는 때도 있다. 그런 점에서 칸트는 데이비드 흄^{D. Hume}의 경험론을 인정하면서 이성의 독단을 깨야 한다고 믿었다. 그리고 칸트는 이성과 경험의 결합으로 진리에 도달할 수 있지만, 최후의 순수이성에 근거해야 한다고 단언했다. 따라서 '인간의 이성은 불확실하고 주관적이기 때문에 비판적으로 재인식하지 않으면 가상에 매일 수밖에 없다'는 것이고 이것을 논한 것이 바로 『순수이성비판^{Kritik}

---

1   독일어 verstehen과 verstand가 합쳐진 개념.

der reinen Vernunft』이다. 그래서 칸트는 선험종합ª priori synthetic 판단을 중요하게 여긴 것이다. 이렇게 볼 때 순수이성은 이론이성이 작동하는 원리와 방법인 동시에 이성의 오류를 비판하는 개념이고 마음속 관념의 세계를 중시하는 관념론이다.

순수이성비판은 도덕실천과 윤리를 다룬 실천이성비판과 미적 판단의 근거를 다룬 판단력비판과 함께 이해되어야 한다. 이 삼부작은 존재론과 인식론은 물론이고 철학 전반에 지대한 영향을 미쳤다. 특히 순수이성은 도덕실천이성과 미적 판단력의 근거가 된다는 점에서 중요하다. 순수이성은 사유와 반성의 원리이기 때문에 특별히 중요하다. 훗날 헤겔에 의해서 보편의 역사로 발전한 순수이성은 자연과 인간에 내재한 이성의 원리가 세계정신으로 드러난다는 점에서 모든 사유와 행위의 근거이다. 그러니까 순수이론이성은 모든 것을 통일하는 절대 원리인 셈이다. 이것은 플라톤의 이데아와 데카르트의 이성을 발전시켜서, 인간 주체를 이성으로 해석하여 근대의 인간 존재를 완성했다는 의미가 있다. 이렇게 하여 칸트는 전통적 형이상학에 근거하여 인간의 마음이 대상에 질서를 부여한다는 독일 관념주의Idealism를 정초했다.

참고문헌 Immanuel Kant, *Critique of Pure Reason*, translated by and edited by Paul Guyer and Allan W. Wood, Cambridge University Press, 1997.

참조 감성, 경험론/경험주의, 관념론, 데카르트의 악마, 물자체, 분석명제·종합명제, 실천이성, 아 프리오리/선험·후험, 이데아, 이성, 이성론/합리주의, 이성은 감성의 노예, 존재론, 지성·오성, 초월(칸트), 타불라 라사, 판단력비판─미(美)란 무엇인가?

사단칠정
Four Virtues Seven Passions | 四端七情 四善端

인간의 본성은 무엇인가? 인간의 본성은 인간이 본래 가지고 있는 성정性情과 기질氣質이다. 그렇다면 사람을 죽이고 자기 욕망을 채우는 것이 본성인가? 그와 반대로 부모를 잃고 슬피 우는 아이를 측은하게 여기는 것이 본성인가? 동서고금을 막론하고 인간의 성정과 심성은 철학을 비롯한 여러 영역의 주제였다. 이것을 설명하는 이론 중의 하나가 사단칠정四端七情이다. 간단히 말해서 사단칠정의 사단四端은 인간의 본성인 도덕을 말하며 칠정七情은 그 본성이 표현되는 양상을 말한다. 사단은 『맹자』의 「공손추公孫丑」 상편에 나오는 말로 실천도덕의 근거가 되었던 유교의 기본 명제다. 이것은 사선단四善端 즉, 인간의 심성이 선하다는 성선설을 근간으로 하는 인의예지仁義禮智다. 맹자의 사선단은 사물의 이치가 인간에 갖추어져 있다는 이기론과 심성론의 핵심주제였다.

사단은 측은지심惻隱之心인 남을 불쌍히 여기는 착한 마음=인仁, 수오지심羞惡之心인 자기와 타자의 옳지 못함을 부끄러워하는 마음=의義, 사양지심辭讓之心인 겸손하면서 양보하는 마음=예禮, 시비지심是非之心인 옳고 그른 것을 분별하는 마음=지智를 말한다. 이처럼 사단은 인간이 살면서 지켜야 하는 도덕과 윤리를 말하는 것으로서 인간의 본성인 인의예지仁義禮智가 발현되어야 한다는 소당연의 이론이다. 또한, 『맹자』의 「고자告子」 상편에서 모든 사람은 측은지심, 수오지심, 공경지심, 시비지심을 가지고 있다고 강조하면서 그 본질을 인의예지로 함축했다. 한편 칠정은 『예기禮記』의 「예운禮運」에 나오는 희로애구애오욕喜怒哀懼愛惡欲을 말하는데 『중용中庸』에서는 희로애락애오욕喜怒哀樂愛惡欲이다. 원래 칠정은 인간의 마음이 어떻게 구성되어 있고 그것이 어떻게 발현되는가를 설명한 심성론 또는 감정론이다. 서구철학에서 사단은 윤리학이나 실천이성과 같고 칠정론은 감성론이나 인지론과 유사하다.

송末의 성리학에서는, 사단은 도덕에 관한 것이며 칠정은 도덕과 관계없이 발현되는 심성으로 본다. 그리고 사단과 칠정을 통합적으로 인식했다. 그러니까 송의 성리학자들은 인간의 성性은 사람의 마음이 아직 사물/사건과 만나지 않은 상태인 심의 미발未發로 보았으며, 인간의 정情은 마음이 사물/사건과 만난 상태인 심의 이발已發로 보았다. 그러니까 성이 발한 것이 정이고 이것이 합하여 인간의 성정性情을 이룬다. 따라서 사단과 칠정은 성이 발한 정을 의미한다. 이런 성정의 이론을 집대성한 주자 주희朱熹, 1130~1200는 사단은 이에서 발현하고四端理之發 칠정은 기에서 발현하는七情氣之發理之發 것으로 보았다. 주자의 이론은 이기를 분리하여 도달한 격물치지 즉물궁리의 유물론적 이기이원론이다. 태극인 이理는 만물에 내재하면서 성을 이루기 때문에 기에서 발현하는 정보다 앞서는 것이다.

반면 명의 왕양명은 성性, 정情, 의意가 모두 마음으로 수렴되는 일체론을 주장했다. 주자는 '모든 사물에는 그 이치가 있다'는 사사물물의 성즉리性卽理로 보았지만, 왕양명은 사람의 마음에 이미 그 이치가 내재한다는 심즉리心卽理로 본 것이다. 또한, 왕양명은 사람의 마음에는 원래 착한 본성이 있고 그 착한 본성은 양지양능이므로 그에 따르기만 하면 도리와 도덕이 가능하다고 주장한다. 어린아이가 부모를 위하는 것은 지식과 경험 이전의 선험적인 양지良知가 있기 때문이다. 양지는 원래 선한 성이므로 욕심은 자연히 제거될 수 있고 또 희로애락과 같은 정 역시 본래 마음속에 구비되어 있으므로 억제되어야 할 필요가 없다. 간단히 말해서 주자가 본성의 이치에 따라 칠정을 통제되어야 할 것으로 보았지만, 왕양명은 정은 자연스럽게 발로되어도 좋다고 생각한 것이다.

한편 조선朝鮮의 유학자들은 이기론을 근거로 하여 사단칠정 논쟁을 벌였다.

논쟁은 측은지심과 같은 '사단이 이理에서 발현하는 것인가, 아니면 기氣에서 발현하는 것인가'에서 시작되었다. 퇴계 이황은 사단은 이에서, 칠정은 기에서 발현한다고 보았고 율곡 이이는 기를 중심으로 선한 사단과 달리 칠정은 선과 악의 가능성이 내재해 있다고 보았다. 이것을 시발로 조선 후기까지 삼백 년간 치열한 논쟁을 벌였다. 이 논쟁은 성리학의 기본인 '성性은 이理다'는 주자의 성즉리性即理를 전제로 하고 있었는데 논쟁이 깊어지면서 이기론에서 심성론과 수양론으로 이행했다. 사단칠정론은 '보편적으로 측은지심이나 사양지심과 같은 심성이 동물에게도 있는가, 없는가'로 바꾸어 이해하면 문제가 명료해진다. 동물이나 다른 사물에 없어야만 인간만이 가진 고유한 본성이므로 인성人性과 물성物性을 비교하는 것이 논변의 핵심이 된 것이다.

참조 거경궁리, 격물치지, 성선설, 성악설, 성즉리, 수양론, 심즉리, 양지양능치양지, 이기론〔주희〕, 인간〔신체〕, 인물성동이론, 인심도심, 지행합일, 호연지기

주체분열

Split Subject | 主体分裂

'라캉, 자네는 지금 나를 죽이고 싶겠지?' K는 칼을 들이대고 라캉을 고문했다. '그렇지 않다'고 답하는 라캉에게 K는 '그렇다면 왜 너는 매력적인 저 여자와 자고 싶다고 생각했느냐'라고 묻자, 라캉은 '그런 생각을 했더라도 실제로는 실행하지 않았다'고 답했다. 그리고 자신은 성적 욕망을 절제할 수 있다고 항변했다. 그러자 K는 껄껄 웃으면서 칼을 내려놓고 욕망과 현실을 다르게 대하는 라캉을 비웃으면서 유유히 사라졌다. 이 상상에서 보듯이 주체분열主体分裂 또는 분열적 주체는 하나의 주체가 두 개의 지향성을 가지는 것, 즉 의식하는 것과 표현하는 것이 일치하지 않는 것이다. 말은 이렇게 하고 행동은 저렇게 하는 것도 주체분열이고 자기가 자기를 부정하는 것도 주체분열이다. 주체분열은 주체의 분열을 의미하는 것으로 더 정확히 말하면 분열된 인간 주체다. 이 문제는 인간의 주체와 연결되어 있다.

프로이트S. Freud, 1856~1939는 주체의 근원인 의식/무의식은 하나의 층위로 구성되지 않고 여러 층위일 수 있다는 것을 밝혀냈다. 그 층위는 현실원칙에 노출된 의식과 숨겨진 무의식으로 나뉜다. 꿈이 그 예인데, 무의식은 인간 내면에 잠재해 있다가 꿈이나 히스테리와 같이 간헐적이고 파편적으로 드러난다. 이것을 프로이트는 욕망구조로 해석하면서 리비도libido의 힘이 어떻게 의식과 관계하는가의 문제로 발전시켰다. 프로이트에 의하면 꿈과 현실, 욕망과 윤리, 의식과 무의식과 같이 층위가 모순되거나 충돌하고 갈등하는 것이 바로 주체분열이다. 그러니까 프로이트에 의하면 데카르트가 말한, '생각하는 실체'로서의 이성적 주체가 아니고 충동적이고 욕망하는 또 다른 주체가 존재한다는 것이다. 그런데 논리적이고 이성적인 주체와 충동적이고 욕망하는 주체는 지향하는 것이 다르므로 분열적일 수밖에 없다.

주체분열은 라캉J. Lacan, 1901~1981의 주체 형성에서 더욱 정교하게 해석된다. 라캉에 의하면 어린아이는 거울단계를 지나면서 타자를 인식하고 자기를 주체화한다. 세상을 막연하게 상상하던 단계를 지나 상징의 단계로 나간다. 이 상징단계는 말하는 존재speaking being의 상징기호로 살기 위하여 자신의 욕망을 무의식에 은폐하는 시기다. 말하는 주체인 인간은 법과 제도에 따라서 살아야 하는 세상에서 (라캉이 말한 것처럼) 상징기호로 존재해야 한다. 그런데 자신을 세상에 등록할 때 결여된 부분이 생긴다. 이것을 라캉은 기표에 종속되고 억압된 주체라고 보았고 지젝은 무의식에 내재하는 소타자라고 보았다. 이처럼 의식/무의식이 본질실재/타자에 이르지 못하고 서로 모순되거나 갈등하고 충동적이면서 무엇을 끊임없이 욕망한다면 그 주체는 분열적일 수밖에 없다. 그래서 라캉은 인간을 거세된 동물 또는 병든 동물sick animal이라고 말했다.

거울단계를 지나 상징계로 진입한 주체는 자신을 언어적 상징에 등록하고 이름을 얻는다. 하지만 주체는 단지 기호/기표만을 얻은 셈이다. 그래서 진정한 의미/기의에는 다가갈 수 없다. 가령 '나는 지금 거짓말을 하고 있다'는 발화는 주체가 분열되어 있음을 보여주는 문장이다. 그러니까 발화 주체는 참을 말하고 있으나 거짓말을 하는 주체가 됨으로써 내면적으로 분열의 상태에 놓이게 된다. 말하는 자기와 말한 자기는 다른 존재가 된다. 이것은 존재의 불안이라는 또 다른 문제를 유발한다. 이처럼 무의식적 언어의 주체는 분열적 주체 또는 주체분열로 드러난다. 이것을 데리다 식으로 말하면, 언어 자체가 가진 차연diffrance 때문에 기표만을 얻은 주체는 불완전하므로 결코 기의에 다가가지 못한다. 이처럼 욕망하는 주체는 계속되는 결핍으로 인하여 불완전한 주체가 될 수밖에 없다. 따라서 인간의 주체는 불완전하고 충동적이고 파편적인 주체이며,

영원히 욕망을 실현할 수 없는 억압된 주체다.

　인간은 거울단계를 지나 어렵게 주체를 형성하지만 자기라는 본질과 자기라는 의식이 일치하지 않는 심각한 상황에 놓인다. 결국, 자기 존재가 자기로부터 소외되는 것이다. 자기소외가 심화되면 정신분열증인 조현병調絃病으로 발전할 수도 있다. 반면 자기 존재가 자기 본질에 다가가고 일치한다면 그것은 실재계로 나가는 것으로서, 관념과 본질, 현상과 실재, 경험과 이성이 일치하는 단계다. 이것이 분열적 주체의 극복이다. 대부분 인간은 이 단계에 이르지 못하고 상징계에 머문다. 라캉의 주체분열은 정신병의 일종인 정신분열schizophrenia과는 다른 인간 존재와 자아에 대하여 분석함으로써 근대 이성주의를 넘어서고자 했던 새로운 사유였다. 지젝은 이것을 발전시켜 주체분열로 생긴 충동적 힘인 주이상스jouissance가 상징질서인 법을 파괴하여 혁명을 가능케 한다고 보았다.

참조 거울단계, 기표 · 기의, 까다로운 주체, 대타자 · 소타자, 무의식, 방어기제, 병든 동물 인간, 상상계, 상징계, 상징적 거세, 상징적 동물, 아버지의 이름, 안티 오이디푸스, 욕망 기계, 자아, 정신분석, 정신분열증, 주이상스, 주체 · 주체성, 주체재분열, 프로이트

욕망기계

Desiring Machine | 欲望机器

사업가 K는 어제 회사 하나를 인수했다. 주주들도 그의 경영능력을 인정하고 더 많은 투자를 약속했다. 이 열정적인 사업가 K는 호화롭게 살거나 허황한 생각을 하지 않으며 검소하고 성실한 것으로 평판이 있다. 그는 단지 세계 최고의 기업가가 되겠다는 기계처럼 견고한 욕망을 실현하는 주체일 뿐이다. 그는 회사를 잘 경영하겠다는 욕망에 집착한다. 그것은 다른 사람도 마찬가지다. 그러므로 모든 인간은 단 한시도 욕망의 주체가 아닌 적이 없다. 권력을 쟁취하고자 하는 의지, 인정받고자 하는 욕망, 성적 충동, 헤겔이 말한 타인을 살해하고 싶은 욕구, 정의를 위한 희생, 성공하겠다는 욕심, 자살 충동, 예술작품을 포함한 자기표현 등은 모두 욕망이다. 또한, 모든 것을 버리겠다는 결단이나 인생이 허무하다는 한탄 또는 신神의 종이 되고자 하는 것에 이르기까지 인간은 욕망의 주체가 아닌 적이 없다.

욕망을 버리겠다는 것도 욕망이고 이 세상을 해탈한 것처럼 관조하는 것도 사실은 욕망이다. 한마디로 인간은 욕망하는 존재다. 사람은 결코 욕망에서 벗어날 수 없다. 사람은 자신의 욕망을 어떻게 설정하고, 성취하고, 절제하며, 조정하는가에 따라서 존재가 결정된다. 이 욕망의 문제를 의식/무의식의 차원에서 이해한 사람은 프로이트S. Freud, 1856~1939였다. 그는 인간을 성적 욕망의 주체로 보고, 성性, libido의 쾌락원리와 충동적 강렬함이야말로 인간사회를 움직이는 실체이자 본질이라고 주장했다. 그는 가족을 오이디푸스 콤플렉스가 형성되고 작동되는 공간으로 간주하고 결핍이 욕망을 만들어내며 모든 인간은 가족구조

속에서 욕망을 순치한 다음 사회에 편입된다고 설명했다. 이런 구조는 마르크스가 말한 지배와 피지배와 유사하다는 점에서 프로이트·마르크스적 생산이론이라고 부르기도 한다.

이후 수많은 학자가 욕망과 성충동性衝動을 연구했다. 그중에서도 들뢰즈G. Deleuze, 1925~1995와 가타리F. Guattari, 1930~1992는 자본주의 체제 속에서 욕망을 분석함으로써 욕망의 사유를 한 차원 높였다. 이들이 연구한 것은 가족구조의 성적 의미가 아니라 사회구조의 성적 의미다. 프로이트의 오이디푸스 콤플렉스와 달리 이들의 안티 오이디푸스anti-oedipus에서는 성적 욕망을 사회적 생산의 원리로 보았다. 따라서 욕망은 프로이트가 말한 상상의 재현이 아니라 기계적 본성을 가지고 있는 실제 생산의 원리다. 이렇게 인간은 수많은 기계가 움직이는 사회 속에서 하나의 욕망기계로 존재하는데 그 기계는 자본주의적 공장의 기계와 다르지 않다. 기계처럼 움직이는 세상에서 사람들은 타자의 욕망을 자기 욕망으로 오인하고 열심히 욕망을 추구한다. 그러므로 세상은 욕망기계를 관장하는 사회의 통제를 받는다.

들뢰즈와 가타리는 욕망을 억압하고 순화하는 가족은 가부장제의 폭력적 힘이 작동하는 파시즘의 구조라고 거듭 강조한다. 그런데 욕망은 무목적성과 자동결정성을 가진 기계적인 속성이 있다. 여기서 생겨난 개념인 욕망기계慾望機械는 욕망을 지향하는 기계와 같은 인간이라는 뜻과 함께 욕망으로 움직이는 기계라는 뜻이다. 이들에 의하면 인간의 욕망은 호두 까는 기계와 같이 아무런 목적과 의미 없이 그저 욕망하고 성취할 뿐이다. 이들이 말하는 기계는 스피노자의 양태mode나 스토아학파의 소마soma와 유사하며 개별화된 구조로 관계를 구성하는 성분을 말한다. 따라서 기계는 고정된 것이 아니라 변화하는 복합적 구성물이다. 그런데 기계적 운동이 인간의 욕망을 끊임없이 재생산하고 욕망의 흐름을 관장하기 때문에 욕망기계는 기관 없는 신체BwO나 은닉된 주체hermetic subject와 같다. 그것은 또한, 니체가 말한 권력의지will to power인 생산적 힘과 유사하다.

'욕망은 무엇을 생산하는 실제적인 힘'이라고 보는 두 사람은 자본주의 시대에 정신분열증schizophrenia이 심화되는 현상을 욕망기계로 설명했다. 그러니까 자본주의 시대의 인간은 자기 주관을 가진 존재가 아니라 생산에 복무해야 하는 기계이기 때문에 정신분열증에 걸릴 수밖에 없다는 것이다. 그런데 자본주의 사회는 인간에게 상품생산과 이윤추구만을 강요하므로 인간 내면의 다양한 욕망을 충족하기 어렵다. 대부분 인간의 욕망은 자본을 향한 것이거나, 자본으로 성취 가능한 것이거나, 자본에 의해서 결정되는 것들이다. 그런데 사람들은 자본의 감방에 갇혀 버렸으므로 자본과의 관계를 통해서만 자기가 누구인가를 알 수 있다. 이처럼 욕망이 자본주의적 생산과 소비에만 편중됨으로써 내면의 다양한 욕망은 폐기되거나 억압될 수밖에 없다. 기계에 이상이 생기는 것이다. 그래서 욕망의 주체인 근대의 인간은 정신분열증을 앓게 된다.

참고문헌 Gilles Deleuze and Félix Guattari, *Anti-Oedipus Vol.1 of Capitalism and Schizophrenia*(1972), translated by Robert Hurley, Mark Seem and Helen R. Lane, London and New York : Continuum, 2004.

참조 기관 없는 신체, 노마디즘, 리좀, 본질, 안티 오이디푸스, 욕망기계, 자본주의, 정신분석, 정신분열증, 주관·주관성, 주체분열, 주체·주체성, 주체재분열, 탈영토

유물론

Materialism | 唯物论

어린 K는 어머니에게 '사람이 죽으면 어떻게 되느냐'라고 물었다. 곤란한 어머니는 '아가야, 커서 좀 더 생각하고 이야기하자'고 달랬다. K가 죽음을 물은 것이나 어머니가 물음을 회피한 것은 죽음은 매우 곤란한 문제이기 때문이다. 특히 죽은 이후에 '육체를 구성하는 피, 살, 뼈, 장기 등이 물질로 분해된다'는 것은 생각하기 싫은 사실이다. 그래서 사람들은 '인간은 영혼, 정신, 의식 등이 있고 윤리와 도덕인 있는 고결한 존재'라고 믿고 싶어 한다. 인간은 물질을 넘어서는 고상한 존재라는 뜻이다. 이것을 과학적으로 반박하는 유물론은 모든 것을 물질의 작용으로 보는 관점이다. 간단히 말해서 유물론은 '모든 것은 물질에서 시작된다'는 전제하에 의식, 감정, 이성, 정신까지 물질작용으로 간주하는 철학적 일원론Philosophical Monism이다. 모든 것을 물질로 설명한다는 점에서 물질 절대주의 또는 물질 환원주의Reductionism의 성격이 있다.

마음이나 정신을 우선하는 것을 유심론唯心論이라고 하고 현실이나 실재를 초월하는 인식을 관념론觀念論이라고 한다. 그런데 유심론은 인식의 문제를 추구하기 때문에 관념론이고, 유물론은 역사나 현실의 문제에 치중하기 때문에 실재론實在論인 동시에 물리주의Physicalism다. 한편 탈레스와 데모크리투스와 같은 고대 그리스의 자연철학자들이 주장한 원자유물론Atomic Materialism에서 보듯이 세계가 물질로 구성되어 있다는 유물론 사상은 어느 시대나 존재했다. 특히 고대의 유물론자들은 세상을 구성하는 것은 물, 공기, 불과 같은 것이라고 보았다. 이후 유물론자들은 자연을 과학적으로 인식하면서 초자연적이고 초월적으로 세계를 설명하는 것에 반대했다. 17세기 말에 근대적 유물론이 등장했다. 근대 유물론은 과학과 기술의 영향을 받아서 기계적 유물론의 성격을 띠고 있다.

　유물론이 시대적인 의미로 쓰이게 된 것은 역사유물론Historical Materialism 때문이다. 산업혁명과 자본주의 이후 인류는 미증유의 물질문화를 체험하게 되고 재앙에 가까운 정신문화의 황폐를 보게 된다. 거의 모든 것을 물질이 결정하는 상황을 보면서 물질의 의미와 기능에 대하여 철학적으로 바라보기 시작한 것이다. 여기서 도출된 것이 역사유물론歷史唯物論 또는 사적 유물론史的 唯物論 그리고 변증법적 유물론辨證法的 唯物論이다. 물질의 인과적 법칙을 기계적으로 해석하는 기계적 유물론에 반하여 역사유물론은 역사 속에서 물질의 법칙을 찾고자 했고, 변증법적 유물론은 변증법의 원리에서 유물론적 법칙을 찾고자 했다. 동시에 유물론자들은 세계가 운동하고 변화하는 것을 전제로 (물질을 역사 속에서 이해하면서) 인간의 노동과 실천을 중요하게 여겼다.

　유물론은 물리학자 보일R. Boyle, 1627~1691이 처음 사용했다고 알려져 있으며 라이프니츠를 거쳐서 헤겔과 포이어바흐와 마르크스 등 수많은 유물론자에 의하여 그 의미가 완성되었다. 헤겔은 '현실을 변증법적으로 바라보아야 한다'고 하여 역사유물론과 변증 유물론에 영향을 끼쳤다. 헤겔의 영향을 받은 마르크스는 헤겔의 정신geist이 관념적이라고 보고 '객관적 현실 속에서 사물을 파악해야 하며 정신을 역사 속에서 이해해야 한다'는 역사유물론을 주장했다. 비유하자면 헤겔이 머리head 또는 관념을 중요시한 반면 마르크스와 엥겔스는 가슴과 현실을 중요시한 것이다. 역사유물론으로 본 인류사는 원시공산제, 노예제, 봉건제, 자본주의를 거쳐 사회주의와 공산주의로 이행한다. 그러므로 역사유물론에서는 '인류사의 발전은 정신과 관념이 아니라 노동과 물질 같은 구체적인 것이 추동했다'라고 보면서, 노동의 주체인 거의 모든 인간이 세상의 주인이라고 선언했다.

　현실의 물질 관계를 정확하게 반영한 의식을 과학적 이데올로기라고 하고 그 반대를 거짓 이데올로기 즉, 허위의식^{false consciousness}이라고 한다. 허위의식은 자본주의 사회에서 자신의 존재 기반인 현실을 올바로 인식하지 못한 이념이라는 의미의 마르크스주의 용어다. 그런데 유물론은 이론보다는 이론을 수용하는 태도와 이론이 적용되는 맥락에 따라서 의미가 달라진다. 유물론은 초월적이거나 신비한 것을 부정하기 때문에 무신론無神論의 태도를 보이며 세계를 과학적으로 이해하려는 과학주의에 근거하고 있다. 또한, 유물론은 존재하는 사물들의 인과법칙을 결정론적으로 보는 경향이 있으며 감각과 경험을 중시한다는 점에서 경험론과 상통하는 것으로 알려져 있다. 일반적으로 유물론은 (관념론과 반대되는) 현실주의에 가깝고 현실의 시간과 공간에서 구체적으로 존재하는 것을 대상으로 한다는 점에서 형이하학적이다.

참조 감정, 결정론, 경험론/경험주의, 계급의식, 계급투쟁, 과학주의, 관념론, 리얼리즘/실재론〔철학〕, 마르크스, 물리주의, 반영론, 역사, 역사적 유물론/유물사관/사적 유물론, 인과율·인과법칙, 인정투쟁, 존재론, 허위의식, 형이상학

주체 · 주체성
Subject · Subjectivity | 主体性

모든 사람은 '나는 무엇인가'라고 끊임없이 반문한다. '어디에서 와서 어디로 가는가, 생존 이전을 어떻게 보아야 하는가, 죽은 다음에 육신과 영혼은 어떻게 되는가?' 등, 자기自己에 대한 무수히 많은 질문을 자기 자신에게 던진다. 이것을 자기성찰이라고 한다. 자기에 대하여 성찰하면서 '아무것도 아닌 나' 또는 '신이나 자연의 이치대로 살아온 나'를 깨우치기까지 많은 시간이 걸린다. 인생은 태어나서, 자기를 인식하고, 자기를 강화한 다음, 자기를 부정하고 자기를 해체하며, 신의 세계나 흙으로 돌아가는 죽음의 과정이다. 이 과정에서 능동적으로 실천하며 자기를 인식하는 것이 바로 주체다. 주체主體는 인식하는 나 자신이고 주체성主體性은 나 자신의 고유한 특질이다. 근대 존재론과 실존주의 철학은 자기 자신의 문제를 주체로 바꾸어 물으면서 한 인간의 독립적인 능동성을 주체로 설명한다. 근대의 역사는 끊임없이 자기 주체를 강화한 역사이다.

간혹 '저 사람은 주관이 강하다' 또는 '저 사람은 주체성이 있다'고 말한다. 주체와 주관은 다르다. 주관은 세상을 보는 자기의 관점이라면, 주체는 자기의 고유한 특질을 의미한다. 달리 말하면 주관은 인식론의 문제이고, 주체는 존재론의 문제이다. 가령 어떤 조건이 주어질 때, '그것이 틀리다 또는 옳다'고 생각하는 것은 주관이고 그것을 토대로 행동하고 실천하는 것은 주체다. 그러므로 주체성이란 그 주체의 특질이면서 실천과 실행이 동반하는 것인 동시에 그 존재만의 자주적이며 고유한 성질과 특성을 의미한다. 이 주체성을 인식하고 유지하는 것을 정체성identity이라고 하는데, 주체성과 정체성은 모두 타자와의 관계

속에서 타자에게 인정받는 과정이 필요하다. 타자로부터의 인정을 통하여 주체성을 확립할 수 있지만 타자는 쉽게 인정하지 않으므로 인정투쟁認定鬪爭이 벌어진다.

주체성은 한 인간이 가진 견해, 사상, 감정, 신념, 욕망이므로 주관성과 상통한다. 일반적으로 주체성은 객관적인 지식, 사실, 현상, 정보 등이 가진 객관성objectivity과 반대되는 것으로서 한 인간의 고유한 특징과 특성이다. 하지만 주체적인 존재는 개별성個別性, individuality과 독립성independence을 가지고 있다는 점에서 주관성主觀性과 주체성을 같은 것으로 볼 수도 있다. 주로 인간에 한정되는 주체성은 정신과 의식을 가진 신체적 존재가 자기 뜻대로 생각하고, 행동하고, 책임지며, 주어진 상황에 적응하고 변화해 나가는 특성이기도 하다. 한마디로 주체성은 자기 존재를 입증하는 출발점이자 종착점이며 그 존재만이 가지고 있는 인식과 경험이다. 주관성과 주체성은 객관적으로 입증되지 않는다. 반면 주체의 반대인 객체object의 특징과 성격인 객관성objectivity은 입증할 수 있다.

경험을 통하여 주체가 형성된다는 경험론에 의하면 경험은 모든 사람에게 가능하고 또 객관적인 것 같지만 사실은 인간의 고유한 것이다. 그래서 장미꽃이 주관성과 주체성이 있다고 하지 않는다. 주관성과 주체성은 자기가 스스로 결정하고 실행할 수 있는 인간이 가진 고도의 정신영역이다. 인간에게는 자기를 포함하여 세상을 바라보는 핵核이 있다. 그러니까 주체는 바라보고 결정하는 중심이며 객체는 주체가 바라보는 대상이다. 주체는 개인의 영역이지만 사물을 포함한 타자와의 관계를 통해서 확인할 수 있다. 주체성이 지나치게 강하면 타자와의 관계에 문제가 생긴다. 이런 주체 인식은 데카르트R. Descartes, 1596~1650의 주체 즉, 생각하는 존재로서의 인간이다. 데카르트는 생각하기 때문에 존재한다는 근대의 이성적 주체를 정초했고 칸트는 이것을 순수이성으로 발전시켰으며 피히테는 자아에 대립하는 비아를 설정하여 근대적 주체를 완성했다.

개인만이 아니라 집단도 주체성이 있다. 예를 들어 여성 주체성female subjectivity

에서 보듯이 집단이 공유하는 의식이 집단적 주체성이다. 이처럼 한국인의 주체성, 노동자계급의 주체성, 기독교인의 주체성 등 여려 형태의 주체성이 있다. 아울러 주체성은 알튀세르가 말하는 호명interpellation과 같이 외부로부터 부여되는 것으로 간주되기도 한다. 주체성은 정체성과 연관이 있다. 정체성은 존재의 본질적 영역을 뜻하는 것으로서 다른 존재와 차별되고 구분되는 고유의 성격이다. 정체성은 자기의 자기다운 것을 의미하지만, 주체성은 주관적 실천 능력을 의미한다. 마음과 정신의 정체성을 일관되게 유지하면서 실천하는 주체의 특질이 주체성이다. 주체성은 자유로운 자기 의지와 그것을 실천할 수 있는 육체와 정신을 토대로 한다. 한편 자기 주체성은 타자의 주체성과 함께 상호주체성inter-subjectivity을 형성한다.

참조 객관·객관성, 관념론, 거울단계, 근대·근대성, 데카르트의 악마, 본질, 인정투쟁, 자기 정체성, 자아, 자아와 비아, 주관·주관성, 주체분열, 타자, 호명

권력의지/힘에의 의지

Will to Power | 权力意志

'인도를 정벌한다!' 알렉산더대왕은 페르시아를 정복한 후, 풍요롭고 신비한 인도 정벌에 나섰으나 패배하고 말았다. 거대한 제국을 건설한 알렉산더대왕은 왜 인도 정벌에 나섰을까? 그는 강력한 권능과 풍족한 생활에도 불구하고 위험한 상황과 불확실한 미래에 자기 생명을 던졌다. 이처럼 인간은 무리한 전쟁과 투쟁을 하다가 패하여 비참하게 죽거나 평생을 고통 속에서 살기도 한다. 니체는 그것을 약동하는 힘에 대한 의지 또는 권력의지權力意志라고 말한다. 독일의 철학자 니체F. Nietzsche, 1844~1900에 의하면 사람은 환경에 적응하면서 살아가려는 의지도 중요하게 여기지만 영광, 명예, 승리를 동반한 강인한 힘에의 의지를 더 중요하게 여긴다. 니체가 말한 권력의지는 긍정적이든 부정적이든 힘을 지향하는 인간의 의지이며 세속적인 정치권력, 자연과학적 지식, 형이상학적 구조 등도 포함한다.

니체에 의하면 권력의지는 진화론에서 말하는 생존본능보다 중요하고 자연선택 또는 환경적응보다 강렬하다. 성적 본능을 주장한 프로이트와 달리 니체는 인간이 살기 위해서 존재하는 것이 아니라 권력/힘을 가지기 위해서 존재한다고 보았다. '힘에의 의지'라고도 하는 니체의 권력의지는 쇼펜하우어의 삶의 의지will to live에 영향을 받았다고 알려져 있다. 쇼펜하우어가 '삶의 의지는 맹목적이고 사악하며 탐욕적이므로 인간은 그 의지에서 벗어나야 한다'고 말한 것과 달리 니체는 삶의 의지를 긍정하면서 위버멘쉬/초인에 이르는 힘으로 보았다. 이 힘은 자기 스스로 강해지려는 의지를 말한다. 한편 니체에 의하면 권력의지는 약동하는 생명력이면서 생존의 출발점이다. 니체는 이 의지가 삶의 근본 충동이라고 설명한다. 그러면서 니체는 기존의 이성 중심주의 철학 계보와 기독교적 체제에 과감한 비판을 가했다.

차라투스트라에 나타난 니체의 권력의지는 영원회귀永遠回歸의 초월적 힘인 아이온Aion의 놀이이고 목적 없는 유희였다. 따라서 권력의지는 어휘 그 자체로 해석되기보다는 니체 철학 특유의 사상과 배경에서 해석되어야 한다. 니체는 모든 존재의 내밀한 힘이자 정수精髓인 권력의지가 세상을 움직이는 힘이라고 주장했다. 하지만 니체의 권력의지는 자기 욕망을 절제할 수 있으면서 어린아이와 같이 순진무구한 정신을 가진 존재의 의지로 보아야 한다. 누구에게도 의지하지 않고 자기의 순수한 힘에 의지하는 인간이야말로 자기의 주인이다. 따라서 니체의 권력의지는 자기를 실현하는 의지라는 점에서 생명력인 셈이다. 이처럼 니체는 약 천년 간 유럽을 지배했던 기독교 교리와 그로부터 정초 된 도덕과 윤리를 신랄하게 비판하고, 인간을 중심에 두면서 권력의지權力意志, 힘에의 의지라는 개념을 창안했다.

'신은 죽었다'는 것은 전통적 체제, 도덕, 윤리, 권위에 대한 저항이었고, 기독교 체제에 대한 도전이었다. 이로 인하여 니체는 이단아 취급을 받기도 했지만, 철학과 사유의 틀을 바꾼 위대한 사상가라는 칭호를 얻기도 했다. 니체는 기독교를 '인간을 나약하게 만드는 위선적인 종교'라고 비판했고, 서구철학에 큰 영향을 미친 플라톤과 소크라테스를 조롱했으며, 불교를 소극적 허무주의로 규정했고, 권력의지가 강한 사람을 초인, 나약한 사람을 노예로 구분한 다음 인간은 강력한 힘과 생명력을 가진 초인Superman/Overman/Übermensch이 되어야 한다고 주장했다. 니체는 종전의 인간을 극복되어야 할 존재Man is something that shall be overcome로 보고 사자의 정신을 지닌 초인을 상정한 것이다. 니체에 의하면 인간은 허무를

---

1   일본어와 한국어로 초인(超人)으로 번역하는 것이 적절하지 않다고 해서 독일어 발음 그대로 '위버멘쉬'라고 하는 견해에 따른다.

극복하고 약동하는 생명의 힘을 추구하면서 자기 운명을 사랑하는 적극적인 존재가 되어야 한다.

　니체의 초인超人은 강력한 힘을 가진 초월적 인간이라는 뜻보다는 순수하면서도 모든 것을 초월한 이상적인 인간을 말하는 것이다. 이상적인 인간은 신의 죽음을 전제로 한다. 신이 죽은 시대에 강자의 힘으로 실존적 허무주의를 극복하는 힘이 바로 권력의지다. 간단히 말해서 니체가 말한 권력의지는 인간 내면의 욕망이며 자기 주체를 가진 인간의 약동하는 힘이다. 이런 그의 사상은 훗날 히틀러에게 영향을 미쳐서 인류의 불행을 초래했다는 오해를 받는다. 물론 니체는 독재자나 파시스트를 증오했고 반유대주의자가 아니었다고 판명되었으며 순수한 도덕과 윤리를 존중한 것으로 알려져 있다. 철학사에서 가장 문제적 인물인 니체는 현대 포스트모더니즘에 지대한 영향을 미쳤고 데카르트, 칸트, 헤겔 등의 이성주의 계보와는 다른 사상의 지형도를 형성하면서 들뢰즈와 가타리 등으로 이어지고 있다.

참고문헌 F. Nietzsche, *Thus Spoke Zarathustra*, translated by Graham Parkes, Oxford : Oxford World's Classics, 2005.

참조 니힐리즘/허무주의, 맹목적 생존의지, 문화적 헤게모니, 신은 죽었다, 영원회귀, 욕망기계, 운명애·아모르파티, 적극적 허무주의, 주체·주체성, 진화론, 초인/위버멘쉬

포정해우

Paodingjieniu | 庖丁解牛

옛날 춘추전국 시대의 중국에 포정이라는 사람이 있었다. 그는 단숨에 소의 숨을 끊고 고기와 가죽과 뼈를 골라낸다. 그 소리는 조화로워서 마치 아름다운 음악과도 같았다. 또한, 솜씨가 너무나 훌륭하여 탄복을 자아내게 할 지경이었다. 그 비결을 묻자, '도道'라고 답하고 '천하의 이치인 도에 따라서 칼을 움직이면 도를 즐길 수 있다'고 강조했다. 포정해우는 『장자莊子』의 「양생주편養生主篇」[1]에 나오는 우화로 신기에 가까운 솜씨나 뛰어난 기술을 말한다. 포정해우의 본질은 양생과 양주다. 이 고사에는 사람이 양생양주養生養主와 같은 도리를 깨우치면 자연스러운 삶을 살 수 있다는 도가道家의 사상이 담겨 있다. 아울러 이 고사는 기술이나 지식을 넘어선 도道와 이理를 말하는 것인 동시에 인간의 존재 방식을 알려주는 지혜이면서 조화와 자유 속에서도 주체를 잃지 않는 현명한 태도를 의미한다.

어느 날, 포정이 음률에 맞는 능수능란한 솜씨로 소를 잡는 것을 본 문혜군 양혜왕梁惠王이 '어떻게 그런 솜씨를 터득할 수 있었느냐'고 물었다. 포정은 소를 잡는 것은 기술이 아니라 일종의 도道라고 말하면서 다음과 같이 답했다. '처음에는 소가 보였지만 3년이 지나자 소가 사라졌습니다. 눈으로 소를 보지 않고 마음으로 소를 보게 된 것입니다. 도를 얻은 후 도의 흐름에 따른 손의 작용만 남았고 그 이치에 따라서 가죽과 고기, 살과 뼈 사이로 칼을 움직여 소가 생

---

1 臣之所好者道也 进乎技矣 始臣之解牛之时所见无非牛者 三年之后未尝见全牛也 方今之时臣以神遇而不以目视官目而神欲行 依乎天理批大卻导大窾因其固然技经肯綮之未尝而况大軱乎!

긴 대로 따라갑니다. 평범한 백정은 달마다 칼을 바꾸고 훌륭한 백정은 일 년마다 칼을 바꾸지만 저는 19년 동안 칼을 갈지 않았습니다. 이것은 무리하지 않고 도리와 이치에 따랐기 때문입니다.' 그러니까 포정은 소를 죽인 것이 아니라殺牛 소를 분해한 것解牛이었다. 그 이야기를 들은 양의 문혜군은 훌륭하다고 탄복한 후, '양생을 터득했다'고 덧붙였다.

이 고사는 백정을 천민으로 보는 계급의식 때문에 약간의 오해가 생긴다. 만약 이것을 커다란 옥玉을 나누고 갈아서 정교한 작품을 만든다고 했거나 뛰어난 예술가가 예술작품을 완성하는 것에 비유했더라면 신기에 가까운 기술과 도리가 더욱 빛났을 것이다. 물론 여기서 강조하는 것이 양생과 양주이므로 비유의 대상은 중요하지 않다. 그렇다면 양생과 양주는 무엇인가? 양생養生은 도덕적으로 건강하게 사는 한편 병에 걸리지 않도록 몸을 돌보면서 오래 사는 것이고 양주養主는 허상에 불과한 몸을 넘어서 진정한 주인을 기르자는 것이다. 여기서 말하는 양생법과 진정한 주인은 이치, 도리, 순리에 따르는 자연스러운 삶이면서 무위자연無爲自然을 실천하는 것이다. 자연에 순응하지 않고 천명을 거스르는 것을 무척 꺼렸던 도가와 유가들은 도덕道德을 이치에 따르는 순리로 간주했다.

포정해우는 자연에 순응하고 천명에 따르는 동양적 세계관이다. 모든 것에는 이치가 있고, 그 이치가 곧 도덕이며, 도덕의 길이 곧 순응과 순리인 자연이다. 포정해우 고사는 도가의 무위자연에서 온 것이지만 유가와 법가의 천명사상天命思想과 연결되어 있다. 그런데 이 고사는 결과적으로 하나의 생명인 유기체를 죽은 무기체로 본다는 문제점이 있다. 신기에 가까운 솜씨를 가진 백정의 눈에는 살아있는 소일지라도 그 소는 고기 뼈 가죽으로 구성된 죽은 무기체에 불과하다. 따라서 신기한 기술이라는 것이 비록 이치에 근거하고 있지만, 그 신기神技는 전체인 생명의 소중함을 버리고 부분만을 봄으로써 얻은 기술이다. 생명, 사건, 작품, 물체 등 삼라만상을 볼 때 생명을 가지고 살아 숨 쉬는 유기체로 보는 것과 부분이 분해되는 무기체로 보는 것은 다르다.

포정해우 고사는 도가道家적 지혜를 알려주지만 구조와 이치를 지나치게 강조했다는 오류가 있다. 그러니까 포정의 신기에 가까운 해우의 솜씨는 소의 생명과 의식을 보지 않고, 뼈와 고기라는 구조만을 본 것에 불과하다는 것이다. 부분의 합이 전체는 아니므로 부분으로 전체를 보려는 것은 오류다. 그리고 전체를 나누어도 부분은 되지 않는다. 그런 점에서 포정해우는 구조주의적 오류 또는 분석주의적 편견에 비유되기도 한다. 구조주의Structuralism에서는 모든 것은 일정한 구조로 이루어져 있다고 본다. 동식물과 자연은 물론이고 인간의 의식, 언어, 감정, 정신, 사상도 구조적이라는 것이다. 모든 것을 구조로만 보거나, 구조를 우선하여 보게 되면 구조보다 중요한 본질, 생명, 전체를 보지 못할 수도 있다. 하지만 포정해우의 백정은 구조를 보면서 동시에 전체를 보았다. 그리고 물아일체의 경지에서 소를 분해한 것이다.

참고문헌 『장자(莊子)』 「양생주(養生主)」.

참조 구조주의, 도, 도가도비상도, 무위자연, 물아일체, 본질, 비유, 윤리·윤리학, 음양오행, 천명사상, 태극이무극, 호접지몽

차연

Différance | 延異

P가 K에게 '사랑이 무엇이냐'라고 묻자 K는 '눈물의 씨앗이다'라고 답했다. P는 어리둥절했다. 그런데 이 답은 어휘의 개념을 설명한 것이 아니므로 사람들에게 상상과 긴장을 유발한다. '사랑=눈물'이라는 답이 은유적이어서 즉각 인식되지 않는 것이다. 사전적인 뜻으로 '사랑이란 좋아하는 마음'이라고 대답하더라도 문제는 해결되지 않는다. 사랑이라는 개념을 또 다른 개념으로 설명한 것이기 때문이다. 다른 어휘와 마찬가지로 '좋아하는'이나 '마음'을 설명하는 것은 생각보다 쉽지 않다. 가령 '좋아하는'은 정도의 문제이므로 어느 정도 설명할 수 있지만 '마음'을 설명하는 것은 매우 어렵다. 이처럼 어휘나 개념은 그 자체로 설명되는 것이 아니며 그것을 설명하거나 이해하고자 할 때 본래의 의미와 차이差異가 생기면서 지연遲延되는 현상이 발생한다. 이것이 바로 데리다의 개념인 차연差延이다.

프랑스의 철학자 데리다J. Derrida, 1930~2004는 이것을 차연差延/ 延異, Différance이라고 하면서 해체deconstruct의 핵심개념으로 설정했다. 신조어인 차연Différance의 Differ는 '지연되다'와 '다르다'라는 두 가지 의미를 가지고 있다. 그러니까 차연은 원래의 그것과는 차이가 나면서 지연된다는 뜻이다. 여기서 유의할 것은 차연이 개념이나 어휘라기보다는 해체주의적 인식 방법이라는 점이다. 데리다의 차연은 하이데거의 존재론과 해석학의 영향을 받은 개념이다. 차연이라는 어휘 그 자체도 이미 차연 되고 있어서 모순이라는 지적도 있고 언어의 미로에 갇혀 있다는 비판도 있다. 가령 하나의 개념이 선명하게 다른 개념으로 대치될 수 없다면 영원한 순환이나 복선의 미로에 갇힐 수 있다. 그러므로 기의가 기표에 끊임없이 미끄러지는slide 현상이 발생한다. 이것을 데리다는 '의미의 사슬chain of signification은 고정되지 않는다'고 분석했다. 이처럼 언어의 의미는 상대적이다.

후기구조주의의 특성을 상징적으로 대변하는 차연은 개념과 의미의 본질 파악이 쉽지 않다는 것을 전제로 한다. 그러니까 하나의 기의에 다수의 기표 즉, '1기의=다多 기표'라는 것이다. 따라서 어떤 기표는 그 자체로 정확한 것이 아니며, 끊임없이 다른 기표를 불러온다. 원래 소쉬르의 구조주의構造主義에서는 기표와 기의가 일치하므로 하나의 기호를 형성하는 것으로 본다. 가령 신호등의 파란색은 '진행하라, 앞으로 가라'는 뜻의 기호라는 것이다. 그런데 후기구조주의자 데리다의 차연에 의하면 신호등은 약속이므로 그대로 실행하면 되지만, 본질에서 파란색은 다른 개념으로 확산하면서 차연될 수 있다. 그러니까 신호등의 파란색은 강력한 기표에 더 강력한 법적 의미를 부여하여 신호등으로 통일한 것일 뿐이다. 그런 점에서 푸코는 정확한 언술은 존재하지 않고 강력한 언술만 있다고 주장한다.

데리다에 따르면 어떤 어휘와 개념은 언어 주체의 세계관, 사상, 철학, 목적 등이 복합적으로 작용하는 맥락 속에서 제한된 의미가 있을 뿐[1]이다. 그렇다고 해서 그것을 다른 것으로 대치할 수도 없고 마음대로 상상할 수도 없으므로 지연과 망설임이 생기고 언어의 미로에 갇히는 현상이 발생한다. 그러므로 모든 문제는 어휘, 의미, 문장이 사용되는 맥락으로 환원한다. 데리다는 이것을 강조하여 '맥락/텍스트 바깥에는 아무것도 없다There is nothing outside of the context'고 단언한다. 이렇게 볼 때 어떤 개념은 쉽게 그 의미가 결정될 수 없으며 끊임없는 유예 상태에 놓이게 된다. 이것은 고정된 의미와 불변하는 개념은 없고 상대적인 개념만 있으며 거미줄과 같은 관계가 중요하다는 뜻이다. 또 다른 예는 독서다.

---

1   Jacques Derrida, *Of Grammatology*, translated by G. Spivak, Baltimore : Johns Hopkins University Press, 1976, p.158.

똑같은 책을 여러 번 읽더라도 다른 느낌을 받는 것은 독서 주체의 인식이 달라졌기 때문이기도 하지만 근본적으로 텍스트 자체에 유예되는 차연이 존재하기 때문이다.

구조주의자이면서 후기구조주의의 지평을 연 데리다는 중심과 주체가 없는 다층적이고 다원적인 인식을 지향했다. 이를 위해서는 소쉬르의 구조주의에서 말하는 공시적synchronic 의미보다는 통시적diachronic 의미를 고려하여 해석해야 한다. 그래서 데리다는 데카르트, 칸트, 헤겔, 니체 등 서구철학의 형이상학, 존재론, 인식론과 다른 해체적 방법론에 착안했다. 데리다는 서구의 전통적인 형이상학과 인식론을 해체하고 이항대립binary opposition과 같은 방법을 통하여 인간의 인식이 불완전하다는 것을 입증하고자 했다. 그래서 그는 불완전한 인간을 정확하게 인식하는 것을 통하여 새로운 좌표를 설정하고자 한 것이다. 데리다의 해체적 방법론에 대해서는 두 가지 평가가 있다. 그것은 '서구철학의 전통을 극복했다'는 긍정적인 평가와 '관념적이며 초월적인 언어유희에 불과하다'는 부정적인 평가다.

참고문헌 Jacques Derrida, *Of Grammatology*, translated by G. Spivak, Baltimore : Johns Hopkins University Press, 1976; Jacques Derrida, *Writing and Difference*, translated by Alan Bass, Chicago : The University of Chicago Press, 2001.

참조 개념, 거대서사의 붕괴, 구조주의, 기표·기의, 맥락주의 컨텍스츄얼리즘, 실재계, 이성, 이성론/합리주의, 이항대립, 인식론, 텍스트, 포스트모더니즘, 형이상학, 후기구조주의

허위의식

False Consciousness | 虚假意识

시위대의 맨 앞에서 Q는 '나라와 민족을 위하여' 그리고 '약자와 민중을 위하여'라고 소리쳤다. 상기된 얼굴로 경찰을 향해서 나가면서, 다시 한번 '나라와 민족을 위하여' 또는 '약자와 민중을 위하여'라고 외쳤다. 마침 아홉 시간 동안 노동하고 지나가던 노동자 K와 거리에서 노점상을 하는 P는 그런 Q의 외침을 듣고 냉소한다. 자신들과는 아무런 관계가 없다고 생각하기 때문이다. 정작 노동자와 프롤레타리아는 다른 관점에서 현실을 보고 있는데 지식인 Q는 '혁명을 통해서 사회를 바꾸어야 한다'라면서 시위를 하는 것이다. 이 허위의식虛僞意識은 현실을 정확하게 인식하지 못하고 계급에 대한 철저한 각성이 없으면서도 확신하고 있는 신념 또는 거짓 이데올로기이다. '이것이 내 신념 또는 이념이다'라고 말할 때, 그 자체는 순수하고 결과적으로 좋을 수는 있겠지만 잘못된 인식을 토대로 하고 있으므로 허위가 되는 것이다.

허위의식은 자본주의 사회에서 자신의 존재 기반인 현실을 올바로 인식하지 못한 사상이나 이념이라는 의미의 마르크스주의 용어다. 과학적이지 않은 이념, 착각과 오인에서 비롯된 생각, 계급의식과 상반되는 신념 등이 바로 허위의식이다. 어떻게 하여 그런 의식이 만들어졌는지 자신도 잘 모르는 것이 허위의식이 형성되는 과정이다. 그러나 허위의식은 현실에 대한 과장, 단순한 무의식, 위선과 같은 의도적인 왜곡, 낭만적 인식 등과는 다르다. 간단히 말해서 허위의식은 자기 자신을 객관적으로 인식하지 못하는 상태나 잘못된 인식을 바탕으로 한 신념, 즉 과학적이지 않은 이념을 말한다. 반면 허위의식이 아닌 것 즉, 과학적 이념은 자신이 속한 계급에 충실한 현실 인식이거나 자기 계급의 계급의식階級意識이다. 또한, 과학적 인식은 철저하게 각성하고 과학적으로 인식하여 확립한 의식이며 그를 바탕으로 사회를 변혁하려는 사상이자 이념이다.

어떤 노동자와 농민들은 자기 계급의 정당에 투표하지 않고 상류 지배계급의 정당에 투표한다. 이처럼 자기를 억압하고 착취하는 지배계급을 열망하면서 혁명의식을 가지지 못한 것이 허위의식의 대표적인 예다. 허위의식은 지배계급이 피지배계급을 허위의식에 빠지도록 조작한 것이다. 그리하여 피지배계급은 자신들이 수탈당하고 지배당한다는 사실을 망각한다. 이처럼 허위의식은 잘못된 인식, 주관적인 착각, 비합리적 신념에 의한 오류이면서 현실의 과학성이 없는 이데올로기를 말한다. 마르크스가 이 용어를 사용한 적이 없다는 것이 정설이지만, 마르크스 사상 속에서 이해되는 것이 보통이다. 마르크스는 헤겔의 영향을 받았으나 정신, 영혼과 같은 관념을 버리고 현실 속에서 이해하고 현실 속에서 실천되어야 한다는 유물론과 변증법을 토대로 허위의식을 비판했다. 한마디로 현실에 근거하지 않는 것은 모두 허위일 가능성이 있다는 것이다.

한편 헝가리의 루카치G. Lukács, 1885~1971는 자본주의 사회에서 지배계급인 부르주아는 현실의 모순을 은폐하면서 지배 권력을 유지하고자 생산과 분배를 장악함으로써 피지배계급인 프롤레타리아를 종속시킨다고 보았다. 원래 부르주아인 시민은 봉건 전제군주와 교회의 지배를 전복하고 역사의 주역이 된 계급이다. 그런데 연합 전선을 형성했던 부르주아와 프롤레타리아의 관계가 모호해지자 프롤레타리아 중 일부는 무의식적으로 자기 계급을 배반하고 지배계급을 동경하게 된다. 반면 부르주아 중 일부는 자신이 지배계급이라는 것을 잊어버리고 Q처럼 '약자와 민중을 위하여!'라고 구호를 외친다. 문제는 이런 허위의식을 인지하기가 쉽지 않다는 점이다. 허위의식은 플라톤이 말한 '동굴 속에 갇힌 인간은 실제 세상을 허위로 보고, 벽에 비친 그림자를 사실로 믿는다'는 동굴의 비유allegory of the cave와 같은 현상이다.

허위의식은 '정확하게 의식된 현실 이외에는 아무것도 없다'는 유물론과 사실주의Realism를 토대로 한다. 특히 자본주의 환경 속에서 본질을 깨닫지 못하고 그것을 정당하다고 오인하는 의식이야말로 위험하고도 근거 없는 허위의식이다. 맹목적인 독사doxa와 편향된 의식이 허위의식을 재생산한다. 허위의식은 의식화 또는 의식 고양consciousness raising을 통하여 계급적으로 자각하고 자본주의의 모순을 인지한 다음 그 모순을 극복하려고 할 때 제거될 수 있다. 지나치게 과격하고 교조적인 의식이 바로 허위의식이다. 그런 점에서 허위의식은 현실을 정확하게 인식한 프롤레타리아계급이 혁명의 주체가 된다는 계급투쟁과 관계 있다. 특히 마르크스주의자들은, 자본주의 사회에서 자신의 상황을 망각하고 사적 이익을 추구하는 물신주의Fetishism를 허위의식의 폐단으로 간주한다.

참조 계급의식, 계급투쟁, 독사, 동굴의 비유, 리얼리즘/실재론(철학), 마르크스, 무의식, 유물론, 의식, 이성, 인식론, 자본주의, 주체·주체성, 혁명, 혁명적 낭만주의

제행무상

Impermanence | 诸行无常

P는 노을 지는 호숫가에 앉아서 '인생은 무상하다' 또는 '모든 것이 덧없다' 라고 생각하고 있다. 그리고 '무상하지 않은 인생, 허무하지 않은 삶이 무엇이 냐'라고 묻지만, 답을 찾을 수 없다. 없는 답을 찾기 때문에 더욱 허무해진다. 불교에서 말하는 답은 그 무상함 자체를 정직하게 바라보고 자기 자신이 아무것도 아님을 직시直視하고 또 직지直指하라는 것이다. 또한, '색즉시공 공즉시색色卽 是空 空卽是色'처럼 있고 없음이 하나이고 피안과 차안此岸도 하나임을 자각하라는 것이며 모든 것은 자기 마음속에 있음을 깨우치라는 것이다. 그런데도 사람들은 욕망, 목표, 성공, 돈, 사랑, 명예, 대결 등 온갖 세상사 하나하나에 흔들리며 산다. 하지만 지혜의 눈과 진리의 마음으로 본질을 보면 모든 것의 진정한 모습은 무無이고 공空이다. 이 제행무상諸行無常은 모든 것은 고정되어 있지 않고 항상 변화한다는 불교철학의 개념이다.

대체로 인간은 근거가 없는 것을 근거로 실체, 자기, 주체, 사실, 진리, 정의 등을 추구한다. 그런 것들은 무한 광대한 우주의 관점에서 보면 그다지 중요하지 않고 그조차 변화하는 것이기 때문에 형상도 없고 실체도 없다. 인간을 포함한 모든 존재는 생사소멸生死消滅을 반복하면서 끊임없이 변화한다. 이런 이유로 모든 존재는 무상無常한 것이고 무상하므로 허무한 것이다. 한편 무상하므로 욕망과 집착을 버리고 자기 존재를 깨우치면서 진정한 진리를 추구할 수 있다. 특히 '모든 존재는 공空 하면서 공空 하지 않다'는 중도론中道論에서 보면 오히려 무상하므로 세상을 비극적으로 인식하지 않고 정면에서 응시하고 정진할 수 있다.

불교 철학에서는 존재의 특성을 세 가지로 설명하는데 그 삼법인三法印은 무상無常 무아無我 고苦다. 이 중 모든 것이 무상하다는 것을 인식하는 첫 번째 팔정도八正道가 올바로 본다는 정견正見이다.

팔정도는 정사正思, 정어正語, 정업正業, 정명正命, 정근正勤, 정념正念, 정정正定, 정견正見이다. 팔정도의 뜻은 세상과 우주의 모든 것은 변화하고 있으며, 단 하나의 진리이자 본질은 모든 것이 하나라는 것이고, 최종 진리인 공emptiness, 空에 이르는 것을 올바로 아는 것이다. 따라서 모든 생사소멸은 현상일 뿐 본질이 아니므로 정견을 하여 무상함을 깨우친 다음 진리에 이르러야 한다. 제행이 무상無常하다는 관점에서 보면 모든 존재, 모든 행위, 모든 인식, 모든 감정은 허무하고 공허할 뿐이다. 그런데 사람들은 허무한 것을 허무하지 않다고 믿으며, 공허한 것을 공허하지 않다고 착각하기 때문에 없는 실체를 찾아 헤맨다. 여기서 고통이 생겨난다. 이것을 석가모니釋迦牟尼, BCE 563?~BCE 483?는 '인간은 고통의 바다에 빠져 있다'는 뜻의 고해苦海 즉 일체개고一切皆苦라고 보았다.

고苦와 윤회가 사라진 궁극이 니르바나 즉 열반적정涅槃寂靜이다. 따라서 제행무상은 시생멸법是生滅法 즉 '모든 무상한 이것이 곧 생멸의 법이다'라는 것과 '생멸에 대한 집착을 놓으면 고요한 열반의 경지에 이른다'라는 생멸멸이生滅滅已 적멸위락寂滅爲樂과 함께 쓰인다. 그런데 제행무상은 동물성을 가진 인간을 고상하고 고결한 존재로 설정하므로 문제가 생긴다. 즉, 대다수 사람은 인생이 무상하다는 것을 알면서도 고집멸도苦集滅道에 빠지고 욕심과 집착과 어리석음의 탐진치貪嗔癡 삼독三毒에서 헤어나지 못한다. 이 또한 인간의 업보라는 점에서 카르마karma가 작용하는 인과율因果律과 인연설로 이해될 수 있다. '이것 때문에 저것이 있다'는 인과율에서 보면 우주 자연은 변화하고 반복되는 현상에 불과하다. 인간이 반복의 윤회를 끊으려면 '모든 것은 무상하고 공空 하다'는 제행무상의 이치를 깨우쳐야 한다.

중관사상中觀思想에 의하면 생사소멸은 물론이고 과거, 현재, 미래와 같은 시간이나 공간도 존재하지 않는다. 그리고 최종 진리에서 보면 깨우치거나 깨우치지 않거나 근본적인 차이가 없다. 물론 감각에서 현재와 현실은 존재하지만, 사실은 무상無常한 것이다. 인도철학에서 유래하여 불교에 큰 영향을 미친 제행무상이라는 개념은 존재론과 인식론의 기본 주제였다. 중국, 한국, 일본의 대승불교에서는 무상함을 깨우치는 것을 넘어서서 적멸의 상태, 즉 니르바나nirvana의 열반으로 나가서 더 이상의 윤회가 없는 완전한 무無와 공空의 상태를 지향한다. 이 사상은 석가모니의 삼법인인 제행무상, 제법무아, 열반정적에 대한 해석에 따라서 달라진다. 대승불교와 달리 테라바다 불교Theravada(일명 소승불교)에서는 모든 것은 무상하지만 과거, 현재, 미래는 실제로 존재하는實有 것으로 간주한다.

참조 공/수냐타, 공간, 무, 브라흐만, 색즉시공, 석가모니 고타마 싯다르타, 순수이성, 시간, 실존주의, 아치아견아만아애의 4번뇌, 아트만, 유식사상, 윤회사상, 적멸의 니르바나, 중관사상, 카르마, 호접지몽

부정변증법

Negative Dialects | 否定辯証法

병법兵法에서 '적의 적은 같은 편'이다. 수학의 −3×−4=12에서 보는 것과 같이 음수와 음수를 곱하면 양수가 된다. 그러나 언제나 부정의 부정이, 긍정으로 바뀌는 것은 아니다. 철학자 아도르노T. Adorno, 1903~1969는 어떤 문제는 전후의 상황과 문맥에서 이해되어야 하므로, '부정의 부정은 긍정이 될 수도 있고, 다시 부정이 될 수도 있으며, 전혀 다른 것이 될 수도 있다'고 말한다. 아도르노가 쓴 책의 이름이기도 한 부정변증법否定辯證法은 부정과 비판을 통한 올바른 사고의 방법으로 근대 자본주의적 질서를 부정하는 동시에 칸트, 헤겔, 하이데거 등의 철학을 비판하면서 정립된 이론이다. 칸트의 관념론을 계승하면서 비판한 아도르노는 『계몽의 변증법』에서 이성이 설계한 근대의 모순을 이성으로 비판한다. 그가 목표한 것은 서구철학이 추구했던 보편자로부터 인간을 해방시켜서 자유로운 개별자로 만드는 것이었다.

부정변증법에 따르면 어떤 문제가 있을 때, 그것을 부정하면 해결된다고 보는 것은 잘못이다. 가령, 자본주의의 비인간성을 부정하거나 지배계급의 폭력을 부정한다고 해서 진정한 인간해방人間解放이 이루어지지 않는다. 또한, 공산주의의 문제점을 부정한다고 해서 그 문제가 해결되는 것도 아니다. 그래서 그는 한 번 부정된 것은 사라질 때까지 부정적일 수밖에 없다고 주장했다. 저항의 사유를 인간의 한계까지 몰고 갔다는 점에서 특별한 의미를 부여받는 부정변증법은 그의 개인적 배경에 기인하는 것이다. 유대계 철학자였기에 심각한 정신적 불안을 느꼈을 그는 나치즘Nazism의 근원적 폭력성으로부터 부정변증법이라는 이론을 정초定礎했다. 그리하여 아도르노는 인간을 도구로 전락시키는 이념과 체제는 사라질 때까지 철저하게 부정해야 한다고 강조했다. 세상에 절대적인 것은 없으며 부정을 통해서 그 모순을 발견하고 그것을 개선함으로써 더 나은 단계로 나가고자 하는 것이 부정변증법이다.

아도르노가 말한 부정변증법은 헤겔의 변증법을 전제로 한다. 그런데 아도르노에 의하면 변증법적 과정을 거치고 나서도 여전히 차이가 나거나 차별이 있다. 이것은 이질적인 비동일자들이 근본적인 모순을 안고 있기 때문이다. 따라서 대립과 모순을 극복한 합이라는 것은 있을 수 없다. 단지 인간의 인식 속에서 부정을 부정하는 것일 뿐이다. 그런데 아도르노가 보기에 헤겔의 변증법은 긍정 변증법이기 때문에 결과는 언제나 긍정이다. 이것은 헤겔이 가지고 있던 보편에 대한 믿음으로 인하여 생기는 자가당착自家撞着으로 특수와 개별을 무시하는 것이다. 그런데 객관성과 보편성이 아닌 주체성과 개별성을 보장하기 위해서는 결과가 부정으로 귀결되는 변증법이 필요하다. 이를 위해서는 철저한 비판이 반복적으로 수행되어야 한다.

부정변증법은 비판이론을 중심으로 하는 신좌파의 맥락에서 이해되어야 한다. 사상보다 인식을 중요시했던 프랑크푸르트학파의 비판이론가들은, 부정의 인식방법으로 기존의 철학을 부정했다. 그들은 소크라테스와 플라톤 이후 칸트와 헤겔에 이르는 이성 중심주의와 변증법은 동일성의 폭력이었다고 비판한다. 그래서 이들은 '진정한 변증법은, 부정하더라도 차이가 있다'는 비동일성을 분명히 드러내는 것이라고 단언했다. 이처럼 아도르노는 부정 그 자체의 의미를 강조하면서 헤겔의 변증법이 추상적이고 관념적이기 때문에 부정의 원래 의미와 고유성을 훼손할 수 있다고 지적했다. 그런 점에서 부정변증법은 부정을 위한 부정이 아니라 긍정을 위한 부정이다. 그러므로 아도르노의 부정변증법은 이성의 이름으로 완성한 근대사회의 폭력성을 비판하는 개념이다. 이 연장선에서 아도르노는 칼 포퍼K. Popper, 1902~1994와 논쟁을 벌일 때 근대 과학기술을 신랄하게 비판한 바 있다.

아도르노에 따르면, 근대 계몽주의와 이성 중심주의 이래 본래의 자연은 문화적으로 걸러지고 변형된 제2의 자연이 되고 말았다. 그리고 세상은 획일화된 사회로 바뀌었다. 한편 스위스의 휴양지에서 심장마비로 타계한 아도르노는, 학생들로부터 배척당한 충격 때문에 사망한 것으로 알려져 있다. 6·8혁명 중 학생들은 아도르노의 사상이 혁명적이었으므로 당연히 그의 참여와 지지를 기대했다. 그런 기대와 달리 아도르노는 경찰에 쫓겨 사회과학연구소로 피신한 학생들을 외면했다. 이후 학생들로부터 사이비 혁명가라는 비난과 함께 격렬한 공격을 받았다. 하지만 그는, 지식인의 임무는 거리에서 돌을 던지는 것이 아니라 철학적 사유를 통해서 인간해방의 길을 제시하는 것이라고 믿었다. 이런 이유로 아도르노와 마르쿠제를 포함한 프랑크푸르트학파의 여러 비판이론가는 호텔에서 혁명을 논하는 관념적 이상주의자라는 비난을 받는다.

참고문헌 Theodor W. Adorno, *Negative Dialectics*, translated by E.B. Ashton, London : Routledge, 1973.

참조 계몽주의/계몽의 시대, 대중문화이론, 문화산업(프랑크푸르트학파), 변증법, 열린 사회, 이성, 이성론/합리주의, 일차원적 인간, 자본주의, 제2의 자연

정언명제

Categorical Proposition | 直言命题/性质命题

스탕달의 소설 『적과 흑』은 '베리에르라는 작은 도시는 프랑슈콩테 지방에서 가장 아름다운 도시의 하나로 통할 만하다'[1]로 시작한다. 장면묘사인 첫 부분은 인간과 사회를 주제로 한 대서사를 예시하고 있다. 그런데 이 문장은 '베리에르는 아름다운 도시이다'. 즉, 주어와 서술어인 's는 P다'로 구성된 단칭 정언명제이면서 소설적 진술이다. 그 외의 부분인 '작은 도시는 프랑슈 콩테 지방에서 가장'은 형용이나 수식 또는 묘사이므로 명제와는 관계가 없다. 정언명제는 범주에 따라서 분명하게 단정하는 명제다. 전통논리학에서는 'A는 B이다'라는 판단의 형식을 정언판단定言判斷이라고 하고 그 명제를 정언명제라고 한다. 이 정언명제는 '살인을 하면 안 된다'와 같은 정언명령과 관계가 있다. 칸트는 '선천적이고 선험적인 직관으로 도덕적인 행위를 해야 한다'라는 것을 정언명령으로 정리한 바 있다.

명제는 언어로 표현된 문장 형식의 논리다. 질문, 감탄, 명령과 다른 명제는 문장으로 표현될 수 있지만, 문장이나 진술statement과 다른 논리적 표현이다. 정언논리Categorical Syllogism에서 말하는 정언명제定言命題는 '무엇은 무엇이다' 또는 '무엇이 어떻다'라고 범주를 확정하여 표준화한 형식이며 사실을 주장하면서 참과 거짓을 판정할 수 있는 문장이다. 연역법deductive reasoning의 일종인 정언명제는 첫

---

1   The small town of Verrieres may be regarded as one of the most attractive in the Franche – Comte. Its white houses with their high pitched roofs of red tiles are spread over the slope of a hill, the slightest contours of which are indicated by clumps of sturdy chestnuts.

째, 모든 S는 P이다(전칭긍정명제 A) 둘째, 모든 S는 P가 아니다(전칭부정명제 E) 셋째, 어떤/약간 S는 P이다(특칭긍정명제 I) 넷째, 어떤/약간 S는 P가 아니다(특칭부정명제 O) 등 네 가지로 분류된다. 이것을 표준정언명제라고 하는데, '소크라테스는 사람이다'라는 것과 같은 단칭명제(s=P)와 '모든 사람은 죽는다(S=P)'와 같은 전칭명제가 있다. 이처럼 같은 주어와 술어로 구성된 명제 사이의 관계를 도식화한 것이 모순 관계의 모순율Law of Contradiction이다.

하나의 판단을 주어와 술어의 형식으로 표현한 것이 정언명제. 전통적인 정언명제는 수를 표시하는 양量과 가치를 판정하는 질質로 표시된다. 정언명제의 핵심어는 '모든, 어떤, 이다, 아니다'인데 여기서 '어떤'은 전체, 부분, 하나를 포함하는 개념이다. 따라서 '모든'은 전부를 칭하는 전칭, '어떤'은 특정하여 말하는 특칭이라고 하는데 전칭과 특칭은 양量, quantity에 대한 것을 표시하는 양화사/양화어量化語라고 하고 '이다, 아니다'는 질質, quality에 대한 것을 표시하는 연결사/계시繫辭라고 한다. 정언명제는 '이다, 아니다'의 형식이므로 '나는 지금 기분이 좋다'처럼 형용사와 동사로 표시된 것은 '나는 지금 기분이 좋은 사람이다'로 바꾸어야 하며 '있다, 없다'처럼 존재사로 표시된 '이런 물건을 사는 부자가 있다'는 '어떤 부자는 이런 물건을 사는 사람이다'로 바꾸어야 한다.

아리스토텔레스가 확립한 정언명제는 전통논리학의 원리이자 기본으로 정평이 있다. 정언명제는 21세기에도 논리학의 기초가 되고 있으며 정언명령定言命令은 물론이고 정언진술에도 유용하다. 형식적으로 정언명제는 술어가 주어를 긍정하거나 부정하는 명제논리로, 술어를 강조하면서 술어를 중심으로 논리를 재구성하는 술어논리Predicate Logic와 대비되는 전통적 형식논리다. 한편 '또는either-or'과 같이 두 가지 가능성이 있는 선언명제disjunctive proposition, 選言命題와 '만약if-then'과 같이 어떤 조건을 표시하는 명제인 가언명제hypothetical proposition, 假言命題는 하나를 명시하는 단순명제單純命題와 달리 두 개의 문장이 복합된 복합명제compound proposition, 複合命題이고, 단 하나의 개별 사실을 논리적 구조로 표현하는 것은 원자

명제原子命題, atomic proposition이다.

그렇다면 문장을 명제화命題化하는 것은 무슨 의미가 있을까? 인간의 말과 글은 불확실하고 비논리적인 경우가 많으므로 단순명료하게 표현하여 그 언어의 진위를 판별할 필요가 있다. 그래서 표준화된 형식, 즉 정언명제로 바꾼 다음 그것을 비교하여 모순, 반대, 함의 관계를 살펴보고 참과 거짓을 직접 추론해야 한다. 가령, 정언명제는 법정에서 피고인의 말이 거짓인가 참인가를 판별할 때도 유익하고, 신문기사가 논리적인가 아닌가를 분석할 때도 유익하며, 의사가 환자의 말을 파악할 때도 필요하다. 그런데 '나는 물건을 훔쳤지만, 물건을 훔치지 않았습니다'라는 문장은 한용운의 시 「님의 침묵」 중 '님은 갔지만 나는 님을 보내지 아니 하였습니다'와 같은 구조이므로 전통논리학에서는 오류로 간주한다. 이처럼 문학예술에서는 정언명제와는 다른 역설이나 모순과 같은 표현방법이 허용되고 이것이 오히려 미적 긴장을 줄 수 있다.

참조 논리·논리학, 논리실증주의, 논증·추론, 대당사각형, 동일률·모순율·배중률, 명제, 분석명제·종합명제, 순수이성, 술어논리, 이발사의 역설, 충분근거율, 표현

공空/수냐타
Sūnyatā Emptiness | 空

어린 K가 엄마에게 물었다. '엄마 세상에 변하지 않는 것도 있어요?' 그러자 엄마는 '그래, 있단다. 자식에 대한 엄마의 사랑은 변하지 않지'라고 답했다. 하지만 이것은 엄마의 감정이고 실제로 세상 모든 것은 변한다. 가령 영원하다는 것도 더 큰 시간에서 보면 일시적인 시간이다. 그래서 소동파는 『적벽부』에서 '모든 것이 변화한다는 관점에서 본다면蓋將自其變者而觀之, 천지도 변하는 것이므로 한순간도 같은 상태로 있을 수 없다'라고 표현한 것이다. 그렇다면 본질은 어디 있는가? 그 어디에도 없으면서 어느 곳에나 있다. 그런데 인간이 지각하는 현상과 본질인 실제는 같을 수도 있고 다를 수도 있다. 왜냐하면, 변하는 현상과 고정된 본질은 일치하지 않기 때문이다. 이중, 불교 철학의 유심론과 유식사상에서 말하는 '공空'은 무無나 허虛가 아닌 상태면서 존재하는 동시에 존재하지 않는 존재론의 핵심개념이다. 이것을 다룬 영역이 중도론 또는 중관사상이다.

인도의 불교 철학자 용수 나가르주나Acarya Nagarjuna, 龍樹, 150~250는 공空, emptiness에 대한 탁월한 개념을 정립했다. 나가르주나에 따르면 세상의 변화는 '이것이 있어서 저것이 있다'는 연기緣起의 결과이며 공성空性이 드러난 현상이다. 이것을 인식하는 인간 역시 독립적으로 존재하는 것이 아니라 원인과 결과에 따라서 상대적으로 존재할 뿐이다. 그런데 모든 존재가 변화하는 현상일 뿐이라면 그것을 인식하는 인간 역시 존재한다고 할 수가 없다. 그렇다고 현실의 인간을 존재하지 않는다고 할 수도 없다. 따라서 공空이라고 하더라도 존재하는 것은 사실이므로 현실의 존재는 부정되지 않는다. 여기서 존재하면서 존재하지 않는다는 공사상空思想이 정립된다. 따라서 공사상은 '공허하고 허무하다'는 허무주의가 아니고 '공을 직시하여 본질을 깨닫고 윤회samsara와 업보karma의 수레에 얽힌 육신을 해방하여 적멸의 니르바나에 이른다'는 철학적 사유다.

나가르주나에 따르면 모든 존재는 수많은 관계 속에 놓인 상호의존적 존재다. 또한, 모든 존재는 영원하지도 않고 실재하지도 않는 하나의 현상이자 허상에 불과하다. 이것을 깨우친 나가르주나는 석가모니를 재해석하여 공 즉, '존재하지 않으면서 존재한다'는 중도론/중론 혹은 중관사상中觀思想, Madhyamaka을 창안했다. 무無와 대비되거나 혼용되는 중도론에 의하면 무가 공이고 공이 무이며, 색이 공이고 공이 색이다. 이처럼 있고 없음이 하나라는 것은 혼융混融을 의미하는 것이고, 그 혼융의 상태가 비어 있는 것과 마찬가지라는 뜻이다. 따라서 있다고 해도 공이며 없다고 해도 공이므로 세상에는 생사소멸은 물론이고 과거, 현재, 미래와 같은 시간과 공간도 존재하지 않는다. 하지만 공은 변화하는 무상이므로 허무한 것이 아니라 구체적인 변화의 과정에서 생기는 연기와 인과이다.

공空은 산스크리트어 '비어있음'이라는 수냐타śūnyata에서 유래했다. 그런데 수냐타 공은 허虛나 무無와 다르고 또 수학, 공학에서 쓰는 공zero과 다른 개념이므로 철학적인 '수냐타 공空'으로 명명할 필요가 있다. 영어의 emptiness나 한자어의 空과 유사한 수냐타는 모든 존재의 내면은 비어 있다는 것이고, 그 '내재적 본질intrinsic nature, self nature/sabhava'은 자성自性 없이 변화하는 현상임을 강조한 개념이다. 즉, 우주 만물 모든 것은 독립적인 것이 아니라 상호의존적이고 변화하는 것이므로, 본체가 없는 공인 동시에 현상만 있는 공이다. 하지만 없는 것은 아니다. 따라서 공은 '모든 것은 존재한다'와 '모든 것은 존재하지 않는다'는 것을 동시에 부정하면서 동시에 긍정하는 일종의 모순이다. 그런 점에서 나가르주나는 이분법에 기초한 양단론을 부정하는 동시에 통합한, 변증법적 사상가이기도 하다.

연기론緣起論과 중도론中道論을 이해하기 위해서는 세속에서 인정하고 언어로 표현되는 세속의 진리인 세속제^{世俗諦, sammuti-sacca}와 언어로 표현할 수 없는 궁극적 진리인 승의제^{勝義諦, paramattha-sacca}를 모두 깨우쳐야 한다. 그런데 연기와 공을 바탕으로 세속이 성립한다는 것을 깨우친 다음 궁극적 진리인 승의제의 공을 깨우치는 것이 순서다. 한마디로 수냐타 공의 공사상은 세상의 모든 것은 연기^{緣起}–무자성^{無自性}–공^空으로 이어지는 변화의 과정으로 보는 인식론이자 존재론이다. 그런데 인식 주체인 '나' 또한 있으면서 없는 것이고 내 생각은 자기를 대상으로 한 자기의 인식이라는 문제가 생긴다. 이 문제에서 유래한 나가르주나의 중도론^{中道論, Middle Path}은 '색즉시공 공즉시색^{色卽是空 空卽是色}'으로 함축된 불교의 근본 교리이자 선의 화두이며 대승불교의 경전 『금강경』과 『반야심경』의 핵심이다.

참고문헌 Jan Westerhoff, *Nagarjuna's Madhyamaka : A Philosophical Investigation*, Oxford University Press, 2009.

참조 교외별전, 니힐리즘/허무주의, 무, 무한, 변증법, 브라흐만, 색즉시공, 석가모니, 아트만, 유식사상, 윤회사상, 인과율·인과법칙, 인식론, 자아, 자아와 비아, 적멸의 니르바나, 제행무상, 존재론, 중관사상, 카르마

격물치지

Noble Moral Attend Knowledge | 格物致知

어느 가을날, 그는 노랑 오동나무의 잎이 떨어지는 것을 보았다. 그때 천지 순행의 이치가 떠올랐고, 여름이 가면 가을이 와서 나뭇잎이 떨어진다는 평범한 사실을 새삼 깨우쳤다. 그래서 그는 이렇게 읊었다. '소년이로학난성少年易老學難成 소년은 늙기 쉬워도 학문을 이루기는 어려운 것, / 일촌광음불가경一寸光陰不可輕 빛처럼 빠른 한순간도 헛되이 보내지 않아야 한다. / 미각지당춘초몽未覺池塘春草夢 봄날 연못가 풀잎과 같은 청춘의 꿈이 깨기도 전에, / 계전오엽이추성階前梧葉已秋聲 섬돌 앞 오동 나뭇잎은 가을을 알린다.' 이 시는 주자학의 대가 주희의 「우성」이라는 칠언절구 한시다. 남송 시대의 유학자 주희는 '오늘 배우지 않으면 내일이 있다고 말할 수 없다勿謂今日不學而有來日'라고 하여 배우고 익히는 것의 소중함을 거듭 강조했다. 교훈적이면서 예술성도 있는 명작이다.

이 시는 성리학을 집대성한 주희의 사상이 잘 드러난 가작이다. 주자 주희朱熹, 1130~1200는 정이程伊가 말한 '실제 사물의 이치를 연구하여 지식을 완전하게 한다'는 의미의 격물치지格物致知를 이론적으로 완성했다. 성인의 반열에 오른 주희에 의하면 사람이 해야 할 가장 중요한 일은 바로 격물하여 치지해야 한다는 것이다. 따라서 격물치지는 이치에 따라서 배우고 깊이 생각하고 익혀서 궁극적 진리에 도달하는 수양의 방법이다. 격물치지는 주자朱子 주희가 새롭게 해석하여 중요한 개념이 되었다. 주희는 『고본대학古本大學』에 격물치지에 대한 해석이 빠져 있는 것으로 간주하고 격물치지를 '자기 뜻을 성실하게 하려고 하는 사람은 먼저 앎에 이르러야 할 것이니 앎에 이르는 것은 사물의 이치를 연구하는 데에 있다欲誠其意者 先致其知 致知在格物'라고 정리했다. 이것은 모든 사물에는 이미 그 이치가 담겨 있다는 성즉리性卽理를 기본으로 하는 해석이다.

성즉리性卽理의 관점에서는 인간 안에도 이치가 있고 사물에도 이치가 있으므로 모든 본성이 곧 이치이다. 따라서 사람이 사물을 배우고 익히면 사물의 본성을 알 수 있고 자신의 본성도 알 수 있다. 그러면 자연히 이치를 깨우치고 인식의 주체인 마음도 맑아지며 지혜로운 사람이 되는 것이다. 그런데 주희를 비롯한 많은 학자는 격格을 '도달한다至', 물을 사물事物로 해석한다. 이것을 더 발전적으로 해석하면 '배운다學'는 것이고 그 배움을 통하여 지知에 이른다는 것이다. 그런데 '소년이로학난성'에서 보듯이 지知에는 학문이라는 의미가 들어있으므로 사물을 배워 깨우친다는 격格과 앎이라는 지知는 '학學' 한 글자로 함축된다. 그러니까 모든 사물의 이치는 그 자체에 있으며 사람의 마음으로 그 이치를 알 수 있는데도 그것을 궁구하지 않기 때문에 알지 못한다는 것이다. 그러므로 학學이 중요하고 또 습習이 뒷받침되어야 한다.

격물치지는 공자가 말한 천도심성天道心性 즉, 하늘의 도리가 곧 마음이라는 말에서 유래한다. 한때는 위학僞學으로 비판받았던 주희의 성리학은 명청明淸 시대에 절대적인 권위를 부여받았으며 한국과 일본에도 큰 영향을 미쳤다. 유학 또는 유교는 원래 현실정치와 도덕을 바탕으로 하는 한편 민본사상과 천인합일天人合一을 추구한다. 따라서 『대학大學』 팔목인 격물格物 치지致知 성의誠意 정심正心 수신修身 제가齊家 치국治國 평천하平天下의 기본원리인 격물치지는 사물 자체의 성질을 중요시한다는 점에서 유물론과 상통한다. 이중 격물은 객관적 사물의 이치, 치지는 주관적 마음의 이치를 궁리窮理하는 성리학의 출발이자 유학의 본질이다. 이렇게 볼 때 격물치지는, 정이가 실천한 거경궁리 즉, 경건하게 이치를 궁구하는 수양의 방법을 발전시킨 것이면서 즉물궁리卽物窮理 즉, 사물의 이치를 사유하는 방법이다.

반면 명의 왕양명王陽明은 주희의 해석에 반대하여 심즉리心卽理의 심성론을 폈다. 그러니까 격물의 격은 정正이고 물은 '인간의 마음에 존재하는 물'이다. 따라서 왕양명에게 격물치지는 인간의 마음을 올바르게 하여 이치를 깨우치는 것이고, 그 마음의 본성은 선한 양지良知이므로 마음의 이치에 따르는 것이 곧 앎에 이르는 길이다. 이후 천 년에 걸쳐 계속되고 있는 격물치지 논쟁에서 가장 중요한 것은 '학'이다. 인간의 착한 성을 개발하는 것이 학學이며 그 배움을 통하여 도리에 일치하는 이상적인 인간이 될 수 있다. 하지만 인간의 성정은 희喜, 노怒, 애哀, 낙樂, 애愛, 오惡, 욕欲 등의 칠정七情에 의하여 변화하므로 항심을 가지기 위하여 수양과 수신이 필요하다. '일촌광음불가경一寸光陰不可輕'에서 보듯이 늘 갈고 닦으면서 인간이 가진 본성인 본연지성本然之性과 인간마다 다른 기질지성氣質之性을 일치시켜 궁리하면 궁극에 이를 수 있다고 한다.

참고문헌 朱熹, 『大學章句』.

참조 거경궁리, 교훈주의, 도, 마음, 사단칠정, 성즉리, 수양론, 심즉리, 양지양능치양지, 위기지학 위인지학, 인물성동이론, 인심도심, 지행합일, 춘추대의

말할 수 없으면 침묵하라

Can not speak, Pass over in silence | 对于不可说的东西我们必须保持沉默

'멋진 삶을 살았다고 전해주십시오.' 이렇게 유언장을 끝낸 그는, 62세의 나이로 세상을 떠났다. 그는 몇 번이나 자살을 시도했고 전쟁포로가 되기도 했으며 동성연애자였다고 추정되는 등 여러 면에서 특별한 삶을 살았다. 또한, 항공기 연구자, 초등학교 교사, 정원사, 의료보조원, 건축설계사, 아마추어 음악가, 노동자, 철학 교수 등 여러 일을 하면서 여러 곳을 옮겨 다녔다. 특이한 성격으로 평판이 있는 그는 어린 시절부터 특별한 교육을 받았고 예술적 소양이 풍부했던 사람이었다. 또한, 그는 젊어서 물려받은 유산으로 세계적인 대부호가 되었으나 재산을 포기하거나 여러 사람에게 희사喜捨했다. 그의 이름은 비트겐슈타인, 전설적인 철학자이자 세상에 충격을 준 신화적인 인물이다. 비트겐슈타인은 수리철학과 언어철학을 정초한 20세기의 가장 중요한 철학자 중의 한 사람이다.

히틀러와 같은 학교에 다녔으며 유대계라는 짐을 지고 살았던 비트겐슈타인 Ludwig Josef Johann Wittgenstein, 1889~1951은 왜 안락과 행복을 포기하고 어렵게 살았을까? 그것은 인간 존재와 세상에 대한 치열한 물음 때문이다. 그에게 딱딱한 빵을 먹고 허름한 침대에서 자는 것은 불행이 아니다. 인간의 불행은, 자기 존재를 성찰하지 않는 것이다. 평생에 걸친 그의 사유는 '사람은 왜 말을 하는 것이고, 어떻게 말과 글이 구성되어 있으며, 그 관계와 본질은 무엇인가'라는 언어의 과학적 의미다. 그에게 언어란 세상을 그리는 그림이고 세상의 논리 구조다. 그래서 그는 '세상은 말할 수 있는 명제들의 총합'이라고 단정한 것이다. 이런 비트겐슈타인의 생각은 '세상은 언어이고 사실은 문장이며 대상은 이름이다'로 요약할 수 있는 초기 언어철학에 잘 나타나 있다. 포탄이 터지는 전쟁터에서도 언어를 사유한 그를 알아본 사람은 케임브리지대학의 스승이자 수학자인 러셀이다.

오스트리아 출신의 비트겐슈타인은 생전에 러셀의 도움을 받아서 선언문으로 구성된 소책자 하나만을 남겼다. 기하학적 체계를 가지고 있는 『논리철학논고Tractatus Logico-Philosophicus』1921라는 책이 끼친 영향은 지대하다. 이 책에서 비트겐슈타인은 '언어는 정확하게 단 하나의 의미가 있다'라고 정리했다. 아울러 언어의 규칙은 수학과 같다고 말하면서 대상과 언어는 일치하는 것이고 세상은 구체적인 사실, 즉 원자 사실과 원자명제 그리고 그 조합인 분자 사실과 분자명제로 구성된 논리라고 선언했다. 그러니까 그의 출발점은 '언어란 무엇인가?' 그리고 '그 언어를 통해서 인간은 무엇을 말할 수 있는가'라는 지극히 원론적인 것이다. 그런데 비트겐슈타인은 '언어를 통해서 실재를 그릴 수는 있지만, 논리적 형식은 그릴 수가 없다'고 즉, 표상表象할 수 없다고 믿었다. 이것을 그림이론이라고 한다.

비트겐슈타인은, 언어에는 통일된 본질이 있으므로 그것을 밝히는 것이 철학자의 임무라고 믿었다. 가령 사람들이 한 번도 들어본 적이 없는 문장을 이해하는 것은 보편적이고 객관적인 규칙이 있기 때문이다. 따라서 모든 사실은 (인식의 그림과 같은) 객관화된 문장으로 표현할 수 있어야 하는데 그렇지 못하면 침묵해야 한다는 것이다. 『트락타투스Tractatus』라고 부르는 책의 마지막 7항 '말할 수 없는 것에 대해서는 침묵해야 한다Whereof one cannot speak, one must pass over in silence'는 유명한 명제다. 특히 비트겐슈타인은 러셀의 분석철학과 논리 원자론을 발전시켜 '세상은 언어로 구성되어 있다'고 선언하는 한편 언어를 통하여 '세상은 무엇인가'를 밝혀 보고자 노력했다. 한마디로 '말할 수 없으면 침묵하라!'는 말할 수 있는 것과 말할 수 없는 것을 구별하며 '말할 수 있는 것은 명확하게 밝히고, 말할 수 없는 것은 침묵해야 한다'고 선언한 비트겐슈타인의 인식 방법이다.

언어의 한계가 곧 의식의 한계라고 단언한 비트겐슈타인은 '철학은 진리를 탐구하는 것이 아니라 언어적 혼돈을 제거하고 문제를 해결하는 것'이라고 보았다. 또한, 종교, 미학, 윤리, 도덕, 영혼, 성령과 같이 언어를 넘어서는 것에 대해서는 말을 할 수가 없다고 단언했다. 그런 점에서 '이성 바깥에 대해서는 말하기 어렵다'는 칸트의 사유와 상통한다. 하지만 비트겐슈타인은 사후에 출간된 후기의 저작,『철학적 탐구』와 여러 글에서 언어의 통일적 본질은 없고 언어는 놀이/게임game이며 상황/맥락과 가족 유사성이 중요하다면서 초기 논리를 부정했다. 또한, '말할 수 없으면 침묵하라'도 폐기했으며 '말할 수 있다'로 선회했다. 하지만 그의 초기 논리는 인간과 언어의 관계를 과학적으로 설명한 사유이자 철학사의 일대 사건이다. 1951년 비트겐슈타인은 언어의 세계에서 떠나 영원한 침묵의 세계로 갔다.

참고문헌 Ludwig Wittgenstein, *Tractatus Logico-Philosophicus*, by C. K. Ogden(1922) with G. Moore, F. Ramsey, and Wittgenstein, Routledge & Kegan Paul, 1981.

참조 그림이론, 논리·논리학, 데카르트의 악마, 물자체, 순수이성, 언어게임, 의식, 이발사의 역설, 이성, 이성론/합리주의, 히틀러

상징적 거세

Symbolic Castration | 符号性阉割

　이철수는 누구인가? 이철수는 판화가이며, 아내 이여경과 함께 한국에 사는, 두 자녀의 아버지이며, 진보적인 사상을 가진 예술가다. 그런데 그것은 이철수가 아니다. 이철수가 이철수인 것은 시인 도종환이 아니기 때문이고, 화가 강요배가 아니기 때문이며, 가수 정태춘이 아니기 때문이다. 따라서 사람들이 만난 이철수는 실재의 이철수가 아니고 이철수라는 기호다. 또한, 기호 이철수는 신경림, 장사익, 이홍원, 박종관, 김기현, 유순웅, 이동원, 류정환 등의 기호와 관계를 맺으면서 사회를 형성하고 그 질서 속에 존재하는 하나의 상징이다. 한 사람이 상징으로 존재하는 상징계는 상상계를 거쳐서 도달한 세상이면서 법과 윤리가 지배하는 세상이다. 이처럼 세상은 기호와 기표의 질서 속에서 그물망처럼 촘촘히 연결되어 있다. 상징적 거세는, 지젝의 용어로, 기표나 기호를 얻기 위해서 욕망을 거세할 수밖에 없다는 정신분석학의 개념이다.

　상징계에서 상징으로 존재하는 이철수라는 실재 인간이 이철수라는 기호와 다른 것은 '여기 이철수가 있다'는 문장으로 입증된다. '여기 이철수가 있다'라는 문장의 의미와 달리 '여기' 이철수는 없다. (독자가 보고 있는) '여기' 이 지면이나 말과 글에 이철수는 존재하지 않는다. 하지만 '이철수'라는 기호는 분명히 존재하고 그 기호를 통하여 이철수를 상상할 수 있다. 여기에는 상징계의 질서가 유지된다. 이것을 문법에서는 '기표記標, sinifiant 이철수'와 '기의記意, signifie 이철수'가 다르다고 한다. 왜 이런 현상이 벌어지는가? 이철수라는 실재와 이철수라는 기호가 다르기 때문이며 실재 이철수는 기호 이철수를 통해서만 세상에 존재하기 때문이다. 그러므로 세상의 기호 이철수는 실재 이철수가 없는 즉, 실체가 결핍된 상징기호 이철수다. 이 현상에 대하여 지젝은 라캉에게 기대서 상징적 거세라고 강조했고 데카르트를 빌어 '나는 생각하지 않는 곳에 존재하고, 존재하지 않는 곳에서 생각한다'고 말했다.

'21세기의 철학자'라는 수식어가 붙는 지젝^{S. Žižek}은 알프스 남쪽 나라 슬로베니아의 수도 류블랴나에서 태어났다. 데카르트가 제기한 주체의 문제와 마르크스주의에서 말하는 허위의식을 독특한 시각에서 해석하는 라캉주의자인 그는 현란한 언행과 명석한 두뇌 그리고 분석적인 이론으로 정평이 있으며 철학으로 슬로베니아의 민주화에 이바지한 학자다. 그는 라캉의 정신분석학 중, 실재와 실재계에 대한 독창적인 이론을 제기했는데 그 과정에서 주목한 개념이 상징적 거세다. 모든 존재는 상징으로 세상에서 존재하기 때문에 본질, 실체, 사실, 주체, 정체성이 근거하는 실재를 상실할 수밖에 없다는 것이다. 이러한 상징적 거세는 상징을 획득한 대신 실재를 거세당한 무력한 인간 존재에 대한 지젝의 해석이다. 이 해석은 거세공포에 시달리는 유아의 심리를 해석한 프로이트와 이것을 발전시켜 상징적 아버지로부터 받는 거세공포를 강조한 라캉의 이론을 발전시킨 개념이다.

모든 인간은 자기가 '지금, 여기에, 실제로, 존재하고 있다'고 착각한다. 그런데 기호 이철수의 예에서 보듯이 현실의 이철수는 자신의 기호를 세상에 등록하여 허가를 받은 다음 상징계에서 존재한다. 그러니까 상징기호를 얻고자 거세당한 것이다. 반대로 말하면, 거세를 당해야만 세상에서 살 수 있다. 당연히 인간은 상징이 아닌 실재를 열망하지만, 실재에 도달하지 못한 채 상상적 실재, 상징적 실재, (실재와 같은) 가상의 실재를 만날 뿐이다. 하지만 라캉과 달리 지젝은 인간이 실재계에 도달할 수도 있으나 '실재계는 끊임없이 변화하므로 트라우마와 같이 외상^{外傷}으로서만 존재하며 불확실한 상태로만 드러난다'고 보았다. 그래서 지젝은 현실이 사막과도 같이 황폐하고 건조한 '실재의 사막^{desert of}

the real'이므로 그것을 냉철하게 인식하고 받아들이는 것이 필요하다고 역설한다.

이 과정에서 인간은 다른 존재인 타자other와 타자들의 상징질서이자 상징기호인 대타자Other를 만난다. 따라서 모든 인간은 타자의 타자로 존재하는 것이며 이 거대한 타자들의 관계가 이른바 세상이다. 이처럼 실재와 본질이 없어도 실재와 본질이 있다고 믿는 현상이 주체분열인데 분열된 주체는 거세당했으므로 실재의 결핍을 피할 수 없다. 또한, 무력한 주체이자 자유의지가 없는 인간은 자기로부터도 소외疏外당하는 동시에 자기 존재를 알 수도 없고 인정받지도 못하는 거세된 상징이 되는 것이다. 하지만 인간은 실재에 대한 열정passion for the real을 가지고 실재로 귀환하여 사막과도 같은 비참한 현실을 마주한다. 그 순간 분열되고 거세당한 존재로부터 실재하는 존재로 다시 태어나는데 이 과정에서 혁명이 필요하다고 지젝은 말한다. 이것이 지적 혁명을 꿈꾸는 지젝의 기획이다.

참고문헌 Ian Parker, *Slavoj Žižek : A Critical Introduction*, London : Pluto Press, 2004.

참조 기표·기의/소쉬르, 까다로운 주체, 대타자·소타자, 본질, 상상계, 상징, 상징계, 실재의 사막, 자아, 정신분석, 주체분열, 주체재분열, 타자, 텅 빈 주체, 트라우마

카르마

Karma | 业

한국의 고대소설 『구운몽九雲夢』에는 세상으로 귀양 온 양소유성진라는 인물이 등장한다. 육관 대사의 제자인 성진은 용궁에 갔다가 술에 취해 돌아오는 길에 팔선녀와 만나 이야기를 나누었는데 이로 인하여 특이한 처벌을 받게 된다. 이처럼 카르마karma는 미래의 선악을 결정하는 언행을 말한다. 산스크리트어 카르마는 한자의 업業에 해당한다. 세상의 어떤 일은 반드시 그 이전의 일로 인하여 생긴다. 그러므로 현재는 과거의 결과이고 미래는 현재의 결과이다. '모든 것은 연쇄 관계에 놓여 있으며 그 자체로는 존재하지 않는다'는 것이 카르마다. 그러니까 카르마는 인간이나 자연을 넘어서는 초월적인 원리이며 하늘의 뜻인 천명天命, 원래의 본성인 천성天性 그리고 이 모든 것인 시간時間, kala이기도 하다. 한마디로 카르마는 그림자처럼 인간을 따라다니면서 작용하는 일종의 인과율 또는 인과법칙이다.

초기 『우파니샤드Upanisad』에 나오는 카르마는 행동이나 행위를 의미하는 것이었다. 일반적으로 카르마는 몸, 말, 생각의 삼 업 중 생각을 모든 것의 근원으로 간주하는 사상이다. 따라서 인과인 카르마는 어떤 생각에 따른 행위 때문에 생긴 어떤 결과이고 그 결과는 다시 원인이 된다. 그런데 어떤 행동/행위는 어떤 결과를 낳고 그 결과가 원인이 되어 또 다른 결과를 낳는다. 그러므로 '이것 때문에 저것이 있고, 저것 때문에 그것이 있다'는 법칙을 인과율因果律이라고 하고 인연이 생기는 이치를 연기론緣起論이라고 한다. 그러니까 카르마는 자유의지를 가진 인간이 쌓은 업력業力이나 인연 때문에 과거, 현재, 미래의 어떤 결과가 생긴다는 것이다. 힌두교, 불교, 자이나교, 시크교 등의 카르마는 기독교와 이슬람에서 말하는 신의 뜻과 그에 따르는 인간의 믿음과 대조적인 개념이다.

브라흐만 사상의 『리그베다$^{Rig\ Veda}$』에서는 카르마를 하늘과 지상을 오고 가는 것으로 보았는데 그 후 원인과 결과가 천상천하와 시간과 공간에 모두 적용되면서 윤회한다는 사상으로 발전했다. 이 윤회사상은 불교를 비롯한 여러 종교와 사상에 큰 영향을 주었다. 한편 초기 힌두교와 불교에서는 초월적 존재가 카르마를 관장한다고 믿었으며 자이나교에서는 신이나 초월적 존재일지라도 카르마를 관장하지 않는다고 보았다. 특히 불교에서는 힌두교의 인과율을 받아들여 이전 생애의 인과로 인하여 현재 생애가 받는 응보로 해석하고 이것을 갈마羯磨라고 한다. 이와 마찬가지로 현재 생애가 지은 선악은 내생來生을 규정하면서 미래의 고통과 즐거움으로 연결된다. 이와는 달리 한자에서는 업業으로 쓰고 그 결과인 보報를 합쳐서 업보라고 하는 경우가 많다. 인간의 탐욕, 화, 어리석음의 탐진치 삼독貪嗔癡 三毒은 업보를 일으키는 원인이다.

카르마는 개별의 업과 공동의 업으로 나뉜다. 개인의 업은 개인의 결과와 원인으로 순환하고 공동의 업은 공동의 결과와 원인으로 순환한다. 그래서 카르마는 인과를 넘어서서 적멸과 열반^{nirvana}의 경지로 나가야 한다는 적극적인 개념으로 해석되기도 한다. 카르마는 복합적이면서 총체적이고 초시간적이며 초공간적인 개념이므로 사람이 다시 태어난다는 식의 속류 윤회사상과는 거리가 멀다. 하지만 카르마는 브라흐만 사상에서 보듯이 개별 영혼인 아트만이 끊임없이 유전流轉할 때의 인과법칙인 것은 분명하다. 불교에서는 카르마를 선업선과善業善果 악업악과惡業惡果 그리고 원인이 없이 일어나는 무기업無起業 등을 인과율因果律로 재해석했다. 또한, 신체로 인하여 생기는 신업身業, 말로 인하여 생기는 구업口業, 마음과 정신으로 생기는 의업意業 등으로 분류하고 세부적으로는 십악업十惡業으로 구분했다.

부정적 카르마를 없애기 위해서 인과에 대한 완전한 이해와 깊은 명상이 필요하다고 믿고, 수양과 정진에 집중하는 교파도 있다. 그러나 카르마를 처벌과 보상에 직결시키는 것은 옳지 않다. 가령, 어떤 악업을 쌓았으므로 어떤 처벌을 받는다든가, 전생에 착한 일을 했으므로 현생에서 행복하다는 식의 일대일 인과응보因果應報는 카르마를 정확하게 설명한 것이 아니다. 카르마를 결정론Determinism과 운명론運命論으로 잘못 이해하면 현세와 현실을 중요하지 않게 여기는 문제가 생긴다. 한편 심리학에서는 무의식에 잠재하는 욕망과 본능을 카르마로 해석하는데 원래의 카르마와는 다른 개념이다. 또한, 뉴턴의 만유인력萬有引力과 같이 보편적 원리 또는 필연적 현상이나 물리적 힘의 작용도 카르마의 일종으로 보는 관점이 있다.

참조 결정론, 공/수냐타, 무의식, 브라흐만, 아트만, 운명론, 윤회사상, 인과율·인과법칙, 적멸의 니르바나, 제행무상, 천명사상

내던져진 존재

Geworfenheit | 被投掷性存在

연극배우 P는 낚시를 좋아한다. 단순히 낚시를 좋아하는 것이 아니라 밤낮으로 낚시를 하며 일을 할 때도 낚시하는 것을 생각한다. 낚시에 대한 지나친 집착 때문에 아내와 다툰 적도 있다. 하지만 P는 낚시를 고기 잡는 행위가 아닌, 자기만의 시간과 공간을 가질 수 있는 삶의 형식이라고 주장한다. P처럼 무엇에 몰두하여 다른 것을 생각하기 어려운 사람은 어떤 존재일까? 독일의 철학자 하이데거에 의하면 현실의 P는 이미 죽은 사람이다. 자기 존재를 낚시에 던져버렸으므로, 현존하고 실존하는 자기 존재는 없는 것과 마찬가지라는 것이다. 이처럼 무엇에 완전히 빠진 사람에게는 실현해야 할 가치가 없으며 무엇에 종속된 타율적 육체만 남아 있다. 하지만 P는 자신을 낚시에 던지고 불확실한 현실 속에서 자기 존재의 의미를 찾고자 하는 것이다. 존재론을 한 단계 발전시킨 하이데거[M. Heidegger, 1889~1976]는 인간을 내던져진 존재라고 말했다.

하이데거에 의하면 인간은 창조된 것도 아니고 태어난 것도 아니다. 자기도 모르는 사이에 우연히 어떤 시간과 공간에 내던져졌을 뿐이다. 따라서 내던져진 존재는, 자기 의지와 상관없이 이 세상에 내던져져서 실존하는 인간의 상황을 말하는 하이데거의 실존주의 개념이다. 그런데 계획 없이 '내던져진[geworfenheit] 존재'인 인간은 '내던지는[entworfen] 존재'가 될 수 있으므로 자신을 어디로 어떻게 던지느냐에 따라서 자기 존재를 실현할 수 있다. 모든 존재는 시간이라는 절대조건 즉, 시간성[temporality]과 역사성[historicity] 속에서 해석되어야 한다. 바로 이런 시간 구조 속에 던져진 인간이 현존재 다자인[dasein]이다. 하지만 인간은 허무하고 자유로우면서도 신의 응답을 바라는 역설적인 존재이기도 하다. 그런데 신이 죽었다면 인간은 정신적으로 고독한 존재이며 사상적으로 고립된 고아이다.

인간은 자유의지를 가지고 자기를 던질 수 있는 존재이면서 무엇을 사유할 수 있고, 의지를 가지고 무엇을 성취할 수 있는 존재이다. 또한, 인간은 감각적으로 반응하면서 다른 존재들과 끊임없이 소통하고 관계하는 세속적 존재이다. 그런 점에서 하이데거는 '인간은 자신을 던져 자기 스스로 무엇인가 이루어 가는 현존재dasein'라고 말한 것이다. 그의 명저 『존재와 시간』은 '시간이라는 좌표 위에 놓인 인간이 어떤 존재인가'를 분석한 글이다. 하지만 '인간이 어떤 존재인가'는 영원한 과제이고 또 답도 없다. 그래서 하이데거는 '현존재는 어떤 존재여야 하는가'를 묻는 것이 더 의미 있다고 말한다. 그러므로 하이데거는 존재자와 다른 현재의 존재는 열려있는openness 시간과 공간 속에 내던져졌기 때문에 자기 존재는 전적으로 자기의 책임이라고 보았다.

인간을 포함한 모든 존재는 어떤 시간과 공간 속에서 '그 무엇' 또는 '그 어떤' 속성을 가진 존재로 '있는' 것이다. 이것을 설명하기 위하여 하이데거는 존재와 존재자를 구분했다. '지금'과 '여기'에 현존하는 것이 존재자이고 '무엇이나 어떤'이 본질essentia인 존재다. 또한, 내던져졌다는 의미에서의 현존재da-sein는 '거기there 있는being' 존재라고 할 수 있으며 존재자와 존재는 같을 수도 있고 다를 수도 있다. 현존재는 (세속적) '세상-안에-있는-존재being-in-the-world'다. 여기서 중요한 것은 시간성temporality이다. 즉, 시간에서만 존재자의 존재가 의미를 얻을 수 있다. 하이데거에게 공간은 시간의 변화에 따른 상황일 뿐이고, 어떤 '구체적인 시간에 놓인 존재'가 존재론과 인식론의 핵심이다. 이처럼 죽음으로 향하는 시간과 공간에 내던져진 인간은 허무를 깊이 깨우치고 자신을 던져서 실현하기 때문에 실존實存하는 것이고 실존하기 때문에 현존재인 것이다.

하이데거에 의하면 죽음을 불안angst하게 생각하고 죽음을 향한 결단을 하는 것이야말로 자기를 이해하는 길이며 죽음으로부터 자유로워지는 길이다. 죽음에 대한 불안을 통하여 허무虛無가 실존으로 바뀐다. 그리고 허무에 자신을 내던지면 자유로운 존재가 될 수 있다. 그런 점에서 하이데거의 실존적 허무주의는 니체의 긍정적 허무주의와 유사한 개념이다. 하이데거의 철학은 사르트르를 포함한 실존주의 철학에 큰 영향을 미쳤지만 정작 하이데거는 사르트르가 자신의 실존을 잘못 이해했다고 말한 바 있다. 반면 많은 철학자는 하이데거의 철학을 거짓 명제, 철학적 독약, 언어의 폭동, 철학의 죽음 등으로 비판한다. 이런 하이데거의 사상은 '신은 죽었다'라고 선언한 니체의 철학에 맥이 닿아 있으며 천 년간 서구를 지배한 기독교와 이성 중심주의에 반기를 드는 현상학적 실존주의로 분류된다.

참고문헌 Martin Heidegger, *Being and Time*, translated by John Macquarrie and Edward Robinson, London : SCM Press, 1962, re-translated by Joan Stambaugh, Albany : State University of New York Press, 1996.

참조 니힐리즘/허무주의, 무, 본질, 시간, 실존주의, 이성론/합리주의, 자기기만, 자아, 자유의지, 제행무상, 존재·존재자, 존재론, 존재론적 해석학, 죽음에 이르는 병, 현존재 다자인

호연지기

Great Spirit | 浩然之气

비좁고 어두운 감옥에서 삼 년을 간혀 살았던 사람이 있었다. 그곳은 물이 차오르는 진탕이었으며, 뜨거운 햇볕이 내리쪼이고 숨 막히는 좁은 곳이고, 북풍한설 몰아치는 겨울에는 살갗이 에이는 추운 곳이며, 시체 썩는 냄새가 진동하는 감옥이었다. 13세기 중국의 베이징은 원元의 대도大都였는데 그곳의 감옥은 필설로 형언하기 어려울 정도로 참혹했다. 원의 세조 쿠빌라이 칸Kublai Khan, 忽必烈, 1215~1294은 그의 늠름한 기백과 높고 깊은 지혜에 탄복하여 항복을 권유했으나 남송南宋 사람인 그는 지조를 굽히지 않았다. 원의 황제는 그런 기상과 기운이 어디에서 나오는지 궁금했으나 그의 절개를 꺾을 수 없었기에 끝내 사형을 하고 말았다. 그의 이름은 문천상文天祥, 1236~1282, 중국의 한족들이 절세의 영웅으로 존경하기도 하고 통일 중국에 부정적인 인물이라고 비판하기도 하는 전설적인 인물이다.

포로가 된 문천상은 오언 장편의 『정기가正氣歌』라는 한시를 남겼다. 이 작품에서 문천상은 물이나 불도 그렇고 땅이나 바람은 모두 기氣가 변화한 형태라고 기술했다. 문천상은 기의 현상일 뿐인 인간의 육신 또한, 살았거나 죽었거나 같은 것이라고 단정했기 때문에 죽음을 두려워하지 않았다. 사실 문천상은 육체적으로 강건한 사람이 아니었고 위대한 업적을 남긴 영웅호걸도 아니었다. 하지만 기의 본질을 깨닫고, 그 기로써 용기와 기백을 발휘했기 때문에 전설적인 인물로 추앙받는 것이다. 그는 『정기가』에서 차재저여장嗟哉沮洳場 위아안락국爲我安樂國, '아, 슬프다. 이 진탕 속이 나의 즐거운 나라로구나'라고 읊어 활달하고 호방한 기상을 보여주었다. 그리고 '그 호연이란 것은 바로 천지의 바른 기운 아닌가?^{況浩然者乃天地之正氣也}'라고 하여 맹자의 호연지기^{浩然之氣}를 인용했다.

이른바 호연지기는 기^氣의 본질을 이해하고 선한 인간 본성인 기를 강하고 깊게 하는 것이다. 강인하고 공명한 정신인 호연지기와 호연정기는 용맹과 도의를 특별히 강조했던 맹자^{孟子, BCE 372~BCE 289}에서 유래한다. 맹자는 제^齊나라의 공손축^{公孫丑}에게 부끄러움이나 막힌 것이 없으면 용^勇이 생기고 그 용을 바탕으로 의를 행하며 도를 지킨다고 말했다. 그 용맹하면서도 호방한 기가 바로 왕도정치^{王道政治}의 기틀인 호연지기다. 이어 맹자는 '나는 호연지기를 기른다^{我善養吾浩然之氣}'고 말하고 '기^氣는 지극히 크고 지극히 강한 것이며 곧게 기르고 해치지 않으면 천지에 가득 차고 우주 자연과 합일한다^{其爲氣 至大至剛 以直養而無害 則塞天地之間 其爲氣也}'고 설명했다. 여기서 맹자는 이^理가 작용하여 생긴 기를 도덕과 실천의 관점에서 이해하고 기^氣를 천명^{天命}과 도리^{道理}에 연결하여 해석했다.

사전적 개념에서 호연지기는 '하늘과 땅 사이에 가득한 넓고 큰 기'라는 뜻이다. 또한, 호연지기는 직^直과 중용^{中庸}을 바탕으로 도^道와 의^義를 지키는 부동심이고 공명정대^{公明正大}하여 조금도 부끄럼 없는 용기^{勇氣}이며 세속에서 벗어난 자유^{自由}의 정신이다. 또한, 자연과 인간이 하나가 되는 천인합일은 우주 자연의 도리에 따른 것이므로 막히거나 틀림이 없으며 그 본질은 변하지 않기 때문에 호연장존^{浩然長存}한다. 평온하면서도 부드러운 호연지기는 자연스러운 도리나 도덕이면서 늠름하고 씩씩한 기백과 심원한 정신이다. 그래서 맹자는 인간이 가져야 할 이상적인 기운을 호연지기로 함축했는데 특히 군왕과 같은 위정자들이 왕도를 갖추려면 호연지기를 길러야 한다고 강조했다. 이처럼 호연지기는 기의 호연성이면서 이^理가 발현한 것으로, 주자가 확립한 성리학의 핵심개념 중 하나다.

맹자는 호연의 기를 도덕과 실천의 문제로 간주하고 역동적인 힘의 원천으로 생각했다. 역성혁명을 옹호한 것에서 보듯이 맹자는 당시 매우 진보적인 사람이었다. 맹자가 말한 호연지기는 언제나 같은 마음인 항심恒心과 (그 무엇에도 흔들리지 않으면서) 굳세고 강한 의지인 부동심不動心에서 나온다. 모든 사람은 천지자연과 사물 사건을 부동심으로 대하면 넓고 깊으며 웅장하고 심원한 기운이면서 거침이 없는 호연지기를 얻을 수 있다고 한다. 맹자의 호연지기는 자연만이 아니라 마음과 정신의 호연지기이기도 하다. 일찍이 동파 소식蘇軾, 1037~1101은 『적벽부』에서 '한없이 펼쳐진 아득한 물결을 타고 가니凌萬頃之茫然 넓고도 넓은 것이여, 허공을 타고 바람을 모는 것 같아 그 머물 곳을 알지 못하고浩浩乎如憑虛御風而不知其所止'라고 표현하여 넓고도 넓은 자연과 마음의 교감을 호연지기로 표현했다. 간단히 말하면, 호연지기는 인간의 성정이면서 도덕이고 철학이면서 예술과 연결된 중요한 개념이다.

참고문헌 『孟子(맹자)』「公孫丑(공손축)」上.

참조 공자, 격물치지, 도, 마음, 사단칠정, 성즉리, 이기론(주희), 정신, 중용지도, 천명사상

아트만

Atman | 灵魂

어린 K는 골똘한 생각에 잠겼다. '죽으면 어떻게 되는 것일까? 죽으면 생각이나 감정은 물론이고 영혼도 사라지는 것일까?' 그는 이 생각에 잠을 이루지 못했다. 아마도 모든 사람이 가장 많이 하는 생각이 K처럼 '사후死後에 어떻게 되는가'일 것이다. 많은 사람은 생전生前과 사후가 같은 것이고, 생사는 인간의 영역 바깥에 있다는 것을 안다. 하지만 이것을 반복적으로 묻는 까닭은 존재에 대한 사유를 멈출 수 없기 때문이다. 이 사유는 자기 존재를 알고 싶어 하는 근원적인 생각이다. 그러므로 이 문제는 모든 종교와 철학의 주제다. 이와 관련되어 있으면서 영혼과 정신을 포함한 자기 존재에 관한 중요한 개념 중의 하나가 아트만Atman이다. 힌두교를 비롯한 불교, 시크교, 자이나교 등에서 말하는 아트만을 소박하게 정의하자면 자기의 자기, 마지막 자기, 고유한 자아 즉 진아眞我, true-self다.

브라흐만 사상과 힌두 철학에서는 신 그 자체이거나 신이 반영되었다고 보는 우주의 작용인 브라흐만brahman과 개인과 개인의 영혼이나 정신을 의미하는 아트만atman을 구분한다. 간단히 말하면 브라흐만은 영원하고 무한한 우주 작용의 근본원리로서 모든 현상은 브라흐만의 변화이다. 또한, 아트만은 끊임없이 변하는 물질적 자아 즉 육체나 정신과 달리 변하지 않는 본질이자 초월적인 자아 즉 영혼을 말한다. 브라흐만과 대비되는 개념인 아트만은 깨어 있는 자기이면서 본래의 자아이며 초공간적이고 초시간적이다. 개별 존재의 속성인 아트만은 브라흐만의 변형이면서 브라흐만 자체이다. 또한, 아트만은 삼라만상森羅萬

象 모든 것이 가진 정수essence, 본질, 특성이다. 그렇다면 세계영혼이자 신神인 브라흐만과 한 개인의 정신과 마음인 아트만은 같은 것인가 다른 것인가? 관점에 따라서 브라흐만과 아트만은 같은 것 같기도 하고 다른 것 같기도 하다.

이에 대해서는 두 가지 관점이 있다. 첫 번째는 불이론不二論, advaita이라고 하는 유심주의 사상이다. 브라흐만이 유일한 진리이며 세상은 가상에 불과하므로 범아梵我인 브라흐만과 개인적 자아인 아트만은 차이가 없다는 것이다. 불이론의 관점에서 보면 브라흐만과 아트만은 하나다. 두 번째는 이원론二元論, dvaita이라고 하는 개체와 범아가 다르다는 사상이다. 이원론의 관점에서 보면 범아인 브라흐만과 개인적 자아인 아트만은 별개이다. 전자는 일원론, 후자는 이원론인 셈이지만 두 이론의 공통점은 개인의 영혼, 자아, 정신을 의미하는 진정한 자기인 아트만을 부정하지는 않는다는 점이다. 한 마디로 아트만은 개별 존재의 생명이고, 생명체의 숨결이며, 고유한 영혼이다. 그런 의미에서 아트만은 기독교나 이슬람과 같은 유일신 종교에서 말하는 자기나 주체와는 다른 만유내재신Panentheism적인 개념이다.

아트만의 어원은 산스크리트어로 정신이라는 의미의 atman인데 그리스어나 인도유럽어에서는 숨breathe을 의미한다. 그래서 아트만은 '숨을 쉬는 모든 존재의 생명과 영혼靈魂'이며 모든 존재의 내적 본질 또는 정수精髓이다. 인도철학 특히 베단타Vedanta 학파의 기본 개념인 아트만은 죽은 뒤에도 살아남아 새로운 생명으로 다시 태어나는 존재의 정수이다. 보편적이면서 중성적 원리인 브라흐만brahman, 梵이 우주 작용의 근거가 되는 데 반하여 개별적이면서 인격적 원리인 아트만atman, 我은 브라흐만과 통하거나 하나가 되기도 한다는 뜻에서 범아일여梵我一如 또는 범아일체라고 한다. 후기 베다를 의미하는 베단타 철학의 『우파니샤드Upanisad』로부터 큰 영향을 받은 불교의 아트만은 정신과 마음속에 있는 본질이자 본성인 붓다Buddha인 동시에 모든 것이 일어나는 원인이면서 결과이다. 대승불교에서는 아트만을 불성佛性이나 공空과 연결하여 설명한다. 대승불교에서는 아트만으로 인하여 집착과 증오가 생기므로 부정적인 것으로 여기기도 하고 그 반대로 영원하고도 진정한 자아/자기라는 점에서 긍정적으로 여기기도 한다.

한편 공사상空思想을 정립한 나가르주나 용수龍樹의 제자로 『중도론』의 주석을 쓴 인도의 불교 철학자 찬드라키르티月稱, Chandrakīrti, 600~650는 아트만을 생명의 본질과 정수로 본다. 그는 다른 모든 존재는 상호관계 속에서 의존적으로 존재하는 데 반해서 아트만은 독립적이고 완결적으로 존재하는 것으로 본다. 그러니까 아트만은 자성自性을 가진 무의존적 존재라는 것이다. 아트만은 금강석과 같은 마음을 가진 아라한arahant일 수도 있고 깨우친 대자아大自我일 수도 있으며 영원하고 무한한 초월적 존재일 수도 있다. 또한, 남아시아의 데라와다 불교(소승불교)에서는 아트만을 니르바나, 즉 열반涅槃의 상태로 해석하기도 한다. 어떤 경우에는 아트만을 연기緣起, 카르마, 윤회 등의 원리를 설명할 때 방해되는 개념으로 간주한다. 아트만과 브라흐만은 상대적인 개념인 동시에 독립적인 개념이다. 브라흐만과 아트만은 서양철학에서 보편자와 개별자에 해당한다.

참고문헌 Chandrakirti, *Prasannapadā : A commentary on Nagarjuna's Mūlamadhyamaka-kārikā*.

참조 공/수냐타, 마음, 보편논쟁, 본질, 브라흐만, 자아, 자아와 비아, 적멸의 니르바나, 정신, 존재·존재자, 존재론, 중관사상, 타자, 현존재 다자인

중용지도

Doctrine of the Mean | 中庸之道

송아지에게 물을 먹이려던 소부巢父는 친구 허유許由가 귀를 씻는 것을 보았다. 이유를 묻자 허유는 요堯임금이 자기에게 왕위를 맡으라고 하는데, 그것은 더러운 이야기이므로 귀를 씻는다고 답했다. 그러자 나무 위에 새집을 짓고 살았다는 소부는 친구 허유가 쓸데없이 명예를 찾다가 그런 소리를 들었다고 비판했다. 그리고 그 물을 송아지가 먹지 않도록 송아지를 끌고 상류로 올라가 물을 먹였다.[1] 속세를 피한 은자隱者들을 묘사한 고사다. 이 고사는『고사전高士傳』에 나오는데 태평성대를 일컫는 요순우탕堯舜禹湯의 시대 또는 삼황오제三皇五帝의 시대를 상징하는 이야기다. 한자문화권에서는 요순시대를 이상적인 사회로 묘사한다. 앞에서 본 것처럼 허유와 소부가 '왕이 되지 않겠다'고 한 것은 모든 것이 평화로워서 왕과 같은 권력자가 필요 없기 때문이다.

한자문화권에서는 우주와 자연의 이치 즉 도리에 따르는 것을 당연한 것으로 생각했다. 그런데 도리에 따르자면 강하면서 부드러운 중용이 필요하다. 사람들은 예로부터 중용지도를 근본적인 수양과 수신의 방법으로 여겼다. 수양과 수신을 주 내용으로 하는 책이『예기禮記』의「중용」편을 분리하여 편찬한『중용中庸』이다.『중용』을 주해하고 사서로 확립한 주자朱子 주희는 이렇게 말했다. "중용은 왜 지었을까? 자사자子思子가 도학의 도통道統을 잃을까 염려하여 지은 것이다. 대개 상고의 성인이 하늘을 잇고 극을 세우며 도통을 전한 것이다. 그

---

[1] 皇甫謐,『高士傳』, 堯讓天下於許由 許由不受而逃去 於是 遁耕於中岳 穎水之陽箕山之下 堯又召為九州長 由不欲聞也 洗耳於穎水濱 時其友巢父牽犢欲飲之 見由洗耳.

러므로 경전에서 요임금이 순임금에게 전한 것은 '진실로 그 중을 잡으라'고 한 것이다."[2] 자사子思는 공자의 아들인 공리孔鯉의 아들이므로 공자의 손자다. 자사는 증삼曾參에게 학문을 배웠으며 『중용中庸』을 편찬했다. 그의 제자가 바로 맹자孟子다.

유교 철학의 핵심인 중용은 공자의 손자인 자사子思가 엮은 책으로 알려졌으나, 청淸의 고증학에 의하면 편자가 불확실하다. 도통道統의 중中을 강조한 남송의 주희는 『중용』과 『대학』을 다시 집주集註하면서 유교의 경전에 편입하고 『논어』, 『맹자』와 함께 사서를 완성했다. 그것은 주희가 중과 용을 인간의 본성이고 또 생존의 원리라고 보았기 때문이다. 『중용』 첫머리는 '하늘이 명령한 것을 본성이라 하고 본성에 따르는 것을 도라 하며 도를 닦는 것을 교라고 한다天命之謂性率性之謂道修道之謂教'이다. 그러니까 중용은 하늘이 부여한 착한 본성을 잘 지키고 도를 이루기 위해서 정신과 육체를 닦고 연마해야 한다는 뜻이다. 그리고 중용지도는 중용의 도로, 천성인 정正에 근거한 인심人心과 도심道心의 조화를 말한다. 중용의 실천인 수양은 경건한 자세로 사물의 이치를 궁구하는 거경궁리居敬窮理의 방법에 따른다.

맹자의 성선설性善說에 의하면 하늘로부터 받은 착하고 옳은 성품을 잘 간직하고 계발하는 것이 곧 인간이 할 일이다. 그러니까 중中은 치우치지 않는 것이고不偏不倚, 지나치지도 모자라지도 않는 것이며無過不及, 감정이 드러나지 않은 상태喜怒哀樂之未發이다. 반면 용庸은 변함없는 평상平常이고 강하고 떳떳한 항심恒心이다. 따라서 중용은 원래의 착하고 곧은 성품을 유지하고 감정과 상황에 휩쓸리지 않는 자세를 말한다. 하지만 인간은 착하고 곧은 천성을 실천하기가 쉽지 않다. 왜냐하면, 기쁨喜, 노여움怒, 슬픔哀, 두려움懼, 사랑愛, 미움惡, 욕망欲과 같은 칠정이 발하고, 주어진 현실이 간단치 않기 때문이다. 그러나 중용지도를 지키는

---

2   中庸 何爲而作也 子思子憂道學之失其傳而作也 蓋自上古 聖神 繼天立極 而道統之傳 有自來矣 其見於經則允執厥中者.

사람은 중이 절제되어中節 천성의 정도正道가 그대로 유지된다. 그를 위해서는 자기를 닦고 다스리는 수기치인修己治人과 유교의 덕목인 지智, 인仁, 용勇, 의義, 예禮, 충忠, 효孝 등의 도덕적 가치를 실천해야 한다.

우주 만물이 모두 제자리를 지키면서 서로 조화하는 것이 화和다. 이 중용지도를 지키는 지극한 정성精誠인 중화中和는 도덕을 구체적으로 실현하는 바탕이다. 그런데 인간은 무한한 욕심과 착한 본성을 함께 가지고 있으므로 마음의 균형을 유지하고 착한 천성이 욕심을 절제하는 신독愼獨과 어떤 시간과 공간에서도 흔들림이 없는 적연부동寂然不動이 필요하다. 그렇게 하여 마음의 균형을 가진 상태가 바로 중용지도의 핵심이다. 그런 점에서 중용은 균형, 보편, 절제이면서 수기치인의 원리이고 수신제가의 본질이다. 성리학性理學의 바탕인 중용지도는 천명에 따르고 우주 자연에 순응하는 본성에 대한 철학적 해석이지만 진취적이거나 역동적이지 않다는 것과 인간의 본성이 착하지 않다면 다른 해석이 필요하다는 등의 문제점이 있다. 또한, 완결된 세상이나 유토피아가 아니면 오히려 균형을 깨는 것이 필요할 수도 있다.

참고문헌『중용(中庸)』; 皇甫謐, 『高士傳』.

참조 공자, 거경궁리, 격물치지, 도, 사단칠정, 성리학, 성선설, 성악설, 위기지학 위인지학, 유토피아, 인물성동이론, 인심도심, 천명사상, 호연지기

양상실재

Modal Realism | 模态实在论

'조선인 안중근安重根이 일본인 이토 히로부미伊藤博文를 죽였다.' 이 말은 역사적 사실이다. 반면 '조선인 안중근이 일본인 이토 히로부미를 죽이지 않았다'는 말은 역사적 거짓이다. 이 사건의 주인공인 안중근은 실존 인물이다. 이것을 '현실 세계에서 존재 또는 실재real했다'고 한다. 이에 대한 개념이 실재론實在論 또는 리얼리즘Realism이다. 그런데 '실재real란 무엇인가'는 간단한 문제가 아니다. 관념론자인 플라톤에게 실재는 현실 너머의 어디에 있다. 여기서 리얼리즘의 근거인 '실체entity와 실재real는 어떻게 다른가'의 문제가 대두한다. 실체는 현실 세계의 모든 것을 의미하지만 시간과 공간에 존재하지 않는 용龍과 같은 인식의 대상을 포함한다. 철학에서 리얼리즘은 궁극적 본질本質 또는 실체實體를 의미하며 문학에서 리얼리즘은 구체적이고 현실적인 실체concrete and actual entity를 의미한다.

사전적인 의미에서 리얼real을 의미하는 실재實在는 실제로 존재하는 것을 말한다. 이때 존재의 방식에 논란이 생긴다. 플라톤과 주자朱子로 대표되는 관념론에서 실재는 사물의 본질本質을 말한다. 반면 에피쿠로스와 마르크스로 대표되는 유물론에서 실재는 객관적으로 존재하는 물질物質을 말한다. 이처럼 실재는 상대적인 개념이지만 일반적으로 본질, 본체, 실체라는 의미로 쓰인다. 리얼리즘의 문제를 논리로 설명하고 실재에 대하여 새로운 개념을 설정한 것은 미국의 철학자 루이스다. 그는 가능세계를 정립한 라이프니츠G.W. Leibniz를 발전시켜 '그 자체로 존재하는 가능세계 실재론'[1]을 주장했다. 루이스에 의하면 현실

세계actual world는 가능세계possible world 중의 하나가 실현된 것이며 현실과 마찬가지로 다른 가능세계도 실재다. 현실 세계는 단지 '지금' '여기'라는 지표indexical일 뿐이고 '지금' '거기'와 같은 다른 세계도 분명히 존재한다는 것이다.

루이스는 상상처럼 보이는 '다른 세계가 정말로 존재한다'[2]고 말한다. 루이스는 '실체는 구체적이고 현실적인 것만이 아니다'라는 것을 집합set을 예로 들어 설명한다. 가령 과일이라는 집합은 현실에 존재하지 않는다. 그러나 인간의 의식에는 과일이라는 실체가 존재한다. 여기서 다시 '존재 즉 있음being은 무엇인가'의 문제가 대두한다. 일반적으로 실재하는 상태로 존재하거나 실재하지 않는 상태로 존재하는 구체적인 것을 존재자라고 하고, 그 존재자들이 존재하는 원리와 존재자의 근거를 존재라고 한다. 그러니까 실재하지 않는 상태로 존재할 수 있다. 이처럼 가능성, 필연성, 당위, 시제 등에 관한 양상을 다루는 것이 양상논리이고, 그 양상의 실재를 다루는 것이 양상실재 또는 양상 리얼리즘이다. 양상실재는 가능세계를 현실 세계와 같은 것으로 간주하는 실재론 또는 리얼리즘이다. 그러므로 양상실재는 허구나 환상과 다르다.

현실 세계에서 '이토를 죽인 안중근'의 상대역counterpart이 가능세계에서는 '이토를 죽이지 않는 안중근'이다. 이 두 안중근은 유사성similarity과 동시성simultaneity에서 존재하는 상대역 관계다. (현실)세계(W1)의 '이토를 죽인 안중근'과 가상세계(W2)'의 '이토를 죽이지 않은 안중근'은 동시에 존재할 수 있는 상대역 관계(R)에 있다. 그런데 '이토를 죽이지 않은 안중근'의 상대역은 '이토를 죽인 안중근'이 아니다. 왜냐하면, 각 세계는 고립되어 있고 그 시공간에서만 인과율이 작동되기 때문이다. 이것은 가능실재는 그 실재가 필연적이지 않다는 것을 의미한다. 왜냐하면, 가능실재의 가능은 '있을 수 있음'과 '될 수 있음'이고 가능성은 가능한 성질과 정도만을 의미하기 때문이다. 따라서 가능실재의 가능은 적어

---

1   David Lewis, *Counterfactuals*, Blackwell & Harvard University Press, 1973, p.85.

2   Ibid., p.88.

도 하나 이상의 가능성만 있을 뿐 모두가 실현되는 것은 아니다. 여기서 가능실재가 가능하다는 것은 무한한 우주가 있어야 한다는 뜻이다.

루이스에 의하면 가능세계의 가능실재는 다른 것으로 환원불가능한irreducible 그 자체이다. 따라서 동시에 각기 다른 상대역이 무수히 존재하는 동시성simultaneity, 同時性이 성립해야 한다. 그런데 동시적으로 무한한 우주가 성립한다는 것을 증명할 수가 없다. 그래서 루이스 자신도 '무수한 세계가 동시에 존재한다는 것과 고립된 수많은 우주가 가능한가'에 대한 의문을 제기한 바 있다. 또한, 상대역이 있는 가능실재에 대해서는 많은 사람이 비판을 한 바 있다. 특히 가능세계 의미론을 제기한 크립키S. Kripke는 상대역이론에 근거한 양상리얼리즘은 잘못된 것이라고 비판했으며 스톨네이커R. Stalnaker는 양상현실주의Actual Realism에 근거한 양상현실을 대안으로 제시한 바 있다. 양상실재는 전통적인 유심론唯心論과 관념론觀念論을 논리학에 접목시킨 것이지만 증명불가능하다는 근본적인 문제가 있다.

참고문헌 David Lewis, *Counterfactuals*, Blackwell & Harvard University Press, 1973 : David Lewis, *On the Plurality of Worlds*, Oxford & New York : Basil Blackwell, 1986.

참조 가능세계, 경험론/경험주의, 공/수냐타, 관념론, 리얼리즘/실재론〔철학〕, 물자체, 사실, 양상실재, 유물론, 유식사상, 이기론, 이성론/합리주의, 인식론, 존재·존재자, 존재론, 형이상학

실재의 사막

Desert of the Real | 现实的沙漠

어느 날 아침 놀라운 사건이 벌어졌다. 불타면서 무너지는 거대한 건물을 보고 사람들은 눈과 귀를 의심했다. 과연 저것이 사실인가? 사실이라면 어떻게 저런 일이 있을 수 있는가? 두 대의 비행기가 미국 뉴욕에 있는 세계무역센터^{WTC}에 부딪히는 장면이 방송되었고, 매캐한 연기 속으로 사람들이 뛰어내리는 광경이 보도되었다. 얼마 후 거대한 두 개의 건물이 무너져 내렸다. 이것은 2001년 9월 11일 뉴욕에서 벌어진 실제 사건이다. 비행기 자살공격은 영화〈매트릭스^{Matrix}〉1999의 주인공 네오^{키아누 리브스, Keanu Reeves}가 가상현실에서 실제 현실로 돌아왔을 때 느낀 '아! 이것이 현실인가? 저 찢기고 황폐한 사막과 같은 이곳이 현실이었던가'와 같은 현실인식을 가능케 한 사건이다. 또한, 이것은 플라톤이 '동굴의 비유'에서 보여준 것과 같이 현실의 허상을 보고 실재라고 믿었던 인간의 착각을 단번에 일깨운 사건이다.

악동이라는 별명이 붙은 지젝은 이렇게 말했다. '이런 사건이야말로 실재에 대한 열정^{Passion for the Real}을 가진 미국인들이 원하던 것이다.' 그러니까 공포영화에서 느낄 수 있는 '실재같은 실재^{the real real}가 아니라 자살공격이 보여준 허구 같은 실재, 즉 거짓말 같은 사실이 중요하다'는 것이다. 이어서 그는 히틀러의 파시즘이나 자살공격을 감행한 종교 근본주의나 미국으로 대표되는 세계자본주의는 같은 원리라고 단언했다. 그러니까 환상에 젖어서 살고 가상에 빠진 현대인들에게 현실/실재를 되돌려준 예술적 표현^{artistic expression}이 바로 9·11이며 이것은 테러가 아니라 거짓말 같은 현실에 대한 공격이라는 것이다. 마르크스주의와 정신분석학을 접목한 슬로베니아의 지젝S. Žižek은 9·11을 소재로 쓴『실재의 사막에 온 것을 환영합니다Welcome to the Desert of the Real』라는 책에서 실재하는 현실을 새롭게 해석하고 실재를 사막에 비유했다. 실재의 사막은 지젝이 말한 것으로, 현실은 사막처럼 황량하다는 철학적 개념이다.

이 책에서 지젝은, 뉴욕 세계무역센터의 처참한 붕괴가 현실로의 화려한 귀환을 가능케 한 것으로 분석했다. 하지만 그 현실은 사막과도 같이 황폐하고 건조한 현실이므로 낙관주의를 가지고 혁명을 해야 한다고 말한다. 여기서 지젝은 미국 중심의 세계자본주의는 사막 위에 지은 누각沙上樓閣과 같은 환상일 뿐이므로 9·11을 통해서 '자본주의의 한계와 모순을 읽어야 한다'고 주장하고 있다. 지젝은, 라캉의 계승자답게, 라캉이 분류한 상상계, 상징계, 실재계의 체계를 그대로 따른다. 하지만 라캉과 다르게 인간은 실재를 인지할 수 있고 실재 세계에서 살 수 있다고 주장했다. 사전적 의미에서 실재實在는 어떤 것의 본질이 실제로 존재하는 것이다. 그런데 지젝이 말하는 실재는 보편적 실재, 또는 본질이다. 라캉의 거울단계에 해당하는 것이 바로 실재의 사막이다. 그런데 현실의 실재는 황량한 사막과도 같다. 그리고 디즈니처럼 황홀하게 가공된 세상이 아니라 찢기고 참혹한 실재이다.

자본주의 시대의 현대인들은 실재를 가상과 허구로 장식한 다음 그것을 실재라고 믿기 때문에 실재에 살면서도 실재를 인식하지 못한다. 그러니까 사람들은 실재가 거세된 현실에서 살면서 그것을 실재라고 오인하는 것이다. 하지만 사람들이 진정으로 원하는 것은, '여기 지금 내가' 현실에서 실재하고 있다는 것을 확인하는 것이다. 이에 대해서 지젝은 인간이 허구, 상징, 상상, 가상이 아닌 실재, 현실, 사실, 진실의 세상에서 살 수 있다고 보았다. 아울러 자본주의와 자유주의를 전복하고 진정한 실재를 회복할 수 있다고 주장했다. 지젝에 의하면 인간에게는 상징질서 때문에 결여한 실재를 회복하고자 하는 강렬한 욕망이 있다. 그런데 그것이 실현 가능하다는 것이다. 장자莊子가 「호접지몽胡蝶之

夢」에서 꿈과 현실을 우화화한 것이나 플라톤이 관념의 세계와 현상계를 나눈 것이나 지젝이 가상과 실재를 나눈 것은 모두 현실, 신, 자연, 지식, 실재, 본질, 진실, 사실, 존재, 인식 등의 문제에 걸려 있다.

과학기술의 발달로 인하여 가상과 현실을 구별하지 못하게 된 현대인들이 비록 황량한 사막일지라도 현실의 실재로 귀환하는 것은 큰 의미가 있다. 그렇다면 현실이 곧 실재인가? 그리고 실재는 사막인가? 지젝의 답은 실재는 황량한 사막이라는 것이다. 하지만 지젝은 라캉과 달리 인간이 실재계에 도달할 수 있다고 보았다. 그래서 지젝은 실재^{Real}를 재발견하고 세계자본주의의 대안을 사회주의/공산주의로 설정했다. 그는 지구 전체의 자본주의화를 막기 위해서 계급투쟁과 프롤레타리아혁명을 주장하지만 자기 스스로 현실주의자임을 자처한다. 인간이 인지하고 생활하는 시간과 공간이 실재한다는 중요한 사실을 날카롭고 명철하게 설명한 지젝은, (사람들에게 인간 존재를 재인식하게 하면서) 새로운 출발의 고통을 선사하는 철학의 악동이다.

참고문헌 Slavoj Žižek, *Welcome to the Desert of the Real*, London and New York : Verso, 2002.

참조 거울단계, 긍정의 변증법, 까다로운 주체, 데카르트의 악마, 동굴의 비유, 리얼리즘〔예술〕, 리얼리즘/실재론〔철학〕, 본질, 상상계, 상징계, 상징적 거세, 순수이성, 실재계, 자본주의, 존재론, 호접지몽

적멸의 니르바나

Nirvana | 涅槃/超脫

인간은 누구나 구름처럼 생겼다가 사라지는 찰나의 존재이다. 그 끝은 죽음이다. 해탈한 고승의 죽음을 '열반에 들었다'라고 하는데 이때의 열반은 더 이상의 고뇌도 없고, 인과와 윤회도 없는 완전한 소멸과 정지를 말한다. 열반涅槃을 의미하는 산스크리트어 니르바나는 '바람이 불기를 멈추고 촛불이 꺼진다'는 뜻으로 어떤 존재가 완전히 소멸한 상태다. 브라흐만사상을 바탕으로 하는 힌두교에서는 니르바나를 두카Dukkha, 苦로부터 해방된다는 의미 그리고, 윤회와 재생에서 벗어난다는 뜻으로 썼다. 그런데 힌두철학에서는 니르바나와 목샤Moksha, 解脫를 같은 의미로 쓴다. 고대 인도인들은 우주의 근원과 존재의 본질을 고구한 후, 브라흐만Brahman이 모든 것의 근원과 본질이라고 믿었다. 힌두철학에서 해탈인 목샤는 자신Atman이 바로 브라흐만이라는 것을 지식, 명상, 수행으로 깨우치는 것이다.

힌두철학에서는 목샤와 니르바나를 같은 것으로 보지만 불교철학에서는 다른 것으로 본다. 힌두교의 목샤解脫와 달리 불교의 니르바나는 원래의 공空으로 돌아간 상태다. 그리고 불교에서는 개별 자아인 아트만을 인정하지 않는다. 그러니까 니르바나는 무엇으로부터 해방된 자유로운 경지다. 인간이 욕망을 끊고 번뇌를 이기며 존재의 본질을 알게 되면 고통으로부터 해방되어 완전한 적멸寂滅의 니르바나에 이를 수 있다. 이 니르바나는 영혼조차 없는 절대 허虛와 무無의 상태다. 따라서 인연, 인과, 윤회, 고집멸도를 모두 넘어서고 해탈에 이른 최고의 경지가 바로 적멸의 니르바나다. 니르바나에 이르면 더 이상의 윤회

samsara가 없다는 뜻에서 열반 뒤에 정지, 소멸, 허무라는 의미의 적정을 붙여서 열반적정涅槃寂靜이라고 한다. 또한, 니르바나는 영원하고 완전한 평화와 안락이라는 뜻에서 멸도滅度, 원적圓寂, 무위無爲, 부작不作, 무생無生으로 쓰기도 한다.

브라흐만 사상과 힌두철학의 니르바나를 적극적으로 수용한 불교에서는 수행을 통하여 팔정도八正道를 지키며 인과와 윤회를 모두 넘어서고 진아眞我인 불성을 얻어야 가장 높은 경지인 열반에 이를 수 있다고 본다. 여기에서 불성은 우주의 본질이기도 하지만 그보다는 마음속에 있는 가상을 직시하고 모든 것이 공空하다는 것을 깨우치는 것이다. 중관사상에서 말하는 공은 우주 만물의 모든 것은 독립적인 것이 아니라 상호의존적이고 변화하는 것이므로, 본체가 없는 공인 동시에 현상만 있는 공이다. 따라서 존재는 곧 존재하지 않는 것이므로 열반하여 적정寂靜할 수 있다. 열반적정은 삼법인三法印인 제행무상, 제법무아, 일체개고와 더불어 불교의 중요한 교리다. 한편 불교의 니르바나는 완전한 소멸을 의미하면서 번뇌, 욕정, 창조의 불길이 꺼진 상태다. 불교의 니르바나는 욕심, 무지, 어리석음의 불길이 사라진 상태이지만 불교는 현실의 의미도 인정한다. 한마디로 적멸과 열반은 생사를 초월한 진정한 자유, 진정한 행복, 완전한 허무이며 그 어떤 고뇌도 없는 상태이다.

열반에 대한 대승불교와 소승불교의 관점이 다르다. 대승불교는 인과와 윤회를 마치거나 초월하는 것이 곧 열반과 적정의 자유를 얻는 것으로 보는 일원론이고, 소승불교는 인과와 윤회를 초월하는 것과 열반적정의 자유를 얻는 것은 다르다는 이원론이다. 열반은 육신이 남아 있는 유여열반과 육신까지 사라지는 무여열반이 있다. 이외에 본래의 모습인 본래 청정열반과 해탈과 열반에도 머무르지 않는 무주처열반이 있다. 반면 나가르주나 용수Nagarjuna, 龍樹, 150~250의 중관사상/중도론에서는 모든 존재는 원래부터 공空한 것이므로, 깨우쳤든 깨우치지 못했든 본질은 차이가 없다고 본다. 즉, 니르바나를 해탈이나 행복으로 보기보다는 '생사와 열반은 같고 번뇌와 해탈도 같은 것生死卽涅槃 煩惱卽菩提'으로 간주하는 것이다. 하지만 인간의 관점에서 보면 생과 사는 분명히 다르다. 인간이 차이를 구별하는 식識을 넘어서고 인과법칙에서도 벗어나면 윤회가 중단되면서 적멸의 니르바나 상태에 이른다.

한편 대승불교의 『열반경涅槃經』에서는 니르바나를 시간과 공간을 초월한 상태로 본다. 그런데 번뇌가 소멸한 니르바나는 진정한 행복이며 낙樂이고 허상의 자기에서 벗어난 진정한 자기다. 따라서 니르바나는 '자기가 없는 자기我'이면서 청정하고 무구한 경지의 정淨이다. 원래 니르바나는 인도의 브라흐만 사상이 낳은 독특한 개념이다. 자기인 아트만은 범梵인 브라흐만이 될 수 있는데 이때의 브라흐만이 곧 적멸이다. 힌두교, 자이나교, 시크교, 불교 등에서 말하는 니르바나가 약간씩 다르지만, 현세의 인간을 넘어서서 완전한 소멸을 지향한다는 공통점이 있다. 반면 창조론의 기독교와 이슬람 등에서는 인간의 현세를 고통으로 보지 않는다. 오히려 현세는 속죄의 과정이면서 신의 뜻을 실천하는 은혜와 축복의 시간이기 때문에 창조주인 신에 귀의하는 것을 마지막 목표로 간주한다.

참조 공/수냐타, 교외별전, 니힐리즘/허무주의, 무, 브라흐만, 색즉시공, 석가모니 고타마 싯다르타, 아치아견아만아애의 4번뇌, 아트만, 유식사상, 윤회사상, 의식, 제행무상, 중관사상, 카르마

죄수의 딜레마

Prisoner's Dilemma | 囚徒困境

죄수 A는 고민에 잠겼다. 만약 옆방에서 조사를 받는 B가 폭로를 하고 자기는 비밀을 지키면 자기는 오랜 감옥살이를 해야 한다. 반면 B가 폭로를 하지 않고 자기만 폭로를 하면 자기는 풀려날 수 있다. 자기도 폭로를 하고 B도 폭로한다면 동등한 처벌을 받게 되고 A와 B 모두 폭로를 하지 않으면 둘 다 풀려난다. 그런데 A는 B가 폭로를 하지 않으리라는 확신을 할 수가 없으므로 폭로를 해야만 자기에게 유리할 것 같은 착각에 빠진다. 마침내 B와 상의할 수 없는 상황에 놓인 A는 비밀을 폭로하기로 생각했다. 그런데 B도 역시 마찬가지였다. 자기가 폭로를 하지 않더라도 A가 폭로할 것 같은 예감이 들어 폭로해 버렸다. 이처럼 협동을 하면 둘 다 이익이라는 것을 알면서도 폭로/배신/자백을 함으로써 두 사람 모두에게 불리한 결과를 선택하는 이 이상한 현상은 왜 생기는 것인가?

수학자이자 게임이론가 터커^{A. Turker, 1905~1995}는 이 상황을 '죄수의 딜레마'라고 정리했다. 죄수의 딜레마는 어떤 것을 선택해야 하지만 선택하기 어려운 죄수의 곤경을 의미한다. 죄수는 두 가지 중에서 어떤 것을 선택하더라도 곤경에 처한다. 이 죄수의 딜레마는 일상생활에서 자주 발생하고 또 정치경제와 국제문제에서 자주 일어난다. 그뿐 아니라 무조건 이기적인 선택을 하려는 생물의 자연선택^{Natural Selection}이나 상대와의 싸움인 도박장에도 적용되는 이론이다. 가령 암세포는 자기가 서식하고 있는 인간의 몸을 유지해야 유리한데도 인간을 죽임으로써 자기도 죽는다. 또한, 마약과 현금을 바꾸는 상황에서는 가짜를 준비하는 쪽이 진짜를 준비하는 쪽보다 어떤 경우에도 유리하다. 이처럼 개인의 합리적 이익이 집단의 합리적 이익을 훼손하는데도 마치 타당한 것처럼 오인^誤^認하게 되는 것이다.

죄수의 딜레마는 게임이론^{game theory}의 일종으로 죄수는 정확한 계산을 통하여 자기의 이익을 극대화하는 방법을 찾는다는 이론이다. 그런데 자기에게 유리하다고 판단하여 선택한 이것이 상대방을 불리하게 만드는 동시에 자신도 불리하게 만든다. 이에 대해서 게임이론의 대가인 폰노이만^{J. Neumann, 1903~1957}은 '완벽한 의사소통을 하는 정직한 죄수에게는 딜레마는 없다'고 주장했다. 서로 믿는 정직한 죄수는 친구를 신뢰하기 때문에 '딜레마 상황에 놓이지 않는다'는 것이다. 한편 이와 유사한 제로섬^{Zero Sum} 게임은 한쪽이 이기면 반드시 한쪽은 진다. 이와는 반대로 참가자 모두가 이익이 되는 비제로섬 게임도 있다. 예를 들어 물에 젖은 동물들이 달리기 경주를 함으로써 경주의 순위와는 상관없이 털을 말리는 유리한 게임이 긍정적 비제로섬 게임이다. 원래 딜레마는 어떤 것을 선택해야 하는 상황에서 어떤 선택을 해도 문제가 되는 불완전한 논리다.

죄수의 딜레마는 비제로섬 게임 또는 비협조적 게임 중의 부정적인 경우다. 협조적 게임과 달리 비협조적 게임^{Non-cooperative Game}의 일종인 죄수의 딜레마는 각자 자신의 이익을 추구함으로써 둘 다 불리한 결과를 초래하게 된다. 이상하지만 사람들은 협조가 유리한 줄 알면서도 협조를 하지 않는다. 특히 죄수는 자기에게 이익이 되는 선택을 위하여 게임이론에 따라 계산을 한 다음, 상대를 불리하게 만들고 자기는 유리하게 만드는 오류를 범한다. 그렇게 하는 이유는 두 죄수가 무지의 장막^{Veil of Ignorance}에 가려져 있으므로 결과를 알 수가 없고 폭로를 해야 하는 동기가 충분하기 때문이다. 여기서 내시균형^{Nash Equilibrium}이라는 가설이 대두한다. 정신분열증을 앓았고 영화 〈뷰티풀 마인드^{Beautiful Mind}〉의 모델인 전설적인 수학자 내시^{J. Nash Jr., 1928~2015}가 만든 내시균형이란 상대방의 전략을 분석하여 결정한 다음 자신의 선택을 바꾸지 않는 상태의 균형을 말한다.

그렇다면 이후에 똑같은 상황에 놓인 죄수 A와 B는 어떻게 행동할까? 이론적으로는, 협력하고 폭로하지 않아야 유리하다는 것을 알지만, 다시 또 폭로/자백/배신하여 부정적인 결과를 초래한다. 왜냐하면, 내시균형으로 볼 때 처벌로부터 받는 불이익보다 폭로로부터 얻는 이익이 크기 때문이다. 이처럼 개인의 이익과 집단의 이익이 결정되는 유형과 방법은 여러 면에서 중요하다. 가령, 부모가 자기를 희생하면서 자녀를 무리하게 학습시키는 것이나 경쟁사를 이기기 위하여 과도한 광고를 하는 것도 죄수의 딜레마와 유사하다. 또한, 지구의 자원을 심각하게 훼손하면 인류가 멸망한다는 것이 자명한데도 국가들은 자원보존의 협약을 지키지 않는다. 왜냐하면, 다른 국가들이 협약을 지킬지 알 수 없기 때문이다. 하지만 죄수의 딜레마를 반복하고 학습하면 서로에게 불리하다는 것을 알기 때문에 결국 서로 협력하고 협동하는 방법을 택한다.

참고문헌 William Poundstone, *Prisoner's Dilemma*, NY : Doubleday, 1992.

참조 게임이론, 결정론, 논리·논리학, 딜레마, 이기적 유전자, 이성론/합리주의, 자연선택, 정신분석, 정신분열증, 진화심리학

카르페 디엠

Carpe Diem | 及时行乐 － 인생을 즐겨라!

새로 부임한 교사 키팅Keating은 이렇게 말했다. '카르페 디엠, 인생을 즐겨라!' 이 말을 이해하지 못한 학생들은 키팅을 멀리한다. 키팅은 학생들에게 헤릭Robert Herrick 의 시를 인용하여 '가능한 한 특별하게 살아야 한다Make your lives extraordinary'고 충고한 다. 그리고 키팅은 헌신적인 노력을 기울인다. 명문 고등학교의 숨 막히는 관습을 깨고 싶은 교사 키팅은 학생들에게 전통, 명예, 규율, 성적에 집착하지 말고 자유 롭고 창의적인 인간이 되라고 권유한다. 키팅의 영향으로 학생들은 '죽은 시인의 사회'라는 모임을 만들고 문학작품을 읽으면서 자유로운 감성을 발휘한다. 이처 럼 키팅이 시를 통하여 새로운 정신을 심어주면서 한 말이 '카르페 디엠'이다. 피 터 위어Peter Weir 감독의 1989년 작 〈죽은 시인의 사회Dead Poets Society〉는 잔잔한 감동 을 선사하면서 반성적 성찰을 하게 만드는 명작이다.

영화 제목에서 '죽은 시인詩人'은 호라티우스Quintus Horatius Flaccus, BCE 65~BCE 8이고 '죽은 시인이 살았던'이라는 의미의 '사회社會'는 로마제국의 첫 번째 황제였던 아 우구스투스Augustus, BCE 63~CE 14 시대의 태평성대인 로마다. 카르페 디엠은 현재의 중요성을 강조한 잠언인 아포리즘Aphorism인데 여러 가지 의미로 해석된다. 하지만 카르페 디엠이 쾌락주의Hedonism, 快樂主義와 향락주의享樂主義로 잘못 번역되면서 마치 '쾌락을 즐기자는 주의'로 완전히 오인되는 경우가 생겼다. 카르페 디엠에서 말하 는 쾌락은 지식, 친구, 가치, 절제된 삶, 고결한 정신 등의 건전하고 도덕적인 쾌락 을 의미하는 것이지 성적 만족과 같은 육체적 쾌락을 의미하지 않는다. 카르페 디 엠은 호라티우스의 오드Odes에서 유래했는데 '오늘을 즐겨라, 가급적 내일은 최소한만 믿어라'Carpe diem, quam minimum credula postero'라고 되어 있다. 이 문장은 해석에 따라 의미가 달라지기 때문에 전후 맥락을 고려해야 한다.

카르페 디엠의 앞 구절은 '(친구여) 현명하게 사시게, 포도주를 줄이고 미래의 욕심을 내일의 희망으로 바꾸시게Tyrrhenum: sapias, vina liques et spatio brevi, 지금 우리가 말하는 동안에도 질투의 시간은 흘러가고 있다네spem longam reseces, dum loquimur, fugerit invida'이다. 시간의 소중함을 일깨우는 경구이다. 그러니까 술과 방탕으로 시간을 보내지 말고 진지하고 진실하게 살면서 진리를 추구하라는 뜻이다. 이 시의 화자는 욕심을 버리고 희망을 가지라고 간곡하게 권유한다. 여기에는 인생을 경건하게 대하라는 뜻도 있다. 그런데 이 말은 '현재를 즐겨라, 내일은 모른다'라고 읽히기도 하고 '인생을 즐겨라, 내일은 없다'고 오인되기도 하며 또한, 방종한 쾌락도 허용되는 것처럼 보이기도 한다. 심지어 술을 마시고, 즐겁게 놀며, 미래를 걱정하지 말라는 식으로 왜곡되는 예도 있다. 라틴어 카르페carpe는 '꺾다pluck'인 '카르포carpo'의 명령형인데 '즐기다enjoy, 잡다seize'로 번역된 후, 날日을 의미하는 디엠diem과 결합하면서 오류가 생겼다.

카르페 디엠은 영어로 '오늘을 잡아라seize the day'로 잘못 번역되었고, 한자어에서 다시 적합하지 않게 옮겨져서 '무조건 즐기는 쾌락주의 또는 향락주의'라는 인상을 주게 되었다. 카르페 디엠에 '오늘의 인생을 즐겨라!'라는 의미는 없다. 카르페 디엠은 에피쿠로스Epicurus, BCE 341~BCE 270학파의 쾌락주의 사상과 아우구스투스 시대의 사회적 맥락에서 해석되어야 한다. 아버지의 헌신적인 노력으로 그리스에 유학하면서 철학과 예술을 배운 서정시인 호라티우스의 카르페 디엠은 철학적 배경에서 탄생된 시어詩語다. 따라서 쾌락이라는 결과가 중요한 것이 아니고, 쾌락의 과정과 방법이 중요하다. 인간은 원래 최대행복과 최소고통을 추구하지만 고통을 받으면서 즐거워한다면 그것도 카르페 디엠일 수 있다. 이런 카르페 디엠의 흐름은 훗날 18C 공리주의에서 '최대다수의 최대행복'으로 계승된다.

많은 사람은 전후 맥락을 고려하지 않고, 카르페 디엠이라는 어휘만을 전유

專有, exclusive possession하여 '인생은 짧은 것이다, 마음껏 즐겨라'라는 식으로 이해한다. 인생은 어떻게 하여도 마찬가지고 진리와 정의보다 중요한 것은 즐겁게 노는 것이라고 오인하기도 한다. 카르페 디엠은 행복한 시간의 현재성을 강조한 것이지만 도덕적이고 이타적인 한에서 쾌락을 즐기라는 뜻이고 윤리와 도덕을 지키지 않는 쾌락은 금지한다는 뜻이다. 그러므로 메세나의 후원을 받았던 호라티우스, 그리고 그의 시로 교육적 효과를 거두는 키팅Keating의 카르페 디엠은 육체적 쾌락이 아니고, 경건하고 진지한 성찰과 이를 바탕으로 한 자유롭고 건전한 쾌락이다. 또한, 카르페 디엠의 근원인 에피쿠로스의 쾌락주의는 성욕, 식욕과 같은 육체적 본능을 쾌락의 중요한 요소로 보기는 하지만 그보다는 감성을 중시한 그리스 헬레니즘Hellenism의 전통과 공리주의 및 유물론의 차원에서 이해되어야 한다.

참고문헌 Quintus Horatius Flaccus, *Odes* 1.11.

참조 감성, 계몽주의/계몽의 시대, 공리주의, 교훈주의, 맥락주의 컨텍스츄얼리즘, 유물론, 윤리·윤리학, 이성, 이성론/합리주의, 정신, 쾌락원칙, 쾌락주의의 역설, 헤브라이즘, 헬레니즘

타불라 라사

Tabula Rasa | 白板

외딴 섬에 소년과 어머니가 살고 있었다. 어느 날 어머니가 죽자 소년은 어머니의 시체를 해부했다. 그래서 알아낸 것은 어머니가 열熱이 없어서 죽었다는 사실이다. 그런데 열이 없어 죽은 어머니는 인간이 아니라 동물인 양이었다. 양이 소년을 키운 것이다. 그 소년은 인지능력이 있었으므로 자기가 동물과 함께 살았다는 것을 알게 된다. 이후 그는 칠 년에 걸쳐서 일곱 단계의 과정을 탐구하고 학습하면서 지식을 축적했다. 그는 인도양印度洋의 섬에서 양羊의 보살핌을 받고 자란 소년으로 아랍어로 '깨어 있는 아들'이라는 뜻의 하이Hayy ibn Yaqẓān였다. 훗날 그는 인간이 사는 사회로 돌아왔는데 그가 쌓은 지식은 상당한 수준에 이르러 있었다. 스스로 학습하고 연마하여 문명사회의 사람들과 유사한 지식을 획득한 것이다. 이 이야기는 『살아있는, 지혜의 아들Hayy ibn Yaqẓān, حي بن يقظان Alive, son of Awake』이라는 소설의 줄거리다. 이 소설은 인간의 인지능력을 다룬 의미 있는 작품이다.

이 작품을 쓴 이븐 투파일Ibn Tufail/Abubacar, 12세기은 이베리아반도에 살던 이슬람교도 철학자였는데 그의 이 작품은 알 파라비Al Farabi와 11세기 초 이븐시나/아비세나Ibn Sina/Avicenna의 철학적 사유를 바탕으로 한다. 오래전에 아리스토텔레스와 스토아학파도 유사한 생각을 하기는 했으나 이슬람 학자들이 생각한 '백지와 같은 인간의 마음'은 찬란한 이슬람 문명이 이룩한 높은 사유였다. 이성을 가진 인간은 처음에 백지상태였다고 하더라도 혼자서 사유하고 경험하면서 지식을 축적할 수 있다는 것을 입증한 것이다. 이성적 사유가 추상적인 것과 달리 경험에 의한 귀납의 역동적 지성이야말로 구체적인 지식이다. 이슬람 소설과 철학은 데포의 『로빈슨 크루소』와 루소의 『에밀』, 그리고 성장소설과 교육소설에 영향을 미쳤으며 교육과 경험의 중요성을 일깨웠고 서구 유럽의 과학혁명, 경험주의, 계몽주의의 근거가 되었다.

의학자이자 철학자였고 정치가였던 존 로크J. Locke, 1632~1704는 이븐 투파일의 소설에 영향을 받아서 타불라 라사라는 중요한 개념을 창안했다. 자유주의와 시민사회를 지향했던 로크는 『인간지성론An Essay Concerning Human Understanding』1690 1권의 표제를 인간이 가진 어떤 '원리와 생각은 선천적인 것이 아니다Neither Principles nor Ideas Are Innate'로 설정했다. 반대로 말하면 인간의 지식은 후천적이라는 뜻이다. 그러므로 원래 인간의 마음과 머리는 텅 비어 있는 것이다. 이것을 라틴어로 '타불라 라사'라고 하는데 밀랍蜜蠟으로 만든 '빈 서판'이라는 뜻이다. 따라서 타불라 라사는 프로이트가 말한 무의식unconsciousness이라기보다는 의식은 있으나 내용은 없는 '공의식空意識, empty consciousness'에 가깝다. 라이프니츠가 로크를 비판하면서 더 중요해진 타불라 라사는 인간의 의식은 태어날 때 '빈 백지'와도 같은 무無이며 인간의 경험과 지각을 통해서 의식이 형성되고 인지능력을 통하여 지식을 축적된다는 개념이다.

로크의 타불라 라사는, 아랍 소년 하이의 예에서 보듯이, 선천적인 본성nature보다 후천적인 양육nurture이 중요하다는 의미다. 로크의 이런 관점은 자아에 대한 과학적 개념 정립은 물론이고 인식론과 존재론 그리고 정체성에 대한 다양한 이론으로 발전했다. 한편 로크는 자아란 '무엇을 생각하는 의식self as that conscious thinking thing'이며 그 자아의 지각과 성찰을 통하여 인간의 인지가 형성된다고 함으로써 데카르트나 칸트와 다른 관점을 취한다. 또한, 로크는 인간은 신에 종속된 존재가 아니고 본성에 따르는 이기적 존재이지만 계약으로 질서를 유지하는 독립적 주체라고 믿었다. 사회계약설로 압축되는 이 이론은 계약의 주체인 인간은 교육, 학습, 경험, 성찰을 통하여 지식을 축적한다고 본다. 반면 데카르트는 인간의 의식은 단지 비어 있는 의식이나 빈 서판과 다르며, 인간에게는 신이 부여한 본래의 사유능력이 있다는 점을 강조하여 로크의 경험론과 다른 관점을 취했다.

타불라 라사에서 시작하는 자아형성이론은 종교의 교리, 플라톤의 관념론, 맹자_{孟子}와 순자_{荀子}의 인간 심성론 등과는 다른 개념이며 경험론 및 유물론에 가까운 과학적 설명이다. 그런 점에서 타불라 라사는 이성론과 반대인 경험론의 이론적 토대 중 하나로 볼 수 있다. 타불라 라사에 대한 수많은 비판 중에서 촘스키^{Noam Chomsky}의 견해를 참조할만하다. 그는 인간에게는 선천적이고 선험적인 능력이 있다는 것을 근거로 '인간의 마음이 타불라 라사 또는 백지상태일 수 없다'고 주장했다. 가령 500개의 단어만으로 무한한 문장을 생성해 내는 인간의 창조적 능력이 그것을 입증한다는 것이다. 분석심리학자 칼 융^{Carl Jung} 역시 자아는 선천적이고 선험적인 면이 있다고 주장했다. 이러한 비판에도 불구하고 타불라 라사는 인간을 설명하는 중요한 개념일 뿐 아니라 여러 영역에 큰 영향을 끼친 의미 있는 이론이다.

참고문헌 John Locke, *An Essay Concerning Human Understanding/Book I*, London : Church Yard, 1690.

참조 감각, 경험, 경험론/경험주의, 무, 보편문법, 순수이성, 아 프리오리/선험·후험, 원형, 의식, 이성, 이성론/합리주의, 자기 정체성, 자아, 적멸의 니르바나, 지각

죽음에 이르는 병

The Sickness Unto Death | 致死的疾病

나사로가 병이 들었다는 소식을 듣고 예수 그리스도는 이렇게 말했다. '이 병은 죽음에 이르는 병이 아니라 하나님/하느님의 영광을 위한 것이다.' 얼마 후 나사로가 죽었지만, 그리스도는 '우리 친구 나사로가 잠들어 있다. 그러나 내가 그를 깨우러 가겠다'고 말한 후 나사로의 무덤에 가서 나사로를 불러 살렸다. 기독교의 『성경』 요한복음 11장에 나오는 나사로의 부활과 예수의 기적을 어떻게 해석해야 할까? 덴마크의 철학자 키르케고르는 안티 클리마쿠스라는 필명으로 쓴 『죽음에 이르는 병*The Sickness Unto Death*』1849에서 육신의 죽음과 영혼의 죽음을 실존주의적으로 해석한 바 있다. 그는 존재와 비존재에 대하여 기독교적으로 설명한 다음 존재하는 방식의 본질을 실존과 연관하여 해석하였다. 특히 고독한 개인의 자유와 실존을 강조한 키르케고르는 인간의 유한성은 무한성 속의 유한이라고 본다.

키르케고르Søren A. Kierkegaard, 1813~1855는 '벼랑 끝에 선 사람은 뛰어내릴 선택의 자유가 있다'고 보았다. 따라서 자기가 자기인 것은 자기가 자기를 결정할 수 있는 권한과 능력이 있는 존재이기 때문이다. 그런 점에서 키르케고르는 '나는 아무런 의심도 없이 하나님/하느님을 믿고 예수 그리스도의 부활을 믿는다'라고 하는 것은 의미가 없다고 단언한다. 왜냐하면, 그것은 자기 선택을 거치지 않은 맹목적인 믿음이기 때문이다. 따라서 키르케고르는 사람들이 창조자이자 절대자인 신을 망설이지 않고 믿는 것보다는 고뇌를 거쳐서 자유롭게 선택했을 때 의미가 있다고 본다. 이런 그의 기독교적 실존주의는 칸트와 헤겔로 이어지는 이성주의에 대한 비판적 관점에서 형성되었다. 특히 키르케고르의 존재에 대한 사유는 헤겔의 뒤를 이어 베를린대학 철학 교수로 재직했던 셸링^{F. W.} ^{Schelling}의 영향을 받아 형성된 것이다.

키르케고르는 1837년 '정신의 대지진'과 같은 충격을 경험하고 '존재론적 불안^{不安}과 절망이 곧 죽음'이라고 생각했다. 즉, '죽음에 이르는 병'은 신과의 관계를 절연한 인간의 절망적 존재 위기다. 이것은 자기 본질을 상실한다는 의미에서 실존적 절망^{existential despair}이라고 하는데 스스로 선택한 믿음만이 그 절망을 치유할 수 있고 죽음에 이르는 병을 구원할 수 있다. 죽음에 이르는 병의 절망에는 세 가지가 있다. 첫째, 자기 자신이지만 절망을 모르는 무지한 경우 둘째, 절망하면서 자기가 되고 싶어 하지 않는 경우 셋째, 절망하면서 자기가 되고 싶어 하는 경우이다. 그리고 이런 절망은 자기가 자기와 관계하는 방법, 더 정확하게는 자기와 신의 관계로 심화하기도 하고 치유되기도 한다. 이처럼 하나님/하느님과 인간의 관계를 고독한 개인의 존재론으로 해석한다는 점에서 그의 사상은 기독교적 실존주의^{Christian Existentialism}로 명명된다.

키르케고르의 철학은 총체성을 추구하는 집단을 부정하고 주체성을 가진 개인^{single individual} 또는 단독자^{單獨者}를 긍정한다. 모든 개인은 자기 운명을 자기가 결정하고 선택하는 자유로운 존재이므로 모든 것은 '개인성의 원칙^{principle of} ^{personality}'을 지켜야 한다. 이것은 곧 개인이 선택하고 개인이 결정하며 개인이 책임지는 것이다. 그렇기에 '죽음에 이르는 병'인 신과의 절연^{絶緣} 또한, 개인의 문제다. 그리고 신에 대한 경건한 믿음보다 중요한 것은 개인의 선택이다. 키르케고르는 신을 부정하지 않으면서 인간의 책임을 강조하고 있다. 특히 키르케고르는 불안 속에서 자기를 인식하는 진정한 자아^{true self}와 주체성^{subjectivity}을 중요시했다. 불안과 절망을 직시하고 자기를 지키려는 그의 관점은 불교의 세계관과 상통하는 면이 있다. 이런 그의 사상은 개신교에 큰 영향을 미쳤으며 (존재에 대한 새로운 인식이기 때문에) 철학적으로도 중요하다.

한편 키르케고르는 신도의 수와 권력을 중요하게 여기는 덴마크 국가교회를 통렬하게 비판했다. 그는 신을 빙자한 교회의 폭력으로부터 개인의 자유와 자아를 지키고자 한 것이다. 그래서 '기독교 교회의 문제점을 반성하고 진정한 신앙심을 찾자'라고 목소리를 높였다. 아울러 목회자들이 썩고 세속화되어서 하나님/하느님의 말씀과는 다른 길을 걷고 있다고 공개적으로 비난하여 논란을 불러일으켰다. 나아가 '피의 순교로서 교회를 자정하여 개인과 소수와 약자를 중심으로 하는 신앙의 진정성을 회복해야 한다'고 역설했다. '고독한 단독자/개별자이자 유일한 존재인 인간이 어떻게 죽음에 이르거나 영생永生하는가'를 깊이 사유한 키르케고르는 니체, 비트겐슈타인, 하이데거, 사르트르를 비롯한 많은 철학자와 신학, 사회학, 문화예술은 물론이고 포스트모더니즘 및 기독교 신학에 큰 영향을 미쳤다.

참고문헌 Søren A. Kierkegaard, *The Sickness Unto Death : A Christian Psychological Exposition For Upbuilding And Awakening* (Kierkegaard's Writings, Vol.19), Princeton University Press, 1983.

참조 결정론, 공포와 전율의 아브라함, 내던져진 존재, 본질, 실존주의, 자기기만, 자아, 절대정신, 존재·존재자, 존재론, 주관·주관성, 주체·주체성, 현존재 다자인

자기기만[사르트르]

Self-Deception | 自欺

책상 위에 종이칼이 있다. 종이로 만든 '종이칼'이지만 '칼'의 본질인 자르는 기능이 없는 가짜 칼이다. 하지만 종이칼은 어떤 목적이나 필요성으로 만든 것일 뿐 아니라 분명히 실재하므로 그 자체의 존재 의미는 부정될 수 없다. 인간도 종이칼과 마찬가지다. 가령, A라는 교수教授가 '교수가 나의 본질이다'라고 말한다면 그것은 자기기만이다. 교수는 A의 본질이 아니고 현재 상황에서 잠시 교수라는 역할을 하는 것일 뿐이기 때문이다. 대체로 사람들은 잠시 주어진 세상의 배역을 자기 본질로 착각한다. 따라서 현상을 본질로 착각하기 때문에 자기기만이 되는 것인데 자기기만을 신념의 차원으로 강화하면 더 큰 오류를 범하게 된다. 특히 닫힌 세상에서 타자화他者化된 자기를 자기가 속이는 행위는 자기기만의 극치. 그 닫힌 세상은 죽을 수도 없고 구원도 불가능한 지옥이다.

실존주의 작가이자 철학자인 사르트르Jean-Paul Sartre, 1905~1980는 『존재와 무』1943에서 자기기만 또는 거짓 신념bad faith이라는 용어를 창안했다. 노벨문학상을 거부한 바 있고 적극적 행동주의 철학자였던 사르트르에 의하면 모든 현상에는 본질이 내재하므로 현상 내면의 본질은, 현상학적 환원을 통하여 찾아야 한다. 그래서 사르트르는 후설의 현상학에 영향을 받아서 현상에 내재한 본질을 찾는 것이 중요하다고 강조하고 메를로퐁티에 자극을 받아 무신론적 실존주의를 주창했다. 또한, 그는 '신은 죽었다'로 상징되는 반기독교적 사유를 지지하면서 인간을 시간, 공간, 상황, 행동, 현상으로 설명한다. 데카르트, 칸트, 키르케고르, 니체, 후설, 하이데거를 계승한 사르트르는 개별 인간은 '무nothingness'라는 허공에 던져졌고, 무한한 자유가 주어졌으며, 불안과 공포 속에서 자기를 완성해 가야 하는, 고독하고 괴로운 존재로 본다. 그는 이 본질을 망각하고 거짓 삶을 사는 것을 자기기만으로 명명했다.

사전적 의미에서의 자기기만은 자기가 자기를 속인다는 뜻으로, 자신의 신념, 도덕, 양심에서 벗어나는 언행, 의식, 믿음 등이다. 또한, 교양 있어 보이는 과장된 태도, 감당할 수 없는 발언 등도 자기기만이다. 가령 싫어하는 남성이 살며시 손을 잡을 때 모르는 척하는 여성의 태도가 바로 자기기만이다. 이때 이 여성은 자기 주체를 잃어버린 수동적인 존재로 전락한다. 이렇게 하여 남녀의 불평등과 폭력이 심각해진다. 하지만 자기기만은 그 자체로 역설paradox이므로 성립하지 않는다는 견해가 있다. 사르트르는 자기기만을 존재론의 관점에서 해석한다. 모든 문제는, 인간이 내던져진 상황인 '무'로부터 시작된다. 많은 사람은 허공, 허무, 백지, 불확실, 우연한 상황에 놓인 자기를 진정한 자기로 본다. 그런 사람들은 세상에서의 일시적인 역할을 진정한 자기로 간주하는데 이것이 바로 자기기만이다.

사르트르에 의하면 인간은 신, 제도, 사회적 지위 등에 의해서 결정되며 자기의식이 없는 즉자적 존재being-in-itself가 아니고 자기를 책임지고 완성해야 하는 동시에 의식의 지향성을 가지고 있는 대자적 존재being-for-itself다. 그것은 '자기 존재에 책임을 진다'는 뜻이며 '허무한 허공에 놓인 자기 자신에게 의미를 부여한다'는 뜻이다. 그러나 이 자유는 편하고 즐거운 것이 아니고 불편하고 괴롭다. 그렇기에 인간은 도스토옙스키의 소설『지하생활자의 수기』의 주인공처럼 자기를 왜곡하고 은폐하려는 경향이 있다. 자기 존재의 본질을 자의적으로 망각하는 자기기만은 주체의 상실을 초래한다. 하지만 사르트르의 자기기만은 허위의식이나 거짓말과는 다르다. 비유하자면 자기기만은 배우처럼 연기하는 자기의 타자화他者化다. 이런 사르트르의 인간 존재론은 '이전에 내가 존재했으므로 지금 나는 생각한다'와 '존재가 본질을 앞선다'로 함축된다.

자기기만은 초월적인 자기 본질을 외면하고 현상계의 자기 존재를 실재로 오인한다는 점에서 종이칼을 진짜 칼로 간주하는 것과 같다. 또한, 나는 나 자신의 존재가 아니라, 외부로부터 규정된 존재 즉, 다른 무엇에 의해서 결정된 존재라고 믿거나 인과因果의 결과라고 믿는 것도 자기기만이다. 만약 어떤 사람이 운명, 숙명, 하나님/하느님의 부르심, 필연적 결과를 믿는다면 불안은 해소되겠지만 그것은 자기기만일 뿐이다. 인간은 자유의지自由意志와 무엇에 대한 지향성intentionality과 이성을 가진 개별자이며 자기 스스로 선택하고 책임지며 완성하는 실존적 존재이다. 실존주의 철학자 사르트르는 거짓 자기를 부정한 다음 무無 속에 내던져진 자기 본질을 직시하면서 진정한 자기에 대한 '올바른 신념good faith'을 가질 것을 권고한다.

참고문헌 Jean-Paul Sartre, *Being and Nothingness*, translated by Hazel E. Barnes(1958), London : Routledge, 2003.

참조 내던져진 존재, 본질, 실존주의, 자기 정체성, 자아, 자유의지, 제행무상, 존재·존재자, 존재론, 주체분열, 죽음에 이르는 병, 지각우선의 지각현상학, 타자, 허위의식, 현상학적 환원, 현존재 다자인

판단력비판 – 미^美란 무엇인가?

Critique of Judgement | 判斷力批判

K는 고흐의 〈자화상^{Self-Portrait with Bandaged Ear}〉을 보고 또 본다. 그것은 여러 편의 자화상 중, 친구 고갱과의 이별로 광기가 작동하여 귀를 자른 자기 모습을 그린 이 작품이 고뇌하는 인간을 담아낸 걸작이기 때문이다. 고흐는 여러 편의 자화상을 그렸는데 특히 귀를 자르고 붕대를 감은 모습의 자화상이 제일 유명하다. K는 왜 이 그림을 보고 쾌감을 느끼는 것인가. 예술작품의 미적 감동은 '미^美 또는 아름다움이란 무엇인가'로 함축될 수 있다. 평생 고향을 떠나지 않은 칸트^{I. Kant, 1724~1804}는 『판단력비판』¹⁷⁹⁰에서 인간이 무엇을 안다는 것이나 느낀다는 것은 판단^{判斷}이라고 단정했다. 예술작품을 판단한 결과가 아름다움/미인데 그 판단은 '유쾌하다' 또는 '불쾌하다'와 같은 느낌으로 드러난다. 그런데 하나의 예술작품을 보고 각기 다른 반응을 하는 것은 개개인의 미적 취향이 다르기 때문이다.

인간의 인식에 대한 비판적 성찰을 다룬 『순수이성비판』과 윤리와 도덕과 같은 인간의 행동에 대한 사유인 『실천이성비판』을 거친 『판단력비판』은 미학 또는 예술철학에 대한 칸트식의 해석이다. 판단력비판은 칸트가 쓴 책 이름이면서 인간의 미적 판단을 비판적으로 분석한 이론이다. 초기 저작에서 칸트는 미적 감동은 감각적인 직관 그리고 이해와 연관된 생각을 통하여 일어나는 것으로 보았다. 하지만 비판철학 시기의 칸트는 미적인 것을 인지할 때는 직관이나 생각과는 다른 원리가 작동하는데 그것은 '무목적성의 목적^{purposiveness without purpose}'인 상상과 오성의 자유로운 조화라고 말했다.[1] 따라서 미^美 그 자체는 무엇을 어떻게 하고자 하는 유용성도 아니고 무엇을 의도하는 가치추구도 아니다. 이런 그의 생각은 법칙성을 추구하는 지성知性/오성悟性과 목적을 추구하는 이성과 다른 합목적성을 추구하는 판단력이 있다는 것에 근거한다.

무목적성의 목적이 실행되는 과정에서 인간은 새로운 방식으로 쾌감을 느낀다. 그것이 바로 아름다움의 본질이자 미학의 원리다. 이 과정에서 도덕이 개입하는데 이성을 바탕으로 하는 도덕의 진선眞善이 취향에 관한 판단인 미美를 보장해 준다. 이처럼 미적 가치와 아름다움에 관한 판단은 이성을 바탕으로 하는 주관적이고 종합적인 능력이다. 그런 점에서 칸트는 규칙을 부여하는 천재天才의 예술작품이야말로 특별한 미적 가치가 있다고 보았다. 한편 인간의 지각과 상상을 넘어서는 절대적 대상에 대해서 전율과 공포를 느끼는 동시에 기쁨과 쾌감도 느낀다. 이것이 특별한 미적 감각인 숭고sublime다. 미美는 상상과 오성의 조화와 질서에서 오는 자유유희free play의 유한성이고 숭고崇高는 상상력과 이성의 결합이면서 부조화와 무질서로부터 얻어지는 무한성이다.

자연nature의 미적 의미를 특히 강조한 칸트는 아름다움에 관한 판단 원리를 네 가지로 설명한다. 첫째, 무관련성disinterestedness은 (아름답다고 판단하는 의미는) 다른 무엇으로부터 간섭을 받지 않는 것인데 그 미적 판단은 내용보다는 형식에서 일어난다. 둘째, 보편성university은 미는 대상에 있는 것이 아니고 주체의 주관에 있는 것이며 지각의 자유라는 보편적 원리를 의미한다. 셋째, 필연성necessity은 (아름다움에 대한 유쾌한 느낌은) 공통감각common sense에 근거한 이성의 필연적 질서화 과정이다. 넷째, 무목적성의 목적purposiveness without purpose은 미 자체는 다른 목적이 없지만, 그 목적 없음이 목적이 되는 것이다. 또한, 아무런 목적이 없고

---

1   Immanuel Kant, *Critique of Judgement*, translated by James Creed Meredith, Oxford University Press, 1973, p.17. "Of the Ideal of beauty."

That is, in whatever grounds of judgement an Ideal is to be found, an Idea of Reason in accordance with definite concepts must lie at its basis; which determines a priori the purpose on which the internal possibility of the object rests. An Ideal of beautiful flowers, of a beautiful piece of furniture, of a beautiful view, is inconceivable. But neither can an Ideal be represented of a beauty dependent on definite purposes, e.g. of a beautiful dwelling-house, a beautiful tree, a beautiful garden, etc.

도덕적으로 문제가 없기 때문에 아름답고 즐겁고 유쾌하다. 그래서 칸트는 예술작품의 목적 없음에 의해서 자유로운 감성이 발현될 수 있다고 보았다.

한마디로 칸트는 '아름다움/미는 인간의 주관적 판단으로 결정된다'는 것과 '미적 취향을 판단하는 네 가지 원리가 있다'라고 전제하고 진정한 아름다움을 인식하기 위해서는 순수이성을 바탕으로 비판적 인식을 해야 한다고 주장했다. 아울러 미는 개념concept과 관계하지 않는데 가령 현실의 장미는 관념의 장미라는 개념과 관계가 없다고 말했다. 그러므로 칸트에 의하면 고흐의 〈자화상〉에서 느낄 수 있는 미적 쾌감은 작품 자체에 객관적으로 존재하는 것이 아닌 인간의 주관적 판단이다. 또한, 칸트는 대상/작품에 미적 보편성이 있는 것이 아니라 아름다움을 지각하는 것이 보편적이라고 하여 '보편적이 아니지만 보편적이다'라는 이율배반二律背反, antimony의 미학을 정립했다. 바움가르텐 이후 근대미학의 성립에 결정적으로 이바지한 『판단력비판』은 미학만이 아니라, 도덕과 윤리, 인식론, 존재론을 아우르는 저술이다.

참고문헌 Immanuel Kant, *Critique of Judgement*, translated by James Creed Meredith, Oxford University Press, 1973.

참조 감동, 감성, 관념론, 교훈주의, 무목적의 목적, 미/아름다움, 미적 거리, 미학·예술철학, 미학교육(실러), 미학국가/미적 상태(실러), 바움가르텐의 진선미, 순수이성, 숭고, 신경미학, 아 프리오리/선험·후험, 예술지상주의, 유미주의, 이성, 이성론/합리주의, 인식, 인식론, 존재론, 주관·주관성, 지성·오성,초월(칸트), 타불라 라사, 황금비율

공포와 전율의 아브라함

Fear and Trembling | 恐惧与战栗

어느 날 아브라함은 신의 제단에 사랑하는 아들을 바쳐야 한다는 것을 알고, 모리아Moriah산에서 아들을 죽이는 예식을 거행하고 있었다. 아브라함이 칼을 들어 백 살에 얻은 아들, 이삭Issac을 죽이려 할 때 하늘에서 목소리가 들려왔다. 여호와가 천사를 보내서 '그 아이에게 네 손을 대지 말라 그에게 아무 일도 하지 말라 네가 네 아들 독자까지도 내게 아끼지 아니하였으니 내가 이제야 네가 하나님/하느님을 경외하는 줄을 아노라'「창세기」22장 12절라고 하여 이삭을 살렸고, 아브라함은 양을 죽여 속죄양으로 바쳤다. 기독교『성경』의 창세기에 나오는 아브라함과 이삭의 이야기는 공포와 전율을 동반한 신에 대한 경외로 이어진다. 그렇다면 '하나님/하느님의 말씀이라면 아들이라도 죽여야 하고, 또 죽일 수 있다'는 이 초인적인 제의祭儀는 무슨 의미가 있을까?

아버지의 독실한 신앙에 큰 영향을 받은 덴마크의 철학자 키르케고르Søren A. Kierkegaard, 1813~1855는 하늘에서 들린 하나님/하느님의 말씀은 아브라함 내면의 목소리라고 해석했다. 또한, 「창세기」 17장에 '열국列國의 아버지'로 묘사된 아브라함의 행위는 극도의 불안감 속에서 의지를 가지고 선택한 것이다. 아들을 죽여야 하는 아버지 아브라함은 절대고독 속에서 고뇌에 차 있지만 주저함이 없었다. 하지만 하나님/하느님의 목소리를 듣는 순간, 고독한 개인이자 살인자 아브라함이 아니라 신의 말씀에 복종하는 성스러운 예식의 거행자 아브라함이 되는 것이다. 그리고 이것은 신에 맹목적으로 따르는 것이 아니고 한 인간의 고뇌를 거친 결정이다. 이렇게 볼 때 아브라함계통 종교인 유대교, 기독교, 이슬람에서 공통으로 보이는 이 제의는 믿음의 문을 넘어선 초자연적이고 초월적인 행위다.

한편 어린 이삭은 어떤 심정이었을까? 어린 이삭은 자신이 왜 죽어야 하는지 모르기 때문에 공포와 전율에 휩싸인다. 마침내 아버지가 칼을 놓고, 손목을 풀어주며, 다시 집으로 데리고 왔을 때 어머니 엘리야는 환희의 눈물을 흘렸다. 이 성가족聖家族은 공포와 전율을 거쳐서 하나님/하느님의 뜻을 인식했고 하나님의 세상은 절대적이고 초월적이며 무한한 권능이라는 것을 알았다. 하나님을 위해서는 세상의 모든 것을 포기할 수 있어야 한다. 그런데 아브라함이 소중한 아들을 죽이는 바로 그 순간 고독한 개인과 초월자 하나님의 관계가 절대화된다. 따라서 그가 하나님의 종이 되겠다는 선택은 자기 존재를 입증하는 거룩한 과정이다. 이처럼 믿음의 기사Knight of Faith 아브라함과 같이 스스로 선택하여 실행하는 결단이야말로 속박을 넘어선 자유이고 절망으로부터 해방되는 순간이다.

인간을 신과의 관계에서 해석한 키르케고르의 철학은 우주 자연의 섭리에서 인간을 이해하는 관점과는 다른 창조론創造論의 해석이다. 키르케고르에 의하면 고독한 개인 또는 단독자인 인간은 이성을 가진 자유로운 존재다. 그런데 그 자유는 속박이다. 왜냐하면, 자유로운 인간이 선택해야 하는 것은 절대자에 대한 절대의무이기 때문이다. 하지만 인간은 자유로운 존재이기 때문에 하나님에게 복종하지 않을 수도 있다. 키르케고르는 그것을 절망despair이라고 명명했고 하나님에게서 멀어지는 것을 죽음이라고 단언했다. 그러므로 현생의 가치와 세속적 윤리를 넘어서서 영원한 가치와 신의 윤리를 지키는 것이 진정한 행복이다. 이처럼 그는 인간의 존재에 대해서 종교적으로 해석하면서 '유한한 인간의 영속적 존재'를 존재론의 관점에서 깊이 사유했다. 아울러 '인간의 주체가 어떻게 형성되며 어떻게 기독교인이 되는가'를 실존의 문제와 연결하여 해석했다.

키르케고르는 인간은 어떤 형식으로든지 절대자와의 관계 속에서 자신의 존재가 설정되어야 한다고 믿었다. 시적이면서 영적인 분위기의 『공포와 전율』은 키르케고르가 깊이 사랑했던 레기네 올젠Regine Olsen과 이별한 후, 절망 속에서 쓴 초기의 대표작이다. 기독교 신학자들은 이 책에서 자신을 아브라함에 대입하고 레기네 올젠을 이삭에 대입하여, 자신에게 가장 소중한 것을 포기하고 신의 말씀에 복종하는 키르케고르를 읽는다. 키르케고르는 이 책에서 인간은 순간적인 존재이고 과정의 존재이므로 영원하고 전능한 신에 귀의해야 한다는 기독교 신앙을 철학적으로 해석했다. 이처럼 기독교의 반성을 촉구한 그의 사유는 실존주의 철학에 심대한 영향을 미쳤으며 기독교 사회에도 큰 영향을 미쳤다. 이런 그의 철학은 불안과 절망, 고통과 고난에 놓인 인간의 주체적 존재를 탐구하면서 자기 자신을 구원하려는 노력의 결과였다.

참고문헌 Søren A. Kierkegaard, *Fear and Trembling*, copyright 1983 – Howard V. Hong.

참조 내던져진 존재, 삼위일체, 실존주의, 예수 그리스도, 자기기만, 절대정신, 존재·존재자, 존재론, 죽음에 이르는 병, 창조론, 현존재 다자인

탈주의 비상선[들뢰즈]
Line of Flight | 飞行线

판사가 물었다. 왜 사람을 죽였습니까? '뜨거운 태양의 빛 때문에'라고 엉뚱한 답을 하는 뫼르소에게 사형이 선고되었다. 법을 무시하는 주인공에게 내려진 사형선고는 당연하다. 까뮈의 처녀작 『이방인異邦人』은 진정한 자기 존재를 찾아 방황했던 한 인간의 이야기다. 그는 살인했고, 어머니의 죽음을 슬퍼하지 않았으며, 심지어 그 이튿날 섹스를 했다. 사회에서 일탈한 인물 뫼르소는 자신을 찾아서 헤매다가 형장의 이슬이 되었다. 그러니까 그는 보이지 않는 국가와 사회의 규범, 법, 규율, 도덕, 윤리 등 자신을 억누르는 온갖 것을 부정했다. 들뢰즈와 가타리의 용어로 말하면 탈주의 비상선飛上線으로 탈주해 버린 셈이다. 여기서 말하는 비상선은 비상하는 선인데 들뢰즈와 가타리가 쓴 프랑스어 fuite는 '난다flying'라는 의미도 있지만 '질주하다'와 '사라지다fleeing' 또는 '벗어나다eluding'에 가까운 개념이다.

들뢰즈와 가타리는 『차이와 반복』, 『천 개의 고원』 등에서 고정된 주체, 불변의 존재 등 수목적arbolic 구조와 사고를 자기 방식으로 해체한다. 그들이 도피하고자 했던 것은 근대 이성주의 철학만이 아니라 수목적樹木的 국가장치State Apparatus였고 숨 막히는 자본주의 제도였다. 전쟁 기계인 국가는 필연적으로 인간의 다양한 사유를 통제하고 언행을 규제한다. 이 국가체제에서 인간이 가지고 싶어 하고, 또 가지고 있었던 자유는 계약이라는 이름으로 박탈당할 수밖에 없다. 그리하여 인간은 원래의 욕망을 버리고 국가라는 이름의 감옥에서 감시를 당하면서 살아야 한다. 특히 정신분열증을 앓게 하는 근대의 자본주의 생산양식은 인간을 단순한 기계로 만들어 버린다. 국가장치이면서 전쟁 기계인 국가는 세금, 문화, 병역, 법, 제도, 재정, 교육 등을 통해서 인간을 기계화시킨다.

인간은 자기 주체성과 정체성을 가지고 싶어 하는 존재이므로 국가장치의 호명呼名과 자본의 통제에서 벗어나고 싶어 한다. 따라서 인간은 국가라는 이름의 억압 장치와 사회라는 명칭의 제도 안에서 끊임없이 탈출을 기획한다. 그러자면 국가장치와 사회규범을 비판적으로 이해하고 자기만의 길을 조심스럽게 탐색해야 한다. 그리고 창조적 일탈 행위를 통하여 고정된 영토로부터 탈출해야 한다. 그러자면 유목주의의 자유로운 사유와 역동적 변이가 가능한 내재의 평면Plane of Immanence이 필요하다. 그런 점에서 국가장치의 호명呼名을 거부하면서 자유로운 '동물 되기becoming animal'는 아주 인간다운 것이다. 이것이 바로 들뢰즈와 가타리가 말하는 자기만의 블랙홀Black Hole인 탈주의 비상선飛上線이다. 그들이 말하는 비상선은 일상, 규범, 제도, 표준으로부터 비상하는 것이고 억압과 통제를 파괴하는 것이다.

이들이 말한 탈주의 비상선은 고정된 사고나 격자grid와 같은 조직을 파괴하는 적극적 의식이다. 이들은 타자와 외부로부터 주어진 인간형이 아니라 자기 스스로 창의적으로 형성한 고유한 인간형을 꿈꾼다. 그러므로 뫼르소가 쏜 총탄은 조국 프랑스를 조준하고 있는 것이며 어머니 장례식에서 울지 않은 것은 숨 막히는 사회에 대한 저항이다. 그는 죽음으로 자기 존재를 실현했고 그래서 존재가 본질에 앞선다는 것을 증명하면서 살인과 같은 창조적 파괴를 통하여 '자기-되기'를 실천한 것이다. 따라서 그가 올라탄 탈주의 비상선은 어느 한 점에서 사라지는 소실점vanishing point이다. 뫼르소는 목숨 건 저항을 통하여 사형死刑이라는 소실점을 통과한 것이다. 추상의 소실점을 넘어서 현실을 지나 가상의 세계로 이입하면 거기, 다양성multiplicities과 다원성의 새로운 세계가 천 개의 고원에 펼쳐진다.

들뢰즈는 비상선을 '유목적 비상선nomadic lines of flight'이라고 했고 푸코는 (법이나 거세와 같은 부정의 범주에서) 다양하고 창조적인 긍정의 범주로 탈출하는 것이라고 했다. 따라서 이것은 단순한 파괴와 해체가 아니라 내재의 평면에서 무한운동을 하는 능동적 사유다. 그런 점에서 탈주의 비상선은 자본주의를 탈출하는 비상선非常線이기도 하다. 그래서 탈주의 비상선은 탈영토deterritorialization와 재영토reterritorialization를 지나 인간의 가면을 벗고, 법과 규율의 외투도 벗고, 감각과 본능만으로 살 수 있는 동물이 되는 것이다. 그런 점에서 들뢰즈와 가타리가 희망한 것은 제국주의와 식민주의를 해체하고 자본주의의 폭력구조를 전복하여 아름다운 세상을 만드는 것이다. 그들은 프로이트의 욕망을 마르크스의 생산으로 연결하는 동시에 포스트모더니즘을 탈식민주의와 연결했다.

참고문헌 Gilles Deleuze and Félix Guattari, *A Thousand Plateaus*, translated by Brian Massumi, London and New York : Continuum, 2004.

참조 기관 없는 신체, 내재의 평면, 노마디즘, 리좀, 욕망기계, 자본주의, 정신분열증, 제국주의, 존재론, 초원의 사상, 탈영토, 탈중심주의, 포스트모더니즘, 현존재 다자인, 호명

양지양능치양지

Innate Knowing and Innate Doing | 良知良能致良知

'사람이 배우지 않아도 능히 할 수 있는 것이 있는데 그것이 양능이고 생각하지 않고서도 알 수 있는 것이 있는데 그것이 양지다. 양이 곧 본연의 선이다. 한편 정자는 양지양능의 원인은 없으며, 하늘에서 나와 사람에게 매이지 않는다고 했다. 어린아이도 어버이를 사랑할 줄 아는 것이며, 자라서 형 공경할 줄 아는 것이다.'[1] 이것은 『맹자』의 「진심장구상盡心章句上」에 나오는 대목이다. 아이가 부모를 사랑하고 부모에 의지하는 것은 가르치지 않아도 되는 자연스러운 이치라는 것이다. 맹자는 이런 지식을 양지良知라고 했다. 남송의 육구연陸九淵은 이 말에 근거하여 '만물이 모두 나에게 완비되어 있으니 반성하고 정성을 다하면 이보다 즐거운 것은 없다'고 말했다. '마음이 곧 이'라는 심즉리心卽理를 정초한 육구연은 주희와 달리 일심일리一心一理이기 때문에 마음과 이치가 나뉠 수 없는 것으로 보았다.

문무를 겸전한 명의 왕양명王陽明/王守仁, 1472~1528은 맹자와 육구연의 말에 근거하여 양명학을 완성했다. 특히 사물의 본성은 사물 그 자체에 있다는 주자朱子와 달리 왕양명은 인간의 마음속에 있다고 생각했다. 주희를 비롯한 많은 학자는 격格을 '도달한다至', 물을 사물事物로 해석한다. 이것을 더 발전적으로 해석하면 '배운다學'는 것이고 그 배움을 통하여 지知에 이른다는 것이다. 그런데 왕양명은 물은 인간의 마음속에 있으므로 마음을 알고 다스리는 것이 바로 격이라고

---

[1] 孟子曰人之所不學而能者 其良能也 所不慮而知者 其良知也. 良者 本然之善也. 程子曰 良知良能 皆無所由 乃出於天 不繫於人. 孩提之童 無不知愛其親也. 及其長也 無不知敬其兄也.

보았다. 따라서 왕양명에게 격물치지는 물物인 행위/사건을 마음으로 바로잡는 격格이 수양의 시작이자 끝이다. 『전습록傳習錄』 하권에 나오는 이 말은 양지와 양능은 도덕적 자발성으로 드러난다는 것이 핵심이다. 그러므로 마음을 다스리고 도덕을 바로 해야 한다는 치양지致良知는 1520년 '산에 있는 적보다 마음의 적을 물리치기 어렵다'로 정리되었다.

양지론은 맹자에서 시작하여 육구연에 의하여 의미를 더하며 왕양명에 이르러 완성된 인간 존재론이자 실천윤리론이다. 또한, 양지론은 인간의 마음을 우선하는 심학心學이므로 불교 철학의 불즉심佛卽心에 닿아 있다. 그리고 양지론은 도가의 허虛를 준용한 이기일원론이다. 한편 왕양명은 1510년 지와 행은 마음속에서 하나로 합쳐져 있다는 지행합일知行合一을 주창했다. 그는 마음에서 시비지심是非之心이 일어나며 원래 선한 본성에 따라서 생각하고 행동하면 그것이 곧 인과 의를 실천하는 것으로 간주했다. 그리고 도덕적 주체인 인간은 사물과 경험보다도 자기 내면의 마음을 통해서 인의를 알고 실천할 수가 있다. 이것은 마음속에 이치가 있다는 심즉리心卽理와 그 이치가 운용되는 것이 기氣라는 이즉기理卽氣를 바탕으로 한다.

왕양명에 의하면 치양지 즉, 양지를 기르고 깨우침에 이르기 위해서는 철저하게 수양해야 한다. 이 중 욕심의 근본 뿌리를 뽑아야 한다는 발본색원론拔本塞源論과 구체적인 사물과 상황 위에서 마음을 단련한다는 사상마련事上磨鍊이 특히 중요하다. 발본색원론은 천지만물의 모든 것은 인이며 그 '인은 영명한 양지를 통하여 구현된다'는 것을 전제로, '마음의 욕심을 철저하게 다스리면 온 천하가 곧 대동 세상이 된다'는 이론이다. 왕양명은 불가는 허적虛寂에 빠지고 세속을 멀리하기 때문에 현실 문제를 해결할 수 없고, 도가道家는 신비한 이상에 빠지고 세상을 피하기 때문에 비현실적이라고 단정한다. 오로지 유가만이 인을 실현하여 대동세상을 이룰 수 있다는 것이다. 그런 점에서 양지론은 존재론이고 인식론이면서 천지 자연의 이치와 우주 만물의 운행에 이르는 세계관이라고 할 수 있다.

맹자, 육구연, 왕양명의 양지와 양능 즉 선험성은 경험과 학습을 하지 않고서 이미 습득된 능력이 있는가의 문제인데 이것은 서구철학에서도 중요한 주제였다. 가령 송아지는 세상에 나오자마자 걸어 다니고 인간은 백 개의 단어만 가지고서도 무한의 문장을 만들 수 있다. 인간이 가진 보편적 이성이 특별한 기능을 하는 것이다. 이것을 보편적 선험성이라고 할 수 있는데 왕양명의 치양지致良知는 이런 선험을 바탕으로 올바른 윤리와 도덕을 마음속에서 기른다는 의미다. 이처럼 양지가 세상의 도리이고 그 착한 본성이 발현되는 것이 양능이다. 그리고 '양지와 양능이 인仁의 출발이자 끝이며, 마음을 다스리는 것이 최우선한다'는 것이 양명 심학心學의 핵심이다. 이것을 심즉리心卽理라고 하는데 양명학의 심즉리는 성리학의 성즉리性卽理와 달리 마음이 곧 이理이므로 마음속에서 진리를 찾아야 한다는 논리로 발전했다.

참조 거경궁리, 격물치지, 경험론/경험주의, 마음, 보편문법, 사단칠정, 성리학, 성선설, 성즉리, 심즉리, 이기론(주희), 이성, 이성론/합리주의, 인물성동이론, 인심도심, 존재론, 지행합일, 호연지기

계급투쟁
Class Struggle | 阶级斗争

공장에서 일하던 노동자 A는 갑자기 머리가 어지러웠다. 하지만 '오전 작업이 끝날 때까지만 일해줄 수 없겠느냐'는 공장장의 제의를 받아들일 수밖에 없었다. 그는 머리 아픈 것을 참고 자기 작업대에 놓인 작업을 마쳤다. A는 오전 작업을 마치고 공장을 나오면서 사장의 멋진 차가 지나가는 것을 보았다. 멋있고 호화로운 차였는데 사장의 옆자리에는 개 한 마리가 의젓하게 앉아 있었다. 착하고 정직하지만 가난한 A는 자기에게 묻는다. '나는 왜 열심히 일해도 가난하게 사는 것이고, 사장은 왜 한가하게 지내면서도 호화로운 생활을 하는 것인가?' 노동자 A의 독백을 정치경제학에 대입하면 이렇다. '나는 왜 내가 생산한 가치를 더 많이 가지지 못하는 것이고, 사장은 왜 노동자들을 기계처럼 대하면서 잉여가치를 착취하는 것인가?' 이 문제는 생산과 분배 그리고 인간의 생존에 연결된 중요한 주제다.

노동자와 자본가는 근본적으로는 협력관계이지만 잉여가치剩餘價値의 분배 때문에 갈등 관계가 된다. 그것은 노동력만 가진 노동자와 모든 생산수단을 가진 자본가의 계급적 이해가 다르기 때문이다. 노동자들은 재화財貨를 생산하는 주체가 노동자이며 노동을 통해서 인류가 생존한다고 주장한다. 반면 자본가는 노동자의 노동력이 중요하기는 하지만, 자본, 토지, 공장, 자료, 기술, 경영과 같은 생산수단이 없다면 노동력은 의미가 없다고 주장한다. 그런데 생산과정에서 생산수단과 정치권력을 가진 자본가는 더 많은 이윤을 창출하기 위하여 무리한 노동을 강요하는 현상이 발생한다. 그래서 자본주의 체제에서 노동자는 자기 노동의 잉여가치를 착취당한다. 이 관계의 모순을 해체해야 한다고 주장하는 마르크스주의에서는 계급투쟁을 선동한다. 노동자들이 자본가의 횡포와 자본주의의 모순에 저항하는 전위부대가 되어야 한다는 것이 노동자 계급의식이고 그 실천이 계급투쟁이다.

계급투쟁은 마르크스와 엥겔스가 『공산당선언』1848에서 '지금까지 모든 역사는 계급투쟁의 역사다the history of all hitherto existing society is the history of class struggles'라고 한 것에서 유래한다. 이때의 계급은 신분을 의미하는 계층, 고대와 중세의 계급, 그리고 자본주의 생산양식을 전제로 하는 근대의 경제적 계급을 포함한다. 역사적으로 볼 때 다른 계급과 대립하는 계급은 자기 계급의 이익을 지키고자 하기 때문에 계급투쟁이 벌어지게 된다. 계급투쟁은 경제적 이해관계에서 생긴 계급 간의 투쟁이면서 주로 피지배계급이 지배계급을 타도하고자 벌이는 저항운동이다. 계급투쟁의 사관史觀인 역사적 유물론은 물질을 역사발전의 원동력으로 보는 이론이며 변증법적 유물론을 역사 현실에 적용한 것이다. 현대사회에서 프롤레타리아인 노동자와 부르주아인 자본가는 갈등 관계에 놓이게 되고 그로부터 쌓인 적대감과 불평등이 심화하면 계급투쟁으로 나간다.

마르크스주의자들은 계급투쟁을, 원시 공산주의—고대 노예제—중세 봉건제—근대 자본주의—사회주의—공산주의 사회로 이어지는 단계에서 경제의 내적 모순을 해결하는 변증법적 통합과정으로 간주한다. 생산수단과 정치권력을 장악한 지배계급과 노동력만을 가진 피지배계급은 혁명과 반혁명을 통하여 자기 계급의 이익에 봉사한다. 앞에서 본 것처럼 피지배계급에게 계급투쟁은 자기 존재를 입증하려는 인정투쟁認定鬪爭이면서 인간해방의 저항운동이다. 이 계급투쟁이 인류 전체의 문제인 것은 자본주의가 민족주의 및 국가주의와 결합하여 제국주의로 이행하기 때문이다. 일반적으로 식민지와 반식민지는 반제투쟁反帝鬪爭을 벌인다. 이렇게 하여 지구 전체를 계급투쟁의 무대로 보는, '프롤레타리아가 잃을 것은 억압의 사슬밖에 없다. 만국의 노동자여 단결하라!'는 실천적 구호가 성립한다.

　계급투쟁의 원인은 경제적 생산관계의 변화 때문이다. 생산관계生産關係의 변화는 계급 간의 모순을 초래하고 갈등을 유발한다. 그리고 과거의 낡은 생산양식mode of production이 폐기되고 새로운 생산양식이 확립되는 과정에서 생산관계가 변화한다. 특히 지배계급과 피지배계급 간에 경제적 토대를 장악하기 위한 주도권 쟁탈전이 벌어진다. 이 투쟁은 혁명으로 이어지는데, 혁명의 결과로 경제적 토대base가 변화하면 이어서 정치, 법률, 종교, 예술 등 상부구조superstructure도 변화한다. 이 과정에서 정반합正反合의 변증법적 통합이 이루어진다. 이처럼 인류 역사는 인간의 생존을 위한 투쟁이었으며, 그 생존을 위한 경제적 투쟁이 바로 계급투쟁의 본질이다. 마르크스, 엥겔스, 레닌, 스탈린, 마오쩌둥, 김일성 등의 계급투쟁이론은 인류사를 설명하는 중요한 관점이며 인류의 경제활동에 큰 영향을 미친 이론이다.

참고문헌 Marx and Engels, *The Communist Manifesto*, introduction by Martin Malia, New York : Penguin group, 1998.

참조 계급의식, 공산주의적 인간형, 노동가치설, 마르크스, 만국의 노동자여 단결하라, 변증법, 역사적 유물론, 유물론, 인간소외, 인정투쟁, 잉여가치, 자본주의, 제국주의, 허위의식, 혁명

색즉시공
Form Itself Is Emptiness | 色卽是空

불교 사원에 가면 다음과 같은 독경을 들을 수 있다. '아제 아제 바라아제 바라승아제 보리사바하阿提阿提波羅阿提波羅僧阿提菩提娑波何.' 이것은 '모든 것은 무상하다'라는 진리를 깨우쳐 해탈하고 열반하자는 독경이다. 청아한 목소리의 승려가 유려한 운율로 이 대목을 독경하면, 불교도들은 자신의 영혼이 속세를 벗어나는 것 같은 느낌을 받는다. 이 뜻은 '가자, 가자 어서 가자 언덕을 넘어가 진리를 깨닫자'라는 뜻인데 '가테이 가테이 빠라가테이 빠라삼가테이 보디스바하gate gate pāragate pārasaṃgate bodhi svāhā'라는 산스크리트어를 한자로 표현한 것이다. 여기서 '가자, 가자!'는 동사이면서 청유와 명령을 동반하는 한편 정신의 각성을 유도하는 리듬 구조로 짜여 있다. 탄트라 형식의 이 부분은 인간의 한평생은 지극히 짧은 찰나이며 세상의 모든 것은 순간의 현상일 뿐이므로 육신과 현실의 허상을 버리고 본질과 진리를 찾아 정진하자는 찬송讚頌이다.

힌두교와 불교에서는 현실, 사실, 실재, 실제, 실존, 실체, 존재 등은 현상 또는 형상에 불과하다고 본다. 그렇다고 해서 이것을 허상이라고 하지는 않는다. 이 세상의 모든 것은 정지된 시간에서 보면 실재하는 것이고, 무한 광대한 우주의 시간에서 보면 실재하지 않는 것이다. 여기서 '것이다'라는 것 역시 '것일 수도 있고 아닐 수도 있는' 공空인데 인도의 불교학자 나가르주나龍樹는 공을 중심으로 하는 중도론中道論/중관사상을 완성했다. 그러니까 있으면서 없고, 밝으면서 어둡고, 살아있어도 죽은 것이며, 깨끗하지도 않고 더럽지도 않은 양면적인 현상이 공이고 그 공은 곧 만滿이며, 그것을 함축한 개념이 '색즉시공 공즉시색色卽

是空 空即是色’이다. 여기서 유래한 색즉시공은 대승불교 유심론의 중요한 개념인데 당唐의 현장법사가 650년경에 번역한 『반야심경般若心經』에서 유래한다.

오랜 시간에 걸쳐 각기 다른 판본으로 인도에서 완성된 『반야심경』의 반야般若는 산스크리트어 프라즈냐prajñā인데 지혜와 본질을 보는 통찰력이다. 그리고 심경心經은 마음의 경전이라는 뜻이다. 인도가 아닌 중국에서 만들어졌다는 견해도 있는 『반야심경』은 인도, 중국, 한국, 일본, 베트남, 티베트에서 많이 읽히는데 만다라Mantra와 탄트라Tantra의 의미가 가미되었으며 인도의 브라흐만 사상이 그 원류다. 따라서 이 세상에서 가장 쉬운 말이면서 가장 어려운 말인, 색즉시공 공즉시색은 힌두교, 불교, 도교의 공통적인 사상으로 존재에 관한 사유의 방법이자 인식의 정수精髓다. 『반야심경』에서 ‘색불이공 공불이색 색즉시공 공즉시색 수상행식 역부여시色不異空 空不異色 色卽是空 空卽是色 受想行識 亦復如是’라고 말한 것이 ‘모든 것은 공空 하다’는 중관사상中觀思想의 핵심이다. 그런데 공은 단순히 빈 것이 아니라 변화 때문에 고정되지 않는 것을 말한다.

인간을 포함한 모든 존재는 시간과 공간 속에 위치하는 하나의 현상이고 형상일 뿐이다. 그 형상이 가상일 수도 있고 실재일 수도 있으나 인간의 인認과 식識을 통하여 마음의 관념이 만들어진다. 하지만 세상의 모든 현상은 실재하는 사실이므로 그 존재 자체는 부정되지 않는다. 현상인 색과 본질인 공이 결합하여 무엇이 생겨나고 사라진다. 그러므로 색즉시공은 만유일체萬有一體가 근본적으로 하나이며 모든 존재는 변화한다는 것이 핵심이다. 그런데 일시적으로 존재하는 현상現象인 색色은, 만유가 평등하고 차별과 차이가 없는 공空이나 만滿과 같다. 이처럼 이 세상 모든 것은 진공묘유眞空妙有하여 끊임없이 생멸하고 변화하면서 다양한 형상으로 드러났다가 찰나에 존재한 후 곧 사라진다. 또한, 모든 것은 불생불멸不生不滅하고 우주는 부증불감不增不滅하므로 유일한 진리는 오로지 하나, 형상은 허상으로 허상은 형상으로 변하는 변화뿐이다.

삼라만상이 모두 공emptiness한데도 인간은 그 본질을 올바로 보지 못하기 때문에 온갖 고통과 번뇌가 생겨난다. 그러므로 지혜의 마음과 눈으로 본질을 보면 진정 깨달음을 얻을 수 있고 더 이상의 인과율에 매이지 않는 적멸寂滅에 이르게 된다. 그때 비로소 욕망을 넘고, 윤회의 고리를 끊고, 열반의 지경에 이르는 한편 우주적 자아로 회귀한다. 이 색즉시공은 (육체와 정신, 존재와 무, 신과 인간 등의 해석에서) 서양 사상과는 근본적으로 다르지만, 이원론을 토대로 한다는 점은 같다. 이처럼 존재에 대한 물음과 해답이 함께 담겨 있는 색즉시공은 인간을 포함한 모든 존재에 대한 근본적이고 본질적인 문제의 결론이다. 사람에 따라서 그리고 수준에 따라서 달리 이해되는 색즉시공色卽是空은 정견正見과 정심正心으로 지혜를 찾아야 한다는 뜻이다.

참조 공/수냐타, 교외별전, 무, 본질, 브라흐만, 아치아견아만아애의 4번뇌, 아트만, 윤회사상, 의식, 인과율·인과법칙, 자아, 적멸의 니르바나, 제행무상, 존재·존재자, 존재론, 카르마, 호접지몽

인간소외
Alienation | 人间疎外

무엇이든지 조이는 사람이 있다. 그는 나사만 보이면 조이고 조인다. 조이지 않아도 되는 것까지 조이는 등 이상증세를 보이기까지 한다. 마침내 그는 정신 병원으로 이송된다. 컨베이어 벨트 공장에서 종일 나사못 조이는 일을 하는 찰리는 이 단순한 노동을 반복하면서 눈에 보이는 모든 것을 조이는 강박증에 시달리다가 병원에 입원한다. 퇴원 후 직업을 찾지 못하고 시위를 하다가 감옥에 갇힌다. 이 이야기는 자신이 감독한 영화의 주인공으로 등장하여 현대 산업사회를 비판한 찰리 채플린의 1936년 작 〈모던타임즈^{Modern times}〉의 줄거리다. 이 영화의 주인공은 나사 조이기라는 단순노동을 반복함으로써 자신의 주체성과 정체성을 상실한 현대인이다. 하지만 풍자와 해학이 가득한 이 무성 흑백 영화가 자본주의를 비판했다는 이유로 채플린은 미국에서 추방당했다.

채플린의 영화에서 보는 것과 같이 근대 산업사회에서 사람 대다수는 자기 주체를 상실하고 자본의 명령에 따라서 피동적으로 살 수밖에 없게 되었다. 이런 사람들이 처한 상황을 자본주의의 구조적 소외라고 한다. 특히 마르크스주의에서 인간소외는 자본주의로 인하여 인간 '종의 본질^{Gattungswesen}'과 '인간 본성^{Human nature}'을 상실한 상태를 말한다. 일반적으로 소외는 무의미, 허무감, 자기로부터의 분리, 상실감, 규범으로부터의 이탈, 고립 등을 의미한다. 반면 사회학에서 소외는 자신의 노동 및 노동의 가치와 멀어지거나 분리된 것을 의미한다. 소외의 결과는 무력감과 무의미, 정신적 아노미 현상 등으로 드러나며 자기가 자기로부터 분리되는 자기소외로 이행하는 경우가 많다. 자기를 자기 바깥으로 외화^外

化시키는 자기소외自己疏外는 자기가 자기를 서먹서먹한 존재로 인식하는 것이다. 그런데 자기가 자기의 본질로 귀환하지 못하면 자기소외가 계속된다.

관념과 추상을 배격하고 현실에서 인간을 바라본 마르크스Karl Marx, 1818~1883는 노동자들이 필연적으로 소외에 처할 수밖에 없다고 단언했다. 마르크스에 의하면 인간은 자기가 자기의 주인이었으나 물신주의Fetishism로 인하여 자기로부터 분리되고 말았다는 것이다. 그 원인은 토지, 공장, 자본, 자료 등의 생산양식과 생산수단을 부르주아가 독점하기 때문이다. 나아가 자본주의 사회에서 인간은 도구처럼 객관화되어 자기를 잃어버릴 수밖에 없다. 또한, 산업화한 자본주의 체제에서 노동자들은 시장의 상품을 만들어 타자의 욕망을 만족시키는 존재로 타자화他者化, 더 정확히 말하면 소외되어 있다. 이런 자본주의의 구조적 소외는 불행하다는 의식을 강화한다. 그리고 종교는 허위의식False Consciousness을 조장하여 본질과 실체를 보지 못하게 함으로써 근원적인 소외를 초래한다.

근대 산업사회에서 노동자의 노동은 자율적이거나 즐거운 노동이 아니고 타율적이고 힘든 노동이다. 가령, 무거운 짐을 지고 산에 오르는 등산인은 즐겁지만 똑같은 일을 하는 노동자는 즐겁지 않다. 이처럼 노동자들은 첫째, 자신이 만든 상품으로부터 둘째, 노동의 과정과 노동의 행위로부터 셋째, 자기 자신으로부터 넷째, 작업장의 동료들로부터 모두 소외되어 있다. 하지만 자본주의 체제하에서 노동자는 자신이 가진 유일한 사용가치인 노동을 교환가치交換價値인 임금으로 바꾸어 생존을 영위할 수밖에 없다. 또한, 주체를 상실한 노동자들은 자유라는 이름의 시장市場에 종속되어 있으며 신神을 폐기하고 스스로 신으로 등극한 자본의 노예로 살고 있다. 자본주의 사회에서는 노동자만이 아니라 인간 모두가 나사螺絲나 상품으로 존재하고 자기 존재를 자본에서 확인하는 모순이 발생한다.

자기가 자기를 부정하거나 자기에서 멀어진 자기소외自己疏外는 모든 불행의 근원이다. 그런데 자기소외는 개인의 정신적 소외가 아니라 사회의 구조적 소외라는 점에서 문제가 있다. 마르크스가 볼 때 역사는 바로 이 불행을 치유하는 행위 즉, 자본주의 생산양식을 해체하고 공산주의 생산양식을 통하여 평등한 사회로 나가는 발전과정이다. 이 역사발전은 인류가 소외를 극복하고 무지로부터 탈출하는 한편 인류 전체가 평등하면서 풍요로운 사회를 목표로 한다. 마르크스의 소외는 한마디로 자본주의 체제를 비판함으로써 사회주의 혁명을 통하여 역사발전을 추동해야 한다는 이론이다. 헤겔과 포이어바흐의 소외 개념을 발전시킨 마르크스의 소외이론은 많은 비판을 받고 있다. 특히 분업과 전문화는 인간을 소외시킨 것이 아니라 인류에 풍요를 가능케 했다는 긍정적 평가가 있다.

참고문헌 Karl Marx, *Economic and Philosophical Manuscripts*, 1844.

참조 계급의식, 계급투쟁, 공산주의적 인간형, 노동가치설, 마르크스, 만국의 노동자여 단결하라, 변증법, 산업혁명, 유물론, 자본주의, 절대정신, 정신, 존재·존재자, 존재론, 주체·주체성, 허위의식

변증법
Dialectics | 辩证法

'전설적인 용사 아킬레스와 거북이가 경주하면 누가 이길까?' 묻는 것이 이상하기는 하지만 상식적으로 볼 때 트로이전쟁의 영웅 아킬레스가 거북이를 이길 것이다. 그런데 고대 그리스의 제논Zeno of Elea, BCE 490~BCE 430은 '아킬레스는 결코 거북이를 이길 수 없다'고 주장했다. 이상한 주장이지만 제논은 이것을 논리적으로 입증해 보였다. 그것은 이렇다. '아킬레스가 A에 도달했을 때 이미 앞서 있던 거북이는 B까지 이동했다, 아킬레스가 B에 도달했을 때 거북이는 C까지 이동했다. 아킬레스가 C에 도달했을 때 거북이는 D까지 이동했다. 아킬레스가 D에 도달했을 때 거북이는 E까지 이동했다.' 이처럼 시간을 미시적으로 쪼개면 무한하게 반복되므로 아킬레스는 결코 거북이를 따라갈 수 없는 것이다. 제논과 같은 이런 논증적 대화나 문답의 기술이 그리스어 변증법dialektikē 으로 발전했다. 제논의 주장은 '생성소멸도 있지 않으며 운동과 변화도 있지 않다'는 파르메니데스의 이론에 근거한다.

변증법은 수사학, 문법과 함께 중요하게 취급되었던 학문이며 변증문답 또는 변증론으로 불리기도 한다. 변증법은 첫째, 상대방을 설득하고 자기주장을 입증하는 수사적 기술, 둘째, 헤겔이 정초한 정반합의 사유방법이다. 제논의 주장에서 보듯이 서로 다른 두 객체를 비교하여 논증과 대화를 바탕으로 결론을 내는 것이 변증법의 초기 형식이다. 그래서 제논을 변증법의 창시자라고 하는 경우가 있으나 힌두교, 자이나교, 도가道家에서도 높은 차원의 변증법 또는 변증론을 사유한 바 있다. 대화와 토론 과정에서 이성을 중요시한 소크라테스Socrates

의 문답법도 변증법의 일종으로 여겨진다. 일반적으로 변증법은 명제와 반명제를 대비하여 모순을 발견하고 합명제로 통합하거나 변화하는 방향으로 전개하는 사유의 방법이다.

소크라테스는 『대화Dialect』에서 이성과 논리로 모든 진리를 입증할 수 있다고 보고, 반복적 물음을 통하여 진리에 도달하도록 안내했다. 소크라테스의 반어적 문답법은 첫째, 스스로 자신의 무지를 깨우치면서 또 다른 문제로 이행하도록 하는 것 둘째, 상대방이 제기한 의문을 반박함으로써 그 본질을 인식하고 새로운 발견을 하게 하는 것이다. 이것을 특별히 변증적 과정 또는 변증적 방법Dialectic Method이라고 칭하기도 한다. 이처럼 변증법은 서로 대립하는 두 개의 항을 통합하는 과정이면서 비판적 사유의 방법이고 운동의 진행 방향이다. 한편 중세에는 '해결해야 할 문제 제기, 답변 제시, '반대로 생각해 보면'으로 시작하는 이견 제시, 어떤 증거를 가지고 증명하여 참이라고 결론을 내리는 과정 등과 같은 변증법이 유행했다. 변증법을 새롭게 해석한 철학자는 칸트다. 그는 변증법을 인간 이성의 독단 즉, 잘못된 추론과 인식을 비판하는 논리학이라는 의미로 썼다.

칸트의 뒤를 이은 피히테G. Fichte는 변화가 중요하다는 것을 전제로 모든 것은 대립적인 힘으로 구성되었으며 모순과 위기를 극복하는 과정에서 나선형의 변화가 있다고 주장했다. 그래서 피히테는 변증법의 기초인 정-반-합正反合의 테제Thesis-안티테제Antithesis-진테제Synthesis의 개념과 구도를 창안한 것으로 알려져 있다. 피히테는 정과 반이 대립하는 과정에서 초월적 통합sublation, aufheben이 가능하고 이를 통하여 문제가 해결된다고 본 것이다. 이를 발전시켜 근대 변증법을 정초한 철학자는 헤겔이다. 헤겔은 '모든 것은 변화와 생성'이라고 가정하고 '추상abstract, immediate-부정negative, mediate-확정concrete'의 순서로 진행된다고 설명했다. 특히 '부정否定'에 특별한 의미를 둔 헤겔은 '모순은 내부에 있는 것'이라고 보고 물이 수증기로 바뀌는 것과 같은 질량의 변화를 예로 들면서 변증법을 과

학적으로 정리했다.[1]

이분법, 결정론, 형식논리와 다른 변증법 또는 변증이론은 체계적 사유와 역사 해석 그리고 인식론 및 자연과학에서도 중요하다. 한편 역사유물론은 역사의 진보 속에서 물질의 운동 법칙을 설명하는 관점인 데 반하여 변증법적 유물론은 정반합 원리에서 유물론적 법칙을 설명하는 관점이다. 변증법을 발전시킨 이 두 개념은 세상의 모든 현상을 물질적 관계에서 이해하면서 변증법적 발전으로 변화를 설명한다. 이후 마르크스는 헤겔의 변증법을 현실에 적용했고 레닌은 계급투쟁階級鬪爭과 공산주의 혁명에 연결했다. 반면 분석철학과 실존주의 철학자들 그리고 칼 포퍼 등은 '변증법이 전체주의적 사고이며 모순을 지나치게 강조했다'고 지적한다. 아울러 변증법은 흑백논리와 같은 사상의 파시즘을 잉태하고 있고 필연적으로 전체주의 체제를 옹호하는 반면 자유로운 사유를 제한한다는 비판을 받고 있다.

참고문헌 Georg Wilhelm Friedrich Hegel, *Encyclopaedia of the Philosophical Sciences*, 2nd Edition, London : Oxford University Press, 1874.

참조 계급의식, 계급투쟁, 명제, 부정변증법, 수사, 순수이성, 역사, 역사적 유물론/유물사관/사적 유물론, 유물론, 인식론, 인정투쟁, 일차원적 인간, 절대정신

---

1   Georg Wilhelm Friedrich Hegel, *Encyclopaedia of the Philosophical Sciences*, 2nd Edition, London : Oxford University Press, 1874, p.108.

교외별전
Special Transmission Outside Scriptures | 敎外別传

어느 날 한 승려가 선사에게 물었다. '달마가 서쪽에서 온 까닭은 무엇입니까?' 그러자 스승은 '뜰 앞에 잣나무'라고 답했다. 이상하게 생각한 제자가 다시 묻자 스승은 다시 또다시 '뜰 앞에 잣나무'라고 답했다. 달마 선사가 서쪽인 인도에서 동쪽인 중국으로 온 이유를 제자가 묻는 것에 스승은 직접 답하지 않았다. 묻는 제자도 달마達磨가 서쪽에서 온 이유를 알고 싶어 하지 않은 것이고, 답하는 스승 또한 그런 사실에 대하여 설명하지 않은 것이다. 그리고 선사는 '그러니 차나 한잔 들고 가게喫茶去'라는 선문답을 남겼다. '잣나무가 눈앞에 있어도 보지 못하는 인간의 마음'에 관한 교외별전을 주제로 한, 이 대화는 당唐의 조주선사趙州禪師, 778~897와 제자가 나눈 선문답이다. 이 제자와 스승의 문답은 논리나 이성으로는 설명이 되지 않을 뿐 아니라 문자로 표현할 수도 없다.

문자로 표현할 수 없는 것을 불립문자不立文字라고 하고 그것을 마음으로 전하는 것을 이심전심以心傳心이라고 한다. 그런 뜻에서 스승 조주는 달마나 잣나무를 포함한 모든 것이 허상이므로 마음으로 통찰하여 본질을 깨우쳐야 한다고 전해 준 것이다. 이 선문답은 첫째, '본질이 무엇인가'와 둘째, '어떻게 그 본질을 깨우치는가'라는 두 가지로 환원한다. 불교에서는 모든 존재에는 불성佛性이 있다고 하며 그 불성은 존재 내면에 있는 부처의 심성이며 부처의 심성은 무無를 지닌 공空이라고 한다. 그것은 또한 무엇이 있는 것 같지만 없는 것이며 없다고 해서 없는 것이 아닌 색즉시공 공즉시색色卽是空 空卽是色이다. 이것을 깨우치기 위해서는 조사선祖師禪의 방법 또는 교외별전과 같은 사유가 필요하다. 그러니까

'달을 가리키는 손가락'이라는 표월지標月指 즉, 달인 진리와 손가락인 교敎를 논리로 설명하지 않고 마음으로 사유하고 깨달아야 한다.

　교외별전은 석가모니의 언행 중의 일화에서 비롯되었다. 어느 날 석가모니가 제자들 앞에서 연꽃을 들어 보이자 오직 제자 마하가섭迦葉만이 그 뜻을 알고 미소를 지었다. 이후 석가모니의 은유적인 가르침이 제자들에게 전해지다가 인도 남부 타밀의 왕자였던 달마가 중국으로 건너가 교외별전을 전수했다. 교외별전敎外別傳은 깊은 진리는 글과 말로 표현할 수가 없으며, 마음에서 마음으로 전달된다는 불교의 교리다. 하지만 교외별전은 언어적 소통이 어렵기 때문에 생겨난 마음의 전수방법이라는 견해도 있다. 한편 28대 조사인 달마의 법Dharma을 전수한 6조 혜능에 이르러 교외별전을 근거로 하는 선禪이 널리 퍼졌다. 이후 교외별전과 함께 불립문자不立文字, 견성성불見性成佛, 직지인심直指人心 등은 대승불교의 중요한 사상으로 21세기까지 이어져 내려온다.

　중국, 한국, 일본 불교의 중심인 선종禪宗은 인도에서 온 승려 달마達磨, 菩提達磨, Bodhidharma를 시조로 삼는다. '남인도에서 태어나 470년경 중국에 건너와서 40년간 수행했다'는 달마는 불교와 브라흐만 사상을 중국에 전파한 것으로 알려져 있다. 소림사에 은거하면서 9년 면벽 수행을 했다는 달마의 진위와 석가모니가 가섭에게 진리를 전했다는 과정 등은 전거가 확실하지 않아서 학계의 논란이 있다. 그러나 선가禪家에서 보면 달마라는 존재의 유무가 중요한 것이 아니고 존재를 보는 방법이 중요하다. 특히 대승불교Mahāyāna Buddhism에서는 선을 통한 마음의 수양과 해탈을 중요하게 여긴다. 그러므로 모든 것은 마음에 달려있고 깨우침 또한 마음의 작용이다. 불교에서 마음은 정신, 의식, 생각, 사상, 영혼을 포함하는 자연적이면서 초자연적인 주체다. 실체가 마음속에 있다고 보는 불교는 마음에 따라서 마지막 해탈解脫과 열반涅槃에 이르는 과정과 결과가 달라진다.

　교외별전을 전수하고 깨우치는 방편인 선은 화두/공안公案을 잡고 깊은 명상을 통하여 각성하는 것이다. 갑자기 깨우치고 점진적으로 수양한다는 돈오점

수頓悟漸修와 갑자기 깨우치고 갑자기 수양한다는 돈오돈수頓悟頓修의 과정이 있으나 이 또한 중요하지 않다. 있고 없음이 중요하지 않다는 것을 깨우치는 것이 중요하고, 깨우치든 깨우치지 못하든 똑같다는 것까지 깨우치는 것이 중요하다. 그런데 세상 모든 것이 무無하고 공空하다는 것을 깨우치거나 깨우치지 못하거나 차이가 없다면 왜 용맹정진하고 수도修道하는 것인가? 그것은 모든 것을 내려놓고, 인과율의 연기법이나 욕망을 끊으며, 우주의 변화를 수용하는 방편이기 때문일 뿐 아니라 적멸의 니르바나에 이르는 길이기 때문이다. 교외별전을 근거로 한 선종과 달리 교종敎宗은 경전의 학습을 통하여 점진적으로 깨우친다는 교리를 가지고 있다.

참조 공/수냐타, 마음, 무, 색즉시공, 윤회사상, 은유, 인과율·인과법칙, 인식론, 적멸의 니르바나, 제행무상, 중관사상, 직지인심 견성성불, 카르마

브라흐만

Brahman | 梵

"우주는 영원히 존재하는 나무처럼 / 그 근원은 위로 퍼지며 / 그 가지는 아래로 퍼진다. // 이 나무는 브라흐만이며 / 불멸이고 / 이 세상 전체가 이 나무에 있다. // 그 무엇도 브라흐만을 앞서지 못하니 / 브라흐만은 진실한 신이다. // 온 우주는 브라흐만에서 비롯되었으며 / 브라흐만 속에서 움직인다. // 브라흐만은 / 하늘을 울리는 벼락처럼 위대하고 / 진정한 존경의 대상이다. // 브라흐만을 얻는 자에게 / 죽음의 두려움이 없다. // 브라흐만을 두려워하여 / 불은 타고 / 해는 빛나고 / 비는 내리고 / 바람은 불며 / 죽음은 다가온다. // 만일 사람이 / 그의 육신을 벗기 전에 / 브라흐만을 얻지 못하면 / 그는 / 피조물의 세계에 있는 육신으로 / 다시 들어가야 한다." 이것은 힌두교의 경전 카타^{KATHA} 『우파니샤드^{Upaniṣad, 奧義書}』BCE 1000년경~500년경 의 '생명의 나무'에 나오는 찬송이다.

원래 브라흐만은 이해될 수도 없고 논의될 수도 없으며 설명 자체가 불가능하다. 또한, 브라흐만은 우주 전체에 퍼져있으나 인간이 쉽게 이해하거나 접근할 수 없다. 하지만 베다나 우파니샤드를 중심으로 이해해 본다면 브라흐만은 절대 진리인 동시에 모든 것의 원인이자 결과이며 실체나 형태가 있기도 하고 없기도 한 우주의 근원이다. 원래 브라흐만은 비인격적이고 중성적인 개념인데 여기에 남성성을 부여하여 신격화한 존재를 브라마^{梵天}라고 한다. 한마디로 브라흐만은 영원하고 무한한 우주 작용의 근본원리이며 모든 현상은 브라흐만의 변화라는 종교적 철학적 개념이다. 원래 산스크리트어 힘에서 시작하여 제식^{祭式}의 신성한 힘을 뜻했는데 브라흐마나시대에는 우주의 근원적 창조원리로 해석되었다. 그런데 사람들은 본질과 원리인 브라흐만을 보지 못하기 때문에 기쁨이나 슬픔 또는 공포나 절망과 같은 감각의 오류를 범하게 된다.

브라흐만 사상은 카스피해 부근에서 인도의 편자브^{Punjab} 지방으로 이주해온 아리안^{Aryan}족이 형성한 우주관이다. 모든 존재에 정령이 있다는 초기 아리안족의 사상과 다양한 신들이 있다는 원주민들의 다신교 사상이 만나서 브라흐만 사상이 완성되었다. 한편 산스크리트어에서 브라흐만의 어원인 'brh'는 '커진다, 부풀어 오른다, 팽창한다'와 같은 의미다. 그러니까 브라흐만은 그 자체로 영원히 존재하면서 무엇으로부터 간섭을 받지 않는 마지막 본질이자 원리이다. 또한, 브라흐만은 스스로 존재하고 변화하는 무한한 시간과 공간의 실재이자 실체다. 이처럼 브라흐만은 세상과 인간의 존재 원리이기 때문에 존재의 층위인 계급으로 표현되기도 한다. 가령, 브라흐만과 가장 가까운 최상위 집단이 브라민^{Brahmin} 또는 브라흐만이라고 하는 사제계급이고 전사계급인 크샤트리아^{Kshatriya}, 상인계급인 바이샤^{Vaiśya}, 농민층인 수드라^{Śūdra} 등으로 나뉜다.

힌두교도들은 세상을 '황금 자궁$^{Hiranyagarbha, Golden Womb}$'에서 생성되어 무한하게 존재하다가 다시 무한으로 들어가는 무한한 시간과 공간개념으로 이해한다. 따라서 우주에 충만하고, 어느 장소 어느 시간에서나 존재하는 브라흐만을 범梵이라고 하고 개별 존재를 아我라고 하며 이것이 하나라는 뜻으로 범아일여梵我一如라고 한다. 여기서 아我는 아트만^{Atman}으로 자기, 자아, 영혼의 본질, 정신의 정수로 해석할 수 있다. 브라흐만과 아트만의 관계는 범梵인 브라흐만과 개별적 아我인 아트만이 차이가 없다는 불이론不二論, Advaita과 브라흐만과 아트만을 별개로 보는 이원론二元論, Dvaita으로 나뉜다. 계파에 따라서 브라흐만과 아트만을 달리 설명하지만, 공통적인 것은 브라흐만은 시간과 공간을 초월하는 신적인 총체이고 아트만은 브라흐만이 드러나는 개별현상이지만 결국 범신론적 일원론으로 환원한다는 점이다.

힌두교도들은 브라흐만을 이해하고 깨우치며 마침내 브라흐만으로 돌아가는 것을 마지막 목표로 삼는다. 시신을 갠지스^{Ganges}강가에서 태우고 강에 흘려 보내는 것 역시 브라흐만으로 돌아가기를 염원하는 경건한 의식이다. 브라흐 만이 되거나 브라흐만을 얻는 것은 브라흐만의 또 다른 화신인 마야^{Maya}의 도 움이 있어야 하는데, 가령 물에 비친 달과 같은 마야를 통해서 하늘의 달인 브 라흐만을 알 수 있다는 것이다. 따라서 브라흐만은 우주가 존재하는 위대한 원 리일 뿐 아니라 도덕, 윤리, 생사. 시공^{時空}을 초월하며 모든 감정조차 무의미하 게 만드는 절대 본질이고 절대 진리다. 이 브라흐만 사상은 불교에 지대한 영향 을 미쳤으나 모든 것은 자기 마음에서 비롯된다고 보는 불교와 차이가 있다. 기 독교와 이슬람교 등 아브라함계통 종교와 달리 힌두교에서는 창조자와 창조된 대상을 분리하지 않는다. 한편 인도의 카스트제도에서 가장 상층계급을 브라 흐만이라고 하며 한자로는 바라문^{婆羅門}이라고 한다.

참조 감각, 감정·정서, 공/수냐타, 공간, 마야 환영, 본질, 시간, 심신이원론, 심신일원론 〔스피노자〕, 아트만, 윤회사상, 인식론, 자아, 적멸의 니르바나, 제행무상, 존재·존재자, 존재론, 창조론

잉여가치

Surplus Value | 剩余价值

노동자 김 씨는 하루에 10만 원어치의 가죽으로 10만 원 하는 구두 5개를 만든다. 10만 원으로 50만 원의 가치를 생산한 것이다. 여기서 4배의 가치증식이 생겼다. 한편 자본가 박 씨는 가죽 10만 원, 운영비 8만 원, 보험과 감가상각을 포함한 공장운영 등에 8만 원 그리고 김 씨의 임금 7만 원을 지급했다. 그리고 사장 박 씨는 효율성과 생산성을 높이기 위하여 5만 원을 재투자하고 난 나머지 12만 원의 이윤을 창출했다. 이것을 놓고 노동자 김 씨와 사장 박 씨는 서로 다른 것을 생각한다. 노동자 김 씨는 노동자의 노동이 아니라면 그런 가치증식이 불가능하다고 생각하는 반면 사장 박 씨는 자본과 경영이 아니라면 그런 가치증식이 불가능하다고 생각한다. 여기서 자본가와 노동자의 이해가 충돌하는 잉여가치剩餘價値와 잉여노동이라는 개념이 생겨나고 계급 간의 갈등이 시작되는 가치측정의 편차가 대두한다.

잉여가치란 마르크스K. Marx, 1818~1883의 용어로 노동자가 노동을 통하여 생산한 가치 중 노동자의 임금을 제외한 나머지 가치 즉, 자본이 증식한 가치를 말한다. 마르크스는 교환가치의 척도가 노동이라고 본 아담 스미스와 '희귀 소재를 제외한 상품은 투하노동량에 의해서 가치가 결정된다'는 리카도D. Ricardo, 1772~1823의 견해를 받아들여 인간의 노동이 경제적 가치의 근원이라고 주장했다. 또한, 노동을 자본에 우선하는 가치로 여기면서 노동자가 경제의 실질적인 주체라고 보았다. 그러므로 재화財貨의 가치는 노동시간과 노동량에 의하여 결정된다는 것이다. 여기에는 두 가지 문제가 있는데 첫째, 가치가 등가로 교환되면 자본축적이나 확대재생산이 이루어지지 않으며 둘째, 노동자에게 노동가치를 그대로 지급하면 잉여가치와 이윤이 생기지 않는다. 따라서 자본가들은 부등가교환을 하는 한편 잉여가치를 전유하여 이윤을 창출하려고 한다.

노동자의 관점에서 보면 자본가의 이윤이란 노동자가 생산한 가치를 착취^{搾取}한 것에 불과하다. 반면 자본가는 생산수단을 가지고 있고 어렵게 경영을 해서 이윤을 낸 것이므로 이익은 당연하다고 생각한다. 즉, 사장 박 씨의 입장에서는 자본가가 생산수단을 가지고 있을 뿐 아니라, 생산성 신장과 공장의 효율적 관리 등을 통하여 얻은 정당한 이익일 뿐, 부당하게 노동자를 착취한 것은 아니다. 또한, 노동자는 자본가의 생산수단이 없이는 노동할 수 없으므로 노동력이 절대적으로 중요한 것도 아니다. 반면 노동자 김 씨의 처지에서 보면 자기가 생산한 가치보다 훨씬 더 적은 임금을 받기 때문에 나머지 부분을 착취당했다고 생각하게 된다. 아울러 생산수단을 독점한 자본가는 노동하지 않고 생기는 불로소득^{不勞所得} 즉 이윤, 지대, 이자 같은 소득이 생기는데 노동자의 처지에서 보면 이 역시 노동가치로 인하여 얻은 부당한 이익이다.

어느 날 사장 박 씨는 야근을 제안했다. 그런데 노동자 김 씨가 12시간 노동을 하여 75만 원의 가치를 생산할 때 가죽값만 15만 원 들었고 나머지 생산비용은 거의 같다. 그러니까 사장 박 씨의 입장에서는 가죽 15만 원, 제반 비용 16만 원, 노동자 김 씨 임금 14만 원, 효율성 제고 5만 원을 포함하여 50만 원이 들었고 25만 원의 이윤이 생겼다. 이처럼 노동자의 노동시간이 늘어남으로써 생기는 가치를 절대 잉여가치라고 한다. 이외에도 여러 가지의 잉여가치가 있는데 가령, 작업환경을 개선하여 생기는 가치를 상대 잉여가치^{Relative Surplus Value}라고 하고 자본가가 상품 생산성^{productivity}을 향상하거나 노동 강도를 높여서 얻는 가치를 특별잉여가치라고 한다. 새로운 기술을 창안한 기업은 필요 노동시간을 단축하거나 더 많은 노동시간에 더 많은 생산을 하여 특별잉여가치를 높인다. 하지만 그 기술이 일반화되면 특별잉여가치는 감소한다.

적정한 생산을 넘어서 잉여생산이 되면 잉여가치가 발생한다. 마르크스주의에서 보는 잉여가치는 프롤레타리아인 노동자계급과 부르주아인 자본가계급의 불평등을 일으키는 근본 원인이다. 노동자계급은 잉여가치를 착취당하지만 자본가계급은 잉여가치로 이익을 얻는다. 따라서 프롤레타리아인 노동자계급은 이런 본질을 직시하고 부당하게 노동자를 착취하는 자본가계급과 부르주아 체제를 전복해야 하는데, 그러기 위해서는 냉철한 현실 인식과 정확한 계급의식階級意識을 가져야 한다. 이것이 계급투쟁의 출발점이고 자본주의의 모순을 혁파하는 혁명의 원리다. 이처럼 노동가치와 잉여가치에 대한 인식의 차이는 프롤레타리아혁명과 공산주의 사회건설에 연결되어 있다. 따라서 잉여가치의 문제는 산업혁명 이후 분업과 시장경제를 바탕으로 하는 자본주의 체제의 근본적인 문제다.

참고문헌 Karl Marx, *Capital; A Critique of Political Economy* Volume I(1867), London : Penguin Classics, 1990.

참조 공산주의적 인간형, 계급의식, 계급투쟁, 노동가치설, 만국의 노동자여 단결하라, 마르크스, 산업혁명, 역사적 유물론/유물사관/사적 유물론, 유물론, 인간소외, 인정투쟁, 자본주의, 하얀 가면, 허위의식

탈영토

Deterritorialization | 脫领土

배를 모조리 불태운 그가 1519년에 600명으로 멕시코의 아스테카 왕국을 정복할 수 있었던 것은 그의 명민함 때문이었다. 공주를 이용하여 몬테수마 왕의 아스텍을 멸망시킨 그는 정복자 코르테스Hernán Cortés, 1485~1547다. 스페인 출신의 코르테스는 독실한 가톨릭교도였고 용감하고도 영리한 재사였으나 무자비한 정복자였다. 코르테스만이 아니라 많은 유럽인은 아메리카의 원주민을 학살하고 문명을 파괴했다. 이렇게 유럽인들은 새로운 역사의 지평을 열었지만, 남아메리카 원주민들은 대재앙과 멸망에 이르렀다. 학살과 질병에서 살아남은 아스텍인들은 결국 기독교인이 되었다. 아스텍인들의 인식, 감정, 지식, 제도, 체제가 전혀 새로운 것으로 바뀐 것이다. 이것을 들뢰즈와 가타리의 개념으로 탈영토라고 한다. 이들의 탈영토는 수목적樹木的이고 체계적인 영토를 창조적으로 파괴하고 자유로운 공간을 만들고자 하는 철학적 개념이다.

들뢰즈와 가타리의 영토개념은 인식과 감각의 영토다. 이들은 '철학이란 개념을 만드는 것'이라고 강조한 것처럼『안티 오이디푸스』와『천 개의 고원』에서 영토, 영토화, 탈영토, 재영토, 반탈영토, 영토성 등의 개념을 창안했다. 이들이 말하는 영토화Territorialization는 정주민과 같이 하나의 영토를 수목구조처럼 공고화하는 것이고, 탈영토Deterritorialization는 구조화되고 고정된 영토를 해체하는 것이다. 여기서 파생된 상대적 탈영토Relative Deterritorialization는 기존 영토를 초월하는 것으로 원래의 영토가 부분적으로 해체되는 것이고, 절대적 탈영토Absolute Deterritorialization는 편재Immanence하는 상태로 원래의 영토가 완전히 해체되는 것이다. 한편 상대적 탈영토는 대부분 재영토Reterritorialization화 되는데 해체된 영토가 원래의 영토로 회귀하면서 새로운 영토로 구성되는 것이고, 반탈영토Antideterritorialization는 영토 변화에 저항하는 것이며, 영토성Territoriality은 영토가 가진 속성을 의미하지만 고정된 개념이 아니다.

탈영토는 초월과 편재, 비상선Line of Flight, 기관 없는 신체BwO, 탈지층화와 연결되어 있다. 특히 탈영토가 가능하게 하려면 미정형의 알卵과 같이 열려있는 가능성의 기관 없는 신체가 되어야 한다. 따라서 들뢰즈와 가타리의 사유는 칸트와 헤겔로 상징되는 서구철학 계보의 주체, 정체성, 이분법, 이성주의, 변증법과는 다른 스피노자, 니체, 흄, 베르그송, 벤야민의 반변증법에서 해석되어야 한다. 들뢰즈와 가타리는 원래의 의미나 고정된 체계는 없다고 선언한 다음 역동적인 사유를 위해서는 고정된 수목구조가 아니라 개방적이고 자유로운 리좀과 노마드nomad와 같이 열린 구조여야 한다고 믿었다. 이것은 스피노자의 몸의 정치학, 니체의 권력의지로써의 생산 의지, 베르그송의 시간개념 등을 바탕으로 한다.

이들은 원시 공산주의 사회에서 전제군주 시대를 지나 자본주의 시대에 이르는 과정에서 인간의 욕망이 어떻게 변화했는가를 영토개념으로 설명한다. 대지와 자연에 머무르던 인간의 욕망이 철저하게 통제되고 기획되는 자본주의에 이르러 인간은 심각한 정신분열증을 앓게 된다. 그러니까 자본주의 생산양식이 정신분열증을 앓게 하는 원인이고 그 본질인 오이디푸스 가족구조는 인간을 억압하고 노예화시키는 오이디푸스 도그마Oedipal Dogma일 뿐이다. 이런 도그마를 해체하기 위해서는 무한 질주와 자유가 가능한 내재의 평면Plane of Immanence이 필요하다. 내재의 평면에서는 고정된 사고, 질서, 체제, 도그마로부터 탈주하는 비상선이 가능하다. 이것이 가능한 것은 모든 것의 원인이자 결과이고 단일 실체인 신이 다양한 양태로 변용되어 나타나기 때문이다. 그러니까 들뢰즈와 가타리는 스피노자의 속성과 양태의 개념을 빌어 편재와 변용을 영토개념에 적용한 것이다.

그러므로 프로이트가 리비도libido를 순치시켰다고 말한 생산의 힘은 억압과 수탈의 계급구조인 동시에 문화적 층위라고 할 수 있다. 가령 인간의 노동은 임금으로 재영토화되는 것과 동시에 인간이 자본의 노예가 되는 과정이다. 한편 욕망의 불균형으로 말미암아서 편향적이고 기형적인 상황에 이르게 된다. 반면 원시사회에서 영토는 잘 구획되고 조정되기 때문에 탈영토화는 없다. 또한, 전제군주 시대에는 욕망을 폭력적으로 지배하기 때문에 욕망이 현실에서 이탈하게 된다. 그러므로 본성이 해체되고 재구성되면서 끊임없이 변화한다. 그런데 자본주의 사회에서는 욕망이 통제되므로 표면적으로는 '자유로운 것 같지만 실제적으로는 노예 상태에 놓이게 된다'는 것이다. 이처럼 들뢰즈와 가타리의 영토는 인식과 감정의 영토이자 정신과 행위의 영역이고 변화하는 역동적 상호작용이다.

참고문헌 Gilles Deleuze and Félix Guattari, *A Thousand Plateaus*, translated by Brian Massumi, London and New York : Continuum, 2004.

참조 공간, 권력의지/힘에의 의지, 기관 없는 신체, 내재의 평면, 노마디즘, 리좀, 심신일원론(스피노자), 안티 오이디푸스, 욕망기계, 인식론, 정신분열증, 탈주의 비상선, 탈중심주의, 포스트모더니즘, 프로이트

에피스테메

Episteme | 认识型

두 명의 난쟁이가 등장하고 개 한 마리가 앉아 있는 그림이 있다. 이 그림은 17세기 유럽 왕족들의 생활을 사실주의적 기법으로 담아낸 것으로 알려진 작품이다. 이 그림은 세계미술사에 기록된 명작 중의 하나로 '회화의 신학', '예술의 철학', '회화로 무엇을 나타낼 수 있는가를 자신감 있고 치밀하게 표현한 벨라스케스의 걸작'이라는 최고의 평가를 받는다. 실재와 환상, 인간과 사물의 관계가 불확실한 것 같으면서도 강렬하게 드러난 이 작품은 1656년 스페인의 벨라스케스가 완성한 〈시녀들^{Las Meninas}〉인데 현재 마드리드의 프라도 미술관에 소장되어 있다. 이 작품을 남긴 디에고 벨라스케스^{Diego Rodríguez, 1599~1660}는 바로크 미술을 대표하는 작가로 인상주의와 사실주의에 큰 영향을 미쳤다. 프랑스의 철학자 푸코^{M. Foucault, 1926~1984}의 『사물의 질서』 첫 장은 벨라스케스의 〈시녀들〉과 같은 제목인데 이렇게 시작한다.

'화가는 그의 캔버스 약간 뒤편에 서 있다. 그는 모델을 바라보고 있다. 아마도 첫 번째 붓을 움직이지도 않았겠지만 마치 마지막 붓으로 마무리하려는 것과 같이 보인다.' 이어 푸코는 섬세하게 화가와 캔버스와 작품의 구도와 인물들에 대하여 분석하고 설명한다. 다소 기괴하기도 하고, 환상적이기도 하며, 사실적이기도 한 이 특별한 작품을 분석하면서 푸코는 에피스테메^{episteme}라는 개념을 사용했다. 푸코가 말하는 에피스테메는 그 시대가 가진 인식의 방법이다. 원래 에피스테메는 그리스어 '안다^{to know}' 또는 '인식한다'는 동사에서 유래했는데 기술과 과학의 어원인 techne과 대립하는 개념이다. 또한, 에피스테메는 고정된 인식과 편견이라는 의미의 독사doxa와 비교되는 개념이다. 푸코가 근대사회에서 어떻게 인식의 단절이 심화되었는가를 분석하기 위해서 쓴 에피스테메는 푸코 특유의 용어다.

원래 에피스테메는 아리스토텔레스Aristoteles가 과학적 지식이자 엄격한 논증이 가능한 에피스테메와 실천적 지식이자 선악을 탐구할 수 있는 프로네시스phronesis를 구별한 것에서 유래한다. 푸코는 에피스테메를 지식의 근원이 되는 선험적인 것a priori 또는 지식의 담론이라고 말했다. 또한, 에피스테메는 한 시대의 인식론적 틀이며 무의식에 잠재하여 보이지 않는 원리이다. 이처럼 푸코는 '사람들은 왜 시대마다 달리 판단하고 인식하는가'에 대한 답으로 사물/담론에는 질서가 있으며 그 질서의 틀 속에서 판단하기 때문이라고 말한다. 가령 르네상스 시대에는 유사성의 에피스테메가 있었고 고전주의 시대에는 표상의 에피스테메가 있었으며 근대에는 실체의 에피스테메가 있다. 아울러 푸코는 이 개념을 과학적이지만 과학은 아닌 인식의 장치apparatus라고 보면서 이데올로기를 포함하는 광의의 개념으로 이해했다.

『사물의 질서The Order of Things』는 출간될 당시의 제목이고 원래는 『담론의 질서』였다. 푸코의 책 출간 직전에 같은 제목의 책이 출간되었기 때문에 푸코는 『사물의 질서』라는 이름을 붙였고 이후 많은 학자는 사물thing과 담론discourse의 개념에 대해서 수차례의 논쟁을 벌였다. 하지만 칸트의 물자체ding an sich에서 보듯이 사물은 담론과 정신을 포함한다고 볼 수 있으므로 『사물의 질서』라는 이름으로 고정되었다. 푸코는 모든 사물/담론에는 표면적으로 드러나는 현상이 있고, 내면에는 그런 현상을 가능케 하는 정신과 사상이 있다고 강조했다. 그리고 푸코는 현상과 본질을 연결해 주는 인식과 인지의 방식을 에피스테메라고 명명했다. 그러니까 에피스테메는 사물/담론의 관계들과 그 관계가 성립하는 장field의 문화적 유사성과 등가성을 설명하는 또 다른 에피스테메다.

푸코는 벨라스케스의 『하녀들』을 통하여 시대의 에피스테메를 읽어내고 담론의 질서가 어떻게 구성되는지 치밀하게 분석했다. 그리고 푸코는 에피스테메를 그 시대가 가진 정신적 가치 또는 공통의 규칙이라는 개념으로 썼다. 가령 고전 시대의 에피스테메는 재현/표상이고 르네상스의 에피스테메는 유사성이다. 하지만 에피스테메는 눈밭에 찍힌 새의 발자국이 녹으면 사라지는 것과도 같은 시대의 내면과 심층이기도 하다. 『사물의 질서』의 부제인 '인문과학의 고고학'에서 알 수 있듯이 권력과 담론의 에피스테메는 푸코 철학의 본질이다. 한편 에피스테메는 토머스 쿤의 패러다임^{paradigm}과 비교된다. 패러다임이 과학의 구조나 틀을 의미하지만 에피스테메는 과학 담론을 포함하는 광범위한 개념이다. 또한, 에피스테메는 시대를 관통하는 근원이자 원리이고 법률이자 규칙이다. 하지만 두 개념은 모두 가스통 바슐라르의 인식론적 균열^{Epistemological Rupture}의 영향을 받았다.

참고문헌 Michel Foucault, *The Order of Things : An Archaeology of the Human Sciences*, translated by Les Mots et les choses, Random House : New York, 1966.

참조 근대·근대성, 독사, 르네상스, 무의식, 물자체, 본질, 생체권력, 원형감옥, 이성, 이성론/합리주의, 인식론, 정신, 지식의 고고학, 패러다임, 푸코의 광기

데카르트의 악마

Evil Demon in Descartes | 笛卡儿魔鬼

2+5는 얼마일까? 대체로 사람들은 7이라고 답을 할 것이다. 별로 생각하지 않아도 7이 답이라는 것을 쉽게 알 수 있다. 그러나 과연 7이 답일까? 틀릴 수도 있는 답을 서슴없이 말하는 이유는 첫째, 이 계산의 답이 7이라는 것은 이성으로 명석하게 판명되는 진리이기 때문이며 둘째, 무엇을 세보는 것과 같은 경험으로부터 얻은 진리이기 때문이다. 그런데 수학은 그 자체가 이미 명증하기 때문에 별도로 증명할 필요가 없다. 기하학도 마찬가지인데 가령, '삼각형의 꼭짓점은 세 개다'라는 명제는 원래 그렇고 당연히 그러므로 별도로 증명하지 않아도 되는 것이다. 그래서 데카르트는 수학과 기하학을 명석하고 판명한 진리라고 생각했고, 나아가 '학문을 비롯한 모든 것은 이런 명석판명한 진리를 근거로 해야 한다'고 주장했다. 플라톤의 이성주의를 근대철학의 중심에 놓은 철학자가 바로 데카르트다.

프랑스와 네덜란드에서 주로 활동한 철학자이자 수학자인 데카르트^{R. Descartes,} ^{1596~1650}는 명석한 진리 또는 철학의 제1 원리를 찾고자 했다. 그리고 그 명석한 진리로부터 지식과 논리를 확산시켜서 최종적으로 신의 존재를 증명하는 한편 자연과학의 진리체계를 수립하고자 한 것이다. 그런데 만약 철학이나 수학이 명증한 진리가 아니라면 나머지 학문 역시 모래 위에 성을 쌓은 것과 다름없다. 그러므로 명석판명明晳判明한 진리를 찾아야 하는데 그것이 쉽지 않다. 왜냐하면, 인간에게는 경험, 편견, 오류, 감각, 의지 등 이성적 판단을 저해하는 요인이 있기 때문이다. 따라서 이런 비본질적인 것을 제거해야 하며, 그것을 제거하기 위해서는 철저하게 의심해야 한다. 그래서 더는 의심할 수 없는 제1 원리에 근거한 다음 직관과 연역을 통해서 명석판명한 보편적 진리를 정립할 수 있는 것이다. 이러한 그의 이론은, '인식과 지식은 인간의 마음 안에 있다'는 내재주의Internalism 에 근거한다.

근대 합리주의의 정초를 놓은 데카르트의 『성찰Meditationes de prima philosophia』은 진리를 찾는 사유의 방법에 관한 책이다. 그런데 이 사유의 방법에 따른다고 하더라도 생각하는 주체의 생각이 옳은지 그른지 알 수가 없다. 그래서 회의주의Skepticism가 된다. 만약 사악한 악마Evil Demon 또는 전능한 신Deceptive God이 인간의 인식을 방해한다면 본질과 진리에 이르는 사유의 방법은 무의미하다. 예를 들어 자기 육체를 포함한 세상 모든 것은 악마가 설계한 허상이며 거짓일 수 있다. 따라서 세상은 마음속에서 이미지로 보이는 표상이므로 마음 외부의 실재를 알 수 없다.[1] 또한, 악마가 설치한 덫에 걸려서 판단하지 못하는 인간이 있다면 그의 의식은 믿을 수 없다. 혹은 장자의 호접지몽胡蝶之夢에서 보듯이 세상이 꿈일지도 모른다. 그렇지만 데카르트는 그 강력한 악마가 있으므로 오히려 생각cogito 그 자체는 부정될 수가 없다고 논증했다. 그래서 데카르트는 사악한 악마 또는 전능한 신의 개념으로 수학과 기하학의 명제를 논증하고 인식의 주체를 입증했으며 마음과 육체의 이원론Dualism을 주장했다.

가령 2+5는 원래 6이었는데, 사악한 악마 또는 전능한 신이 인간의 인식과 감각을 모두 속이고 경험까지 조작하여 7로 만들었다고 가정할 수 있다. 그런데 신이나 악마가 인간을 속이려면 인간이 속을 수 있는 존재여야 한다. 여기서 유래한 데카르트의 악마는 이성적 사유와 반성을 위하여 설정한 가상의 존재다. 악마일지라도 인지능력이 없는 바위나 나무를 속일 수는 없다. 따라서 인간이 악마의 유혹에 속는다는 것은 인간에게는 다른 동물이 가지지 못한 특별한 능

---

1   그런 점에서 데카르트는 물질과 정신을 연결하는 표상주의와 마음 바깥의 외부 실재를 회의하는 방법적 회의주의에 토대하고 있다.

력 즉, 인지능력이 있다는 것을 의미한다. 그러므로 (생각하는) 주체가 존재하는 것이며 생각하기 때문에 비본질적인 것을 의심하고 또 제거할 수 있는 것이다. 이런 의심의 능력을 통하여 마지막 명증한 진리가 바로 합리주의 철학의 출발점인 '생각한다, 그러므로 나는 존재한다$^{Cogito\ ergo\ sum}$'이다. 그러니까 데카르트의 방법은 이 사유를 토대로 자족적 인간 존재를 확립한 다음 사유를 토대로 세계를 구성하는 것이다.

이것은 외부세계와 자기 존재의 관계를 설명한 사유의 방법론이었다. 하지만 데카르트의 관점은 신, 마음, 육체를 실체로 보는 삼원론의 성격이 있다. 그런데 많은 데카르트 연구가들은 그가 사악한 악마와 전능한 신이 같은 개념인지 분명하게 말한 바 없다는 것과 두 개념이 다르다면 악마는 속임수를 쓸 수는 있지만 전능한 힘을 가진 것은 아니라고 지적한다. 또한, 수학이 보편적 의심에서 제외되어야 하는 명증한 진리라면 그 악마는 전능한 것이 아니므로 완벽하게 속인다는 것은 허위이고 따라서 데카르트가 오류를 범했다고 비판한다. 한편, 데카르트는 신을 악마와 대비하여 신성모독神聖冒瀆을 범했다는 비난을 받았고 한때 기독교는 그의 책을 금서로 지정했다. 하지만 데카르트의 성찰적 방법서설은 이성을 통한 명증한 진리를 찾는 사유의 원리였으며, 사유의 주체인 근대적 자아를 확립한 철학의 이정표였다.

참고문헌 René Descartes, *Meditations on First Philosophy*(1641), translated by Cottingham, J., Cambridge University Press, 1996.

참조 경험론/경험주의, 귀납·연역·귀추, 말할 수 없으면 침묵하라, 무, 순수이성, 실재의 사막, 실존주의, 심신일원론(스피노자), 이성, 이성론/합리주의, 인식론, 자아, 존재론, 호접지몽, 회의주의

초인/위버멘쉬

Overman/Übermensch | 超人

'차라투스트라가 삼십이 되었을 때 그는, 그의 집과 그의 집에 있는 호수를 떠나 산으로 들어갔다.' 이렇게 시작하는 『차라투스트라는 이렇게 말했다』[1883~1885]에서 니체는 배화교의 창시자인 조로아스터Zoroaster, BCE 630?~BCE 553?의 이름으로 초인/위버멘쉬에 대해서 설교를 한다. 니체에 의하면 벌레나 원숭이에서 진화한 인간은 극복되어야 할 존재이다. 현재의 인간을 '넘어서고 극복한Über' 초인은 대지의 힘을 가진 존재, 생명이 넘치는 강한 존재, 영혼으로 육신을 다스릴 수 있는 존재, 순수하고 순진한 존재, 자기가 자기의 주인인 존재다. 이 특이한 글은 철학적 산문 형태로 기술되어 있으며 제목이 말하는 것처럼 깨우친 자의 설교로 진술되어 있다. 이 책에는 영원회귀, 힘에의 의지, 신의 종말, 주인과 노예, 가치의 전도 등이 복합되어 있지만, 그중에서도 초인사상超人思想이 잘 드러나 있다.

니체는 기독교 체제와 도덕의 종말을 '신은 죽었다' 그리고 '우리가 신을 죽였다'라고 표현했다. 이것은 신의 존재를 부정하는 것이라기보다는 기독교적 가치가 폐기되었다는 뜻이다. 그런데도 사람들은 현재, 현실, 현세를 부정하고 사후死後와 천상의 가치를 추구하기 때문에 허무주의에 빠진다. 따라서 금수와 초인의 중간 형태 또는 결합 형태인 인간은 초인으로 다시 태어나야 한다. 그런데 초인에 이르는 인간의 길이 있다. 첫째, 낙타의 정신을 가진 인간은 순종, 인내, 절제, 근면을 지키는 노예이다. 둘째, 사자의 정신을 가진 인간은 용기, 결단, 무자비를 행사하는 주인이다. 하지만 이 존재는 가치를 스스로 창조하지 못하며 허무주의에 빠진다. 셋째, 어린아이의 정신을 가진 순진무구한 자유인이자 창의적 주체성을 가진 초인이다. 인간이 지향해야 하는 초인은 사자의 용기와 어린이의 순진과 그리스도의 영혼을 가진 존재이다.

니체에 의하면 신은 죽었다. 따라서 인간에게 자기 주체의 창조성이 필요하다. 그리고 인간은 기독교적 권위에 순종하면서 초월적 존재를 믿는 것이 아니라 자기를 긍정하면서 주체적으로 가치를 창조해 나가야 한다. 신이 죽은 시대에는 자기 존재의 의미를 신에게서 찾을 수 없다. 따라서 자기 스스로 실존적 위기를 극복하고 강한 생명을 부여해야 한다. 그는 생존본능보다 중요한 권력의지權力意志를 가지고 능동적이고 적극적으로 스스로 주인이 될 수 있다. 이 새로운 존재가 바로 영원한 시간의 원圓인 영원회귀를 극복하고 허무주의를 넘어설 수 있는 초인이다. 그는 신의 자식이라는 허구에 갇히지 않으면서 자기 가치를 자기가 창조하는 주체이자 진정한 자유인이다. 따라서 초인은 위대한 초능력자나 영웅적 위인이 아니고 자기반성을 거친 순수한 인간이다.

실존주의와 생철학에 큰 영향을 끼친 초인은 서구사회에 대한 반성과 성찰을 토대로 형성된 니체 특유의 사상이다. 니체에 의하면 서구사회는 플라톤의 관념론과 기독교의 창조론에 의하여 지배되었다. 이 두 이질적인 사상이 결합할 수 있었던 것은 초월적 존재라는 공통점이 있었기 때문이다. 니체는 근대 초기에 데카르트로 대표되고 칸트에 의해서 재인식된 합리주의 사상을 수동적 약자인 노예의 사상으로 간주했다. 반면 그리스와 로마의 낭만성과 역동성을 인간의 본성에 가까운 주인의 사상으로 간주했다. 근대인들은 노예의 사상에 지배받고 있는 나약한 존재다. 그러므로 인간은 그 자연스럽고 건강한 인간의 본성과 주인의 사상을 되찾아야 한다. 따라서 초인은 현재의 인간을 넘어선 신인간新人間, 예술적 광휘를 내는 인간, 아폴론적인 이성과 디오니소스적인 감성의 균형을 유지하는 존재, 자기 힘을 가진 강자, 바다와 같은 위대한 존재이다.

초인의 반대는 최후의 인간Last Man, Letzte Mensch으로 자비와 사랑을 주장하는 나약한 존재이다. 그는 비겁하고 용기도 없으므로 지배와 피지배가 없는 평등을 내세우지만, 그것은 자기를 포기한 노예일 뿐이다. 한편 히틀러는 바그너와 니체에서 나치의 새로운 인간형을 찾을 수 있다고 믿었다. 그래서 히틀러는 게르만족의 우월성을 초인에 비유했기 때문에 니체의 초인은 나치즘과 파시즘의 사상적 토대라는 오인을 받기도 했다. 하지만 초인은 누구나 가지고 있는 인간의 욕망을 상징화한 사상으로 보아야 한다. 또한, 『차라투스트라는 이렇게 말했다』는 신비할 정도의 이상론이자 비현실적이고 낭만적이라는 비판을 받지만, 실존의 위기에 놓인 근대 인간에 생명력과 의미를 부여했다는 지지도 받는다. 이 책은 정치, 철학, 예술 등 여러 방면에 영향을 미쳤는데 특히 헤르만 헤세는 이 책을 읽고 『데미안』을 썼다고 알려져 있다.

참고문헌 Friedrich Wilhelm Nietzsche, *Thus Spoke Zarathustra*, translated by Graham Parkes, Oxford : Oxford World's Classics, 2005.

참조 권력의지/힘에의 의지, 니힐리즘/허무주의, 실존주의, 운명애·아모르파티, 이성론/합리주의, 적극적 허무주의, 존재론, 주체·주체성, 최후의 인간

그림이론[비트겐슈타인]
Picture Theory | 语言的图像理论

판사가 물었다. '왜 좌회전을 하려다가 직진을 했습니까?' 화물차 운전자 B 씨는 '저 A씨의 소형차가 신호를 위반했기 때문에 어쩔 수 없었다'고 주장했다. 그러자 판사는 교차로의 신호상황과 모형 자동차의 진행을 여러 차례 재현하도록 했다. 마침내 소형차 운전자인 A씨가 신호를 잘못 인식하여 사고가 났다는 것을 밝혀냈다. 그 과정에서 재현한 것은 신호등과 차의 진행 등 사고 당시의 상황으로 일종의 그림이라고 할 수 있다. 그러므로 사고의 전후를 그림으로 설명하는 것과 사고를 재현하는 것은 정확하게 일치한다. 이것을 비트겐슈타인Ludwig Wittgenstein, 1889~1951은 '그림으로 표현된 논리'라고 말했다. 비트겐슈타인은 『논리철학 논고』에서 '명제는 실제의 그림이다a proposition is a picture of reality, 4.01'라고 요약한다. 이처럼 그는 '하나의 명제는 하나의 그림으로 그릴 수 있다'고 생각했다. 그림이 언어와 같은 기능을 하는 것이다.

천재성과 열정으로 유명한 비트겐슈타인은 기독교로 개종한 유대계 부친과 가톨릭 집안의 모친 사이에서 태어났다. 부유한 집안에서 개인 교육을 받아서 그런지 사교성이 떨어지고 친화력이 부족했다. 초등학교 시절 그는 오스트리아 린츠Lintz에서 히틀러와 같은 학교에 다녔는데, 히틀러가 비트겐슈타인을 기억했는지는 확인되지 않는다. 대학에 진학한 비트겐슈타인은 공학을 전공하다가 수학과 같이 명징하고도 더 이상의 증명이 필요 없는 언어의 과학성을 탐구하기 시작했다. 그것은 수학자 프레게G. Frege의 논리를 언어철학에 적용한 것이다. 제1차 대전에 참전하여 포로가 되었지만, 수용소에서 연구를 거듭한 끝에 그는 마침내 『트락타투스Tractatus』라고 부르는 『논리철학 논고』를 탈고했고, 언어철학의 문제에 일생을 바쳤으며 사후에 출간된 『철학적 탐구』의 원고를 남겼다. 일생을 관류한 그의 주제는 언어와 세상의 관계였다.

비트겐슈타인에 의하면 인간의 생각은 사실들에 대한 논리적 그림이다. 사건과 상황 또한 논리적 그림이다. 그리고 세상 모든 것이 논리적 그림이다. 비트겐슈타인의 생각은 어떤 구체적인 대상에 이름을 붙이는 것이 그림의 시작이며, 그래서 생긴 원자명제와 원자 사실은 분자명제와 분자 사실을 구성하고, 그것이 곧 언어이면서 세상을 형성한다. 또한, 그림은 구조, 형식, 색으로 구성되는 세상의 사실이다. 그러니까 사실, 그림, 언어는 일치한다. 결국 사실, 그림, 언어는 동일한 대상을 달리 표현한 것이다. 여기서 말하는 사실은 '어떤 사태affair가 어떤 상태일 때'를 말한다. 이것을 그림이론picture theory이라고 하는데, 이 이론은 『논리철학 논고』의 세 번째 명제 '사실의 논리적 그림이 생각이다A logical picture of facts is a thought'로 압축된다. 그는 다시 부연하여 '서로 연결된 원자적 사실들의 총체가 세상을 구성하며, 명제는 세상의 그림을 형성한다The world consists of a totality of interconnected atomic facts, and propositions make 'pictures' of the world'고 말했다.

이처럼 비트겐슈타인은 독일어로 '무엇을 형성한다bild'는 '무엇을 그린다picture'와 다르지만, 언어가 세상을 표상하는 것은 같으므로 그림이론이라고 부르게 된 것이다. 그의 말처럼 언어로 의미의 그림을 그린다면 그 그림은 실제 대상과 대응된다. 따라서 인간이 대상과 직접 만나는 것이 아니고 언어라는 그림을 통해서 대상과 만난다. 이 과정에서 표상된 결과인 그림이 대상과 만나서 정확하게 쓰였는지 그렇지 않은지가 판명된다. 그런데 그 그림을 보는 인간은 자기 세계관과 상황에 따라서 달리 해석한다. 가령 오리처럼 보이기도 하고 토끼처럼 보이기도 하는 그림이 그렇다. 비트겐슈타인이 말한 그림이론은 인간의 생각은 그림을 그리는 것을 넘어서서 사실과 논리 그 자체가 그림이라는 것이며, 세상은 그런 그림을 구성하는 원자사실atomic fact의 총합이라는 것이다. 이런 그의 사유는 정확한 사실을 긍정하고 초월적인 신을 부정하거나 회의했다는 점에서 논리적인 '침묵의 신'으로 볼 수 있다.

앞의 사례에서 보듯이 실제 자동차와 모형 자동차는 크기와 모양까지 일치하는 것은 아니며 단지 그림형식pictorial form이 같을 뿐이다. 그러나 비트겐슈타인에 의하면 그림형식이 바로 논리 구조이고 그것이 바로 명제다. 이것을 간단히 줄이면 '세상은 언어이고 사실은 명제문장이며 대상은 이름이다'. 여기서 중요한 것은 '명제문장와 사실은 공통점이 있어야 하고 그림으로 그릴 수 있어야 한다'는 것이다. 이런 그의 생각을 의미그림이론, 또는 언어그림이론이라고 한다. 그것은 모든 그림에는 개념이 들어있고 그래서 의미가 생기며 생각은 언어와 그림의 논리라는 것이다. 그래서 비트겐슈타인은 명징하고 명확한 사실, 명제, 문장으로 구성된 논리만을 말해야 하고 말할 수 없는 것에 대해서는 말하지 않아야 한다고 주장했다. 훗날 그는 자신이 주장한 의미그림이론을 부정했지만,[1] 그의 통찰과 분석은 철학사를 넘어서 인류사 전체에 큰 영향을 끼친 사유였다.

참고문헌 Ludwig Wittgenstein, *Tractatus Logico-Philosophicus*, by C. K. Ogden(1922) with G. Moore, F. Ramsey, and Wittgenstein, Routledge & Kegan Paul, 1981.

참조 개념, 논리·논리학, 논리실증주의, 데카르트의 악마, 리얼리즘/실재론〔철학〕, 말할 수 없으면 침묵하라, 명제, 분석철학, 사실, 순수이성, 언어게임, 원자, 의미, 의미론, 이성, 이성론/합리주의, 진리의미론〔타르스키〕, 프레게의 퍼즐, 환유

---

1   비트겐슈타인이 후기에 인공언어의 완벽한 논리를 부정한 것은 일상언어 또는 자연언어의 다양성과 다의성을 인정했기 때문이다.

지각우선의 지각현상학

Phenomenology of Perception | 知觉现象学

소년 K는 어느 날 닭장에서 하얀 것이 어른거리는 것을 보았다. 그것은 달걀이었고 아직 따스했으며 암탉의 피가 약간 묻어 있었다. 봄에 병아리였던 닭이 커서 마침내 하얀 알을 낳은 것이다. 그는 달걀을 들고 닭장을 나오면서 뛰는 가슴을 진정치 못했다. 그런데 이상한 것은 그 하얀 달걀의 기억이 너무나 생생해서 40년이 지난 지금도 강렬하게 남아 있다는 것이다. 단지 하나의 달걀인데 왜 이처럼 기억이 생생한 것인가? 달걀을 보고, 만지고 그래서 감각을 느끼고 또 그것이 달걀이라는 것을 지각한 사람은 감성이 풍부한 소년 K다. 어린 소년의 가슴을 뛰도록 한, 이 달걀은 시장의 가격으로 측정될 수 없고 물질로 간주될 수 없다. 유물론과 노동가치설로 설명한다면 그 달걀은 노동으로 생산된 상품이자 가격으로 표시되는 물건이다. 그렇다면 11세 K의 달걀과 시장의 달걀은 무슨 차이가 있는 것인가?

프랑스의 철학자 메를로퐁티^{M. Merleau-Ponty, 1908~1961}는 신체성^{corporeity, 身体性}이라는 개념을 창안했다. 그가 주장한 지각우선의 지각현상학은 현상학의 원리를 지키면서 이성적 논리보다 신체적 지각을 우선하는 현상학의 방법이다. 그런데 똑같은 것을 사람마다 다르게 지각한다든가, 한 사람이 상황에 따라서, 같은 것을 다르게 지각하는 현상이 발생한다. 그 원인은 '지각'을 결정하는 신체에 있는데 이처럼 지각하는 신체의 기능과 의미를 강조한 것이 신체성이다. 메를로퐁티 철학의 핵심인 신체성은 후설의 생활세계와 지향성^{intentionality}을 전제로 한다. 철학의 철학으로 불리는 현상학을 창시한 후설은 '의식은 무엇을 지향하는 의식All consciousness is consciousness of something'이라고 말하고 그것을 지향성이라고 정리했다. 그러니까 생각하는 행위인 노에시스noesis가 생각의 대상인 노에마noema와 관계하는 그것이 바로 생활세계를 형성한다는 것이다.

후설의 지향성을 발전시킨 메를로퐁티는 의식이 무엇을 지향한다는 것은 무엇을 지각한다는 것이고 그 지각과 지향의 크기는 다를 수 있다고 주장했다. 이것을 그는 '모든 의식은 지각하는 의식이다All consciousness is perceptual consciousness'라고 정리했다. 여기서 강조되는 것은 신체의 의미와 구조 그리고 기능이다. 이런 메를로퐁티의 사유는 데카르트의 심신이분법心身二分法과 관계가 있다. 데카르트는 정신마음과 신체몸를 이분화하고 '무엇을 의식하거나 인지하는 것은 정신'이라고 단언했다. 그래서 데카르트는 '생각한다, 그러므로 나는 존재한다'에서 보듯이 생각하는 행위의 주지주의主知主義를 중심에 놓고 신체를 생각의 대상으로 설정했다. 그런데 메를로퐁티는 이 심신이분법을 넘어서서 심신은 상호작용한다면서 지각의 최초 발생 원인인 신체에 주목한 것이다.

메를로퐁티에 의하면 신체는 경험의 주체이지만 근본적으로 열린 주체이며 신체, 정신, 세계는 서로 분리될 수 없다. 왜냐하면, 이들은 상호관련성이 있을 뿐 아니라 명확하게 분리되지 않기 때문이다. 그것은 지각하는 주체와 지각 대상의 모호성, 다의성, 양의성兩意性을 의미한다. 한편 모든 것은 '이-세계-로(안에서)-존재Being-in-the-world'하는 것이고 개체들은 거울처럼 타자를 반영하면서 관계하는 것이다. 그리고 세계라는 현상現象의 장field에는 의식과 경험에 우선하는 신체의 감각이 실재한다. 이처럼 메를로퐁티가 주목한 것은 신체의 지각을 우선한다는 점에서 지각 우선이라고 하고 현상학적 분석방법을 토대로 한다는 점에서 지각의 현상학이라고 한다. 그는 지각을 토대로 하는 한편 게슈탈트심리학을 받아들이면서 지각을 통한 사유를 추구했다.

아울러 메를로퐁티는 신체가 대상인 무엇을 잡는grip 현상이 발생한다고 보고, '잡는' 과정을 특별히 강조했다. 이때 무엇을 '잡는 존재'는 잡는 행위를 통하여 '무엇이 되어가는 존재'이다. 가령 고흐의 〈의자〉를 보는 것은 잡는 행위인 지각을 통해서 의자를 이해하는 존재가 되는데, 이것을 가능하게 하는 것이 바로 신체다. 고흐의 〈의자〉를 보고 개인마다 이해가 다른 것은 신체의 지각이 다르기 때문이다. 그런 점에서 의식, 개념, 의미 이전에 '잡는 행위'인 감각, 감정, 지각이 중요하다. 이것은 의식, 정신, 마음의 우위를 폐기하고 신체의 신체성身體性을 부각한 것이다. 그런 점에서 그의 실존과 본질을 통일적으로 보는 지각현상학은 신체현상학으로 불리기도 한다. 이처럼 신체의 지각작용이 실행되는 현존재를 강조했다는 점에서 그의 이론을 실존주의적 현상학 또는 사르트르와 같은 실존주의적 무신론이라고 한다.

참고문헌 Maurice Merleau-Ponty, *Phenomenology of Perception*, translated by Colin Smith, London : Routledge, 2005.

참조 감각, 데카르트의 악마, 순수이성, 실존주의, 심신일원론〔스피노자〕, 의식, 이성은 감성의 노예, 인식론, 정신, 존재·존재자, 존재론, 지각, 지향성〔현상학〕, 현상학, 현상학적 환원

지행합일

Unity of Knowledge and Action | 知行合一

그는 대나무를 베어 놓고 생각에 잠겼다. '대나무의 본성은 무엇인가?' 그는 대나무를 만져보기도 하고 쳐다보기도 하면서 오랜 시간을 보냈다. 그러나 아무리 오래 보고 생각해도 대나무의 본성을 알 수가 없어 마침내 병이 났다. 이것은 성현 주자의 격물치지格物致知에 따라 지식과 지혜를 깨치고자 했던 왕양명의 일화다. 그러니까 대나무라는 물物을 깊이 생각하면 대나무의 본성을 알 것으로 생각한 것이다. 오랜 고심 끝에 그는 '모든 것은 마음에 의하여 결정되는 것이고, 본성과 이치인 이理, li와 현상과 기운인 기氣, qi가 하나라는 것'을 깨우쳤다. 이것을 고구한 왕양명의 지행합일은 마음이 곧 이치라는 것과 본성인 이는 기의 조리條理이며 기는 이의 운용運用이라는 유심론이다. 명의 왕양명王陽明, 1472~1528, 본명은 수인(守仁)이 완성한 양명학은 주자 주희朱熹의 성즉리론, 이기이원론, 유물론 등을 비판적으로 수렴한 이론이다.

이 논쟁의 출발 앞에서 본 것과 같이 본성을 탐구하는 주자의 격물치지에서 시작한다. 주자朱子는 '실제 사물의 이치를 연구하여 지식을 완전하게 한다'는 의미의 격물치지를 재해석했다. 그리하여 주자는 깊이 생각하고 또 익혀서 진리에 도달하는 한편 이것을 실천하는 것이 인간의 도리라고 믿었다. 따라서 주자는 본성이 곧 이치라는 성즉리性卽理를 토대로 성리학을 완성한 것이다. 이에 대하여 왕양명은 1508년 본성의 이치와 마음의 정이 하나라는 심즉리心卽理를 주장하면서 이른바 용장龍場의 오도悟道라고 일컬어지는 심학心學을 정초했다. 주자는 격물의 격을 '다다른다'는 의미의 지至로 보고 물을 사물事物로 보았지만,

왕양명은 격을 '바르게 한다'는 의미의 정正으로 보고 물을 마음에 존재하는 사물로 보았다. 따라서 왕양명에게 격물格物은 마음을 바로잡는 것이고 치지致知는 천리天理이자 마음의 본체인 양지를 기르는 것이다.

격물치지에 따르고자 왕양명이 대나무를 베어 놓고 이치를 찾고자 한 것은 즉물궁리卽物窮理다. 하지만 대나무라는 사물을 궁구해서는 대나무의 본성과 이치를 알 수 없었다. 결국, 격물은 했으나 치지에 이르지 못한 것이다. 그래서 왕양명은 격물을 마음의 격물로 재해석한다. 마음 바깥에서 이치와 본성을 찾을 수 없다는 것이다. 그는 주자의 사사물물事事物物, 즉 모든 사물에는 사물의 본성이 있다는 견해에 반대하는 한편, 본성이 이理라는 성즉리性卽理도 비판한다. 이어 왕양명은 모든 것은 마음속에 있다는 심즉리心卽理를 완성하고 리즉기理卽氣 기즉리氣卽理라는 이기일원론을 정초했다. 마음에 모든 것이 달렸다는 것은 불교나 도교와 유사하지만, 유가들은 사상마련事上磨鍊 즉 현실, 사실, 현장, 구체적인 상황에서 생각하고 수양한다는 점에서 세속을 초월한 불교나 도교/선교와 다르다.

한편 왕양명은 인간의 마음에는 배우지 않고 익히지 않아도 선험적으로 존재하는 양지良知와 착하게 행동할 줄 아는 양능良能이 있다고 한 맹자와 육구연의 이론을 발전시켜 치양지致良知로 정리했다. 마음에 이치가 있다는 심즉리와 그 마음의 착한 본성을 알고 실천한다는 양지양능은 지행합일知行合一로 통합된다. 주희가 선지후행先知後行의 관점을 취한 것과 달리 왕양명은 지행합일知行合一의 견해를 취했다. 한마디로 왕양명의 견해는 '지와 행은 마음속에서 하나로 합쳐져 있다'는 것이다. 그런데 양지는 영명靈明하므로 성정의性情意가 하나이고 심체心體의 이기가 하나이며 그 이기일원론에 근거한 앎과 행동 역시 하나다. 그것은 심즉리心卽理를 정초한 육구연의 학설을 발전시킨 것인데 마음과 이치가 나뉘지 않는다는 뜻이다. 따라서 행동으로 드러나기 쉬운 정은 심의 발로이므로 억제되어야 할 것이 아니다.

지행합일은 왕양명의 말한 수양의 방법으로 지식과 행동이 일치해야 한다는 뜻이다. 주자 역시 지행 병진론을 주장하면서 '아는 것이 먼저이고 그에 따라 행동하는 것일지라도 더 중요한 것은 행동'이라고 했다. 이것은 지식, 행동, 언행의 문제이다. 그렇다면 무엇이 옳은지 모른 채 행동했다면 괜찮은 것인가? 왕양명에 의하면 그렇더라도 (양지에 따르기만 하면) 문제는 없다. 왜냐하면, 인간의 본성은 원래 착한 양지良知가 관장하기 때문에 그 본성에 따르면 자연스럽게 도리 도덕이 실현된다. 그러므로 왕양명에게 '모든 인간이 다 성인이다'인 만가성인萬街聖人이 가능한 것이다. 그것이 곧 대동세상大同世上의 실체이고 우주 만물의 법칙인데 이 모든 것은 마음에 의해서 결정된다. 이처럼 왕양명의 지행합일은 지식과 행동을 넘어서는 존재론이자 인식론이고 우주 자연의 이치를 설명하는 세계관이다.

참고문헌 王陽明, 『傳習錄』.

참조 격물치지, 사단칠정, 성리학, 성즉리, 수양론, 심즉리, 양지양능치양지, 이기론〔주희〕, 인식론, 인물성동이론, 인심도심, 존재론, 천명사상, 호연지기

마야 환영

Maya Illusion | 摩耶 错觉

어느 K는 바닷가에 앉아 파도를 보고 있었다. 파도가 지나가면 쓸려 없어지고 또다시 파도가 밀려오고 밀려간다. 몇 시간을 앉아서 파도를 응시하던 그는 파도가 허상임을 깨우친다. K는 하얗게 부서지는 파도가 실체인 것 같지만 곧 없어지는 것을 보고 또 보았다. 그리하여 K는 한 조각의 파도가 망망한 바다의 순간적 변화라는 것을 다시 인식할 수 있었다. 파도는 바다가 없으면 생기지 않는다. 그렇다면 눈에 보이고 또 모래에 쓸리는 이 파도는 무엇인가? 이런 현상을 힌두 철학에서는 마야Maya의 작용에 의한 환영이라고 한다. 원래 마야는 산스크리트어에서 '그것이ya 아닌ma 것' 즉 '그것은 본질이 아닌 환영'이라는 뜻이다. 그런데 마음에서 일어나는 환영은 단순한 환영이 아니고 우주를 구성하는 실체이고 원리다. 그래서 인도철학에서 마야는 브라흐만의 힘shakti으로 불리며 우주를 창조하고 유지할 뿐만 아니라 우주를 파괴하기도 하는 능력이자 주체로 간주된다.

브라흐만 사상 계보의 힌두 철학자들, 특히 베단타학파는 세상에 대한 독특한 세계관을 완성했다. 이 세계관에 따르면 세상에 존재하는 모든 것은 본질이나 진리가 아니다. 가령 파도는 현실에서 존재하지만, 그 존재는 늘 변화하므로 본질이나 진리가 아니다. 이 세상은 브라흐만이 주관하는 마야의 현상일 뿐이다. 베단타학파에서 유래한 마야환영은 신을 대리하는 마야의 환영幻影으로 실재/본질/진리가 현상계에 일시적으로 재현되었다는 뜻이다. 또한, 마야는 절대적 신의 신성하고 신비한 마술적 힘으로 간주되거나 우주생성의 자궁, 창조와 파괴 그리고 균형의 세 가지 속성이 있는 신성한 여신으로 불린다. 그러므로 인간의 언어로 표현되는 현재, 현실, 사실, 실제 등은 모두 마야라는 이름의 환영이다. 마야의 위에는 위대한 마야Great Maya가 있어서 인간을 환상에 갇히게 하고 환상으로부터 자유롭게 한다.

그렇다면 영원불변하는 실재/본질/진리는 무엇인가? 힌두 철학에서는 이것을 브라흐만Brahman이라고 한다. 반면 아트만은 개별의 영혼 또는 정신이며 끊임없이 변하는 물질적 자아 즉 육체나 정신과 달리 변하지 않는 본질이자 초월적인 자아다. 아트만Atman의 상대개념이자 우주적 자아인 브라흐만은 모든 것의 원인이자 진리이고 본질이다. 또한, 브라흐만은 시작도 끝도 없는 우주적 본질, 보편적 진리, 절대신 그 자체, 영원불변하는 원리이기도 하다. 힌두 철학의 삼키아학파Samkhya가 아트만과 브라흐만이 다르다는 이원론인 것과 달리, 베단타학파의 샹카라는 아트만과 브라흐만은 하나라는 일원론의 관점이다. 이것을 불이일원론不二一元論이라고 하는데 간단히 말해서 우주의 모든 것은 브라흐만 단하나의 실체와 원리만 있다는 학설이다.

전설적인 힌두 철학자 샹카라Adi Shankara, 788~820 추정는 일찍 수도의 길로 들어서 마침내 아트만과 브라흐만이 하나라는 불이론Advaita을 정립했다. 32세에 타계한 그는 다른 모든 학파를 논쟁으로 물리치고, 브라흐만 이외의 모든 것은 실체가 없는 환영이라고 말했다. 그의 학설은 베단타 학파Vedanta의 주류가 되었고 당시 인도에 널리 퍼졌던 불교를 약화하는 이론적 토대가 되었다. 그는 여러 곳에 힌두교 사원을 건립했으며 베다Veda의 지식부知識部와 『우파니샤드Upanishads』의 주석을 쓰면서 힌두사상의 진수는 바로 일원론이라는 것을 주장했다. 그리고 아트만이라고 하는 개별 존재 역시 원래 브라흐만이었던 것인데 잠시 현상계에 현현하여 실재할 뿐이라는 관점에서 마야의 환영이라고 설명했다. 이 환영은 수행 특히 요가 명상을 통하여 깨칠 수 있는데 그러면 아트마 즈냐나Atma Jnana, 자아실현의 명지가 실현된 것이고 여기서 다시 해탈을 거치면 적멸에 이르고 마침내 우주적 자아가 된다.

베단타학파의 일원론은 인식론과 존재론에 관한 깊은 사유이며 신과 우주를 설명하는 독특한 이론이다. 그중에서 현상계에 실재하는 존재를 마야환영으로 설명했다는 것은 여러모로 의미가 있다. 그런데 인간이 그 환영을 실체로 착각하는 것은 인간의 무지無知 때문이다. 따라서 실재, 현실, 현상 등의 환영을 깨고 또 환영의 장막을 벗으면 모든 것이 하나인 범아일체梵我一體에 이른다. 그러면 윤회의 속박에서도 벗어난다. 마야는 소승불교에서 생성의 상징적 존재이고 대승불교에서는 힌두철학과 마찬가지로 환영이다. 모든 것은 마음에 있고 마음 이외에는 공空, emptiness이라는 불교철학과 모든 것은 브라흐만이 잠시 현상한 환영이라는 힌두철학은 주체와 객체를 설명하는 방법이 근본적으로 다르다.

참조 공/수냐타, 리얼리즘/실재론〔철학〕, 마음, 범아일체, 본질, 브라흐만, 상징, 아트만, 유식사상, 윤회사상, 인식론, 자아, 적멸의 니르바나, 존재론, 환상/환상성

현존재 다자인

Dasein | 此在

인간을 포함한 모든 존재는 어떤 시간과 어떤 공간에 있다. 그것이 존재의 양상이다. 그 존재가 사람이라면, 그 사람은 어떤 시간과 어떤 공간에 '무엇으로 was 존재하는 것'이며 '어떻게wie 존재하는 것'이다. 무엇으로 존재하는 것은 존재의 양태이고, 어떻게 존재하는 것은 존재 자체다. '존재 그 자체'에 대하여 깊은 사유를 한 철학자는 독일의 마르틴 하이데거M. Heidegger, 1889~1976다. 하이데거에 의하면, 플라톤과 아리스토텔레스 이후 서구철학은 존재 자체보다 존재자의 특성과 기능에 집중했다. 오랫동안 철학자들은 존재자seiende의 특성, 양태, 의미를 존재sein로 오인한 것이다. 이와 달리 하이데거는 존재 자체와 존재 의미에 집중했다. 하이데거의 용어로, 인간의 존재 자체의 현재를 현존재라고 한다. 현존재現存在 다자인은 태어나서 죽는 시간까지 (주어진 현실인) 세속적 세계에서 살고 있는 유한한 존재 즉, 어떤 시간의 어떤 상황에 놓여 있는 고유한 존재다.

하이데거는 『존재와 시간Sein und Zeit, Being and Time』1927에서 존재자가 아닌 존재 자체를 탐구했다. 하이데거에 의하면 인간 존재는 시간이라는 절대조건 즉, 시간성temporality과 역사성historicality 속에서 해석되어야 한다. 시간성과 역사성은 하이데거의 조어造語 Dasein에 그 의미가 담겨 있다. 첫째, 독일어 Da는 현존재의 실존하고 있는 세계인 '거기'[1]다. 그 세계는 (세속적인) 시간과 공간이다. 둘째, 독일어 Sein은 '있는 것'이다. 있는 것이란 있음being과 무엇이 됨becoming의 두 가지 의미다. 그러니까 현존재 다자인은 현실의 시공간인 세계 안에 존재being-in-the-world하는 존재자다. 세계welt는 현존재가 실존하는 공간이고, 세속적 세인世人

들이 어울려 사는 일상적 세상이며, 인간을 포함한 존재자들이 '이미 있는前在' 공간이다. 간단히 말하면 현존재는 시간 속에서 자신을 염려하고 방황하면서 세계 안에서 실존한다. 현존재 다자인이 세계 안에 존재하는 의미는 다음 세 가지다.[1]

첫째, 사실성facticity은 현존재가 구체적인 시간과 공간의 현실에 존재하는 것이다. 가령 사실성은 '내가 지금 사는 시공간인' 2012년 9월 13일, 대한민국 청주라는 구체적 현실을 말한다. 그런데 이 사실성은 자기 의지로 선택한 것이 아니라 자기도 모르게 세상에 내던져진geworfen 존재의 상황이다. 하지만 인간 존재는 구체적인 시간의 사실성에서 벗어날 수 없다. 둘째, 퇴락fallenness은 현존재가 세속적인 세상에서 세속적 인간으로 사는 것이다. 사람들은 그저 일상성에 묻혀 그럭저럭 살아간다. 이때 현존재는 평균적 의식을 가지고 일상적 생활을 하는 퇴락한 존재다. 하이데거는 이런 존재를 세인Das Man, 世人으로 명명했다. 그러니까 인간은 자기도 모르게 세상에 내던져진 피투被投의 존재이고, 내던져진 상태에서 일상의 세속적 현존재로 살아가는 것이다. 인간은 내던져진 상태에서 자기 운명을 개척해야 한다.

인간은 자기를 이해하고 반성할 능력이 있으며 어떻게 살 것인가를 선택할 수 있는 존재이고, 인간이 아닌 존재는 그럴 능력과 가능성이 없는 존재다. 이 점이 바로 하이데거의 존재론에서 가장 중요한 인간의 실존성이다. 셋째, 실존성existentiality은 현존재가 자기를 고유한 존재로 만든 다음 진지하게 실존하는 것이다. 이 실존은 자기 자신이 어떤 존재가 되기 위하여 결연한 의지로 자기를 내던지면서 존재하는 것이다. 현존재의 실존은 본질에 앞선다. 그런데 현존재는 퇴락한 세인das Man을 넘어서고 주어진 시공간도 초월했기 때문에 자기만의

---

1   독일어 다(da)는 '거기'라는 뜻이면서 '특정한 시간과 그 시간에 의해서 결정되는 특정한 공간'이다. 하지만 장소적 개념은 아니다. 그러니까 현존재는 '지금' '거기에' '실제로' '있는' 존재다. 하이데거는 후기에 Da-sein으로 쓰기도 했는데, 이것은 일반적인 Dasein과 구별하는 한편 Da(거기)를 강조하기 위해서였다.

고유성authenticity을 가지고 있다. 그렇다면 현존재가 실존하기 위해서 왜 결연한 의지가 필요할까? 그 이유는 죽음 때문이다. 모든 인간은 직관적으로 죽음의 시간이 다가오고 있다는 것을 안다. 그래서 인간은 불안angst 속에서 죽음을 향해 가는 존재sein zum tode다.

사람들은 세속적이고 일상적인 것에 몰입하며, 죽음을 잊은 불안angst한 기분mood과 권태의 정서에서 세속적 인간으로 살아간다. 하지만 현존재는 결연한 의지로 죽음이 있는 장래로 앞질러 달려가서先驅 죽음을 자신의 존재 속으로 받아들일 수 있다. 이 순간 이미 있었던 과거와 앞으로 다가올 장래가 지금 현재의 존재로 통일되면서 현존재 다자인은 본래적 존재가 된다. 이런 이유 때문에 하이데거는 존재Sein를 시간Zeit과 연결하여 사유한 것이다. 이때 마음에 대한 '조르게/염려care'가 필요하다. 염려는 불안하고 지친 자기를 달래고 위로하는 것이다. 현존재는 이런 마음씀sorge을 통하여 고유한 자기를 확립하고, 그 고유한 자기는 죽음의 불안과 끝없는 권태에서 해방된 자유로운 삶을 산다. 그것이 바로 (실존의 세계에 자기를 내던지는) 기투entwurf, 企投를 통하여 도달한 본래적 자기다. 그러므로 현존재 다자인은 자유와 책임을 가지고 전체적totality이고 본래적인 자기를 찾아가는 존재다.

참고문헌 Martin Heidegger, *Being and Time*, translated by Joan Stambaugh, Albany : State University of New York Press, 1996.

참조 공간, 내던져진 존재, 본질, 시공간, 시간, 실존주의, 양상실재, 이성론/합리주의, 인식론, 자아, 존재·존재자, 존재론, 존재론적 해석학, 존재와 사건〔알랭 바디우〕, 죽음에 이르는 병, 직관, 현상학적 환원, 현재·과거·미래, 형이상학

쾌락주의의 역설

Paradox of Hedonism | 快乐的怪圈

술을 좋아하는 K는 매일 술을 마신다. K는 괴로울 때도 술을 마시고 즐거울 때도 술을 마신다. 허무하고 답답할 때 술을 마시면 삶이 지루하지 않다. 어떤 때는 취해서 주선 이백李白의 술에 관한 시 「장진주將進酒」 중 '그대는 보지 못했는가? 좋은 집 거울 앞에서 흰 머리 슬퍼하고, 아침의 검푸른 머리 저녁에 눈같이 희어진 것을. 인생의 뜻을 얻었을 때 즐거움 누리고, 금잔은 헛되이 달과 마주 보게 하지 말아야 하리라'[1]라고 읊었다. 호방하고 낭만적인 풍격風格의 이 시는 애주가들이 즐겨 암송하는 명작이다. 이 시에서 묘사하는 것과 유사하게 술을 마시던 K는 차츰 건강이 나빠지고 마침내 간암 판정을 받아 52세의 나이로 타계했다. 즐거워서 술을 마신 셈인데, 그 술이 결국 그의 목숨을 앗아간 것이다. 이런 쾌락주의의 역설은 '쾌락은 쾌락을 주지 않고 고난과 고통을 준다'라는 아이러니irony한 격언이다.

K의 죽음은 '술은 K를 즐겁게 한다, K는 계속 즐거워지기 위해서 술을 마신다, K는 즐거워지기 위해서 죽었다'는 인과관계로 설명할 수 있다. 반면 행복은 만족과 기쁨이 있는 상태다. 여러 가지의 기쁨 중 즐거운 상태가 있다. 그런데 즐거운 것과 행복한 것은 다르다. '즐거워지기 위하여 죽는 것'을 쾌락주의의 역설이라고 한다. K처럼 감각과 육체로 순간적 쾌락을 추구하게 되면 반드시 역설적 상황에 놓인다. 쾌락은 인간을 파멸 또는 비극으로 인도하는 감정의

---

[1] 君不見 高堂明鏡悲白髮 朝如靑絲暮成雪 人生得意須盡歡 莫使金樽空對月.

사자使者다. 이것을 지적한 사람은 정신적 쾌락을 주장한 에피쿠로스Epicurus, BCE 341~BCE 270경다. 고대 그리스의 에피쿠로스는 기쁘고 행복하면서 고통과 슬픔이 없는 상태인 정신적 쾌락을 제창했다. 훗날 벤담을 비롯한 공리주의Utilitarianism자들은 그의 쾌락주의를 발전시켜 '올바른 도덕적 행위는 선을 동반한다'고 주장하는 한편 최대다수의 최대행복과 최대소수의 최소고통을 주장했다.

쾌락은 욕망에 흔들리지 않는 아파테이아apatheia와 반대되는 개념이다. 그런데 쾌락주의의 쾌락은 정신적 쾌락이라는 점에서 냉철한 이성과 철저한 금욕을 주장한 스토아주의Stoicism의 아파테이아와 상통한다. 쾌락주의와 스토아주의에 의하면, 인간이 부정확한 감각과 주관적 인식에 따르면 고통, 슬픔, 모순, 역설 등에 처할 수 있다. 육체적인 감각에 흔들리지 않으려면 정신적인 의지가 있어야 한다. 그런 점에서 에피쿠로스는 감각적 쾌락이 아닌 정신의 쾌락을 추구해야 한다고 주장한 것이다. 쾌락과 행복에 대한 태도는 '인간이란 무엇인가'라는 존재론에서 출발한다. 이 존재론의 물음은 삶이 행복과 불행, 쾌락과 불쾌로 나누어진다고 보고 인간은 행복과 쾌락을 적극적으로 추구해야 한다는 쾌락주의적 인생관으로 발전한다. 그런데 '어떤 쾌락을 추구할 것인가'는 전적으로 그 존재에 달려있다. 세속적인 쾌락을 즐기게 되면 의미 없는 인생을 살 수 있기에 위험하다.

행복론의 일종인 쾌락주의는 기쁨을 의미하는 그리스어 hēdonē에서 유래했으며 쾌락이 삶의 최종 목적이자 도덕의 기준으로 보는 학설이다. 이 중 감각과 육체의 쾌락을 추구한 것이 키레네학파The Cyrenaic School이고 정신적 행복과 철학적 쾌락을 추구한 것이 에피쿠로스주의Epicureanism다. 에피쿠로스는 '내일 죽을 사람은 오늘 행복할 수가 없다'는 것을 근거로 고통과 공포를 제거하고 마음의 평안을 유지해야만 진정한 쾌락에 이를 수 있다고 보았다. 그의 사상은 원자 유물론Atomic Materialism에 근거한다. 고대 그리스의 원자 유물론자들은 죽은 후에 육체와 정신은 분해되어 사라진다고 생각했다. 따라서 '인간은 죽음 이후를 걱정할 필요가 없으며 살아있는 동안 의미 있고 가치 있는 목표를 추구하면 된다'고 보았다. 그런데 고통은 욕망이 충족되지 않을 때 생겨나므로 육체적 고통aponia 을 없애기 위해서는 먼저 욕망을 없애야 한다. 이것이 아타락시아ataraxia 즉, 번뇌가 없는 평정이다.

인간은 완전한 아타락시아에 이를 수 없으므로 가능하면 욕망을 절제하고 검소하게 사는 것이 최선이다. 칸트는 선한 의지와 실천이성에 근거한 보편적 도덕을 강조했고, 영국의 시즈윅H. Sidgwick, 1838~1900은 자기와 타자의 행복을 동시에 가능케 하는 윤리적 쾌락주의Ethical Hedonism를 강조했다. 윤리철학자 시즈윅은, 도덕적 질서에 따르는 합리적 이기주의Rational Egoism는 신의 뜻일 뿐 아니라 공리주의의 정의와 일치한다고 믿었다. 그래서 그는 인간이 신의 섭리에 따라서 산다면 상식과 도덕이 이미 공리주의이고 그 공리주의는 쾌락과 행복에 이르게 한다고 보았다. 한편 쾌락주의자들과 공리주의자들은 검소하고 경건한 생활을 했으며 쾌락을 버리는 것이 진정한 쾌락이라고 생각했다. 결국, 쾌락주의든 공리주의든 '쾌락의 본질은 무엇인가'로 환원한다.

참고문헌 Henry Sidgwick, *Methods of Ethics*, Macmillan and Company : London, 1907.

참조 공리주의, 무의식, 순수이성, 아이러니·반어, 역사적 유물론/유물사관/사적 유물론, 역설, 유물론, 윤리·윤리학, 이성론/합리주의, 자기 정체성, 정신, 존재론, 카르페 디엠, 타자, 쾌락원칙, 판단력비판-미(美)란 무엇인가?

내재의 평면
Plane of Immanence | 内在性平面

생각에 잠긴 플라톤은 '장미가 무엇인가'라고 물었다. 평범한 질문인 것 같지만 제자 아리스토텔레스는 진지하게 답했다. 아리스토텔레스는 장미의 생물적 갈래와 특징을 설명하면서 가치와 의미를 덧붙였다. 스승과 제자의 문답은 끝이 없었고, 제자는 마침내 "'지금, 눈, 앞에, 보이는, 장미'는 장미의 본질이 아니다"라고 답했다. 그러니까 현실의 장미는 그림자에 불과하고 이데아idea(관념)의 세계에 본질의 장미가 있다는 것이다. 이처럼 현상과 본질을 구분하는 이분법은 동서양 철학의 오랜 주제였다. 그런데 이 문제는 '사실, 현실, 실제, 실체, 실재란 무엇인가'로 바꾸어 물어야 한다. 그리고 '나는 정말 존재하는가? 존재한다면 나는 무엇을 어떻게 사유하는가'로 고쳐 물어야 한다. 이 물음은 존재자인 '나'의 존재 방식을 묻는 것이면서 초월과 내재를 동시에 포괄하는 양면적 질문이다.

원래 초월transcendence이란 종교에서 현실을 넘어서는 신의 존재를 의미한다. 반면 내재immanence는 현실 그 자체에 신이 깃들어 있다는 리얼리즘이다. 이 개념은 인도의 브라흐만 사상에서 잘 드러나고 있으며 기독교나 유대교 등 여러 종교에서도 중요한 주제였다. 특히 스피노자는 '신이 곧 자연'이라는 관점에서 모든 것은 그 자체로 존재한다는 내재의 속성 즉 내재성을 강조했다. 이 두 명제의 길항은 끝이 없을 것인데 들뢰즈G. Deleuze, 1925~1995와 가타리F. Guattari, 1930~1992는 현재, 실체, 실재, 실제, 사실은 그 자체에 내재한다고 주장했다. 이것을 『천 개의 고원』에서 공속성, 그리고 『철학이란 무엇인가?』에서 내재성이라고 표현했다. 스피노자가 개념화한 속성을 강조한 내재성이란 모든 것의 속성이 중요하고 그 속성에 실체가 있다는 것이다. 또한, 내재성은 창조적 변이의 가능성이며 자기 생명 강화의 역량이다.

들뢰즈와 가타리는 '지금, 현재, 여기, 의식'은 모두 실재이므로 이에 근거하여 '나는 실재이고 사실이며' 그러므로 '나는 자유롭게 사유할 수 있다'고 전제한다. 여기서 유래한 내재의 평면은 자유로운 사유의 장場이다. 내재의 평면에서 사유는 종횡으로 내닫는가 하면, 수직으로 떨어지기도 하고, 무한 질주를 하다가 아주 느리게 흐르기도 한다. 마치 준마가 주름진 계곡을 만나서 넘어지고 쓰러지면서도 질주할 수 있는 초원과 같이 부드러운 공간이다. 또한, 무한히 열려있으면서 무수한 차이를 존중하는 무질서한 혼돈chaos의 공간이기도 하다. 이런 현기증 나는 내재의 평면 위에서는 혁명적이고 파괴적인 사유가 가능하다. 그러므로 내재의 평면에서는 자기의 속성屬性을 잃지 않으면서 파괴와 혁명의 급진적 주체가 될 수 있다. 이 유연하면서도 급진적인 주체는 (수목적 국가 제도와 정신분열증을 강요하는) 자본주의를 해체하는 진지陣地이다.

들뢰즈와 가타리는 일관된 공속성consistency이라는 개념을 내재성과 유사하게 사용하고 있으며, 고원의 잔디밭을 평면이라는 지형학topology으로 제시하고 있다. 이곳은 무한한 가능성의 평면이므로 고정된 수목적 사유를 떠나서 역동적인 리좀의 유목적 사유가 가능하다. 유목적 사유는 고정된 사고와 질서를 해체하는 탈영토와 탈주의 비상선line of flight 그리고 기관 없는 신체와 연결된다. 그런 점에서 들뢰즈는 내재의 평면을 철학의 최고행위supreme act 또는 철학 이전의 철학이라고 하며 '무엇이 되는becoming' 우주 작동의 기계 원리라고 명명한다. 그 원리가 바로 모든 것을 종단하고 횡단하는 철학의 근본이자 역동성을 가진 사유의 평면이다. 수직적 초월의 평면plane of transcendence이 아닌 수평적 내재의 평면에서는 사물과 존재가 가진 속성이 그대로 발휘된다. 따라서 자기-되기가 가능하지만 타자-되기도 가능한 것이다.

들뢰즈와 가타리는 '철학은 개념을 만들고, 개념을 사유하며, 개념을 해체하는 것'이라고 보았다. 그런데 개념에는 개념화된 논리 구조와 역사가 있으므로 쉽게 바뀌지 않는다. 그러므로 내재성의 평면 위에서 개념의 새로운 변이가 시작되고 열린 무한운동이 가속한다. 이런 고정된 개념을 해체하는 내재의 평면에서는 모든 것이 부정될 수 있고, 모든 것이 긍정될 수 있으며, 모든 것은 모든 것과 자유롭게 만날 수 있다. 그것이 근본부터 새롭게 사유하는 힘인데, 그 힘은 왕복운동으로부터 시작하는 가속성과 가변성에서 나온다. 이런 역동성, 변이성, 차이, 혼돈 등은 인간을 긍정적인 존재로 보는 존재론과 인식론으로 환원한다. 따라서 초월超越과 달리 내재內在는 삶을 긍정하는 철학이며 개별 개체의 차이와 특성을 존중하는 다양성이다.

참고문헌 Gilles Deleuze and Félix Guattari, *What Is Philosophy?*, translated by Hugh Tomlinson and Graham Burchell, New York : Columbia University Press, 1994.

참조 개념, 기관 없는 신체, 노마디즘, 리좀, 욕망기계, 인식론, 정신분열증, 존재론, 철학, 초원의 사상, 초월(칸트), 코나투스, 탈영토, 탈주의 비상선, 탈중심주의, 현존재 다자인

까다로운 주체
Ticklish Subject | 敏感的主体

미국의 대통령 링컨은 1863년 '국민에 의한, 국민을 위한, 국민에 대한^{of the} People, by the People, for the People' 정부라는 유명한 말을 남겼다. 링컨은 국민^{people}이라는 어휘를 썼으나 사실은 시민^{citizen}을 말한다. 시민은 근대 부르주아 혁명을 거쳐서 확립된 자유시민이다. 따라서 정치적 개념에서 국민은 세금을 내고 국가의 법에 따르는 구체적인 집단이지만 정신분석과 철학의 개념에서 보면 실체가 없는 추상적 집단이다. 그러니까 링컨은 비어 있는 주체의 자리에 국민을 집어넣고 '당신이 바로 국민'이라고 호명^{呼名}하여 이데올로기에 가두어 버린 것이다. 만약 이런 발화의 추상적 허상을 깨고 자기의 주체를 비울 수 있다면 그것은 법과 제도라는 이름의 상징을 넘어 실재로 나가는 희망을 찾은 것과 같다. 그러자면 국가가 호명하는 그대로 자기 주체를 설정하는 것이 아니라, 까다로운 주체가 필요하다.

현란한 언행으로 유명한 지젝^{S. Žižek}은 자본주의 전복을 꿈꾸는 마르크스주의자다. 그는 자본주의와 과학기술이 지배하는 사회를 전복하고 진정한 사회주의를 건설하기 위하여 여러 면으로 노력했다. 그리하여 지젝은 헤겔의 변증법 중 부정의 원리에 주목한다. 지젝에 의하면 '아버지의 이름^{Name of the Father}'인 현실과 상징화된 대타자^{Big Other}를 부정하는 적극적 주체가 필요하다. 그런데 아버지의 이름으로 상징화된 대타자의 현실원칙을 부정하면 법에 따라서 처벌받는다. 이것을 알면서도 어떤 사람들은 급진적 부정주체가 되어 상징질서를 파괴하는데 그것은 프로이트가 말한 죽음 충동^{Death Drive}이 분출된 것이다. 이런 부정주체와 주체의 부정성을 지젝은 '까다로운ticklish, 敏感'이라는 개념으로 표기한다. 그는 라캉의 주체 형성과 헤겔의 역사철학을 결합하여 세상의 질서를 거부하는 까다로운 주체를 제시했다.

지젝의 책 『까다로운 주체The Ticklish Subject』2000 첫 번째 장 '세상의 밤'은 데카르트의 주체를 환기하는 것으로 시작한다. 지젝에 의하면 하버마스, 하이데거, 인지과학자, 생태주의자, 후기 마르크스주의자, 페미니스트 등이 말하는 주체는 결국 데카르트의 (생각하는 존재로서의) 주체를 변형하거나 답습한 주체다. 그래서 지젝은 데카르트적 주체를 변환하여 '상징질서 바깥에서 새로운 주체를 설계하자'라고 제안한다. 그러니까 지구 자본주의와 자유민주주의 및 다문화주의를 정치경제학의 주체로 다시 설계해야 한다는 것이다. 하지만 결핍을 해소하고 주체를 다시 설계하는 것은 어렵다. 왜냐하면, 역사적 힘과 현실원칙이 무의식을 강력하게 억압하고 있기 때문이다. 이 무의식은 유아 시절에 아버지의 이름으로 억압된 성적 에너지이자 내재화된 사회의 법이다. 그러니까 자기를 현실원칙과 대립하는 저항 주체로 변환하는 것, 이것이 바로 문명사적 변화이며 근본적인 해방이다.

지젝에 의하면 데카르트 이후의 이성적 주체는 단절, 불화, 균열이 있는 불완전한 주체다. 또한, 이성적 주체는 알튀세르가 제기한 것과 같이 이데올로기에 호명interpellation된 허위주체이다. 그러므로 이데올로기라는 이름의 환상과 허위의식을 주이상스Jouissance의 성적 욕망으로 깨고 세상을 변혁하는 주체로 다시 태어나야 한다. 그것은 자기 주체의 변혁으로부터 시작해서 세계를 다시 설계하는 것으로 끝난다. 이를 위해서 지젝은 프로이트로부터는 무의식, 라캉으로부터는 주이상스의 욕망을 빌려오고 헤겔과 마르크스로부터 유물론을 빌려온다. 아울러 버틀러가 말하는 부분적 저항이 아니라 바디우A. Badiou가 말하는 역사 바깥의 진리 행위Truth Act를 통해서 라캉이 말한 혁명적 주체가 가능하다고 본다. 그래서 지젝은 헤겔과 마르크스의 부정변증법이 아니라, 자본주의를 긍정하는 긍정의 변증법으로 세상을 혁명할 수 있다는 바디우의 인류학적 사유를 통해서 새로운 전망을 찾는다.

까다롭지 않은 주체가 시장과 욕망에 자신을 맡겨 버리는 데 반해서, 까다로운 주체는 현실을 회의하면서 자본주의에 대한 적대감을 키운다. 이 까다로운 주체는 부정할 수 있는 주체이며, 자본의 폭력적 지배를 하나하나 점검하며, 그 실상을 고발하고, 순응적 사회윤리를 저항적 욕망윤리로 바꾸는 주체다. 그것이 오이디푸스의 구조인 상징질서를 해체하는 정치적 힘이다. 이 까다로운 주체가 욕망윤리의 주체로 바뀌고 해방의 가능성이 무의식에서 잉태되면, 새로운 레닌이 태어나고 세계의 변혁이 시작된다. 그래서 지젝은 무의식 속의 욕망을 변혁의 힘으로 변환시킨 다음 반자본주의 혁명으로 세상을 다시 설계해야 한다는 결론에 이른다. 이처럼 욕망을 관리하는 무의식의 분출이야말로 세계를 변혁하는 출발점이며 까다로운 주체가 윤리적 주체로 변화하는 운명의 문인 동시에 실재계로 들어서는 순간이다.

참고문헌 Slavoj Žižek, *The Ticklish Subject; Absent Centre of Political Ontology*, New York : Verso, 2000.

참조 거울단계, 긍정의 변증법, 대타자·소타자, 상징적 거세, 실재의 사막, 아버지의 이름, 오이디푸스 콤플렉스, 욕망기계, 윤리·윤리학, 자본주의, 정신분열증, 주이상스, 주체·주체성, 주체분열, 혁명, 호명

행복연금술[알 가잘리]

Al Ghazali | 安萨里

그는 별을 바라보면서 이렇게 생각했다. 저 별의 크기는 얼마나 될까? 눈으로 보는 별은 아주 작다. 약간 크게 보이는 것도 있지만 대부분 명멸하듯이 작은 별로 반짝 빛날 뿐이었다. 하지만 그는 별이 아주 크다는 것을 알고 있다. '지금 여기 있는 나'가 보는 별과 '언젠가 저기 있었던 별'의 거리는 무한히 멀다. 도저히 인간은 알 수가 없다. 그런데 무한한 우주의 별을 보고 그 내면으로 들어가면 인간 존재의 본질을 알 수 있다. 그렇다면 눈으로 보고 지각하는 별의 크기와 실제 별의 크기 사이에는 무슨 차이가 있는 것인가? 이 단순한 물음은 그의 정신을 뒤흔들어 놓았다. 그때 선지자 마호메트가 한 말 '인간은 죽으면서 깨어난다'는 지혜의 가르침이 떠올랐다. 그는 알 가잘리Al Ghazali, 1058~1111, 이슬람 세계에서 성인으로 추앙받는 전설적인 인물이다.

기독교의 토마스 아퀴나스와 비교되는 알 가잘리는 이란의 투스Tus에서 태어나 어린 시절 부모를 잃었다. 하지만 그는 학업에 충실하여 바그다드 니자미야 대학의 교수가 되어 신플라톤주의와 과학을 강의했고 이슬람의 경전을 연구했다. 그러나 1095년 갑자기 모든 직위를 버리고 고행의 길을 떠났다. 그 후 그는 허름한 양털 옷을 입고 이집트, 시리아, 메카, 예루살렘 등에서 수행했다. 당시 상당한 영향력을 행사하던 이븐시나Ibn Sina, Avicenna의 철학과 아리스토텔레스 그리고 신플라톤학파를 섭렵한 후, 이슬람의 독자적 철학을 정립했다. 70여 권의 저서를 남긴 가잘리는 빛이 가슴을 뚫고 들어오는 신비한 체험을 한 후, 직관에 근거한 내면의 고뇌에 깊이 천착했다. 이후 검소하고 경건한 생활을 하던 가잘리는 수니파와 시아파보다 소수의 수피파였지만 이슬람의 계율과 전통을 재확립한 성인으로 추앙받게 되었다.

별의 크기에서 보듯이 과학이나 이성으로 판단한 것은 다른 차원에서 보면 진실이 아닐 수도 있다. 오랜 전통을 가진 사회적 질서나 종교의 계율 역시 틀릴 수가 있다. 그래서 가잘리는 경건하게 계율을 지키는 수피Sufi의 전통에 따라 영적 체험을 강조하는 신비주의Mysticism를 신봉하게 된다. 수피즘Sufism은 교리나 율법보다 신과 합일하는 예술적 직관을 중시한다. 가잘리에 의하면, 인간에게는 다른 차원을 인정하면서 현재와 연결하는 보편적이고 통찰적인 사유가 필요하다. 이 신비주의는 이성과 현실에서 보면 상대적으로 신비한 것일 뿐, 실제로 신성한 비밀은 아니다. 또한, 가잘리는 과학과 이성을 중요시했으므로 이성에 배치되지 않는 신비만을 취했다. 그리하여 신의 신비한 힘인 연금술Alchemy을 통하여 인간이 육신으로부터 해방되면 진정한 행복을 느낄 수 있다고 보았다.

가잘리에 의하면 법학과 신학으로 알 수 없는 영적 본질은 자기 내면을 깊이 통찰할 때 보이는 신비한 것이다. 그는 육신으로부터 해방되는 연금술에서 자신을 아는 것, 신을 아는 것, 태어나기 전을 아는 것, 죽은 후를 아는 것 등이 필요하다고 강조했다. 이것은 진정한 신을 알고, 신에 귀의하는 경건한 믿음을 말하는데, 그는 이것을 낙타와 순례에 비유한다. 순례의 목적지까지 가려면 낙타를 잘 보살펴야 하지만 낙타를 보살피는 것이 목적이 될 수는 없다. 그러므로, 가잘리에 의하면, 인간의 최종 목표는 신을 알고 신의 곁으로 가는 것이어야 한다. 한편 가잘리는 인간만이 자신의 지위를 바꿀 수 있고 하늘의 천사天使가 될 수 있다고 믿었다. 천사와 같은 존재가 되기 위해서 영혼을 가지고 하늘에서 내려온 인간은 진지하고 경건한 삶을 살아야 한다. 이런 유래를 가진 행복 연금술은 신의 부름에 따를 때 정신이 정화되면서 영혼이 구원받는다는 정신의 연금술이다.

가잘리는 이븐시나의 이론과 과학을 비판하여 이슬람의 종교적 전통을 확립했다. 또한, 의식 위주의 종교예식을 타파하고 쿠란과 하디스를 중심으로 한 순수하고 경건한 계율을 주장했다. 그 결과 신학과 철학이 연결되면서 수피의 신비주의 전통이 이슬람 정통에 수용되었다. 또한, 가잘리는 철학자들의 논리와 이성이 그 자체로 불일치한다는 것Incoherence of the Philosophers을 입증하고 종교의 믿음으로 신을 경배해야 한다고 주장했다. 가령 솜이 타는 것은 불에 의해서가 아니라 신에 의해서라는 것이다. 이처럼 합리적 의지인 신의 법과 종교이론을 통하여 가잘리는 이슬람 세계에서 가장 존경받는 철학자이자 신학자로 알려지게 되었다. 하지만 가잘리의 이런 종교적 신비주의와 철학사상은 이슬람 세계의 과학 발전을 저해했다는 비판을 받는다. 아울러 형식적 종교의식은 타파했지만 지나치게 경건함을 강조하여 근본주의를 강화했다는 비판도 받는다.

참고문헌 Al Ghazali, *Incoherence of the Philosophers*, translated by Sabih Ahmad Kamali, Pakistan Philosophical Congress, 1963.

참조 감정연금술, 무함마드/마호메트, 본질, 영혼, 의식, 이성, 이성론/합리주의, 정신, 지하드, 타불라 라사

언어게임 [비트겐슈타인]
Language Game | 语言游戏

갑자기 K는 '칼'이라고 외쳤다. 그러자 P가 '칼을 달라는 것이냐'라고 묻자, 그는 고개를 저었다. 다시 P는 '무엇이 칼과 같다는 비유냐'라고 물었다. 다시 그는 고개를 저었다. 그러자 P는 '칼을 가지고 오라는 뜻이냐'라고 묻자 그는 고개를 약간 끄덕였다. 무엇인가 석연치 않다고 생각한 P는 상황을 인지하고 '칼을 가져와서 식탁의 빨강 사과를 깎으라는 것이죠'라고 묻자 비로소 그가 고개를 끄덕였다. 칼이라는 한 글자를 가지고 벌어지는 이 상황이 바로 비트겐슈타인이 말한 언어게임이다. 언어게임은 언어를 매개로 벌어지는 게임에서 언어의 규칙인 의미와 문법이 발휘된다는 비트겐슈타인의 언어철학이론이다. 언어가 게임이라면 이 세상은 거대한 언어의 놀이터이고 거기에는 모두가 합의한 규칙과 사회적 공공성이 있어야 한다. 그런데 사람들은 서로 다른 것을 생각하기 때문에 언어적 오류가 생기고 혼란이 일어난다.

초기의 비트겐슈타인Ludwig Wittgenstein, 1889~1951은 '언어란 세상을 그리는 그림'이라고 말하고 '언어와 세상의 논리 구조는 정확하게 일치한다'고 주장했다. 프레게의 논리주의를 발전시킨 그는 '존재와 사건은 그림과 언어로 표현할 수 있다'고 믿었다. 그래서 비트겐슈타인은 명제로만 구성된 『논리철학논고Tractatus Logico-Philosophicus』1921에서 '세상은 말할 수 있는 명제들의 총합'이라고 단언한 것이다. 이 책에서 비트겐슈타인은 언어는 정확하게 단 하나의 의미가 있다고 정리했다. 아울러 언어의 규칙은 수학적으로 계산될 수 있다고 주장하고, '말할 수 없으면 침묵하라'라고 선언했다. 침묵은 거짓말을 하지 않고 속지도 않으므로 가장 논리적이고 정직한 태도라는 것이다. 하지만 비트겐슈타인은 사후에 출간된 『철학적 탐구*Philosophical Investigations*』1953에서 초기 이론을 수정하고 언어의 다양성, 복합성, 관계성, 현장성, 보편성, 공공성, 상대성을 강조했다.

그러니까 비트겐슈타인은 '세상은 언어이고 사실은 문장이며 대상은 이름이다'로 요약할 수 있는 초기 언어철학에서, '언어는 환경, 문맥, 상황에 따라서 달라졌고, 사용과 실천에서 드러나는 일종의 게임/놀이이다'라는 후기 언어철학으로 변화했다. 언어게임은 비트겐슈타인의 후기 언어철학을 대표하는 것으로 언어는 규칙이 있는 경기나 게임과 같아서 언어활동 현장의 상황과 맥락 속에서 그 의미가 확보된다는 이론이다. '게임game'이라는 언어 역시 앞의 '칼'에서 보듯이 그 의미가 맥락과 상황에 따라서 변화하기 때문에 문맥에 따라 해석해야 한다. 그러므로 언어는 고정된 본질, 개념, 이념, 생각은 없고 의사소통의 현장에서 구현되는 상대적인 게임이면서 사회적인 기능이다. 그런 점에서 무인도의 로빈슨 크루소Robinson Crusoe가 사용하는 사적 언어private language는 언어의 본질이 아니며 발화되기 전의 언어 역시 큰 의미가 없다.

그에게 언어는, 서로 상대가 있어서 주고받는 소통의 맥락에서 의미가 확보될 뿐, 언어와 대상의 문제가 아니다. 또한, 언어게임은 독일어 '놀이spiele'에서 보듯이 일종의 유희다. 이것은 철학을 행위와 활동으로 보는 관점이다. 그래서 그는 '사람들은 자신만의 언어로 대상을 표현하고, 타자와 소통하며, 끊임없이 언어게임을 한다'고 보았다. 따라서 언어와 언어활동을 벗어나면 이런 언어게임은 성립하기 어렵다. 그런 이유로 같은 언어사용자의 언어게임이 더 활발하며 개인과 집단 모두가 게임을 할 수도 있을 뿐 아니라 세상은 거대한 언어게임의 경연장이 되는 것이다. 이것은 언어라는 직물이 날줄과 씨줄로 교직交織되어 무늬를 이루는 것에 비유할 수 있다. 그런데 이 언어게임은 어린아이들이 언어로 유희를 하는 것과 유사하고, 특정한 규칙이 있는 문법구조에서 가능하며, 모든 자연언어에서 일어난다.

그는 단어의미word-meaning와 문장의미sentence-meaning에서 모두 언어게임이 벌어진다고 보았다. 가령 '칼'이라는 단어 하나는 아무 의미가 없는 것처럼 '모세는 존재하지 않았다'는 문장 역시 그 자체로는 아무 의미가 없다. 왜냐하면, 놓인 상황과 맥락에 따라서 전혀 다른 해석이 가능하기 때문이다. 그러므로 '어떤 칼'이 '어떤 상황'에서 '어떤 목적'으로 쓰이는지 모른다거나 모세가 어떤 시대의 '어떤 인물'인지 분명하지 않다면 아무런 의미가 없다는 것이다. 그러므로 언어사용자는 끊임없이 상황과 맥락을 해석하고 사유하고 반응하고 연구해야 한다. 그러니까 언어에는 단일한 의미나 명확한 경계는 없으며 단지 가족유사성family resemblance이 있을 뿐이고 맥락과 용법 그리고 상호관계만 있을 뿐이다. 하지만 언어는 유희遊戲일 뿐이라거나 언어는 아무렇게나 쓰이는 사소한 것이라고 보는 것은 비트겐슈타인이 말하는 언어게임을 잘못 해석한 것이다.

참고문헌 Ludwig Wittgenstein, *Philosophical Investigations*, Blackwell Publishing, 1953.

참조 게임이론, 그림이론, 논리실증주의, 말할 수 없으면 침묵하라, 맥락주의 컨텍스츄얼리즘, 보편문법, 의미, 의미론, 이성, 이성론/합리주의, 진리의미론(타르스키), 프레게의 퍼즐

대당사각형
Square of Opposition | 対立四边形

모든 사람은 죽는다. A가 이렇게 말하자 듣고 있던 B가 '그것은 틀렸다'고 반박했다. A와 B는 여러 가지 주장을 하면서 자기 말을 증명해 보였다. 그렇다면 이 단순해 보이는 논쟁을 어떻게 판명할 것인가? 대체로 사람들은 다음과 같이 생각하고 그것을 명제라고 믿는다. '모든 사람은 죽었다. 예전에도 죽었고, 현재도 죽고 있으며, 앞으로도 죽을 것이다.' 물론 이 명제의 정확한 진술은 '지금까지 모든 사람은 죽었다'이다. 그런데 '모든 사람은 죽는다'의 반대는 '모든 사람은 죽지 않는다'이고 한쪽은 반드시 거짓인 모순은 '어떤 사람은 죽지 않는다'이다. 모순 관계일 때 참과 거짓을 정확하게 판별할 수 있다. 즉, '모든 사람은 죽는다'가 참이라면 '어떤 사람은 죽지 않는다'는 거짓이다. 이 대립적 관계가 대당對當, opposition이고 이 형식논리를 토대로 아리스토텔레스는 삼단논법 Syllogism을 대당사각형으로 표현했다.

대당사각형對當四角形은 아리스토텔레스가 정초한 전통논리학에서 같은 주어와 술어로 구성된 네 형식의 정언명제를 사각형 형태로 배열한 것이다. 여기서 대당이란 논리적으로는 같은 값을 가지고 있으나 대립하는 관계를 말한다. 이 대당은 무엇으로부터 무엇을 직접추론直接推論하는 데 유용하다. 앞에서 본 것처럼 대당을 이용하여 모순 명제를 직접 추론할 수 있다. 명제는 참과 거짓을 의미하지 않으므로 단순하게 논리 성립 여부만을 따진다. 가령 '이 법을 위반하면 처벌받는다'는 명제는 위반한 사람이 없어도 성립하는 것과 마찬가지다. 그러므로 논리적으로 추론할 때는, 경험과 지식을 배제하는 것이 바람직하다. 이때 유의할 것은 라틴어와 인도유럽어의 통사구조가 다를 뿐 아니라 한국어를 포함한 다른 언어에서 명제에 대한 의미표현도 다르므로 혼란이 생긴다는 점이다.

가언명제와 복합명제를 제외한 모든 문장은 네 가지로 구분된다. 정언명제 A 형식은 '모든 S는 P이다', 정언명제 E 형식은 '모든 S는 P가 아니다', 정언명제 I 형식은 '어떤 S는 P이다', 정언명제 O 형식은 '어떤 S는 P가 아니다'라는 논리값의 명제이다. 대당 모순 관계인 A와 O, E와 I는 하나가 참이면 하나는 반드시 거짓이다. 이처럼 X자로 배치된 모순 명제를 통해서 참과 거짓을 판별할 수 있다. 가령, '어떤 사람은 죽지 않는다'가 거짓이므로 '모든 사람은 죽는다'가 참이 되는 것이다. 하지만 대당 반대 관계인 A와 E는 하나가 참이면 하나는 반드시 거짓이지만 하나가 거짓이라고 해도 다른 하나는 참인지 거짓인지 판명이 되지 않는다. 한편 A와 I, E와 O는 모순이나 반대가 아니고 부분을 의미하는 대소관계 또는 함의 관계implies다. I와 O는 배타적인 반대가 아닌 소반대 관계 subcontraries다.

한편 '모든 봉황은 오동나무에서 잠을 잔다'는 명제는 '모든 봉황은 오동나무에서 잠을 자지 않는다'에서 보듯이 존재를 가정하지 않으면 둘 다 참이 되므로 존재를 가정할 때만이 반대 관계가 성립한다. 이런 이유로 현대논리학에서는 대당사각형 중 모순 관계만을 다룬다. 그런데 '모든 사람은 죽는다'는 '모든 S는 P다'로 표현되며 All S=P로 공식화된다. 이것의 반대인 '모든 사람은 죽지 않는다'는 'S는 P가 아니다'이므로 '어떤 S도 P가 아니다(No S=P)'가 된다. 한편 I 명제인 '어떤 S는 P이다(Some S=P)'의 소반대subcontraries는 '어떤 S는 P가 아니다 (Some S≠P)'가 된다. '~은 죽는다'는 술어를 특정하는 것이 '모든, 어떤, 아무도'가 되는 것이고 객체를 일반화하는 술어를 통해서 명제의 내부구조를 명료하게 추론할 수 있다. 이처럼 술어를 통해서 부정하거나 반대하는 한국어의 경우 주어와 주체를 일반화하거나 특정할 때 서구어와 차이가 생긴다.

19세기의 논리학자 조지 불George Boole, 1815~1864은 A와 E 형식 그리고 I와 O 형

식 사이에는 이런 논리적 추론이 불가능하다는 것을 증명하고 집합이론의 벤다이어그램^{Venn Diagram}이 더 효과적이라는 것을 밝혔다. 그러니까 A와 O, E와 I는 모순 관계이므로 논리 추론이 가능하지만, 나머지는 대당사각형에서 말하는 반대 관계^{contraries}, 소반대 관계^{subcontraries}, 대소관계^{implies/subalterns} 등의 대당관계^{opposition}는 논리 추론이 가능하지 않다는 것이다. 반면 벤다이어그램에서 A의 원소 x가 반드시 B에 포함될 때 즉, x∈A인 임의의 원소 x에 대하여 반드시 x∈B일 때, A는 B의 부분집합이라는 원리가 대소 포함관계다. 벤다이어그램을 통하여 더욱 분명해진 것은 참과 거짓이 모순 관계일 때 논리 추론이 가능하다는 사실이다. 이처럼 대당사각형은 불확실한 것으로 비판을 받고 논리적으로 불완전하다고 판명되었지만, 때에 따라서 여전히 유용하게 쓰인다.

참조 논리·논리학, 동일률·모순율·배중률, 명제, 분석명제·종합명제, 사실, 술어논리, 정언명제, 충분근거율

정복자 지나

Conqueror Jina | 征服者 耆那

'무살생과 비폭력만이 인류를 구하는 유일한 길이다. 비폭력을 믿는 사람은 살아있는 신을 믿는 것과 같다.' 이것은 『간디어록』에 나오는 말이다. 이처럼 간디는 비폭력 평화주의를 제창하면서 일생을 수도자처럼 살았다. 그 누구에게도 해를 끼치지 않으려는 이 사상은 세계의 주목을 받았고 마침내 그는 성인을 의미하는 칭호, 마하트마Mahatma로 불리게 되었다. 마하트마 간디Mahatma Gandhi, 1869~1948는 힌두교도였지만 자이나교의 비폭력 평화주의로부터 많은 것을 배웠다고 알려져 있다. 제인Jane으로 알려진 자이나교는 독특한 사상과 정신으로 인하여 인도는 물론이고 여러 나라에 큰 영향을 미치고 있는 종교이자 철학이다. 특히 모든 것은 자기 자신에게 달렸다는 것이 자이나교의 가장 중요한 교리다. 교리에 충실한 자이나 교도들은 살생을 피하는 한편 경건한 종교 생활을 하는 것으로 정평이 있다.

자이나교에서는 창조주나 심판자가 없고 영원한 세상은 영원히 존재할 뿐이다. 그러므로 인간의 유일한 목표는 무한히 반복하는 윤회의 사슬을 끊고 신적인 존재Divine Being가 되는 것이다. 그 존재는 모든 고통과 억압으로부터 해방된 존재이고 해탈한 상태다. 이 세상의 욕망과 고통을 모두 정복한 존재인 지나는 영웅인 마하비라Mahavira이기도 하다. 그러자면 살생이나 다른 존재에게 해가 되는 일을 해서는 안 된다. 왜냐하면, 생명이 있는 존재는 물론이고 생명이 없는 존재도 영혼을 가지고 있기 때문이다. 모든 영혼은 평등한 것이고 인간은 그 평등한 질서를 존중해야 한다. 다섯 개의 영혼을 가진 인간은 이전에 쌓은 카르마

Karma, 業를 지워야만 윤회에서 벗어나 신적인 존재가 될 수 있다. 그런데 인간이 생명을 죽이면 카르마의 무게가 무거워지고 속죄의 기간이 연장되므로 인간은 다른 존재로 다시 태어나 영혼의 무게를 가볍게 해야 한다.

불교의 카르마와 달리 자이나교의 카르마는 원인과 결과가 연속되는 유물론적 인과율이다. 그런데 한 존재의 카르마를 가볍게 하려면 비폭력Non-violence, 진실함Truthfulness, 훔치지 않는 것Non-stealing, 불음不淫, 무소유를 지켜야 한다. 그래서 철저한 고행과 금욕주의를 원칙으로 하는 자이나교도들은 어떤 생명도 죽이지 않으려고 비로 쓸면서 길을 걸어간다. 이것은 단순한 계율을 넘어서 다른 모든 존재에게 해가 되지 않는 언행을 의미한다. 폭력과 살생에 의도가 있으면 그의 카르마는 더욱 무거워진다. 또한, 올바른 이야기라고 하더라도 상대방에게 공격적 느낌을 준다면 말을 하지 않음으로써 언어폭력을 행사하지 않는 길을 택한다. 아울러 자이나교도들의 사유는 '옳다, 그르다, 이것이다, 이것이 아니다'와 같은 단정을 피한다는 점에서 상대주의적 인식론에 속한다.

이들이 특히 강조하는 것은 자기성찰과 명상이다. 자이나교도들이 수도원과 숲속에서 혼자서 명상하는 것은 자기를 이기기 위해서다. 앞에서 본 것처럼 모든 것은 자기에게 달렸으므로 올바르게 생각하고 올바르게 행동하면 윤회의 사슬에서 벗어날 수 있다. 그런데 인간은 여러 가지 이유로 계율을 지키기가 쉽지 않다. 그러므로 출가한 수도자처럼 명상과 수행을 통해서 자기를 정복하고 자아를 패배시켜야 해탈에 이를 수 있다. 이런 존재를 의미하는 정복자 지나Jina는 자기로부터 해방된 자, 완성된 존재, 위대한 용사, 승리자라는 뜻이다. 이 정복자 지나는 윤회를 끊고 해탈을 지나 영혼이 정지한 니르바나에 이른다. 그런데 자기 안의 적을 정복하고 욕망과 유혹을 이긴 다음 해탈로 나가려면 정견正見, 정지正知, 정행正行을 해야 한다. 이런 실천을 통해서 윤회의 사슬을 한 단계씩 높이는 것이므로 철저한 수행이 필요하다.

마하비라Mahāvīra, BCE 448?~BCE 376?가 창시자로 알려진 자이나교에서는 물질과 정신을 나누는 이원론二元論의 교리를 가지고 있으며 생명jiva과 비생명Ajiva을 분리하고, 비생명은 다시 운동의 원리인 공空과 정지의 원리인 비공非空, 공간과 시간으로 나누어진다고 본다. 모든 것이 자기에게 달렸다는 자이나교의 슈라마나Shramana 전통은 신화, 예식, 경전을 중심으로 하는 브라마나Bramana 전통과 구별된다. 그런 점에서 자이나교는 초월성을 인정하는 브라흐만계 힌두교와 다르며 모든 것이 마음에 달렸다고 보는 불교와 유사하다. 그러므로 이들은 무엇에 집착하지 않고, 소유의 욕심을 내지 않으며, 명예와 권력을 추구하지 않으면서 성실하게 사는 것을 원칙으로 한다. 이처럼 고행과 평화와 비폭력을 위주로 하는 자이나교는 지나치게 이상적이라는 비판을 받는다.

참조 공간, 마야 환영, 마음, 브라흐만, 시간, 시공간, 아트만, 영혼, 윤회사상, 인과율·인과법칙, 적멸의 니르바나, 정신, 제행무상, 존재론, 창조론, 카르마

딜레마

Dilemma | 困境

청년 P는 곤경에 처했다. 왜냐하면, P가 만약 영자를 좋아하면 순이가 화를 낼 것이고, 순이를 좋아하면 영자가 화를 낼 것이기 때문이다. P가 동시에 두 사람을 좋아할 수 없는 상황에서 한 사람을 선택하면 어떻게 하더라도 문제가 생긴다. 이처럼 이럴 수도 없고 저럴 수도 없을 때 '딜레마에 빠졌다'고 말한다. 딜레마는 그리스 어원에서 두 가지 가능성이 있는 전제 또는 이중 명제double proposition라는 뜻이다. 일상생활의 대화에서도 자주 등장하는 딜레마는 진퇴양난進退兩難에 빠져서 이럴 수도 없고 저럴 수도 없는 상황을 말한다. 딜레마에 봉착할 경우 하나를 인정하여 패배를 선언할 수밖에 없다. 딜레마의 어원인 렘마lemma는 전제, 보조정리, 주제, 명제를 의미하고 di는 둘을 의미하므로 딜레마dilemma는 두 개의 전제, 보조정리, 주제, 명제라는 뜻이고 트릴레마trilemma는 세 개의 전제, 보조정리, 주제, 명제라는 뜻이다.

딜레마는 양날의 칼 즉, 양도논법兩刀論法이라고 하며 두 개의 가언 전제를 대전제로 하고 선언판단을 소전제로 하여 결론을 내는 삼단논법이다. 이를테면 '하인즈는 약을 훔치면 법을 어긴다'(대전제 1), '하인즈가 약을 훔치지 않으면 아내는 죽는다'(대전제 2)(두 개의 가언 전제), '그러므로 하인즈는 약을 훔치거나 아내가 죽는다'(소전제), '따라서 하인즈는 법을 어기거나 아내가 죽는다'(결론). 이처럼 딜레마를 대하는 방법은 딜레마를 피하거나 정면으로 돌파하는 방법이 있는데, 피하는 논법은 선언 전제가 불확실한 것을 공격하여 결론을 물리치는 방법이다. 예를 들어 '철수는 공부하기를 좋아하거나 싫어할 것이므로 공부를 권유할 수 없다'라는 딜레마라면 철수는 공부를 좋아하거나 싫어하지 않는 다른 이유가 있다는 것을 주장하여 '공부를 권유할 수 있다'는 결론을 낼 수 있다.

딜레마는 형식에 따라서 결론이 하나로 구성된 단순 딜레마와 둘 이상으로 구성된 복합딜레마, 내용에 따라서 구성적 딜레마와 파괴적 딜레마가 있다. 첫째, 단순구성 딜레마는 'A라면 C이고 B라면 C이다', 'A나 B다', '그러므로 C다' 둘째, 단순파괴 딜레마는 'A라면 C이고 A라면 D이다', 'C가 아니든지 D가 아니다', '그러므로 A가 아니다' 셋째, 복합구성 딜레마는 'A라면 C이고 B라면 D이다', 'A이거나 B이다', '그러므로 C이거나 D다' 넷째, 복합파괴 딜레마는 'A라면 C이고 B라면 D다', 'C가 아니거나 D가 아니다', '그러므로 A가 아니거나 B가 아니다' 등 네 형식이 있다. 이 딜레마는 '죽으면서 사는 것은 불가능하다'라는 것과 같은 부정판단의 모순율과 '모든 사람은 죽거나 죽지 않는다'라는 것과 같은 중간이 없는 배중률排中律의 형식과 유사하다. 배중률은 명제의 참과 거짓만 있고 중간은 없애는 추론의 원리다.

딜레마를 정면 돌파하는 방법은 전제가 모두 타당하다는 것을 인정함으로써 오히려 반대로 결론이 나도록 하는 것이다. 이 딜레마를 설명하는 것은 '딜레마의 뿔을 잡다being on the horns of a dilemma/Horned dilemmas'가 있는데 이것은 두 개의 뿔 중에서 하나를 잡을 때 딱딱하고 위험한 것을 잡을 수밖에 없는 상황에 놓였다는 뜻이다. 일반적으로 딜레마의 전제는 명료하고 타당하므로 문제가 없다. 하지만 어떻게 하더라도 문제가 되기 때문에, 이럴 수도 없고 저럴 수도 없는 상황에 놓인다. 그러나 반드시 선택은 해야 한다. 가령, 암에 걸린 아내를 살리기 위해 약을 훔칠 수밖에 없는 하인즈 딜레마는 '반박할 수 없는 딜레마'다. 즉 '법을 어기거나 아내가 죽거나'라는 두 전제 사이에서 '하인즈는 아내를 살리기 위해서 약을 훔칠 수밖에 없다'. 또는 '하인즈는 법을 지킴으로써 아내를 죽도록 한다'는 결론이 나고 이 결론은 반박할 수 없는, 즉 필연적으로 난관에 봉착하는 결론에 이른다.

두 가지의 조건이 주어지는 딜레마와 달리 삼도논법三刀論法이라고 불리는 트릴레마trilemma가 있다. 세 가지 전제가 있는 트릴레마 역시 어떤 것을 선택하더라도 문제가 생긴다. 그리스의 철학자 에피큐러스Epicurus, BCE 341~BCE 270는 신을 부정하면서 트릴레마를 이용했다. 그는 '만약 신이 악을 물리칠 수 없다면 신은 전능하지 않다, 만약 신이 악을 물리칠 의지가 없다면 신은 선하지 않다, 만약 신이 악을 물리칠 의지가 있고 능력이 있다면 왜 악이 존재하는가'처럼 특이한 수사법으로 회의론을 전개했다. 여기서 에피큐러스는 앞의 두 전제를 가지고 또 다른 전제를 만들어 신의 존재를 부정하고 있다. 딜레마와 트릴레마는 토론이나 논쟁에서 매우 효과적이다. 전제가 모두 타당한 조건을 제시하고 선택을 강요하거나, 필연적인 답을 유도할 수 있기 때문이다. 하지만 논리학에서 딜레마와 트릴레마는 불완전한 논리로 간주된다.

참조 귀납·연역·귀추, 논리·논리학, 논증·추론, 대당사각형, 동일률·모순율·배중률, 명제, 분석명제·종합명제, 정언명제, 죄수의 딜레마, 충분근거율

중관사상

Madhyamaka | 中观思想/三论宗

그는 욕정에 빠져 궁궐의 여러 궁녀를 범했다. 투명인간의 은신술을 익혔기 때문에 궁궐에 잠입하여 예쁜 궁녀를 범할 수 있었다. 어느 날 왕은 무사를 시켜 허공을 베게 하여 그의 친구 세 명이 죽었으나 그는 왕 가까이 숨었기 때문에 겨우 목숨을 부지했다. 죽음의 문턱에 갔던 그는 인간의 욕망이 의미 없음을 깨우치고 정진을 거듭하여 중관사상 또는 중도론을 정립했다. 그는 인도의 나가르주나 용수龍樹, 150경~250경인데 『중론中論』을 저술하여 대승불교 철학의 토대를 세웠다. 그의 사상은 '이 모든 존재는, 생기지도 않고 없어지지도 않으며, 더럽지도 않고 깨끗하지도 않으며, 늘지도 않고 줄지도 않는다是諸法空相 不生不滅 不垢不淨 不增不減'는 『반야심경』에 잘 나타나 있다. 그가 정립한 수냐타 공은 무無가 아니고 자성이 없이 조건에 따라서 생기生起하는 현상이다.

대승불교 중관학파中觀學派, Mādhyamika는 모든 것은 그 자체로 존재하면서 실재하는 것이 아니라 변화하는 연기법에 따라 잠시 현상하므로 실제로는 비어 있는 공emptiness으로 본다. 그런데 본질이나 본체는 그 자체로 존재할 수 있는 자성自性이 있지만, 현실의 모든 현상은 상호의존적이어서 자성이 없다. 따라서 모든 것 즉, 현상은 연기緣起하고 인과가 있는 무자성無自性의 공空일 뿐이다. 그래서 나가르주나는 단 하나의 존재도 인연因緣에 의하여 잠시 생겨난 것으로 보았다. 이렇게 볼 때 인간이 현실, 사실, 실재, 실체라고 하는 현상은 무자성하고 상호의존적인 공의 변화이며 그것이 바로 모든 존재法의 실제 모습인 제법실상諸法實相이다. 예를 들면 물에 비친 달은 허상이지만 비친 것 자체를 부정할 수 없는 현실의 현상이고 하늘의 달은 독립적으로 존재하는 본질이다. 그러니까 상호관계에서 실체와 현상이 결정되는 것이다.

인간은 인식과 언어를 사용하여 무엇을 알고, 깨우치며, 소통하는 존재이기 때문에 공의 본질^{Svabhava}을 알 수 없다. 가령 사과라는 물체가 존재하는 것처럼 보이는 것은 '사과'라는 언어가 마치 고유한 자성을 가진 것처럼 표현되기 때문이다. 그리고 인간의 감각이 사과를 실재하는 것으로 인식하기 때문이다. 한편 인간이 무엇을 인식하는 과정에서 망상과 분별심이 생기고 무엇에 집착하는 마음이 생긴다. 이 분별 때문에 온갖 망상이 생기므로 망상인 희론^{戱論}을 적멸해야만 공의 본질을 볼 수 있다. 그런데도 인간은 지각과 감각을 통하여 무엇을 인지한다. 그리고 헛된 욕망과 번뇌로 괴로워한다. 하지만 공은 실체가 아니다. 왜냐하면 있으면서 없는 것이기 때문이다. 공은 인식의 방법이자 존재의 현상이다. 그리고 인식하는 '나' 역시 공이다. 결국 나는 무아^{無我}이며 한곳에 집착하지 않기 때문에 중도^{中道}이다.

중관사상은 유식사상^{唯識思想, Yogacara}에 의해서 보완되고 발전되었다. 하지만 중관사상의 수냐타 공^空으로는 세상을 설명하기 어렵다. 그래서 공을 기반으로 유식 사상을 정립한 아상가 무착^{Asanga 無着, 300~390}은 마음이 세상을 구성한다고 말했다. 그러니까 삼라만상은 인간의 마음이 인식한 결과다. 유식사상은 지각과 인식을 중요하게 여기고 인식을 가능케 하는 제7 말라식이 세상을 구성한다고 본다. 유식사상의 출발점인 중관사상은 '어떤 것 그 자체는 있는 것이지만 있는 것은 끊임없이 변화하기 때문에 고정되지 않는 것이고 그러므로 없으면서 있는 것과 같다'라는 불교 철학의 개념이다. 그런데 중관사상은 현실과 세속의 상대적 진리이자 언어로 표현되는 세속제^{世俗諦, Sammuti-sacca}와 그 언어적 의미를 넘어서는 궁극의 절대적 진리이자 본질인 승의제^{勝義諦, Paramattha-sacca}로 나눈다. 세속제는 '우주의 모든 것은 현상이며 그 현상은 연기의 법칙으로 구성되어 있다'는 것을 밝힌 것인데 이 세속제를 이해해야만 생사 불멸의 원리인 승의제를 얻을 수 있다.

따라서 모든 것에 대한 인식, 지각, 심상, 의미, 개념, 실체 등은 인간의 마음이 만든 허상이며 그 허상이 만든 개념 또한 허상이다. 마음이 만든 허상을 실재로 보는 것은 인식의 오류다. 나가르주나는 이처럼 망상과 허상을 파사현정破邪顯正하고 존재의 본질인 공을 직시하는 것이야말로 연기와 공의 본질을 깨우치고 니르바나涅槃로 나가는 길이라고 보았다. 여기서 공은 실체가 아니고 존재의 원리를 말하는 것이므로 공 또한 공인 공공空空이 공의 본질이다. 이처럼 세상의 모든 것은 실제로는 존재하는 것이 아니므로 생사소멸이 있다는 것은 망상이다. '나'도 결국 자기를 대상으로 한 현상일 뿐이고 의식의 결과일 뿐이다. 따라서 존재 자체가 허상이므로 적멸의 열반도 없고 윤회의 해탈도 없다. 그러므로 중관사상에서는 '생사와 열반은 같고 번뇌와 각성도 같은 것生死卽涅槃 煩惱卽菩提'으로 간주한다.

참고문헌 Jan Westerhoff, *Nagarjuna's Madhyamaka : A Philosophical Investigation*, Oxford University Press, 2009.

참조 공/수냐타, 교외별전, 리얼리즘/실재론〔철학〕, 마야 환영, 마음, 맹목적 생존의지, 무, 물자체, 변증법, 브라흐만, 색즉시공, 아트만, 유식사상, 인식론, 적멸의 니르바나, 제행무상, 존재·존재자, 존재론, 카르마

맹목적 생존의지[쇼펜하우어]

Will to Live | 生存意志

죽음이 삶에게 물었다. '이제 그만 죽지 않겠소?' 그러자 삶이 '아니, 나는 더 살아야 하고 더 일해야 한다'고 답했다. 그러자 죽음이 다시 삶에게 물었다. '산다는 것이 무슨 의미가 있는 것이오? 어차피 죽을 텐데 —.' 그래도 삶은 '하여간 나는 죽고 싶지 않고 무조건 살아야 한다'라고 답했다. 죽음이 돌아서면서 이렇게 말했다. '참 한심한 친구로군. 산다는 것은 생존의 시간을 조금 연장하는 것일 뿐, 아무 의미가 없는데 저 친구는 집착과 욕망에 가득 차 있으니 진리를 볼 수는 없겠네.' 삶도 돌아서면서 이렇게 말했다. '나는 어떻게 하든 살고 싶고, 살아야 하고, 또 살 것이다.' 삶의 생명에 대한 의지는 차고도 넘쳤다. 이 우화에서 보듯이 죽음과 삶은 서로 다른 관점에서 한 존재를 판단하고 있다. 이 대화에서 죽음이 말한 것은 고통의 바다에서 허우적거리는 인간해방이고 삶이 말한 것은 인간의 맹목적 생존의지다.

독일의 철학자 쇼펜하우어^{A. Schopenhauer, 1788~1860}는 인간이 살고자 하는 것은 맹목적 생존의지가 작동하기 때문이라고 말했다. 목적이 없으므로 의미도 없다. 그저 의미 없는 하루하루를 살 뿐이다. 그가 말하는 맹목적 생존의지는 본능, 욕망, 희망, 목표를 포함하면서 유기체 안에서 작동하는 생존의 힘이다. 그러니까 인간은 무엇을 욕망하는 존재이지만 그 욕망은 결코 충족될 수 없다. 왜냐하면, Z라는 욕망을 달성하면 그다음 Y라는 욕망이 생겨나고 Y를 달성하면 W라는 욕망이 생겨나기 때문이다. 그러므로 권대, 의지의 작용, 일시적 해결, 불만족, 고통의 악순환이 계속된다. 그렇다면 이 문제를 어떻게 해결할 수 있을까? 쇼펜하우어는 살고자 하는 생존의지를 정지시키거나 약화시켜야 한다고 주장한다. 그러면 더 이상 고통을 느끼지 않아도 될 뿐 아니라, 마음이라는 스크린에서 상연되는 헛된 인생의 꿈도 깰 수 있다는 것이다.

불교와 힌두교에 심취했던 쇼펜하우어는 인간 존재에 대한 깊은 사유 끝에 역작 『의지와 표상으로서의 세계The World as Will and Representation』1819를 썼다. 헤겔이 역사의 진보, 총체성의 사회, 변증법적 역사철학 등 시대정신을 이야기할 때 쇼펜하우어는 고독하고 고통스러운 인간 존재와 자기 육체와 분리된 내적 경험을 이야기했다. 그에 따르면 모든 인간은 무엇을 하고자 하는 맹목적 의지가 있다. 그런데 그 생존의지는 기독교의 원죄의식에서 보는 것처럼 사악하거나 탐욕스럽다. 따라서 이 맹목적 생존의지를 정지시켜야만 고통에서 해방될 수 있다. 쇼펜하우어는 인도의 브라흐만 사상과 불교 철학에서 말하는 열반涅槃과 적멸寂滅을 인간해방의 방법이라고 역설한다. 이로 인하여 그는 염세주의자 또는 허무주의자로 잘못 알려지게 되었는데, 그는 세상의 본질과 인간의 존재를 직시하려는 철학자였다.

경험론적이고 불교적이지만 독일관념론의 계보에 속한 그는 세상을 인간의 마음에서 상연되는 한 편의 꿈에 비유했다. 그는 이것을 우주 자연의 보편적 대의지Great Will와 개별자의 소의지will로 구분한다. 그 의지가 플라톤이 말한 관념의 이데아idea로 바뀌었다가 다시 현실로 표상된다. 따라서 세상은 정말 존재하는 것이 아니라 (본질이라고 할 수 있는) 물자체thing-in-itself가 시간, 공간, 인과율에 의해서 외부로 드러난 현상에 불과하다. 그러므로 세상은 감각과 관계없이 존재하는 본체noumena가 아니다. 그리고 인간은 의미와 목적이 없이 그냥 살기 때문에 비합리적 생존을 영위할 뿐이다. 그것이 바로 세계의 본질이다. 그래서 생은 고통이다. 이런 그의 철학은 브라흐만 사상의 브라흐만과 아트만 그리고 불교의 중도론과 유식사상唯識思想의 영향을 받은 것으로 알려져 있다.

프로이트 심리학, 진화론, 실존주의의 전조였고 니체철학과 하르트만의 미학에 큰 영향을 미친 쇼펜하우어에 의하면 '세상은 나의 표상이다'. 사람들은 금욕과 성찰을 통하여 표상表象, representation이 현상임을 직시하고 진리와 본질을 깨우쳐야 한다. 그것이 개별자인 나와 보편자인 세상의 일치이고 그 일치를 통해서 맹목적 생존의지를 극복할 수 있다. 따라서 깊은 각성을 통하여 본질을 보거나 정신의 안식처이자 도피처인 예술에 몰입하여 의미를 찾는 것이 좋다. 쇼펜하우어에게 예술은 영혼의 안식처가 되지만 이 역시 일시적인 위안일 뿐이므로, 결국 본질을 직관적으로 직시하고 인간 존재의 진리를 알아야 한다. 맹목적 생존의지는 플라톤의 이데아와 칸트의 관념론 그리고 기독교 전통 속에서 발전한 사상이기 때문에 독창적이면서 동양철학과 서양철학을 접목했다는 의미가 있다.

참고문헌 Arthur Schopenhauer, *The World as Will and Representation*, translated by E.F.J. Payne, Colorado : The Falcon's Wing, 1958.

참조 관념론, 권력의지/힘에의 의지, 마야 환영, 마음, 브라흐만, 색즉시공, 실존주의, 아트만, 이기적 유전자, 적멸의 니르바나, 제행무상, 존재·존재자, 존재론, 죽음 충동, 중관사상, 카르마

무극이태극

Non Polar and yet Supreme Polar | 无极而太极

　'무극의 진리와 음양오행의 정기가 묘하게 합쳐지고 엉겨서, 건의 도는 남자를 이루고 곤의 도는 여자를 이룬다. 두 기운이 서로 느끼어서 만물이 생긴다. 만물은 서로 생성하면서 끊임없이 변화한다. 오직 사람이 그중 뛰어나고 영적인데 형체가 생성되고 나서 신묘한 정신이 발휘된다.' 이 문장은 성리학의 시조로 추앙받고 있는 송의 염계 주돈이^{周敦頤, 1017~1073}의 『태극도설太極圖說』 중 한 부분이다. 여기서 남녀는 남성과 여성을 넘어서서 만물의 원리를 말하는 것이다. 또한, 두 극極은 기운과 정기에 의한 기질의 차이를 말하는 것이면서 음양의 원리가 드러나는 현상을 의미하는 것이다. 그러니까 만물은 음과 양의 정기精氣가 만나 생성되고 변화한다. 이처럼 『태극도설』은 음양을 비롯한 여러 이론으로 만물의 생성과 변화를 설명한다. 이 글은 많은 논란이 있지만 가장 중요한 성리학의 경전으로 꼽힌다.

　송의 관리이자 유학자였던 주돈이는 태극도를 그리고 그 태극도를 설명하는 글을 남겼다. 그 순서는 무극이태극無極而太極, 음정양동陰靜陽動, 오행五行, 건곤남녀乾坤男女, 만물화생萬物化生이다. 무극이태극은 주돈이의 태극도설에서 유래한 것으로 무극은 곧 태극이고, 태극은 우주 만물의 근원이라는 동양철학의 이론이다. 송의 역사서인 『국사國史』에 나오는 『태극도설』의 첫 번째 문장이 자무극이위태극이다. 이에 대한 해석을 둘러싸고 천년간 논쟁이 벌어졌는데 그것은 첫째, 원래 자무극이위태극自無極而爲太極이었는데 주자가 태극이무극으로 고쳤다는 것이며 둘째, 무극과 태극의 의미와 생성변화를 어떻게 이해하느냐에 대한 것이다.

그러니까 당시 도가들의 주장인 무극에서 태극이 나온다는 자무극이위태극과 주자가 주장하는 무극과 태극은 같은 것이라는 무극이태극은 두 글자 차이로 인하여 뜻이 전혀 달라진다. 주자의 주장은 연결사 이而가 있으므로 무극이면서 태극이고 태극이면서 무극이라는 하나의 개념인 '무극과 태극'으로 볼 수 있다는 것이다.

성리학의 대가 주자 주희朱熹, 1130~1200는 유물론적이고 현실주의적 관점에서 태극에 주목했다. 왜냐하면, 태극에 내재한 이理의 운용으로 기가 발하여 음양과 오행이 작용하고 만물이 변화하기 때문이다. 이것을 주희는 형상과 형체가 없는 이理를 원리 또는 질서로 보았다. 그리고 이가 작용하기 위해서는 기氣가 필요하다고 보았다. 그런데 이 형이상학적인 무극의 이와 형이하학적인 태극의 기는 다른 것이 아니므로 무극과 태극은 하나다. 아울러 주자는 태극만을 따로 떼어 놓는다면 태극을 사물로 잘못 이해할 수 있으므로 무극과 함께 썼다고 설명했다. 그런데 주돈이는 '태극이 움직여 양을 낳는다太極動而生陽'라고 하여 무극은 움직이지 않는 것, 태극은 움직이는 것으로 설정했다. 그러니까 의식의 미발을 지나 분별심이 생기는 태극에서 원리인 이가 현상인 기로 작용한다. 또한, 이理는 초월성과 창조성을 가지고 기의 취산聚散을 주관한다.

원래 태극은 우주 만물의 변화를 해석하는 『주역』의 「계사전」에 나오는 말이다. 「계사전」에는 '변화에 태극이 있고 그것이 양의를 낳으며 양의는 사상을 낳고 사상은 팔괘를 낳는다易有太極 是生兩儀 兩儀生四象 四象生八卦'고 적혀 있다. 주자는 이에 근거하여 (공맹사상을 발전시키고자) 「계사전」에서 말하는 태극이 양의-사상-팔괘로 변화한다는 것과 음양오행의 과정을 이가 주관한다는 관점에서 무극이태극이라고 했다. 그런데 주자는 초월적이고 신비적인 도가의 현학玄學을 부정하는 한편 주돈이가 도가의 사상을 그대로 수용하지 않았다는 것을 보여줄 필요가 있었다. 특히 태초부터 우주가 그대로 존재한다는 유물론적 세계관을 가진 주자는 우주의 원래 상태인 무극이 곧 태극이고 태극이 곧 무극이라고 생각한 것이다. 한편 노자가 『도덕경』 28장에서 '참된 덕은 어긋남이 없어 무극에 돌아간다常德不忒 復歸於無極'라고 말한 것은 우주생성의 최초 원인이자 원리가 바로 극이 없는 상태無極임을 말한 것이다.

주자가 해석한 무극이태극은 공자와 맹자의 심성론과 수기치인修己治人의 현실주의를 우주생성론에 연결한 세계관이자 인간관이다. 이 세계관에서 인간은 '무극과 태극'에서 생겨나고 음양과 오행에 의해서 존재한다. 그런데 무극은 태극이지만 태극은 무극이 아닐 수도 있다. 따라서 태극이 더 핵심이다. 그러므로 태극이야말로 인간이 존재하는 시원이고 이치이며 도덕이다. 주자에 의하면 무극無極의 이理가 극에 달하여 태극이 된 다음, 움직이는 힘은 양이 되고 정지한 힘은 음이 되는데, 음양의 기운이 물, 불, 나무, 쇠, 땅水火木金土의 원소와 융합하면서 변화하는 것이 오행이다. 이것을 주자는 주돈이의 태극도설에서 찾아 송명이학宋明理學의 핵심인 성리학의 출발점으로 삼았다. 이런 주자의 생각은 금수禽獸와 이적夷狄인 금에 쫓겨 남하한 남송의 시대적 상황에서 인간의 성정과 이치를 고구하면서 얻은 철학적 사유였다.

참고문헌 朱熹, 『太極解義』.

참조 공/수냐타, 격물치지, 도, 무, 사단칠정, 색즉시공, 성리학, 성즉리, 심즉리, 역사적 유물론/유물사관/사적 유물론, 원자, 유물론, 음양오행, 의상, 인물성동이론, 인심도심, 제행무상, 존재론, 중화주의, 창조론, 춘추대의, 화이관

삼위일체

Trinity | 三位一体

'아름다운 유성 하나가 마치 지금 들린 저 구슬픈 음향이 빛을 동반하고 있듯이 우리 머리 위를 지나 같은 방향으로 흘러갔습니다. '저건 무엇이죠?' 하고 스테파네트 양이 낮은 소리로 물었습니다. '천국으로 들어가는 영혼입니다. 아가씨' 하면서 나는 성호를 그었습니다. 아가씨도 성호를 그었습니다.' 이렇게 하여 '나'와 '아가씨'는 밤을 지내게 되었다. 아름다운 그림과 같고 한 편의 시와도 같은 이 장면은 알퐁스 도테Alphonse Daudet의 단편소설 「별」에 나온다. 도테는 산에서 양을 치는 목동과 주인집 스테파네트 아가씨의 청순한 사랑을 별처럼 아름답게 서술하여 많은 사람에게 감동을 선사했다. 여기서 목동은 흘러내리는 유성을 보고 '성부와 성자와 성령의 이름으로' 즉 삼위일체의 이름으로 영혼을 위해 하느님께 기도하는 장면이 있다. 기독교인들은 항상 이런 기도를 하면서 신을 경배한다.

삼위일체는 '하느님인 성부Father, 聖父, 그의 아들인 성자Son, 聖子 그리스도, 그리고 신성한 성령Holy Ghost, 聖靈은 하나'라는 기독교 교리다. 325년 니케아 공의회에서 채택한 삼위일체는 이위일체주의Binitarianism나 유니테리언의 단위일체주의Unitarianism와 달리 하나의 본질인 신이 세 위位의 신성한 존재로 드러난다는 것이 핵심이다. 이것은 170년 안티옥의 테오필루스Theophilus가 주장한 신, 말씀logos, 지혜, 인간 중 '신은 성부, 말씀은 성자 그리스도, 지혜는 성령'에 해당한다고 보는 견해가 있다. 여기서 중요한 것은 성자 그리스도는 신인 성부와 동일본질homoousios이며 영원한 신이라는 것이다. 이성적으로 이해되기 어려운 삼위일체가 정통교리가 된 것은 니케아 공의회 때 황제 콘스탄티누스가 로마제국의 단결을 위해서 통일 교리를 강력하게 요구했기 때문이라고 알려져 있다. 삼위일체를 부정하는 교리 때문에 아리우스파는 이단으로 배척당했다.

삼위일체설에 의하면 신은 절대 단독주체Absolute Singleness가 아니고 복수이므로 세 가지 성품을 가질 수 있다. 여기서 말하는 성품은 신성神性과 인성人性이다. 신神인 성부가 인간을 구원할 때 성령聖靈이 신과 인간을 이어준다. 삼위일체 교리에서는 독생자 그리스도가 인간을 구원하기 위하여 세상에 재림한 메시아Messiah라는 것을 명확히 했다. 그런데 창조자이자 주관자인 성부 신은 직접 드러나지 않으므로 그리스도가 신을 대리하여 인간을 구원한다는 것이다. 한편 성령은 신과 인간을 이어주는 영적인 존재다. 하지만 삼위일체는 큰 논란이 있는 교리다. 삼위일체를 논리적으로 설명할 수 없으므로 성 아우구스티누스Sanctus Augustinus, 354~430는 '삼위일체를 이해하기 전에 믿어라'라고 권하면서 신의 은총과 영성을 강조했다. 한편 토마스 아퀴나스는, 신은 그리스도와 자연현상으로 드러나므로 신학은 과학이나 철학과 충돌하지 않는다고 보았다.

그 후 삼위일체는 대다수의 기독교 종파에서 진리로 인정되었는데 '신은 모든 곳에 존재할 수 있으며omnipresent, 모든 것을 할 수 있으므로omnipotent 세 형상을 가지는 것이 가능하다'는 기독교 신학의 교리로 정리되었다. 삼위일체라고 하더라도 성부, 성자, 성령의 세 위位는 다르다. 반면 아브라함계통 종교 중 단일신주의Monotheism인 유대교와 이슬람교에서는 '신은 다른 모습으로 현시되지 않는 단일 실체'로 보기 때문에 삼위일체를 인정하지 않으며 유니테리언Unitarian 등 여러 교파에서도 삼위일체를 부정한다. 이처럼 삼위일체를 긍정하는 쪽에서는 '신약성경에서 은유적이고 상징적으로 삼위일체를 추론할 수 있다'는 것에 근거하고, 부정하는 쪽에서는 '정통 구약인 히브리 성경에서 삼위일체를 인정하지 않았다'는 것에 근거한다. 이 삼위일체는 중세 보편논쟁普遍論爭의 핵심이었는데, 그 이유는 초월적 실재인 보편을 인정해야만 성부, 성자, 성령의 삼위일체가 성립하기 때문이다.

개신교에서는 신약성경의 「마태복음」 28장 19절, '그러므로 너희는 가서 모든 민족을 제자로 삼아 아버지와 아들과 성령의 이름으로 세례를 베풀고'라는 대목에서 성부, 성자, 성령을 일체의 것으로 기술하고 있음을 중요하게 여긴다. 그래서 기독교인들은 기도와 예식을 할 때 삼위일체를 경건하게 암송하고 마음에 새긴다. 또한, 대다수 기독교인은 이해하기 어려운 삼위일체를 이해하고 믿는 과정에서 깊은 믿음과 영적 경이를 체험하면서 신앙심을 확인한다. 신학자들은 기독교 교리의 핵심인 삼위일체를 통하여 신이 세상을 창조한 목적과 그 목적이 드러난 말씀의 의미를 설명하고자 한다. 삼위일체는 신이 인간이 되었으므로 인간에게도 신성성이 있다는 기독교적 휴머니즘의 기초가 된다. 궁극적으로 삼위일체는 신과 인간의 일체를 의미하는 것이다. 성령을 성신聖身으로 보고, 성신이 성부와 성자의 몸체로 보는 견해도 있다.

참고문헌 Matthew 28 : 19, John 1 : 1, John 10 : 30.

참조 공포와 전율의 아브라함, 로마제국, 리얼리즘/실재론[철학], 보편논쟁, 본질, 영혼, 예수 그리스도, 이성, 존재론, 종말론, 죽음에 이르는 병, 휴머니즘/인문주의

타자윤리
Ethics of the Other/other | 他者伦理

어느 날 A와 B가 히틀러를 주제로 논쟁을 하고 있었다. '히틀러의 나치가 유대인을 학살한 것이 정치의 문제인가, 인종의 문제인가 아니면 철학과 역사의 문제인가'에 대한 논쟁이었다. A가 '히틀러가 니체나 바그너의 영향을 받기는 했지만, 파르메니데스와 플라톤이 비난받아야 한다'고 말했다. B는 히틀러의 광기나 인종주의가 왜 플라톤과 관계되는지 이해되지 않았다. 그래서 이렇게 말했다. '히틀러의 유대인학살과 과대망상이 플라톤과 관계있다는 것은 도저히 이해할 수가 없다.' 그러자 A는 '동일성의 폭력'이라는 다소 모호한 말로 결론지었다. 이어서 A는, 나치의 폭력에 플라톤이 직접 책임이 있다는 뜻이 아니라 플라톤의 존재론이 서구사회의 전체성에 영향을 미쳤다는 뜻이라고 고쳐 말했다. 그리고 그 존재론이 윤리에 영향을 미쳤다고 설명했다. 이 대화는 나와 타자의 관계를 분석한 레비나스의 타자윤리와 관계가 있다.

리투아니아에서 태어난 유대계 프랑스인이었던 레비나스^{E. Levinas, 1906~1995}는 제2차 세계대전에 프랑스군 장교로 참전하여 포로로 잡혔다. 그가 나치의 수용소에 있을 때 가족이 처형당하는 아픔을 겪었고, 자신도 극도의 공포에 시달리면서 히틀러의 야만성을 뼈저리게 느꼈다. 한편 레비나스는 참전 전인 1928년과 이듬해 독일 프라이부르크대학에서 후설의 현상학을 수강하는 한편 하이데거의 세미나에 참가했다. 그런데 존재론에 대한 탁월한 사유로 명망이 높았던 하이데거가 1933년 프라이부르크대학 총장^{Rector}에 취임하고 나치당원이 되었다는 사실은 그에게 큰 충격을 주었다. 이때 레비나스가 발견한 것은 하이데거의 존재론은 존재의 동일성으로 수렴되는데, 그 출발점이 바로 플라톤의 존재론이라는 것과 자기중심의 존재론이 동일성과 전체성을 조장하므로 타자를 억압하는 논리적 근거가 된다는 것이다. 그것은 플라톤이 사회의 공동 이상을 강조하고 개인과 집단의 동일률을 강요하기 때문이다.

윤리학을 제일철학으로 설정한 레비나스의 철학적 물음은 '유대인은 왜 다른 종교와 다른 문화를 가졌다는 이유로 학살당해야 하는가'에서 시작한다. 그 답은 당연히 인간은 누구나 타인을 존중하는 윤리적인 주체여야 한다는 것이다. 레비나스는 타인을 의미하는 '타자Autrui, the Other'와 자기가 아닌 다른 모든 것을 의미하는 '타자Autre, the other'를 구분하면서 타인에 대한 윤리적 책임을 특별히 강조했다. 레비나스에 의하면 인간은 타자와의 관계 속에서 주체를 형성하는 '홀로 있는 존재자'지만 타자와 상호주체성의 관계에 놓여 있다. 그러므로 인간은 타자에게 윤리적 언어를 사용하고 윤리적 행동을 해야 하며, 타자의 아픔과 고통을 나누고, 타자에게 상처를 주지 않는 윤리적 존재가 되어야 한다. 타자윤리는 레비나스의 윤리론으로 타자를 존중하고 배려하는 윤리다. 타자윤리는 일종의 정언명제다.

플라톤 이후 서구철학의 중심주제였던 존재론을 강조하게 되면 '같은 존재'와 '다른 존재'를 구분할 수밖에 없고 '같은 존재'의 동일성을 바탕으로 '다른 존재'를 억압하게 된다. 또한, 타자를 객관적 실재로 보지 않고, 자기화된 타자로 간주한다. 이 동일자들이 구성하는 전체성totality에서 타자는 존재할 자리가 없다. 여기서 레비나스는 다시 하이데거에 근거하여 현존재인 존재자는 일정한 시간에서만 실존하지만, 타자는 시간을 초월하면서 외재성exteriority으로 드러나는 신의 모습이라고 부연한다. 하지만 동일성을 추구하는 현존재는 '나와 같은 존재'가 아닌 '다른 존재'의 존재 의미를 모르기 때문에 죽여도 되는 타자가 되는 것이다. 따라서 히틀러의 유대인학살은 자기 존재를 강화하고 전체주의를 용인한 플라톤의 철학과 데카르트와 헤겔을 포함한 서구의 존재론이 문제라는 것이다.

여기서 레비나스의 '타자의 윤리학'이라는 실천 중심의 제일철학이 잉태한
다. 그런데 동일성의 자기중심을 극복하기 위해서는 타자의 진정한 얼굴을 이
해할 필요가 있다. 왜냐하면, '얼굴과 얼굴이face to face 대면'하는 현상학적 직관
의 순간에 인간은 무한성infinity의 세계로 이입하면서 신의 초월성을 체험한다.
그것은 타자가, 낯선 얼굴인 것 같지만 사실은 낯설지 않은 얼굴이기 때문이
다. 그 낯선 타자의 얼굴은 '너는 나를 죽이면 안 된다'는 신의 목소리다. 여기
서 말하는 신의 초월성은 유대교의 교리다. 유대주의Judaism의 토라Torah와 카발
라Kabbalah 신비주의는 과거, 현재, 미래를 초월하는 열린 주체의 근거다. 이에 의
하면 초월적인 신을 인지하고 신의 소명에 충실할 때 인간의 존재 의미가 생긴
다. 그러므로 인간은 비대칭적으로 우위에 있는 타자의 도덕적 호명에 따르면
서 타자에 대한 책임을 다하는 윤리적 존재여야 하는 것이다.

참고문헌 Emmanuel Levinas, *Time and the Other*(1948), translated by Richard
A. Cohen, Pittsburgh : Duquesne University Press, 1987; Emmanuel Levinas,
Totality and Infinity : An Essay on Exteriority(1961), translated by Alphonso Lingis,
Pittsburgh : Duquesne University Press, 1969.

참조 내던져진 존재, 대타자·소타자, 부정변증법, 윤리·윤리학, 자아, 자아와 비아, 절대
정신, 제2차 세계대전, 존재·존재자, 존재론, 초월(칸트), 초인/위버멘쉬, 타인의 얼굴,
타자, 현상학적 환원, 현존재 다자인, 호명

실천이성

Practical Reason | 实践理性

도둑이 쫓겨 달아나고 있었다. 그가 어느 우물을 지날 때 어린아이 하나가 우물에 빠지려는 것을 보았다. 그는 걸음을 멈추고 아이를 안아 안전한 곳에 두고서 다시 달아났다. 도둑은 잡히면 죽을 수도 있는 상황에서 자기 목숨보다 모르는 아이의 목숨을 더 소중하게 여겼다. 이 행위는 비도덕적인 도둑이 위험에 처한 아이를 보고 측은한 마음이 들어 도덕적 행위를 한 것이다. 맹자는 이것을 측은지심惻隱之心이라고 설명한 바 있다. 그리고 불쌍한 아이를 보고 측은한 마음이 생긴 것은 인간 누구나 가지고 있는 착한 심성이 자발적으로 발휘된 것으로 보았다. 토마스 아퀴나스 역시 인간 누구나 착한 행위를 하고 싶어 하고 악한 행위를 피하고자 하는 도덕적 자기 의지가 있다고 믿었다. 훗날 칸트는 인간이 착한 행위를 하고자 하는 이유를 도덕실천이성의 자발성 때문이라고 분석했다.

인간의 언행을 결정하는 이성은 첫째, '무엇을 믿는가'에 관한 이론이성 Theoretical Reason 둘째, '무엇을 할 것인가'에 관한 실천이성Practical Reason 셋째, '믿고 실천하는 목표를 어떻게 달성할 것인가'에 관한 기술이성Technical Reason으로 나뉜다. 이 중 칸트가 말한 실천이성은 인간의 행위를 결정하는 이성으로 도덕과 윤리적 실천을 주관한다. 모든 인간에게는 착한 언행을 하고자 하는 보편적이고 선험적인 이성이 있고 그 능력이 발현되는 것이 도덕실천이성이다. 인류 정신사에 가장 큰 영향을 미친 사람 중의 하나인 칸트I. Kant, 1724~1804는 『실천이성비판』1788에서 인간이 도덕적인 행위를 하는 원리와 방법을 고찰했다. 그는 순수이성비판에서 경험 이전의 선천적이고 순수한 이성의 원리를 분석하고 비판한

다음 도덕성이 발휘되는 근거로 실천이성을 들었다. 칸트에 의하면 인간은 고결한 삶을 선택할 능력과 자유가 있는 존재이며 도덕적 행위를 통하여 존엄성이라는 최상의 가치를 획득한다.

칸트는 자연법칙과 도덕법칙을 구분하고, 자연법칙은 의지가 작용하지 않는 인과적 필연의 연속이며 아무 목적도 없는 기계적 변화라고 설명했다. 반면 도덕법칙은 인간의 의지가 작용하고, 논리나 감각과 상관없이 보편적이고 선험적a priori이며, (인간의 도덕적 행위는) 선good한 의지와 목적을 가진다고 설명했다. 대체로 사람들이 도덕적 선을 행하면 기쁘기 때문에 도덕을 지키고 싶어 한다. 그런데 도덕법칙에는 선천적으로 선악을 구별하는 직관이 작용한다. 하지만 칸트는 도덕적 선행이 최상의 선Summum Bonum에 근거하고 있다는 것은 이율배반이라고 규정했다. 그것은 도덕적 선행이 기쁨과 고통을 주기 때문이다. 그럼에도 불구하고 사람들은 도덕적 실천을 행한다. 왜냐하면 도덕과 행복이 일치하지 않더라도 영혼의 불멸성 때문에 도덕적 행위가 보상받기 때문이다.

일반적으로 도덕법칙은 '인간은 도둑질하면 안 된다'와 같이 보편적인 정언명령Categorical Imperative이나 '크레타 사람은 도둑질하면 안 된다'와 같은 조건적인 가언명령Hypothetical imperatives으로 표현된다. 그런데 인간은 자유를 행사하는 대신 책임과 의무의 짐을 진다. 그에 따르면 인간은 선한 의지를 가지고 무목적인 자연을 초월하면서 도덕적 당위Sollen, 當爲의 세계를 완성할 수 있다. 이것을 칸트는 자기가 입법하는 도덕법칙이라고 명명한 다음 보편적 이성에 따른 도덕적 행위는 고결하고 존엄하다고 설명했다. 그 의지가 바로 세계를 변혁하는 힘이므로 결국 이성이 우주를 지배하는 보편의 원리인 셈이다. 그래서 칸트는 인간의 해방된 자유 존재를 당위로 설정하고 도덕적 최고선을 추구한 것이다. 이 도덕 실천이 타율적 의무이면 위선이거나 도덕적 영웅주의에 불과한 것이고, 내면적 동기와 자기희생을 동반한 자율적인 것이면 가치가 있다.

칸트의 도덕철학은 실천이성의 삼부작이라고 알려진 『도덕의 형이상학의 기초*Groundwork of the Metaphysic of Morals*』, 『도덕의 형이상학*Metaphysics of Morals*』 그리고 『실천이성비판』에 잘 드러나 있다. 이 삼부작에서 칸트는 인간이 도덕적 존재라는 것을 주장했는데 이에 따르면 인간은 자유의지를 가지고 자유로운 선택을 하면서 그에 따르는 책임을 감수하는 주체다. 이것은 '타인을 목적으로 대하고 결코 단순한 수단으로 대하지 말라'[1]는 명제로 정리된다. 반면 칸트는 '실천이성도 이론이성처럼 독단에 빠질 수 있다'는 비판적 관점을 취했다. 그 비판의 핵심은 경험에 의해서 실현되는 실천이성이 이론과 사유의 영역까지 지배하려는 것은 독단이므로 순수실천이성은 보호하고 실천이성의 월권은 억제해야 한다는 것이다. 이런 칸트의 실천이성비판은 의무론적 윤리철학으로 비판받으며 비현실적이라는 오해를 받지만 독일 관념주의와 윤리학에 지대한 영향을 미쳤다.

참고문헌 Immanuel Kant, *Critique of Practical Reason*, translated by Thomas Kingsmill Abbott, Dover Philosophical Classics, 2004.

참조 경험론/경험주의, 데카르트의 악마, 말할 수 없으면 침묵하라, 물자체, 바움가르텐의 진선미, 사단칠정, 순수이성, 윤리·윤리학, 이성, 이성론/합리주의, 이성은 감성의 노예, 자유의지, 지성·오성, 타불라 라사, 판단력비판—미(美)란 무엇인가?

1　"Act in such a way that you treat humanity, whether in your own person or in the person of any other, never merely as a means to an end but always at the same time as an end."
Immanuel Kant, *Grounding for the Metaphysics of Morals*(1785), translated by Ellington, James W. (3rd ed.), Hackett, 1993.

도가도비상도

The Way that can be told of is not an unvarying way | 道可道非常道

어느 날 제자가 선생에게 물었다. '노자 당신은 실제 인물인가요, 가공인물인 가요?' 그러자 노자가 '그래 학생은 내가 실재했던 사람인 것 같소, 가공인물인 것 같소?' '가공인물인 것 같습니다'. 그러자 노자가 '그 생각이 맞을 수도 있고 틀릴 수도 있다'라고 답했다. 답답한 학생은 '맞을 수도 있고 틀릴 수도 있다는 것은 논리에 맞지 않는다'고 주장했다. 그러자 노자는 '허허, 자네 마음속에 있 는 노자를 내가 어떻게 알겠나?'라고 말하면서 사라졌다. 노자가 말한 것은 우 주 만물은 변화하므로 실재와 비실재를 구분할 수 없다는 뜻이다. 노자에 의하 면, 논리로 유와 무 또는 존재와 비존재를 구별하고자 하는 것은 언어로 표현할 수 없는 것을 언어로 표현하고자 하는 오류다. 이것은 도를 언어로 표현하는 것 은 불가능하다는 뜻이면서 설령 표현하더라도 고정불변한 절대 진리는 없다는 것을 의미한다.

전설적인 인물 노자老子가 남긴 『도덕경道德經』의 첫 문단은 다음과 같다. '도 는 도라고 할 수 있지만, 항상 도가 아니고, 이름은 이름이라고 할 수 있지만 항 상 이름이 아니다. 무는 천지가 시작하는 이름이고 유는 만물의 어머니 이름이 다. 그러므로 늘 없음에서 오묘함을 보려 하고, 늘 있음에서 그 갈래를 보려 해 야 한다. 이 둘은 같은 곳에서 나왔으나, 이름만 달리할 뿐이고, 이를 일러 현묘 하다고 하는데, 현묘하고 또 현묘하니, 모든 미묘한 것들이 나오는 문이다.'[1] 첫

---

1   道可道非常道 名可名非常名 无名天地之始 有名万物之母 故常无欲以观其妙 常有 欲以观其徼此两 者同出而异名同谓之玄玄之又玄众妙之门.

문장의 도가도비상도는 세상에는 고정불변한 진리는 없으며 모든 것은 상대적이고 시공간에 따라서 달라진다는 변화의 원리다. 이것을 왕필王弼, 226~249은 『노자도덕경왕필주老子道德经王弼注』에서 '말할 수 있는 도와 이름 지을 수 있는 이름은 형체가 만든 것으로 영원한 것이 아니다可道之道 可名之名 指事造形 非其常也'라고 주석한 바 있다.

도가도비상도 명가명비상명은 처음 세 글자에 모든 개념이 들어있다. 도가도道可道는 '첫째, 도는 도라고 할 수 있다. 둘째, 도는 도라고 할 수 없다. 셋째, 도는 도나 비도가 아닌 다른 무엇이다'라는 세 가지 의미로 해석할 수 있다. 여기서 변화를 의미하는 상常은 원래 항恒이었는데 한 문제文帝 유항劉恒을 피휘避諱하기 위해서 바꾼 글자이므로 항의 의미인 시간개념으로 해석해야 한다. 이 항상恒常의 변화가 의미하는 것은 우주 만물이 실재한다는 생각에도 집착하지 않아야 하지만 모든 것이 무허無虛하다는 허무주의에도 집착하지 않아야 한다는 뜻이다. 따라서 무위자연하고 천인합일하려면 무에서 유로 변하고 유가 무로 변하는 것을 알아야 하며 그 도의 변화에 따라야 한다. 그러려면 먼저 분별심의 근원인 지식, 제도, 정치, 언어, 욕심에서 벗어나야 한다. 아울러 무위자연의 경지에서만이 도의 운행을 이해할 수 있다.

도가들은 혼돈의 무와 생성의 유를 같은 것으로 보거나 무에서 유가, 유에서 무가 생긴다고 보고 도생일道生一 一生二 二生三 三生万物로 압축했다. 이것은 자연의 이치에 따라서 흘러가는 대로 도와 이理가 세상을 움직인다는 무위자연의 자연관이다. 그런데 도가도비상도는 추상적이고 초월적이기 때문에 다양한 해석이 가능하다. 하지만 유무를 변화와 교융交融으로 설명한 우주생성의 도가적 세계관인 것은 분명하다. 또한, 우주의 이치는 신비하므로 인간이 알 수 없다는 것이 아니라 인간의 지식과 언어로 표현할 수 없다는 것이다. 아울러 이런 도가의 사유는 변증법적 인식론이자 존재론인 동시에 현지우현玄之又玄인 중현重玄의 도다. 이처럼 도생일道生一은 천지자연의 원리이면서 세상 변화의 현상인 동시에 선악과 가치가 개입하지 않는 절대지경이다.

　도가도비상도에서 자무극이위태극自無極而爲太極의 우주관이 형성된다. 이것을 송의 유학자 주돈이는 무극이태극無極而太極이라고 하여 무극과 태극은 하나지만 이의 운용에 따라서 다를 수 있다는 성리학의 단초를 『태극도설太極圖說』로 정리했다. 도가의 자무극이위태극은 우주의 생성과 존재에 대한 시공간개념인데, 태초와 태허 이전을 말로 설명할 수 없으므로 현묘하고 신비한 우주관이자 인간관인 것이다. 이것을 『도덕경』은 도가도비상도의 현지우현玄之又玄, 즉 그 현묘하고 또 현묘한 중현묘본을 상징으로 표현한다. 하지만 현묘하고 심원하기 때문에 쉽게 알 수 없을 뿐 아니라 현묘에 대한 집착도 버리는 것이 진정한 도가도비상도의 현지우현이다. 한마디로 도가도비상도는 도는 도인 것 같으면서도 고정된 도가 아닌, 변화의 가능성이 있는 도라는 이론으로 유가와 도가의 우주관이다.

참고문헌 老子, 『道德經』.

참조 공/수냐타, 공간, 도, 리얼리즘/실재론[철학], 무, 무극이태극, 무위자연, 색즉시공, 시간, 시공간, 양상실재, 의상, 인심도심, 제행무상, 존재론, 중관사상, 창조론, 카르마

병든 동물 인간

Sick Animal Human | 生病的动物人类

그가 오른손을 힘차게 흔들면서 '인간, 병든 동물'이라고 외쳤다. 그러자 청중들은 약간 놀랐다. 왜냐하면, 그가 손으로 지목한 병든 동물은 바로 라캉 자신이기 때문이다. 그가 인간을 병든 동물로 규정한 이유는, 말하는 존재 인간에게는 무의식이 있는데, 그 무의식은 의식과 균열이 있을 수밖에 없고 주체의 분열로 인하여 정신이 병들었기 때문이다. 그는 이어 아리스토텔레스 이후 데카르트와 칸트를 비롯한 이성주의자들이 주장하는 것처럼 인간은 이성적인 존재가 아니라고 강조한다. 라캉에 의하면 인간의 의식 내면은 여러 가지 욕망과 갈등이 중첩되어 있어서 이성이 제대로 작동하지 않는다. 아울러 라캉은 인간이 이성과 논리로 자기를 통제할 수 없는 신경증을 앓고 있다고 단정했다. 또한, 라캉에 의하면 인간의 무의식 속에는 폭력적이고 충동적인 힘이 작동하는 한편, 자아Ego와 초자아Super Ego가 본능instinct을 둘러싸고 충돌하므로 인간은 정신적으로 불안한 상태에 놓여 있다.

라캉J. Lacan, 1901~1981은 특히 언어에 주목한다. 인간은 언어에 의해서 지배당하고, 언어로 사상과 감정을 표현하며, 언어의 상징기호로 존재한다. 거울단계 (생후 6개월~18개월)에서 인간은 자기와 타자가 다르다는 것을 인식하면서 자기를 (타자들의 관계인 세상에) 기호로 등록하고 상징기호가 된다. 그래서 인간은 '프랑스인 자크 라캉'과 같은 기호, 더 정확히 말하면 하나의 기표로 산다. 그 결과, 말하는 존재Speaking Being인 인간의 신체에는 언어의 상징구조가 각인되는 반면, 원래의 욕망을 무의식 속에 은폐해 버린다. 이 원초적 형상인 이마고Imago와 나르시시즘의 환상은 간혹 꿈, 히스테리hysteria, 헛소리로 분출한다. 이런 표현과 발화는 떠다니는 기표인데 아버지로 은유되거나 의미가 대치된 환유 구조로 짜여 있다. 이처럼 무의식 속에서 언어는 분열적 구조로 잠재되어 있으므로 인간의 마음에는 주체분열의 신경증이 생기고 정신은 불화에 괴로워하는 것이다.

언어상징을 수용한 주체는 분열 현상을 보이는데 이것이 일차 주체분열^{1}이다. 일차 주체분열은 거울단계의 유아 시절에 아버지가 유아에게 법과 질서를 지키는 방법을 가르치고 아무것이나 상상하지 않고 아무것이나 소유하지 않도록 훈련시킨 결과다. 라캉은 그것을 받아들이도록 만드는 권위를 '아버지의 이름Name of the father'이라고 명명하고 인간의 사회화 과정을 설명한다. 그런데 인간의 무의식에는 전복의 욕망인 주이상스Jouissance가 꿈틀거리다가 때로는 강렬하게 분출한다. 그러면 아버지의 이름인 사회의 법이 그 행위를 처벌하고 다시 무의식 속에 가두어 버린다. 한편 분열적 주체$는 언어로 표현되기 위하여 다시 자기를 잃어버려야 하는 비극적 상황에 부딪힌다. 이것을 이차 주체분열^{2}이라고 하는데 이 두 번의 주체분열은 모두 언어 때문에 생기는 분열이다.

앞에서 본 것처럼 때때로 분출하는 충동은 현실원칙을 어기면서 쾌락원칙을 추구하려는 경향이 있다. 그렇게 되면 법의 처벌을 받게 되므로 마음의 병이 생기는 것이다. 그래서 라캉은 1973년 TV 특강에서 '인간, 병든 동물Homme-sick animals', 나아가 근본적으로 치료 불가능한 병든 동물Human being is an undoubtedly and irrevocably a sick animal이라고 단언했다. 그러므로 라캉이 말한 병든 동물은 욕망과 갈등으로 신경증을 앓고 있는 인간을 지칭하는 개념이다. 라캉에 의하면 그 병의 원인은, 상징계에 등록하기 위하여 거세된 동물castrated animal이 되었기 때문이다. 그리하여 상징기호인 기표signifier와 실재 의미인 기의signified가 불일치하면서 기호체계가 교란된다. 자기 존재를 기호인 기표에 투사한 인간은 원래의 자아를 상실한 불행한 존재다. 이처럼 언어 때문에 무의식이 생기는 것이고 언어는 사물을 죽이면서 상징으로 표현되므로 인간을 병들게 만든다.

대체로 인간은 '배가 고파서 밥을 먹고 싶다'와 같은 욕구가 아니라 '멋진 식당에서 아름다운 음악을 들으면서 식사를 하고 싶다'와 같은 욕망이 있다. 아울러 인간은 실현되기 어려운 것을 욕망하거나 도달할 수 없는 실재계The Real를 지향하는 등 불가능한 것을 추구한다. 하지만 인간은 현실원칙에 따라서 살아야 하므로 자신의 욕망을 폐기할 수밖에 없다. 결국, 원래 인간이 가지고 있던 욕망은 아버지의 이름이 은폐시켜 버렸고 상상계의 이상적 자아Ideal I로 회귀하고 싶은 욕망 역시 실현되지 못한다. 이것은 레비스트로스가 말한 상징적 동물을 해석하고, 하이데거가 말한 퇴락한 현존재를 설명하는 라캉의 방식이다. 이런 라캉의 인간 존재론은 무의식에 주목하고 언어적 동물이라는 것을 강조한 정신분석학의 개념이면서 언어에 대한 인류학적 해석이다.

참고문헌 *The Seminar of Jacques Lacan Book* Ⅱ, edited by Jacques-Alain Miller, translated by Sylvana Tomaselli, New York : W.W. Norton & Company, 1988; Philippe Van Haute, Tomas Geyskens, *A Non-Oedipal Psychoanalysis? - A Clinical Anthropology of Hysteria in the Works of Freud and Lacan*, Louven University Press, 2012.

참조 거울단계, 까다로운 주체, 나르시시즘, 대타자·소타자, 무의식, 불안(하이데거), 상상계, 상징계, 상징적 거세, 상징적 동물, 실재계, 실재의 사막, 안티 오이디푸스, 욕망기계, 정신분석, 존재론, 주이상스, 주체분열, 주체·주체성, 쾌락원칙, 현존재

존재론적 해석학
Ontological Hermeneutics | 本体论解释学

어느 날 K는 조각가 M이 들고 있는 망치에 대하여 질문했다. '망치는 무엇을 하는 물건입니까?' 그러자 M은 '못을 박거나 빼는 물건이죠'. 이 대화는 망치의 용도에 대하여 질문하고 답한 것이다. 과연 '망치가 무엇인가?' 즉, 망치의 존재를 알고 싶은 K는 다시 이렇게 물었다. '망치는 무엇입니까?' 그러자 금방 답이 떠오르지 않는 M은 '망치는 무거운 물건이죠'라고 답했다. 그는 다시 '그래, 그 무거운 망치를 가지고 무엇을 하려고 하시오?'라고 묻자, 그는 '망치의 반역'이라는 전시를 할 것이라고 답했다. 이것이 못을 박는 망치가 M이 설계한 시간과 장소, 기능과 목적에 따라서 새로운 망치가 되는 과정이다. 이 대화에는 인간이 망치라는 존재를 해석하는 과정이 들어있다. 이 특별한 전시를 기획할 수 있었던 것은 M이 망치의 존재를 이해하면서 그 이해를 전시장이라는 시간과 공간에서 표현할 수 있기 때문이다.

철학사에 일대 혁명을 일으킨 하이데거M. Heidegger, 1889~1976는 존재와 존재자를 구분했다. 모든 존재는 시간이라는 상황에서 실존하는 것으로 본 그는 '거기Da'를 중요한 개념으로 설정했다. 하이데거의 거기에 있는 그것은 '그 시간과 그 공간에서' 어떤 기능과 목적을 가진 개별자다. 이 개별자인 현존재 다자인Dasein은 특정한 시간과 공간에서 실존한다. 모든 존재는 시간성에 의해서 규정되고 공간에 의해서 확인된다. 이처럼 '거기'에 있는 개별적 개체를 존재자Seiende라고 하고, 그 존재의 본질을 존재Sein라고 하며, 특정한 시공간에서 고유한authentic 방식으로 존재하는 인간을 현존재 다자인이라고 한다. 이런 개념을 바탕으로 하는 존재론적 해석학이란 존재에 대한 이해와 해석을 통하여 존재자를 이해하고 해석하는 정신과학이다. 하이데거의 관점에 의하면, M의 망치는 그냥 망치가 아니라 '무엇으로서의 망치'가 된다.

M의 망치는 '무거운 망치'와 '반역하는 망치'라는 이해understanding와 해석hermeneutics을 거친 새로운 존재자다. 따라서 M이 망치에 대한 이해가 없으면 그런 전시를 기획할 수가 없다. 그런데 망치의 존재를 이해하고 해석할 수 있어야 전시가 가능하므로 망치 이해는 망치를 이해하고 해석하는 존재 M 자신에 대한 이해와 해석을 의미한다. 여기서 '이해가 먼저인가, 해석이 먼저인가'라는 문제가 대두한다. 이것을 하이데거는 딜타이에 근거하여 순환론적 해석학이라고 명명했다. 순환론적 해석학은 이해를 토대로 해석하는 것이고 해석이 있어야 이해한다는 순환론 즉, 이해-해석-이해-해석의 구조를 바탕으로 한다. 한편 하이데거는 존재가 스스로 드러나는 것으로 보았는데, 가령 '망치는 무겁다'는 진술을 가능케 하는 망치 자체의 존재론적 의미가 스스로 드러난다는 것이다.

'무거운 것으로서의as 망치'에 대한 이해와 해석은 언어로 표현되는 것인데, 인간은 의식의 지향성을 작동시켜서 그 언어적 본질을 이해할 수 있다. 이런 언어적 존재의 해석 과정을 통해서 M은 망치에 존재 의미를 부여하는 현존재로서의 자기를 이해한다. 여기서 하이데거가 강조한 것은 '망치는 무겁다'는 술어 논리가 아니라 '반역하는 망치'가 될 수 있는 선술어적先述語的 본질이다. 그 본질을 M이 포착하여 망치에 의미를 부여하자 또 다른 존재의 진리가 드러났지만, 사실은 M 자신의 존재론적 의미가 스스로 드러난다는 것이다. 이처럼 존재하는 방식에 대하여 질문하고 답하면서 실존의 의미를 찾아가는 이 방법이 바로 존재론적 해석학이다. 동시대에 살았던 그의 제자이자 동료였던 가다머에 의해서 미학으로 발전한 해석학은 원래 성경Bible과 예술작품의 의미를 탐구하고 문헌의 가치를 평가하는 학문이었다.

전통적 해석학은, 하이데거에 의해서, 인식론에서 존재론으로 이행했고 인간의 정신과학을 연구하는 방법론으로 정착되었다. 하이데거의 존재론적 해석학에서는 현존재인 자기가 놓여 있는 시간과 공간, 기능과 목적, 의지와 열망 등의 사실성을 이해하는 것이 중요하다. 그다음 내던져진 현실에 모순이 있음을 인식하고 자기 존재를 파괴하는 해석학을 통하여 자기 존재를 이해하는 과정을 거친다. 그런 점에서 이 방법은 존재가 현상으로 드러나면서 해석되는 해석학적 현상학이라고 할 수 있다. 그런데 인간이 (세속적인) 세계 안에 존재Being-in-the-world하면서 경험을 하는 현존재現存在 다자인Dasein인 것과 달리 망치와 같은 사물은 세계와 함께 존재Being-with-the-world하므로 경험을 하지 못하는 존재자存在者일 뿐이다. 이에 대해 리쾨르는 하이데거의 사유가 인식론과 존재론을 분리하기 때문에 이 방법으로는 인간을 과학적으로 이해할 수 없다고 비판한 바 있다.

참고문헌 Martin Heidegger, *Being and Time*, translated by Joan Stambaugh, Albany : State University of New York Press, 1996.

참조 개념예술, 경험론/경험주의, 공간, 관념론, 내던져진 존재, 시간, 실존주의, 이성, 이성론/합리주의, 인식론, 정신, 존재·존재자, 존재론, 해석학적 미학, 현존재 다자인

코나투스

Conatus | 珂尼蒂思 自然倾向

'천사들의 결의와 성인의 판결에 따라 스피노자를 저주하고 제명하며 영원히 추방한다. 잠잘 때나 깨어 있을 때나 저주받으라. 나갈 때도 들어올 때도 저주받을 것이다. 주께서는 그를 용서하지 마시고 분노가 이 자를 향해 불타게 하소서! 누구도 그와 교제하지 말 것이며 그와 한 지붕 아래에서 살아서도 안 되며 그에게 가까이 가서도 안 되고 그가 쓴 책을 보아서도 안 된다.' 이것은 1656년 유대교회가 스피노자를 파문하면서 남긴 저주다. 이후, 자기 민족과 종교를 배신했다는 낙인이 찍힌 스피노자는 렌즈 깎는 일을 하다가 45세의 나이에 죽었다. 동족인 유대인들로부터 사상 유례가 없는 끔찍한 저주를 받았지만, 그는 성실하고 겸손하게 살았던 철학자였다. 포르투갈에서 네덜란드로 이주한 유대인 집안에서 태어난 스피노자Baruch Spinoza, 1632~1677는 어린 시절 총명하고 사려 깊은 학생이었다.

유대교의 랍비가 될 것으로 기대되던 스피노자가 이성에 근거한 합리주의를 신봉하고 유일신을 부정하는 범신론Pantheism을 주장하자, 암스테르담 유대인 사회는 그를 파문했다. 앞에서 인용한 파문서는 아마 인류역사상 가장 특이한 문장일 것이다. 이 파문은 청년 스피노자가 기독교와 데카르트를 비롯한 다양한 신학과 사상을 접한 후 초자연적이고 초월적인 유대교의 신앙과 교리에 회의를 가진 것에서 시작한다. 그는 마침내 신이 자연이고 자연이 신이며 인간을 포함한 모든 존재는 신과 같다는 범신론을 주장하기에 이르렀다. 스피노자의 범신론에 의하면 이 세상에서 자기 자신을 포함하여 존재하는 모든 것은 신이다. 이렇게 볼 때 스피노자의 신은 자연으로서의 신God as Nature이다. 인도의 브라흐만 사상과 유사한 스피노자의 철학은 정신과 물질의 이원론을 주장한 데카르트와 달리 자기가 생각한 자연신의 원리에 따라서 정신과 물질의 일원론을 주장했다.

극단적 고독을 견디면서 깊은 사유를 한 스피노자의 사상은 『신학-정치논고 Tractatus theologico-politicus』1670와 사후에 출간된 대작 『윤리학』에 잘 드러나 있다. 그는 '이 세상에 우연한 것은 없으며 모든 것은 일정한 원리에 의해서 존재하는 것이다'라고 말했다. 그러니까 모든 것은 신/자연의 인과관계이고 그 자체로 존재하는 이유가 있으며 신도 자연의 속성이 드러난 양태Modus라는 것이다. 이처럼 스피노자는 '신은 자연의 원인이고 신의 결과가 자연'이라고 보기 때문에 유일신과 창조론을 부정하고 범신론과 실체론을 긍정했다. 또한, 스피노자는 모든 것은 자체의 존재 이유가 있다는 결정론과 이 세상은 하나의 실체이자 하나의 원리라는 일원론Monism을 지지했다. 모든 것의 실체이자 원리인 자존력自存力 코나투스Conatus는 그 존재 안에 남아 있으려고 노력하며 존재를 지키고자 하는 힘이다.

코나투스는 노력endeavor을 의미하는 라틴어 conor에서 유래했으며 충동, 의지, 경향, 실체, 욕망, 욕구, 속성 등을 말한다. 또한, 코나투스는 생물이 가진 생존의 지Will to live와 유사하며 무생물의 존재 원리, 신의 의지라는 뜻도 있다. 스피노자는 『윤리학』 3장 6항에서 '모든 것은 그 자체를 보존하려고 노력한다'라고 말하면서 그 보존의 노력이야말로 모든 존재의 핵심이자 원리이고 또 실체라고 설명했다. 이런 관점에서 보면 욕망은 긍정적이면서 창조적인 코나투스의 창조적 전개 과정이고 개별 개체들의 본성이다. 하지만 인간을 포함한 모든 개체의 코나투스는 구성방식과 구성 내용이 다르다. 따라서 개별 개체의 본성은 전체인 자연과 신 안에서 이해되어야 하고 다른 개체와의 관계 속에서 설명되어야 한다. 이런 스피노자의 관점은 데카르트의 관성inertia과 홉스의 생존의지를 확장한 것이다.

스피노자의 철학은 인과적 결정론으로 보인다. 하지만 스피노자는 자연/신의 원리 안에서 의지의 자유와 생각의 자유를 중시한 철학자였다. 그런데 인간의 감정은 무엇에 대한 감정이거나 무엇의 영향을 받아서 생기는 반응이다. 감각과 지각이 중추신경을 통하여 뇌에 전달되면 의식작용이 수반되면서 마음이 움직여 감정이 일어난다. 그러므로 본질/본성이 발현되는 코나투스와 능동과 수동의 정서인 아펙투스Affectus의 관계가 중요하다. 인간 역시 이 코나투스와 아펙투스가 발휘되어 욕구, 기쁨, 슬픔의 정서 또는 정념情念이 작용한다. 그러므로 인간은 자기가 존재하려는 욕망과 욕구가 충족되면 기뻐하고 충족되지 못하면 슬퍼한다. 따라서 인간의 정념은 신/자연에 대한 이해의 문제이지 선악의 문제가 아니다. 또한, 인간이 본능이자 속성인 감정에 충실하면서 정념의 법칙성을 이해한다면 진정한 자유를 누리는 자유인이 될 수 있다.

참고문헌 Baruch Spinoza, *The Ethics(Ethica Ordine Geometrico Demonstrata)*(1677), translated by R. H. M. Elwes, Stilwell : Digireads.com Publishing, 2008. http://www.gutenberg.org/files/3800/3800-h/3800-h.htm

참조 감각, 감정·정서, 결정론, 공/수냐타, 기관 없는 신체, 내재의 평면, 리좀, 범신론, 본질, 브라흐만, 심신이원론, 심신일원론[스피노자], 아트만, 아펙투스, 욕망기계, 이성론/합리주의, 탈영토, 탈주의 비상선

타인의 얼굴[레비나스]

The Face of the Other | 別人脸色

그가 악수를 청하자 B도 손을 내밀었다. 그리고 서로 '만나서 반갑습니다'라고 인사를 건넸다. 그 순간 A는 이렇게 생각한다. '아, B는 나를 죽이지 않겠구나.' 과연 B의 손에는 총이나 칼이 없었고 환한 미소를 머금고 있었다. 처음 만나는 이 순간이야말로 중요한 사건이다. 사람들은 늘 타자를 만난다. 그 타자는 어떤 사람인지 모를 뿐 아니라 나를 죽일 수도 있는 사람이다. 그래서 타자와의 만남은 불편하고 불안하지만 많은 것을 생각하게 만들고, 또 자기가 존재한다는 사실을 일깨운다. 이 단순한 만남을 윤리와 철학으로 분석한 사람은 프랑스의 유대인 철학자 레비나스E. Levinas, 1906~1995였다. 이런 레비나스의 사상을 자크 뤼셀레Jacques Ruisselet가 『타자의 얼굴Le Visage de l'autre』로 개념화한 바 있는데 타자 중에서 인간을 '타인Autrui, the Other'이라고 한다. 타인의 얼굴은 레비나스의 용어로 타자 특히 다른 사람의 얼굴을 존중하는 자세로 대해야 한다는 윤리적 개념이다.

인간은 동물적 이기심을 가진 존재이고 자기를 중요하게 생각한다. 모든 사람은 자기중심적이다. 그러므로 타자는 자기를 존중해야 한다. 그런데 그렇지 않은 경우가 생긴다. 그래서 타자를 무시하거나 타자를 살해하는 일도 벌어진다. 그 사람에게 타자는 자기 안으로 들어와서 자기화한 타자다. 그런 사람은 '다른 사람은 자기 바깥에 외재성exteriority으로 존재한다'는 것을 잊어버리고 자기 영토 속의 한 부분으로 오인한다. 그 결과 의식 속에서 '우리는 하나'라는 전체성과 동일성이 먼저 작동하고 다원성과 타자성은 무시한다. 그런데 '나'의 입장에서 '너'는 타자이지만 반대로 '너'의 입장에서는 '나'가 타자다. 레비나스는 이 점에 주목하여 타자윤리라는 철학을 정초하면서 윤리학이 제일철학이어야한다고 주장했다. 또한, 레비나스는 도덕보다 윤리가 앞선다고 말하면서 그것이 어떻게 존재하는가에 의미를 둔다.

레비나스가 특별히 강조한 타자와의 관계는 얼굴과 얼굴의 대면face-to-face이다. 사람은 늘 사람을 만나고, 만나는 순간 얼굴을 마주한다. 그런데 낯선 얼굴의 타자를 만나는 그 순간, 자기가 구체적인 시간과 구체적인 상황에 놓인 하나의 존재자임을 인식한다. 그뿐 아니라 타인의 얼굴에서 과거를 만나고 미래를만나며 무한의 가능성을 만난다. 그 구체적인 상황 속에서 타자의 현전現前은 자기의 존재를 일깨워주는 계기이면서 낯설고 불확실한 것들로 안내하는 안내자다. 이 실존의 상황에서 '나'는 유한한 존재인데, 그 유한한 존재에게 말을 걸어오는 타인의 얼굴인 '너'의 뒤에는 무한한 존재인 신이 있다. 그러므로 신은 무한한 타자infinite Other이면서 시간과 공간을 초월한 타자transcend other다. 레비나스는인간 내면에는 보이지 않는 것, 즉 무한한 신과 만나고 싶어 하는 욕망Desire of the Invisible이 작동한다고 본다.

마르틴 부버Martin Buber, 1878~1965가 '나와 너I and Thou의 대칭적 관계'를 말한 것과달리, 레비나스는 '언제나 나보다 타자를 우위에 두는 비대칭적 관계'를 말하고있다. 타인의 얼굴은 한 번만 출현하는 것이 아니라 계속하여 출현하면서 내가실존한다는 사실을 일깨워주는 한편 '나는 타자가 아닌 나'임을 성찰하도록 한다. 그러므로 나는 타자의 출현이 불편하고 불안하지만 한편 신기하고 특별하다. 그런데 타인의 얼굴은 나에게 '너는 도덕적인가'라는 물음을 건네면서 타자에 대한 윤리적 책임을 성실하게 준수하라고 명령한다. 그 명령을 성실하게 준수함으로써 나는 타자에 대한 윤리를 지키고, 도덕적 인간이 되며, 타자에 대한책임을 지는 존재일 수 있다. 이 상호관계와 소통에서 '나'보다 타자를 우위에두는 비대칭적 관계야말로 타자를 존중하고 배려하는 윤리적 삶이다. 겸손한자세가 바로 타자윤리의 핵심이다.

유대교의 카발라Kabbalah 전통과 직관을 우선하는 레비나스의 타자 이론은 하이데거의 존재론과 후설의 현상학에 근거하여 서양 전체주의의 동일성을 비판하고 있다. 동일성을 근거로 동일자들은 자기와 다른 존재를 차별한다. 그래서 레비나스는 존재자인 개별자에 주목하는 것이고 타인에 대한 윤리적 책임감을 강조하는 것이다. 이것을 상징하는 타인의 얼굴은 윤리적인 삶을 살아야 한다는 명령인 동시에 윤리적으로 살 것을 권고하는 요청이며 현재의 시간과 공간에서 존재하는 존재자에 대한 깨우침이다. 모든 인간은 타자와의 관계를 통해서 존재하는 것이므로 타자가 가진 타자성他者性을 존중하는 것이야말로 자기 존재의 본질이자 가치라는 것이다. 이런 레비나스의 타자 이론은 도덕적 환원론이라는 비판을 받으며 낯선 타인의 얼굴에서 신의 무한한 초월성을 발견하는 것을 설명하기 쉽지 않다는 논란이 있다.

참고문헌 Emmanuel Levinas, *Ethics and Infinity : Conversations with Philippe Nemo*, translated by Richard A. Cohen, Pittsburgh, PA : Duquesne University Press, 1985.

참조 내던져진 존재, 대타자·소타자, 본질, 윤리·윤리학, 존재·존재자, 존재론, 타자, 타자윤리, 현상학적 환원, 현존재 다자인, 호명

심신일원론[스피노자]
Mind-Body Neutral Monism | 中立一元论

어린 K는 눈을 감고 있는 어머니를 보고 있었다. 사람들은 '어머니의 정신이 몸에서 나갔기 때문에 죽었다'고 했다. 그렇다면 다시 정신이 몸 안으로 들어가면 될 것으로 생각한 K는 시체 옆에서 울지도 않고 어머니의 정신이 다시 돌아올 것을 기다렸다. 하지만 며칠이 지나도 어머니의 정신은 돌아오지 않았고, '요단강 건너서'의 만기輓歌 속에 장례가 치러졌다. K는 봄이 오자 할미꽃이 피어 있는 무덤에 엎드려 흐느껴 울었다. 그 이후에도 K는 정신과 신체가 만나면 어머니가 살아 돌아올 것으로 믿고서 하염없는 시간을 보냈다. 열한 살의 K에게 분명한 것은 죽음이란 몸과 마음의 분리 또는 정신과 신체의 분리를 말하는 것이다. 이 죽음 사건은 많은 것을 함의하는데 스피노자Baruch Spinoza, 1632~1677의 철학은 마음과 몸의 문제를 설명하는 하나의 이론이다. 스피노자 철학의 핵심 중 하나가 심신일원론이다.

스피노자는 '현실은 완벽하다'고 말하면서 모든 것은 그럴 수밖에 없는 인과관계가 있다고 주장했다. 그것은 무한하고 영원한 단 하나의 원리와 실체Substance 때문이다. 그래서 그는 '신은 자연Deus sive Natura'이며 인간을 포함한 모든 존재 역시 신의 속성Attribute이 변한 양태Mode로 보았다. 여기서 파생된 관점이 인간의 정신과 신체가 하나라는 심신일원론 또는 정신과 물질이 병행한다는 심신병행론이다. 따라서 존재하는 모든 것은 그 자체가 원인이고 결과이며 무한한 자연이자 신이다. 이처럼 스피노자는 초월적 인격신을 부정하고 범신론Pantheism의 입장을 가졌기 때문에 유대 민족과 종교로부터 파문당했고 기독교에서도 배척당했다. 하지만 스피노자는 '이 세상과 우주는 단일 실체이기 때문에 보편적인 신의 관점에서 세상을 이성적으로 이해해야 한다'는 생각을 바꾸지 않았다.

들뢰즈가 '철학의 왕자'라고 칭했던 스피노자에 의하면 정신과 물질은 같은 실체이지만 속성은 다르다. 정신은 무엇을 생각하는 사유thought이며 물질은 다른 것이 변화한 연장extension이다. 반면 데카르트는 정신과 물질, 마음과 몸을 분리하는 심신이원론Mind-Body Dualism의 입장을 취했다. 데카르트는 『정념론Passions of the Soul』1649에서 정념들이 감정을 일으키고 영혼이 신체를 움직이는 힘이 생기면 정신과 육체가 결합한다고 보았다. 그리고 데카르트는 정신과 신체를 연결해 주는 송과선pineal gland, 松果腺이 있다고 믿었다. 기계론적 세계관 또는 자연과학적 관점에서 인간을 설명하는 데카르트의 이원론은, 이성의 감성에 대한 우위와 정신의 신체에 대한 지배를 의미한다. 스피노자는 데카르트의 실체론과 합리주의를 받아들이는 동시에 신과 자연을 병행하는 유대교의 카발라 사상과 접목하여 심신일원론을 정초한 것이다.

스피노자는 『윤리학』1677에서 몸과 마음, 정신과 물질을 하나의 실체로 보았다. 스피노자가 말한 단일 실체란 모든 것의 원인이자 결과이고 그 자체로 존재하는 무한하고 영원한 것이다. 그 실체인 신/자연이 인간의 속성인 정신과 신체라는 두 가지 유한한 양태로 드러난다. 이것이 정신과 신체, 몸과 마음은 하나라는 일원론Mind-Body Monism의 형이상학이고 모든 존재를 설명하는 존재론이자 인식론이다. 이것을 심신일원론 또는 심신평행론이라고 한다. 스피노자의 심신일원론은 정신과 육체가 일대일로 대응된다는 뜻이 아니라 정신의 사유 관념 대상이 신체이고 신체의 관념 주체가 정신이라는 뜻이다. 이런 스피노자의 정신과 물질의 일원론Monism은 데카르트의 이원론Dualism 그리고 라이프니츠의 다원론Pluralism과 대비되면서 신, 인간, 우주, 자연을 설명하는 과학이자 철학으로 알려져 있다.

인간을 현실의 질서와 관계 속에서 이해한 스피노자에 의하면 신체는 복잡하게 구성되어 있고 신체 유지를 위해서는 많은 물질이 필요하다. 그리고 신체는 자기 보전의 역동적인 힘인 코나투스Conatus의 원리에 따라서 변용되고 유지된다. 또한, 인간은 외부 자극이자 정서인 아펙투스Affectus의 영향을 받지만, 자기 결정능력이 있는 존재이므로 정신의 의지와 신체의 감각에 따라서 창조적이고 역동적인 주체일 수 있다. 그런데 신/자연의 완벽한 인과관계와 결정론적 필연성 때문에 인간의 자유의지는 없다. 왜냐하면, 우주 자연에 우연적인 것은 없으며 모든 것은 신/자연에 의하여 결정되기 때문이다. 하지만 주어진 조건 안에서 의지의 자유는 가능하다. 그러므로 인간은 죽음과 같은 사건이나 정념에서 오는 욕망, 기쁨, 슬픔이 필연적 인과라는 것을 이성적으로 이해함으로써 진정한 자유를 누릴 수 있다.

참고문헌 Baruch Spinoza, *The Ethics(Ethica Ordine Geometrico Demonstrata)*(1677), translated by R. H. M. Elwes, Stilwell : Digireads.com Publishing, 2008. http : //www.gutenberg.org/files/3800/3800-h/3800-h.htm

참조 감성, 공/수냐타, 기관 없는 신체, 내재의 평면, 리좀, 범신론, 브라흐만, 심신이원론, 아트만, 아펙투스(스피노자), 욕망기계, 인간(신체), 자기 정체성, 자유의지, 정신, 주체·주체성, 코나투스, 탈영토, 탈주의 비상선

이기론[주희]

Li-Qi Theory | 理气论

'천지 사이에는 이와 기가 있다. 이는 형이상의 도道인데, 물건을 낳는 근본이요 기는 형이하의 기器로서 물건을 낳는 재료이다. 그러므로 인간과 사물이 태어남에 있어서 반드시 이를 품수稟受한 뒤에 성性이 있고 기를 품수한 뒤에 형체가 있다.'[1] 이것은 성인으로 추앙받는 주자 주희가 말한 인간과 사물의 존재론이다. 주희에 의하면 이와 기가 천지를 구성하는 원리다. 그러므로 우주 만물은 이와 기의 작용으로 존재한다. 인간 또한, 이의 성性과 기의 형체가 만나서 존재하는 것인데, 착하고 공평한 이와 악할 수 있고 사사로운 기로 인하여 인간의 성격과 기질이 달라진다. 주희에 의하면 세상에 악한 사람이 있는 것은 사사로운 기의 작용 때문이다. 선한 본연지성과 달리 악할 수 있는 기질지성을 다스리기 위해서는 경건하게 궁구하는 거경궁리居敬窮理와 정좌靜座하는 자기 수양의 방법이 필요하다. 이처럼 수양에는 성性과 도道만이 아니라 이理와 기氣가 관계한다.

기의 사사로운 정情과 바탕의 질質이 아니면 악한 사람이 없을까? 그렇다. 성인으로 추앙받는 주자 주희朱熹, 1130~1200에 의하면 이理와 기氣의 결합이 아니면 인간이나 사물은 존재하지 않는다. 원래 이는 천지자연이 생기기 전에 존재하는 것으로 이에는 태극이라고 하는 운용의 원리가 내재하고 있다. 하지만 원리의 일률적 형식pattern인 이는 약하고 정적이며 그 자체로는 형체도 없고 움직일 수도 없다. 그러므로 이는 힘 또는 에너지energy인 기에 올라타서 그 원리가 발휘

---

1 天地之間 有理有氣 理也者 形而上之道也 生物之本 氣也者 形而下之器也 生物之具也 是以人物之生 必稟此理 然後有性 必稟此氣 然後有形 其性其形.

된다. 도가와 불가의 철학을 통섭한 주희는 만물은 개별적인 이를 가지고 있으나 개별적 이는 하나의 보편적 이와 같다는 이일분수理一分殊의 이론을 완성했다. 그러니까 실제로는 이와 기가 분리될 수 없다는 이기불상리理氣不相離다. 이 관점에서 보면 주희의 이기론은 이와 기가 하나인 이기일원론이며 인간과 세상을 이와 기의 원리로 설명하는 성리학 이론이다.

반면 인간의 심성만으로 보면 선한 이와 악한 기로 나뉘기 때문에 이와 기는 다른 실체다. 예를 들어 우는 아이를 보면 동정하는 선한 마음이 일어나든지 때려주고 싶다는 악한 마음이 일어나든지, 둘 중의 하나이다. 그것을 주희는 천리天理에 의한 선한 도심道心과 인욕人慾에 의한 악한 인심으로 대비하여 설명한다. 그러니까 우주 자연의 원래 기운이자 원리인 이를 천리라고 하고, 그 순조로운 이치를 도라고 하며, 천리의 이치를 품은 마음을 도심이라고 하는데, 그 도심은 선하고 공정하고 공활하다. 반면 형이하학의 기가 마음으로 드러나는 것을 인심人心이라고 하는데, 그 인심은 탐욕스럽거나 악하거나 사사롭거나 유한하다. 이처럼 '이와 기가 섞이지 않는다'는 이기불상잡理氣不相雜의 관점에서 보면 이기가 대립하므로 주희의 이기론은 실체가 둘인 이기이원론이다.

주자는 만물에는 본래 자성自性의 이가 있다고 보고, 이가 통체일태극統體一太極 원리로 드러난다고 보았다. 또한, 주희에 의하면 이는 존재의 근본원리인데, 무형무질이며 약하고 선하다. 그리고 형이상학적 천리이자 도심道心이다. 반면 기는 유형 유질의 실체인데, 현상이고 존재이며 강하고 악하다. 그리고 형이하학적 인심이자 욕심慾心이다. 주희가 말하는 이는 추상적이고 관념적인 차원에서의 존재 원리이고 기는 숨결이나 습기와 같은 기운을 의미하는 것이었다. 한편, 기는 현실에서 음과 양의 기운으로 나뉜다. 그 변화의 과정을 오행이라고 하는데 오행에는 상생과 상극이 작동된다. 이런 주희 사상은 주돈이의 무극이태극無極而太極, 정이천의 이론理論, 장횡거의 기론氣論을 종합하여 인간과 사물을 설명하는 한편 유가철학에서 부족했던 우주생성의 원리를 해명한 이론이다. 이런 주희의 이기론은 인도 브라흐만의 실체^{Substance}론 그리고 스피노자의 사상과 유사한 면이 있다.

이와 기는 상호의존적일 수도 있고 상호대립적일 수도 있지만 이를 중심으로 하므로 성리학性理學이라고 한다. 그래서 주희는 『역경易經』에 근거하여 '이는 형이상학의 도이며 만사와 만물의 본체이고 본성理是形而上之道也 萬事萬物的本體本性'이라고 말했다. 주자의 이기론은 태극, 양의, 사상, 팔괘, 음양, 오행의 출발지점이며 인간을 설명하는 핵심이고, 인간의 성과 정인 마음을 분석하는 송명이학宋明理學이다. 이처럼 주희는 이와 기를 통하여 인간의 마음을 이해하고 공자의 인을 실천하며 맹자의 선한 인간 심성을 완성하기 위하여 주자학의 핵심인 성리학을 정초한 것이다. 이와 기에 관한 수많은 이론 중 주희의 이기론은 여러 면에서 중요하다. 우주 만물의 존재와 이치를 설명하는 주자의 이기론은 1300년대부터 1900년 전후까지 중국, 한국, 일본의 정치, 경제, 사회, 교육 등에 지대한 영향을 미친 철학이자 윤리였다.

참고문헌 『晦庵先生朱文公文集』卷五十八 答黃道夫.

참조 거경궁리, 격물치지, 도, 도가도비상도, 마음, 무극이태극, 브라흐만, 사단칠정, 색즉시공, 성리학, 성선설, 수양론, 심신이원론, 심신일원론(스피노자), 아트만, 음양오행, 인물성동이론, 인심도심, 중용지도, 형이상학

카발라 신비주의

Kabbalah Mysticism | 卡巴拉

'두 사람이 길을 가며 말하더니 불 전차와 불 말들이 두 사람을 갈라놓고 엘리야가 회오리바람으로 하늘로 올라가더라.' 이것은 기독교, 유대교, 이슬람교의 성경 『열왕기』(하 2장 11절)에 나오는 선지자 엘리야가 승천하는 대목이다. 엘리야가 불의 전차를 타고 하늘나라로 승천했다는 이 이야기는 과학이나 이성으로 이해할 수 없다. 그것을 해석하는 것이 성경 해석학과 카발라 신비주의다. 카발라가 언제 어떻게 형성되었는지 정확하지 않지만 '대체로 12~13세기 남부 유럽에서 체계화되었다'고 보는 것이 일반적이다. 카발라의 어원은 히브리어 캅발라קבלה, Kabbalah이며 내용은 여호와 하나님/하느님이 아담과 모세에게 전해 준 천지창조에 관한 신화다. 말뜻으로만 보면 카발라는 탈무드 시대와 바빌로니아의 율법주의를 거쳐 '전래하여 내려오는 지혜와 믿음의 전통'이라는 뜻이다.

스페인의 랍비였던 모세Moses de León, 1250~1305가 편찬한 카발라 경전 『조하르Zohar』에 의하면 모세의 토라Torah 오경 즉 창세기, 출애굽기, 민수기, 레위기, 신명기 등을 해석한 성경 주석이 은밀하게 전수되었으며 탄압으로부터 보호하고, 잘못 해석되는 것을 막기 위해서 비전祕傳된 것이 카발라다. 토라 연구는 네 단계로 나뉘는데 첫째, 페샤트Peshat는 표면적인 의미 연구 둘째, 레메즈Remez는 비유나 은유적인 연구 셋째, 데라쉬Derash는 유대 성직자 랍비의 해석이나 성경 주석 넷째, 소드Sod는 토라가 담고 있는 신비한 해석인 카발라다. 이론적으로 볼 때 카발라는 세상을 창조하는 하나님/하느님과 창조된 피조물의 관계를 밝히고 하나님/하느님과 직접 소통하려는 신비주의적 경향을 띤다. 그런 점에서 카발라는 신을 믿음의 대상이 아니라 인식의 대상으로 보는 관점을 취한다.

카발라의 핵심은 신과 인간의 관계다. 그런데 무한하고 전능한 신이 만물을 어떻게 창조하고 관장하며 심판하는지에 대한 해석이 필요하다. 신을 의미하면서 신을 넘어서는 아인소프Ein Sof는 무한하고 영원하지만 존재하는 것도 아니고 존재하지 않는 것도 아닌 실체다. 이 아인소프가 세피롯Sefirot이라고 하는 방출 또는 계시 형태로 현실에 드러난다. 그러니까 세상은 아인소프가 창조주를 통하여 인간과 만물을 존재하게 한 결과인 것이다. 인간을 포함한 만물은 이렇게 생겨났다. 만물이 생긴 이후에는 세상의 이치를 주관하는 카발라가 작동한다. 우주 존재의 원리인 아인소프에서 비롯된 창조에는 창조주의 창조역할과 보조자의 보조역할이 있으며 세상인 피조물이 있다. 앞에서 본 신의 전차는 보조역할을 하는 메르카바Merkabah다. 메르카바는 천상으로 상승하거나 인간 내면으로 하강하도록 하는 영적인 사건이나 각성이라는 뜻이다.

카발라는 '창조주가 어떻게 세상을 창조했는가' 그리고 '피조물이 어떻게 존재하고, 원래의 자리로 돌아가는가'를 설명한다. 신과 교감하면서 영적으로 체험하고 통찰적으로 세상을 이해하면서 하나님의 말씀을 실천하는 것이 바로 카발라의 목적이다. 카발라는 신의 존재와 창조에 관한 이론적 카발라, 내면의 성찰과 영적 환희에 관한 명상적 카발라, 좋은 마법을 행하는 백마법白魔法과 같은 초자연적인 마법에 관한 실천적 카발라 등 여러 갈래가 있다. 하지만 마법, 미신적 요소 그리고 '신과 같은 능력이 있는 악마'와 같은 것은 극히 일부분이다. 한편 카발라 사상에 의하면 세상에는 악도 있고 신비하거나 이상하게 보이는 현상이 많은데 그것은 침쭘Tzimtzum이라고 하는 하나님의 창조 의도 때문이다. 이처럼 카발라는 메시아의 출현과 종말론으로 창조와 파괴를 해석하기 때문에 신비주의적 경향을 띠게 되었다.

힌두교의 우파니샤드와 유사한 카발라 생명의 나무Tree of life는 세상과 인간을 설명하는 방법이다. 이 나무는 어머니로부터 생겨난 자녀들을 상징한다. 생명의 나무는, 의식과 무의식, 유한과 무한, 자비와 심판, 남성과 여성 등으로 이분화되어 있다. 또한, 생명의 나무는 아인소프에서 발현한 빛이 신성계를 지나 물질계에 이르는 과정을 표현한다. 생명의 나무는 여러 의미를 내포하고 있는데 개괄적으로 왕관Keter, 지혜Chochmah, 지성Binah, 자비Chesed, 심판Gevurah, 아름다움 Tiphereth, 승리Netzach, 영광Hod, 기반Yesod, 왕국Malkuth으로 체계화되어 있다. 이처럼 카발라는 종교적이면서 과학적이다. 그리고 신비하면서 현실적이고 비논리적이면서 논리적이다. 그래서 카발라는 오랜 시간을 지나면서 달리 해석되었고 기독교를 비롯한 다른 종교와 결합하기도 했다. 요컨대 카발라 신비주의는 유대교 카발라 사상의 신비한 창조적 과정과 창조의 의미를 말한다.

참고문헌 Gershom Scholem, *Kabbalah*(Meridian, 1974), reissue Plume Books, 1987.

참조 브라흐만, 상징, 색즉시공, 아트만, 은유, 의식, 존재·존재자, 존재론, 창조론, 카르마

성선설

The Theory That Human Nature is Fundamentally Good | 性善说

맹자가 물었다. '그렇다면 개의 성은 소의 성과 같고 소의 성은 사람의 성과 같은가?然則犬之性 猶牛之性 牛之性 猶人之性與' 개와 사람이 같은 본성을 가졌느냐는 반문이다. 여기서 맹자는 동물과 인간을 비교하여 인간의 본성은 선하다는 것을 주장한다. 또한, 고자告子가 인성은 물과 같아서 동서를 가리지 않고 흐른다고 했을 때 맹자는 인성은 물이 아래로 흐르는 이치처럼 선하다고 반박했다. 이것은 『맹자』의 「생지위성生之謂性」에 나오는 유명한 논쟁이다. 여기서 고자는 '본성은 선하지도 않고 악하지도 않다'는 성무선악설性無善惡說과 '본능이 곧 성性이므로 인간의 본성에 선악이 없다'는 생식색生食色을 주장했다. 반대로 맹자는 가치와 윤리의 관점에서 인간의 도덕적 본성을 강조하고 있다. 그러니까 맹자의 성선설은 '인간의 본성은 선하다'는 명제와 더불어서 '인간은 선해야 한다'는 목적론적 당위 명제를 설파한 유학이론이다.

맹자는 선한 양심良心을 인간의 본성으로 보고, '욕망을 추구하는 방심放心을 다스려야 한다'고 주장했다. 그래서 조심操心이 필요하다. 인간 본성에 관한 맹자孟子, BCE 372~BCE 289의 생각은 공자의 인의仁義를 실천하려는 것이다. 성선설은 인간의 본성을 선한 것으로 보는 인성론이다. 맹자는 『논어』 「양화陽貨」 중 '사람의 본성은 비슷하지만, 습관에 의해서 멀어진다'는 성상근 습상원性相近 習相遠에 근거하고 있다. 여기서 습은 학습과 노력으로 획득된 후천적 성품이므로 선천적 성은 획득된 후천적 습에 의해서 달라진다. 그래서 공자는 '군자가 보편적이고 비상대적인데 비하여 소인은 상대적이고 비보편적이다君子周而不比 小人比

而不周'라고 말한 것이다. 이런 공자의 사상은 춘추전국시대의 혼란스러운 상황 속에서 덕치주의로 세상을 평화롭게 하려는 이상에서 비롯되었으며, 공자-증자-자사-맹자-정자-주자로 이어지는 유가철학의 주류 학통을 형성한다.

성선설의 또 다른 근거는 천명사상인데, '천명을 일컬어 성이라고 한다天命之謂性'의 의미는 인간과 사물의 성은 하늘이 준 것이므로 성이 곧 하늘이라는 것이다. 이에 근거하여 맹자는 '만물 일체가 하나의 원리지만 오로지 인간의 본성은 선하다'고 보았고 그것이 동물과 다른 인간의 존엄성이라고 주장했다. 맹자의 인간 존재론은 선험적으로 알 수 있는 양지良知와 선험적으로 실행할 수 있는 양능良能에서도 잘 드러난다. 맹자의 성선설은 남송의 주자에 의해서 이일분수理一分殊 즉, 이의 이치는 모든 존재에 그대로 적용된다는 학설과 통체일태극統體一太極 즉, 모든 것은 태극 단 하나라는 사상으로 발전했다. 주자의 성리학에서 '성은 곧 이'인 성즉리性卽理이며 우주 자연의 이치가 바로 성이므로 인간 역시 우주의 이치와 본성을 나누어 가진 존재다.

맹자의 성선설은 '어떻게 하지 못하는 마음'인 불인지심不忍之心으로 함축된다. 모든 사람이 우물에 빠지려는 어린아이와 배고픈 사람을 동정하는 것에서 보듯이 선한 마음이 일어나는 것을 어떻게 하지 못한다. 이것이 측은지심을 포함한 사단선四端善의 단서端緖로 마치 나무에서 싹이 나는 것 같은 자연스러운 본성이다. 한편 천성天性 천정天情은 인성人性 인정人情과 다른데, 맹자가 말하는 것은 하늘이 내려준 천성과 천정은 선하다는 것이다. 그래서 맹자는 '어진 인仁과 올바른 의義는 인간에 내재한다仁義內在'고 하면서 그것이 바로 도덕적 주체인 인간의 선한 본성이라고 강조했다. 이처럼 유가들은 인간과 사물을 우주 자연의 본성을 공유하는 존재로 설정하고 그 본연지성을 회복하는 것을 목표로 했다. 하지만 맹자의 성선설은 선악을 분별하는 전제 위에서 성립하는 것이다.

맹자의 성선설은 순자荀子의 성악설과 대비되는 것이 보통이다. 순자가 말한 성악설性惡說은 인간의 본성에 충실한 것을 악惡이라고 했을 뿐 인간 자체가 악하다는 것이 아니다. 순자는 타고난 것이 바로 성生之所以然者謂之性이라고 말했는데 이때의 성은 맹자가 말하는 인간 본성이 아니고 생물적 본능과 기질지성을 말한 것이다. 그런 점에서 맹자의 성론性論은 인간을 도덕적 가치지향의 관점에서 바라보고 인의예지의 측은지심, 수오지심, 사양지심, 시비지심의 사단선을 강조한 인간관이라고 할 수 있다. 특히 맹자는 이 성선사상을 전제로 '모든 인간이 도덕적 완성을 위하여 노력하면 누구나 성인成人이 될 수 있으며 나가서 군자와 성인聖人도 될 수 있다'고 보았다. 또한, 맹자는 의義를 중시하면서 '착한 본성을 발휘하지 못하면 악이 행해지기 때문에 인간은 도덕적 주체가 되어 자기를 다스려야 한다'고 주장했다.

참고문헌 『孟子』.

참조 공자, 거경궁리, 격물치지, 무극이태극, 사단칠정, 성리학, 성악설, 수양론, 양지양능치양지, 이기론(주희), 인간(신체), 인물성동이론, 인심도심, 중용지도, 천명사상

신이 존재하는 다섯 가지 근거[토마스 아퀴나스]
Five Arguments for the Existence of God | 上帝存在的五个参数

파리대학 총장은 이런 편지를 보냈다. '그분이 공부하고 강의를 한 파리에 묻히기를 기원합니다.' 그러자 포사노바Fossanova의 수도사들은 완강하게 저항했다. 그들의 주장은 파리가 아닌 포사노바에 묻혀야 한다는 것이었다. 토마스 아퀴나스가 14차 공회가 열리는 리용으로 가던 중, 포사노바에서 죽었을 때 파리대학에서는 두 차례 교수직을 역임한 인연을 내세워 토마스 아퀴나스의 시신을 옮겨 오려 한 것이다. 여기에는 흥미로운 일화가 전한다. 나폴리의 영주 가문에서 태어난 토마스 아퀴나스는 베네딕트 수도원의 원장이 될 수 있었다. 하지만 19세 전후, 고행과 걸식을 하면서 전도하고 기도하는 도미니크회에 가입했다. 집안의 수치로 여긴 형제들이 그를 감옥에 가두고 전향을 종용했으나 끝까지 자기 뜻을 굽히지 않았다. 지혜로운 그의 어머니가 그를 탈출시킨 후, 그는 로마를 거쳐 파리에서 공부하고 파리대학 교수를 지냈다.

젊은 시절 시실리의 황소Dumb Ox로 불리던 토마스 아퀴나스Thomas Aquinas, 1225~1274는 어눌하면서 겸손한 학생이었다. 하지만 스승 알베르투스 마그누스Albertus Magnus는 그가 세상에 빛날 날이 있을 것이라면서 그의 재능을 알아보았고 파격적으로 젊은 나이에 파리대학 교수로 추천[1252]했다. 그 후 그는 속화된 수사들이나 교수들과 교리논쟁을 벌이면서 체계적으로 스콜라 정통 신학을 정립하기 시작했다. 그는 『신학대전』과 『대이교도대전』 등 방대한 저술을 하면서도 평생을 겸손하고 경건한 자세로 영적인 삶을 살았다. 사후 1323년 성인으로 추서되었으며 가톨릭은 물론이고 개신교에서도 존경하는 성인이며 철학 및 논리학에도 큰 영향을 미친 학자다. 토마스 아퀴나스는 플라톤과 아리스토텔레스의 철학을 신앙과 접목하여 신의 존재를 입증했는데 이것은 또 다른 신학자 안셀무스^{Anselm of Canterbury, 1033~1109}와 비교되는 기독교 신학 논증이다.

토마스 아퀴나스는 라틴어 번역본으로 아리스토텔레스의 논리학과 플라톤의 이데아를 학습한 다음 철학과 논리학을 신학과 연결하여 신의 존재를 증명했다. 중세 스콜라철학의 보편논쟁 정점에 서 있던 그는 온건한 실재론을 주장하고 이성과 신앙을 조화했다. 그는 '보편은 사물 안에 형상으로 존재한다'고 말하여 신의 보편을 토대로 개별적 개체에 의미를 부여했다. 중세의 보편논쟁은 기독교 교리 중 삼위일체三位一體가 관건이었다. 왜냐하면 초월적 실재인 보편을 인정해야만 성부, 성자, 성령과 같은 삼위일체가 성립하기 때문이다. 또한, 보편자가 가능해야만 신이 존재한다. 이런 토마스 아퀴나스의 사유는 현실 세계에서 신성성을 경험할 수 있다는 것과 현상의 내면에는 이데아와 유사한 신의 존재가 있다는 것에 근거한다. 특히 아퀴나스는 보편적 신god과 특수한 신God을 증명했다. 아퀴나스의 '5가지 신 존재 증명' 논증은 다음과 같다.

첫째, 모든 사물은 움직이는데 그 최초 원인인 동자動者가 바로 신이다. 둘째, 어떤 것이 존재하는 처음 무엇이 있어야 하는데 그 처음 제1 원리가 바로 신이다. 셋째, 어떤 존재와 사건은 우연적인 것처럼 보이지만 서로 연관이 있는데 그 필연성과 가능성이 바로 신이다. 이상 세 가지가 우주론적 신존재론이다. 넷째, 각기 다른 단계와 층위의 비교가 가능한데 예를 들면 선악과 같은 비교의 기준이 바로 신이다. 다섯째, 모든 것은 질서와 조화 속에서 존재하는데 그것은 세상의 설계자인 신의 목적 때문이다. 이상 두 가지가 목적론적 신존재론이다. 그리고 그는 신은 단순하고, 완전하며, 무한하고, 불변하며, 단일한 속성을 가지고 있다는 다섯 가지 진술을 덧붙였다. 이 중 가장 중요한 것은 최초 원인Prima causa인데, 아무리 무한한 시간이라고 하더라도 시작한 시간이 있고 아무리 무한한 공간이라고 하더라도 시작한 지점이 있는데 그것이 바로 신이라는 논증이다.

그는 철학, 논리학, 수사학을 신학의 한 부분으로 간주하면서 진리는 단 하나이고 세상은 단 하나인 신으로부터 시작하고 끝난다고 정리했다. 따라서 가장 상위의 학문은 철학이나 논리학이 아닌 신학神學이다. 여기서 '철학은 신학의 시녀다'라는 말이 생겼다. 한편 그는, 죄는 신법에 따르지 않는 언행과 욕망이고 신법은 영원한 자연법의 자연법칙이라는 개념을 정립했다. 이처럼 모든 것은 신과 충돌하지 않는다는 것이 토마스 아퀴나스 신학의 핵심이다. 특히 그는 신의 존재를 증명하고 신의 존귀함을 입증하기 위하여 '신은 무엇인가?What is God?'에 '무엇Something'이라고 답하지 않고 '신은 어떤 것이 아니다'는 부정 논증Via Negativa으로 신을 증명했다. 이런 그의 신학이 농축된 저작 『신학대전Summa Theologica』은 기독교 역사상 가장 중요한 책으로 꼽히며 그의 경건한 일생은 전설로 남아 있다.

참고문헌 Thomas Aquinas, *Aquinas's Shorter Summa*, Manchester, NH : Sophia Institute Press, 2002.

참조 공간, 공포와 전율의 아브라함, 논리·논리학, 리얼리즘/실재론〔철학〕, 보편논쟁, 삼위일체, 수사, 시간, 아리스토텔레스, 예수 그리스도, 이데아, 존재·존재자, 존재론, 창조론, 천국은 꾸며낸 동화일 뿐이다, 철학

성악설

The Theory That Human Nature is Fundamentally Evil | 性恶说

'오늘날 인간의 본성은 악해서, 반드시 스승의 법도를 따른 뒤에 비로소 바르게 되고, 예의가 있어야 비로소 다스려진다. 오늘날 사람들에게 스승의 법도가 없으면 편벽되고 음험하여 바르지 못하게 되고, 예의가 없으면 모두가 도리에 어그러지고 난폭하여 다스려지지 않는다.'[1] 이 말은 『순자荀子』의 「성악편」에 나오는데, 「성악편」 첫머리는 '구부러진 나무는 반드시 휘고, 인간의 본성은 악하다'로 시작한다. 여기서 유래한 성악설은 인간의 본성을 악한 것으로 보는 인성론이다. 그런데 '악하다'는 것은 '인간은 이기적이고 본능에 따라서 행동한다'는 뜻이다. 순자가 말한 악惡은, 법적 윤리적 도덕적 악이 아닌 인간의 욕망이 만든 악이다. 그러니까 순자는 윤리와 도덕에 따르지 않고 방심放心한 것을 악惡으로 표현했을 뿐이다. 이런 순자의 성악설은 맹자의 성선설과 대비되는 것으로 인간 본성은 악하다는 관점이다.

맹자와 동시대에 살았던 순자荀子, BCE 298?~238?는 '인간은 선하다는 맹자의 말은 틀렸다'고 단언한 후, '인간의 본성은 이기적이기 때문에 윤리와 도덕으로 인간을 선하게 만들어야 한다'고 주장했다. 그러니까 욕망으로 인한 방심放心이 선한 양심良心을 이기므로 윤리와 도덕으로 조심操心해야 한다는 것이다. 하지만 순자는 본성의 악을 강조하지 않고 '인간은 선할 수 있다'를 강조한다. 그 방법이 화성기위化性起僞 즉, 본성을 변화시켜 도덕적 인간이 되는 수양이다. 그 수양

---

1   今人之性惡 必將待師法然後正 得禮義然後治. 今人無師法 則偏險而不正 無禮義 則悖亂而不治.

방법에 따르면 항간의 어떤 사람이라도 우임금처럼 성인成人이 될 수 있고, 군자의 인품을 갖출 수 있으며, 고결한 성인聖人이 될 수 있다. 이런 순자의 주장은 '인간의 본성은 원래 악하다'는 명제를 강조한 것처럼 보이지만 사실은 맹자와 마찬가지로 선한 인간을 목표로 하고, 도덕적인 사회를 이상으로 하고 있다. 순자의 이 말은 맹자와 논쟁했던 고자告子의 인간관을 발전시킨 것이다.

고자는 맹자와 논쟁하면서 인간의 본성은 태어나면서 가진 그 자체生之謂性이고 '성은 생性者生也'이라고 말했다. 이것이 인간의 본성은 착한 것도 아니고 악한 것도 아니며 태어날 때부터 가진 자연스러운 것으로 보는 성무선악性無善惡의 관점이다. 순자는 자연스러운 본성이 악할 수도 있다고 한 개념을 발전시켜 성악설을 주장했지만, 순자가 말한 인간의 본성은 본능과 욕심이다. 이렇게 볼 때 맹자는 가치와 당위의 측면에서 인간의 본성을 말하는 것이라면, 순자는 존재와 사실의 측면에서 인간의 본성을 말하는 동시에 인간의 자율성을 인정하는 것이다. 하지만 두 사람 모두 본성을 태어날 때부터 가지고 있는 인간의 바탕이라고 보는 점은 같고 무엇이 선이고 무엇이 악인가에 대한 가치판단도 같다. 한편 양웅揚雄의 성선악 혼합性善惡混合은 성에 선과 악이 혼합되어 있다는 관점이다.

순경荀卿 또는 손경자孫卿子로도 불리는 순자의 성악설은 이기적이고 탐욕스러운 인간 본능을 어떻게 다스리느냐가 핵심이다. 특히 순자는 변하지 않는 인간의 본능과 변할 수 있는 인간의 성격을 나누고, 변할 수 있는 성격을, 수양과 공부를 통해서 교화하여 완성된 인간을 만들고자 했다. 순자가 말한 변하지 않는 것은 선천적 천성天性이고 변할 수 있는 것은 후천적 인성人性이다. 한편 정情은 인간의 마음에서 일어나는 감정이 성과 결합한 것인데, 정 역시 변하지 않는 선천적 천정天情과 변할 수 있는 후천적 인정人情으로 나뉜다. 그래서 순자는 본능이라고 해야 하는 자연적 천성과 천정은 변하는 것이 아니므로, 수양과 노력에 따라서 달라지는 인성과 인정을 변화시켜서 성인을 만들어야 한다는 목표를 설정했다. 그 목표가 바로 화성기위化性起僞 즉, '인간의 성은 악한 것이고 선한 것은 인위적이다人之性惡 其善者僞也’에 잘 드러나 있다.

순자의 성악설과 맹자의 성선설은 인간 본성에 관한 시각 차이가 있어서 성악설과 성선설이 반대 개념이라고 일반화할 수는 없다. 왜냐하면, 순자 역시 ‘우주 자연과 인간의 본성은 같다’고 보았으며 ‘예禮를 통해서 본성이 발휘될 수 있다’고 보았기 때문이다. 따라서 순자는 춘추전국 시대에 나타났던 이기적 인간 본성을 강조하면서 ‘예와 법을 통해서 인간을 교화할 수 있다’는 믿음을 성악설로 표현한 것이다. 그러니까 순자는 인간의 도덕적 주체와 본성의 고결성을 강조한 맹자와 대비되면서 ‘인간은 악하다’고 정의한 것으로 잘못 이해되었을 뿐이다. 이런 순자의 인간관인 성악설은 홉스T. Hobbes, 1588~1679의 사상과 유사하다. 한편 인간의 본능을 강조한 순자의 사상은 한비자韓非子, BCE 280?~BCE 233를 거쳐서 법가法家의 사상적 토대가 되어 법치주의와 패도覇道 법률의 근거가 되었다.

참고문헌 『荀子』.

참조 감정·정서, 공자, 마음, 만인에 대한 만인의 투쟁, 명제, 사단칠정, 선, 성리학, 성선설, 성즉리, 수양론, 심즉리, 양지양능치양지, 음양오행, 인간(신체), 이기론(주희), 인물성동이론, 인심도심, 주체·주체성, 천명사상

긍정의 변증법[알랭 바디우]
Affirmative Dialectics | 肯定的辩证法

기독교 성경『사도행전』에는 다음과 같은 이야기가 전한다. 유대인 율법학자 바울은 그리스도 교도들을 박해할 문서를 가지고 다메섹으로 가는 길이었다. 갑자기 바울은 하늘에서 오는 빛에 의하여 눈이 보이지 않게 되었다. 그리고 자신을 부르는 그리스도의 목소리를 듣는다. 그것은 하늘에서 들려오는 신의 목소리와 같았다. 다메섹에 들어가 한동안 앞을 보지 못하는 상태에서 기도하던 중, 바울은 하나님/하느님의 계시를 받은 아나니아의 도움으로 눈을 뜨고 그리스도의 사도가 되었다. 기독교에 반대하던 바울 또는 바오로는 기독교에 지대한 영향을 미친 인물로 기록된다. 그는 훗날 바티칸의 베드로 성당에 봉헌되었으며 그의 신앙은 기독교의 기틀을 이루었다. 한 사람의 존재론적 의미가 바뀌는 과정이다. 이 사건은 바울이라는 개인의 주체성을 바꾸어 놓았고 기독교 역사 전체에 이정표가 되었으며 세계사에도 지대한 영향을 미쳤다.

이처럼 사건이 인간의 주체성과 어떻게 관계하는가를 분석한 사람은 프랑스의 알랭 바디우Alain Badiou다. 그는『존재와 사건Being and Event』에서 (인간) 존재는 사건을 만나서 새로운 주체를 형성하고 그 주체성을 토대로 세상을 혁명할 수 있다고 주장했다. 그런데 중요한 것은 사건 그 자체가 세상을 변화시키는 것이 아니라 변화의 가능성을 창조할 뿐이라는 점이다. 사건에 내재한 진리의 가능성을 인지하고 자기 주체를 확립하려는 사람은 무엇을 부정하지 않는다. 반대로 무엇을 긍정한다. 예를 들어 사도 바울이 그리스도의 부활이라는 사건을 믿고 (즉 긍정하고) 그 사건을 통해서 새로운 존재가 된 것처럼 긍정과 확신이 중요하다. 그래서 바디우는 새로운 인류사의 지평을 위해서 긍정의 변증법이 필요하다고 강조한다. 여기서 복수의 주체가 복수의 진리로 세상을 대하는 바디우식 긍정의 변증법이 태동했다.

근대 서구철학은 '전체주의에 봉합suture된 헤겔의 변증법'에서 보듯이 테제를 부정하거나, 아도르노의 부정변증법처럼 부정을 부정하거나, 포스트모더니즘처럼 해체와 다원으로 주체를 부정할 뿐이다. 그러므로 플라톤 이후 근대에 이르는 철학의 내면에는 전체주의의 그림자가 드리워 있다. 바디우가 보기에 철학의 고전적 진리와 주관적 주체가 복원되어야 한다. 아울러 바디우는 플라톤이 『국가』에서 추구한 진리와 주체가 현대에도 유용하며 철학자는 진리의 주체가 되어 정치혁명의 길을 제시하고 사회와 현장에서 변혁 운동을 해야 한다고 주장한다. 그 출발점이 긍정의 변증법이고, 그 무대가 자본주의 세계화가 관철되는 지구다. 이를 통하여 새로운 주체와 새로운 인간 존재가 탄생한다. 이 창조와 생성의 주체는 동물적 이익을 추구하지 않고 보편적 진리를 추구하는데 그 복수의 진리가 생산되는 곳은 정치, 과학, 예술, 사랑이다.

긍정의 변증법은 2013년 바디우가 만든 개념으로 헤겔식 변증법이 아니라 긍정을 긍정하고 확신하면서 진리를 찾는 바디우적 변증법이다. 사도 바울이 그리스도의 부활을 긍정했던 것처럼 긍정을 긍정하면 인류사의 새 지평을 열수 있다. 특히 의회나 선거와 같은 부르주아의 거짓 민주주의가 아닌 대중의 직접 민주주의를 통하여 인간해방을 실현해야 한다. 이 긍정 변증법의 최종 목표는 완전한 평등이 실현되는 유토피아인 공산주의 사회다. 그래서 바디우는 플라톤과 마르크스의 이상을 자본주의 극복의 사상으로 설정한다. 그런데 근대 이후 자본주의는 인간을 노예로 만들었고 지구적 자본주의는 인류의 불평등을 심화시켰다. 마침내 인류는 '세계-시장-앞에-놓인-이익만 추구하는-인간, 동물'과 같은 종속적 개체로 전락해 버렸다. 마르크스와 레닌의, 부정의 변증법이 아니라, 자본주의를 긍정하는 긍정의 변증법으로 세상을 혁명할 수 있다는 것이 바디우의 인류학적 사유다.

바디우는 변증 유물론Dialectical Materialism을 긍정의 변증법으로 바꾸어서 새로운 인간해방의 길을 제시한다. 그것은 국가 안에서 국가를 전복하고 국가소멸을 지향하는 레닌식의 계급투쟁이 아니라, 정당과 국가 바깥에서 세계를 무대로 정치혁명을 실천하는 긍정의 변증법이다. 그러려면 자각적인 주체가 사건에 의해서 드러나는 진리를 긍정하고 확신해야 한다. 그 상징적 사건이 파리코뮌과 6·8혁명인데, 6·8혁명은 정치와 국가를 변화시키지는 못했지만, 서구사회를 근본적으로 변화시키고 새로운 변혁 주체를 만들어냈다. 그 주체는 진리를 향한 주체다. 그런데 진리의 주체가 진리의 정치를 실천할 때 물어야 하는 것은 '지금, 여기, 우리, 모두 평등한가'라는 것이다. 이에 대해 바디우는 '당연히 인간 모두 평등해야 한다'는 당위 명제로 답한다. 그는 철학적 자유와 진정한 민주주의로 현실을 변혁할 수 있다고 주장하는 철학자다.

참고문헌 Alain Badiou, "Affirmative Dialectics : from Logic to Anthropology", *Badiou Study* Volume Two Number One, The International Studies of Alain Badiou, 2013.

참조 계급의식, 계급투쟁, 공산주의적 인간형, 까다로운 주체, 마르크스, 명제, 변증법, 부정변증법, 상징, 실재의 사막, 역사적 유물론/유물사관/사적 유물론, 유물론, 이데아, 자본주의, 존재론, 주체·주체성, 혁명

존재와 사건[알랭 바디우]

Being and Event | 存在与事件

1968년 3월 미국계 은행을 폭파했다는 혐의로 학생 하나가 체포되었다. 5월, 이에 대한 항의가 파리 소르본대학 점거로 이어졌다. 곧이어 노동자와 학생을 중심으로 수십만 명이 시위를 벌였고 노동자 전국 총파업에 천만 명이 참여했다. 하지만 드골은 선거를 통해서 다시 집권했고 공화국 프랑스는 그대로 유지되었으며 사회구조도 크게 변하지 않았다. 6·8혁명이라고 부르는 이 사건은 혁명의 목적인 사회변혁을 이루지 못하고 정치권력도 장악하지 못한 채 끝났다. 특히 프랑스 공산당은 6·8혁명을 계급투쟁이 되지 못한 소시민들의 봉기라고 비판했다. 하지만 바디우Alain Badiou는 유럽의 6·8혁명이야말로 존재와 진리를 새롭게 인식하게 만든 세계적인 사건으로 평가한다. 6·8혁명은 권위에 대한 도전이었으며 세계적인 저항운동을 촉발했다. 혁명을 통하여 오랫동안 잠재했던 인간 존재에 대하여 다시 사유하게 된 것이다.

6·8혁명 당시 '마오쩌둥'을 외치고 '금지의 금지'를 주장하면서 거리에서 투쟁한 바디우가 본 것은 새로운 주체의 탄생이다. 금기와 권위에 도전하는 여성, 예술가, 학생, 노동자 등이 혁명의 주역이었다. 그 주체는 인간해방의 주체이며 사회변혁의 주체이고 진리의 주체이다. 또한, 바디우에 의하면 주체는 이미 존재하는 고정된 주체가 아니고 어떤 사건을 통해서 진리가 드러날 때 그 진리를 자기화함으로써 얻어지는 생성의 과정Generic procedure이며 생성적 주체Being in itself다. 사건과 진리의 자기화를 거쳐서 성립된 주체는 자신을 새로운 상황에 대입한다. 이것을 바디우는 『존재와 사건Being and Event』1988에서 사건을 통해서 출현하

는 새로운 진리, 새로운 주체, 새로운 존재라고 명명한다. 존재와 사건은 바디우의 저서이면서 어떤 사건을 통해서 존재의 진리와 본질을 이해할 수 있다는 분석이론이다.

새로운 주체는 고정불변의 단일주체가 아니라 역동적이고 가변적인 복수의 주체다. 그리고 이 주체가 마주했던 것은 복수의 진리다. 그러므로 진리 역시 고정불변의 단일진리나 하나에 봉합된 특권적 진리가 아니라 생성적이고 역동적인 복수의 진리다. 바디우가 복수의 주체와 복수의 진리를 설정한 이유는 근대철학의 해체적 경향을 극복하려는 뜻이었다. 바디우는 나치즘과 같은 전체주의나 마르크스의 사회주의에서 보듯이 철학이 다른 영역과 봉합suture되는 재앙이 일어날 때 철학은 가치와 진리를 상실한다고 진단한다. 특히 자본주의 사회는 인간을 노예화할 뿐 아니라 절망을 강요하는 약탈적 제도이므로 거기에서 벗어나서 저항적 자기 주체를 확립해야 한다. 그러니까 바디우는 근대철학에 대한 반성을 통하여 존재, 주체, 진리를 추구하는 정통철학을 복권하고 인류의 새로운 희망을 찾고자 하는 것이다.

바디우가 근거하는 진리는 플라톤과 소크라테스의 고전적 진리다. 또한, 철학은 정치, 과학, 예술, 사랑이 생산하는 진리를 해석하고 그 의미를 밝히는 것이다. 철학자는 이 네 영역에서 생산된 진리를 사유하고, 진리와 주체의 복수성을 밝히며, 인간해방을 실천하는 존재여야 한다. 이 주체가 목표하는 것은 민주주의를 가장한 국가 제도와 자본주의의 폭력에서 벗어나는 것이다. 한때 알튀세르의 사상에 심취했던 바디우는 그에게 '억압적 이데올로기 국가장치Ideological State Apparatus'라는 개념을 빌어 '국가가 개인을 억압하고 통제한다'고 규정한다. 그러니까 개인은 자유로운 존재(가령 x로 표시되는 존재)가 아니라 학생, 노동자, 선거권자, 세금납부자, 군인과 같이 국가라는 합집합의 한 원소인 {x}와 같은 존재다. 이 존재는 국가가 호명呼名하는 종속적 타자이기 때문에 진리를 실천하는 자기 주체가 될 수 없다. 간단히 말해서 의회와 선거로 상징되는 국가와 정당의 정파 내에 있는 한, 진리를 실천하는 자기 존재는 불가능하다는 것이다.

바디우가 추구하는 것은 차이를 강조하지 않고 같음을 강조하는 '모든 인간의 진정한 평등'이다. 그런데 근대 자본주의 사회의 인간은 세계 시장 앞에 놓인 노예와 같다. 따라서 자본주의 국가 바깥에서 새로운 진리와 주체를 찾고 그를 통해서 정치혁명의 길을 제시하는 것이 현대철학의 임무다. 그를 위해서는 헤겔과 마르크스의 부정변증법이 아니라 (사도 바울이 그리스도의 부활을 믿었던 것과 같은) 확신과 긍정의 변증법^{Affirmative dialectics}이 필요하다. 그리하여 제국의 권력과 국가의 제도와 전통의 중력이 작용하는 현재의 장소에서 벗어나서 새로운 보편적 주체를 생성해야 한다. 이 주체는 끊임없는 실천을 통해서 존재하는데 사건과 진리 현시 이후에 실천이 뒤따른다는 의미에서 후사건적^{後事件的} 실천이다. 이것이 진정한 인간의 해방이고 자유다. 바디우는 이를 통하여 니체와 헤겔 이후 근대철학이 잃어버린 진리를 복원하고 푸코와 데리다가 해체했던 주체를 복원할 수 있다고 말한다.

참고문헌 Alain Badiou, *Being and Event*, translated by Oliver Feltham, New York : Continuum, 2007.

참조 계급의식, 계급투쟁, 공산주의적 인간형, 국가주의, 긍정의 변증법, 변증법, 부정변증법, 사건(김재권), 역사적 유물론/유물사관/사적 유물론, 유물론, 인식론, 자본주의, 존재·존재자, 존재론, 주체·주체성, 철학, 호명

무위자연
Non-action and Natural | 无为自然

'최상의 선은 물과 같다. 물은 만물에게 이로우면서도 다투는 일이 없고 사람들이 싫어하는 낮은 곳에 위치한다. 그러므로 물은 도에 가깝다. 사는 곳으로는 땅 위가 좋고, 마음은 못처럼 깊은 것이 좋고, 벗은 어진 사람이 좋고, 말은 믿음이 있어야 좋고, 정치나 법률은 세상이 잘 다스려지는 것이 좋고, 일을 처리하는 데에는 능숙한 것이 좋고, 행동은 적당한 시기를 아는 것이 좋다. 그렇게 하는 것이 다투지 않는 것이다. 그래야만 잘못이 없게 된다.'[1] 이 글은 노자『도덕경道德經』8장 첫 부분이다. 여기서 노자老子가 말한 것은 인간을 포함한 모든 존재는 물처럼 자연스러워야 한다는 것이다. 물과 같은 것이 세상의 이치이고 자연의 도리라는 것이다. 자연스러운 자연의 상태를 무위無爲라고 하고 그 반대를 인간의 의지가 개입한 인위人爲라고 한다. 이것이 도가들이 금과옥조로 여기는 무위, 즉 자연스러운 우주의 순행이다.

실존 인물에 대한 논란이 있는 노자는『도덕경道德經』에서 자연스러운 것이 가치 있는 덕이라는 경구를 남겼다. 노자에 의하면 모든 존재는 의도나 그 자체의 자연스러운 길이 있는데, 주어진 상황에 순응하고 적응하면서 그 길을 가야 한다. 이것을 무위자연이라고 하는데 인간은 천지자연天地自然의 도에 순응하는 천인합일天人合一 사상의 핵심이다. 무위자연의 무위無爲는 '아무것도 하지 않는다'는 뜻이고 자연은 '스스로 그런 상태'를 말한다. 그러므로 무위자연은 첫째, 무

---

1   上善若水 水善利萬物而不爭 處衆人之所惡 故幾於道 居善地 心善淵 與善仁 言善信 正善治 事善能 動善時 夫唯不爭 故無尤

엇을 인위적으로 하지 않는 것이 자연스러운 행위라는 의미 둘째, 도의 자연스러운 흐름에 따르면서 최소한의 행위만 한다는 의미 셋째, 무의식적인 언행처럼 의식하지 않고 자연스럽게 행한다는 의미가 있다. 이 세 의미로 보면 무위자연은 수동적이고 소극적으로 보이지만 자연에 순응하면서 생명력을 잃지 않는다는 점에서 능동적이고 적극적인 면도 있다.

무위는 원인이나 목적도 없고, 결과도 중요하지 않은 그 자체의 길 즉 천지자연의 흐름이다. 그 흐름은 자연스러운 도道이고 자연에 있는 도다. 이 자연의 도로 돌아가서歸 완성된 상태는 완벽한 조화이자 영원한 길이다. 그것은 단 하나의 원리이므로 다른 가치와 의지가 개입하지 않는다. 따라서 인간은 음양陰陽과 오행五行으로 상징되는 천지자연에 맞추어야 하고 의도적으로 무엇을 할爲 필요가 없다. 그러면 그 존재는 자연과 합일하여 무아지경에 이르고 물아일체物我一體의 상태가 되며 욕망에서 벗어날 수 있다. 물아일체는 자기와 자기 바깥의 물物이 하나가 되는 것이며 주체와 객체, 정신과 물질이 하나가 된다는 뜻이다. 이 관점에서 무위는 무위자연의 상태와 아울러 사물을 관조하는 겸허한 자세와 주객이 일치하는 지경을 의미한다. 도가들은 무위를 통해 모든 것이 성취될 수 있으므로 무위를 불로장생에 이르는 비결로 여긴다.

BCE 4세기 전후에 완성된 『도덕경』 3장에서 노자는 '아무것도 하지 않는 것처럼 하면 다스려지지 않는 것이 없다爲無爲 卽無不治'라고 하면서 무위를 설파했다. 이것은 상호모순이 아니라 '하지 않으면서 하는 것'과 '하면서 하지 않는 것'이라는 도가적 중현묘본의 경지다. 그것은 또한 '도가도비상도'에서 보듯이 도는 도일 수도 있고, 아닐 수도 있고, 도이면서 도가 아닐 수도 있는 현지우현玄之又玄이다. 이처럼 '위무위爲無爲'는 무엇을 하는 것일 수도 있고, 하는 것이 아닐 수도 있으며, 하는 것이면서 하는 것이 아닐 수도 있다. '아무것도 하지 않는다'는 '아무것도 하지 않음으로써 무엇을 한다'로 이어지며 '그 어떤 목표도 가지지 않는다'는 '모든 것이 목표다'라는 역설이다. 이것을 노자는 '도는 언제나 무위이지만 하지 않는 일이 없다道常無爲而無不爲'고 표현했다. 이런 표현들은 모순과 역설 때문에 현학적인 언어유희라는 비판을 받기도 한다.

법률과 도덕으로 인간을 계몽하고자 하는 유가와 달리 무정부주의적 경향이 있는 도가들은 통제가 없는 사회가 좋고 또 가장 잘 다스려진다고 생각한다. 그래서 유가들의 인위와 유위를 위선僞善으로 비판하고 미망迷妄으로 간주하면서 자연과 같은 무위야말로 완성된 가치이자 도덕이라고 주장한다. 이런 도가들의 세계관은 죽림칠현竹林七賢과 같은 청담파淸談派에서 보듯이 현실도피로 드러나는 경우가 많다. 무위자연 사상은 법과 제도의 이름으로 전쟁과 살육이 자행되던 춘추시대BCE 770~BCE 403와 전국시대BCE 403~BCE 221의 사회적 배경에서 이해되어야 한다. 당시 남방의 도가들은 인위적으로 만든 국가 제도와 통치의 법이 자연의 본성을 위배하기 때문에 자연의 무위로 돌아가야 한다고 보았다. 이 사상은 청정무위淸淨無爲를 주장하면서 황제와 노자를 숭상한 황로학파黃老學派의 사상과 연결되어 있다.

참고문헌 老子, 『道德經』.

참조 객관·객관성, 기운생동, 도, 도가도비상도, 무, 무극이태극, 물아일체, 물자체, 사무사, 안빈낙도, 역설, 음양오행, 존재론, 주관·주관성, 주체·주체성, 천명사상, 포정해우, 해의반박, 호접지몽

무목적의 목적

Purposiveness without Purpose | 无目的的合目的性

어느 날 소년 K는 이슬을 머금은 분홍장미를 하염없이 바라보고 있었다. 그 아름다움에 취해서 모든 생각이 사라져 버렸다. 영롱한 이슬 속으로 들어가면 다른 세상이 있을 것만 같았다. 그날 K는 시험을 보아야 했으므로 장미의 아름 다움을 찬탄하는 것은 사치였다. 그런데 K는 자기도 모르게 '아, 세상은 장미처 럼 아름답다!'라고 외쳤다. 아무 생각이 없는 K의 찬탄은 분홍장미가 아름답기 때문인데 그 아름답다는 판단에는 다른 의도나 목적이 없다. 또한, 이 판단은 이념이나 의지가 작동하지 않으며 단지 아름다운 것이 원인이고 결과일 뿐이 다. 그런데 K의 예에서 보듯이, 아름다움에 대한 미적 판단은 취향 판단이면서 목적이 없는 중립적 판단이지만 사람마다 다른 주관적 판단이다. 이것을 칸트 Kant, 1724~1804는 『판단력비판』1790에서 무목적의 목적이라고 정리했다.

무목적의 목적은 칸트의 미학 이론으로 '목적 없음purposelessness'이 목적이며 가치나 진위가 개입하지 않는 그 자체의 반성적 판단이다. 그렇다면 개나 고양 이도 장미를 보고서 '아름답다'라고 판단할까? 아니다. 동물은 그런 반성적 판 단을 할 수 없다. 그러니까 (판단을 할 수 없는 동물이나 유아 또는 정신이상자가 아닌) 보통 인간만이 비교하여 인식하는 능력이 있고 그 판단을 근거로 아름다움을 느낄 수 있다. 이것을 칸트는 선험적 종합판단이라고 명명했다. 다시 말하면 현 상계의 자연을 인식하는 순수이성과 자유의지를 결정하는 도덕적 실천이성을 연결하는 것이 바로 종합적 판단력이다. 또한, 칸트는 선한 존재인 인간의 미 적 판단은 선한 도덕적 목적에 합치하는 것이며 그 자체로 진리이므로 미적 판단에는 합목적성purposiveness이 있다고 보았다. 그 합목적성은 '왜 이런 느낌이 들까'에서 보듯이 어떤 목적에 이르도록 자연스럽게 방향이 정해진 것이다.

칸트는 목적이 개입하지 않는 상태를 무관련성disinterestedness이라고 한다. 칸트가 말한 무관련성은 주관적 판단을 하는 주체와 판단의 대상 사이에 아무런 관련이 없다는 뜻이다. 가령 장미를 바라보는 사람의 행위에는 다른 생각이 개입하지 않는다. 장미를 바라보는 그 자체가 목적이다. 바라보는 행위에 다른 생각, 이념, 감정이 개입하지 않는다. 이와 마찬가지로 예술의 예술미도 자연의 자연미처럼 자연스러워야 하고 목적이 있더라도 드러나지 않아야 한다. 이것을 미학적으로는 자율성이라고 한다. 미적 자율성은 인간의 지각 행위에 타율적인 무엇이 개입하지 않는다는 뜻이다. 그런데 미적 자율성이라고 하더라도 인식론적으로는 주체의 주관성이 작동한다. 예를 들어 시험에 떨어져 속상한 사람의 눈에 분홍장미는 전혀 아름답지 않은 것이다. 칸트는 이 주관성을 '자기의 눈the eye of the beholder'이라고 정리했다.

지각의 주체인 인간이 '무엇을 아름답다'라고 판단하는 것은 주관적이지만 인간의 공통감각common sense 때문에 서로 동의할 수 있는 보편성이 있다. 이것을 칸트는 주관적 보편성subjective universality이라고 보고 '미에 근거한 논리적 판단aesthetically grounded logical judgement'이 가능하다고 말했다. 또한, 칸트는 '목적이 없으면서 목적이 있다'와 '미적 판단은 주관적인 동시에 객관적이다'는 이율배반antinomy, 二律背反과 모순contradiction으로 정리했다. 칸트미학에서는, 양립할 수 없는 두 명제가 동시에 성립하면서도 오성과 상상력이 조화롭게 결합하는 정신의 자유유희free play가 가능하다. 칸트는 무목적의 목적과 같은 이율배반이 가능한 이유를 인간 이성의 무한성에서 찾는다. 따라서 이성적 자유 존재인 인간은 타율적 목적에 구속받지 않고 자율적으로 최고선을 추구할 능력이 있다. 그리고 그것이 행복의 근원이다.

고전 미학에서는 '조화, 균형, 비례가 지켜지고 유쾌하면서 만족을 주는 동시에 도덕적 목적에 합치할 때 아름답다'라고 한다. 가령 분홍장미는 좌우대칭의 기하학적 균형과 조화 그리고 감미로운 향기와 미묘한 색상을 가지고 있는데, '장미가 존재하는 도덕적 목적과 일치하기 때문에 아름답다'는 것이다. 그러니까 '조화와 균형 안에 본질과 진리가 들어있다'는 뜻이다. 이것을 칸트는 '정신의 반성적 판단과 자유유희 때문에 쾌감이 생기고 그로 인하여 만족하거나 사랑을 하게 된다'고 보았다. 무목적의 목적은 칸트가 『판단력비판』에서 제시한 다른 세 가지인 무관련성, 주관적 보편성, 필연성과 함께 미적 판단의 기본원리다. 플라톤의 관념론에 근거한 칸트의 미적 인식론은 무목적의 목적, 예술의 순수성과 자율성으로 정리된다. 칸트 미학은 헤겔과 마르크스에 의해서 비판받지만, 예술과 철학에서 매우 중요한 이론으로 인정받고 있다.

참고문헌 Immanuel Kant, *Critique of Judgement*, translated by James Creed Meredith, Oxford University Press, 1973.

참조 객관·객관성, 관념론, 낭만적 숭고, 물자체, 미/아름다움, 미적 거리, 미학·예술철학, 미학교육[실러], 바움가르텐의 진선미, 순수이성, 숭고, 신경미학, 실천이성, 이성, 자유의지, 주관·주관성, 지성·오성, 판단력비판─미(美)란 무엇인가?, 황금비율

성즉리

Xing is Li | 性卽理

어느 날 주자는 성즉리가 무엇이냐는 질문을 받았다. 그러자 주자는 '꽃병에는 꽃병의 도리가 있고 독서 등잔에는 등잔의 도리가 있다花瓶便有花瓶底道理 書燈便有書燈底道理'고 설명하면서 세상의 모든 도리는 본성의 성性과 이치의 이理로 드러난다고 답했다. 『어류語類』에 실려 있는 이 글의 핵심은 모든 존재는 하늘이 부여한 본성이 있으므로 그 본성에 따르는 것이 도덕이고 도리라는 것이다. 또한, 인간이나 사물은 우주 자연의 한 부분이므로 그 이치와 본성을 공유하고 있는 존재다. 본성에 대한 논의는 공자의 『논어』「양화陽貨」에 '사람의 본성은 비슷하지만, 습관에 의해서 멀어진다'는 성상근 습상원性相近 習相遠에 근거한다. 이후 맹자가 고자告子와 논쟁하면서 돼지의 성과 인간의 성이 같지 않다는 성선설을 주장한 이후 인간 본성에 관한 탐구가 중요한 문제로 대두했다. 아울러 본성을 다스리는 수양론도 중요한 문제도 대두했다.

맹자는 물이 아래로 흐르듯 하늘이 부여한 자연스러운 본연지성은 지선至善하지만, 기의 작용으로 선한 본성이 훼손될 수 있다고 보았다. 한편 송의 장재張載, 1020~1077는 원리의 이理와 힘의 기氣를 주재하고 성性과 정情을 통일하는 것이 마음이라는 심통성정心統性情의 학설을 제기했다. 그리고 마음의 본체가 성이고 마음의 쓰임用이 정이라는 뜻인 동시에 성이 발하여 칠정이 생긴다는 의미에서 천지의 성과 기질의 성을 나누었다. 이 문제를 깊이 고구한 정이程頤, 1033~1107는 형기形氣에서 나온 인심과 의리義理에서 나온 도심 중 선한 심성이 도리와 합쳐진 도심을 성이라고 단정했다. 한편 주자는 공자와 맹자의 말에 근거하면서 이기론의 우주생성과 존재론을 받아들이고 장재와 정이의 학설을 종합하여 인간을 포함한 모든 존재의 본성을 성즉리로 정리했다. 마음의 원리가 바로 이理라는 것이다.

주자가 집주한 『중용』의 첫머리는 천명을 이렇게 설명한다. '하늘이 명부한 것이 성이고, 성에 따르는 것이 도이고, 도를 수양하는 것이 교다.天命之謂性 率性之謂道 修道之謂敎' 그러니까 하늘의 뜻 그대로 인간에게 선한 본성이 주어진 것이며 역동적 힘인 기의 작용에 의하여 칠정이 발하고 인간의 성정이 완성되면 신체는 이에 따라 움직인다. 그런데 이의 원리가 잘 구현되지 않아 본성을 잃어버리고 실성失性하면 그 존재의 본질은 훼손된다. 그러므로 주자가 말한 성즉리는, 이理는 성性과 조화해야 하며 성 역시 이와 조화하지 않으면 의미가 없다는 뜻이다. 이처럼 주자는 하늘이 부여한 천명이 이기의 원리로 존재하다가 인간의 형상과 본성이 되었기 때문에 그 본성이 바로 하늘이 부여한 선한 심성이라고 단정한다. 그것이 올바로 실현되는 길이 도다. 도에 이가 결합하면 도리道理가 된다.

현실에서 존재의 본성이 실현될 때 기氣가 작용하는데, 동적 힘인 기는 원리인 이와 만나서 존재가 생긴다. 왜냐하면, 기질지성은 개개 존재가 모두 다른데 이가 미발未發의 중中이라면 기는 이발已發의 용用이기 때문이다. 이것을 주자는 '이는 형이상의 도道로서 물건을 낳는 근본이요 기는 형이하의 기器로서 물건을 낳는 재료理也者 形而上之道也 生物之本 氣也者 形而下之器也 生物之具也'라고 설명한다. 그 실현 과정이 필연적이고 자연스러우면 도리道理에 맞는 것이고 그렇지 못하면 도리에 맞지 않는 것이다. 그러니까 성은 하늘이 부여한 본연을 의미하고 이는 하늘이 부여한 원리를 의미한다. 결국, 이는 성을 실현하는 원리이고 기는 정이 일어나는 힘이다. 그래서 주자는 이성理性 중심적인 신유학을 일으켰으나 기와 정을 합하여 기정氣情이라고 하지 않은 것이다. 성즉리 사상은 주로 인간의 선한 본성을 설명하는 존재론의 도학이지만 인식론이기도 하다.

성즉리는 정이가 제기한 본성의 문제를 주자가 완성한 성리학의 핵심개념으로 모든 존재의 본성은 하늘이 부여한 것이기 때문에 그것을 지켜야 한다는 유가철학의 심성론이다. 성즉리는 인간의 마음이 선한 성의 발현처發現處이므로 마음을 다스리고 마음을 수양하여 도덕적 주체가 되어야 한다는 결론에 이른다. 사회윤리를 중시하는 엄숙주의 도학관道學觀에서는 선한 본성이 발휘되지 못하면 기질의 작용 때문에 악이 생겨날 수 있다고 본다. 따라서 경건하게 이치를 탐구하는 거경궁리居敬窮理로 본연지성이 발휘되도록 노력할 것을 권한다. 그런데 주자가 성과 이를 분리할 수 없다고 보고, 성즉리라고 하면서 이즉성理卽性이라고 하지 않은 것은 성은 반드시 이지만 이는 반드시 성은 아니라는 뜻이다. 한편 육상산과 왕양명王陽明은 '마음이 곧 이理'인 심즉리心卽理를 제창하여 정이와 주자의 성즉리 사상과 대립적인 이론을 형성했다.

참고문헌 朱熹, 『語類』.

참조 거경궁리, 격물치지, 도, 마음, 사단칠정, 성리학, 성선설, 성악설, 수양론, 심즉리, 양지양능치양지, 윤리·윤리학, 이기론〔주희〕, 인물성동이론, 인심도심, 존재론, 중용지도, 천명사상

음양오행

Yin and Yang, Five Phases | 阴阳五行

'허, 이혼하셔야 하겠습니다.' 점쟁이가 던진 말은 이혼이었다. 점쟁이는 나직한 어조로 '이혼 외에는 방법이 없을까요'라고 묻는 A의 말이 끝나기도 전에, '없습니다'라고 목소리에 힘을 주어 강조한 다음 서로 상극相剋이므로 이번에 이혼하지 않으면 사별死別할 것이라는 경고를 덧붙였다. 그러자 A의 어머니는 '네 운명이 그렇다니 할 수 없구나'라고 말하면서도 표정이 어두워 보이지 않았다. 사실 A는 남편 P와 이혼의 사유를 찾는 중이었고 당사주唐四柱의 결론이 이혼이었기에 P에 대한 미안한 마음을 덜 수 있었다. 한편 점쟁이 또한 모녀가 들어오는 모습을 보고 부부 관계가 상생이 아닌 상극이라는 점괘를 낼 수밖에 없음을 직관적으로 알아차리고 그들이 듣고 싶어 하는 말을 해준 것이다. 그 점쟁이는 『역경易經』도 읽고 다른 공부도 하여 나름대로 세상을 예측하는 논리를 가지고 있었다.

이 논리의 근거는 상생과 상극이다. 그러니까 인간을 포함한 모든 존재는 어떤 성질이 있어서 어떤 것과는 잘 조화하는 반면 어떤 것과는 불화한다. 특히 '인간은 처음에 가지고 태어난 기氣의 질質이 있고 성性의 격格이 있으므로 그 원리에 의해서 존재와 운명이 결정된다'는 것이 음양 이론이다. 천지 만물의 기는 음과 양으로 구성되어 있지만 하나의 실체가 두 개의 현상으로 드러난다는 이상일태二象一態다. 가령 음양은 천지, 일월, 한난寒暖, 남녀, 주야晝夜와 같은 수레바퀴처럼 하나의 실체가 변화하고 조화하면서 다르게 드러난다. 이것은 최초 원리이자 실체이고 기운인 태극이 음양으로 변화하여 사상事象으로 현시된 것이다. 이 과정에서 정지한 상태인 음과 움직이는 상태인 양의 조화가 일어난다. 일반적으로 음은 수동성, 어둠, 부드러움, 여성적인 것이고 양은 능동성, 밝음, 강함, 남성적인 것이다.

한편 세상의 모든 것은 수水, 목木, 화火, 토土, 금金의 다섯 가지 단계 또는 과정인 오행五行의 변화로 순행한다. 그 오행은 물에서 나무가 나오는 수생목水生木에서 시작하여 목생화木生火 화생토火生土 토생금土生金을 지나 다시 쇠에서 물이 나온다는 금생수金生水의 상생하는 변화 반복이다. 반면 서로 불화하거나 대립하는 상극이 있는데, 목극토木剋土, 토극수土剋水, 수극화水剋火, 화극금火剋金, 금극목金剋木이다. 이처럼 다섯 가지 원소의 조합과 조화 그리고 변이와 이행이 곧 만물의 생성이며 우주의 순행이다. 오행은 『서경』의 감서편과 홍범편에 나온다. 한편 전국시대의 추연騶衍은 오덕종시설五德終始說과 음양주운설陰陽主運說을 내세워 왕조도 오행의 덕에 의해서 교체된다고 주장했다. 특히 진시황은 오행학설에 따라 수의 기운과 덕으로 천하를 통일하여 자신이 황제가 되었다고 믿었다.

전국시대BCE 403~BCE 221에 음양 이론과 오행학설이 섞여서 우주와 인간의 생성과 존재를 설명하는 음양오행 이론으로 정리되었다. 이후 한의 동중서董仲舒, BCE 170?~BCE 120?는 음양오행설에 근거하여 천인화응설天人和應說을 주장했고 송의 염계 주돈이周敦頤, 1017~1073는 『태극도설太極圖說』에서 '양이 변하고 음과 합하여 수, 화, 목, 금, 토를 낳으니 이 다섯 가지 기운이 조화롭게 퍼져서 사계절이 운행된다'고 설명했다. 그리고 '오행은 하나의 음양이고 음양은 하나의 태극이다'라고 썼다. 이 글의 건도성남乾道成男 곤도성녀坤道成女에서 보듯이 양의 기운인 건의 도가 남성을 이루며 음의 기운인 곤의 도가 여성을 이룬다. 그러니까 하늘의 건과 땅의 곤이 인간의 근원이라는 뜻이다. 따라서 음양과 오행의 이치가 변화하고 조화하는 것이 우주 만물의 존재 원리이므로 인간은 이 천지운행의 질서에 따라야 한다.

음양오행은 음양과 오행이 결합하여 만들어지는 세상 만물의 원리다. 음양오행은 성리학과 결합하여 우주생성의 학설이 되었고 정치와 제도의 근간이 되었다. 그리고 인의예지신仁義禮智信의 오상으로 드러나기도 했다. 음양은 선악과 같이 배타적인 절대개념이 아니라 빛과 그림자처럼 상호 조화하는 상대개념이고 오행은 변화의 요소이면서 과정이다. 그 운용의 형이상학적 원리가 이理고 형이하학적 기운이 기氣이며 이와 기가 작용하는 원리가 태극이다. 이처럼 태극에서 음양이 나오고 음양의 조화와 오행의 작용으로 인간을 포함한 만물이 존재한다. 그러므로 음양오행은 우주생성과 인간을 설명하는 학설이자 이론이다. 또한, 음양오행은 성리학의 우주관, 천하관, 세계관, 인간관에 영향을 미쳤고, 정치와 경제를 포함한 세상사를 이해하는 관점이었으며, 화복 길흉을 예상하는 운명론의 토대였다.

참고문헌 朱熹, 『太極解義』.

참조 결정론, 리얼리즘/실재론〔철학〕, 무극이태극, 성리학, 성즉리, 수양론, 심즉리, 운명론, 이기론〔주희〕, 인간〔신체〕, 인물성동이론, 인심도심, 존재론, 중화주의, 천명사상, 형이상학

도

The Way | 道

'혼돈하여 하나가 된 그 무엇이 천지가 생기기 이전부터 존재해 있었다. 그것은 고요하여 소리도 없고, 아득하여 모양도 없고 어느 것에도 의존하지 않고, 어느 것으로도 변하지 않으며, 삼라만상에 두루 나타나 잠시도 쉬는 일이 없다. 그것을 만물의 어머니라고 말할 수도 있겠지만 나는 그 이름마저 알 수 없다. 임시로 이름 지어 도라 하고 그것을 일러 크다 하자.'[1] 이 글은 신비하고 또 전설적 인물인 노자老子, 생몰연대 미상가 남겼다는 『도덕경道德經』중 25장의 전반부다. 노자는 자연스러운 우주 순행의 이치와 만물의 근원을 도로 표현했다. 노자에 의하면 도는 언제 어디서나 존재하는 것이지만 천지자연과 우주의 일원론에서 볼 때 '어떤 것'이라고 단정할 수 없다. 도를 말한 노자의 일생은 불확실하다. 사마천은 『사기』에서 노자를 초楚나라 사람으로 성은 이李씨고 이름은 이耳이며 자는 담聃이라고 기록했다.

『도덕경』에 의하면 도는 이름 없는 빈 것이고 도의 본질은 변하지 않지만, 현상은 언제나 변화한다. 사전적인 의미에서 도는 길이면서 말이고 우주와 존재의 근본, 시원, 원리, 방법이다. 노자와 장자莊子, BCE 369~BCE 289년경를 시조로 하는 종교인 도교道敎와 그것을 철학적으로 이해하고 수련하는 도가道家들의 공통점은 도를 수양하여 우주생성의 원리와 인간 존재의 본질을 깨우치는 것이다. 이들이 말하는 도는 천지의 도 또는 자연의 도다. 모든 것의 기본원리인 태극이

---

1   有物混成 先天地生 寂兮寥兮 獨立不改 周行而不殆 可以爲天下母 吾不知其名 字之曰道 强爲之名曰大.

운행하여 음양으로 나뉘면서 수목화토금의 오행으로 진행하는 원리와 과정이 도다. 도의 원리와 변화를 집대성한 것이 『역경易經』이다. 그러니까 천지자연에는 순행의 원리가 있으므로, 인간은 이에 따라야 하며, 인위가 아닌 무위無爲의 자세를 취해야 한다. 이 무위자연의 도덕道德은 도가 무리 없이 실현되는 것이며 도리道理는 도의 근본 이치를 말한다.

유교에서 도는 하늘이 제왕에게 뜻을 내려주는 통로였는데 춘추전국시대에 인위적으로 설정한 도덕으로 뜻이 바뀐다. 유교의 태두 공자는 '아침에 도를 들으면 저녁에 죽어도 좋다朝聞道 夕死可矣'고 하면서 지덕至德과 지선至善의 인도주의를 말했다. 이때의 도는 인의예지신仁義禮智信과 같은 오상五常이다. 한편 맹자는 성선설에 근거하여 왕도王道를 말하면서 사단선四端善인 측은지심惻隱之心, 수오지심羞惡之心, 사양지심辭讓之心, 시비지심是非之心이 도라고 설파했다. 송의 성리학에서는 도를 기氣가 활성화하여 움직이는 힘으로 보고 그 원리를 이理라고 보았다. 이처럼 유가들은 인간이 지켜야 하는 기준과 원칙을 도로 설정하고, 도학으로 사회를 교정하고자 했으며, 도가 있는 이상사회를 갈망했다. 하늘의 도와 인간의 도가 같다고 보는 유가들은 천명의 도리를 실천하는 것에 치중했다.

불교가 중국에 유입될 때 중관사상의 공空과 유사한 개념을 도라고 불렀다. 또한, 우주의 생성과 존재의 본질 또는 업業을 의미하는 카르마karma와 유지하거나 지지한다는 뜻의 다르마dharma가 도와 유사한 개념이다. 동양의 도와 비슷한 서양의 개념은 하나님의 말씀인 로고스logos다. 기독교적 창조론의 관점에서는 전능한 절대자의 말씀과 뜻이 곧 원리이고 이치이므로 그 하나님의 뜻과 말씀이 도에 해당한다. 하나님의 말씀인 로고스는 이성理性, reason이기도 하다. 한편 힌두교와 브라흐만 사상에서 말하는 우주 구성의 원리이자 실체인 브라흐만brahman 또는 범천梵天이 도에 가까운 개념이다. 이처럼 도는 종교와 철학마다 다르지만, 노자와 장자를 중심으로 하는 도가의 사상이 원론이라고 할 수 있다. 도의 관점에서 보면 인간은 우주의 부분이면서 소우주이며 물과 같은 순리이면서 신성한 존재이다.

　노자는 언어로 도를 표현할 수 없다는 것을 전제로 '도는 언제나 도가 아니다道可道非常道'라고 말했다. 언어로 표현할 수 없이 미묘하고 황홀한 도는 '어둡고 또 어둡다'라고 직역할 수 있는 현지우현玄之又玄의 중현사상으로 함축된다. 중현重玄의 의미는 '미묘하고 또 미묘하다'이다. 그러므로 인간은 진정한 도를 알기 어렵고, 도를 인식하기는 더욱 어려우며, 도를 안다고 해도 부분을 알거나 일시적으로 알 뿐이다. 노자의 『도덕경』은 도를 설명하는 책이라고 해도 지나치지 않은데, 그 도는 존재의 유와 무를 초월하고 집착하지 않는 것에도 집착하지 않는 무위자연의 도다. 한마디로 도는 모든 존재의 원리이고 본질이면서 순행의 과정이다. 도는 동아시아 여러 국가의 정치, 사상, 경제, 교육 그리고 시를 포함한 예술에 큰 영향을 미쳤다.

참고문헌 老子, 『道德經』.

참조 공/수냐타, 도가도비상도, 마음, 무, 무극이태극, 무위자연, 문이재도, 본질, 브라흐만, 색즉시공, 성리학, 음양오행, 이기론〔주희〕, 이성, 인심도심, 제행무상, 존재·존재자, 존재론, 중관사상, 카르마, 한자문화권

동굴의 비유

Allegory of the Cave | 地穴寓言

'지금 낙타가 지나갔다.' A가 이렇게 말하자 B가 '그다음엔 여인이 지나갈 것이다'라고 말을 이었다. 자기들이 현명하다고 생각하는 이들은 지하의 동굴에서 손과 발을 묶인 죄수들이다. 이들은 벽을 향해서 고정된 채 살았으므로 벽에 펼쳐진 광경을 실재라고 믿는다. 어느 날 죄수 하나가 감방에서 풀려났고, 그 벽에 비친 형상은 그림자에 불과하다는 것을 알았다. 하지만 그는 무엇이 실재인지 혼란스러웠다. 곧이어 그는 빛을 따라 동굴 바깥으로 나갔다. 동굴 바깥은 태양이 비치는 진리의 세상이었고 거기에 진실과 실재가 있었다. 드디어 본질을 알게 된 그는 동굴로 돌아와 벽에 비치는 것은 실재가 아니라 그림자일 뿐이라고 말하자 모두 웃었다. 그리고 '친구야, 진리와 실재는 여기 우리가 보고 듣는 바로 이것이네'라고 말하면서 그를 비웃고 조롱했다. 이것은 플라톤의 『국가The Republic』 7권 514a에서 520a까지 서술된 내용이다.

플라톤은 동굴에 갇혀 허상과 거짓을 보고 그것을 실재라고 믿는 사람들을 동굴에 갇힌 어리석은 사람으로 보았다. 동굴의 비유는 인간의 인식에는 한계가 있다는 것을 동굴에 갇힌 존재에 비유한 플라톤 철학의 개념이다. 그런데 동굴의 비유는 『국가』에 등장하는 가장 중요한 인물인 소크라테스가 플라톤의 형인 글라우콘과 대화하는 형식으로 기술되어 있다. 여기서 소크라테스는 '친애하는 글라우콘이여, 이 비유는 다음과 같이 이해될 수 있을 것이네'와 같이 문답법으로 이 세상은 그림자에 불과하다고 설명하면서 동굴에 갇힌 죄수들을 예로 들었다. 이처럼 플라톤은 세상을 동굴에 비유하고 현자賢者를 스승 소크라테스에 비유했다. 실제로 플라톤의 스승 소크라테스는 어둡고 답답한 동굴 즉 세상을 넘어서 모든 것의 근원인 태양을 보고, 현상계에 불과한 이 세상과는 다른 진리와 실재가 있다고 생각한 선각자였다.

그런데 당시 아테네의 위정자들은 소크라테스를 가둔 다음 젊은이들을 타락시킨다는 이유로 민주적인 절차를 거쳐 사형에 처했다. 제자 플라톤Platon, BCE 427~BCE 347은 독약을 받아 마시는 그를 보고, 정의와 진실이 왜곡되는 현실을 목도했다. 훗날 아카데미에서 교육에 전념한 플라톤은 이상사회를 설계하면서 『국가』를 썼고, 스승이 처형당하던 그 현실을 동굴에 비유했다. 여기서 플라톤은 소크라테스와 글라우콘의 목소리를 빌려 현상계의 그림자 너머에 이데아idea의 세계 또는 본질의 형식form이 있다고 설명한다. 그러니까 플라톤은 소피스트를 부정하고 위정자와 우매한 대중을 교화하고자 노력한 스승 소크라테스를 진정한 현자로 간주한 것이다. 이 두 현자는 인간이 본래 가지고 있는 영혼의 눈으로 진리와 실재를 보아야 한다고 주장한 철학자였고 교육자였다.

플라톤의 『국가』는 철학자가 설계하는 이상사회를 그린 책이다. 플라톤의 『국가』에 의하면 세상 사람들의 착각을 일깨우고, 사람들에게 선의 이념idea of good을 알려주며, 진정한 진리를 가르치는 것이 철학자의 임무다. 그런데 사람들은 눈에 보이는 세계를 실재라고 믿기 때문에 허상과 현상을 좇는다. 더욱이 위정자들은 소크라테스에게 그랬던 것처럼, 현자를 선동가라고 비난하면서 사회에서 추방해 버린다. 이데아의 진리를 계몽하고자 했던 철학자가 거짓을 선동하는 존재로 간주되는 것이다. 여기서 출발한 동굴의 비유는 존재와 인식의 문제를 환기하는 중요한 우화다. 또한, 플라톤의 이데아론은 형이상학과 이성의 중요성을 강조한 합리주의 철학의 토대다. 나아가 실재가 무엇이고 가상이 무엇인지, 그리고 그것을 인식하는 인간은 어떤 존재인가를 총체적으로 묻는 서구철학의 출발점이다.

동굴의 비유는 진리와 실재를 올바르게 인식하는 에피스테메episteme와 고정된 인식과 편견인 독사doxa를 나누는 선분의 비유analogy of the divided line와 연결되어 있다. 여기서 플라톤은 동굴 속에 갇힌 인간은 인식의 오류인 독사에서 벗어나기 어렵다고 말했다.509d-513e 그런데 동굴의 비유는 이데아를 설명한 태양의 비유metaphor of the sun와 함께 이해되어야 한다. 그렇다면 인간은 왜 동굴에 갇힌 것처럼 진리와 실재를 알지 못하는 것인가? 그리스신화에서는 지하의 하데스Hades에 다섯 개의 강이 있는데 인간이 다시 태어날 때 즉, 지하의 세계에서 지상의 세계로 올 때 레테Lethe라는 망각의 강을 건넜기 때문이라고 설명한다. 한편 동굴의 비유에 나오는 이야기가 모두 플라톤의 사상이라는 견해가 있지만, 소크라테스의 사상이라는 것이 일반적인 관점이다.

참고문헌 *Platon's Republic*, translated by Benjamin Jowett, Project Gutenberg(e-text). http : //www.gutenberg.org/ebooks/1497

참조 독사, 리얼리즘/실재론〔철학〕, 모방론, 본질, 사실, 소크라테스의 문답법, 시인추방론, 에피스테메, 열린 사회, 이데아, 이성, 이성론/합리주의, 인식론, 철학, 형이상학

심즉리

Mind is Li | 心即理

'한 아이가 우물에 빠질 것 같았다. 이것을 보고 있던 행인 한 사람이 급히 달려가서 어린아이를 안았다. 그리고 조금 떨어진 곳에서 빨래하던 어머니에게 안겨 주고서 다시 길을 갔다.' 『맹자』의 「공손추」에 나오는 이 이야기今人乍見孺子 將入於井 皆有怵惕惻隱之心는 측은지심을 설명하고 있다. 맹자는 도적이라도 그랬을 것이라고 말했다. 흉악한 도적이 딱한 처지의 어린아이를 안아 살리는 것은 착한 본성인 양지良知가 발현되었기 때문이다. 양지를 근거로 맹자는 성선설을 제창했다. 성선설을 발전시킨 송의 주자朱子는 모든 일과 사물에 본성이 있고 그 본성이 곧 이라는 성즉리性即理와 그 일/사물을 끝까지 궁구하면 깨달음에 이른다는 격물치지를 강조했다. 마음心은 성과 정으로 구성되어 있다고 본 주자는 정을 억제하고 본질인 성을 찾아야 한다는 뜻에서 성즉리를 주창한 것이다.

한편 명의 양명 왕수인王守仁, 1472~1528, 陽明은 1492년 그 이치를 이해하고자 대나무를 베어 놓고 대나무의 본성이 무엇인가를 고구하다가 병이 났다. 문무겸전한 왕양명이 37세 되던 1508년 어느 날, 용장에서 대나무의 본성은 대나무에 있는 것이 아니고 대나무를 대하는 '나의 마음'에 있다는 것을 깨우쳤다. 이것을 '용장龍場의 오도'라고 한다. 이후 왕양명은 반란을 토벌하던 중1520 '산중의 적보다 마음의 적과 싸우고 있노라'라는 유명한 일화를 남기면서 인간 마음의 영명성을 밝혔다. 이처럼 주자와 왕양명은 모두 맹자의 성선설에 근거한 수기치인修己治人을 통해서 이상적인 인간이 되기를 희구했다. 그런데 '인간을 포함한 만물의 이치와 본성이 어디에 있는가'라는 관점에서 정주성리학程朱性理學과 육왕양명학陸王陽明學이 달라진다. 성리학에서는 '개개사물에 이치가 있다'라고 보는 것과 달리 양명학에서는 '인간의 마음에 이치가 있다'고 본다.

마음의 심학을 정초한 것은 송의 상산 육구연陸九淵, 1139~1192, 象山이다. 육상산은 마음이 우주 만물의 근원은 아니지만, 마음에서 우주 만물의 이치가 인식된다고 본다. 이 이론을 발전시킨 왕양명은 마음이 곧 이理라는 것을 심즉리로 정리하면서 심의 주관성을 강조했다. 그리고 이의 운용이 기氣인데 이와 기는 분리될 수 없다는 이기일원론을 확립했다. 그러므로 심학에 의하면 심외무리心外無理 즉, 마음 바깥에 이가 없고 심외무물心外無物 즉, 마음 바깥에 사물이 없으며 심외무사心外無事 즉, 마음 바깥에 사가 없다. 이것이 '심즉리心卽理 이즉기理卽氣'의 일원론이자 마음으로 통일되는 주관적 유심론이다. 왕양명의 출발은 모든 일과 사물에는 그 본성이 있다는 격물치지의 사사물물事事物物이었지만 결론은 마음 중심의 심즉리와 실천의 지행합일이다. 요컨대 심즉리는 마음이 곧 이치라는 왕양명의 심성론心性論이다.

주자가 천명의 성이 마음을 통제하고 지배한다고 보는 것과 달리 왕양명은 정의 감정과 욕망도 성과 마찬가지로 중요하다고 보았다. 따라서 '사물을 끝까지 궁구하면 깨달음에 이를 수 있다'는 주자가 말한 격물치지格物致知의 격물이 왕양명에게는 치지를 앞세우는 치지격물致知格物이 된다. 또한, 주자의 즉물궁리卽物窮理는 왕양명에게 즉심궁리卽心窮理가 된다. 한편 왕양명은 맹자에 근거하여 양지良知와 양능良能에 따라 실천하면 성인의 도를 저절로 얻게 된다고 말했다. 또한, 본성은 대상이 아니라 마음에 따라서 구분되기 때문에 내가 상대를 성인으로 보면 성인이 될 수 있다. 이것이 모든 인간이 성인이라는 만가성인萬街聖人이다. 왕양명과 제자의 문답에서 유래한 만가성인은 도적과 양민을 대등하게 보기 때문에 주자학적 신분제도 및 정치제도와 상반되는 개념이다.

주자의 엄숙주의 도덕관과 달리 낙천적 도덕관을 가진 왕양명은 도덕도 마음에서 생기는 것으로 보았다. 이것은 인간의 정情을 성性 못지않게 중시하는 것이기 때문에 성을 중시하는 성리학의 비판을 받는다. 왕양명이 마음에서 정과 성이 일어난다고 본 것은 감성을 정으로 보고 이성을 성으로 보는 관점이다. 한편 왕양명의 심즉리는 불가와 도가의 사상과 연관이 있다. 우주 만물을 하나로 보는 불가에서는 불즉심佛卽心과 심즉불心卽佛 즉, 모든 사람에게는 불성이라는 본성이 있다고 한다. 불교 선종의 교리와 도가의 무위자연 사상을 받아들인 왕양명은 모든 것이 마음에 있다는 것을 심즉리로 정리했으며 이와 기는 분리할 수 없다면서 이즉기理卽氣로 재정리했다. 따라서 왕양명의 심즉리는 존재론이면서 인식론이고 또 세상을 구성하는 세계관이자 유교적 이상주의를 완성하는 정치철학이었다.

참고문헌 王陽明, 『傳習錄』.

참조 거경궁리 격물치지, 도, 문이재도, 사단칠정, 성리학, 성선설, 성악설, 성즉리, 수양론, 심신이원론, 심신일원론(스피노자), 양지양능치양지, 이기론(주희), 인심도심, 존재론, 지행합일

적극적 허무주의

Active Nihilism | 积极的虚无主义

'아, 그대 인간들이여, 돌 속에는 하나의 형상이, 내가 바라는 형상 중에서 가장 뛰어난 형상이 잠들어 있다! 아, 그 형상이 단단하고 흉하기 그지없는 돌 속에서 잠들어 있어야 한단 말인가! / 이제 나의 망치가 그 형상을 가두고 있는 감옥을 잔인하게 두들겨 부순다. 돌 조각이 사방으로 흩어진다. 하지만 그게 무슨 상관인가!' 이것은 니체^{F. Nietzsche, 1844~1900}의 빛나는 산문 『차라투스트라는 이렇게 말했다』 중 「행복의 섬에서」 마지막 부분이다. 여기서 니체는 잔인한 파괴를 강조했고, 그 파괴를 통하여 새 생명의 탄생을 희구했다. 그리고 '내가 바라는 형상'이 잠들어 있음을 한탄한 다음 그 형상을 깨워서 초인/위버멘쉬가 태어날 것을 예언했다. 은유와 상징으로 차 있고 특이한 어조로 세상과 신을 넘나드는 이 글은 신의 죽음과 가치의 전도를 설파하고 있다.

니체가 파괴한다고 선언한 대상은 이성 중심의 합리주의 사상, 기독교 윤리, 전통적 가치 등이다. 니체는 허무주의를 파괴하면 새로운 인간과 새로운 삶이 출현하고 세상은 희망과 긍정으로 가득 찬다고 선언했다. 허무주의를 상징하는 것은 '신은 죽었다'와 '우리가 신을 죽였다'라는 문장이다. 만약 창조자이자 심판자인 신이 없다면 전통적인 도덕과 가치 역시 무의미한 것이고, 시간은 영원한 회귀일 뿐이므로 인생 또한 의미가 없다. 그러므로 니체는 다윈의 진화론에 근거하면서 지구는 특별한 의미가 없는 우주의 공간일 뿐이라고 단언했다. 따라서 인간을 창조하고 심판할 신이 죽었으므로 가치가 부재하고 세상은 허무하다. 또한, 시간이 영원회귀한다면, 인간이 할 수 있는 일은 없고 영원한 시간을 반복하여 살 뿐이다. 그래서 니체는 존재론적 위기를 초래한 허무주의를 극복할 것을 제안한 것이다.

자신을 유럽 최초의 완전한 허무주의자로 간주한 니체는 허무주의를 두 가지로 나눈다. 첫째, 모든 것이 허무하므로 그 허무한 상황에 순응하면서 사는 절대 부정의 소극적 허무주의Passive Nihilism다. 둘째, 그 허무를 깊고 철저하게 인식하여 (강인한 의지로) 허무를 극복하는 절대 긍정의 적극적 허무주의Active Nihilism다. 그런데 기독교나 불교와 같은 소극적이고 수동적인 허무주의는 영원한 시간의 반복 속에 놓인 인간의 불행일 뿐이다. 이것은 허무에 절망하면서 존재 이유를 상실한 약자의 허무주의다. 이들은 허무를 적극적으로 극복하려는 의지 없이 그저 주어진 삶을 영위할 뿐이다. 그래서 이들은 염세주의에 싸여 무기력한 정신과 지친 영혼을 가지고 나약한 삶을 산다. 하지만 니체의 소극적 허무주의에 대한 이런 관점은 종교적인 의미를 제거하고 본 것이므로 다른 해석이 필요하다.

적극적 허무주의는 허무의 상황을 직시하고, 철저하게 허무를 느끼고 인정하면서 (극단적인 상태까지 허무를 체험한 후) 허무를 극복하려는 니체의 철학적 태도다. 적극적 허무주의는 적극적이므로 능동적이며, 능동적이므로 역동적이다. 그런데 영원회귀 사상에서 보듯이 시간은 다시 돌아오기 때문에 모든 것은 이미 결정되어 있다. 하지만 영원회귀를 급진적radical이고 극단적extreme으로 받아들이면 정신의 자유를 얻을 수 있다. 왜냐하면, 그는 신이나 전통적 가치에 매인 종속적 존재가 아니고, 강한 의지를 가진 주체적 존재인 초인/위버멘쉬이기 때문이다. 이 적극적 허무주의는 과거의 가치를 파괴한 다음, 새롭게 건설하는 강자의 허무주의이고 상승하는 허무주의이며, 영원회귀를 받아들이는 즐거운 허무주의다. 이것은 허무주의를 극복한 허무주의이다. 이때 인간은 자유로운 자기를 발견하고 환호하면서 희망의 삶을 살 수 있다.

적극적 허무주의는 생명과 존재에 대한 강렬한 의지다. 그것은 쇼펜하우어가 말한 삶의 의지will to live이면서 사자와 같은 권력의지will to power다. 그 존재가 바로 너무나 인간적이고 자연적인 초인/위버멘쉬다. 그는 허무의 운명을 극복하고 영원한 시간과 마주하면서 약동하는 생명을 누린다. 또한, 그는 이성과 논리보다 직관과 감성을 가진 디오니소스적 존재다. 이런 니체의 사상은 러시아 허무주의자들과 무정부주의자들의 파괴를 통한 창조 정신에 큰 영향을 받은 것으로 알려져 있다. 19세기 후반 러시아의 혁명가들은 차르가 통치하는 봉건제도와 러시아 정교의 절대 권위를 파괴하면서 자유롭고 평등한 인간을 희망했다. 여기서 유래한 러시아 허무주의는 고정된 가치가 없다는 도덕적 허무주의 Moral Nihilism.를 형성했다.

참고문헌 Friedrich W. Nietzsche, *Human, All Too Human : A Book for Free Spirits*, translated by R. J. Hollingdale, Cambridge : Cambridge University Press, 1996.

참조 감성, 권력의지/힘에의 의지, 니힐리즘/허무주의, 맹목적 생존의지, 무정부주의, 비극의 탄생, 상호부조, 신은 죽었다, 실존주의, 운명론, 운명애·아모르파티, 이성, 직관, 진화론, 초인/위버멘쉬

계몽주의/계몽의 시대

Age of Enlightenment | 启蒙时代

1761년 10월 어느 날, 프랑스 남부의 툴루즈에서 한 청년이 자살했다. 그 이유를 조사한 가톨릭교회는 아버지가 아들 칼라스^{Calas}를 살해했다는 결론을 냈다. 개신교의 칼뱅 신도였던 그의 아버지는 1762년 3월, 재판을 거쳐 수레바퀴에 묶여 매를 맞고 죽었다. 곧이어 청년은 자살한 것이라는 주장이 제기되었지만, 가톨릭교회는 그것을 인정하지 않았다. 이때 볼테르^{Voltaire, 1694~1778}가 앞장서서 이 부당한 재판에 항의하는 한편 여론을 조성하여 무죄 판결을 끌어냈다. 그 사이에 볼테르는 『관용론^{Traité sur la tolérance}』을 집필하면서 '나는 당신의 의견에 찬성하지 않지만, 당신이 그렇게 말할 권리를 지키기 위해서 내 목숨을 바칠 것이다'[1]라는 명언을 남긴 것으로 알려져 있다. 하지만 이 말이 기록된 것은 에블린 홀^{Evelyn B. Hall}의 『볼테르의 친구들^{The Friends of Voltaire}』1906이다.

칼라스 사건은 종교의 권위와 비이성적 관습이 사람들을 철저하게 속박했음을 보여주는 사례다. 볼테르의 용기는 절대왕정과 교회의 권위에 대한 도전이었다. 이로 인하여 평생의 대부분을 국외에서 살아야 했던 볼테르는 새로운 지식과 사상을 전파하는 디드로^{D. Diderot}의 『백과사전』 편찬에 참여했다. 이 백과사전은 지배계급이 지식을 독점하고 절대 권위를 누리던 중세의 어둠을 걷어내는 밝은 빛이었다. 여기서 유래한 계몽은 '빛을 비춘다^{lumieres, enlighten}'인데 더 정확하게는 '무지와 몽매의 어둠에 밝은 철학과 이성의 빛을 비춘다'는 뜻이다.

---

1   I disapprove of what you say, but I will defend to the death your right to say it.

이런 사조 즉, 르네상스 이후를 계몽주의 또는 계몽의 시대라고 하는데, 계몽주의는 대략 1650년부터 1800년 전후에 서구사회를 지배한 철학과 사상으로 이성을 중시한 시대정신이다. 많은 사상가 중, 경험을 중시한 베이컨, 이성을 중시한 데카르트, 과학을 중시한 뉴턴이 계몽주의의 아버지로 불린다.

또한, 계몽주의는 스피노자, 몽테스키외, 루소, 로크, 흄, 홉스 등 사상가들의 사상을 바탕으로 한다. 계몽의 정점은 1789년에 일어난 프랑스대혁명이다. 이때 프랑스인들은 자유, 평등, 박애, 관용의 구호 아래 절대왕정과 가톨릭교회의 권위와 오랜 관습 및 전통을 부정하고 압제에 눌려 있는 인간을 해방하고자 봉기했다. 계몽의 정신을 가장 정확하게 표현한 사람은 칸트다. 칸트는『계몽이란 무엇인가?』[1784]에서 '미몽에 놓인 인간에게 이성의 빛을 비추어 깨어나게 하는 것'을 계몽이라고 정의했다. 여기서 칸트는 신에 의지하고, 관습에 따르는 상태로부터 자기 스스로 판단하고 생각하고 책임지는 인간의 이성적 주체를 추구했다. 이처럼 계몽주의자들은 자유와 이성이 사회를 구성하는 힘이며 합리주의와 휴머니즘 정신이 사회의 원리가 되어야 한다고 주장했다. 그러므로 계몽주의는 중세 봉건제도를 비판하고 극복하는 것에서 출발하여 역사의 진보를 향한 정치 운동과 사상운동의 성격을 가지게 되었다.

계몽주의자들은 인간을 자유로운 자연인으로 간주했다. 이런 조류는 부르주아 즉, 자유시민의 출현과 절대왕정의 해체를 의미한다. 이 계몽사상을 둘러싸고 절대왕정을 고수하려는 지배계급과 이를 전복하는 자유시민이 충돌했다. 그리하여 계몽절대주의가 출현했고, 계몽을 정치 이상으로 내세우는 계몽 군주가 공포정치를 하여 반계몽주의 기류가 형성되기도 했다. 특히 프랑스는 정치사회의 갈등과 변화가 극심했던 급진적 계몽주의이고, 독일과 영국은 사상과 교양의 차원인 온건한 계몽주의였다. 한편 계몽의 자유정신은 1774년 미국혁명과 1789년 프랑스대혁명에 영향을 미쳤고, 이후 민족운동과 인권운동의 토대가 되었다. 하지만 유럽인들은 '문명의 빛으로 야만의 어둠을 비춘다'라는 계몽주의 구호를 앞세워 침략과 지배의 논리를 정당화하기도 했다.

계몽주의가 인류사에 남긴 긍정적 의미가 크지만, 계몽주의는 인간을 과학과 이성에 종속시켰다는 비판을 받는다. 그래서 훗날 프랑크푸르트학파에 의해서 계몽주의가 도구적 이성을 강화했으며 인간소외와 자연에 대한 인간의 지배를 합리화했다는 지적을 받는다. 계몽주의는 이성을 바탕으로 한다는 점에서 규범과 균형을 앞세운 고전주의와 상통하는 면이 있다. 한편 계몽주의와 고전주의는 감성을 앞세운 19세기의 낭만주의를 낳는 계기가 되었다. 특히 독일 낭만주의 작가 노발리스Novalis, 1772~1801는 계몽주의가 인간의 자유로운 감성을 속박하고 신성하고 경건한 가치를 없앴으며, 장엄하게 빛나는 정신을 지웠다고 비난했다. 계몽주의는 실증주의와 공리주의로 계승되었고, 여러 사조와 사상에 영향을 미쳤다.

참고문헌 Evelyn Beatrice Hall, *The Friends of Voltaire*, Smith, Elder & Co., 1906; Immanuel Kant, *An Answer to the Question : 'What is Enlightenment?'* (1784), translated by H.B. Nisbet, Penguin Books, 2009.

참조 감성, 감정·정서, 고전주의, 공리주의, 도구적 이성, 문예사조, 시대정신, 실증주의, 이성, 이성론/합리주의, 지성·오성, 커피하우스, 프랑스대혁명, 혁명적 낭만주의, 휴머니즘/인문주의

신은 죽었다

God is Dead | 上帝死了

'신은 죽었다. 신은 죽어 있다. 우리가 신을 죽였다. 살인자 중의 살인자인 우리는 이제 어디에서 위로를 얻을 것인가? 이 세상에 존재했던 가장 성스럽고 강력한 존재가 우리 칼을 맞고 피를 흘리고 있다. 누가 우리 피를 씻어줄 것인가? 어떤 물로 우리를 깨끗하게 할 것인가?' 이것은 니체의 『동성애자The Gay Science』중 125장 「광인」에 나오는 대목이다. 이 책 여러 곳에 신의 죽음이 등장하며 『차라투스트라는 이렇게 말했다』에서도 신의 죽음이 명시되어 있다. 니체F. Nietzsche, 1844~1900는 인류 역사의 가장 큰 사건인 신의 죽음을 애석하게 기술하고 있지만, 실제로는 죽어야 하고 또 죽을 수밖에 없는 신의 운명을 냉철하게 선언하고 있다. 니체가 선언한 '신은 죽었다'라는 선언은 주로 기독교 사상에 대한 비판이었는데 한마디로 '근대사회에서는 신성하고 초월적인 신이 부재한다'는 혁명적 사상이다.

신의 죽음은 칸트, 피히테, 셸링, 헤겔로 이어지는 독일관념론을 거쳐 니체에 의해서 담론으로 완성되었다. 니체는 신의 죽음을 통해서 전통과 도덕을 부정하고 인간의 탄생을 통해서 생명과 욕망을 긍정했다. 이 신의 죽음은 전도된 가치와 붕괴된 도덕을 의미하지만 새로운 가치와 도덕을 위한 반성이기도 하다. 당시 천동설이 지동설로 교체되고, 다윈의 진화론과 과학기술이 발달함에 따라서 천 년 이상 지탱한 신중심주의가 무너져 버렸다. 이를 바탕으로 니체는 신의 노예가 되어 건강한 생명력을 상실한 나약한 인간에 대한 통렬한 비판을 가했다. 그래서 절대적이고 초월적이고 내세적인 신의 존재가 부정된 것을 니체는 '신은 죽었다', '신은 죽어야 한다'라고 선언한 것이다. 물론 니체가 '세속화된 근대사회가 신을 죽였다'라고 본 신은 신학이나 종교의 신과 개념이 다르다. 반면 역사의 소산으로 보는 루벤슈타인Rubenstein을 비롯한 여러 사상가의 관점과 가깝다.

그렇다면 니체가 죽었다고 선언한 신은 구체적으로 무엇을 말하는가? 첫째, 소크라테스-플라톤-아리스토텔레스에서 시작하여 데카르트와 칸트를 거쳐 근대에 이른 합리주의 이성과 전체주의 사상이고 둘째, 품격 있는 인간이었던 그리스도의 뜻에 반하여 교회 중심의 절대자를 창조한 기독교적 신이다. 고대 그리스의 플라톤은 스승 소크라테스의 죽음을 '동굴의 우화'에 비유하면서 세계를 이데아와 현상계로 나누고, 인간이 사는 세상을 가상 또는 모방된 허상으로 보았다. 아리스토텔레스에 의하여 수정되기는 했지만, 플라톤의 이데아 중심 철학이 서구철학의 원류가 되었고 시간이 지나면서 서구를 지배한 합리주의와 전체주의로 진화했다. 니체는 플라톤 철학을 비판하면서 신적 가치는 죽어야 하며 인간의 본성과 낭만주의적 심성은 회복되어야 한다고 선언한 것이 바로 신의 죽음이다.

기독교적 신의 죽음은 철학적 가치 전도와 연결되어 있다. 플라톤의 이데아는 기독교의 내세와 상응하는 개념인데, 기독교 신학에서 내세는 신이 지배하는 초월적이고 총체적인 천국이다. 플라톤의 초월적인 존재는 기독교의 초월적 신에 해당한다. 기독교 신학에서 인간은 신의 형상을 모방한 존재이며 신의 말씀을 실현하는 신의 종이다. 그런데 아담과 이브가 선악과善惡果를 먹은 원죄 때문에 모든 인간은 태어날 때부터 죄인이 되었다. 그러므로 기독교인들이 할 일은 (신의 세상으로 돌아가기 위하여) 속죄한 후 구원을 받고 신의 은총을 입어서 영원한 하늘나라로 승천하는 것이다. 따라서 근대 이전의 서구인들은 기독교 교리에 따라서 사는 것이 인생의 목적이었다. 그런데 자연과학의 발달과 인간주의의 성숙으로 인하여 신 중심체계가 붕괴하였는데 그 결과가 바로 신의 죽음이다.

신의 죽음은 가치체계의 붕괴를 반영하는 한편 니힐리즘 및 포이어바흐와 쇼펜하우어의 사상에 영향을 받은 것이다. 포이어바흐는 신을 인간이 창안한 허구로 보았고 쇼펜하우어는 기독교를 권위적인 교리로 보았다. 이런 부정적 경향은 기존의 가치와 교리를 거부하고 배척한다는 의미의 니힐리즘^{Nihilism}으로 드러난다. 니체는 이 두 가치체계가 흔들린 서구 유럽의 사회현상을 신의 죽음에 비유했다. 이렇게 볼 때 신의 죽음을 말한 니체는 기존의 체계를 부정하면서 적극적으로 새로운 가치를 찾고자 하는 적극적 니힐리즘의 입장에서 인간을 새롭게 설정한 것이다. 따라서 신의 죽음은 니체의 개인적 사유라기보다는 서구사회가 걸어온 필연적 결과다. 니체는 세상의 주인이면서 생을 강렬하게 긍정하는 사자^{獅子}와 같은 위버멘쉬야말로 새로운 가치를 가진 인간으로 보았다.

참고문헌 Friedrich Nietzsche, *The Gay Science*, translated by Walter Kaufmann, Vintage Books, 1974.

참조 권력의지/힘에의 의지, 니힐리즘/허무주의, 동굴의 비유, 모방론, 비극의 탄생, 실존주의, 운명애·아모르파티, 이성론/합리주의, 적극적 허무주의, 지동설/태양중심설, 천동설, 초인/위버멘쉬

휴머니즘/인문주의
Humanism | 人文主义

'그럼 잘 가시기를. 우신의 교리를 전수받은 훌륭한 입문자들이여, 박수를 쳐 주시게. 또 행운을 누리시게. 그리고 축배를 드시게!' 서술자는 어리석은 신을 예찬하고 어리석은 사람을 조롱하고 풍자하고 있다. 이것은 에라스무스의 『우신예찬愚神禮讚, *Encomium Moriae* 』1511 마지막 문장이다. 수사였던 에라스무스의 특이한 문체와 특별한 사유가 담긴 『우신예찬』은 서구 기독교 사회에 충격을 가한 책이다. 풍자와 조소로 기독교를 비판하는 이 책은 모리아라는 인물이 설교하고 대화하는 형식으로 짜여 있다. 에라스무스는 친구인 토머스 모어T. More, 1478~1535를 서술자 모리아Moriae로 설정했다. 서술자 모리아에 의하면 인간은 음란한 마음, 즉 난심亂心에 의하여 태어난 존재이다. 어리석은 여신女神인 모리아는 세상에 난삽하고 괴이한 일이 많다는 것을 풍자하면서 철학자와 신학자 그리고 중세의 기독교를 통렬하게 비판한다.

단테, 페트라르카, 보카치오, 라블레, 몽테뉴 등과 마찬가지로 고전과 교양을 중시한 에라스무스Erasmus, 1466~1536의 인간에 대한 묘사는 시대적 의미에서 해석되어야 한다. 헤브라이즘과 교부철학을 중심으로 하는 신중심사회는 르네상스를 거치면서 헬레니즘과 휴머니즘의 사조에 힘입어 인간중심사회로 이행하고 있었다. 물론 종교적 휴머니즘에서 보듯이 인간주의나 인본주의라고 하더라도 종교적 의미가 없는 것은 아니다. 하지만 르네상스 이후, '인간은 무엇인가' '인생은 무엇인가'와 같은 존재론적인 물음이 대두하면서 신과 분리된 인간 존재가 중요해졌다. 이 물음은 신이 창조한 세상인 천동설에 대한 회의와 병렬되며 코페르니쿠스적 혁명과 연결된다. 한편 유럽 인구의 30~40%가 죽은 흑사병으로 인하여 서구인들은 현세의 생존을 고민하게 되었고, 신에 대한 믿음만으로 인간이 존재할 수 없음을 인식했다.

이런 역사적 상황에서 인간을 중시하고, 인문을 부흥하며, 인간을 주인으로 하는 철학이자 사조인 휴머니즘이 잉태되었다. 간단히 말하면 휴머니즘은 르네상스 시대에 널리 퍼졌던 사조로 신이 아닌 인간을 위주로 하는 인간주의, 인본주의, 인문주의 사상이다. 또한, 휴머니즘은 신중심의 헤브라이즘으로부터 인간중심의 헬레니즘이 복원되는 것과 상통한다. 특히 고대 그리스의 고전을 부흥한 결과 철학, 문학, 수사학 등이 발달하는 한편 과학과 인간 육체에 대한 이해가 깊어졌다. 이를 토대로 하는 휴머니즘은 인간에게는 인간만의 본성이 있으며, 그 본성은 모든 인간에게 공통적이고, 인간이 세상의 주체라는 사상이다. 한편 (인문주의 또는 인본주의를 의미하는) 휴머니즘은 대학에서 고전의 언어학과 철학을 가르치는 후마니스타^{Humanista}로 표시되는데 기독교 정전과 교리를 가르치는 캐노니스타^{Connonista} 그리고 법을 가르치는 레기스타^{Legista}의 상대적인 개념이었다. 후마니스타는 신학이나 법학과 다른 인간다움을 추구하며 인간을 존중하는 인문학이다.

르네상스 시대의 페트라르카$^{F. Petrarch, 1304~1374}$는 로마제국의 멸망^{476}부터 당대 ^{14세기}까지를 중세 암흑시대로 명명했다. 그리고 서구 역사를 고대, 중세, 근대로 나누고 인간중심의 근대를 휴머니즘으로 보았다. 중세의 경건성^{敬虔性}에서 탈피하여 인간의 본능과 육체의 기능을 존중하는 휴머니즘은 문학, 철학, 수사학, 문화예술과 같은 문화적인 교양을 의미하면서 민족어와 민족문화를 중시하는 문화운동을 포괄한다. 그런 점에서 휴머니즘은 고대 그리스와 로마의 문예를 통하여 인문을 부흥한다는 뜻도 담겨 있다. 이처럼 휴머니즘에서 말하는 인간은 초월적인 신과 관계된 존재가 아니라 감성적이면서 이성적 존재인 동물이다. 따라서 인간의 본성이 자유롭게 발현되기 위해서는 인간에 대한 존중과 믿음이 전제되어야 한다. 이것이 신중심 사고에서 인간중심 사고로 전환된 계기다.

근대과학기술의 발달은 신의 은총을 멀리하고 자연의 빛으로 인간을 비추었다. 자연의 빛이란 이성, 합리, 과학, 기술, 논리, 현실, 법, 제도 등 근대의 가치체계를 말한다. 이후 휴머니즘은 '인간 존재의 본질이 무엇이며, 그 인간이 살아가는 방식은 무엇이고, 인간의 궁극적 목표는 무엇인가'를 여러 각도에서 제기하면서 다양하게 분화했다. 당시 인문주의자들은 인간이 세상과 우주의 중심이므로 인간의 본성이 발휘되고 존중받아야 한다고 믿었다. 그러나 인간적인 것은 (인간성의 다양성을 의미하므로) 고대에도 있었으며 서구 이외의 지역에서도 휴머니즘의 경향을 발견할 수 있다. 이와 달리 14세기부터 18세기에 이르는 광범위한 시대의 휴머니즘은 세속적이거나 과학적으로 이해되는 경우가 많다. 하지만 휴머니즘 또는 인본주의는 인간중심주의라는 점에서 동물 등 다른 존재를 고려하지 못한다는 문제점이 있다.

참고문헌 *The Praise of Folly by Desiderius Erasmus*, translated by John Wilson in 1668, Project Gutenberg.

참조 계몽주의/계몽의 시대, 르네상스, 마키아벨리즘, 문예사조, 산업혁명, 신은 죽었다, 유토피아, 이성론/합리주의, 인문학, 자본주의, 존재론, 종교개혁, 천동설, 패러다임, 헤브라이즘, 헬레니즘

시대정신

Zeit Geist | 时代精神

1750년부터 20여 년간의 방대한 작업이 끝났을 때, 그의 시력은 아주 나빠져 있었고, 육체적 고통과 정신적 압박으로 탈진 상태였다. 하지만 이보다 더 괴로운 것은 그가 주관한 『백과전서』가 제대로 출판될 수도 없었고, 읽힐 수도 없다는 사실이었다. 기독교 교회는 유물론과 과학을 전파하는 그를 탄압했으며 지배계급은 민중의 각성을 촉진하는 그를 억압했다. 이처럼 계몽주의 사상가 드니 디드로^{Denis Diderot, 1713~1784}는 어렵고 힘든 시간을 보냈지만 외롭지 않았다. 왜냐하면, 그의 백과사전 편찬 기획은 계몽주의의 시대정신이기 때문이다. 이성을 토대로 새롭게 그리고 전체적으로 세상을 설명하는 기획이 바로 『백과전서』 출간이다. 시대정신은 한 시대가 가지고 있는 문화적, 철학적, 도덕적, 사상적, 정치적 의식이며 그 시대만의 고유한 정신이다. 이 시대정신은 헤겔^{G.W.F Hegel, 1770~1831}의 역사철학과 정신현상학에서 이해되어야 한다.

헤겔은 『역사철학강의』에서 '어떤 사람도 그 시대를 넘어설 수 없다. 왜냐하면, 그 시대의 정신이 곧 그의 정신^{the spirit of his time}이기 때문이다'라고 말했다. 헤겔이 말한 시대의 정신^{Geist}은 마음, 영혼, 의식, 이념을 포함하는 동시에 개인을 넘어서는 형이상학적 의식이면서 역사의 발전을 추동하는 이성이다. 아울러 헤겔은 역사발전의 객관적인 법칙이 있다고 믿었는데 이때의 객관은 주체인 의식과 객체인 대상이 일치하는 진리다. 이 역사발전은 자유를 향한 절대정신이고 거기에는 세계정신이라는 더 근원적인 질서와 원리가 통일적으로 작동한다. 그 시대 사람들의 생각이나 일반적 이념이 아닌 의식 내면의 시대정신^{Spirit}

of the time은 두 가지 의미로 쓰이는데 첫째, 역사가 발전한다는 것을 전제로 보면 어떤 시대의 의식을 지배하는 근원적 정신이고 둘째, 역사가 발전하는 것이 아니라는 관점에서 보면 단지 한 시대를 풍미한 의식과 정신이다.

헤겔의 시대정신은 칼라일T. Carlyle의 위대한 인물론the great man theory인 영웅론과 대비되는 것이 보통이다. 비범하고 위대한 영웅이 시대를 이끌어 간다는 영웅론과 달리 헤겔은 그 시대의 사람들이 시대정신을 가지고 주어진 상황과 조건을 헤쳐가면서 역사를 이끌어간다고 보았다. 그러므로 영웅을 포함한 위인은 시대가 만든 인물이고 그는 시대정신을 통찰하면서 그 정신에 따라 보편의 역사를 향해 전진하는 대표자일 뿐이다. 이처럼 헤겔의 시대정신은 개인의 정신을 넘어선 보편의 절대정신이며 역사의 발전을 전개하는 동력이다. 그러므로 헤겔은 총체성Totality과 전체주의Totalitarianism의 시각에서 인류사의 행정行程이 결정되어 있다는 결정론적 태도를 보였다. 헤겔에게 우주의 순행과 역사의 행정이 결정되어 있다는 것은 무한한 신의 뜻이 구현된다는 의미다.

시대정신은 문화나 예술과 같은 영역에서 상징적으로 드러나는 경우가 많다. 예술작품이 어떻게 시대정신을 담아내는가는 설명하기 어렵지만, 예술가가 직관과 통찰로 시대의 정신을 반영하는 것만은 분명하다. 이 시대정신은 독일 낭만주의와 관계가 있다. 당시 독일은 독일만의 가치를 찾고 싶어 했다. 괴테를 포함한 여러 사람은 낭만주의 정신을 통하여 독일의 문화, 사상, 가치, 역사를 구축하고자 했고 곧이어 독일에서는 '질풍노도'에서 보는 것 같은 낭만주의 운동이 일어났다. 이때 헤르더Johann G. Herder, 1744~1803는 시대정신으로 독일 정신을 고취했고 괴테는 민족의 정신이라는 개념을 상정했다. 헤겔은 이것을 객관과 보편의 개념으로 승화시켜 절대정신과 세계정신이 한 시대에 구현되는 시대의 정신이라는 개념을 만든 것이다.

헤겔이 보는 인류의 역사는 테제와 안티테제의 통합과정과 같은 끝없는 변화의 행정이며 역사유물론의 변증법적 발전이다. 헤겔이 보기에 갈등 없는 평화로운 시대의 역사는 공허하다. 반면 테제와 안티테제가 대립하다가 종합되는 시대의 역사는 풍요롭다. 그것은 역사발전의 동력인 시대정신이 그 시대를 이끌고 절대정신이 인류사의 행정을 선도하기 때문이다. 한 마디로 헤겔의 시대정신은 인류 보편의 역사를 실현해 나가는 절대정신이자 에덴동산을 회복하는 기독교의 신적 가치이다. 관념적이라는 비판을 받기는 하지만 헤겔의 시대정신은 변증법적 발전과정을 보여준 역사철학의 핵심이다. 헤겔 역사철학의 맥락에서 보면 시대정신은 인류 역사에서 한 시대를 지배하는 의식과 정신이다. 플라톤의 세계영혼과 유사한 세계정신은 끊임없이 변화하는 우주의 통일된 원리이며, 절대정신은 유일무이하고 총체적인 이성의 원리다.

참고문헌 Georg Wilhelm Friedrich Hegel, *Lectures on the philosophy of world history : introduction, reason in history*, translated by H. B. Nisbet, New York : Cambridge University Press, 1975.

참조 계몽주의/계몽의 시대, 관념론, 낭만주의, 부정변증법, 변증법, 세계정신, 에피스테메, 역사적 유물론/유물사관/사적 유물론, 영혼, 유물론, 의식, 이성, 이성론/합리주의, 인정투쟁, 절대정신, 정신, 질풍노도, 철학, 형이상학

만다라

Mandala | 曼荼罗

그때 힌두교 사원에서는 특이한 의식이 행해지고 있었다. 활활 타는 화로의 불에 꽃도 태우고 천도 태우는 마지막 예식이었다. 수많은 신의 이름과 그에 얽힌 신화가 등장했다. 그 곁에서 어떤 소녀 하나가 두 시간째 수놓듯이 어떤 도형을 그리고 있었다. 마침내 아름다운 연꽃이 완성되었고, 편안한 미소를 머금은 소녀가 갑자기 손으로 그 그림을 쓸어 버렸다. 이것은 무슨 의미일까? 이 광경을 보던 영국인 Y가 '얀트라다!'라고 외치자 소녀는 '얀트라는 힌두교의 만다라'라고 인도 영어 악센트로 말했다. 2010년 7월 7일 저녁 10시, 싱가포르 시내의 힌두교 사원에서 있었던 일이다. 만다라는 힌두교와 불교에서 마음을 통일하는 수행의 방법이면서 우주의 형상을 보여주는 의식이다. 만다라의 어원은 '본질manda'을 '얻는다la' 즉, '우주의 진리를 깨우쳤다'는 뜻 또는 '우주의 본질을 담고 있다'는 뜻이다. 따라서 만다라는 우주의 이치를 표현한 여러 가지 형상이다.

힌두교도들과 불교도들은 만다라를 통하여 본질을 깨우칠 수 있다고 믿는다. 종교적 의식인 만다라는 우주를 모방하여 우주적 질서와 원리를 표시하며 그것을 단일성과 총체성으로 표현한 것이다. 세상에는 브라흐만과 아트만과 같은 두 개의 현상이 있지만, 인간에게 중요한 것은 우주의 질서와 자기의 내면이다. 이 두 관계가 만다라의 형식을 결정하는데 나로부터 우주로 나가는 태장계胎藏界, garbha-dhātu와 우주로부터 나에게 오는 금강계金剛界, vajra-dhātu가 있다. 태장계만다라는 개별 존재에 우주의 본질이 내재하고 있으므로 자기 내면을 깨우치는 것이 곧 우주 전체를 이해하는 것이다. 반면 금강계만다라는 우주 속에 내가 있는 것이므로 우주가 나에게 현현된 것을 이해하는 것이다. 이것은 인간은 누구나 본질을 깨우칠 수 있는 존재로 보지만 깨우침의 방법을 달리하기 때문에 생기는 현상이다.

『대일경大日經』에 근거한 태장계만다라胎藏界曼茶羅와 『금강경』에 근거한 금강계만다라金剛界曼茶羅를 아울러 양계만다라라고 한다. 그리고 이 두 만다라 이외의 만다라는 (극락정토를 표현한 것과 같이) 별존만다라別尊曼茶羅라고 한다. 일반적으로 만다라는 좌우대칭의 기하학적 형상으로 표현된다. 이처럼 만다라가 일정한 형식을 가지게 된 것은 힌두교와 불교 이외에 당시 인도의 민간신앙이 결합하여 완성되었기 때문이다. 힌두교와 불교가 다신교와 결합하여 하나의 원리로 통일되면서 단壇을 쌓거나 형상으로 표현한 것이 만다라 형상이다. 그러니까 만다라는 정신, 우주, 신, 자연을 기하학적 이미지로 구조화한 것이다. 그런 이유로 만다라는 탄트라tantra의 속성을 가진 밀교의 산물로 알려지기도 했다. 현교顯敎와 대비되는 밀교密敎는 개체와 전체의 합일을 통찰하면서 신비한 예식을 행하는 비밀의 불교로 알려져 있다.

우주의 원리와 본질을 상징으로 그린 만다라는 완전한 경지라는 의미에서 윤원구족輪圓具足이라고 한다. 이 통일된 형상은, 모든 것은 끝없이 연결되어 있다는 사사무애事事無礙 즉, 세상의 모든 존재는 원융상즉圓融相卽한 연기관계緣起關係에 있다. 그러므로 나는 너이고 너는 또 다른 너로 온 우주가 하나로 연결되어 있어서 온전하고 통일된 세상이 된다. 따라서 우주의 법은 고정되어 있지 않고 끊임없이 변화하는 그것이 본질이자 진리다. 이것을 깨우치는 방법은 주로 만다라 명상을 하는 것인데, 생각이 하나의 문을 통하여 미로를 지나 중심에 이르면 깨달음의 경지에 도달한다. 각성을 어렵게 하는 요소가 있는데 이것을 지혜롭게 극복하는 것도 만다라에서 중요하다. 이런 깨달음의 형상은 '백, 청, 황, 적, 녹/흑' 등 다섯 가지 색상으로 표현되고 각각 '지地, 수水, 화火, 풍風, 공空'을 상징한다.

만다라의 색상과 의미는 힌두교와 불교의 탱화 괘불과 같은 미술로 발전했으며 이를 모방한 다양한 형태로 전이되었다. 예식을 중시하는 만다라는 제작, 의례, 안치 등의 과정을 거쳐서 완성된다. 경건하고 숭고한 종교적 만다라 의례를 통하여 자기 자신을 깨우치는 한편 예술적 직관으로 우주와 자신이 범아일여梵我一如의 상태가 된다. 이처럼 종교적 형상인 만다라는 인간을 포함한 개별 존재와 우주로 형상되는 전체의 문제로 환원한다. 우주의 본질은 무엇이며 나는 누구인가와 같은 근원적 물음에서 시작하여 어렵고 고단한 수행을 거쳐서 나와 우주는 하나라는 깨우침에 이르는 것이 만다라의 핵심이다. 이것 때문에 만다라는 심리치료에 효과가 있다고 알려졌고 실제로 정신분석학자 융C. Jung은 만다라를 정신분석에 응용했다. 만다라는 음악적 찬송인 만트라mantra와 상응하며, 성적 창조능력을 수행하는 탄트라tantra와 함께 행해지기도 한다.

참고문헌 Martin Brauen, *The Mandala, Sacred circle in Tibetan Buddhism*, Serindia Press, London, 1997.

참조 공/수냐타, 결정론, 무, 본질, 브라흐만, 아트만, 운명론, 적멸의 니르바나, 정신, 정신분석, 제행무상, 존재론, 중관사상, 카르마

운명애 · 아모르파티

Amor Fati | 爱命运

'피고 Z를 사형에 처한다.' 판사의 선고가 낭독되자 Z는 담담한 표정으로 먼 곳을 응시했다. 동지들의 얼굴이 스쳐갔고 청춘을 바쳤던 혁명의 날들이 떠올랐다. 그날 Z는 깊은 생각에 잠겼다. '혁명에 실패한 나의 인생은 가치가 있는 것인가?' 다음과 같은 생각도 들었다. '무한하고 영원한 우주의 시간은 무엇인가?' 사형수 Z의 운명은 두 가지다. 첫 번째 운명은 Z라는 이름을 가지고 살았던 이 세상의 길이고, 두 번째 운명은 Z라는 우주적 존재가 가는 영원의 길이다. 만약 Z가 영원한 시간을 가는 자신을 볼 수 있다면 니체가 말한 '위버멘쉬/초인'의 운명애를 받아들인 것이다. 니체는 도덕과 법을 초월하고 약동하는 내면의 생명을 발휘하는 존재야말로 인간을 넘어선 인간인 위버멘쉬라고 명명했다. 인간이 위대한 것은 스스로 자기 운명을 받아들일 수 있고 스스로 위버멘쉬의 강인함을 기를 수 있기 때문이다.

'신은 죽었다'고 말한 니체^{F. Nietzsche, 1844~1900}는 『동성애자^{The Gay Science}』에서 우주적 존재인 인간이 운명을 사랑하는 방법을 이렇게 말했다. '나는 사물에 필연적으로 내재하는 아름다운 것을 더 많이 보고 싶다; 그리고 나는 사물들을 아름답게 만드는 사람 중의 하나가 되고 싶다. 운명에 대한 사랑; 그것이 바로 나에 대한 사랑이다.' 또한, 『이 사람을 보라^{Ecco Home}』¹⁸⁸⁸에서는 '인간의 위대함에 대한 나의 공식은 운명애다'라고 말하면서 니체는 자기 운명을 사랑하라고 거듭 강조한다. 그러니까 운명애는 주어진 운명을 받아들이고 그 운명에 따라 살면서 자기 운명을 긍정하는 것이다. 이와 달리 운명을 저주하면서 세상이라는 무대에서 주어진 배역을 부정하는 것은 자기를 사랑하지 않는 것이다. 니체는 자기를 사랑하지 않는 것을 영원회귀와 허무주의로 설명한다. 그리고 니체는 자기를 사랑하는 것을 운명애 즉, 아모르파티로 설명한다.

만약 모든 것은 이미 결정되어 있고 시간이 영원의 굴레를 돈다면 인간의 생각과 의지는 무의미할 것이다. 그래서 사람들은 '모두 허무하다, 일절 무의미하다, 다 망상이다'라고 말한다. 이들은 허무주의와 염세주의에 젖어 인생은 아무 가치가 없다고 말하면서 그저 생을 연명할 뿐이다. 이것을 니체는 소극적 허무주의Passive Nihilism라고 한다. 소극적 허무주의는 허무에 순응하고 소극적으로 자신의 인생을 사는 절망적인 니힐리즘이다. 이와 달리 적극적 허무주의Active Nihilism는 그 허무를 깊고 철저하게 인식한 다음 자유와 창조의 강인한 힘으로 허무를 극복하는 것이다. 이것이 목적론적 세계관에서 벗어나서 (해방된 자기를 강화하면서) 세상을 창조적으로 해석하고 구성하는 관점주의Perspectivism다. 적극적 허무주의와 관점주의를 가지려면 플라톤 이래로 주류였던 이성理性과 기독교 교리에서 벗어나야 하고 세상의 모순을 인정해야 한다.

니체는 인간의 운명이 이미 결정되어 있어서 반복된다고 하더라도 그 운명을 긍정적으로 받아들여야 한다고 주장한다. 만약 영원히 회귀하는 운명을 거부하거나 그에 반항하면 더 큰 절망에 빠진다. 왜냐하면, 영원회귀의 허무에서 벗어나지 못하고 운명의 노예가 되기 때문이다. 그러므로 영원의 시간을 가는 자기 운명을 긍정하고, 그 운명에 가치를 부여하며, 스스로 강인한 생명을 창조하면서, 우주의 무한한 시간 속에 자신을 맡기는 것이 현명하다. 이때 필요한 것은 약동하는 생명력을 말하는 힘에의 의지will to power 그리고 순수하고 깨끗한 눈을 가진 초인/위버멘쉬Ubermensch의 지혜다. 이 두 가지를 가진 인간은 공허한

---

1 I want to learn more and more to see as beautiful what is necessary in things; then I shall be one of those who make things beautiful. Amor fati : let that be my love henceforth! I do not want to wage war against what is ugly. I do not want to accuse; I do not even want to accuse those who accuse. Looking away shall be my only negation. And all in all and on the whole : some day I wish to be only a Yes-sayer.

인생에 생명과 힘을 불어넣어 상승과 하강을 반복하면서 자기를 위대한 존재로 만든다. 그러므로 다시 돌아올 공간과 다시 만날 존재를 있는 그대로 인정하고 차별하지 않는 우주적 포용력이 중요하다.

  디오니소스적 축제와 같이 적극적이고 긍정적인 자세로 자기 운명을 사랑하는 사람은 어떤 고난과 역경도 희망과 긍정으로 바꿀 수 있다. 니체는 영원한 시간을 긍정할 때 놀라운 성찰의 기쁨을 느낄 수 있다고 말한다. 고통스럽고 힘든 생이 다시 돌아온다고 해도 그것을 인정하면서 '그래 좋다, 우주여, 다시 또 영원의 길을 가리라'라는 적극적인 긍정이 바로 운명에 대한 사랑이다. 그러므로 니체가 말한 운명애는 해방된 자유로운 존재가 우주의 운명을 자기 운명으로 받아들이는 겸손하고 강인한 의지에서 나온다. 또한, 허무와 비탄과 절망에서 벗어나서 자기가 자기 운명을 결정한 다음, 희망에 차 있는 창조적 자기를 사랑하는 것이 운명애다. 간단히 말해서 운명애運命愛 또는 아모르파티는 '네 운명을 사랑하라'라는 정언명령인 동시에 '너는 네 운명을 사랑해야 한다'라는 니체 철학의 정언명제다.

참고문헌 Friedrich Nietzsche, *Ecce Homo*, translated by Walter Kaufmann, New York : Vintage, 1967.

참조 결정론, 권력의지/힘에의 의지, 니힐리즘/허무주의, 비극의 탄생, 신은 죽었다, 운명론, 이성, 자유의지, 적극적 허무주의, 정언명제, 초인/위버멘쉬

세계정신
Weltgeist World Spirit | 世界精神

청년 헤겔이 플라톤에게 물었다. '선생님, 우주에 영혼이 있을까요?' 생각에 잠긴 플라톤은 '우주 또는 세계에는 영혼이 있다'라고 답했다. 그러자 헤겔이 '의식이 없는 세계에 영혼이 있다는 것을 어떻게 이해하면 좋겠습니까'라고 물었다. 또다시 생각에 잠긴 플라톤은 '세상 또는 세계의 설계자인 조물주 데미우고로스가 이성으로 영원한 질서를 모방했기 때문이다'라고 답했다. 그러자 헤겔은 플라톤에게 가르치듯이 '선생님, 그 조물주가 바로 신입니다'라고 답하자 플라톤은 이렇게 답했다. '자네는 기독교적 신을 생각하는 모양인데 나는 그렇게 생각하지 않네. 본질인 이데아^{idea}가 그 질료인 코라^{chora}와 결합한 것이 세계이고 그것을 주관하는 존재가 데미우고로스이네.' 이 두 현자의 대화에서 플라톤은 조물주가 코라를 가지고, 이데아의 세계를 모방하고 이성을 부여하여 세계를 만들었다고 주장했다.

헤겔$^{G.W.F Hegel, 1770~1831}$은 세계를 설명할 때 플라톤의 우주관과 기독교의 창조론을 결합하고 거기에 이성을 부여했다. 헤겔의 이성은 보편적 이성 즉, 신과 우주의 이성이다. 그 우주는 살아 있는 유기체와 같이 끊임없이 변화하는 동시에 절대자의 뜻을 구현한다. 그러니까 헤겔에 의하면 절대자의 뜻이 이성이고 그 이성이 실현되는 것이 역사의 행정이다. 역사의 행정은 보편의 길을 간다. 보편의 역사가 현실에서 실현되기 때문에 개별사건은 존재하지만 본질적으로 같은 길을 가는 것이다. 가령 인류사에서 고대, 중세, 근대의 길은 세계를 지배하는 보편의 정신이 구현된 결과다. 또한, 각 민족의 역사나 개인의 삶이 다르더라도 그 기저에는 절대정신인 이성이 있고, 세계와 우주가 변화하고 발전하는 세계정신이 있다. 각 민족의 정신이 실현되는 것은 어떤 시대를 지배하는 시대정신Zeitgeist이 있기 때문이다.

헤겔이 시대정신의 토대인 보편의 역사와 절대정신을 사유한 것은 프랑스대혁명을 체험했기 때문이다. 청년 헤겔은 대학교 시절인 1789년 프랑스대혁명에서 절대왕정이 붕괴하고 부르주아 시민계급의 탄생하는 것을 목도했다. 그것은 세계의 변화였고 새로운 인간의 출현이었다. 이성을 가진 자유로운 인간을 희구한 헤겔은 인류 역사에 대하여 다시 생각하기 시작했다. 마침내 헤겔은 『역사철학강의』에서 고대 노예사회에서 시작한 인류사의 행정은 극도의 모순으로 차 있었는데, 그 모순이 프랑스대혁명으로 폭발하면서 보편의 역사가 실현되는 것으로 인류사의 행정을 정리했다. 이런 역사의 국면에서 발현되는 것이 세계정신이다. 가령 프랑스대혁명에 영향을 미친 계몽주의와 자유주의 사상이 바로 시대정신이다. 이 시대정신은 더 근원적인 세계정신의 구현과정이며, 그 기저에는 절대정신이 작용한다.

한편 헤겔은 보편의 역사를 통찰하면서 인정투쟁이라는 개념을 설정했다. 고대 노예제에서 보듯이 자기는 인정받고 싶으면서도 타자를 인정하지 않으려 한다. 이때 목숨 건 인정투쟁認定鬪爭이 시작되며 여기서 승리한 자는 주인의 권리를, 패배한 자는 노예의 복종을 부여받는다. 그러나 노동의 숭고한 가치를 실현하는 노예가 주인의 주인이고, 자기실현을 하지 못하는 주인은 노예의 노예가 되는 현상이 발생한다. 이때 노예는 자유를 갈망하면서 자유로운 존재가 되고 싶어 한다. 인류사는 이런 과정을 거치면서 지배와 피지배의 모순을 변증법적으로 반복해왔다. 따라서 자유는 인간을 해방하는 최고의 가치이면서 지배와 피지배의 모순을 해결하는 절대정신이다. 그러므로 보편적 신과 우주의 원리인 절대정신은 세계에서 세계정신으로 변화하면서 한 사회의 시대 속에서 시대정신으로 실현되는 것이다.

헤겔의 세계정신은 '세계는 자기를 실현하는 이성이 있다는 것'과 그것이 곧 영혼이라는 것이 핵심이다. 이 세계정신은 플라톤 철학과 기독교 신앙을 바탕으로 한다. 기독교인 헤겔에게는 완전한 이성의 세계가 이상적인 유토피아 즉 신의 세계였으며, 이 세상은 신의 최종 목적을 향해 나가는 역사의 행정이다. 그래서 헤겔은 인간과 세계를 구분하여 인류의 역사와 세계의 정신을 논하면서 그것을 통괄하는 절대정신이 있다고 주장했다. 이런 헤겔 역사철학의 맥락에서 보면 시대정신은 인류 역사에서 한 시대를 지배하는 의식과 정신이고, 세계정신은 끊임없이 변화하는 세계의 통일된 원리이며, 절대정신은 총체적이며 일관된 정신을 말한다. 헤겔에게 절대정신은 이성과 신이다. 인도의 브라흐만 사상과 가이아가설Gaia hypothesis도 세계와 우주에는 통일된 정신과 신적인 원리가 작용한다고 본다.

참고문헌 Georg Wilhelm Friedrich Hegel, *Lectures on the philosophy of world history : introduction, reason in history*, translated by H. B. Nisbet, NY : Cambridge University Press, 1975.

참조 감성, 변증법, 브라흐만, 시대정신, 에피스테메, 역사, 영혼, 유토피아, 이성, 이성론/합리주의, 인정투쟁, 자기 정체성, 절대정신, 정신, 질풍노도, 프랑스대혁명

자기 정체성

Self Identity | 自己同一性

노년에 이른 그는 깊은 생각에 빠졌다. '나는 누구인가?' '지금 여기서 이런 것을 생각하고 저런 감정을 가진 나는 과연 누구인가?' 이 평범한 물음에 이어서 이런 생각이 밀려들었다. 어린 시절 유대인 친구들은 북유럽인의 용모를 가진 그를 '노르딕Nordic'이라고 놀렸고, 독일인 친구들은 유대인 출신의 그를 '유대인'이라고 놀렸다. 어느 쪽에도 속할 수가 없었다. 누가 아버지인 줄도 모르고, 자신의 종교와 인종으로 자기가 어떤 존재인가를 확인받지 못했던 그는 '나는 누구인가'를 평생 사유했다. 그는 독일 출신 유대계 미국인 에릭 에릭슨Erik Homburger Erikson, 1902~1994이다. 그는 저명한 발달심리학자이고 하버드대학 교수였지만 죽는 날까지 '어린 시절의 나와 지금의 나는 같은 존재인가 다른 존재인가'를 비롯하여 자기 정체성에 대한 사유를 거듭했다. 이 자기 정체성은 자기 자신에 대한 자기의 확고한 인식이다.

모든 인간은 인식의 주체이므로 정체성은 이성을 가진 인간을 전제로 한다. 가령 돌이나 나무는 '나는 누구인가'라는 생각을 하지 않는다. 동물 중에서도 침팬지와 오랑우탄이 약간의 인식이 있지만 유일하게 인간만이 자기에 대하여 생각하고 자기가 누구인가를 규정한 다음 그것을 준거 삼아서 일생을 산다. 그러므로 자기 정체성은 어떤 존재의 본질이나 성질을 말하는 것이 아니고 자기에 대한 자기의식을 말하는 것이다. 따라서 정체성은 타인이 그 사람을 보고 느끼는 인격personality과 다르고 자유롭게 결정하고 실행하는 주체성subjectivity과도 다른, 의식의 개인적 정체성personal identity이다. 이렇게 볼 때 정체성은 시간과 공간에 의해서 변화하지만, 일정한 시간 동안 고정된 것이다. 그런데 그 변하지 않는다는 시간성은 영원한 것이 아니라 일정한 시간 동안 변하지 않는 상대적 시간이다.

자기 정체성을 이해하는 두 가지 관점이 있다. 첫째 정체성이 신체를 기반으로 한다는 관점은 인간이 타자와 관계하고 자기 주체를 일관되게 유지하는 근거와 실체가 신체라는 것이다. 둘째 정체성이 정신/마음을 기반으로 한다는 관점은 의식에 의하여 정체성이 형성되기 때문에 자기를 자기로 만드는 것은 자기의 정신/마음이라는 것이다. 데카르트는 심신이원론Mind-Body Dualism의 입장을 취했는데 데카르트가 주목한 신체와 정신의 문제가 바로 정체성의 핵심이다. 여기서 테세우스의 배Ship of Theseus라는 역설이 대두한다. 테세우스의 배란 '오랜 시간에 걸쳐서 배의 부분을 교체하여 원래 배의 모든 부분이 교체되었다면 그 배가 테세우스의 배인가 아닌가'의 문제다. 인간과 집단 역시 시간의 흐름에 따라서 그 존재를 구성하는 사람들이 바뀐다면 그 인간/집단이 같은 존재인가 아닌가의 문제가 생긴다.

심리적 안정감의 토대인 정체성은 경험과 주관으로부터 생성되고 타자와의 관계 속에서 형성된다. 즉, 정체성은 자기가 타자와 같거나 다르다는 것을 인식하고 공통점과 차이점을 자각하며 그것을 통합하는 심리 발달과정에서 완성된다. 인간은 타불라 라사라는 마음의 백지상태에서 출발하여 존재에 대하여 자각한 다음 자기 가치를 인식하고 자아Ego와 자기Self를 확립한다. 그리고 18세 전후에 성인이 되면서 확실한 자기에 대한 자기 정체성을 가진다. 이 과정이 심리적 진화와 유사하기 때문에 정체성은 심리 발달과 정신 진화로 표현되는 것이다. 그 정체성은 자기와 갈등이 없는 사회적, 심리적, 정신적 요소를 자기 마음에 통합하여 내면화한 결과다. 그 결과 '나는 나 자신과 같은 존재A=A'의 동일성이 형성된다. 이렇게 하여 형성된 자기 정체성은 경험, 사고, 기억, 희망, 가치, 언행을 통일한 것이므로 이것이 흔들릴 때 자기를 유지하려는 의식 무의식적 분투가 벌어진다.

정체성의 논리적 수식은 x = y로 표시되는 '같음sameness' 또는 하나oneness이고 질적qualitative 정체성과 수적numerical 동일성이 모두 같아야 한다. 이것을 라이프니츠Leibniz 수식으로 해석하면 x가 가진 모든 논리와 성질을 y도 가지고 있다는 뜻이다. 이런 이유로 무의식에 잠재하는 자기 정체성이 훼손되면 심리적으로 저항한다. 한편 정체성 위기identity crisis는 자기가 누구이고 무엇인가를 확신할 수 없는 정신적 불안감이다. 에릭슨에 의하면 자기 정체성은 청소년기에 위기를 거치고 나서 타자와 동일시하거나 구별하면서 형성되는 심리다. 한 인간의 일생에서 고정불변한 절대적 정체성도 있고 변화하는 상대적 정체성도 있다. 또한, 정체성은 인간과 집단의 존재를 규정하는 것이며 성 정체성sexual identity, 민족적 정체성, 종교적 정체성 등 부분과 영역에 대한 것을 의미하기도 한다.

참고문헌 *Ideas and Identities : The Life and Work of Erik Erikson*, edited by Robert S. Wallerstein & Leo Goldberger, IUP, 1998.

참조 기억, 동일성, 동일률·모순률·배중률, 무의식, 심신이원론, 심신일원론(스피노자), 역사적 유물론/유물사관/사적 유물론, 원본능·자아·초자아, 유물론, 의식, 자기기만(사르트르), 자아, 자아와 비아, 정신, 존재·존재자, 존재론, 주체·주체성, 타불라 라사, 타자

니힐리즘/허무주의

Nihilism | 虚无主义

'흠, 실행하고 파괴한다.' 그리고 그는 말을 이었다. '그런데 까닭도 모르고 어떻게 파괴할 수 있나?' '우리는 힘 자체이기 때문에 그것으로 파괴해요.' 이것은 투르게네프의 장편소설 『아버지와 아들』[1862]에 나오는 대목이다. 주인공 바자로프가 프루동의 무정부주의를 지지하는 이 발언은 '모든 권위를 타도해야 해요'라는 결연한 의지로 연결된다. 이것은 기존의 모든 제도와 권위를 파괴해야 한다는 혁명적 발상에 근거한다. 그런데 왜 파괴를 하며 파괴를 한 다음에 무엇을 하고자 하는지 분명하지 않기 때문에 등장인물들은 바자로프의 니힐리즘에 대해서 논쟁을 하게 된 것이다. 이것을 파괴적 허무주의라고 한다. 투르게네프는 이 작품을 통하여 '허무주의적 인간형'이라는 새로운 인물형을 보여주어 러시아 사회에 큰 반향을 일으켰지만 무의미한 파괴적 인물을 창조했다는 비난도 받게 된다.

주인공 바자로프는 무신론자, 유물론자, 그리고 허무주의자이며 러시아의 제도와 체제를 파괴해야 한다고 주장하는 진보주의자다. 그는 진보의 수단으로 파괴를 제시했는데, 이것은 당시 러시아 사회를 반영하는 조류였다. 과거와 전통을 파괴하지 않고서는 역사의 진보가 어렵다고 판단한 것이다. 하지만 파괴는 폭력이기 때문에 사회의 악으로 여겨진다. 그런데 이들은 자신의 사상을 도덕적 니힐리즘[Moral Nihilism]이라고 주장하면서 기존의 윤리와 도덕은 그것을 지키는 사람에게만 의미가 있다는 논지를 폈다. 이들의 생각은 이 세상의 모든 일은 선도 아니고 악도 아니라는 것이다. 따라서 파괴에 따른 죄책감을 가질 필요가 없으며 파괴를 통한 건설과 창조야말로 적극적 니힐리스트가 지켜야 할 덕목이다. 이것이 1850년부터 수십 년간 계속된 러시아 니힐리즘의 특징이다.

니힐리즘의 니힐Nihil은 라틴어 '무' 또는 '없음'인데 야코비F. H. Jacobi, 1743~1819가 「피히테에게 보내는 편지」1799에서 처음 사용한 것으로 알려져 있다. 19세기 유럽에서 태동한 니힐리즘은 기존 사회질서와 가치를 부정하는 저항운동이었다. 니힐리즘은 완전한 파괴나 종말론이라기보다 새로운 것을 지향하는 파괴로 볼 수 있다. 사전적인 의미에서 니힐리즘/허무주의는 의미를 상실하고 가치를 부정하는 한편, 모든 것은 존재하지 않는다는 무無, 공空, 허虛의 인식론이다. 앞에서 보았듯이 당시 러시아 청년들은 부정과 파괴 그 자체가 목표가 아니라 창조와 진보가 목표였다. 그래서 이들은 먼저 모든 가치와 제도를 파괴한 다음, 새로운 가치와 제도를 건설하고자 한 것이다. 이런 태도를 적극적 니힐리즘 또는 긍정적 니힐리즘이라고 한다. 적극적 생의 의지와 디오니소스적 열망과 긍정적인 니힐리즘을 주장한 철학자는 니체다.

니체F. Nietzsche, 1844~1900는 가치상실의 절대적 무의미 또는 의미상실을 허무주의로 명명했다. 아울러 현세와 현실을 부정하고 이데아의 초월적 세계를 긍정한 플라톤의 전통적 형이상학이 서구철학의 토대가 되었다고 보았다. 한편 이천 년 가까이 서구를 지배한 기독교는 인간과 현실보다 신과 내세를 중시하도록 강제했다. 그런데 이성 중심의 형이상학과 신중심의 기독교가 르네상스 이후에 생겨난 휴머니즘, 지동설, 진화론 등에 의하여 부정되고 말았다. 이 흐름은 현실의 실존이 중요하다는 것을 일깨웠다. 이런 시대적 배경 속에서 니체는 소극적으로 인생을 사는 절망적인 니힐리즘과 달리, 용약하는 생을 사랑하는 적극적이고 긍정적인 니힐리즘을 제시했다. 인생은 허무한 것이 아니므로 디오니소스적 열정으로 자기 운명을 긍정하고 우주적 생명력을 회복하는 초인/위버멘쉬가 되어야 한다는 것이다.

기존의 가치와 제도를 부정하는 니힐리즘은 미래를 향한 혁명과 결합하여 혁명적 니힐리즘으로 진화한다. 이것은 바쿠닌이나 크로포트킨과 같은 무정부주의자들에게 주로 나타나는데, 이들이 생각한 새로운 인간적 가치는 정부나 국가가 없는 평등한 조건에서 가능한 것이었다. 이들 중 극단적인 폭력주의자였던 네차예프는 파괴와 살인 등을 통하여 니힐리즘을 극복하고 완전히 새로운 가치를 만들 수 있다고 호언했다. 이런 서구적 니힐리즘과 달리 동양에서는 모든 것의 근원이자 결과인 브라흐만의 범梵과 불교에서 말하는 공空 그리고 도교적 태허太虛를 허무주의라고 한다. 서구의 니힐리즘과 동양의 허무주의는 모두 현세를 부정하고 체념하며 절망한다는 특징이 있다. 하지만 니힐리즘/허무주의는 모든 것을 무의미한 것으로 간주하고 세상을 혐오하는 염세주의厭世主義와 다르다.

참고문헌 Friedrich Nietzsche, *The Gay Science*, translated by Walter Kaufman, Vintage, 1974.

참조 공/수냐타, 권력의지/힘에의 의지, 무, 무정부주의, 비극의 탄생, 상호부조, 실존주의, 운명애·아모르파티, 적극적 허무주의, 지동설/태양중심설, 진화론, 초인/위버멘쉬, 혁명가의 교리문답, 형이상학

범신론[스피노자]

Spinoza's Pantheism | 泛神論

눈이 반짝이는 K가 선생님께 물었다. '내일 죽어도 오늘 사과나무를 심겠다고 말한 사람이 스피노자인가요?' 그러자 선생님은 '네덜란드의 철학자 스피노자가 그런 말을 했는지 알 수 없지만, 스피노자의 철학과 상통하는 면이 있다'고 답했다. 이 물음과 답의 핵심은 죽음 이전과 죽음 이후의 관계를 묻는 존재론과 인식론이다. 스피노자^{Baruch Spinoza, 1632~1677}는 '죽음이라는 사건은 양태의 변화일 뿐, 실체는 변하지 않는다'고 생각했던 철학자였다. 단순한 것 같은 이 문답은 실재하는 존재들과 그 본질에 관한 어렵고도 중요한 사유로 연결되고 우주 자연의 모든 존재는 다 신이라는 범신론으로 정리된다. 범신론은 '모든 것을 신으로 간주'하는 관점이다. 또한, 범신론은 '우주, 세상, 자연에 존재하는 모든 것은 신이며 신은 초월적인 존재가 아니고 있는 그 자체다'라는 관점이다.

스피노자의 범신론은 사후에 출간된 『윤리학^{Ethica}—기하학적 방법으로 증명한 5가지 문제』¹⁶⁷⁷에 근거한다. 스피노자는 『윤리학』 1부에서 자기원인^{Cause of oneself}인 신을 영원성과 필연성을 가진 실체로 보면서 신 이외의 다른 실체는 없다고 정의했다. 이것이 바로 '존재하는 모든 것은 그 자신 안에 존재하거나 다른 것에 존재한다'는 편재성과 '존재하는 모든 것은 신 안에 있다'는 범신론의 공리^{Axiom}다. 이 범신론의 공리에 의하면, 신은 자신의 본성에 의해서 활동할 뿐이고 다른 것의 영향을 받지 않는 절대적이고 자유로운 실체이자 존재이다. 또한, 스피노자에 의하면 무한한 속성을 가진 무한한 신이 다른 양태로 연장되기 때문에 신은 언제 어디에서나 존재한다. 이처럼 스피노자가 말하는 보편의 신이 유대교 교리와 다르기 때문에 암스테르담 유대교회는 그를 저주하면서 파문을 선고한 것이다.

스피노자는 신을 '자연으로서의 신God as a Nature', '자연신natural God', '신 또는 자연Deus sive Natura'으로 명명했는데 여기서 자연은 우주와 세상의 모든 것을 의미한다. 하지만 우주, 세상, 자연 그 자체가 신과 같은 것은 아니다. 왜냐하면, 신의 속성이 다른 양태로 드러난 것이 우주, 세상, 자연이기 때문이다. 그러므로 우주, 세상, 자연의 모든 존재는 신이 여러 양태로 현시되고 현상된 부분집합이다. 이것을 스피노자는 사유thought와 연장extension이라는 개념으로 설명한다. '나는 존재한다'는 명시적인 명제에서 나라는 유한한 양태가 신이라는 무한한 실체로 연장되므로 필연적으로 나도 존재하고 신도 존재하는 것이다. 그런 점에서 스피노자의 실재성reality 중심 관점은 유물론Materialism 또는 중립적 일원론Neutral Monism 과 상통한다.

스피노자가 말한 추상적이면서 비인격적인 신은 실체substance, 속성attribute, 양태mode를 포함한 모든 것을 포함한다. 또한, 스피노자의 신은 세상과 인간을 창조하고 심판하는 절대신이 아니고 어디에나 편재하는 보편적인 실체다. 아울러 기독교나 유대교의 창조론적 인격신도 아니다. 이 점에서 스피노자는 신, 마음, 육체를 삼원적으로 이해하면서 마음과 육체의 심신이원론을 말한 데카르트와 비교된다. 스피노자의 관점은 신이 곧 인간의 마음이고 육체이므로 마음과 육체가 분리되지 않으며 신과 인간도 분리되지 않는 일원론이다. 따라서 우주, 세상, 자연의 모든 것은 단 하나의 실체인 신의 연장이거나 변용된 양태이다. 그러므로 '내일 죽어도 사과나무를 심는' 행위는 편재하는 신이 다른 양태로 변화하고 변용된 현상을 예로 든 것이다. 또한, 신은 자유로운 존재이자 실체이면서 이유reason와 원인cause의 필연성에 따르기 때문에 세상에 우연한 일은 없다.

스피노자의 범신론에 의하면 모든 존재는 자기보존의 속성인 코나투스conatus 에 따라 변화하면서 완벽한 인과법칙에 따른다. 따라서 행복이나 불행은 인간의 인식일 뿐이고 윤리와 도덕도 인식의 문제다. 스피노자의 범신론에 대한 논란은 베단타 철학 즉 브라흐만 사상과 유사하다는 점이다. 브라흐만은 우주에 충만하고, 어느 장소 어느 시간에서나 존재하는 그 자체다. 이 브라흐만 사상이 스피노자에게 영향을 미쳤다고 보는 견해가 있지만, 범신론은 스피노자의 독창적인 사유로 보는 것이 정설이다. 한편 스피노자 이전에 고대의 헤라클레토스Heraclitus와 세계 이성을 설정한 중세 스토아 철학자들 역시 범신론을 주장했고 동양의 도교와 성리학도 범신론의 성격이 있다. 매우 독창적인 스피노자의 사상은 근대철학에 지대한 영향을 미쳤고 종교와 과학의 관계를 새롭게 설정하는 것에 이바지했다.

참고문헌 Baruch Spinoza, *The Ethics*(Ethica Ordine Geometrico Demonstrata)(1677), translated by R. H. M. Elwes, Stilwell : Digireads.com Publishing, 2008. http://www.gutenberg.org/files/3800/3800-h/3800-h.htm.

참조 공/수냐타, 기관 없는 신체, 내재의 평면, 리좀, 브라흐만, 아트만, 아펙투스〔스피노자〕, 욕망기계, 유물론, 인과율·인과법칙, 인식론, 존재·존재자, 존재론, 창조론, 코나투스, 탈영토, 탈주의 비상선

텅 빈 주체

Empty Subject | 空的主題

두 오빠가 왕위 계승을 놓고 싸우다 죽은 다음 안티고네는 감옥에 갇힌다. 왕위에 오른 외삼촌 크레온이 엄금嚴禁한 오빠 폴리네케스의 장례를 치렀기 때문이다. 청순한 안티고네는 감옥에서 스스로 목숨을 끊었고 그녀의 연인이자 크레온의 아들인 하이몬도 자결한다. 여기서 왕의 명령은 현실의 규칙인 아버지의 이름법이며 죽은 자에 대한 경배는 신성성으로 상징되는 신의 이름양심이다. 주인공 안티고네는 오이디푸스와 그의 생모 이오카스테 사이에서 태어났는데 오빠들이 죽자 누이 이스메네가 현실에 순응하는 것과 달리 현실을 부정한다. 안티고네는 현실의 법을 따르지 않고 신의 법을 따른 것이다. 고대 그리스를 대표하는 소포클레스의 비극 〈안티고네Antigone, BCE 441〉의 안티고네는 첫째, 육체적 존재로서의 안티고네와 둘째, 테베의 시민 안티고네라는 두 가지 인격으로 묘사되고 있다.

안티고네는 테베의 시민이므로 테베의 법에 따라야 하고 법을 어길 때는 처벌을 받아야 한다. 이것을 라캉과 지젝의 정신분석학으로 말하면 현실이자 질서이고 또 법과 규율인 상징질서 속에 존재하는 상징기호 안티고네다. 모든 인간은 유아 시절 아버지의 법문화, 제도에 따라서 자기의 욕망을 거세하고 '안티고네'와 같은 기표 즉, 상징기호를 세상에 등록한다. '안티고테'라는 기호이자 대타자는 상징질서를 얻기 위하여 욕망을 거세하고 그 욕망을 내면 깊숙이 숨겨 놓는다. 그리고 세상의 법과 질서인 현실원칙과 상징질서에 따라서 산다. 그런데 세상에 등록한 대타자Big Other에게는 심각한 결핍이 있는데 그것은 거세하여 무의식에 숨겨둔 욕망인 소타자small other다. 본질과 욕망을 숨겨 놓은 소타자는 상징질서인 기표를 얻고자 희생된 자기다. 이 과정을 통하여 주체는 자기 존재를 자기 외부에 위치시키게 되고 결국 텅 빈 주체로 살아간다.

텅 빈 주체는 지젝이 창안한 개념으로, 외부의 기표記票, signifier에서 자기를 발견할 뿐 진정한 내부의 기의記意, signified는 비어 있는 주체라는 뜻이다. 인간이 비록 자기 주체화를 이루었더라도 (기표가 기호에 불과한 것처럼) 인간 주체는 기호에 불과하다. 그런데 이 주체는 주인인 기표의 노예가 된 주체이므로 텅 빈 기표일 뿐이다. 한편 현실의 상징질서 속에서 존재하는 주체에게 전복의 주이상스jouissance가 작동하면서 주체는 노예에서 벗어나서 자기 방식으로 발화하고자 노력한다. 이 과정에서 주체분열이 생긴다. 현실에서 성취 불가능한 것을 성취하려는 주이상스야말로 전복적 충동이면서 절대적 숭고의 실재계다. 그런데 텅 빈 주체를 회복하고 상징을 살해해야 실재에 다가갈 수 있다. 이 전복의 기획이 성공하면 진정한 자유인이 된다. 가령 안티고네는 죽었지만 자유로운 존재가 된 것과 마찬가지다.

인간은 상징으로 세상에서 존재하기 때문에 정체성의 근거를 상실할 수 있다. 이 상징적 거세는 상징을 획득한 대신 실재를 거세당한 무력한 인간의 텅 빈 주체를 의미한다. 알튀세르의 말처럼 인간은 호명呼名을 통하여 자기를 인식하고 자기 주체를 인정받는다. 하나님의 호명, 국가의 호명, 민족의 호명, 사명의 호명에 응답하면서 자기 주체가 확립되기는 하지만 텅 빈 기표를 얻으면서 원래 가지고 있던 실체와 욕망을 상실해 버린다. 따라서 '호명의 이데올로기'가 부여한 정체성은 자기 주체가 아니라 거짓 주체이며 주체 효과만 내는 텅 빈 주체이다. 지젝이 말하는 텅 빈 주체는 첫째, 상징과 기표를 얻고자 포기했던 욕망으로 인하여 생긴 주체 부정 둘째, 상실한 주체를 찾는 과정에서 생기는 일종의 진공이다. 이것을 지젝의 어휘로 '텅 빈 기표empty signifier' 또는 '텅 빈 주체empty subject'라고 한다.[1]

지젝에 의하면 기표를 얻고자 비워버린 기의의 텅 빈 공간에 주체가 위치한다. 이것은 주체를 얻고자 주체를 버린 것과 같다. 따라서 주체는 텅 빈 공간에 존재하므로 기표만 빈 것이 아니라 기의도 빈 것이고 주체도 빈 것이 된다. 그런데 인간은 결핍을 채우고 싶어 하며 완전한 존재가 되고 싶어 한다. 왜냐하면, 대타자Other를 얻고자 소타자other 속의 잃어버린 욕망을 되찾는 동시에 상징질서를 넘어서 실재계로 나갈 수 있기 때문이다. 이때 감행되는 것이 부정과 파괴인데 그 힘은 전복의 충동인 주이상스에서 나온다. 그런데 폭발적인 성적 에너지가 파괴의 힘으로 작동하는 순간 공포와 고통이 다가온다. 가령 안티고네는 금기를 위반함으로써 진정한 자유 존재가 되었고 또 다른 상징기호를 획득할 수 있었다. 지젝은 안티고네의 이 행위를 욕망윤리에 따른 주체의 자기 회복으로 본다.

참고문헌 Slavoj Žižek, *The Indivisible Remainder : An Essay On Schelling And Related Matters*, London & New York : Verso, 1996.

참조 거울단계, 기표·기의/소쉬르, 대타자·소타자, 상상계, 상징, 상징계, 상징적 거세, 실재계, 실재의 사막, 안티고네, 욕망기계, 정신분석, 존재·존재자, 주이상스, 호명

---

1 [In political ideologies], undecidability with regard to the signified (do others really intend the same as me?) converts into an exceptional signifier, the empty signifier, the empty master signifier, the signifier without signified.
Slavoj Žižek, *The Indivisible Remainder : An Essay On Schelling And Related Matters*, New York : Verso, 1996, p.142.

물자체[칸트]

Thing in Itself, Ding an Sich | 自在之物

책상 위에 빨강 사과 하나가 놓여 있었다. 철학 교수 K는 학생들에게 '사과는 무슨 색깔일까'라는 질문을 던졌다. 학생들은 당연히 '빨강'이라고 답을 했고 철학 교수 K는 '그것은 인간의 주관적 감각일 뿐이다'고 답한 다음 사과를 치운 후 '책상 위에 사과가 있느냐'고 물었다. 그러자 '없다'고 답했는데 이에 대해서 K는 이렇게 말했다. '현상계phenomenon인 책상 위에 사과는 없지만, 학생들 여러분의 마음에는 사과가 남아 있으며, 그 마음의 사과는 본질인 누메논noumenon이면서 기본적 형식form이자 불변하는 사과다.' 이처럼 현상계의 사물은 인간이 지각하여 존재하는 것이다. 이를 근거로 칸트는 물자체를 생각했는데, 그가 말한 물자체는 인식 주관을 배제한 존재의 원인이자 궁극적 근거다. 칸트는 『순수이성비판』에서 '어떤 것의 근거와 원인은 무엇인가'를 '물자체thing in itself, Ding an sich'라는 개념으로 분석했다.

규칙적인 생활을 한 것으로 유명한 칸트는 인간이 사물의 현상을 넘어 '본질을 어떻게 인식하고 또 이해할 수 있는가'라는 문제에 천착했다. 그런데 인간의 이성은 감각, 경험, 주관에 의해서 영향을 받는 불완전한 이성이다. 이성이 다른 것의 간섭을 받지 않기 위해서는 순수한 비판이성이 필요하고 이 순수이성을 통하여 사물의 본질과 원인인 물자체를 알아야 한다. 그렇게 하면 경험後驗, a posteriori의 대상이 아닌 선험a priori의 대상이면서 본질이고 원인인 물자체를 만날 수 있다. 그런데 경험과 연관된 현상계의 사물은 자연계의 타당한 지식이며 타율적 법칙이 작용하는 대상이고, 선험과 연관된 물자체는 인간이 사유할 수는 있지만 인식할 수는 없는 관념의 세계이자 초자연적 본질이다. 이 관념의 물자체는 가상을 인식하는 인식론적 관념론Idealism과 실재 이면의 원리와 본질을 인식하는 형이상학적形而上學的 관념론의 성격이 있다.

인간의 인식은 '보이는 물thing-as-it-appear' 즉 현상에 관한 생각에 불과하다. 그런데 형이상학을 부정했던 관념론자 칸트는 '(인간이 감각을 통하여 대상을 인식한 주관적 사물과는 다른) 스스로 드러나지 않는 X라는 객관적 본질인 물자체가 있다'고 보았다. 간단히 말하면 물자체는 인간이 인지하지 않더라도 존재하는 사물의 본질과 근거다. 본질은 그것이 없으면 존재하지 않는 것이므로 물자체는 본질이다. 이처럼 칸트의 물자체는 본질적으로 존재하는 것과 현상계에 드러난 것을 분리했기 때문에 플라톤의 이데아idea와 유사하지만, 현상을 초월했기 때문에 초월적 관념이다. 그런데 본질의 물자체는 인식되지 않지만, 사유할 수는 있다. 사유한다는 것은 대상이 존재한다는 것이다. 또한, 물자체가 단지 관념이라면 '나타난 현상이 아무것도 없이 나타나는 모순the absurd conclusion that there can be appearance without anything that appears'이 생기기 때문에 물자체의 존재를 가정해야 한다.

여기서 '경험 이전의 선험적 인식이 가능한가'의 문제가 대두한다. 칸트는 지각과 경험을 배제하고서 생각만으로 진리와 본질에 다가갈 수 있다고 주장했다. 앞에서 본 것처럼 빨강 사과, 자유, 영혼, 신과 같은 물자체는 인간의 지각과 별개로 존재하지만, 인간은 '그것이 무엇인가'는 알고 있다. 칸트는 이 문제를 『실천이성비판』에서 구체화하여 자연과학의 독단을 비판하는 한편 인간의 자유를 당위로 설정했다. 그러니까 현실과 자연의 구속을 당하는 현상계의 인간과 객관적으로 존재하는 물자체의 두 인간 중 물자체의 인간을 상정해야만 인간이 자유로운 존재가 될 수 있다. 또한, 당위의 물자체를 통해서 인간은 인식의 불완전성을 깨우칠 수 있다. 이처럼 물자체는 존재의 객관적 본질이면서 자유를 가능케 하는 근원이다.

헤겔은 절대적 관념론의 입장에서 그리고 마르크스는 유물론의 입장에서 물자체를 비판했으며 레닌은 물자체란 불가지론^{Agnosticism}을 사변적으로 설명한 것이라고 비하했다. 한편 쇼펜하우어는 (칸트의 물자체를) 추상적 지식일 뿐이라고 단언했으며 피히테는 물^物은 자아가 정립하는 것이므로 자아와 독립하여 무엇이 존재한다는 것은 모순이라고 지적했다. 하지만 칸트의 물자체는 자연과학의 현상계가 필연적으로 규정하는 타율적 존재에서 벗어나, 도덕이고 자유로운 존재를 지향하는 중요한 사유였다. 즉, 가상인 물자체는 독단과 편견에 사로잡힐 수 있는 이론이성이 아닌 도덕적 실천이성을 위하여 필요한 것이다. 그리고 최고의 선과 진정한 자유를 실현하기 위한 사유의 방법이다. 칸트의 물자체는 플라톤 이래 인식론의 주류였던 관념론을 전복하면서 계승한 이론이다.

참고문헌 Immanuel Kant, *Critique of Pure Reason*, translated by and edited by Paul Guyer and Allan W. Wood, Cambridge University Press, 1997.

참조 감각, 개념, 객관·객관성, 경험론/경험주의, 관념론, 데카르트의 악마, 마음, 말할 수 없으면 침묵하라, 본질, 순수이성, 실천이성, 아 프리오리/선험·후험, 영혼, 이데아, 이성, 이성론/합리주의, 이성은 감성의 노예, 인식론, 존재·존재자, 존재론, 주관·주관성, 지각, 초월(칸트), 타불라 라사, 판단력비판─미(美)란 무엇인가?

보편논쟁
Problem of Universals | 共相问题

철학 교수 K는 책상 위에 빨강 사과 하나를 놓았다. 그리고 학생들에게 '책상 위에 무엇이 있는가'라고 물었다. 학생들이 '사과'라고 답을 하자 철학 교수 K는 '여기 있는 이 사과'와 '여러분의 마음에 있는 사과'가 어떻게 다르냐고 물었다. 그러자 명석한 P가 '여기 있는 이 사과는 하나의 특수한 개체를 말하는 것이고, 우리 마음에 있는 사과는 사과라는 관념의 사과이자 사과라는 류^{class}를 말하는 것이다'라고 답했다. P의 답변을 듣고 고개를 끄덕인 K는 이 단순한 물음에는 존재와 진리의 중요한 문제가 내재해 있다고 설명한 다음, 중세 보편논쟁에 대한 철학사 강의를 이어나갔다. K의 설명은 이렇다. 현실 세계의 사과는 특수한 개체를 의미하는 것이고, 마음에 있는 유^類의 사과는 사과를 망라하는 보편적인 개념이다. 실제 사과는 특수한 개체인데 그 특수한 개체들의 집합은 보편의 사과다.

유개념으로서 보편적 사과가 이 세상의 모든 사과에 선행하여 실재하는 것인가, 아니면 단순한 명목상의 이름인가는 논쟁의 여지가 있다. 이 보편논쟁은 9세기에서 17세기까지 중세 유럽에서 절대적인 권위를 가지고 있던 스콜라철학의 보편적 실재에 관한 논쟁이다. 스콜라철학은 기독교 교리와 신앙이 이성적으로 타당하다는 것을 입증하고자 신학을 중심에 놓고 철학적인 문제를 사유한 학파다. 기독교와 관련된 보편논쟁은 기독교 교리 중 삼위일체^{三位一體}가 관건이었는데, 그것은 초월적 실재인 보편을 인정해야만 성부, 성자, 성령과 같은 삼위일체가 성립하기 때문이다. 만약 보편의 실재를 인정하지 않으면 개별적 신앙과 신자만 있는 것이므로 삼위의 존재가 부정된다. 또한, 인간이 원죄原罪를 지었다는 것이나 구원을 받는다는 교리 역시 보편의 실재를 인정해야만 성립하는 것이므로 중세철학자들은 이 문제를 가지고 치열한 논쟁을 벌인 것이다.

보편주의자들은 '사물에 앞서ante res' 실재인 보편자가 있다고 주장했다. 이들의 주장은 빨강 사과, 노랑 사과, 파랑 사과, 영국 사과, 일본 사과, 빌헬름 텔의 사과, 아프로디테의 사과, 11세기의 사과, 25세기의 사과 등 모든 개체의 사과에 선행하는 본질이자 실재인 사과가 있다는 것이다. 그리고 그 실재의 개념을 플라톤의 이데아idea 이론에서 찾았다. 이데아는 '모든 본질은 영구불변하다'라고 보는 초월적 실재다. 그 본질이자 근거인 실재가 현상계에 그림자로 현상된 것이 현실의 개별적인 사물이다. 이 현상계의 특수하고 개별적인 사물은 인간의 감각이 일시적으로 인식하는 것이므로 본질이나 진리가 아니다. 그러므로 '이 세상에 사과가 없다'고 해도 사과라는 실재가 사라지지 않는 그것이 바로 진리이자 보편이다. 보편론은 실재론 및 관념론과 연관되어 있다.

명목론자들은 세계에는 보편자普遍者는 없으며 단지 하나, 하나의 특수하고 개별적인 존재만 있다고 주장했다. 이들의 주장에 의하면 빨강 사과, 노랑 사과, 파랑 사과, 영국 사과, 일본 사과, 빌헬름 텔의 사과, 아프로디테의 사과, 11세기의 사과, 25세기의 사과는 실재하는 사과다. 그리고 사과라는 유개념類概念은 이 개별자의 집합에 대한 단순한 이름이다. 그들은 이론적 근거를 아리스토텔레스에서 찾았다. 아리스토텔레스는 스승 플라톤의 이데아 이론을 존중하면서 개별적인 사물에도 고유한 특성이 있으며 사물은 객관적으로 존재한다고 보았다. 그러니까 명목론자들은 플라톤의 보편적 이데아를 부정하고 아리스토텔레스의 개별적 존재자를 긍정한 것이다. 이처럼 명목론Nominalism은 보편은 실재하지 않는 추상적인 것에 붙이는 이름nomina 즉 명목에 불과하다고 본다. 그러므로 이 세상에 있는 현실의 개체가 실재이고 사과라는 유개념은 인간이 만든 기호다.

보편논쟁은 토마스 아퀴나스Thomas Aquinas, 1225~1274에 의해서 부분적으로 해결되는데 그는 온건한 실재론을 주장하여 이성과 신앙을 조화했다. 그는 '보편은 사물 안에 형상으로 존재한다'고 말하여 보편을 인정하면서 개별적 개체에도 의미를 부여했다. 또한, 그는 『신학대전』에서 신의 섭리와 자연의 경험이 모두 중요하다고 논증하여 중세 스콜라철학을 집대성했다. 하지만 '필요 없는 전제 는 삭제해야 한다'는 오캄의 면도날로 유명한 오캄^{William of Ockham, 1285?~1349}은 보 편자는 없으며 개별 개체가 실재라고 주장했다. 이것은 삼위일체를 부정하고 초월적 신을 인정하지 않는 결과가 되기 때문에 중세의 신학과 충돌할 수밖에 없었고, 그 결과 오캄은 이단^{異端}으로 지목되었다. 하지만 오캄의 이론은 중세의 기독교 신학을 붕괴시킨 이론인 한편 근대의 유물론과 경험론을 발전시키는 출발점이었다.

참고문헌 Thomas Aquinas, *Aquinas's Shorter Summa*, Manchester, NH : Sophia Institute Press, 2002.

참조 객관·객관성, 경험론/경험주의, 리얼리즘/실재론〔철학〕, 물자체, 보편논쟁, 삼위 일체, 순수이성, 신이 존재하는 다섯 가지 근거, 아리스토텔레스, 유물론, 이성론/합리주 의, 존재·존재자, 존재론, 주관·주관성

아펙투스 [스피노자]

Affectus | 影响

'로테! 나는 죽음의 황홀을 들이마실 이 차갑고 끔찍한 잔을 들고서도 전혀 떨지 않습니다! 당신이 나에게 이 잔을 건네주었으니, 나는 주저하지 않겠습니다. 모두! 모두다! 이렇게 내 인생의 모든 소원과 희망이 다 채워지는 겁니다! 이렇듯 냉정하고, 이렇듯 완고하게 죽음의 철문을 두드리렵니다.' 이것은 괴테의 『젊은 베르테르의 슬픔』의 한 부분인데 사랑의 정열에 불타는 베르테르는 이 편지와 함께 죽음의 길로 들어선다. 그리고 세상을 건너 죽음으로 넘어간다. 황홀한 죽음은 로테에 대한 사랑이다. 사랑의 열정이 극한에 이르러 삶과 죽음이 분리되지 않는 절대 지경에 이르러 있다. 베르테르의 로테에 대한 사랑은 기쁨과 슬픔이 일치하는 상황이고 유쾌와 고통이 구별되지 않는 상황이다. 이것을 스피노자 Baruch Spinoza, 1632~1677는 정서, 정염, 열정 그리고 그 영향이라는 의미의 아펙투스로 명명했다.

라틴어 아펙투스 afféctus는 감정, 상태, '~를 지니고 있는'이라는 의미다. 평생을 겸손하고 조용하게 살았던 스피노자는 아펙투스 affectus로 존재를 설명했다. 그가 말하는 아펙투스는 외부의 힘으로부터 받는 영향과 반응이다. 아펙투스는 첫째, 욕망 또는 욕구 둘째, 기쁨 또는 쾌락 셋째, 슬픔 또는 고통으로 나뉜다. 첫째, 욕망은 인간의 정신과 육체에 동시에 작용할 때의 감정이고, 욕구는 욕망이 의식의 상태로 드러난 것이다. 스피노자는 정신과 육체의 일원론 즉 '마음과 신체가 평행한다'고 보기 때문에, 욕망과 욕구는 인간의 아펙투스 중 가장 기본적인 것이다. 둘째, 기쁨은 즐겁기 때문에 유쾌한 것이고 그러므로 완벽한 상태이다. 완전하다는 것은 신/자연의 뜻과 일치하면서 그것을 이해하는 상태이다. 셋째, 슬픔은 고통을 동반하므로 완전하지 못한 상태이며 신/자연의 뜻과 배치되는 것이거나 그 뜻을 이해하지 못하는 상태이다.

스피노자는 『윤리학』에서 아펙투스로 속박과 자유를 설명한다. 정염보다 포괄적인 개념으로 쓴 아펙투스는 자기를 보존하려는 코나투스conatus와 대비되는 개념이다. 코나투스는 모든 것의 실체이자 원리인 자존력自存力이며 그 존재 안에 남아 있으려고 노력하거나 존재를 지키고자 하는 힘이다. 반면 아펙투스는 그 존재에 영향을 미쳐서 변화시키는 외부의 힘이다. 그런데 외부의 힘을 대하는 두 가지 방식에는 능동과 수동이 있다. 능동적 아펙투스는 자기가 원인이 되고, 자기 본성에 어긋나지 않으며, 그것을 이해하고 있는 자기 자신의 힘이다. 반면 수동적 아펙투스는 불충분하거나 부분적인 것이 원인이고 본성과 어긋나며, 그것을 잘 이해하지 못하는 것이다. 수동적 아펙투스의 영향을 받게 되면 외부 작용에 얽매이거나 노예 상태가 된다.

스피노자는 인간은 스스로는 완전하게 될 수도 없고 덕德 있는 생활도 할 수 없다고 보았다. 그러므로 타자 또는 외부와의 관계가 중요하다. 스피노자는 상대적인 관계에 따라서 긍정과 부정, 선과 악이 나뉜다고 보았다. 가령, 빨강 카네이션은 기쁨일 수도 있고 슬픔일 수도 있으며, 하나의 상품일 수도 있다. 따라서 '어떤 것이 선이고 악인가'는 새롭게 정의되어야 한다. 스피노자가 말하는 선은 자기보존의 코나투스적인 것이며, 이성적인 인식과 자유에 기여하고, 수동적인 아펙투스를 지배하는 것이다. 반면 악은 코나투스적이 아닌 것이며, 비이성적일 뿐 아니라 자유롭지 않고, 수동적인 아펙투스에 지배당하는 것이다. 이 아펙투스를 조절하고 제어할 능력이 없는 사람은 노예와 같은 존재다. 그런 존재는 부정적이고 수동적인 아펙투스의 지배를 받기 때문에 노예같이 살거나 자기를 파괴한다.

스피노자는 신/자연의 섭리가 세계를 관장하기 때문에 자유의지free will는 없을지 모르지만, 자유는 가능하다고 보았다. 신/자연의 질서에 따르고 복종하면서 자기원인을 가지고 능동적이고 긍정적으로 사는 것이 곧 자유다. 이처럼 스피노자에게 자연은 신이기 때문에 신에 대한 지적인 사랑Amor dei Intellectualis을 하면서 그 섭리를 이해하면 모든 것이 해결된다. 왜냐하면, 기쁨과 쾌락, 슬픔과 고통의 궁극적인 원인은 신의 본성에서 발현된 필연적인 것이기 때문이다. 따라서 신/자연의 영원성과 필연성을 이해하고 순응하는 것이 행복한 것이고, 신/자연 안에 겸손하게 존재하는 것이 축복beatitudo받은 삶이다. 실제로 스피노자는 아펙투스의 영향을 받지만, 지배는 받지 않으면서 자기원인의 능동적인 자세로 평온한 마음과 영혼을 가지고 살았던 현자였다.

참고문헌 Baruch Spinoza, *The Ethics(Ethica Ordine Geometrico Demonstrata)*(1677), translated by R. H. M. Elwes, Stilwell : Digireads.com Publishing, 2008. http : // www.gutenberg.org/files/3800/3800-h/3800-h.htm.

참조 감성, 감정·정서, 공/수냐타, 기관 없는 신체, 내재의 평면, 마음, 범신론[스피노자], 브라흐만, 심신이원론, 심신일원론[스피노자], 이성, 이성론/합리주의, 자기 정체성, 자유의지, 주체·주체성, 코나투스

거경궁리

Pious Attitude and Extreme Consideration | 居敬窮理

─────────────────────▽─────────────────────

'지혜로운 사람은 일의 기미를 알아서, 그것을 정성스럽게 생각하고, 뜻있는 사람은 힘써 행하며, 일할 때 그 뜻을 잘 지킨다. 순리는 여유롭지만, 욕심에 따르면 위험하다. 급해도 잘 생각하여, 조심하고 두려워하면서 자기를 보전하라. 습관이 본성이 되면 성현과 같이 된다.'[1] 이것은 정이程頤, 1033~1107의 『동잠動箴』이다. 잠언箴言 형식의 글에서 정이는 조심하고 경건하게 자기를 수양해야 함을 특별히 강조했다. 아울러 '정성을 바탕으로 살아야 하며 우주 자연의 순리에 따라야 한다'고 말했다. 형 정호와 함께 정자程子로 숭앙받는 이천伊川 정이는 이 글에서 나태한 인간의 마음을 바늘로 찔러서 경건하고 진중한 삶의 자세를 가지도록 경계한다. 한마디로 『동잠』을 요약하면 경敬 즉, 경건하고 정중하면서 올바르고 진지한 태도이다. 잡념을 버리고 오직 그 한곳에 마음을 집중하는 것이 바로 경敬이다.

경의 원문은 『논어』「옹야雍也」에 나오는 '공경하면서 간소하게 행동하는 것居敬而行簡'이다. 또한, 경은 어떤 것을 진지하고 심오하게 대하는 자세다. 이처럼 공자와 정이가 경을 강조한 것은 인간의 진실한 본성은 욕심이나 외부에 의해서 흔들릴 수 있으므로 경을 함양涵養해야 선천적 본심과 본성이 발현될 수 있기 때문이다. 여기서 말하는 경의 함양은 의리義理 즉, 곧고 바른 이치를 북돋우는 노력이며 이기理氣를 합일하는 것이다. 이것을 정이는 덕성을 '함양하는 것은 모름

───

1 哲人知幾 誠之於思 志士勵行 守之於爲 順理則裕 從欲惟危 造次克念 戰兢自持 習與性成 聖賢同歸.

지기 경으로 해야 하고 공부하는 것은 지혜에 이르러야 한다涵養須用敬 進學則在致知'고 정리했다. 이런 정이의 경건한 수양의 방법을 계승한 것은 주자 주희다. 남송의 주희朱熹, 1130~1200는 자기를 수양할 때 '거경과 궁리의 두 가지 방법을 병행해야 한다唯在居敬窮理二理'고 말하면서 마음을 한곳에 모으는 주일무적主一無適의 방법을 권했다.

거경은 궁리로 완성된다. 마음 깊이 이치를 생각한다는 궁리窮理는 『주역』 「설괘說卦」에 나오는 '이치를 궁구하고 본성을 다하여 천명에 이른다窮理盡性以至於明'가 원문이다. 따라서 거경궁리는 경건한 마음을 집중하여 이치를 찾는 수양의 방법이다. 원래 성리학은 사물의 이치를 알아야만, 수양이 가능하고 다른 사람을 다스리는 수기치인修己治人할 수 있다고 보기 때문에, 거경의 자세로 궁리하는 것을 중요하게 여겼다. 그런데 궁리를 하려면 격물 즉, 객관적 사물의 이치를 깊이 생각해야만 우주의 진리에 도달하고 또 지혜로워질 수 있다. 그런데 격물치지格物致知와 즉물궁리卽物窮理는 함양치지의 거경과 상보적인 관계다. 이것을 주희는 『어류語類』에서 '궁리할 수 있으면 거경이 날로 진보하고 거경할 수 있으면 궁리가 날로 세밀해진다能窮理則居敬工夫日益進 能居敬則窮理工夫日益密'라고 정리했다.

인간의 마음은 우주의 이치와 본성이지만 기의 영향도 받기 때문에, 심신을 올바로 하는 것은 어렵다. 그래서 만물 일체를 주장한 정호程顥는 몸과 마음을 가지런히 하는 정좌靜座를 강조했던 것이고 정이는 거경궁리를 강조했던 것이다. 특히 인간은 천성과 천리에 따라서 착하고 선하기만 한 것이 아니라 악할 수도 있으므로 항상 경계하고 근신해야 한다. 따라서 지식만 쌓는 것은 무의미하고 자기를 완성하는 수양이 중요하다. 그래서 주희는 거경과 궁리를 통하여 활연관통豁然貫通하는 태극의 경계까지 나갈 수 있다고 보았다. 이것을 주희는 〈무이구곡가〉에서 '아홉 지경을 다하여 눈이 탁 트인다九曲將窮眼豁然'라고 표현한 바 있다. 세상과 우주의 이치를 훤히 알게 되는 최고의 지경인 활연관통은 '자기 마음이 전체를 알고 큰 쓰임을 알며 분명하지 않은 곳이 없는吾心之全體大用無不

明' 최고의 지혜로운 지경이다.

　정이, 정호, 주희 등이 거경궁리를 중시한 것은, 사물의 이치를 알고, 존재 이유인存在之然 소이연所以然과 소당연所當然을 밝히기 위함이었다. 이것은 태극의 이치가 사물의 본성으로 발현된다는 성즉리性卽理를 전제로 한다. 성즉리는 '모든 존재의 본성은 하늘이 부여한 것'이므로 그 하늘은 지켜야 하는 이치이자 원리다. 그러나 성이 곧 이치라고 하더라도 인간의 본연지성本然之性은 생동하는 기의 기질지성氣質之性으로 인하여 훼손되기 때문에 본연의 성과 이로 돌아가는 거경궁리가 필요한 것이다. 이처럼 마음을 경건하게 하면서 사물의 이치를 추구하는 거경궁리는 자기를 수양하는 위기지학爲己之學의 핵심이었다. 공자가 말한 것처럼 극기복례克己復禮하여 수기치인의 경지로 나가는 도덕 수양의 방법에서 성리학자들이 가장 중요하게 생각했던 것이 내적 수양의 거경과 외적 탐구의 궁리였다.

참고문헌 朱子, 『朱子語類』 券九.

참조 공자, 격물치지, 마음, 무극이태극, 브라흐만, 사단칠정, 색즉시공, 성리학, 성즉리, 수양론, 심신일원론〔스피노자〕, 위인지학/위기지학, 이기론〔주희〕, 인물성동이론, 인심도심, 존재론, 중용지도, 천명사상

윤회사상

Reincarnation | 轉世

불교 승려 S는 부친의 49제를 마친 P에게 이렇게 말했다. '사람이 죽는 것은 초가 다 타고 촛불이 꺼질 때, 그 불을 다른 촛불에 옮긴 것과 같다네.' 그 뜻은 하나의 촛불이 꺼지면 다른 촛불이 타오른다는 것이다. 독실한 불교 신자였던 P는 그 교리를 알고 있지만, 고생하다가 타계한 부친이 안타까워 '스님, 정말 그 럴까요? 그렇다면 49일이 지났으니 우리 아버지께서 다른 존재가 되시는 것인 가요'라고 물었다. 조용히 고개를 끄덕인 스님 S는 '그렇다네'라고 위로했다. S 와 P의 대화는 불교의 윤회輪廻를 말하는 것으로, 인간을 포함한 세상의 모든 생 물은 변화한다는 사상이다. 윤회는 인과법칙과 업보karma에 따라서 모든 존재는 변화한다는 브라흐만 사상을 수용한 힌두교와 불교의 교리 중 하나다. 윤회는 존재의 변화와 유전을 말하는 것이며, 윤회사상은 일반적인 의미에서는 존재의 변화와 유전流轉에 대한 철학적 이념이고, 불교에서는 자신의 업業에 따라 삼계 육도三界六道를 전전한다는 이론이다.

인도 전통사상의 핵심인 브라흐만은 무엇으로부터 간섭을 받지 않는 최초 원인이고 우주의 본질이다. 우주의 근원인 브라흐만brahman과 개인의 영혼과 정 신인 아트만atman은 같은 것이면서 다른 것이다. 그런데 우주의 브라흐만 원리 에 의해서 개별 존재의 영혼인 아트만이 유전하면서 윤회한다는 것이 브라흐 만의 윤회사상이다. 하지만 최상의 존재인 브라흐만 계급만이 브라흐만으로 윤회한다고 보는 결정론적 입장에 대해서 대중들이 회의를 느끼기 시작했다. 이때 석가釋迦, BCE 563?~BCE 483?가 모든 것은 자기 마음에 있다는 교리를 통하여 브라흐만의 한계를 극복했다. 실체가 객관적으로 존재한다는 브라흐만 교리와 달리 실체가 마음속에 있다고 보는 불교의 윤회는 전생, 현생, 내세의 유전이 이미 결정된 것이 아니라 마음에 따라서 최종 해탈解脫과 열반涅槃에 이르는 윤회의 과정과 결과가 달라진다.

윤회는 산스크리트어 삼사라Samsara가 어원이고 망각이 있어도 '이어지는 흐름'이라는 의미다. 윤회의 개념은 브라흐만교, 힌두교, 불교, 시크교, 자이나교, 도교道敎 등 종교마다 다르지만 어떤 것이 다른 존재로 유전하거나 변화한다는 점은 같다. 따라서 윤회는 존재와 인식의 문제로 볼 수 있다. 윤회를 사유하는 수도자에게는 존재하지 않는 것과 같은 상태가 되는 것이 목표이고 목적이다. 이것을 불교에서는 삼계三界와 육도六道로 나눈다. 삼계는 욕망과 집착에 매인 욕계欲界, 욕망을 끊었으나 아직 육체는 존재하는 색계色界, 육체가 존재하지 않는 정신의 무색계無色界이다. 육도는 최상의 신적 존재인 천상, 현세의 인간, 악신인 아수라, 동물인 축생, 귀신인 아귀 그리고 최하의 지옥이다. 한편 인간의 삼계육도는 개별 자아가 없다는 아나타Annata, 모든 것은 무상하다는 아니카Annica, 삶은 고해라는 두카Dukkha를 바탕으로 한다.

한편 브라흐만 사상을 바탕으로 하는 힌두교는 윤회를 탄생, 죽음, 재생의 반복 또는 창조와 파괴의 과정으로 본다. 그리고 개별 영혼은 다른 곳으로 이주하여 환생한다고 본다. 이때 환생하는 것은 개별 존재이자 본질적으로 순수한 영혼인 아트만이다. 따라서 죽음은 영혼과 육체가 분리되는 것이며 죽더라도 지바Jiva 즉 아트만은 영원히 존재하므로 다른 육체로 이주하는 것이다. 그 개별 영혼이 진정한 진리를 깨우치고, 무지의 늪에서 벗어나야만 윤회의 고리를 끊고 진정한 자아를 찾을 수 있다. 이것을『우파니샤드』에서는 업보 즉 카르마Karma로 설명하는데 언행은 법法인 다르마Dharma에 따라서 인과가 결정된다. 힌두교와 불교에서는 육신이 허상임을 깨우치고 모든 욕망이 사라지면 적멸의 니르바나에 이르는 것이고 이때, 진정한 자아를 찾을 수 있다고 한다. 이것이 수

레바퀴와 같은 윤회가 끝나는 해방^{Moksha}이고 완전한 행복인 브라흐만/해탈의 상태다.

윤회는 죽은 인간이 다시 태어난다는 재생^{rebirth}과 유사한 면이 있지만, 두 개념은 근본적으로 다르다. 재생은 미라에서 보듯이 그 육체가 다시 그 정신을 찾는 것이고 윤회는 영혼 또는 정신이 다른 양태로 환생하는 것이다. 또한, 재생은 한 존재의 재탄생에 초점이 맞추어져 있다면 윤회는 영원한 시간 속의 변화에 초점이 맞추어져 있다. 이런 윤회사상은 윤회의 사실성보다도 윤회사상을 통한 선업선과善業善果, 악업악과의 교훈적 의미가 중요하다. 또한, 윤회는 인간의 언행을 인과법칙으로 이해하면서 선행을 권장하고 악행을 금지하는 종교적 의미에서 해석되는 것이 보통이다. 이처럼 윤회는 인간의 생존과 죽음에 관한 종교적이고 신비한 해석이 사상으로 발전한 교리이자 철학이다. 기독교, 이슬람교, 유대교에서도 윤회를 인정하는 교파가 있지만, 힌두교와 불교에서 말하는 윤회와는 다르다.

참조 공/수냐타, 결정론, 브라흐만, 색즉시공, 시간, 시공간, 아트만, 영원회귀, 영혼, 인과율·인과법칙, 적멸의 니르바나, 제행무상, 존재·존재자, 존재론, 카르마

노동가치설
Labor Theory of Value | 劳动价值理论

어느 날 소년 K는 닭장에서 달걀 하나를 발견했다. 소년의 가슴은 뛰었고 눈은 반짝였다. 신기했다. 그래서 K는 무슨 보물이라도 되는 것처럼 조심스럽게 달걀을 들고 우물가로 가서 깨끗이 씻었다. 그리고 책상 앞에 놓고서 보고 또 보았다. 그리고 소년은 노랑 병아리를 사서, 정성스럽게 기른 수 개월의 시간을 회상했다. K에게 달걀의 가치는 무한하다. 그 달걀은 열한 살 소년에게 큰 기쁨을 선사했다. 그러나 시장에서 달걀 하나는 탁구공보다 싸게 팔리고 있었다. 그렇다면 가격이 다른 소년의 달걀과 시장의 달걀은 어떤 가치를 가지고 있을까? 이것은 진정한 가치인 사용가치使用價値와 자본주의 교환가치交換價値의 문제이자 사물의 가치를 어떻게 측정해야 하는가의 문제다. 이 문제를 깊이 연구한 마르크스는 『자본론』에서 '상품의 가치는 노동의 시간과 교환의 방법에 따라서 결정된다'는 노동가치설勞動價値說을 완성했다.

노동가치설은 인간의 노동이 가치를 결정하는 절대적인 요인이고, 그 노동가치가 분배의 기준이라는 것이며 상품의 교환가치는 노동시간에 의하여 결정된다는 이론이다. 이때 말하는 노동가치는 노동력의 가치와 다르다. 노동가치는 그 사회가 가치를 생산하는 시간 즉, 사회적 필요노동시간에 의해서 결정되며 단순한 노동시간으로 결정되는 것은 아니기 때문이다. 일반적으로 가치는 시장이라는 조건 즉, 교환으로 입증될 수 있으므로 그 교환가치는 자본주의 시장의 수요와 공급의 원리를 전제로 한다. 그래서 자본주의 시대의 교환가치는 돈으로 환산되고 돈으로 계산이 가능한 객관적 가치이기도 하다. 소년의 달걀에서 보듯이 주관적 가치는 측정할 수가 없다. 그렇다고 가치가 없는 것은 아니므로 사용가치use value와 교환가치를 나누고 자본주의 체제에 한정하여 노동가치를 측정하고자 하는 것이다.

한편 자유무역을 주장한 스미스에 의하면 교환되는 상품의 가치는 첫째, '임금, 이윤, 지대에 따라서 가치의 분해가 가능하다'는 가치분해설과 둘째, 임금, 이윤, 지대의 가격이 합산되어 상품 가치를 구성한다는 가치구성설의 두 가지의 가치가 존재한다. 스미스는 『국부론』에서 (국가와 지역의 분업을 전제로) 교환되는 가치에서 노동의 가치가 측정된다고 보았고, 리카도는 '직접노동과 간접노동이 투하된 양에 의해서 노동가치가 생긴다'는 투하노동가치설을 주장했다. 한편 마르크스는 『자본론』 1권에서 외투 하나의 가치는 20야드의 린넨과 같고 이것은 10파운드의 차茶, 40파운드의 커피, 2온스의 금, 반 톤의 철과 같다고 말했다. 이것은 당시 시장에서 교환되는 가격을 가치로 환산한 것이다. 여기서 교환가치exchange value의 개념이 개입한다. 즉, 모든 상품은 시장에서 교환되는 가격만큼의 가치가 있다는 것이다.

노동가치설을 완성한 마르크스는 이윤이 잉여가치surplus value라는 점에 주목했다. 노동자들이 생산한 가치와 임금 사이에 차이가 생기고 그 차이는 자본가들에게 돌아간다. 자본가들은 노동자들로부터 잉여가치를 착취함으로써 이윤을 얻는데 이것이 계급갈등과 자본주의 모순의 근원이 된다. 그래서 마르크스주의자들은 상품 가격이 결정되는 시장과 아울러 인간의 노동을 중시했다. 이들은 노동에 따라서 가치와 가격이 결정된다고 보는 정치경제학의 관점에 서 있었으므로 자본주의 생산양식mode of production과 분배에 주목한 것이다. 생산양식과 생산결과인 상품을 교환하기 위하여 매개인 화폐가 필요하다. 왜냐하면, 화폐를 통하여 모든 상품의 가치가 측정되고 가격이 부여되며 이에 따라서 노동가치가 결정되기 때문이다. 그런데 이때의 노동가치는 노동력의 가치 즉 육체적 노력이나 노동시간이 아니고, 사회적 가치 즉 상품생산에 투하되는 평균 노동의 가치를 말한다.

한편 노동가치와 노동력의 가치를 일률적으로 평가하기 어렵고 국가와 지역의 특수성을 고려해야 하며 시대마다 다른 생산양식을 비교할 수 없다는 등의 모순이 생겨났다. 또한, 비교적 측정이 가능한 육체노동의 가치와 정신노동의 가치도 다르고 창의적인 가치는 측정할 수 없다는 등의 문제에 부딪혔다. 그런 점에서 마르크스의 자본론은 비교 불가능한 시대적 차이인 변증법적 유물론을 잘못 적용했다는 비판을 받는다. 하지만 산업혁명 이후의 대량생산된 상품이 어떤 가치를 가지며, 어떤 가격이 부여되고, 어떻게 교환되는지를 밝힌 중요한 이론이다. 또한, 노동가치설은 (자본가와 지배자의 억압을 철폐하자는 이념을 바탕으로) 인간이 투여한 노동시간과 결과를 과학적으로 측정하고자 했으며, 물신주의Fetishism의 경향을 띠는 자본주의의 모순을 밝혔다는 점에서 매우 중요한 이론이다.

참고문헌 Karl Marx, *Das Kapital : Kritik der politischen Oekonomie*, Hamburg : Verlag von otto Meissner, 1867.

참조 공산주의적 인간형, 계급의식, 계급투쟁, 마르크스, 만국의 노동자여 단결하라, 변증법, 역사적 유물론/유물사관/사적 유물론, 유물론, 인간소외, 인정투쟁, 잉여가치, 자본주의

단자 모나드

Monad | 单子

2015년 1월 1일 자정, 새해를 알리는 시계가 일제히 울렸다. 괘종시계도 울리고, 손목시계도 울렸으며, 손전화도 울렸다. 그 밖에 수많은 종류의 시계가 정확하게 같은 시간에 울렸다. 아주 당연한 것 같은 이 현상에 의문을 품은 것은 총명한 학생 P였다. 시계가 그렇게 울리도록 '누가, 왜 그렇게 만들었을까'를 생각한 것이다. P는 철학 교수 K에게 '누가 이 세상의 시계를 동시에 울리게 하는 것이지요'라고 질문했다. 그러자 철학 교수 K는 라이프니츠의 이론에 근거하여 동시에 울리는 시계를 우주의 거울에 비유했다. 개개 시계는 독립적이지만 시계의 원리는 하나인 작은 우주이며 절대자의 주관에 의해서 결정된다. 이것을 라이프니츠$^{G.W. Leibniz, 1646~1716}$는 단일한 실체인 단자^{单子}라고 했다. 또한, 라이프니츠는 세상은 독립적인 단자의 집합이며 단자가 모든 존재의 원리라고 말했다.

고대 그리스의 피타고라스, 파르메니데스, 플라톤, 아리스토텔레스, 플로티누스는 존재의 근원과 실체를 단자라고 명명한 바 있다. 이때의 단자는 하나의 존재^{one}, 최초의 근원$^{first being}$, 모든 존재의 종합 또는 전체$^{totality or all being}$의 근원인 신이라는 뜻이었다. 이후 많은 철학자와 과학자가 최초 존재와 원인을 고구했는데, 라이프니츠는 이것을 발전시켜서 '단자는 더 이상 분할되지 않는 형이상의 단일한 개체'라고 다시 명명했다. 그가 말하는 단자^{monad}는 우주에 존재하는 모든 것과 모든 일의 원리이자 형이상학적 개념이다. 하지만 단자는 무지개가 실체가 아니듯이 원자와 같은 물질이 아니다. 또한, 개별 단자는 다른 단자와 연결되어 있지 않으며 능동적이고 독립적으로 존재하는 창이 없는^{windowless} 단자다. 그 단자는 작은 우주다. 한편 주어에 해당하는 단자에는 설명하는 술어가 이미 포함되어 있으므로 언제나 진리인 항진명제tautology의 술어 포함개념이라고 한다.

형이상학과 논리학에 기여한 라이프니츠가 단자라는 초월적 개념을 주장한 것은, 세상의 물질은 단지 무지개와 같은 현상일 뿐 아니라 인간의 관념이라고 보면서 실재의 세계에 있는 실체를 찾고자 했기 때문이다. 그는 플라톤과 유사하게 초월적 본질과 실체를 추구했으며 그 실체를 단자로 보았다. 단자는 신의 뜻에 의해서만 생성되거나 소멸될 뿐이며 다른 어떤 것에도 영향을 받지 않는다. 그런데 신은 인간에게 이성이 있는 단자를 부여한 것과 달리, 동물에게는 이성이 없는 단자를 부여했다. 인간은 이성이 있는 단자인 영혼을 가지고 있으므로 진리와 도덕을 인지하고 실천할 수 있는 우등한 존재다. 그래서 인간은 열등한 존재인 동물과 달리 명석한 감각 인식과 판명判明한 이성 인식이 가능하고 존재의 실체를 인지할 수 있다. 그래서 단자 안에는 세계 전체가 내포되어 있다.

개별 단자들의 총체인 세상은 신에 의해서 최선으로 설계되어 있고 신에 의하여 최적의 상태로 움직인다. 이것을 라이프니츠는 신 존재 증명에 적용하는데 세상은 신이 최선, 최고의 상태로 설계한 기계와 같다. 특히 신이 존재하고 세상을 지배하기 때문에 단자들은 최적의 상태로 조합될 수 있는 것이다. '단자의 조합인 세상은 신의 이성에 의하여 예정되어 있다'는 것이 예정조화설pre-established harmony이다. 이처럼 신이 존재하기 때문에 세상은 완벽하게 설계된 것이며, 모든 단자는 최적과 최상의 조화를 이룬다. 그러므로 우연처럼 보이는 것은 사실 필연이고, 이 세상의 존재와 사건은 그렇게 되는 충분한 이유sufficient reason가 있다. 이것을 자기충족설self-contained 또는 충분근거율이라고 하며 악이라도 선을 위해서 존재해야 하는 필연성이 있다는 것이다. 충분근거율은 그렇게 판단하는 논리적 근거가 충분할 뿐 아니라 충족하는 이유가 있다는 인식의 방법이다.

라이프니츠는 단자론을 통해서 세상과 자연을 이해했다. 그는 세상과 자연을 완벽하게 설계되고 운용되는 이상적 공간으로 생각했다. 특히 인간, 자연, 사건, 신을 총체적으로 설명하는 핵심개념인 그의 단자론은 신체와 마음의 관계 그리고 실체substance에 대한 해석에서 중요한 이론이다. 데카르트가 생각하는 존재인 인간을 실체로 보고 신체와 마음이 연결되어 있다고 주장한 것과 달리 스피노자는 자연 그 자체가 신이며 실체라는 범신론의 관점을 가지고 있었다. 반면 라이프니츠는 데카르트를 빌어 실체가 존재하는 것으로 가정한 다음 플라톤을 빌어 초월적 실체를 단자라고 명명했다. 따라서 라이프니츠의 단일 개체이자 단일 실체인 단자는 신의 존재를 증명하는 토대이면서 신의 전지전능을 입증하는 근거였다. 한편 계몽주의자 볼테르는 소설 『캉티드Candide』에서 라이프니츠를 이상주의자 팽글로스Pangloss로 풍자한 바 있다.

참고문헌 Gottfried Wilhelm Leibniz, *The Monadology : An Edition for Students*(1714), University of Pittsburg Press, 1991.

참조 계몽주의/계몽의 시대, 데카르트의 악마, 동굴의 비유, 리얼리즘/실재론(철학), 범신론(스피노자), 본질, 순수이성, 실재계, 심신이원론, 심신일원론(스피노자), 원자, 이성론/합리주의, 존재론, 초월(칸트), 충분근거율, 형이상학

술어논리
Predicate Logic | 述語論理 谓词逻辑

'사람은 죽는다', '소크라테스는 사람이다', '플라톤은 사람이다'라는 세 명제가 있다고 할 때 '그러므로 소크라테스와 플라톤은 죽는다'라고 한다면 이 논증이 타당할까? 언뜻 보면 타당할 것 같은 이 명제논리의 논증에는 문제가 있다. 만약 '사람은 죽는다', '플라톤은 사람이다', '그러므로 플라톤은 죽는다'라고 했다면 이 추론은 타당하다. 하지만 소크라테스와 플라톤이 같은 사람이라는 집합에 소속된다는 것을 전제로 '두 사람은 죽는다'라고 했기 때문에 이 논증은 불완전하다. 그러니까 소크라테스가 속한 사람이라는 집합과 플라톤이 속한 사람이라는 집합이 같은 사람의 집합이라고 하는 것은 문제가 있는 것이다. 그러므로 두 명제문은 그 자체는 타당하지만 이를 근거로 결론을 내는 것은 타당하지 않다. 이 문제를 해결하고자 술어논리가 생겼다. 술어논리는 객체 사이의 관계를 기호로 표현하여 추론하는 논리다.

'사람은 죽는다'에서 중요한 것은 '죽는다'라는 술어다. 특히 이 문장은 '사람은 죽는다'라는 명제논리가 아닌, '죽는다 Die(x)'라는 술어논리로 표기되어야 타당하다. 왜냐하면, '사람은 죽는다'는 명제는 사람이 죽는다는 것을 기술할 뿐, 실제로 죽는 사람이 있는지 없는지, 있다면 얼마나 되는지는 기술하지 못하기 때문이다. 특히 명제논리는 기호화된 사실들이 서로 독립적이어서 상호관계를 알 수 없고 수량화시킬 수 없다는 단점이 있다. 이런 문제를 피하고자 술어를 재구조화한 것이 술어논리다. 따라서 술어인 '죽는다'를 기술하는 '모든' '어떤' '아무도' 등 양화사가 필요하다. 이처럼 주어와 술어를 구분하고 술어를 강조하는 술어논리는 명제논리의 불완전을 해소하고 명제의 내부구조를 분석하고자 창안된 고급논리다. 그런데 명제 중에서도 명사에 해당하는 명사논리名辭論理라는 개념도 쓰인다.

명제논리를 강화한 술어논리는 1차 논리first-order logic 또는 1차 술어논리first-order predicate calculus라고 하며 수학, 철학, 언어학, 컴퓨터, 과학 등에서 쓰이는 형식언어다. 어떤 명제의 정확한 참/거짓 판명이나 논리 추론은 술어를 통해야 한다. 명제논리에서는 '사람은 죽는다'가 술어논리에서는 '만약 그 x가 사람이라면, 그 x는 죽는다'라는 의미이며 명제 기호로 표기하면 '죽는다(사람)' 즉 die(x)가 된다. 그런데 '모든 사람은 죽는다'에서 '모든'이라는 양화사quantifier는 ∀x로 쓰므로 ∀x die(x)와 같은 명제 기호로 표기된다. 한편 '어떤 사람은 죽는다'와 같이 집합의 한 부분만 죽는다고 하면, '어떤'에 해당하는 존재 기호인 Ǝx를 써서 Ǝx die(x)가 된다. 반면 죽는 사람이 없는 공집합일 때는 '￢/~'로 표시되므로 ￢/~x die(x)가 된다. 간단히 말해서 술어논리는 주어(S)와 술어(P) 중 술어를 객관화하여 내부구조를 논증하는 직접 추론의 한 방법이다.

'소크라테스는 사람이다'라는 명제논리는 일종의 지식이므로 일반화시킬 수 없다. 특히 '소크라테스'라는 주어가 객관화되어 있으므로 이에 대해서는 설명할 필요가 없다. 반면 '사람이다'의 술어 부분은 사람의 집합을 나타내는 술어명사predicate noun이므로 이 집합이 타당한가의 문제가 발생하는 것이다. 가령, '소크라테스는 사람이다 → man(Socrates) / 플라톤은 사람이다 → man(Platon) / 모든 사람은 죽는다 → x{man(x) − die(x)}'에서 술어는 'man(사람이다)'이다. 이때 원소 표기인 Socrates와 Platon은 모두 사람(man)이라는 공통된 술어에 의해 수식을 받는다. 따라서 man(Socrates), man(Platon)이 모두 참이라면 x{man(x) − die(x)}에 의해 '죽는다/die(Socrates)'와 '죽는다/die(Platon)'의 명제가 참이라는 사실을 추론할 수 있다. 이처럼 주어인 '소크라테스'는 '사람이다'라는 술어에 의해서 의미와 성격이 달라지는 것이며, 술어로 증명하지 못하면 진위판단도 불확실해진다.

함수논리 또는 양화논리로 불리기도 하는 술어논리의 술어는 명사나 동사가 모두 가능하다. 동사의 경우 '나는 너를 사랑한다'에서 '사랑한다'라는 술어를 객관화할 수 있다. 그러니까 '사랑한다, love(나 x, 너 y)'로 바꾸어서 '사랑한다'라는 술어로 나와 너라는 객체를 일반화하는 것이다. 이때의 술어는 명제 함수函數이며 '사랑한다'가 주어처럼 작동하면서 명제가 논리화된다. 한편 '너를 사랑하는 사람은 나다'에서 보듯이 명사 술어도 가능하다. 한편 술어논리는 'A, B, C, D는 P를 사랑한다'라고 할 때 누가 더 P를 사랑하는지 서로의 관계를 명료하게 해준다. 이런 수리적 논리형식은 일상의 자연어를 구조화하는 것이기 때문에 컴퓨터 언어로 쓰이고 과학과 수학에서 매우 중요하다. 하지만 술어논리라도 참이 아닌 것도 있고, 러셀의 '이발사의 역설'과 같은 것도 있어서 고급 술어논리가 필요하다.

참고문헌 A. G. Hamilton, *Logic for Mathematicians*, Cambridge University Press, Cambridge UK, 1978.

참조 논리 · 논리학, 대당사각형, 명제, 분석명제 · 종합명제, 실천이성, 이발사의 역설, 정언명제, 존재 · 존재자, 존재론

맥락주의 컨텍스츄얼리즘

Contextualism | 文脉主义

'나는 너를 죽이겠다. 왜냐하면, 너는 나의 재산과 생명을 위협할 뿐 아니라 우리 가족에게 협박했기 때문이다.' 또 다른 문장은 '사랑하는 너를 생각하면 하늘과 땅이 무지개와 같다. 미칠 것 같은 사랑은 차라리 함께 죽는 것이다. 나는 너를 죽이겠다'. 이 두 문장에는 '나는 너를 죽이겠다'가 들어있다. 그런데 그 의미는 다르다. 첫 번째는 증오 때문에 죽이려는 것이고 두 번째는 사랑 때문에 죽이려는 것이다. 같은 죽음이지만 문맥에 따라서 그 의미가 달라진다. 이 두 문장은 '나, 너'와 같이 언제나 같은 의미인 지표사/지시어와 행위를 나타내는 동사로 구성되어 있다. 간단한 것 같지만 해석하기가 쉽지 않다. 따라서 이 두 문장의 의미는 화자, 청자, 시간, 장소 등의 상황과 관련하여 그 의미를 체계적으로 이해하는 화용론과 맥락주의에서 해석되어야 한다. 다른 문장도 이런 경우가 많다.

일반적으로 맥락 즉 콘텍스트context는 텍스트를 둘러싸고 있는 환경, 상황, 발생의 근거, 텍스트의 대상, 역사 사회적 배경을 말한다. 라틴어 '함께com'와 '짜다textere'가 합성된 콘텍스트는 여러 가지가 복합되어 짜인 직조물이라는 뜻이다. 여기서 유래한 맥락주의/문맥주의文脈主義는 행위, 발화, 사상, 감정, 사건 등을 상황과 맥락에서 이해해야 한다는 철학과 언어학의 이론이다. 또한, 맥락주의는 표현이나 사건은 그 자체의 의미로 파악될 수 없으며 전후 관계의 맥락에서 파악되어야 한다는 인식의 방법이다. 이 인식론에서 무엇을 안다는 것은 맥락을 알고, 그 맥락 속에서 이해하는 것이며, 맥락의 차이를 구별할 수 있다는 뜻이다. 따라서 맥락주의는 인간의 인식은 고정불변하는 것이 아니며 상대적이라는 인식 상대주의Relativism와 인간은 주관적이므로 보편적 진리에 도달할 수 없다고 보는 회의주의懷疑主義, Scepticism와 상통하는 개념이다.

의사소통은 언어와 언어예술의 수단이면서 목표이므로 화자와 독자/청자의 소통은 매우 중요하다. 그런데 절대주의에서는 문장이나 문단 그 자체에 불변하는 의미가 있어서 언어규약을 정확하게 이해하기만 하면 소통이 가능하다고 본다. 반면 맥락주의에서는 언어규약을 정확하게 이해하는 것과 함께 화자의 화용론적 특징과 전후 상황의 맥락을 바탕으로 소통해야 한다고 본다. 또한, 맥락주의는 의미를 생산하고, 전달하고, 이해하고, 평가하는 언어활동에서 화자의 맥락과 독자/청자의 맥락이 어떻게 관계하는가를 중요하게 여긴다. 그러므로 그 문장이 놓인 맥락의 진리조건과 화용론적 의미에서 진리치인 참과 거짓이 해석되어야 한다. 이것을 외연적 진리조건이 그 문장의 진리치를 결정한다고 한다.

맥락주의는 문장의 관점에서 본다면 문맥주의文脈主義라고 해야 하는데 이때 문장의 진리조건은 쓰임인 화용론pragmatics과 그 문맥의 외연에 의해서 결정된다. 그런데 과학적으로 기술된 단어, 문장, 문단은 언어규약에 따른 해석이 가능하다. 반면 일상어 또는 자연어는 외연의 범위가 화자마다 다르고 내포의 쓰임이 다양하므로 맥락을 고려하여 해석해야 한다. 이처럼 맥락에 민감한 것을 맥락 민감성context sensitivity이라고 하는데, 맥락에 민감한 것은 의사소통의 정확성을 보장하는 진리조건이 맥락에 의해서 결정되기 때문이다. 또한, 정확한 의사소통을 위한 진리조건은 그 문장/문단을 기술/발화하는 서술자의 맥락과 그 문장/문단을 수용하는 독자/청자의 맥락이 일치하는 것이다. 맥락에 의해서 문장의 의미와 내용이 결정된다는 맥락주의는 1951년 와이즈만F. Waismann, 1896~1959이 최초로 말한 열린 텍스트 결open texture과 롤랑 바르트가 말한 열린 텍스트open text의 관점과 유사하다.

맥락을 논리적으로 사유한 폴란드 출신 논리학자 타르스키가 말한 타르스키 층위$^{Tarski\ Skema}$에서 보면 문장의 표면구조만으로 진위를 추론하는 것은 무의미하고 발화의 층위와 맥락에서 진위가 추론되어야 한다. 특히 외연과 내포가 상당히 넓은 자연어 또는 문학어의 경우에는 맥락의 외연조건이 진리조건을 규정하고, 외연이 진리치를 규정하기 때문에 맥락에 따라서 이해해야 한다. 이런 맥락주의는 언어철학과 언어학에서 시작되었으나 역사적 맥락$^{historical\ context}$, 문화적 맥락, 화용론, 시공간적 맥락, 윤리적 맥락, 종교적 맥락 등 다양한 개념으로 확장되어 쓰이고 있다. 철학과 논리학에서는 언어의 구조와 관계를 강조하는 반면 문학예술에서는 텍스트의 상호관계를 강조하는 것이어서 맥락주의의 의미가 다르다. 반면 맥락에는 변하지 않는 고정된 의미가 있다는 불변주의^{Invariantism}는 인식 주체에 초점을 맞춘 관점이다.

참고문헌 Charles Travis, *Occasion-Sensitivity*, Oxford University Press, 2008.

참조 개념, 구조주의, 기표 · 기의/소쉬르, 내포 · 외연, 상대주의, 상호텍스트, 시공간, 인식론, 진리의미론(타르스키), 콘텍스트/맥락, 텍스트, 표현, 화자/서술자, 후기구조주의

위기지학 위인지학

Cultivation for Oneself Cultivation for Other | 为己之学 为人之学

'속이지 말고 강직하게 간해야 한다.' 이어서 공자는 '군자는 위로 통달하고 소인은 아래로 통달한다子曰君子上達 小人下達' 그리고 '옛 학자는 자기를 위해서 공부했는데 지금의 학자는 남을 위하여 공부한다古之學者爲己 今之學者爲人'. 이것은 『논어』의 「헌문憲問」의 한 문장인데, 현세의 이익과 명예를 따라 곡학아세하는 부류들을 비판한 대목이다. 이처럼 공자는 공부를 통해서 세상의 이익을 찾고 허명을 좇는 세태를 한탄했다. 여기서 기己는 자기이고 인人은 타인이다. 그러니까 위기지학爲己之學은 자기 수양과 자기완성을 위한 학문이고, 위인지학爲人之學은 출세와 명예를 위한 학문이다. 따라서 위인지학은 군자와 대인大人이 취할 바가 아니라는 것이다. 공자의 '공부를 하면서 자기만을 위한다면 세상에 무슨 의미가 있을까'라는 한탄은 위인지학의 출세와 명예 추구를 비판한 것이다. 이 한탄에서 '자기만을 위한다'는 것은 자기 이익을 위한 학문을 말한다.

공자 이래 유가들은 수양을 제일의 덕목으로 삼았다. 수양이 되지 않은 사람은 올바로 살 수도 없고, 세상에서 일하기 어려우며, 세상을 잘 이끌 수도 없다. 이처럼 수신과 수양을 강조하는 수기치인修己治人은 자기 수양이 된 사람이 치인, 즉 다른 사람을 교화하고 다스릴 수 있다고 규정한 것이다. 그런데 수기치인은 아무나 할 수 있는 일이 아니고 현자, 군자, 대인만이 할 수 있는 일이다. 그러므로 현자, 군자, 대인은 반드시 수기치인의 법도를 지켜야 한다. 수기치인을 가장 정확하게 밝힌 문헌은 『대학』이다. 소학과 달리 대학은 우주의 원리와 세상의 법칙 등 큰 학문을 가르치는 영역이다. 대학 팔조목 중 격물格物, 치지致知, 성의誠

意, 정심正心, 수신修身이 자기 수양의 수기이고 제가齊家, 치국治國, 평천하平天下는 세상을 위한 치인이다.

그렇다면 왜 수기치인의 방법이 필요한 것인가? 본래 인간의 본연지성은 선하여 우주 자연의 이치와 같았지만, 인간의 기질지성은 다르다. 본연지성과 다른 기질지성을 다스리기 위해서는 자기를 수양하고 자기를 완성해야 한다. 이를 위해서 자기를 극복하고 세상의 이치인 예로 돌아가는 극기복례克己復禮가 필요하다. 그것이 바로 자기를 위한 공부인 위기지학이다. 따라서 자기 수양을 한 사람은 자기로 끝나서는 안 되고 세상을 위하여 실천해야 하므로 수기 다음에 치인을 해야 한다. 수기 이후에 제가, 치국, 평천하의 순서가 되는 것이다. 반면 위인지학은 자기 수양이 없이 제가, 치국, 평천하하려 하거나 출세와 명리만을 좇는 것을 말한다. 그러므로 위인지학은 겉으로는 화려하고 또 박식한 것 같지만 일신의 부귀영화를 추구하는 공부이기 때문에 가치가 없다. 대체로 사람들은 공부는 실용적이어야 한다고 주장하지만, 수양이 되지 않은 위인지학은 오히려 세상을 어지럽히게 된다.

위기지학과 위인지학의 핵심은 학學 즉 공부하는 것이다. 위기지학의 학은 목적이면서 수단이고 위인지학의 학은 단순한 수단일 뿐이다. 또한, 위인지학의 학은 타인에게 보여주기 위한 것이기 때문에 자기 수양과는 상관이 없고 배운 그대로 실천하려는 것이 아니다. 이처럼 위인지학의 공부는 지식일 뿐이다. 한편 위기지학은 어진 본연지성을 함양하지만, 위인지학은 인간의 기질지성을 제어하지 못한다. 그래서 공자는 위인지학의 관념적 지식을 경계하면서 위기지학의 실천적 언행일치言行一致를 강조한 것이다. 공자의 이 말은 당시의 세태를 풍자한 것인데 공자가 말한 옛날의 고古는 시간적 과거라는 뜻도 있지만, 공자가 꿈꾸던 이상사회를 의미하는 말이다. 따라서 위기지학과 위인지학은 공자가 살았던 춘추전국시대의 혼란스러운 사회에서 이해되는 동시에 현대의 상황에 맞게 해석되어야 한다.

남송의 주자는 『근사록近思錄』에서 위인지학을 경계하고 위기지학을 강조했다. 1175년 주희와 여조겸呂祖謙은 주돈이周敦頤, 정호程顥, 정이程頤, 장재張載의 글 중 학문과 생활의 요체를 뽑아서 『근사록』을 편집했다. 근사란 가까이 생각한다는 것으로 『논어』 중 '널리 배우고 뜻을 돈독히 하며, 절실하게 묻고 가까이 생각切問而近思' 하는 수양의 방법이다. 『근사록』 제2장 학문의 요체인 「위학지요爲學之要」는 공부의 목표가 자기 밖에 있는 것이 아니라 자기 안에 있으며 최종적으로는 우주의 본성을 터득하기 위한 것임을 강조하고 있다. 그러니까 주희가 말한 위기지학은 학문사변學問思辨 즉 배우고, 묻고, 생각하고, 분별하면서 어진 본성을 깨우치고 인을 실천하는 것이며, 내면을 향한 마음이 도덕과 예절을 회복하여 성인이 되는 공부와 수양의 방법이다. 주자는 위기지학을 통하여 이상적 군자의 상을 제시했다. 주자의 위기지학은 한자문화권에 큰 영향을 미친 수양론이다.

참조 공자, 거경궁리, 격물치지, 극기복례, 무극이태극, 브라흐만, 사단칠정, 색즉시공, 성리학, 수양론, 심신일원론〔스피노자〕, 이기론〔주희〕, 인물성동이론, 인심도심, 중용지도, 학문

분석명제·종합명제

Analytic Proposition and Synthetic Proposition | 分析命題和综合命題

학생 Q가 물었다. '아리스토텔레스는 철학자인가요?' 그러자 논리학 교수 K 는 '그렇다. 아리스토텔레스는 철학자이다'라고 답했다. 이어 아리스토텔레스 가 철학자라는 명제가 참이라면 '아리스토텔레스' 안에 '철학자라는 술어가 포 함되어 있다'고 설명했다. 그러니까 주어 '아리스토텔레스는'은 술어 '철학자이 다'를 포함한다는 것이다. 이것은 또한, '아리스토텔레스는 철학을 하는 철학자 이다'와 같은 것이고 'A는 A다'라는 동일률의 항진명제 즉 언제나 진리/참인 명 제이다. 만약 '아리스토텔레스는 철학자이다'가 거짓이라면 '아리스토텔레스' 만 가지고 술어를 알 수 없다. 이처럼 항진명제는 분석명제의 일종이면서 주어 개념 속에 이미 술어 개념이 포함된 명제다. 간단히 말해서 분석명제는 이성에 의한 판단의 문제로 필연적으로 참이거나 거짓이라는 의미에서 필연명제라고 한다.

분석명제分析命題는 주어에 술어predicate가 포함된 명제이며 논리적 규칙에 따라 서 참과 거짓이 판명되지만, 경험과는 무관한 명제다. 따라서 경험이 없어도 판 명한 명제 가령, '내일은 비가 오거나 비가 오지 않는다'라는 정의에 근거하여 참인 것을 알 수 있다. 이성적으로 판단해 보면 '내일 비가 온다' 그리고 '내일 비가 오지 않는다'라는 가능한 두 가지를 선택명제로 제시한 것이므로 참이 되 는 것이다. 이 두 명제는 서로 모순 관계에 있으므로 하나가 참이면 하나는 반 드시 거짓이다. 또한, 이 복합명제의 의미를 이성에 의해서 판단해 보면 '내일 비가 온다. 내일 비가 오지 않는다'는 두 가지 가능성밖에 없으므로 필연적이고 또 논리적이다. 이처럼 사용된 낱말들이 진술된 문장의 의미 분석을 통해 판단할 수 있는 명제가 분석명제다. 그래서 라이프니츠와 흄은 분석명제는 선험적이고 종합명제는 경험적이라고 한 것이다.

분석명제는 일반적으로 경험이 없이 이성만으로 참과 거짓을 판정할 수 있는 명제다. 가령 '총각은 결혼하지 않은 사람이다'에서 보듯이 주어 '총각'에 결혼하지 않은 사람이 내포되어 있으므로 경험이 필요하지 않다. 또한, '7+5=12'와 같이 수학적 명제 또한 분석명제다. 분석명제 중, 참은 항진명제^{tautology, 恒眞命題} 즉 언제나 참인 명제이며 모순명제^{contradiction, 矛盾命題}는 언제나 거짓인 명제다. 분석명제는 필연적으로 참이거나 거짓이므로 필연명제^{necessary proposition}라고 하며, 정의^{definition}와 규칙 즉 형식논리에 의해서 참과 거짓이 판명되기 때문에 논리적 명제^{logical proposition}라고 한다. 하지만 분석명제가 그 자체로 참이라고 하더라도 경험이 필요한데, 가령 '총각', '+', '='의 의미는 경험과 학습에서 얻어진 것이기 때문이다.

종합명제^{綜合命題}는 주어와 술어를 결합해야 성립하는 명제이며 경험에 따라서 판명되는 우연적이고 비논리적인 명제다. 가령 '모든 총각은 불행하다'는 명제는 총각이라는 주어가 '불행하다'는 술어를 포함하고 있지 않으면서 '총각은 불행하다'는 지식을 확장한 명제다. 그러므로 종합명제의 개연성, 보편성, 타당성은 이성으로 알 수가 없다. 만약 이 명제가 다수의 경험에 따라서 통일성과 보편성을 가진다면 타당하거나 건전한 참이 된다. 그래서 칸트^{I. Kant, 1724~1804}는 분석명제와 종합명제를 구분하고 선험적 분석, 선험적 종합, 경험적 분석, 경험적 종합으로 나누었다. 이 중 세 번째인 경험적 분석명제는 경험과 분석이 상호모순되기 때문에 나머지 세 명제만 성립한다. 칸트는 이 세 명제 중에서 형이상학의 주요 개념인 선험적 종합명제를 철학의 주제로 삼았다.[1] 훗날 콰인^{W.V.O.}

---

1   경험을 배제하고 이성만으로 진위를 판정할 수 있는 명제가 바로 선험적 종합(synthetic a priori) 명제다.

Quine은 '분석명제와 종합명제를 구분하는 것은 의미가 없다'고 선언한 바 있다.

개념을 분석하고 이해하는 것만으로 참/진리를 알 수 있는 분석명제는 라이프니츠의 술어 포함개념에서 논의된 바 있다. 라이프니츠는 신에 의하여 관장되는 이성적 진리는 그 자체에 술어를 포함하고 있으며 그럴 만한 충분한 이유가 있다고 보았다. 라이프니츠가 생각한 것이 바로 A=A로 표기되는 항진명제이며 필연적이고 논리적인 분석명제다. 그가 생각한 술어 포함개념은 신의 존재를 증명하고자 했던 단자론의 핵심이다. 이처럼 명제논리에서 라이프니츠의 술어 포함개념은 충분이유율과 함께 분석명제의 기틀을 확립한 중요한 이론이다. 칸트는 이에 근거하여 인간 이성의 순수함을 비판적으로 고구考究했다. 그리고 칸트는 경험하지 않고 참/진리를 찾는 방법을 순수이성에서 찾았다. 이후 볼차노B. Bolzano는 문장 명제형식의 변항이 같으면 분석논리적 진리라고 했고 프레게Gottlob Frege는 의미 관련성과 논리법칙 관련성을 분석명제의 전제로 보았다.

참고문헌 Immanuel Kant, *Critique of Pure Reason*, translated by and edited by Paul Guyer and Allan W. Wood, Cambridge University Press, 1997.

참조 경험론/경험주의, 논리·논리학, 단자론, 데카르트의 악마, 명제, 순수이성, 술어논리, 실천이성, 아 프리오리/선험·후험, 이성, 이성론/합리주의, 이성은 감성의 노예, 정언명제, 판단력비판─미(美)란 무엇인가?

헤브라이즘

Hebraism | 希泊来文化

'지혜로운 예언자의 황금 하프여 / 왜 버드나무 위에서 침묵하고 있는가! / 우리 마음의 기억에 다시 불을 붙여 / 옛 시절의 이야기를 들려다오 / 예루살렘의 운명을 기억하도록.'[1] 히브리 노예들은 비탄과 고난 속에서도 여호수아를 경배하면서 이런 노래를 불렀다. 이것은 베르디^{G. Verdi, 1813~1901}의 오페라 〈나부코^{Nabucco}〉에 나오는 경건하면서도 아름다운 〈히브리 노예들의 합창〉이다. 실제로 유대인인 히브리 노예들은 영혼을 울리는 경건함과 폐부를 찌르는 비탄의 노래를 불렀을 것이다. 이처럼 고대 히브리인들은 고향에서 쫓겨난 디아스포라 상태에서도 여호수아가 약속한 젖과 꿀이 흐르는 땅을 잊지 않았다. 그리고 신 여호수아를 믿고 경배하면서 고난과 희망의 긴 시간을 보냈다. 이런 유대민족의 정신과 문화는 이스라엘과 서구사회에 지대한 영향을 미친 헤브라이즘으로 완성된다.

헤브라이즘은 첫째, 유대민족과 히브리어를 쓰는 사람들의 문화, 정신, 신념, 생활 둘째, 신에 대한 철저한 복종과 윤리적 행동이라는 두 가지 의미로 쓰인다. 유대인들은 하늘의 유일신을 경배하고 신이 자신들을 선택했기 때문에 신의 명령에 철저하게 복종하는 종교적 신념을 가지고 있었다. 따라서 유대인들은 세상과 인간을 신이 창조한 결과로 보고, 신의 뜻에 따라서 사는 것을 최선으로 여겼다. 이런 자세는 현실적이고 인간적인 경향의 헬레니즘과 대비되는

---

1   Golden harp of the prophetic wise men, / why hang so silently from the willows? / Rekindle the memories in our hearts, / tell us about the times gone by! / Remembering the fate of Jerusalem.

초현실적이고 신 중심적인 경향의 헤브라이즘을 형성했다. 특히 로마제국이 기독교를 공인한 이후[313], 신중심주의인 헤브라이즘은 서구 유럽의 사상과 문화에 큰 영향을 미쳤다. 원래 헤브라이즘은 히브리어를 사용하는 유대인들의 사상과 신념 중 신중심의 초월적 태도를 말하는 것이므로 종교적 개념의 헤브라이즘과 문화적 개념의 헤브라이즘을 구별할 필요가 있다.

헤브라이즘이 개념으로 인식된 것은 매슈 아널드[M. Arnold, 1822~1888]의 『문화와 무질서』 4장 「헬레니즘과 헤브라이즘」 때문이다. 그는 서구문화를 감성적이고 인간적인 헬레니즘과 영적이고 종교적인 헤브라이즘으로 구분했다. 여기서 헬렌은 그리스를 상징하고 히브리는 이스라엘을 상징한다. 광의의 의미에서 헬레니즘은 자유로운 인간 감성과 개방적인 세계시민 정신의 특질로 본 것과 달리 헤브라이즘은 신에 대한 실천과 복종[conduct and obedience]의 엄격한 도덕률 그리고 유일신에 대한 믿음으로 보았다. 또한, 아널드는 헬레니즘은 의식의 자발성[spontaneity of consciousness]이고 헤브라이즘은 신적 양심의 엄격성[strictness of conscience]이라고 대비했다. 결론적으로 아널드는 인간에게는 헤브라이즘적인 요소와 헬레니즘적인 요소가 공존한다고 보고 이 두 요소의 조화를 이상적인 것으로 간주했다.

종교적인 차원에서의 헤브라이즘은 『구약』의 「모세오경[Tora]」에 담겨 있는 유일신에 대한 절대복종으로 요약할 수 있다. 유대인들은 BCE 400년경에 완성된 『모세오경[Five Books of Moses]』인 「창세기」, 「출애굽기」, 「레위기」, 「민수기」, 「신명기」의 말씀[logos]을 반드시 지켜야 하는 율법으로 간주했다. 노예 상태의 유대인들이 모세의 지도에 따라 애급[Egypt]에서 나와 40여 년의 여정 마지막에 요단강 동쪽에서 모세가 설교한 내용인 「신명기[Deuteronomy]」 4장에 다음과 같이 적혀 있다. '그런즉 너는 오늘날 상천하지에 오직 여호와는 하나님/하느님이시요 다른 신이 없는 줄을 알아 명심하고, 오늘 내가 네게 명하는 여호와의 규례와 명령을 지키라. 너와 네 후손이 복을 받아 네 하나님/하느님 여호와께서 네게 주시는 땅에서 한없이 오래 살리라.' 이처럼 신과 인간의 약속은 법적 구속성을 가지는 것이므로 철저하게 신의 말씀에 따르고 영적 생활을 하는 것이 헤브라이즘의 핵심이다. 히브리인들의 신 중심적 사상은 기독교에 계승되어 헤브라이즘의 전통을 이루었다.

신의 뜻에 복종하는 영적인 삶은 은혜와 구원을 통한 영원한 내세를 가능케 한다. 그러므로 헤브라이즘은 구원사상救援思想, 원죄의식原罪意識, 종말론終末論, 내세관來世觀 그리고 금욕주의와 관계가 있다. 그런데 헤브라이즘에서는 인간을 신의 창조물로 간주하지만, 인간의 자유의지와 실천도 중요시한다. 이런 헤브라이즘이 철학과 문화예술에 구현되면서 헤브라이즘 사조를 형성했다. 이에 대해서 아널드는 '존재하는 것을 실제로 보는to see things as they really are' 현실적인 헬레니즘과 달리 헤브라이즘은 존재하는 것을 넘어서 초현실적이고 신비한 것을 추구한다고 보았다. 그러므로 헬레니즘이 현실과 감성을 우선하는 경향이고, 헤브라이즘은 내세와 성령聖靈, Holy spirit을 우선하면서 현실 속에서 초현실을 추구하는 경향이다. 이 두 사상은 서양문명에 큰 영향을 미쳤다.

참고문헌 Matthew Arnold, "Hebraism and Hellenism", *Culture and Anarchy : An Essay in Political and Social Criticism*, Smith, Elder & Company, 1869.

참조 감성, 공포와 전율의 아브라함, 디아스포라, 로마제국, 르네상스, 삼위일체, 삼일치법칙, 영혼, 원죄(기독교), 윤리 · 윤리학, 정신, 종말론, 창조론, 카발라 신비주의, 헬레니즘

자유의지

Free Will | 自由意志

원시인 A는 아침에 일어나 이웃 마을로 식량을 약탈하러 나섰다. 건장한 A는 부지런한 B가 수렵 채집한 것들을 강제로 뺏으려고 이웃 마을에 간 것이다. 동물처럼 사는 A는 자기 본능에 따라서 하루하루를 연명할 뿐이고 과거를 돌아보거나 미래를 생각하지 않는다. 또한, A는 누구를 죽이거나 폭행을 한다고 해도 그것을 잘못이라고 생각하지 않는다. 왜냐하면, 생존을 위해서는 어떤 일이라도 할 수 있다고 생각하기 때문이다. 투쟁밖에 모르는 A는 원시 야만인이다. 이것은 사회사상가 홉스^{T. Hobbes, 1588~1679}가 말한 만인에 대한 만인의 투쟁^{War of all against all}인 야만의 상태이다. 이처럼 A가 자유라고 믿는 자유로운 행동은 B의 자유의지를 박탈한다. B는 자신이 수렵 채집한 것을 빼앗기지 않으려는 자유의지를 가지고 있지만, A는 단지 본능에 따라서 그것을 약탈하기 때문에 두 사람의 의지가 충돌하는 것이다.

자유의지란 외부의 영향을 받지 않고 자기 생각을 그대로 실천하는 인간의 뜻이다. 또한, 자유의지는 자기 이외의 것들 그리고 자기 바깥의 것들, 가령 자연, 사회, 신, 타자로부터 간섭을 받거나 영향을 받지 않는다. 그런 점에서 자유의지는 인간의 자유로운 의지이면서 의지의 자유^{freedom of will}다. 반면 결정론, 유물론, 물리주의^{Physicalism}에서는 인간에게 자유의지가 없거나 약한 것으로 본다. 언어적으로 보면 자유의지는 복합명사인데 첫째, 의지는 어떤 존재가 무엇을 이루려는 개인의 내면적 사유와 외면적 실천의 능력이고 둘째, 자유는 자기 바깥으로부터 영향을 받지 않고 억압이 없이 자기 생각 그대로 할 수 있는 상태이다. 따라서 자유의지는 '인간의 의지는 자유다'라는 문장에서 보듯이 '인간의 의지'라는 주어가 '자유다'라는 술어를 규정하는 분석명제Analytic Proposition다. 그런 점에서 데카르트는 이성을 전제로 자유의지가 성립한다고 보았고, 헤겔은 인간의 자유의지가 법의 기반이라고 보았다.

자유의지가 중요한 것은 '인간이란 무엇인가'라는 근원적인 물음과 연결되어 있기 때문이다. '인간이 동물적 존재인가 아니면 사회를 이루면서 사는 자유로운 존재인가'에 대한 답은 물론이고 진정한 자유의지를 가진 전지전능한 신과 다른 점을 설명한다. 원래 자유의지는 인간의 자유의지를 넘어서 신을 포함한 모든 존재의 자유의지다. 하지만 이성과 감성이 있는 인간의 자유의지에 한정하는 것이 일반적이다. 특히 자유의지는 결정론과 대비되어 설명된다. 인간의 생각과 행위가 이미 결정되어 있다면 자유의지가 없는 것이고, 결정되어 있지 않다면 자유의지가 있는 것이다. 여러 가지 중에서 하나를 선택할 능력과 선택의 자유는 인간에게 자유의지가 있다는 증거이면서 자유의지가 자기 생각을 그대로 실천하는 능력임을 반증한다.

반면 결정론Determinism에서는 모든 것은 이미 결정된 범주 내에서 선택한 것이므로 자유의지는 없다고 본다. 자유의지를 보는 관점은 두 가지가 있다. 첫째, '자유의지와 결정론이 양립할 수 있다'는 양립가능론Compatibilism에서 자유의지는 어떤 상황과 조건에서 부분적으로 자유의지가 있다는 것이며 둘째, 양립불가론 Incompatibilism에서 자유의지는 '모든 것은 인간의 자유의지에 따른다'는 배타적 자유의지론이다. 이 관점을 자유의지의 차원에서 다시 분류하면 첫째, '인간에게는 자유의지가 있다'는 견해 둘째, '인간에게는 자유의지가 없다'는 견해 셋째, '인간에게는 상황에 따라서 어느 한계까지 자유의지가 있다'는 견해로 나뉜다. 하지만 자유의지는 관념적이라는 비판을 받고 있으며 그 때문에 자유의지보다도 자유의지가 드러나는 양상과 그 의미에 초점을 맞추는 경우가 많다.

인간은 어떤 상황과 조건에서 어느 정도까지 자유의지를 발휘하기 때문에 인간의 독립성과 주체성이 인정되는 것이다. 자유의지가 있는 인간은 윤리적 존재이며 자신의 언행에 책임을 진다. 하지만 인간의 한계는 이미 결정되어 있으므로 인간의 자유나 의지와 상관이 없다. 만약 인간에게 자유의지가 없고 자유의지와 결정론이 (반대관계가 아니고) 모순 관계^{contraries}라면 '세상의 모든 것은 이미 결정되어 있다'는 배타적 결정론이 된다. 그렇다면 인간은 이미 결정된 것을 수동적으로 수행하는 것이므로 인간이 할 수 있는 일은 없다. 이것은 결정론적 함정과 허무주의의 늪에 빠진다. 이런 이유로 '자유의지와 결정론은 양립할 수 있다'는 관점이 많은 지지를 얻는다. 이처럼 자유의지는 존재론, 그리고 도덕과 윤리에 직결되어 있고 신의 유무까지 확장되는 중요한 논제이다.

참고문헌 *Free Will*, edited by Gary Watson, New York : Oxford University Press, 1982.

참조 결정론, 니힐리즘/허무주의, 만인에 대한 만인의 투쟁, 물리주의, 분석명제·종합명제, 운명론, 유물론, 윤리·윤리학, 이성, 이성론/합리주의, 자기 정체성, 존재론, 주체·주체성, 천명사상, 타자, 현존재 다자인

라플라스의 악마

Laplace's Demon | 拉普拉斯妖

Q가 칼을 들고 Z를 찌르려는 순간, 경찰이 창문을 깨고 방에 들어왔다. 날렵하게 Q의 칼을 빼앗고 Q를 체포하여 수갑을 채웠다. 순식간에 벌어진 이 상황을 보고 Z는 무척 놀랐다. 이성을 찾은 Z는 이내 라플라스의 컴퓨터가 계산하고 지시한 것에 따라서 정보국의 경찰이 Q의 행위를 제어했다는 사실을 알았다. 그러니까 정보국의 초대형 컴퓨터 라플라스는 현재의 모든 것을 알고 있고 그것을 구성하고 있는 최소입자의 위치, 운동량, 방향을 시간과 공간으로 계산하여 어떤 일이 일어날까를 계산하는 컴퓨터다. 우주의 지성Cosmic Intellect으로 불리는 이 컴퓨터의 존재를 들은 바 있는 Z는 이렇게 생각해 보았다. '그렇다면 우주의 지성은 Q가 찌르는 칼에 내가 죽는 것이 아니라, 그것을 계산하여 파견된 경찰에 의해서 내가 구출된다는 것도 이미 계산했을 것이다. 그러니 이것은 우주적 필연성이 아닌가?'

Z의 독백은 결정론을 이해한다면 충분히 가능한 해석이다. 결정론은 이 세상의 모든 것은 결정되어 있으며 이미 결정된 순서와 원리에 따라서 진행된다는 이론이다. 특히 모든 사물과 사건은 서로 연결되어 있다는 인과적 결정론Causal determination은 세상이 완전한 규칙 내에서 운행된다고 본다. 프랑스의 수학자이자 천문학자이고 나폴레옹 정권의 내무대신을 지낸 라플라스P. Laplace, 1749~1827가 말한 라플라스의 악마는 우주에 있는 모든 원자의 정확한 위치와 운동량을 알고 있어서 과거, 현재, 미래를 예측할 수 있는 존재다. 이 가상의 존재를 라플라스의 악마Laplace's demon라고 부르지만, 라플라스는 가상의 '지성Intellect, 知

性’으로 표현했으며 라플라스의 초인Laplace's superman으로 불리기도 한다. 이런 생각은 이미 세르비아 과학자 보스코비치에 의해서 정교하게 제시된 바 있다.

세르비아의 보스코비치R. Boscovich, 1711~1787는 ‘기하학과 물리학으로 모든 것은 예측할 수 있다’고 보았다. 그는 ‘물리적 법칙을 알 수 있다면 어떤 점들의 위치, 속도, 방향, 운동, 상태들을 예견할 수 있다. 그리고 이에 따르는 모든 현상을 예측하는 것이 가능할 것’이라고 말했다. 여기서 ‘점들’은 무엇을 구성하는 원리와 실제를 말한다. 보스코비치의 이런 생각은 현재는 과거의 결정론적 규칙에 따라서 재현된 것이고, ‘과거는 ‘과거의 과거’를 통해서 예측할 수 있다’는 것이며, ‘과학적으로 미래를 계산할 수 있다’는 관점이다. 또한, 라이프니츠G.W. Leibniz, 1646~1716 역시 ‘예언자의 거울’에서 현재에서 미래를 볼 수 있다고 말한 바 있다. 모든 것은 수학적으로 진행되기 때문에 미래 예측이 가능하다는 뜻이다. 그리고 미래의 거울에서 현재를 볼 수 있다고 생각했다.

라플라스는 이런 생각을 발전시켜 통찰적이고 지성적인 존재를 상정한 것이다. 라플라스가 말하는 원자의 위치와 운동량은 뉴턴의 고전역학에서 말하는 물리법칙이다. 이처럼 라플라스의 악마는 전지전능한 신과 달리 과거, 현재, 미래의 단선적 진행에 근거한 근대과학의 산물이다. 이 과학적 결정론에서는 우주 자연에 초월적인 것은 없으며 모든 것은 과학으로 설명될 수 있다고 본다. 따라서 라플라스의 악마는 (세상이 결정되어 있거나 결정되어 간다는 것을 전제로), 원인과 결과를 계산적으로 예측하는 특별한 존재로 정의할 수 있다. 하지만 같은 양의 질량과 에너지가 변화하여 결정된다는 라플라스의 악마는 불확정성의 원리에 의해서 부정된다. 하이젠베르크가 말한 불확정성의 원리Uncertainty principle에 의하면 전자의 위치를 알면 운동량을 알 수 없고 운동량을 알면 전자의 위치를 알 수 없으므로 에너지의 운동과 방향을 동시에 알 수 없다.

재미있는 점은 뉴턴의 고전역학에 기초한 가설인 라플라스의 악마는 양자역학에 의해서 부정되었지만, 미래를 계산하고 예측할 수 있다는 생각은 21세기에도 상당한 지지를 얻고 있다는 것이다. 그 예측이 확률적 가능성일지라도 '상상할 수 없는 거대한 용량의 컴퓨터나 특별한 지성이 있다면 어느 정도까지 미래를 예측할 수 있다'고 보는 것이다. 그런데 고전역학 역시 공간과 시간을 초월하는 플랑크 길이$^{Planck\ length}$ 10,120비트가 넘는 상황에서는 의미가 없다. 그리고 그 예측도 인과적 결정론이 단선적으로 작동하는 단순계單純界에서나 가능할 뿐, 수많은 독립적 요소들이 비선형적으로 연관된 복잡계複雜界에서는 가능하지 않다고 본다. 하지만 복잡계 연구자들 역시 세상의 복잡한 현상과 내면의 패턴을 분석하여 원리를 찾고자 한다. 복잡계, 고전역학, 양자역학을 포함한 (21세기 초까지 알려진) 여러 이론에 의하면 모든 것은 확률적 가능성만 있을 뿐이다.

참고문헌 Pierre Simon Laplace, *A Philosophical Essay on Probabilities*, translated by and edited by F.W. Truscott, and F.L. Emory, Dover Publications : New York, 1951.

참조 결정론, 공간, 과학주의, 나비효과·카오스이론, 뉴턴역학·고전역학, 물리주의, 복잡계, 불확정성의 원리, 상상, 시간, 양자역학, 운명론, 이성, 이성론/합리주의, 인과율·인과법칙, 지성·오성

자아

Ego Self | 自我

어느 날 아버지는 아들에게 이렇게 타일렀다. '사랑하는 나의 아들아, 너 자신이 누구이고 무엇인지 깊이 생각해 보아라. 자기 자신을 알지 못하는 사람은 무엇을 하여도 잘할 수가 없단다.' 이 문장에는 나에 관한 여러 개념이 나온다. 그것은 '나, 자기, 자신, 자아'의 네 가지다. 첫째, '나'는 일상적인 의미에서 쓰이는 '나 자신'으로 자기 스스로 인지하고 호칭하는 개념이며 '너'와 대비된다. 둘째, '자신自身'은 자기의 신체를 우선하면서 정신을 포함하여 지시하는 개념이다. 자신은 주로 '나'나 '자기'와 함께 쓰이면서 한 인간의 실체를 자기 관점에서 객관적으로 표현한 개념이다. 셋째, '자기自己'는 한 인간의 정신을 우선하면서 신체를 포함하여 표현하는 개념이고 타자와의 관계를 강조하는 개념이다. 그런데 '나, 자신, 자기'는 생각의 주체인 '자아'에서 비롯된다. 넷째, 자아Self, Ego는 내가 나라고 믿으면서 '나, 자기, 자신'이 성립하도록 하는 의식의 근원이자 주체다.

자아는 '진정한 나' 또는 '마지막 나'로서 나라고 믿고 의심하지 않는 진정한 자기를 말한다. 이 자아는 의식 내부의 지속성, 동일성, 통일성을 가지고 있으며 자기를 반성하는 주체이면서 세상을 구성하는 근거이기도 하다. 자아는 데카르트와 피히테를 거치면서 개념이 새롭게 정립되었다. 한편 심리학의 관점에서 프로이트가 말한 자아의 개념은 인간의 마음을 분석한 본능Id, 자아Ego, 초자아Super ego의 관계에서 이해되어야 한다. 외부세계와 관계하면서 현실원칙現實原則, Reality principle을 지키고자 하는 합리적인 존재가 바로 자아다. 또한, 자아는 쾌락원칙快樂原則에 따르는 본능을 억제하고 도덕과 윤리를 강조하는 초자아의 지시에 따라 현실 속에서 균형 있게 존재한다. 한편 자아의 개념을 정초한 윌리엄 제임스W. James는 자아를 한 인간의 신체, 특질, 능력, 의식의 근거로 보면서 경험적 자아와 순수자아로 구분했다.

그런데 프로이트 심리학 이외의 여러 영역에서 자아는 '나 자신'과 '자기 자신'을 의미한다. 그러므로 자아는 한 인간의 근원이자 본질인 Self에 해당하는 개념이다. 철학에서 자아ich는 '너 자신을 알라'는 소크라테스와 '자기를 넘어서자克己'는 공자의 말에서 잘 드러난다. 데카르트는 자아를 '생각하는 존재인 나'의 근원으로 파악하여 근대 주체철학의 문을 열었다. 데카르트가 말한 '생각하기 때문에 나는 존재한다Cogito ergo sum'에서 '생각하는 나'가 곧 자아이자 자기 주체이다. 인간은 자아 인식의 과정을 거쳐서 주체성Subjectivity을 가지는 동시에 타자Other와의 관계 속에서 자아의 개념을 발전시킨다. 이에 반하여 경험주의자 흄은 '자아는 현재의 지각, 감각, 행동, 의지를 떠나서 존재하지 않는다'고 보았다. 흄에게 '이성은 감성의 노예'이므로 자아는 감각과 감정의 일시적 현상일 뿐이다.

인식의 주체인 자아와 경험의 주체인 자아를 통합한 것은 칸트다. 칸트는 관념론의 입장에서 초월론적인 자아를 설정했다. 인간에게는 경험하지 않아도 알 수 있는 선험적 능력reine Vernunft, a priori이 있는데 그 능력의 주체가 바로 자아다. 이런 칸트의 이론을 비판하면서 자아의 개념을 다르게 정립한 사람은 피히테다. 피히테에 의하면 칸트가 말하는 자아는 초월적이고 선험적이므로 인식의 주체가 될 수 없다. 그래서 피히테는 절대자아絶對自我를 설정하여 인식의 주체와 인식의 대상이 통합된 것으로 보았다. 이처럼 칸트와 피히테를 통하여 근대적 자아가 확립되면서 주관적 자아가 객관적 대상을 인식하게 된 것이다. 이 절대자아 안에서 타자가 분리되어 자아가 아닌 비아非我가 성립한다. 이것이 '통일되고 종합되면서 자아가 재정립된다'는 이론이다. 한편 헤겔은 자아를 객관적 자기의식으로 보았고 마르크스는 자아를 사회적 관계 속에서 존재하는 물질과 정신의 근거로 보았다.

자아의 개념은 관점에 따라서 다르고 영역에 따라서 다르며 자아를 표기하는 방법도 다르다. 가령 사회학, 교육학에서 말하는 자아가 다르고 종교에서 말하는 자아가 다르므로 자아를 말할 때는 전제와 범주가 중요하다. 또한, 브라흐만교, 힌두교, 시크교, 자이나교 등에서 말하는 아트만^Atman^은 자기의 자기, 마지막 자기, 고유한 자아인 진아眞我, true-self이거나 마야의 환영이다. 아트만은 우주의 원리인 브라흐만과 같다는 범아일여의 개별적 존재가 자아다. 한편 불교에서 자아는, 실제의 내가 있다고 오인하는 아견我見이거나 내 것이 아닌데 내 것이라고 여기는 아소견我所見일 뿐이다. 데카르트는 생각하는 자아에 자족적 의미를 부여하여 새로운 자아와 존재 개념을 수립했다. 이 관점에서는 나를 허상이라고 인식하는 그 주체가 바로 자아이다. 이처럼 자아는 나의 존재, 실체, 주체, 완성, 반성, 정체성 등에 연결된 개념이면서 의식의 출발점이고 세계를 구성하는 근거이다.

참고문헌 Johann G. Fichte, *Foundations of Transcendental Philosophy*(1798), translated by and edited by Daniel Breazeale, NY : Cornell University Press, 1992.

참조 개념, 객관·객관성, 공/수냐타, 마야 환영, 마음, 물자체, 브라흐만, 순수이성, 실존주의, 아트만, 원본능·자아·초자아, 이마고/자아영상, 인식론, 자기 정체성, 자아와 비아, 제행무상, 존재론, 주관·주관성, 주체·주체성, 쾌락원칙, 타자, 현존재 다자인

유식사상
Thought of Consciousness-only | 唯识学

번민에 싸인 P는 어느 날, 선사가 된 사촌 형 K를 찾아갔다. 그는 'K형, 세상은 무엇입니까'라고 묻자 유심론과 유식사상에 근거한 K 선사는 '세상은 네 마음속에 있는 것이다. 마음을 벗어나면 아무것도 없다'고 답했다. 그러자 P는 '그것은 결국 자기가 세상을 구성한다는 것이다. 그 견해는 주관적이므로 증명될 수 없다'고 반박했다. 이에 대해 K는 '세상의 모든 존재는 연기緣起의 변화일 뿐 실제로는 공空한 것이다'라고 거듭 강조했다. 그러자 P는 '자기가 세상을 구성한다면, 타자 또한 그럴 것이므로 객관적 실체가 존재하는 것으로 볼 수밖에 없다'고 주장했다. 그러니까 선사 K는 관념론觀念論 중 유심론과 유식사상에 근거하여 모든 것은 마음이 만든 현상이라고 보지만 P는 실재론實在論, Realism에 근거하여 마음이나 의식에서 독립된 실재가 있다고 본다. 이처럼 관념론은 정신, 의식, 인식이 세상을 만든다고 보는 것인데, 플라톤의 이데아, 칸트의 물자체, 헤겔의 절대정신, 주자학과 양명학 그리고 기독교 철학 대다수가 관념론이다.

유식론, 유식학, 유식설로 불리는 유식사상은 대승불교 유식유가행파에서 발달한 철학적 관점으로 '단지唯' '끊임없이 생각하는 것識'이 모든 것을 창조하는 근원이라는 관념론이다. 일반적 관념론Idealism이 생각의 실체를 강조하고 유심론Spiritualism이 생각의 주체를 강조한 개념이고, 유식사상은 생각의 과정과 방법을 강조한 개념이다. 사실 유심론의 심mind, 心은 마음이 아니라 두뇌와 신경의 작용이지만 마음의 작용으로 간주한다. 유심론과는 약간 다른 유식사상에 의하면 마음의 본체가 마음의 작용을 일으켜서 세상의 모든 것을 존재하도록 한다. 이처럼 유식사상은 오로지 인식의 주체인 마음을 강조한 유심론唯心論과 생각하는 방법인 인식론認識論이 결합한 형태의 관념론이다. 한편 형식논리로 보면 '유식사상은 나와 나 이외의 타자로 양분하고 나 이외의 것은 나의 마음이 만들었다'는 극단적인 주관론이다. 마음이 세상을 구성한다는 점에서 데카르트의 주체철학과 유사한 면이 있다.

불교철학에서 유식사상이 발전한 것은 나가르주나 용수Acarya Nagarjuna 龍樹, 150~250의 공사상을 보완하기 위해서였다. 인도의 불교철학자 나가르주나 용수는 수냐타 공空, emptiness에 대한 탁월한 개념을 정립했다. 나가르주나에 따르면 세상의 변화는 '이것이 있어서 저것이 있다'는 연기緣起의 결과이며 공성空性이 드러난 현상일 뿐이다. 이것을 인식하는 인간 역시 독립적으로 존재하는 것이 아니라 원인과 결과에 따라서 상대적으로 존재하고 상대적으로 인식한다. 여기서 존재하면서 존재하지 않는다는 공사상空思想 또는 중관주의가 정립된다. 그런데 모든 것이 공이라면, '어떻게 하여 세상이 이런 모습으로 존재하는가'라는 문제가 대두한다. 이 공사상을 계승하고 보완한 철학자는 인도의 아상가 무착Asanga 無着, 300~390이다.

아상가 무착은 마음 본체와 그 마음의 작용에 의하여 세상이 질서정연하게 존재하는 것이라고 설명한다. 아상가 무착은 스승 미륵의 학설을 종합하고 발전시켜 유식사상의 기초를 세웠고 그의 동생 바수반두 세친Vasubandhu, 世親은 인식이 생기는 원인과 방법을 체계화하고 마음과 현상의 관계를 논리적으로 설명했다. 아상가 무착에 의하면 인간에게는 여덟 가지의 인식이 있으며, 이 중 제7 말라식 의意, manas는 무엇을 끊임없이 생각하는 능력이다. 생각하는 것을 강조하는 유식의 어원과 바탕은 팔리어와 산스크리트어 마나스 즉 마음mind이다. 제7식 마나스 비즈냐나manas-vijñāna 이전은 육체인 색色, 지각인 수受, 표상인 상象, 의지와 행동인 행行, 마음인 식識의 오온五蘊과 6식인 감각하거나 인식하는 의식意識이 있다. 이런 느낌과 지각은 모두 제8식인 아라야식阿賴耶識에서 생긴다.

아라야식은 산스크리트어 아라야 비즈냐나$^{\text{ālaya vijñāna, 無沒識}}$, 즉 모든 가능성을 내포하고 간직하는 종자이다. 아라야식을 근거로 생각을 이어가는 사량^{思量}이 바로 7식인 말라야식이다. 말라야식은 무분별한 오온을 요별^{了別}하는 능력인데 무엇을 감지하고, 자성을 분별하면서 끊임없이 생각을 이어가는 인식이다. 모든 것을 가능태로 품고 있는 아라야식이 말라야에 의하여 바뀌고 변화하여^{轉變} 삼라만상이 존재한다. 이때 마음에서 식체의 전변이 일어났기 때문에 나와 세상이 질서정연하게 존재하는 것이다. 유식사상에서는 마음 바깥에는 아무것도 없다는 만법유식^{萬法唯識}과 일체유심조^{一切唯心造}로 규정한다. 그러므로 나도 비어 있는 아공^{我空}이고 세상도 비어 있는 법공^{法空}이다. 유식사상은 나 이외의 모든 타자를 괄호치고 자기를 대상으로 자기가 세상을 구성하는 배타적 주관주의이면서 인식상대주의라는 비판을 받는다.

참고문헌 Asaṅga 無着, Mahāyāna-saṅgraha, *Discourse on the Perfection of Consciousness-only*, 『攝大乘論』.

참조 공/수냐타, 관념론, 리얼리즘/실재론〔철학〕, 마야 환영, 마음, 무, 브라흐만, 색즉시공, 아트만, 의식, 이성, 이성론/합리주의, 인식론, 자아, 적멸의 니르바나, 제행무상, 주관·주관성, 중관사상, 카르마, 타자

리얼리즘/실재론[철학]

Realism | 实在论

책상 위에 빨강 사과 하나가 놓여 있다. 철학 교수 K는 학생들에게 '사과는 무슨 색깔일까'라는 질문을 던졌다. 학생들은 당연히 '빨강'이라고 답을 했고 철학 교수 K는 '그것은 인간의 주관적 감각일 뿐이다'라고 답한 다음 사과를 치운 후 '책상 위의 사과는 무슨 색깔이냐'라고 물었다. 그러자 학생들은 '사과도 없고 색깔도 없다'고 답했는데 K는 그것은 감각에 근거한 소박실재론^{Naive Realism} 또는 자연적 실재론^{Natural Realism}이며 '있다'와 '없다'는 인간의 감각으로 알 수 없다고 설명했다. K가 틀렸다고 말한 소박실재론素朴實在論은 구체적인 물질이 공간을 차지하고 있고 크기, 모양, 냄새, 색깔을 가지고 있는 그것을 실재로 보는 관점이다. 이와 달리 일반적인 실재론은 인간의 의식, 언어, 믿음과 독립된 실재와 본질이 있다는 관점이다. 실체론, 실유론, 실념론으로 불리는 실재론은 객관주의이며 실재와 그 실재를 인식하는 능력을 강조하는 개념이다.

사전적 의미에서 실재實在는 어떤 것의 본질이 실제로 존재하는 것이다. 일반적으로 실재론자들은 감각과 경험으로 실재를 인식한다. 이에 대하여 관념론자들은 어떤 것은 일시적으로 존재하는 현상이므로 그것을 감각과 경험으로 인식한다고 해서 실재하는 것은 아니라고 주장한다. 그런데 실재론과 관념론은 인식의 방법이라는 점에서 같은 인식론이고 보편적 실재를 인정하기 때문에 서로 대립하지 않는다. 이 문제를 거슬러 가면 플라톤의 이데아^{idea}와 브라흐만의 마야^{Maya}에 닿는다. 플라톤은 형상론^{theory of form}에서 눈에 보이는 형상과 그 형상 내면의 보편적 실재/본질을 구분한다. 가령 사과라는 실재/본질의 이데아는 현실에서 수천수만 개의 사과로 형상될 수 있다. 그러므로 이데아인 본질은 불변하는 실재이고 그 실재를 아는 것을 진리로 간주한다. 따라서 플라톤의 이데아는 현실에서는 관념론이지만 존재의 측면에서는 실재론이기 때문에 실재론적 이데아로 불린다.

힌두철학의 베단타학파는 세상에 존재하는 모든 것을 본질이나 실재가 아닌 일시적인 환영으로 간주한다. 환영을 의미하는 마야는 산스크리트어에서 '그것이(ya) 아닌(ma) 것' 즉 '그것은 실재/본질이 아니'라는 뜻이다. 실재는 보편적인 브라흐만이고 개별현상은 아트만이다. 한편 중세 기독교철학에서는 오랫동안 보편논쟁을 벌이면서 실재성과 명목성을 연구했다. 이때 보편론普遍論에서는 '사물에 앞서ante res' 실재인 보편자가 있다고 주장했다. 반면 명목론자들은, 세계에는 보편적 실재는 없으며 단지 특수하고 개별적인 존재와 그 이름만 있다는 유명론唯名論을 주장했다. 보편과 명목 논쟁은 토마스 아퀴나스Thomas Aquinas, 1225~1274에 의해서 부분적으로 해결된다. 그는 '보편은 사물 안에 형상으로 존재한다'고 말하여 보편의 실재를 토대로 개별적 개체에도 의미를 부여했다.

근대의 과학적 실재론은 '어떤 것을 어떻게 과학적으로 설명할 것인가'를 물은 다음 실험과 관찰로 증명되는 것을 실재로 간주한다. 이와 유사한 계보의 상식적 실재론Common sense Realism은 소박실재론과 과학적 실재론의 입장에서 감각되고 이해 가능한 그것이 바로 실재라고 주장한다. 또한, 존 로크J. Locke는 어떤 것의 실재이고 본성인 제1의 성질과 주관적으로 경험하는 제2의 성질을 구분했다. 실재와 현상, 이성과 경험을 연결하여 사유한 철학자는 칸트다. 칸트는 물자체物自體, Ding an sich를 상정하고 인간의 인식은 '보이는 물thing-as-it-appear' 즉, 현상에 대한 인식일 뿐 본질인 물자체가 아니라고 말했다. 물자체는 본질적으로 존재하는 것과 현상계에 드러난 것을 분리했다는 점에서 의미가 있지만 '물자체를 실재로 볼 수 있는가'의 문제는 해결되지 못했다. 이후 헤겔과 마르크스에 의하여 구체적인 시간과 공간의 현실성을 중시하는 유물론 사상이 대두했다.

신실재론New Realism에서 실재는 물리적인 것과 관념적인 것으로 이분화되며 실재는 의식 내부로 들어올 수 있다고 본다. 실용주의와 논리실증주의에서는 경험적 실재를 인정하고 그 경험적 실재는 현실에서 과학적 법칙으로 드러나는 것으로 간주한다. 한편 법적 실재론은 모든 관념, 도덕, 정치, 사회를 배제하고 현실과 실체에 한정한 실재론이다. 예술적 실재론은 철학적 리얼리즘과 반대이거나 다른 개념인 경우가 많은데 철학적 실재론에서 말하는 현상을 예술적으로 재현하는 것을 '실재하거나 리얼real하다'라고 한다. 그러므로 현실을 정확하게 표현하는 묘사적 리얼리즘과 그 기본원리를 재현하는 반영적 리얼리즘은 철학에서 보면, 본질이 아닌 현상을 재현하는 것이다. 이것은 실재/본질인 이데아와 그 실재/본질이 현실에서 재현된다는 현상의 문제는 파르메니데스와 플라톤 이래 철학, 문학, 예술의 중요한 주제였다.

참고문헌 Immanuel Kant, *Critique of Pure Reason*, translated by and edited by Paul Guyer and Allan W. Wood, Cambridge University Press, 1997.

참조 공/수냐타, 관념론, 가능세계, 경험론/경험주의, 논리실증주의, 리얼리즘(예술), 마야 환영, 물자체, 반영론, 보편논쟁, 본질, 브라흐만, 사실, 색즉시공, 소박실재론·직접실재론, 순수이성, 실재, 아트만, 유식사상, 이데아, 이성, 인식론, 재현, 진리, 철학, 현상

아치아견아만아애의 4번뇌

Kleshas | 四煩惱

P는 깊은 사색에 잠겼다. '죽으면 어떻게 되는 것인가? 없어지는 것인가, 다른 존재로 바뀌는 것인가?' 그는 불교의 선사인 사촌 형을 찾아갔다. P의 말을 들은 선사는 껄껄껄 웃더니, '나도 너처럼 괴로워했었지. 인간이기에 어쩔 수 없다만 P야, 지금 괴로워하는 너 자신이 허상이란다'라고 설명했다. 그러자 P는 '나도 그것은 알고 있지요. 그런데 그 허상을 극복하는 존재는 무엇인가요?' 다시 껄껄 웃은 선사는 '너는 제법 지식도 많고 지혜도 있다만 오염된 상태에서 지식이 많은들 무엇 하겠느냐'라고 물은 다음, '허상에 집착하는 그것이 번뇌란다'라고 설명했다. 이처럼 번뇌Kleshas는 정화되지 못한 마음의 작용 때문에 끊임없이 괴로워하는 생각이다. 대승불교의 유식사상에서는 자기에 대한 집착으로 인하여 괴로움에 쌓이고 업業을 일으키는 인간의 근본 번뇌를 아치我癡, 아견我見, 아만我慢, 아애我愛의 네 가지로 보거나 탐貪, 진瞋, 치痴, 만慢, 의疑, 악견惡見의 여섯 가지로 분류한다.

아치我癡는 '어리석은 나' 또는 '나의 어리석음'이며 무엇이 진리인지 모르는 상태 즉 무명無明을 말한다. 무명은 무지無知나 무식無識과 마찬가지다. 인도의 불교철학자 용수龍樹 나가르주나Acarya Nagarjuna, 150~250는 모든 것은 '이것이 있어서 저것이 있는' 연기緣起의 결과이며 그것이 곧 진리인 공空, emptiness이라고 말했다. 그러므로 현실적으로 존재하는 것은 현상이고 진리가 아니다. 진리란 현실적으로 존재하지만 실제로는 존재하지 않는 색즉시공色卽是空이다. 그런데 사람들은 그것을 모르고 색수상행식色受想行識의 축적된 감각 즉, 오온五蘊에 근거하여 유무를 구별하고, 명과 무명이 있는 것으로 오인한다. 이런 어리석은 상태는 감각과 의식에 집착하기 때문에 생기는 오류다. 그러므로 올바른 진리인 연기와 공성空性을 깨우치고 자기 또한 무아無我임을 깨우쳐야 한다. 이것을 깨우치지 못하는 아치는 모든 번뇌의 시작이다.

아견我見은 허상인 자기가 있다고 가정하고, 이에 집착하면서 무엇을 얻고자 하거나 이루고자 하는 아집我執이다. 무엇을 얻는다고 해도 얻은 주체인 자기는 원래 빈 것이므로 얻은 것이 아니다. 무엇을 이루었다고 해도 허상일뿐더러 이루었다고 믿는 주체인 자기가 빈 것이므로 이룬 것이 아니다. 이처럼 '내가 공허한 것인데도 있다고 생각하는 잘못된 견해'를 아견이라고 하는 반면 내 것이 아닌데 내 것으로 생각하는 잘못된 견해를 아소견我所見이라고 한다. 그런데 내가 있고 난 뒤에 내 것이 있을 수 있다는 점에서 아견과 아소견은 나의 존재를 가정하는 유신견有身見에 속한다. 이처럼 잘못된 망상이자 오염된 견해인 염오견染汚見이 생기는 이유는 생각하고 헤아리는 마나kleśaiścaturbhiḥ sahitaṃ nivṛtāvyākṛtaiḥ sadā 是識名末那 依彼轉緣彼 思量為性相 즉, 제7 말라식意, manas 때문이다. 말라식이 아라야식아뢰야식, 阿賴耶識에 근거하여 끊임없이 망상하는 그것이 곧 번뇌다.

아만我慢은 자기를 믿고, 의지하고, 높이고, 자부하는 마음이다. 자기가 다른 사람보다 낫다고 비교하여 생각하는 마음이 만이다. 이 만은 허상인 자기에 근거하여 자기를 높이는 거만倨慢과 자기와 비교하여 타자를 업신여기는 오만傲慢을 말한다. 그리고 다른 사람과 비교하지는 않지만 자기를 높이는 교만驕慢도 아만에 속한다. 아만에는 자기가 타자보다 낫다고 여기는 아승만我勝慢, 자기와 타자는 같지만 자기가 고귀하다고 여기는 아등만我等慢, 겉으로는 겸손하지만, 속으로는 자기가 낫고 고귀하다고 여기는 아열만我劣慢이 있다. 아만 역시 아치와 마찬가지로 구별하고 차별하는 말라식의 소산이다. 한편 허상에 근거한 아만은 자신을 높이고 타자를 업신여기는 고거심高擧心을 낳는다. 이처럼 아만은 타자와 자기를 비교하고 자기에 집착하여 자기를 높이기 때문에 번뇌를 낳는다.

아애我愛는 헛된 형상인 아상我相을 탐닉하는 마음이다. 아탐我耽이라고 하는 아애는 자기를 사랑하는 것을 넘어서 자기에 집착하고 자기를 즐기는 것을 말한다. 아애는 아만과 마찬가지로 아치와 아견의 결과다. 인간이 올바른 진리를 알면 아치에서 벗어나고, 아견을 갖지 않으므로 아만과 아애는 일어나지 않는다. 아치, 아견, 아만을 포함하여 아애의 근거인 말라식산스크리트어 manas은 무엇을 끊임없이 생각하는 것이다. 어떤 것을 지각하는 제5식인 의意와 그것을 요별了別하여 의미를 아는 제6식인 의식意識과 달리 제7 말라식은 끊임없이 생각하고 또 생각하는 사량思量의 능력이다. 이 말라식이 근본적으로 바뀌는 전의轉依에 이르지 못하면 끊임없는 번뇌에 시달린다. 따라서 아치를 비롯한 여러 가지의 번뇌에서 벗어나면 모든 것을 평등하게 보는 평등성지와 적멸의 니르바나에 이른다.

참고문헌 Vasubandhu 世親, 『唯識三十頌』 Tri ikā-vijñaptimātratā, 388.

참조 감각, 공/수냐타, 교외별전, 마음, 무, 색즉시공, 아트만, 유식사상, 윤회사상, 의식, 인과율·인과법칙, 자기기만, 자아, 적멸의 니르바나, 제행무상, 중관사상, 타자

영원불변한 세상[파르메니데스]

Parmenides | 巴门尼德

'있는 것은 있는 것이고, 없는 것은 없는 것이다.' 동어반복 같은 이 문장은 '존재하는 것은 존재하는 것이고, 존재하지 않는 것은 존재하지 않는 것이다'와 같다. 아주 당연한 것 같은 이 명제는 철학의 핵심주제였고, 지금도 그러하며, 앞으로도 그럴 것이다. 형이상학 중 존재론의 핵심인 있음과 없음의 문제는 철학만이 아니라 종교를 비롯한 여러 영역에서도 중요하다. 특히 이 명제는 단지 있음과 없음의 문제가 아니라 '이 세상에 변화는 없다'는 것이어서 모든 존재에 해당하는 물음이다. 이처럼 '있는 것은 있고 없는 것은 없다'는 것이 중요하다고 생각한 사람은 엘리아학파Eleatic School의 파르메니데스였다. 존재자를 넘어서 존재 자체를 사유한 파르메니데스Parmenides, BCE 515?~BCE 445?는 귀족 출신으로 소크라테스 이전 자연철학 시대에 그리스 식민지였던 이탈리아 엘리아에서 활동했다.

고대 그리스의 자연철학자들은 자연의 현상을 이해하는 다양한 견해를 제기했다. 그중 가장 큰 흐름은 모든 것은 변화한다는 경험론적 인식이었다. 가령 나무가 생겨나서 성장하고 사멸하는 것처럼 인간도 그렇고 모든 것이 그렇다. 이 귀납논리의 대표적인 것이 '흐르는 강물에 두 번 발을 담글 수 없다'는 헤라클레이토스Heraclitus의 명제다. 이 견해는 탈레스, 아낙시만드로스를 비롯하여 많은 철학자의 지지를 받았는데, 이에 반대되는 사상을 전개한 것이 바로 파르메니데스다. 그는 연역추론을 통하여 '무에서 유가 나올 수 없고, 유에서 유가 나오며, 무는 무無일 뿐이다'라고 논증했다. 이것이 바로 존재자 너머에 존재하는 영원불변의 절대주의 존재론이다. 영원불변한 세상은 파르메니데스의 관점으로, 세상은 영원히 변하지 않는 단 하나의 실체이고 그 실체가 바로 실재Real이며 유일한 진리眞理, Truth라는 뜻이다.

영원주의Eternalism를 신봉한 파르메니데스는 세상의 변화는 감각의 환영이라고 단언했다. 그러니까 변화한다고 느끼는 주체인 인간은 사멸하는 유한한 존재이므로 영원한 진리를 알 수가 없다. 그러므로 인간은 마음의 눈으로 영원한 진리가 머무는 내면의 본질을 보아야 한다. 이처럼 유일부동, 불생불멸의 일원론Monism을 주장한 파르메니데스는 서사시 『자연에 대하여On Nature』 중 「표면의 길Way of appearance/opinion에서」에서 표면적 현상은 허상이라고 단언했다. 그리고 자연현상은 무엇에 반한para, contrary to 불확실한 의견doxa이므로 진리가 될 수 없다고 보았다. 또한, 실재처럼 보이는 세상의 존재들은 시간 속에서 이해되고 공간 속에서 실현되지만, 허상이라는 것이다. 그러므로 이성으로 진리를 찾아야 한다는 것을 「진리의 길Way of Truth」에서 설파한 것이다.

진리의 세계에서 '있는 것은 항상 있는 것'이고 '존재하는 것은 항상 존재하는 것'이다. 반면 '없는 것은 항상 없는 것'이므로 '존재하지 않는 것은 항상 존재하지 않는 것'이다. 그리스어 Estin[1]의 동사형 '이다is는 언제나 '이다'이고 '아니다is not는 언제나 아니다'이다. 그러므로 '이다'가 '아니다'로 변할 수 없고, '있음'이 '없음'으로 변할 수 없으며, 존재하는 것이 존재하지 않는 것으로 변할 수 없다. 따라서 이 세상에서 변화와 생성becoming은 불가능하다. 새로운 생성은 질량과 에너지가 변화하고 운동을 해야 가능한데, 운동이 가능한 허공은 없다. 허공虛空, empty이 존재하지 않는 것은, '허공은 아무것도 아니다.nothing 아무것도 아닌 것은 있지 않은 것이다.non being 허공은 있지 않은 것, 즉 없는 것이다'의 추론 결과 허공은 있지 않은 것으로 결론이 난다. 파르메니데스는 이처럼 이성의 연

---

1   고대 그리스어 estin은 '있다'를 의미하는 존재, '이다'를 의미하는 술어, '그렇다'를 의미하는 진리의 세 가지 용법이 가능하다.

역추론을 통하여 '모든 것은 영원하고 그 영원한 세계에는 단 하나의 절대 본질과 진리만 존재한다'와 '모든 것은 하나^All is one'라는 결정론적 사상을 정립했다.

영원불변의 완결적 우주관에서 시간과 공간은 의미가 없다. 왜냐하면, 과거, 현재, 미래도 없으며 탄생, 생장, 변화, 소멸도 없기 때문이다. 이 영원불변하는 세상에서 생각은 곧 존재다. 무엇을 생각한다는 것은 어떤 존재를 지향하는 것이므로 존재=사유의 등식이 성립하기 때문이다. 하지만 파르메니데스는 존재하지 않는 것도 생각은 할 수 있다고 보았다. 다만 존재하지 않는 것은 불확실한 것이어서 진리가 될 수 없다. 그러니까 '존재하는 것은 존재하고, 존재하지 않는 것은 존재하지 않는다'는 것이다. 그래서 세상은 영원불변하다. 따라서 모든 존재는 과거에도 존재했고, 현재에도 존재하며, 앞으로도 존재할 것이다. 플라톤은 그의 존재론을 받아들여 이데아^idea의 세계에 본질의 형식^form이 있다고 정리했다. 파르메니데스의 영원불변 세계관은 서구 형이상학의 근원이었으며 아인슈타인의 상대성이론 등 과학에도 영향을 미쳤다.

참고문헌 Diogenes Laërtius, "Others : Parmenides", *Lives of the Eminent Philosophers 2*, translated by Hicks, Robert Drew(Two volume ed.), Loeb Classical Library, 1925.

참조 공/수냐타, 독사, 리얼리즘/실재론(철학), 마야 환영, 무, 보편논쟁, 본질, 브라흐만, 색즉시공, 실재론, 아트만, 유식사상, 이데아, 일반상대성이론, 존재·존재자, 존재론, 창조론

역사적 유물론/유물사관/사적 유물론
Historical Materialism | 历史唯物主义

프랑스 혁명과 러시아혁명을 배우는 세계사 시간에 역사교사 K는 이런 질문을 했다. '역사를 움직이는 것은 누구 또는 무엇일까요?' 그러자 '나폴레옹과 같은 영웅, 히틀러와 같은 독재자, 진시황이나 칭기즈 칸과 같은 제왕, 아인슈타인과 같은 과학자, 콜럼버스와 같은 탐험가'라고 답한 학생이 많았고 '신, 민중'이라고 답한 학생도 있었다. 그 외에 '자연환경, 지리적 조건, 역사 그 자체'라는 답도 있었다. 모두 좋은 답이라고 칭찬을 한 K는 역사는 총체적이고, 사관史觀에 따라서 다른 해석이 가능하다는 것을 강조했다. 그날 K 교사는 여러 가지 사관 중 유물사관唯物史觀으로 두 혁명을 설명했다. 그는 프랑스 혁명은 부르주아가 세상의 주인이 되는 계기였고, 러시아혁명은 프롤레타리아가 부상하는 계기였으며 이 두 혁명은 경제적 토대가 변화했기 때문에 일어난 사회구조의 변화라고 설명했다.

역사적 유물론歷史的 唯物論은 경제 즉, 먹고사는 문제가 역사발전의 근본 원인이라고 보고 사회변화의 과정을 유물론으로 이해하려는 관점이다. 역사적 유물론에서는 세상을 통사적으로 분석하면서 역사를 끊임없이 변화하고 발전하는 것으로 간주한다. 또한, 원시 공동체 사회 – 고대 노예제 사회 – 중세 봉건사회 – 근대 자본주의 사회 – 사회주의와 공산주의 사회로 이행하는 과정에 사회발전의 일반법칙이 있다고 본다. 정신을 중시하는 관념론Idealism이나 역사의 경험을 중시하는 경험론經驗論과 달리 물질을 유일한 실체로 보는 유물론唯物論에서는, 세상은 신이 창조한 것도 아니고 인간 관념의 산물도 아닌 현실 그 자체라고 본다. 그런데 인간은 현실에서 생존하지만 자기 의지와 다르게 사는 것이므로 경제적 물질 관계를 과학적으로 인식하고 주체적으로 실천하는 변혁의 철학이 필요하다.

역사적 유물론이라는 어휘는 엥겔스가 마르크스의 『공상에서 과학으로 사회주의의 발전』 서문[1892]에서 처음 사용했다. 역사적 유물론에서는 물질이 경제적 토대±臺이며, 그 토대가 상부구조를 규정하는 것으로 간주한다. 반면 하부구조의 핵심인 생산관계는 노동력, 도구, 재료 등의 생산수단과 물질 생산의 방법인 생산양식Mode of production에 의해서 구성된다. 이 생산관계가 바뀌면 물질과 재화를 생산하는 생산력Productive force이 변화한다. 그 결과 경제적 구조인 토대Base가 변하게 되고 그로 인하여 정치, 법률, 철학, 문화, 예술, 관습 등의 상부구조Superstructure도 변화한다. 이렇게 새로운 사회가 시작된다. 이것이 바로 '경제적 토대가 인간의 존재와 인류의 역사를 결정한다'는 역사적 유물론이다. 물론 이 역사발전의 과정에서 경제적 토대가 이데올로기적 상부구조를 기계적으로 규정하지는 않는다.

마르크스주의자들은 물질과 재화의 경제적 관계에서 계급이 형성되었고, 생산력과 생산관계의 변화로 인하여 계급투쟁이 벌어질 수밖에 없으며, 그 계급투쟁의 결과로 역사가 변화하고 발전했다고 본다. 그런 점에서 마르크스는 『독일이데올로기』[1846]와 『정치경제학비판』[1859] 서문에서 유물론적 역사관을 제시하고 현실의 '사회적 존재가 의식을 결정한다Social existence determines their consciousness'고 말한 것이다. 이것은 헤겔의 목적론적 역사관과 포이어바흐의 인간적 유물론을 부정하는 역사관이다. 당시 마르크스는 역사를 경제결정론의 관점에서 보았으나 훗날 인간의 능동적 실천으로 역사가 발전한다고 덧붙였다. 즉, 역사는 경제적 이해가 변증법적으로 통합되는 한편 인간의 주체적 실천이 상호작용하여 발전한다는 것이다. 하지만 마르크스는 유물론을 역사발전의 일반법칙으로 간주하면서도 맥락과 조건에 따라서 전개 양상이 다를 수 있다고 보았다.

마르크스와 함께 유물론적 역사관唯物論的 歷史觀을 주장한 엥겔스는 기계적 결정론을 부정하고 역사의 변증법적 과정을 강조했다. 한편 스탈린은 철학적 개념인 변증법적 유물론이 현실 속에서 실현되는 것을 역사적 유물론이라고 규정하고 적극적으로 현실정치에 적용했다. 한마디로 역사적 유물론은 인류의 역사를 계급투쟁의 과정으로 보는 관점이며, 그 역사를 과학적으로 분석하는 사관이고, 인간의 실천을 강조하는 개념이다. 그런데 역사적 유물론은 기계주의이고, 경제결정론이며, 교조주의라는 비판을 받으며 사이비 과학이자 유사 종교이고 정신을 부정한다는 비난을 받는다. 반면 영웅이 역사를 이끌어간다는 영웅사관, 헤겔이 말한 세계정신과 같은 관념론, 자연환경과 지리적 조건을 중시하는 견해, 신의 뜻이 실현되는 것이 역사라는 목적론적 시각 등은 역사적 유물론과 배치된다.

참고문헌 Karl Marx, "The German Ideology", *Literary Theory : An Anthology*, Oxford : Blackwell, 1998.

참조 결정론, 계급의식, 계급투쟁, 관념론, 노동가치설, 마르크스, 만국의 노동자여 단결하라, 변증법, 세계정신, 아시아적 생산양식, 역사, 유물론, 인간소외, 인정투쟁, 잉여가치, 자본주의, 정신

자아와 비아

The I and The not-I | 自我和非我

1814년 1월 27일 피히테가 죽었다. 그가 죽은 것은 종군 간호사로 근무하던 아내 한^{J. Hahn}으로부터 발진티푸스에 걸렸기 때문이다. 피히테^{J.G. Fichte, 1762~1814} 자신도 나폴레옹에 저항하는 프러시아^{독일} 군대에서 봉사하던 중이었다. 피히 테는 1808년 베를린에서 「독일국민에 고함」이라는 격정적 강연을 했고, 1810년 베를린대학이 설립된 후 초대 총장을 지냈다. 이 저명한 철학자의 죽음은 특별 한 의미가 있다. 피히테의 죽음은 단지 조국을 위한 애국심을 넘어서는 것이기 때문이다. 독일 민족주의 제창자로 알려진 피히테는 철학적 이론과 함께 실천 을 중요시했다. 그는 실천이 없는 이론이나 도덕이 결여된 언행을 철저히 배격 했다. 그런데 피히테는 독일 민족주의를 고창한 자신의 주장에 대한 책임감 때 문에 죽게 된 것이다. 그를 죽음으로 이끈 것은 칸트였다. 피히테는 칸트 순수 이론이성의 부정합성을 비판적으로 수렴하여 독특한 자아철학을 완성한다.

피히테가 보기에 칸트^{I. Kant}의 관념론에서는 순수이성과 실천이성의 부조 화가 일어나 주체와 대상은 통일되지 않는다. 왜냐하면, 관념의 세계인 '물자 체^{Ding an sich}가 있기는 있지만 알 수는 없다'는 칸트의 초월적 관념론^{Transcendental Idealism}은 모순이기 때문이다. 피히테는 칸트의 관념론에 내재한 순수이성과 실 천이성의 모순 해결 즉, 주체와 대상을 통일하고 종합하는 방법을 자아에서 찾 는다. 세상 또는 사물은 마음에서 구성되는 것이므로, 마음 안의 절대자아가 주 체와 대상을 연결하고 통일할 수 있는 것이다. 그리하여 피히테는 주관적 관념 론^{Subjective Idealism}에 근거하여 선험적 주체 이전의 절대자아라는 개념을 창안하고 자아가 정립setzen되는 과정을 설명했다. 이렇게 정립된 자아는 의식 내의 객관을 의식 외부로 분리하는 한편 의식의 주관을 강조한 근대적 자아다. 따라서 자아와 비아는 나와 나 아닌 것에 관한 피히테의 철학적 견해다.

자아철학에서 자아와 비아의 변증적 종합은 다음과 같이 전개된다. 첫째, [테제의 단계] 모든 것의 원인이자 근거인 자아가 스스로 정립한다. 이 자아는 정신 활동을 가능케 하는 최초 자아이자 최종 자기다. 이를 통하여 '나는 나다'는 A=A의 동일률이 성립하고 타자나 사물을 인식하는 주체의식이 형성된다. 둘째, [안티테제의 단계] 자아는 자아 내에 가분可分 가능 상태로 잠재한 비아를 정립한 다음 타자로 설정한다. 이 상태에서 자아와 비아는 대립적인 관계를 형성한다. 그러면 자아를 통해서 비아가 존재하고 비아를 통해서 자아가 존재한다. 이를 통하여 '나는 나가 아니다'라는 A≠A의 모순율이 성립한다. 셋째, [진테제의 단계] 자아와 비아는 상호대립하고 상호인정하면서 절대자아의 정신 활동 안에서 통합된다. 이 단계에서 자아는 자아이면서 자아가 아니고 비아는 비아이면서 비아가 아니다.

피히테가 말하는 절대자아는 총체적이고 종합적인 본질이면서 자유로운 자아 활동의 근거인 동시에 자기반성의 원리다. 이 절대자아 안에는 본질적 힘이자 반성적 활동인 안슈토스Anstoss가 작동되고 있다. 이렇게 정립된 자아와 비아는 사행事行, Tathandlung이라고 하는 역동적이고 직관적 자기인식을 계속한다. 이처럼 피히테의 관념론적 자아철학自我哲學에서 현상일 뿐인 마음 바깥의 사물과 세상은, 실재인 마음 안에서 구성되고 인식되는 것이다. 마음 안에서 자아는 의식의 주체를 의미하고 비아는 인식의 대상객체을 의미한다. 따라서 자아는 사고, 반응, 감정, 의지, 경험, 행위 등의 작용을 주관하고 통일하는 자기의식의 주체이고 비아는 자아가 아닌 것 즉, 자아의 모순 개념이며 '나', '자기Self', '자신Oneself', '에고Ego'가 아닌 것이다.

절대자아가 자기를 인식하는 정신 활동에서 지식앎이 구성Einbildung된다. 이로부터 형성된 피히테 철학의 핵심인 지식학知識學, Wissenschaftslehre, Doctrine of Knowledge은 세상을 이해하는 형이상학적 근거와 인식의 과정에 대한 학문이다. 또한, 지식학은 진리와 실재를 찾는 방법이자 철학이 근거하는 제일철학이다. 그런데 자아는 자유롭고 또 자율적이므로 나/자기Ich에게는 그에 상응하는 책임이 주어진다. 피히테가 나폴레옹에 저항하고자 독일 민족주의를 고창하고 전쟁터에서 전염병으로 죽은 것은 자아철학에 근거한 도덕적 실천행위였다. 자기를 직관하고 인식하면서 자기를 완성하는 것이 바로 피히테 자아철학의 종착역인 실천이성이다. 이렇게 하여 피히테는 칸트의 비판철학을 계승하여 근대적 주체를 새롭게 설정하고 자아의 신학을 완성했다. 한편 야스퍼스K. Jaspers는 '나Ich'와 '다른 나andere Ich'를 설정하고 '다른 나'가 곧 비아Nicht-ich라고 해석한 바 있다.

참고문헌 Johann Gottlieb Fichte, *The vocation of the scholar*, translated by William Smith, London : John Chapman, 1847.

참조 객관·객관성, 관념론, 물자체, 변증법, 순수이성, 실천이성, 유식사상, 자아, 절대자아, 존재론, 주관·주관성, 주체·주체성, 직관, 판단력비판―미(美)란 무엇인가?, 형이상학

절대자아
Absolute I/Self | 绝对自我

'신이 세상을 창조한 것인가? 내가 세상을 창조한 것인가?' 어느 날 P는 '세상이 어떻게 하여 생겨났을까'에 관하여 깊은 생각에 빠졌다. 그의 생각은 이렇다. 내가 없으면 세상도 없는 것이므로, 내가 세상을 창조한 것이다. 그렇다면 나를 창조한 것은 누구일까? 만약 '신이 나를 창조했고 나는 세상을 창조했다'고 하면 순환적 모순에 빠진다. 그래서 P는 '나는 스스로 나를 창조했고, 창조된 내가 세상을 창조했다'라고 정리했다. 이 P의 생각처럼 마음에서 세상이 구성된다는 것은 유식사상唯識思想을 비롯하여 여러 철학과 종교에서 이야기한 바 있다. 그중에서 피히테는 주관적 관념론의 입장에서 절대자아라는 개념을 창안하고 절대자아가 세상을 구성한다고 설명했다. 피히테가 말하는 절대자아는 모든 것을 경험하고 인식하는 절대적 근거이면서 '자아 바깥에는 아무것도 없는' 절대적인 자기다.

데카르트는 인간은 생각하는 존재라는 것을 강조하고 생각의 주체와 의식을 분석했다. 이후 '인간의 마음이 어떻게 실재를 인식하는가'가 서양 근대철학의 핵심논제가 되었다. 이에 대하여 칸트는 주체인 자기인식 바깥에는 단지 표상Representation만 있을 뿐이고, 인간의 인식 바깥에 실재하는 것은 없다는 초월론적 관념론을 주장했다. 칸트에 의하면 인간에게는 순수이성의 선험적 능력reine Vernunft, a priori이 있는데 그 능력은 경험 이전의 '무엇이 어떻다'와 같은 종합판단이다. 이것은 바로 물자체物自體, Ding an sich라고 하는 선험적 본질이다. 칸트는 이성의 독단을 경계하고자 경험론을 받아들여 비판철학을 수립했지만, 피히테가 보기에 칸트의 물자체 역시 독단론Dogmatism이다. 특히 피히테는 칸트의 초월론적 관념론에서 순수이성과 실천이성의 모순을 발견한다. 존재하지 않는 물자체는 인식할 수 없으므로 인식의 주체와 대상 간에 괴리가 있다는 것이다.

피히테는 이 모순을 해결하기 위하여 자아를 새롭게 설정했다. 물자체라는 관념을 인식하려면 선험적 주체 이전의 또 다른 주체가 있어야 한다. 그런데 의식의 주체인 자아는 이미 경험과 인식의 절대 근거이며, 모든 것을 존재하게 하는 충분근거율充分根據律 또는 충분이유율을 가지고 있다. 따라서 피히테는 자아를 직관하고 자아의 본질을 알 수 있으면 주체와 대상의 모순이 해결된다고 보고 모든 것을 자아에서 찾아야 한다고 단언한다. 이 과정에서 역동적으로 자아와 비아가 활동하는 사행Tathandlung이 작동된다. 이처럼 칸트의 관념론을 계승한 피히테는 예나대학 교수 취임 강연인 『지식학의 기초Foundations of the Science of Knowledge』1794에서 자아의 상호주관성Intersubjectivity을 강조한다. 그가 입론한 지식학Wissenschaftslehre은 자기인식이면서 사실을 정확하게 인식하는 철학의 핵심이다.

절대자아가 주체와 대상을 연결하는 것은 자아와 비아를 나누고 세상을 상상하여 구성하는 구성력Einbildung 때문이다. 사행事行과 구성構成은 다음과 같은 변증법적 과정을 거친다. 첫째, (테제의 단계) 모든 것의 원인이자 근거인 자아가 스스로 자기를 정립한다. 이 자아는 모든 인식과 정신 활동을 가능케 하는 순수자아이다. 둘째, (안티테제의 단계) 자아 내에는 자아를 자아로 정립하도록 하는 비아가 있다. 자아는 비아를 정립하지만, 비아는 자아를 부정한다. 자아를 부정하고 비아를 정립하게 되면 자아와 비아는 대립적인 상태가 된다. 셋째, (진테제의 단계) 자아는 자아와 비아로 나뉘었지만, 절대자아 안에서 다시 통합된다. 절대자아는 자아와 비아가 나누어지는 원리인 동시에 자아와 비아를 통합한 결과다. 이처럼 절대의식Absolute consciousness을 가진 절대자아는 주관적 관념론Subjective Idealism의 정점이며 마음의 정신작용이다. 그리고 판단 활동의 근거이고 세상을 구성하는 원리다.

자아철학의 체계 중에서 절대자아는 세상을 구성하는 최초 원인이자 최후 결과이며 모든 정신 활동의 근거일 뿐 아니라 최상위의 심판자이다. 이런 절대 자아의 구성을 거쳐 인식의 주체와 대상인 객체가 통일된다. 절대자아의 구성 능력을 통하여 '나는 활동하기 때문에 존재한다'는 피히테의 실천이성이 완성 된다. 피히테가 실천이성과 자아의 절대성을 강조한 것은 도덕적 완성을 추구 했기 때문이다. 피히테에 의하면 도덕과 윤리의 진정한 주체가 바로 절대자아 다. 이처럼 칸트의 초월론적 관념론을 비판하고 인식의 주체인 나^{Ich}와 마음의 자아^{Self}를 중시한 것이 바로 피히테의 독특한 자아철학自我哲學이다. 그리하여 절 대자아는 신을 대신하여 모든 것을 구성하는 신적인 지위를 얻은 자아다. 절대 자아의 정신 활동을 자아의 신학神學이라고 한다.

참고문헌 Johann Gottlieb Fichte, *Foundations of the Science of Knowledge*(1794), Cambridge University Press, 1982.

참조 관념론, 물자체, 변증법, 순수이성, 실천이성, 유식사상, 윤리·윤리학, 이성, 자기 정체성, 자아, 자아와 비아, 정신, 주관·주관성, 주체·주체성, 직관, 초월(칸트), 판단력 비판-미(美)란 무엇인가?

절대자아 **431**

종말론

Eschatology | 末世論

'명령의 외침과 대천사의 목소리와 하느님의 나팔소리가 울리면, 주님께서 친히 하늘에서 내려오실 것입니다. 그러면 먼저 그리스도 안에서 죽은 이들이 다시 살아나고, 그다음으로, 그때까지 남아 있게 될 우리 산 이들이 그들과 함께 구름 속으로 들려 올라가 공중에서 주님을 맞이할 것입니다.' 이것은 세상의 심판과 종말을 묘사한 기독교 신약성경 「데살로니가Epistle to the Thessalonians」 4장 16절과 17절이다. 그러니까 하나님/하느님은 세상의 마지막 날, 인간을 심판하고 믿음을 가진 자를 구원하여 신 가까이 둔다는 것이다. 이것을 사실로 전제하고 문자적으로 해석하는 교파에서는, 종말의 그날 심판이 내려질 것이고, 모든 인간은 그 심판에 따라서 천국과 지옥으로 배치되며, 그로부터 새로운 신의 나라가 시작된다고 믿는다. 상징적으로 해석하는 교파에서는 종말의 정해진 시간은 없으며, 하나님/하느님의 나라가 완성되는 것이 종말이라고 믿는다.

종말終末은 시작始作의 반대로 '세상의 끝' 또는 '끝의 시간'이라는 뜻이고 종말론終末論은 그리스어 끝을 의미하는 Eschatos와 무엇에 대한 논리라는 의미의 Logy가 결합한 합성명사다. 따라서 종말론은 세상의 끝 즉 마지막의 세계이자 새로운 시작이고 창조와 대비되는 종교적 개념이다. 종말이나 종말론은 시간에 대한 인식이다. 시작이 있으면 끝이 있고 최초가 있으면 최후가 있을 것이라는 생각이 종말과 종말론을 낳은 원천이다. 그런데 종말과 종말론이 다른 점은 종말이 마지막 어떤 시간이나 현상의 끝을 의미한다면, '종말론은 창조된 세상은 신에 의해서 심판을 받거나 해체된다'는 종교적 교의教義다. 따라서 종말론은 창조론의 종교인 유대교, 기독교, 이슬람교 등 아브라함계통 종교와 브라흐만 계 종교인 힌두교에 존재하며 불교나 도교에서는 종말의 개념은 있지만, 종말 론은 없다.

고대 인도의 브라흐만사상과 힌두교에서는 파괴와 창조를 선적인 순환으로 보았다. 힌두교의 시바Shiva는 세상을 끊임없이 생성하고 해체하는 신인데 그가 창조한 세상의 시작과 끝은 브라마Brahma의 하루에 해당한다. 이 우주적 시간관 에서 종말은 한세상의 끝이면서 동시에 새로운 세상의 시작이다. 한편 고대 페 르시아의 조로아스터교Zoroastrianism에서는 선한 유일신 아후라 마즈다Ahura Masda가 승리하는 것을 종말로 보았다. 이 교의와 사상이 유대교에 영향을 미쳐 종말론 이라는 체계적인 교의가 생겨났다. 유대교의 종말론은 메시아가 도래하여 믿 음이 있는 자들을 구원하고 죽은 자Tsadikim를 살려내는 마지막 날에 관한 사상이 다. 기독교의 종말론은 조로아스터교와 유대교의 종말사상을 받아들인 것이다. 구약의 일반적 종말론과 달리 신약에서는 그리스도를 중심으로 한다.

기독교의 종말론은 그리스도의 부활 이후 천년왕국이 지속되다가 재림再臨인 파루시아Parousia가 있을 때 최후 심판을 받고 기독교인들은 구원을 받는다는 사 상이다. 종말론에는 그리스도의 부활 이후 재림하는 그날이 세상의 종말이라 는 관점과, 축복의 천년왕국Millennium 이후 그리스도가 재림한 다음 종말의 날이 올 것으로 보는 관점이 있다. 한편 이슬람교 종말론은 심판을 특별히 강조한다. 종말은 창조신인 알라만 알 뿐인데, 그 순서는 징후→우주와 인간이 소멸→재 생→선악 심판→천국과 지옥 등이다. 이슬람교에서는 최후 심판을 강조하여 알라를 믿지 않고 무함마드를 신의 사자messenger로 고백하지 않는 자는 지옥에 간다고 한다. 이처럼 유대교, 기독교, 이슬람교. 힌두교의 종말론은 각기 다른 데, 세상을 창조한 신이 세상을 파괴하거나 심판하고 다른 세상을 만든다는 공 통점이 있다. 따라서 종말은 우주와 세계의 완전한 종말을 의미하는 것이 아니 라 새로운 우주와 세계를 창조하는 것이다.

기독교 종말을 묘사한 「요한계시록Book of Revelation」은 세상의 마지막을 은유적이고 상징적으로 표현하고 있다. 계시록에서는 경건한 믿음을 가져야만 갑자기 닥치는 종말의 날, 신부가 신랑을 맞이하듯이 하나님/하느님을 맞이할 수 있다고 설명한다. 종말의 사상은 어느 시대에나 있었지만 종말론이 강조된 시기는, 서기 1000년과 2000년 그리고 20세기의 세계대전 전후다. 그런데 종말의 계시를 지나치게 문자적으로 해석하여 세속적 종말론으로 위기를 전파하는 것은 위험하다. 대부분 기독교 교파에서는 신에 의하여 들림을 받는다는 휴거携舉, The Rapture를 이단異端의 주장으로 간주하며 근거 없는 말세론末世論을 전파하지 말 것을 강조한다. 따라서 순환적인 시간관이든 직선적 시간관이든 종말론은 시작과 끝, 창조와 파괴에 관한 종교적 교의이며 세상이 끝난다는 것과는 다른 개념이다.

참고문헌 Epistle to the Thessalonians.

참조 결정론, 공포와 전율의 아브라함, 삼위일체, 상징, 신이 존재하는 다섯 가지 근거, 예수 그리스도, 운명론, 원죄[기독교], 자유의지, 창조론

인심도심
Human Mind and Moral Mind | 人心道心

‘성인은 추울 때나 배고플 때 또는 욕정이 생길 때 어떻게 할까?’ 보통사람들은 추우면 따뜻한 곳을 찾고, 배고프면 음식을 먹으며, 욕정이 생기면 이를 풀고자 한다. 그런데 수양이 깊고 도력이 높은 성인이라면 이런 것도 참을 수 있지 않을까? 이에 대하여 주희朱熹는 ‘성인도 배고프면 먹어야 하고 추우면 입어야 하는 인간이다雖聖人不能無人心, 如饑食渴飲之類[1]라고 답했다. 이것은 인간의 본능을 의미하는 것으로 성리학의 심성론에서는 인욕人欲이라고 한다. 그렇다면 성인과 보통사람이 다른 점은 무엇인가? 성인은 욕망을 대할 때, 도에 따라 정精하고 경敬하기 때문에 법도에 어그러짐이 없다고 설명한다. 여기서 유래한 인심도심은 인욕의 근원인 인심人心을 절제하고 도리에 맞는 도심道心에 따라야 한다는 도덕론이다. 여기에서 인간의 마음과 우주의 이치를 뜻하는 인심도심이라는 개념이 나왔다.

인심도심은 ‘인심은 위태하고 도심은 희미하니, 오직 정하고 일하여야 진실로 그 중을 잡을 수 있다人心惟危 道心惟微 惟精惟一尢執厥中’에서 유래한다. 요순시대의 순舜임금이 우禹임금에게 왕위를 물려줄 때 했다고 하는 이 말은 『서경』 또는 『상서尚書』「대우모大禹謨」에 나온다. 여기서 ‘인심이 위태하다’는 것은 ‘인간의 마음은 변화가 많고 격정적이어서 절제하기 어렵다’는 뜻이다. 이것을 신체의 기氣는 사사롭다는 형기지사形氣之私와 하늘의 이치는 공명하다는 성명지성性命之性

---

1   『朱子語類』 25권.

으로 나눈다. 기의 사욕을 절제하게 하는 것은 천리天理인 도심이다. 그런데 천리인 도심은 항상 선하지만, 인간의 인심은 선할 수도 있고 악할 수도 있다. 그러므로 수기치인修己治人하여 심신을 닦아야만 인심의 사욕을 이기고 천리와 도심에 따를 수 있다. 이것을 『서경』에서는 '윤리도덕의 입장에서 정일精一로 수양하면 중中의 경지에 이를 수 있다'고 한 것이다.

이천伊川 정이程頤는 마음은 도의 소재이면서 본체이므로 심과 도는 혼연하다고 보았다. 그래서 정이는 '인심의 사욕은 위태하고 도심의 천리는 정묘하므로 인욕을 없애고 천리를 밝혀야 한다'는 멸인욕명천리滅人欲明天理를 주장했다. 이정자二程子를 계승하고 발전시킨 것은 주자 주희朱熹, 1130~1200다. 주희는 맹자의 성선설에 근거하여 마음의 본체心之體는 선한 성性이고, 마음의 쓰임心之用은 정情이라고 하였다. 그런데 마음은 선한 도심과 선할 수도 있고 악할 수도 있는 인심의 본체이자 쓰임의 실체이다. 따라서 우주 자연의 천성에 근거한 인심人心과 도심道心을 잘 다스리는 것이 바로 중용지도다. 중용은 도리와 도덕을 실천하는 방법인데, 실천의 단초는 자기 수양에서 시작한다. 인간의 자기 수양은 경건한 자세로 사물의 이치를 궁구하는 거경궁리居敬窮理를 말한다.

주자는 『중용』의 「장구서章句序」에서 이렇게 말했다. '마음의 허령지각虛靈知覺은 하나인데, 인심과 도심에 다름이 있다고 한 것은 혹 형기形氣의 사사로움에서 나오고, 혹 성정性命의 바름에서 근원하여 지각한 것이 다르기 때문이다. 이것 때문에 혹 위태하여 불안하고 혹 미묘하여 보기 어렵다. 그러나 사람은 형체가 없을 수 없으므로 비록 상지上智라도 인심과 성性이 없을 수 없으며 비록 하우下愚라도 도심이 없을 수 없는 것이니, 이 두 가지가 마음 사이에 섞여서 다스릴 줄을 모르게 되면 위태로운 것은 더욱 위태로워지고 은미한 것은 더욱 은미해져서 천리天理의 공평함이 끝내 인심의 사사로움을 이기지 못할 것이다.'[2] 이처럼

---

2 『中庸』「章句序」, 心之虛靈知覺 一而已矣 而以爲有人心道心之異者 則以其或生於形氣之私 或原於
   性命之正 而所以爲知覺者不同 是以或危殆而不安 或微妙而難見耳 然人莫不有是形 故雖上智不能

마음이 사물에 감응하면 인심人心의 정情이 발하여 사사로운 인욕人欲과 욕심慾心이 일어날 수 있다. 그래서 주희는 도심으로 인심을 다스려야 한다는 심성론心性論에서 존천리멸인욕尊天理滅人欲을 주장한 것이다.

주자가 심성론을 강조한 것은 첫째, 만주족滿洲族의 금金에 쫓겨 남하한 남송南宋이 천리를 지켜서 천하질서를 바로잡아야 한다는 양이적攘夷狄의 실천철학이었고 둘째, 불교와 도교를 배척하는 벽이단闢異端과 유학을 중심으로 세워야 한다는 도통 확립이었다. 하지만 일반적 인심도심론은 청대淸代에 『상서尙書』를 위서로 규정한 이후 급격히 쇠퇴하였다. 반면 주자의 인심도심론은 조선의 유학자들에 의하여 계승되었다. 조선의 퇴계 이황은 인심은 칠정七情이고 도심은 사단四端이라고 한 다음 도심으로 인심을 다스려야 한다고 정리했다. 한편 율곡 이이는 주자의 학설을 그대로 계승하는 한편 주기론主氣論의 입장에서 인심도심종시설人心道心終始說을 제기하였다. 이황과 이이의 인심도심론은 주자의 학설을 토대로 인간의 존재론, 심성론, 수양론, 공부론工夫論을 크게 발전시켰다.

참고문헌 『尙書』/『書經』.

참조 거경궁리, 격물치지, 도, 마음, 문이재도, 사단칠정, 성리학, 성선설, 성악설, 수양론, 심즉리, 이기론(주희), 인물성동이론, 존재론, 중용지도

無人心 亦莫不有是性 故雖下愚不能無道心 二者雜於方寸之間 而不知所以治之 則危者愈危 微者愈微 而天理之公 卒無以勝夫人欲之私矣.

형이상학

Metaphysics | 形而上学

소년 K는 일기에 이렇게 적었다. '나는 죽음 이후의 시간 때문에 공포 속에서 오래 울고 떨었다. 밤마다 이불 속에서 숨죽여 울면서 영혼을 달랬다. 답이 없었다. 하지만 나는 매일매일 '나는 무엇이고, 나는 어디에서 와서, 어디로 가는 것인가'를 묻고 또 물었다.' 인간은 누구나 이 소년처럼 자기에 대한 물음을 거듭한다. 이 존재론적 물음이야말로 자신의 근원을 찾고자 하는 소중한 사유일 것이다. 이처럼 존재, 시간, 공간, 실체, 실재, 본질 등 근원에 대한 철학적 영역을 형이상학이라고 한다. 형이상학이라는 어휘는 『역경易經』「계사系辭」에 '형이상을 도道라고 하며, 형이하를 기器라고 한다'는 것에서 유래했다. 주자 주희朱熹는 이기철학의 관점에서 '이理는 형이상학의 도이며 만사와 만물의 본체이고 본성理是形而上之道也 萬事萬物의本體本性'이라고 말했다. 여기서 말하는 형이상학은 존재와 현상의 근원 즉 우주 자연의 본질과 원리에 관한 학문이다.

아리스토텔레스Aristoteles, BCE 384~BCE 322는 『형이상학』에서 '모든 사람은 본능적으로 알고 싶어 한다All men by nature desire to know'고 말하면서 형이상학을, 자연과학과 달리 근원적인 것을 추구하는 제일철학이라는 뜻으로 썼다. '있다'라는 술어述語에서 있음이라는 존재와 있는 원리에 관한 존재 원리가 바로 형이상학이다. 형이상학은 현실의 물체를 다룬 '자연의 다음, 물리학을 넘어, 존재하는 원리와 본질'을 추구하는 철학이다. 아리스토텔레스는 그리스어 '다음meta'과 자연phusikós이 결합하여 형이상학이라고 명명했다. 아리스토텔레스는 플라톤의 이데아를 비판하고 실재론을 깊이 사유했는데 그것을 후대인들이 『형이상학形而上學』

으로 명명한 후, 형이상학이 존재의 근거와 본질을 탐구하는 영역으로 알려지게 되었다. 그런데 형이상학은 경험^{後驗, a posteriori}이 아닌 이성적 선험^{a priori}을 바탕으로 하지만 주관성을 배제한다.

일반적으로 형이상학은 존재의 근거와 존재의 영역, 존재의 방법에 관한 철학이다. 형이상학은 주로 신, 우주생성, 자유의지, 결정론, 최초 원인과 인과법칙, 필연성과 우연성과 같은 양상^{modality}, 시간과 공간, 마음과 육체, 정체성, 상호관련성, 관념론 등을 다룬다. 가령 '그것은 무엇인가' 또는 '그것은 어떻게 존재하는가'를 묻고 답하는 이성적 사유가 바로 형이상학이다. 이 물음은 그 존재가 어떻게 생겨났는지, 존재가 추구하는 것은 무엇인지, 그 존재는 어떻게 지속하는지 등으로 연장된다. 이처럼 형이상학은 세계의 궁극적 근거와 원리이기 때문에 보편적이고 총체적이며 초월적이다. 물리학^{Physics}이 실체와 사물을 탐구하는 것에 반하여 형이상학은 사물과 현상의 보편적 실재와 본질을 탐구한다. 그래서 형이상학을 영원불변하는 진리인 제1 원리를 탐구하는 제1 철학이라고 하는 것이다.

플라톤은 불변하는 본질/실재를 이데아^{idea}/형식^{form}이라고 명명했다. 이 초월적인 본질은 종교에서 신의 존재와 유사한 면이 있다. 특히 토마스 아퀴나스를 비롯한 중세철학자들은 최초 원인^{first causa}이면서 총체적이고 보편적인 본질을 신이라고 보았다. 보편적 본질로서의 형이상학과 신은 구체적이고 과학적인 사실을 다루는 근대에 이르러 부정될 수밖에 없었다. 형이상학의 합리주의적 전통은 독일관념론에 영향을 미쳤으나 칸트는 형이상학을 끝없는 심연^{Botomless abyss}이라고 비판했다. 한편 경험주의자 흄은 형이상학이 추구하는 본질을 경험적으로 증명할 수 없으므로 의미가 없다고 깎아내렸으며 '말할 수 없으면 침묵하라'고 말한 비트겐슈타인은 경험과 이성으로 증명할 수 없는 형이상학은 의미가 없는 공허한 사유라고 단언했다. 반면 하이데거는 존재와 존재자의 의미를 새롭게 설정하여 형이상학적 존재론^{ontology}을 재확립했다.

근대의 경험론과 실증주의 그리고 자연과학의 발달에 따라서 이성을 중시하는 형이상학은 덜 중요한 것으로 여겨졌다. 그런데 경험론에서 구체적인 사실을 과학적으로 해명한다고 하더라도 형이상학의 의미는 사라지지 않는다. 가령 '빨간색은 무엇인가'라고 묻고 과학적으로 설명하더라도 과학은 '빨간색의 존재 이유는 무엇인가' 또는 '무엇이 빨간색임redness인가' 등을 설명하지 못한다. 또한, '나'라는 육체의 모든 것과 생사生死를 과학적으로 밝히더라도 '나는 어떤 정체성을 가진 존재이고, 어디에서 와서, 어디로 가는 것인가'와 같은 형이상학적 문제가 해결되는 것은 아니다. 그래서 칸트는 이성의 오류를 통렬하게 비판하면서도 인간이 경험한 것들은 지성에 의해서 보편타당하게 통일된다고 보았다. 기독교와 이슬람교에서는 철학의 형이상학을 받아들여서 초월적 존재의 개념을 완성했다.

참고문헌 Aristoteles, *Aristotelis Metaphysica*, edited by Werner Jaeger, Oxford Classical Texts, Oxford University Press, 1957.

참조 격물치지, 경험론/경험주의, 관념론, 논리실증주의, 물리주의, 보편논쟁, 본질, 순수이성, 영원불변한 세상, 유물론, 이기론(주희), 이데아, 이성론/합리주의, 인식론, 정체성, 존재·존재자, 존재론, 철학, 학문, 현존재 다자인

명제

Proposition | 命題

논리교사 K는 '소크라테스는 사람이다'는 명제인데 '소크라테스는 나쁜 남편이다'도 명제냐고 질문했다. 그러자 명석한 학생 C는, '소크라테스는 나쁜 남편이다'도 명제일 수 있다고 답했다. 무엇이 명제이고 무엇이 명제가 아닌가? 명제는 참과 거짓眞僞을 판단判斷할 수 있으며 주어와 술어로 구성된 문장이다. 이어서 진위판단의 문장은 보는 각도에 따라서 다르기 때문에 '소크라테스는 나쁜 남편이다'도 명제로 볼 수 있다고 덧붙였다. 이처럼 일상어 또는 자연어는 뜻이 애매하기 때문에 명제인지 아닌지 알 수 없는 경우가 많다. 그래서 분명한 논리기호論理記號로 표기하는 것을 명제식命題式이라고 한다. 가령 주어인 소크라테스는 단칭이므로 소문자 s로 표기하고 술어인 '나쁜 남편이다'를 P로 표기하여 s=P라는 논리기호의 명제식으로 바꾸어보면 이 문장의 논리 구조가 분명해진다.

명제는 참과 거짓을 함의하는 언어나 선언적declarative 논리이자 고유한 의미가 있는 문장이며 대체로 명제문命題文인 닫힌 문장closed sentence으로 표현된다. 반면 질문, 감탄, 명령, 감정, 신념, 심리 등의 표현은 명제가 아니다. 또한, '삼각형은 세 개의 선을 가진 도형이다'와 같은 명백한 참 역시 명제가 아니다. 이처럼 명제를 정의하는 것은 어렵다. 왜냐하면, 일상어의 문장은 관점, 영역, 문맥에 따라서 다르고, 화자의 언어사용에 따라서 의미가 달라지는 열린 문장open sentence이기 때문이다. 그럼에도 불구하고 명제가 중요한 것은 명제를 통하여 진위를 판정할 수 있고, 명제의 진위판정을 통하여 올바른 지식체계를 세울 수 있기 때문이다. 이 중 어떤 것에 대하여 단정적으로 표현하는 것이 정언명제定言命題다. 정언명제는 '무엇은 무엇이다' 또는 '무엇이 어떻다'라고 범주를 확정하여 표준화한 형식이며 사실을 주장하지만 직접 참/거짓을 판정하지는 않는다.

분해할 수 없는 명제를 단순명제primary proposition 또는 원자명제atomic proposition라고 한다. 예를 들어 '소크라테스는 사람이다'는 단순명제다. 하나 이상의 명제와 논리 연산 그리고 괄호로 이루어진 명제를 합성명제compound proposition 또는 분자 명제라고 한다. 예를 들어 '소크라테스는 철학자이고 나쁜 남편이다'는 합성명 제, 복합명제, 겹명제, 분자명제다. 이런 명제를 판단하여 문장으로 표현하는 명 제문命題文은 참과 거짓을 판명하려는 의도가 담긴 평서문이다. 그런데 명제문 은 여러 가지 이유로 의미가 불명확하므로 명제논리로 표현할 필요가 있다. 가 령 'S는 P다'와 같이 논리기호로 바꾸면 모호하지 않게 되는데 이것을 명제식命 題式이라고 한다. 명제 기호는 주어는 S, 술어는 P, 논리곱은 '∧'(연언은 '·'), 논리 합은 '∨', 함의는 '⇒', 동등은 '⇔', 동치는 '≡', 부정은 '¬/~' 등이다.

명제논리propositional logic는 기호화하여 추론하는 현대 기호논리학이다. 명제논 리에서는 복잡한 것도 기호로 표현할 수 있다. 이중 논리적 정합성을 기계적으 로 판정하는 것을 알고리즘Algorism이라고 한다. 명제논리命題論理의 판정은 명제로 나눌 수 없는 원자명제原子命題를 만들어 내용을 선명하게 한 다음 논리적 관계를 살펴보는 것이다. 가령 '모든 사람은 죽는다'는 명제는 논리적으로 사람이 죽는 다는 것을 기술할 뿐, 죽는 사람이 얼마인지 사람이 왜 죽는지는 기술하지 않는 다. 그런데 라이프니츠와 칸트가 말한 것처럼 '사람'이라는 주어에는 이미 '죽 는다'라는 술어가 포함된, 그래서 주어 자체로 참인 분석명제다. 반면 종합명제 綜合命題는 '소크라테스는 나쁜 남편이다'와 같이 주어에 술어가 포함되지 않는 명제이다. 논리학의 분석명제分析命題는 필연명제이고 이성과 관계있는 선험명 제이며, 종합명제는 우연적 명제이고 경험과 관계있는 후험명제다.

논리식으로 명제를 기술하는 명제논리와 달리 술어논리predicate logic는 주어와 술어의 내부구조를 술어기호로 기술하는 것이다. 명제논리인 '사람은 죽는다'는 술어논리에서 '만약 그 x가 사람이라면, 그 x는 죽는다'이며 술어논리의 명제식은 '죽는다(사람)' 즉, die(x)가 된다. 이때 '모든'을 의미하는 양화사^{quantifier} ∀를 넣어 ∀x die(x)와 같은 명제 기호로 표기한다. 한편 '어떤 사람은 죽는다'와 같이 집합의 한 부분만 죽는다고 하면, 존재 기호인 ∃x로 쓰므로 ∃x die(x)가 된다. 주어인 '사람(x)'을 술어에도 배치하여 공통의 기능을 하게 함으로써 술어의 의미를 찾는 것이다. 이처럼 명제논리는 논리적으로 기술하거나 기호화할 수는 있지만, 그 기술이 독립적이기 때문에 관계와 내부구조를 기술하는 술어논리가 필요한 것이다. 명제논리가 명제의 외연적인 것을 기술한다면 술어논리는 명제의 내부구조를 기술한다.

참고문헌 Bertrand Russell, *Mysticism and Logic and Other Essays*, London : Longmans, 1918.

참조 개념, 귀납·연역·귀추, 내포·외연, 논리·논리학, 논증·추론, 대당사각형, 분석명제·종합명제, 술어논리, 이발사의 역설, 인식론, 정언명제, 진리의미론(타르스키)

귀납 · 연역 · 귀추
Induction Deduction Abduction | 归纳 · 演绎 · 溯因

어떤 학생이 "'소크라테스는 죽는다'가 사실이냐?"고 질문을 하자 논리교사는 이렇게 답했다. '모든 사람은 죽는다. 소크라테스는 사람이다. 그러므로 소크라테스는 죽는다.' 이 삼단논법에서 형식과 내용이 모두 참이라면 전제와 결론도 참이므로 타당한 추론이다. 따라서 '사람은 죽는다'나 '소크라테스는 죽는다'는 사실이다. 이것을 연역논증deductive reasoning, 演繹論證 또는 연역추론deductive inference, 演繹推論이라고 한다.[1] 연역을 의미하는 deduct가 '추출한다'라는 뜻이므로 연역추론은 어떤 사실로부터 어떤 사실을 추출하는 추론 즉, 타당한 전제로부터 타당한 결론을 내는 추론이다. 이 연역추론을 정립한 아리스토텔레스Aristoteles의 추론을 삼단논법Syllogism이라고 한다. 연역추론은 '만약if, 그렇다면then, 어떻다so'의 구조로 표현된다. 삼단논법 이외에도 여러 형태의 연역추론이 있는데 모든 추론은 연역이어야 한다는 견해도 있다.

연역추론top-down logic, 演繹推論은 알고 있는 사실전제로부터 결론을 추출하는 것이며 명제 간의 관계로 논리적 타당성을 밝히는 추론이다. 연역추론은 일반적 명제를 대전제로 하고, 특수한 사실에 관한 명제를 소전제로 하여 특수한 결론을 낸다. 예를 들어, '모든 사람은 죽는다'라는 일반 명제를 대전제로 하고 '소크라테스는 사람이다'라는 특수한 사실을 소전제로 삼아 필연적인 결론인 '소크라

---

1 논증(reasoning, 論證)과 추론(inference, 推論)은 둘 다 논리적인 생각인 추리(推理)지만 그 의미는 약간 다르다. 논증은 결론의 진위를 논리적으로 증명하는 것이고 추론은 결론이 전제되지 않은 논리적 사유 과정이다. 하지만 논증과 추론 모두 논리적 사고이기 때문에 명확하게 분리되는 것은 아니다.

테스는 죽는다'라는 결론을 도출한다. 연역추론에서는 대전제와 소전제가 참이고 추론의 형식이 옳다면 결론은 반드시 참이다. 하지만 '모든 사람은 동물이다. 모든 남성은 동물이다. 그러므로 모든 남성은 사람이다'처럼 전제와 결론이모두 참일지라도 형식상 부당한 추론도 있다. 이런 이유 때문에 연역추론을 하나 또는 여러 전제에서 어떤 필연적 결론을 도출하는 추론으로 정의하는 것이일반적이다.

'소크라테스가 죽었다, 플라톤도 죽었다, 아리스토텔레스도 죽었다, 칸트도죽었다. 그러므로 사람들은 죽는다'는 타당한 귀납추론이다. 하지만 '진달래꽃은 봄에 핀다. 개나리꽃도 봄에 핀다. 모란꽃도 봄에 핀다. 그러므로 모든 꽃은봄에 핀다'의 결론은 참이 아니다. 이처럼 귀납추론은 연역추론보다 개연성이부족하고 진위판별도 불확실하다. 그것은 특수한 사실을 사례로 들어 일반적인 결론을 내기 때문이다. 이렇게 볼 때 귀납추론은 결론의 근거만을 제시하는추론이다. 귀납은 '유도한다induce'에서 보듯이 필연적인 결론에 이르는 것은 아니므로 타당하다는 말을 쓸 수 없다. 그래서 귀납은 '아마도probably'로 제한하여개연성possibility이 건전한/좋은sound 추론이나 나쁜bad 추론이라고 한다.

귀납추론bottom-up logic, 歸納推論에서 특수한 것으로부터 일반적인 결론을 도출하는 것을 귀납적 일반화inductive generalization라고 한다. 이것은 여러 가지의 다른 것을 모아서 하나로 일반화한다는 뜻이다. 일찍이 경험주의자 베이컨F. Bacon은 올바른 지식/진리를 찾는 인식 방법은 귀납추론이어야 한다고 주장했다. 하지만또 다른 경험주의자 데이비드 흄David Hume, 1711~1776은 모든 것을 경험으로 확인할수 없기 때문에 귀납의 오류fallacy of induction가 있다고 지적했다. 그래서 귀납추론은 귀납적 개연성inductive probability만 있는 불확실한 추론으로 규정한다. 한편 인식론認識論의 관점에서 볼 때 연역은 인간의 이성을 통해서 지식/진리를 추출하는방법이고 귀납은 인간의 경험을 통해서 지식/진리를 추출하는 방법이다. 따라서 연역추론은 이성론 또는 합리주의Rationalism의 근거이며 귀납추론은 경험주의

Empiricism와 실증주의의 근거이다.

한편 귀추추론 또는 귀추법abductive reasoning, 歸趨法은 어떤 현상에 대하여 최선의 설명을 하는 추론이다. 또한, 귀추추론은 주어진 조건과 상황에서 가장 간단하고 설득력이 있는 설명을 택하는 방법이다. 가령 천문관측을 하던 천체물리학자가 지금까지 알려진 사실과 다른 현상을 보았을 때, '이것은 아마도 이런 이유 때문일 것이다'라고 충분근거율 또는 충족이유율을 추측guessing, 推測하고 설명하는 것이 귀추법이다. 그러므로 연역추론은 규칙rule을 전제로 하고 특수한 사실인 사례case를 근거로 결론인 결과result에 이르는 추론이고, 귀납추론은 특수한 사례case의 결과result로 규칙rule을 만드는 추론이다. 이와 달리 귀추법歸趨法은 결과result의 이상을 진단하여 사례case를 점검한 다음 규칙을 새롭게 설정하는 추론이다. 따라서 귀추법은 확실한 결론을 도출할 수 없고 단지 가설hypothesis을 제시할 뿐이다.

참조 개연성, 경험론/경험주의, 논리·논리학, 논증·추론, 대당사각형, 동일률·모순율·배중률, 명제, 분석명제·종합명제, 술어논리, 이발사의 역설, 이성, 이성론/합리주의, 인식론, 정언명제, 지성·오성, 충분근거율

논리실증주의
Logical Positivism | 逻辑实证主义

'신은 존재한다.' 논리교사는 이렇게 쓴 다음 학생들에게 이것을 증명해 보라고 말했다. 얼마 후 기독교인 학생 P는 여러 가지로 신이 존재한다고 주장했다. 그러자 논리교사 K는 '신이 존재한다'는 진술은 무의미하다고 설명했다. 학생들이 그 이유를 묻자 그는, '신이 존재한다'는 진술은 증명할 수도 없고 부정할 수도 없기 때문이라고 답했다. 이 논리교사의 관점은 논리실증주의에 기반하고 있다. 논리실증주의는 '객관적인 관찰과 실험으로 검증된 과학적인 지식만이 의미가 있다'는 실증주의 이론이다. 논리실증주의에서는 신념, 감정, 감탄 등 주관적인 요소를 배제하고 객관적으로 검증가능성verifiability과 반증가능성falsifiability이 있는 것만을 지식/진리로 간주한다. 이 논리실증주의는 1920년대 빈과 베를린에서 과학자와 철학자들이 결성한 빈학파의 논리적 지식추론의 방법론을 일컫는다.

논리실증주의는 물리학의 관점에서 출발한 검증이론 주창자 슐리크F.A.M. Schlick, 물리학을 중심으로 통일과학을 주장한 노이라트O. Neurath, 과학적 언어를 구축하고자 했던 카르납, 불확정성의 원리를 주장한 괴델K. Goedel 등이 주축이었다. 이들은 회의주의, 러셀의 원자론, 마흐의 현상주의Phenomenalism 인식론, 비트겐슈타인의 언어철학, 무어G.E. Moore의 현상주의 신실재론을 받아들였다. 그리고 세상은 논리와 상응하는 구조이며, 그 구조는 과학과 경험으로 검증할 수 있고, 그 경험과 명제의 총합이 세상이라고 보았다. 이 중 카르납R. Carnap, 1891~1970은 『세상의 논리적 구조The Logical Structure of the World』1928에서 세상의 구조를 논리로 설명할 수 있다고 주장했다. 그러나 『언어의 논리적 통사구조Logical Syntax of Language 』 1934에서 세상을 보편적 언어universal language로 설명하고자 했지만 성공하지는 못했다.

논리실증주의의 기반인 실증주의는 형이상학의 초월론적 방법을 배제하고 감각sense, 관찰, 실험을 통한 객관적 사실만 지식진리으로 인정하려는 태도다. 이 실증주의에 논리를 연결한 논리실증주의는 논리학, 과학, 수학 등의 과학적 방법과 논리적 형식을 강조한다. 그러므로 실증주의자 콩트가 '신은 존재한다'는 명제를 거짓이라고 판정한 것과 달리, 논리실증주의자들은 이 명제를 긍정도 부정도 할 수 없는 무의미한meaningless 진술로 간주한다. 이처럼 논리실증주의는 검증가능성이 없는 진술을 배제하는 한편 명제의 진위를 판정하기보다 명제를 명료하게 만들고자 한다. 그런 점에서 세상을 원자적 사실atomic fact과 원자명제 atomic proposition로 설명한 러셀의 논리적 원자주의Logical Atomism와 '세상은 언어로 구성되어 있다'고 단언한 비트겐슈타인의 분석철학과 상통한다.

논리실증주의자들은 일상 언어가 애매하다고 보고, 일상 언어를 논리적으로 명료한 표준형식으로 바꾼 다음 그것을 과학적으로 검증하려는 분석철학의 방법을 취한다. 이때 검증은 참과 거짓을 판정하는 것이 아니고, 구조와 목적에 맞는 언어인가를 판정한다. 이들은 과학적 인공언어artificial language를 위하여 논리적 의미론과 언어철학의 틀을 창안한 프레게G. Frege, 1848~1925의 형식논리 체계를 도입했다. 또한, 초기의 논리실증주의자들은 일상 언어의 맥락인 역사, 문화, 사회 등을 철저히 배제하고 명제의 논리 구조만을 과학적으로 분석했다. 한편 이들은 '총각은 결혼하지 않은 남자다'와 같은 분석명제analytic proposition와 '총각은 아름다운 여성을 생각한다'와 같은 종합명제synthetic proposition 중 경험으로 검증될 수 있는 종합명제만을 지식/진리로 간주한다.[1] 이처럼 논리실증주의는 경험을

---

1 분석명제와 종합명제를 구분하고 종합명제만으로 논리를 구축하고자 했던 논리실증주의는 훗날 콰인(W.V.O. Quine)에 의하여 부정된다.

중시한다는 점에서 논리경험주의Logical Empiricism로 불리기도 한다.

　논리실증주의는 독일관념론의 정점인 헤겔과 하이데거를 비판하고 칸트철학을 다시 이해하려는 의도에서 출발했다. 아울러 로크, 버클리, 흄의 경험주의를 계승하고 데카르트의 합리주의를 부정하면서 철학의 의미를 새롭게 설정했다. 특히 논리실증주의자들은 검증될 수 없는 형이상학과 관념론이 의미 있는 것처럼 보이는 것은 언어적 애매성ambiguity 때문이라고 주장한다. 그래서 이들은 언어구조를 명료하게 하는 한편 검증 가능한 과학적 분석을 통하여 철학의 문제 중 의미 없는 것을 배제했다. 그래서 이들은 '형이상학, 윤리학, 미학, 신학의 명제는 의미가 없다'고 단언하고 검증verification 가능한 과학적 논제만을 검증 대상으로 삼았다. 논리실증주의는 과학적 보편성의 기준이 어려워졌을 뿐 아니라 나치의 통제 때문에 1930년대 후반에 해체되었다. 하지만 모든 것을 물리적으로 설명하려는 물리주의로 계승되었다.

참고문헌 Rudolf Carnap, *The Logical Structure of the World*(1928), edited by and translated by Rolf A. George, University of California Press, 1967.

참조 경험론/경험주의, 과학주의, 물리주의, 분석명제·종합명제, 불확정성의 원리, 술어논리, 애매성, 언어게임(비트겐슈타인), 이성론/합리주의, 인식론, 정언명제, 형이상학, 회의주의

존재 · 존재자

Sein Seiende | 存在和存在者

철학 교수 K는 책상 위에 있는 사과를 가리키면서 학생들에게 '사과가 있는 가'라고 물었다. 학생들은 '있다'라고 답을 했고 철학 교수 K는 '그것은 인간의 주관적 감각일 뿐이다'라고 말한 다음 사과를 치운 후 '책상 위에 사과가 있는 가'라고 다시 물었다. 그러자 학생들은 '없다'고 답했고 K는 이렇게 말했다. '있 다'는 것 즉 존재를 감각과 경험으로 인지하는 경험론Empiricism은 '실제로 무엇 이 존재한다'는 리얼리즘Realism에 가까우며, 이와 반대인 관념론Idealism은 모든 것존재는 인간의 의식이 낳은 관념일 뿐이라고 비교하여 설명했다. 이어서 유물론Materialism에서는 물질의 양quantity이 존재라고 말했다. '있다'는 '없다'와 함께 사유 해야 하는데 일반적으로 '있다'는 '존재한다'이고 '있음'은 '있다'의 원리와 본질 인 '존재'다. '있음(현재)'은 '있었음(과거)'과 '있을 수 있음(미래, 가능성)'와 함께 존재의 양태를 구성한다.

존재와 존재자에 관해서, 파르메니데스는 모든 것을 영원불변하는 하나의 본질로 본 일원론Monism이었고, 헤라클레이토스는 '모든 것은 변화한다'라는 현 실주의Presentism였다. 일찍이 플라톤은 영원불변하는 관념의 이데아Idea(형식form) 와 변화하는 현상으로 나누었다. 한편 아리스토텔레스는 존재자가 존재하도록 하는 원리와 본질을 연구했다. 하지만 아리스토텔레스는 존재를 현재지금 안에 서 사유함으로써 존재자를 존재로 오인했다는 비판을 받는다. 이후 스토아, 스 콜라, 근대철학을 거치면서 존재의 본질을 원리로 하는 초월적 관념론이 정초 되었다. 이에 대하여 하이데거는 존재자가 아닌 존재 그 자체를 사유하면서 인간의 실존문제를 철학의 중심주제로 삼았다. 하이데거는 존재는 존재자를 존재자로 규정하는 그것, 즉 선술어적 조건으로 간주했다. 가령 '이것은 무엇이다'의 '무엇'이 바로 존재라는 것이다.

'있다'와 '있음', '없다'와 '없음'의 문제는 형이상학의 존재론과 그것을 인지하는 인식론의 핵심 과제다. 일반적으로 존재자는 실재하는 상태로 존재하거나 실재하지 않는 상태로 존재하는 것이고, 존재는 그 존재자들이 존재하는 원리와 의미 그리고 존재자의 상태다. 가령 '책상 위의 사과'가 '지금 여기 현실에 있을 때', '하나의 사과가 있는 것으로 존재'한다. 하지만 현실에 사과가 없더라도 '사과가 없는 것으로 존재'한다. 이처럼 어떤 시간, 공간, 인식에서 존재하는 것을 존재자存在者라고 하고 현실에서 존재하는 것을 강조하여 '실존實存'이라고 한다. 그 존재자는 과거, 현재, 미래 등 어떤 시간, 공간, 실제, 관념, 가상 등 어떤 영역에서 실현된 실체다. 반면 '존재하지 않는 상태로 존재하는' 존재자는 '용龍'이나 '봉황'과 같은 것인데 이 개념은 현실에 실재하지는 않지만, 인식에는 존재하는 존재자다.

일반적으로 존재자는 어떤 시간과 공간에 실제로 존재하는 대상이다. 그리고 경험으로 만날 수 있는 개별적 개체다. 반면 존재는 유의 총집합인 동시에 존재자들에 해당하는 '있다'의 본질이고 실재를 초월하는 초월적 개념이다. 그런데 존재자는 '주어져 있는es gibt 가상의 존재'도 포함한다. 존재자와 존재의 본질은 '그것이 무엇인가'를 물어서 추출한다. 칸트는 존재를 계사 '이다'가 정립하는 것으로 보고 물자체를 통하여 존재의 본질을 추구했다. 한편 하이데거에 의하면 존재sein는 존재자seinde의 원리와 구성 틀이다. 또한, 하이데거에 의하면 무엇을 인식하는 주체는 '세계 내 존재being-in-the-world'이면서 경험을 하는 현존재 다자인Dasein인 인간이다. 그러니까 존재자는 인간이 경험하고 교섭하는 사물을 포함한 모든 현존재다. 그러므로 '존재자가 존재하도록 하는 것이 존재'이고 '존재자 속에 존재가 존재'한다.

존재자는 실재로 존재하면서^{existing} 있는 것^{being}이고 존재는 존재자의 근거이며 그냥 있는 것^{being}이다. 또한, 존재가 '무엇이 되어^{becoming} 있는^{being}' 상태가 존재자다. 따라서 존재자가 특수한 것이라면 존재는 보편적인 것이다. 반면 인식의 주체인 인간이 특정한 시간과 공간에서 고유한 방식으로 존재하는 실존은 '어떻게 하여 있는^{being + becoming + existing}' 것이다. 그런데 실존은 존재에 응답함으로써 무엇이 되어서^{becoming} 존재^{being}할 수 있다. 이렇게 볼 때 본질적이고, 근원적인 존재가 작용하여 어떤 시간과 공간 속에서 있는 상태가 된 것이 존재자다. 존재하는 있음을 강조하는 존유^{存有, Being}와 현실에 실제로 '있는' 존재^{Existence}는 모두 존재^{Being}의 다른 양태이다. 존재와 존재자를 연구하는 학문이 형이상학의 핵심인 존재론^{Ontology}이다. 존재의 최종 근원은 '그 존재가 가진 고유한 특질'인 본질이다.

참고문헌 Martin Heidegger, *Being and Time*, translated by John Macquarrie and Edward Robinson, London : SCM Press, 1962, re-translated by Joan Stambaugh, Albany : State University of New York Press, 1996.

참조 무, 물자체, 본질, 상존재 조자인[마이농], 시간, 실재, 실체, 영원불변한 세상, 유물론, 유식사상, 이기론, 이성, 이성론/합리주의, 인식론, 존재론, 현존재 다자인, 형이상학

경험론/경험주의

Empiricism | 经验主义

어느 날 소년 K는 이런 생각을 해 보았다. '내일 해가 동쪽에서 뜰 것인가?' 잘 모르겠다고 생각한 K는 이튿날 철학교사에게 물었다. 그러자 철학교사는 '내일 해가 동쪽에서 뜰 수도 있고 동쪽에서 뜨지 않을 수도 있다'고 답을 하는 것이 아닌가? 그 이유를 묻자 철학교사는 거꾸로 K에게 '왜 내일 해가 동쪽에서 뜰 것으로 생각하는가'라고 반문했다. 그러자 K는 자신이 아는 한 지금까지 그랬고, 역사적으로도 증명되기 때문이라고 답했다. K의 생각은 자연의 이치에 따라서 '해가 동쪽에서 뜨는 것이 진리'라는 확신이다. 그런 K에게 철학교사는 그것은 단지 습관적 생각이고 그 습관이 인식에 각인이 되어서 마치 사실인 것처럼 오인하게 만들기 때문이라고 말했다. 이 문답에서 지식은 습관에 의해서 얻어진다는 것과 그 습관은 어떤 것을 감각적으로 지각하고 반복한 경험이라는 것을 알 수 있다.

경험론은 감각적 지각과 그 지각의 내면화가 지식의 근거라는 인식론의 한 방법이다. 가령 보고, 듣고, 만지고, 맛보고, 냄새를 맡는 등의 감각과 어떤 사실을 관찰하거나 체험한 다음, 기억하고 반성하는 행위를 통해서 지식이 축적된다는 것이다. 이것이 고전적 경험론인데, 어떤 경우에도 부정될 수가 없다. 한편 고대 그리스의 에피쿠로스와 데모크리투스는 원자가 모든 것의 근원이라는 고대 유물론Materialism을 제기했다. 이 주장은 초월적인 신이나 영원불변하는 본질이 있다는 학설과 상반되는데 정확한 사실 인식을 통하여 지식이 확립된다는 고대 경험론이자 귀납추론의 방법론이다. 고대의 경험론은 플라톤으로 상징되는 합리주의를 부정하는 것이다. 일찍이 플라톤은 현실을 동굴의 우상에 갇힌 현상으로 간주하고 본질이나 실재idea/form가 아닌 것으로 보았다. 이와 달리 아리스토텔레스를 비롯한 고대 경험주의자들은 현실 그 자체가 본질/실재라고 보았다.

영국의 경험론과 대비되는 대륙의 이성론에서는 이성으로 세상의 지식이 얻어지며 본질을 알 수 있다고 본다. 특히 데카르트1596~1650는 생각Cogito을 지식의 근원으로 간주했다. 그래서 그는 '생각한다, 그러므로 나는 존재한다Cogito ergo sum'는 사유의 방법론을 토대로 자기 존재를 확립한 다음 세계를 구성하고자 했다. 요컨대 그는 명징하고 명석판명한 진리는 인간의 이성으로 얻을 수 있다고 본 것이다. 이에 반하여 베이컨Francis Bacon, 1561~1626은 현실과 사실을 바탕으로 한 실험과 관찰의 경험을 중시했다. 한편 로크J. Locke, 1632~1704는 이슬람 철학의 중요한 개념인 타불라 라사Tabula rasa를 백판white slate으로 명명하고 지식은 텅 빈 백지에 무엇을 쓰는 것으로 보았다. 로크는 또한 인간의 지식은 바깥의 빛이 비친 문자, 즉 경험의 결과로 간주했다.

아일랜드의 사제였던 버클리George Berkeley, 1685~1753는 '존재하는 것은 인식되는 것이다Esse est Percipi'라고 말했다. 그는 주관적 관념론인 유아론Solipsism, 唯我論의 입장에서 경험만이 존재를 확인해 준다고 주장했다. 특히 외적 지각인 감각sensation과 내적 지각인 반성reflection을 통해서 지식이 얻어지고 그것을 반복, 비교, 결합하는 인지작용을 통하여 통일된다고 보았다. 그러므로 세상은 외적 실체가 아니고 '나'가 인식한 관념일 뿐이다. 이것이 선험a priori 상태에서 연역하여 지식을 추론할 수 있다고 본 이성론과 달리, 후험a posteriori으로 지식을 인식하고 축적한다고 보는 버클리의 유아론적 경험론이다. 영국경험론을 완성한 철학자는 데이비드 흄D. Hume, 1711~1776이다. 흄은 '이성은 감성의 노예'라는 유명한 문장을 남겼고, 감각과 인식만이 확실한 지식이라고 단정했다. 아울러 흄은 형이상학과 초월적인 것을 철저하게 배격했다.

흄은 '정신은 지각한 인상^{印象}과 인상의 재현인 관념의 조합'이라고 말하고, 경험으로 증명할 수 없는 것은 무의미한 것이라고 단언했다. 그는 정신을 인상과 관념의 행렬로 보고 그 관념을 결합한 것을 인과법칙, 반복적 경험의 습관을 필연이라고 보았다. 가령 '해가 동쪽에서 뜬다'는 지식은 지각과 습관이 낳은 경험이라는 것이다. 그러나 경험으로 알 수 없는 영역이 있으므로 경험만으로 진리를 알 수 없다는 회의주의^{Skepticism}로 환원한다. 경험론은 근대과학의 발전에 기여했고 유물론^{Materialism}의 근거가 되었다. 또한, 논리실증주의, 프래그머티즘, 분석철학에 영향을 미쳤으며 칸트^{I. Kant}로 하여금 이성의 독단을 경계하고 반성을 거친 순수이성을 주장하도록 하였다. 표피적 감각, 과학적 사실, 귀납적 추론을 중시하는 경험론은 고대에서 현대에 이르는 가장 중요한 사상이다.

참고문헌 David Hume, *A Treatise of Human Nature*(1740) edited by David Fate Norton and Mary J. Norton, Oxford/New York : Oxford University Press, 2000.

참조 감성, 귀납·연역·귀추, 순수이성, 아 프리오리/선험·후험, 유물론, 유식사상, 이성, 이성론/합리주의, 이성은 감성의 노예, 인식론, 존재론, 지각, 타불라 라사, 프래그머티즘/실용주의

이성론/합리주의

Rationalism | 理性主義

어느 날 K는 '내가 지금 살아 있는 것인가?'라는 의문이 들었다. '호접지몽胡蝶之夢'에서는 '나는 원래 나비였는데 꿈에서 인간이 된 것'이라고 한다. 그렇다면 '나'는 실제로 존재하는 것이 아니라, 꿈속에서 인간으로 잠시 살고 있을 뿐이다. 그런데 데카르트는 '나는 지금 생각하고 있으므로 존재한다, 즉 살아 있다'라고 말했다. 그 원문은 이렇다. "생각하는 나와 그 무엇이라는 존재가 절대적으로 가능하다. 이렇게 발견된 진리에 따라서 '나는 생각한다. 그러므로 나는 존재한다'는 명제는 터무니없는 회의주의적 의심으로도 흔들리지 않는다. 따라서 나는 확실히 이것을 철학의 제일 원리로 결정할 수 있다."[1] 이 말의 핵심은 '나는 지금 생각하고 있고 생각으로 진리를 알 수 있다'라는 명제다. 이처럼 생각하는 이성에 근거한 이성론/합리주의는 첫째, 세상의 지식은 이성을 통해서 얻어진다는 인식론의 한 방법이고 둘째, 합리적이고 이성적으로 판단하여 행동하는 실천의 자세이다.

어떤 경우에도 '인간이 무엇을 생각한다'는 것은 부정될 수 없다. 이것이 데카르트가 말한 '생각하는 주체인 나'의 존재 근거다. 인간은 생각하는 능력을

---

1   John Veitch, *The Method, Meditations and Selections from the Principles of René Descartes* (7th ed.), Edinburgh : William Blackwood and Sons, 1880, p.115.

It was absolutely necessary that I, who thus thought, should be something; And as I observed that this truth, I think, therefore I am,[c] was so certain and of such evidence that no ground of doubt, however extravagant, could be alleged by the Sceptics capable of shaking it, I concluded that I might, without scruple, accept it as the first principle of the philosophy of which I was in search.

근거로 하여 지식을 확산할 수 있다. 가령 2+5=7은 부정될 수 없는 확고한 진리인데 그것을 '생각하는 나'가 인식할 수 있다. 따라서 수학이나 기하학처럼 명석하고 명징한 진리와 더불어 '생각하는 나'가 세상의 지식진리을 구성한다. 또한, 나를 근거로 '나 아닌 존재'인 타자가 성립하고 '나와 타자'가 관계하는 세상이 만들어진다. 이처럼 '존재하는 나' 그리고 그 자체로 명석판명한 진리를 토대로 세상의 지식진리을 알 수 있는 것이다. 이런 이성적 추론이 가능한 것은, 세상이 원래 필연성必然性과 인과성因果性 그리고 보편성普遍性을 가지고 있기 때문이다. 이성에 근거하여 지식을 확정하는 이 방법은 아리스토텔레스의 삼단논법에서 증명된 바 있다.

'모든 사람은 죽는다. 소크라테스는 사람이다. 그러므로 소크라테스는 죽는다'와 같은 이성적 연역추론Deduction은 타당한 진리다. 대전제, 소전제, 결론이 모두 참이고 추론의 형식이 틀리지 않았기 때문이다. 이 결론이 참이기 때문에 소크라테스가 죽기 전에도 그가 죽는다는 것을 알 수 있는 것이다. 이성적 연역추론의 근거는 명석판명한 이성이다. 일찍이 이성적 판단만이 실재나 본질을 알 수 있다고 한 것은 플라톤이었다. 플라톤은 동굴의 비유Allegory of the Cave에서 현실의 그림자 너머에 이데아idea의 세계 또는 본질의 형식form이 있다고 주장했다. 그 이데아/형식은 변하지 않는 본질진리이고 현실에 재현된 현상은 그림자에 불과하다. 또한, 주관적 감정과 감각은 모두 일시적이다. 따라서 명석한 이성으로 영원한 본질인 진리를 찾아야 하는데 그 진리가 바로 이데아idea다.

플라톤의 이데아 이론을 계승한 데카르트가 밝힌 이성은 계몽주의, 합리주의, 휴머니즘의 핵심이었다. 또 다른 이성주의자인 스피노자는 심신일원론Mind-Body Neutral Monism과 자연신自然神의 관점에서 이성의 우위를 주장했다. 한편 라이프니츠는 단자monad로 존재의 원리와 보편의 정신을 설명했다. 이런 이성적 합리주의를 역사와 철학에 대입하여 시대정신으로 해석한 것을 헤겔이다. 그리고 경험론과 이성론을 통합한 것은 칸트다. 칸트I. Kant는 감각적 지식은 경험으로부터 얻지만, 이성의 성찰과 종합적 통일을 통하여 지식이 될 수 있다고 보았다. 아울러 이성주의자였던 칸트는 경험으로 이성의 독단을 막아야 한다는 순수이성론을 전개했다. 이처럼 플라톤과 아리스토텔레스 이후 이성중심주의Logocentrism의 전통이 근대적 이성에 바탕을 둔 계몽주의와 합리주의Rationalism로 계승되었다. 합리주의의 합리合理는 '이성과 합치되는'이라는 의미다.

이성론/합리주의에 의하면 인간의 선험적 이성은 생득적innate인 본능과도 같다. 생득적 이론은 '생득적으로 지식을 알 수 있다'는 생득적 지식innate knowledge 이론과 '생득적으로 지식의 개념을 알 수 있다'는 생득적 개념innate concept 이론으로 나뉜다. 인간은 태어날 때 이미 이성의 두 가지 능력이 있다. 이런 이성의 원리는 합리적 통찰인 직관intuition으로 증명되는데, 인간은 직관적 판단의 능력이 있는 존재다. 아울러 연역추론演繹推論에서 보듯이 이성만으로 진리를 추론할 수 있다. 이성론/합리주의는 초월적인 형이상학과 맥이 닿아 있지만, 초월적인 신학과는 거리가 있다. 신의 '은총의 빛'이 아닌 인간의 '이성의 빛으로 진리를 알 수 있다'는 이성 중심주의가 근대를 설계했다. 특히 근대 초기의 이성론은 신중심주의에서 근대의 인간중심주의로 발전하는 계기가 되었다.

참고문헌 John Veitch, *The Method, Meditations and Selections from the Principles of René Descartes*(7th ed.), Edinburgh : William Blackwood and Sons, 1880.

참조 개념, 관념론, 경험론/경험주의, 계몽주의/계몽의 시대, 귀납·연역·귀추, 논리·논리학, 데카르트의 악마, 순수이성, 심신일원론(스피노자), 아 프리오리/선험·후험, 이성, 이성은 감성의 노예, 인식론, 존재론

존재론

Ontology | 本体论

‘용^龍은 존재할까?’ 철학 교수 K가 이런 질문을 하자, 용은 존재하지 않는다고 하는 학생과 존재한다고 하는 학생으로 나뉘었다. 용의 존재 문제는 철학의 근원적 물음인 존재론의 예이다. 존재론에서는 용이 존재하는 것으로 간주하는데, ‘존재하지 않는 상태로 존재’하면서 ‘존재하지 않는 상태로 존재하는 존재자’다. 가령 ‘내 마음속에 용이 있다’는 문장에서 존재를 의미하는 ‘있다’의 본질이 ‘있음’이다. 그러므로 존재를 의미하는 ‘있다’는 술어^{Predicate}의 주어에 해당하는 것들이 바로 존재자다. 가령 ‘무엇이(S) 있다(P)’에서 무엇은 대체로 명사이며 종^種과 류^類에 속한다. 따라서 존재는 어떤 종류에 속하며 분류될 수 있는 어떤 것이다. 그 어떤 것이 ‘있다’고 할 때 그 있음의 근원과 있음의 양상 등 존재의 문제 또는 존재의 본체^{本體} 즉 ‘있음’의 본질과 실체를 다룬 철학이 존재론이다.

존재론은 존재의 있음^{being}, 변화^{becoming}, 현존^{exist}, 실체^{substance}, 실제^{actuality}, 실재^{reality}, 본질^{essence} 등 존재에 관한 형이상학이다. 또한, 존재론은 ‘있음’을 의미하는 onto와 연구, 학문, 설명^{account} 등을 의미하는 logy의 합성어다. 라틴어 Ontologia는 1606년 로하르드^{Jacob Lorhard}의 『스콜라스티카^{Scolastica}』에 처음 등장하는 것으로 알려져 있다. 그런데 존재론은 이론적 체계이고 학문적 의미를 강조하는 것이 존재학^{存在學}이다. 분류학에서 볼 때 존재학과 존재론은 ‘그것은 무엇인가’ 또는 ‘그것은 어떻게 존재하는가’를 묻고 답하는 형이상학의 영역이지만 존재를 사유하는 것은 인식론의 영역이다. 이에 대하여 데카르트는 ‘생각한다, 그러므로 나는 존재한다^{Cogito ergo sum}’고 하여 인식과 존재를 연결했다. 이것은 인간이 '인식하기 때문에 존재하는 것'이라는 관점과 '존재하기 때문에 인식하는 것'이라는 두 관점을 연결한 것이다.

'있음'의 본질에 관한 연구인 존재론에서는 첫째, 모든 존재는 하나라는 존재일원론 또는 대통합이론Grand unification theory과 둘째, 모든 존재는 개별적이거나 집합적이라는 다원적 존재론으로 설명한다. 존재론은 '세상에는 무엇이 있는가?', '있다면 무엇을 있다고 할 수 있는가?', '있다는 것은 무슨 의미인가?', '있다는 그것은 어떤 범주에 속하는가?', '있는 것의 속성은 무엇인가?', '없다는 것은 무엇인가?' 등의 문제를 탐구한다. 또한, 존재론은 존재의 무엇임whatness, 없음nothingness, 존재의 질qualitativeness, 존재의 양quantitativeness, 다른 존재와의 관계relatedness, 존재의 양상樣相, 존재의 형성形成, 존재물음 등으로 확산된다. 그런데 본질인 존재는 구체적으로 실재하는 존재자에 선행한다. 존재자는 특수하게 존재하면서 있는 것existing + being이고 존재는 보편적으로 있는 것Being이다.

'있음'의 본질이 존재이고 '있음'이 실현된 것이 존재자다. 그래서 존재론을 모든 유의 집합있음이라는 명사에 해당하는 동사 '있다'의 초월적 본질을 묻는 제일철학이라고 한다. 역사적으로 존재론은 어떤 존재가 실제로 존재한다는 유물론Materialism과 인간의 마음에서 존재가 형성된다는 관념론Idealism으로 나뉜다. 존재 유물론은 기계적 유물론과 변증법적 유물론으로 나뉘고, 존재 관념론은 객관적 관념론과 주관적 관념론으로 나뉜다. 일찍이 파르메니데스는 존재의 영원불변성을 말하면서 '무에서 유가 나올 수 없고, 유에서 유가 나오며, 무는 무無일 뿐이다'라고 논증했다. 이것이 바로 영원불변의 절대주의 존재론이다. 반면 에피쿠로스와 데모크리투스는 원자론을 주장하면서 원자가 모든 것의 근원이라는 유물론唯物論을 제기했다. 이들은 구체적으로 실재하는 것들이 바로 존재하는 것이라고 말했다.

이에 대하여 관념론자인 플라톤은 영원불변하는 진리인 이데아idea가 존재의 본질이며 현실은 일시적인 현상일 뿐이라고 보았다. 유물론과 관념론을 종합하고자 했던 아리스토텔레스는 '무엇이 어떤 유^類에 있다'는 술어로 존재를 설명하면서 10가지의 범주^{Category}로 나누었다. 그는 존재의 원리와 본질은 '존재자인 한에서 존재자의 원리에 대한 학문' 즉 제1 철학인 형이상학이라고 명명했다. 한편 토마스 아퀴나스는 최초 원인인 신이 존재의 근원이자 본질이라고 주장했다. 이후 존재론은 철학과 종교의 중요한 주제였는데 그 이유는 존재론이 인간과 세상의 본질과 근원을 탐구하기 때문이다. 이 우주 자연의 본질과 근원을 알아야 보편과 특수, 추상과 구체, 주관과 객관, 필연과 우연을 설명할 수 있다. 또한, '있음'의 반대인 '없음^{non-being, nothingness}'과의 관계를 이해할 수 있다. 하이데거는 전통적 철학은 개별 존재자를 존재로 오인했다고 비판하고, 존재 그 자체를 연구하여 존재론에 이정표를 남겼다.

참고문헌 Aristoteles, *Categories* Vol.1, translated by H.P. Cooke, Harvard U.P. 1983.

참조 경험론/경험주의, 공/수냐타, 관념론, 대상론(마이농), 마이농의 정글, 이데아, 이성론/합리주의, 인식론, 존재·존재자, 존재(마이농), 존재론(마이농), 현존재 다자인, 형이상학

마르크스

Karl Marx | 卡尔·马克思

1818년 5월 5일, 라인강 지류의 도시 트리어^{Trier}에서 한 아기가 태어났다. 훗날 유대교 랍비가 되었을 수도 있는 아기의 이름은 마르크스. 아버지는 이 아기가 유대인이어서 받을 차별과 박해를 예견하고 개신교로 개종했다. 마르크스는 여섯 살¹⁸²⁴에 루터교의 세례를 받고 독일 프로이센사람으로 살게 되었다. 하지만 훗날 마르크스는 조국 프로이센 당국에 쫓기면서 프랑스와 벨기에를 전전하다가 1849년 영국 런던에 정착한 후 1883년 런던에서 숨을 거두었다. 런던 북쪽 하이게이트에 있는 그의 묘비명에는 '만국의 프롤레타리아여, 단결하라!'라고 기록되어 있다. 이 말은 벨기에의 브뤼셀 체류 시절인 1848년 2월 21일 발표된 『공산당선언』 4장의 마지막 부분이다. 마르크스와 엥겔스^{F. Engels}가 함께 작성한 이 글에는 '인간의 역사는 계급투쟁의 역사다'와 '노동자에게 조국은 없다'는 선언도 있다.

마르크스는 독일 출신의 경제학자, 정치가, 철학자다. 그리고 혁명가, 언론인, 사회학자로 알려져 있고 공산주의 창시자인 마르크스^{Karl Marx, 1818~1883}에게는 조국이 없었다. 그것은 그의 조국 프로이센 정부의 탄압을 피하고자 1845년에 국적을 포기했기 때문이다. 조국이 없는 마르크스, 이 한 마디야말로 그의 철학과 사상을 함축하는 상징적 선언이다. 하지만 마르크스는 어린 시절 유복한 환경에서 명석한 학생으로 자랐다. 법률가였던 아버지는 칸트와 볼테르를 좋아하는 자유주의자이자 계몽주의자였다. 그런 이유로 마르크스는 자유주의의 개방적 환경에서 자랐으며 아버지는 그를 법률가로 만들고자 했다. 그는 김나지움을 거쳐 본Bonn대학에 입학한[1835] 후 철학과 문학에 심취했으나 방탕한 생활을 했다. 아버지의 권유로 베를린대학으로 전학하여[1836] 법학을 주로 공부한 다음 예나대학에서 고대 그리스의 유물론을 주제로 박사학위를[1841] 받았다.

대학 시절 마르크스는 청년 헤겔주의자들과 토론하면서 헤겔 철학에 심취했다. 마르크스는 헤겔로부터 변증법을 받아들였지만, 관념론에 대해서는 비판적 태도를 보였다. 그래서 마르크스와 엥겔스 등을 헤겔 좌파로 부르는 것이다. 마르크스는 대학 졸업 이후 1842년『라인 신문』의 편집장이 되어 현실주의에 근거한 실천운동을 전개하면서 자신의 정체성을 확립해 나간다. 한편 1843년 부유한 귀족 집안 출신이며 학창시절을 함께 보낸 베스트팔렌Jenny von Westphalen과 결혼하여 평생 좋은 부부 관계를 유지했고 일곱 자녀를 낳았으나 그중 세 자녀만 성인이 되었다. 당시 그는 유럽 전역에서 급진적 인물로 낙인찍혀 프랑스[1843~1845]와 벨기에[1845~1848]를 전전하다가 독일에 돌아와 콜론Cologne에 잠시 머문 후[1848], 1849년 6월, 영국 런던에 정착한 이후 1883년 사망할 때까지 주로 영국에서 머물렀다.

이 시절을 대표하는 마르크스의 사상은 1848년 2월 21일 발표된『공산당선언』이다. 그는『공산당선언』에서 과학적으로 이해할 것과 사변적 관념을 배격하고 구체적인 현실을 중시할 것을 천명했다. 이후 마르크스는 공산주의운동을 계속하는 한편 뉴욕의『트리뷴Tribune』에 기고하는 등 집필을 하면서 제1인터내셔널인 국제노동자협회International Workingmen's Association, 國際勞動者協會 창립[1864.9.28]을 주도했다. 마르크스는 이 단체의 선언문과 규약을 작성하고 실질적인 지도자로 활약했다. 선언문과 규약의 주요한 내용은 노동자계급을 해방하고 인간의 평등을 추구하며 자본주의를 타도해야 한다는 것이었다. 그리고 마르크스는 사회변혁의 실천에 매진하는 한편 상부구조보다 경제 산업과 같은 토대[하부구조]를 분석하는 저술 활동에 몰두하여 (공산주의자들의 성경과 같은)『자본론』세 권을 남겼다.

『자본론』1권[1867]에서 역사와 현실을 정교하게 연구하고 분석하면서 자본주의 생산양식을 정리했다. 그리고 생산을 둘러싼 계급 간의 투쟁을 역사유물론의 관점에서 기술했다. 얼마 후 최초 공산주의 혁명체제인 파리코뮌[Paris Commune]이 결성되자[1871] 마르크스는 이것을 적극적으로 지지했지만, 코뮌은 실패했고 그는 다른 혁명의 방법을 모색했다. 한편 마르크스는『자본론』집필 중『고타강령비판』[1875]을 발표하여 독일사회주의 노동자당의 강령을 비판했다. 그리고 능력에 따라 일하고 필요에 따라 소비하는 공산주의 사회를 지향해야 하며 과도기적으로 프롤레타리아독재가 필요하다고 강조한다. 이후에도 사회운동과 집필을 계속하였으나 건강이 급격히 악화되었다. 아내를 먼저 보낸 마르크스는 1883년 3월 14일 숨을 거두었다. 마르크스주의[Marxism]의 과학적 공산주의 사상은 러시아혁명 등 세계사에 지대한 영향을 미쳤다.

참고문헌 Karl Marx & Friedrich Engels, *Manifesto of the Communist Party*(1848).

참조 계급의식, 계급투쟁, 공산주의적 인간형, 노동가치설, 러시아혁명, 만국의 노동자여 단결하라, 민족주의, 역사, 역사적 유물론/유물사관/사적 유물론, 유물론, 인간소외, 인정투쟁, 잉여가치, 자본주의, 제국주의, 혁명

관념론
Idealism | 唯心主义

'그것은 관념일 뿐이다.' 이렇게 말한 K는 P가 생각하는 용龍은 허상이라고 주장했다. 그러자 P는 '용은 관념의 산물이기는 하지만 존재임은 틀림없다'고 반박했다. 여기서 용의 존재에 대한 논쟁이 시작되었는데, P는 '그렇다면 관념이란 무엇이냐'라고 물었다. 이에 대하여 K는 관념은 현실에 실재하지 않는 어떤 것에 대한 견해나 생각이라고 설명했다. 간단히 말하면 관념은 생각이다. 또한, 관념은 마음정신, 의식이 구성한 마음 바깥의 외부세계다. 관념에 대한 이론인 관념론은 생각이 모든 것을 구성한다는 인식론의 한 방법이며 관념론을 믿거나 주장하는 사람은 관념론자다. 관념론자에게는 '내 생각'이 없으면 세상 또한 없거나 의미가 없다. 관념론의 어원은 그리스어 '보다Idein'와 라틴어 이데아Idea에서 유래했다. 이로부터 '보는 것' 즉 생각을 강조한 이론인 관념론Idealism이 생겼다.

관념론觀念論은 객관적 외부세계의 존재 여부와 상관없이 '마음이 외부세계를 인식하고 판단하는 최초 근원이자 최종 결과'라는 관점을 말한다. 그런 점에서 관념론은 데카르트가 말한 코기토Cogito 즉 생각과 관계가 있다. 데카르트는 생각 때문에 나자기도 존재하고 타자인 외부세계도 존재한다고 믿었다. 이것이 '나는 생각하므로 존재한다Cogito ergo sum'는 이성주의 사유였다. 관념론은 생각을 중시한다는 점에서 대승불교 유가행파瑜伽行派의 유심론, 유식사상, 양명학의 심즉리心即理와 유사하며 마음이 외부의 현상계를 구성한다는 점에서 유물론, 실증주의, 실용주의, 실재론, 현실주의와 대척적이다. 한편 인도의 베단타 철학에서 영원불변하는 브라흐만과 현상계의 아트만 중 브라흐만의 세계를 관념으로 간주했다. 주자의 이기철학 역시 인간의 마음이 세상을 구성한다는 관념론이다.

존재론적 관념론Ontological Idealism은 존재에 초점을 맞추어 존재하는 모든 것은 관념생각이 만든 것으로 간주하며 인식론적 관념론Epistemological Idealism은 인식에 초점을 맞추어 관념생각을 통해서 존재를 지각한다는 관점이다. 관념론 중 첫째, 고전적 관념론Classical Idealism 또는 플라톤의 관념론은 이데아의 본질이 현상계의 가상으로 드러난다는 형이상학적 관념론이다. 플라톤은 이성만이 진리이며 영원불변하는 실체가 있다는 파르메니데스Parmenides와 엘레아학파Eleatic School의 관점을 발전시켰다. 특히 플라톤은 시간과 공간을 초월하는 이데아의 세계에는 고정 불변하는 본질의 형식Form이 현상으로 드러나는 것으로 보았고, 그 본질을 이데아Idea로 명명했다. 이 플라톤적 관념론은 본질/진리가 존재한다는 점에서 실재론實在論에 가깝다.

둘째, 칸트를 중심으로 하는 초월론적/선험적 관념론Transcendental Idealism은 인간의 인식 바깥에 물자체가 있고 물자체는 경험 이전의 선험a priori과 종합판단의 영역이라는 인식론이다. 칸트에 의하면 인간의 인식은 '보이는 물thing-as-it-appear' 즉 현상에 관한 생각에 불과하다. 그래서 칸트는, 세상의 근거와 원인인 '물자체thing in itself'는 경험과 현실을 초월하는 것으로 간주한다. 관념론이 피히테에 의해서 이성의 독단이라고 비판을 받은 이후 칸트는 흄의 경험론을 받아들여 이성과 경험을 결합했다. 그리고 칸트는 주체인 인간의 마음이 객체인 대상에 질서를 부여한다는 독일관념론의 기틀을 세웠다. 이후 피히테, 셸링, 괴테, 쇼펜하우어 등 독일 관념론자들은 초월적 자아의 문제를 깊이 사유했다. 독일관념론을 토대로 절대정신과 절대이성을 강조한 헤겔은 관념의 객관성을 주장했다.

셋째, 객관적 관념론Subjective Idealism 또는 절대적 관념론은 객관화될 수 있는 정신과 이성에 대한 관념론이다. 우주정신이나 절대이성 또는 신이 객관적 관념론에 속한다. 객관적 관념론자 헤겔은 인류의 역사를 자유를 향한 보편의 역사로 간주했다. 그 과정에서 세상은 변증법적으로 발전하는 것이며 세상의 내재적 원리는 절대정신과 절대이성이라고 설명했다. 이처럼 보편적이고 절대적인 관념이 있다는 것이 객관적 관념론이다. 이와 반대되는 것이 넷째, 버클리, 흄, 칸트, 셸링으로 대표되는 주관적 관념론Objective Idealism이다. 주관적 관념론은 인간의 마음 바깥 즉 의식 이외에 어떤 것도 독립적으로 존재할 수 없다는 관념론이다. 존재에 대한 주관적 인식을 강조하기 때문에 존재론적 관념론에 속한다. 버클리는 '존재하는 것은 지각되는 것이다esse est percipi; to be is to be perceived'라고 하면서 지각의 주체인 인간의 마음을 모든 것의 원인으로 간주했다.

참고문헌 Immanuel Kant, *Critique of Pure Reason*, translated by and edited by Paul Guyer and Allan W. Wood, Cambridge University Press, 1997.

참조 객관·객관성, 경험론/경험주의, 논리실증주의, 마음, 물자체, 생각·사고, 실재론, 심즉리, 유물론, 유식사상, 의식, 이기론(주희), 이데아, 이성, 이성론/합리주의, 인식론, 절대정신, 존재론, 주관·주관성, 지각, 형이상학

윤리 · 윤리학

Ethics | 倫理

아버지를 살해했다고 생각하는 K는 죄책감에 시달렸다. K는 소생 가능성이 없이 식물인간으로 연명하던 아버지를 존엄사尊嚴死시킨 것이다. 그의 부친은 유언으로 존엄사를 희망하였으므로 의사의 암묵적 동의하에 아버지를 저세상으로 떠나보냈다. 하지만 그는 부자간의 윤리를 지키지 못했다는 죄책감에 시달렸다. 여기서 말하는 윤리는 마땅히 지켜야 할 도리道理인 도덕철학moral philosophy이다. 그러니까 K는 첫째, 의사와 공모하여 아버지를 죽였다는 법적 죄의식 둘째, 내면의 양심에서 나오는 도덕적 죄의식 셋째, 부자간의 윤리를 지키지 못했다는 윤리적 죄의식 등으로 괴로워한다. 그렇다면 도덕과 윤리는 어떻게 다른가? 도덕이 인간 내면의 양심에 관한 문제라면 윤리는 사회적 관계에 관한 의식의 문제다. 더 정확하게 말하면 윤리는 자기와 타자가 서로 지켜야 하는 사회적 관계를 말하고 윤리학은 윤리에 대한 학문이다.

인간은 누구나 '어떤 삶이 훌륭한 삶일까', '이 행동이 옳은가, 옳지 않은가', '정의란 무엇인가'와 같은 것을 생각한다. 이런 가치에 관한 의식과 언행은 윤리를 준거로 한다. 윤리는 법률과 달리 개인의 측면에서 규칙과 규범을 의식하거나 실천하는 것이다. 따라서 도덕은 인간의 양심에 따른 의식과 행동이고 윤리는 인간의 사회적 관계인 관습, 규범, 규칙에 따른 의식과 행동의 원리다. 그런 점에서 도덕은 윤리의 바탕이라고 할 수 있다. 윤리나 도덕과 유사한 습속習俗은 자각이 없는 규범과 규칙이다. 그런데 윤리와 도덕은 주관주의와 객관주의의 두 가지 견해가 있다. 사람에 따라서 다른 윤리적 기준이 설정될 수 있는 것이다. 또한, 윤리 자체의 가치를 중시하는 의무론Deontology과 윤리적 실천의 결과를 중시하는 목적론Teleology으로 나뉜다. 이런 윤리적 규범, 규칙, 원리, 철학에 관한 학문이 윤리학이다.

윤리학에서는 대체로 윤리를 세 영역으로 나눈다. 첫째, 규범윤리Normative Ethics는 의무에 가깝다. 규범윤리에서는 '부모와 자식은 서로 존중해야 한다'는 것과 같은 규범을 강조한다. 가령 부모에 대한 윤리의식과 실천 행동에 대한 윤리가 규범윤리다. 둘째, 메타윤리Meta-ethics는 윤리의 근원적 원리를 말한다. 메타윤리에서는 '부모와 자식을 윤리적 관계로 설정하는 것이 무슨 의미가 있을까'와 같은 윤리의 철학적 측면을 강조한다. 메타윤리는 윤리에 대한 윤리다. 따라서 메타윤리는 윤리적 판단을 유보하고 윤리적 판단을 할 수 있도록 정리한다. 셋째, 응용윤리Applied Ethics는 구체적인 언행에 관한 윤리다. 응용윤리에서는 어떤 윤리적 규범이 현실에서 적용되는 것을 강조한다. 가령, 생명윤리의 관점에서 식물상태의 아버지를 유언에 따라서 존엄사한 행위에 관한 것이다.

윤리를 기술과 규범으로 나누기도 하는데, 기술윤리학Descriptive ethics, 記述倫理學은 사회적 관습의 차원에서 윤리 현상을 설명하고 기술하는 윤리학이다. 가령 인류학자 말리노프스키B. Malinowski처럼 한 사회의 윤리적 규범을 분석하고 설명하는 것이 기술윤리학이다. 한편 지켜야 할 윤리적 규범과 규칙에 관한 규범윤리학Normative ethics, 規範倫理은 당위當爲를 강조한다는 점에서 처방윤리Prescriptive ethics, 處述倫理의 성격이 있다. 규범윤리학은 결과를 중시하는 결과주의Consequentialism와 결과와 상관없이 윤리 그 자체를 중시하는 목적론적teleologic 윤리로 나뉜다. 목적론적 윤리학은 윤리의 목적을 정신적 쾌락, 행복, 이타주의, 공리주의의 관점에서 이해한다. 윤리적 목적과 가치 그 자체에 관하여 철학적 논리를 전개한 것은 칸트다. 칸트는 실천이성비판에서 타인을 '목적으로 대하고 결코 단순한 수단으로 대하지 말라'[1]고 규정했다.

칸트는 윤리를 양심에 가하는 명령으로 간주했다. 이것이 정언명제에 근거한 정언명령이다. 정언명령은 옳은 정언명제를 선택하고 그것을 명령으로 바꾼 것이다. 이 윤리적 명령은 '너는 사람을 죽이면 안 된다'와 같은 개인의 윤리에 관한 가언명령Hypothetical imperative과 '인간은 사람을 죽이면 안 된다'와 같은 보편법칙Universal law의 정언명령Categorical imperative으로 나뉜다. 윤리적 준거는 진眞, 선善, 덕德, 정의正義에 대한 '마땅히 그래야 하는 당위Sollen, 當爲'다. 그러니까 윤리는 '이렇다(is)'보다 '(이렇게) 해야 한다ought to'로 표현된다. 원래 윤리는 라틴어에서 습관Ethos이나 성격을 의미하는 것이었고 인간의 도리에 관계되는 것이었다. 동양에서 윤리는 자연스러운 길인 도道와 도를 베푸는 덕德의 원리다.

참고문헌 Immanuel Kant, *Critique of Practical Reason*, translated by Thomas Kingsmill Abbott, Dover Philosophical Classics, 2004; Immanuel Kant, *Grounding for the Metaphysics of Morals*(1785), translated by Ellington, James W.(3rd ed.), Hackett, 1993.

참조 도, 명제, 사단칠정, 실천이성, 의식, 이성, 이성론/합리주의, 정신, 정언명제, 철학, 타자, 타자윤리,표현

1   "Act in such a way that you treat humanity, whether in your own person or in the person of any other, never merely as a means to an end but always at the same time as an end."
Immanuel Kant, *Grounding for the Metaphysics of Morals* [1785], translated by Ellington, James W.(3rd ed.), Hackett, 1993.

미학 · 예술철학

Aesthetics · Art Philosophy | 美学 · 艺术哲学

소년 K는 어느 날 이름 모를 새가 지저귀는 소리를 들었다. 새소리는 그 어떤 악기 소리보다도 아름다웠다. 그날 밤 K는 이런 생각을 해 보았다. '새소리는 예술인가, 예술이 아닌가?' 새소리는 아름답기는 하지만 예술은 아니다. 칸트[Kant, 1724~1804]는 새소리와 같은 것을 틀이 없는 자유유희free play라고 했다. 그러므로 새소리는 예술이 아니라 미적 자유유희다. 그런데 K가 새의 자유유희를 아름답다고 판단한 것은 개인의 취향이다. 반면 낚시를 좋아하는 P는 새소리를 시끄럽다고 판단할 수 있다. K와 P의 취향이 다른 것처럼 아름다움은 주관적이면서 개인적이다. 물론 객관적이면서 보편적일 수도 있다. 그래서 칸트는 미/아름다움을 판단으로 본 것이다. 미적 판단의 기준은 진선미眞善美, 쾌pleasure, 만족contentment, 균형均衡, 합목적合目的, 동의agreement, 조화harmony, 효용效用, 귀중貴重 등이며 가능하면 도덕이나 윤리에 배치되지 않아야 한다.

미美의 어원은 감각과 지각을 의미하는 그리스어 aisthetikos이고 한자어에서는 '양羊이 크면大' 아름다운 것처럼 인간에게 좋은 것을 의미한다. 그런데 아름다운 것인 미beauty, 美와 미에 대한 학문인 미학Aesthetics은 다르다. 미학은 자연현상, 예술작품, 문화 등에 담긴 아름다움에 관하여 그 미적 가치를 탐구하는 학문이다. 아울러 미학은 미적 진리의 체계와 그 미적 진리에 이르는 과정과 방법이다. 미와 미학을 연결하여 논의한 사람이 바움가르텐이다. 바움가르텐[A.G. Baumgarten, 1714~1762]은 『미학Aesthetica』1750에서 미의 핵심을 진선미眞善美, good, truth and beauty로 요약하고 미학의 학문적 체계를 수립했다. 또한, 바움가르텐은 미학을 감성적 인식의 학문으로 규정했다. 감성은 동양의 칠정인 희노애락애오욕喜怒哀樂愛惡慾과 유사한 면이 있다. 그러므로 한자문화권의 미학은 칠정七情과 도학道學을 기준으로 하는 경우가 많다.

바움가르텐의 미학 이론을 발전시킨 것은 칸트다. 칸트에 의하면 미美는 상상과 오성의 조화와 질서에서 오는 자유유희自由遊戲의 유한성이고, 숭고崇高는 상상력과 이성의 결합이고 부조화와 무질서로부터 얻어지는 무한성이다. 그는 미의 본질을 첫째, 다른 무엇으로부터 간섭을 받지 않는 무관련성disinterestedness 둘째, 지각이 보편적으로 작동하는 보편성university 셋째, 공통감각common sense에 근거한 필연성necessity 넷째, 목적이 없는 무목적성의 목적purposiveness without purpose으로 보았다. 한편 실러F. Schiller, 1759~1805는 자유의 최종 목표를 위해서 미학교육Aesthetics Education이 필요하다고 주장했다. 그리고 감성을 공유하는 미적 공동체를 미적 국가Aesthetics State로 명명했다. 또한 실러는 미학으로 사회를 개혁하고 미학이 바탕이 되어 미적 국가를 건설할 수 있는 것으로 보았다.

미학과 유사한 예술철학藝術哲學, philosophy of art은 미의 대상을 예술에 한정하는 철학적 예술론이다. 예술철학은 아름다움을 포함한 예술 전반을 다룬다. 그런데 예술철학은 목적을 위하여 창작한 예술과 논리적 체계의 학문인 철학의 합성어다. 동서양에서 모두 예술藝術은 숙련된 기술skill, technique 또는 기교craft를 의미하는 것이었다. 그 기술과 기교가 미적인 것이 바로 예술이다. 따라서 예술철학은 인간이 창작한 예술의 미美와 추醜, 예술작품 창작과정, 수용자의 미적 감각, 미의 기준, 예술의 양식 등에 관한 철학적 학문으로 정의할 수 있다. 예술은 표현방법에 따라서 문학예술, 시각예술, 공연예술로 나뉘며 문학, 미술, 음악, 연극, 사진, 영화 등 수많은 장르와 양식이 있다. 따라서 예술철학은 다양하고 복잡한 예술에 대한 철학적 관점을 말하며 주로 예술의 본질과 현상을 탐구한다.

미학은 미추美醜에 관한 보편적 개념이고, 예술철학은 미추를 예술에 한정한 철학적 개념이다. 예술철학은 미학 이외에도 윤리학, 사회학, 정신분석학, 심리학, 정치학 등 여러 영역을 철학적으로 다룬다. 한편 예술론藝術論은 예술에 대한 이론적 학문이고, 예술비평Art Criticism은 예술에 대한 분석과 평가이며, 예술철학은 예술의 본질과 현상에 관한 형이상학이다. 미학과 예술철학은 지역, 인종, 민족, 종교, 시대, 문화, 개인, 상황에 따라서 다른 의미로 쓰인다. 그것은 미가 주관적인 동시에 객관적이므로 다양한 개념이 가능하기 때문이다. 한편 프랑스 비평가 텐H.A. Taine, 1828~1893은 가치론axiology의 관점에서 예술을 비평한『예술철학 La philosophie de l'art』1881을 출간했다. 텐의 예에서 보듯이 예술의 미는 가치價値이며 그 가치는 진선미眞善美, 효용效用, 윤리/도덕이다.

참고문헌 Immanuel Kant, *Critique of Judgement*, translated by James Creed Meredith, Oxford University Press, 1973.

참조 감동, 감성, 객관·객관성, 미/아름다움, 미학교육[실러], 미학국가[실러], 바움가르텐의 진선미, 유미주의, 의경, 의상, 이성, 인식론, 주관·주관성, 철학, 판단력비판—미(美)란 무엇인가?, 학문, 형이상학

결정론

Determinism | 決定论

'커피를 마시고 싶다.' 이렇게 생각한 P는 맛으로 유명한 커피클럽^{Coffee Club}에 가서 커피를 마셨다. 그렇다면 P는 자기 뜻대로 행동한 것일까? 이에 대해서는 서로 다른 두 가지 견해가 있다. 첫째, P가 커피를 마신 것은 자기가 결정하고 실행한 것이라는 자유의지^{自由意志}적 관점과 둘째, P가 커피를 마신 것은 이미 결정된 것을 실행한 것으로 보는 결정론^{決定論}적 관점이 있다. 그런데 타자에게 해가 없는 이런 행동과 달리 살인을 저지른 다음, 결정론으로 무죄를 주장하는 것을 어떻게 해석해야 할까? 자유의지와 결정론은 수천 년간 철학, 사회학, 자연과학, 법, 윤리 등에서 중요한 주제였다. 앞으로도 그럴 것이다. 결정론은 모든 것은 이미 결정되어 있고 자유로운 선택과 결정은 불가능하다는 이론이며 경제결정론, 환경결정론, 심리결정론, 문화결정론, 유전자결정론, 기술결정론 등여러 가지가 있다.

결정론에서는 신이나 인간이 자유의지로 무엇을 행하는 것이 아니라 이미 결정되었거나 주어진 조건에서 어떤 일이 일어나는 것으로 간주한다. 가령 A→B→C→D→E와 같이 원인과 결과가 사슬처럼 엮여서 시간, 공간, 형태, 위상의 변화로 이어진다. 이것은 원인에서 발생하여 어떤 결과가 되는 인과율^{因果律}이다. 그런 점에서 결정론은 모든 것은 원인의 원인으로 돌아간다는 환원주의^{Reductionism}다. 앞에서 본 인과관계의 끝인 E는 결국 최초 원인인 A로 환원되는 것이다. 그런데 자연과학에서 최초 원인은 137억 년 전의 빅뱅^{Big Bang}이고 창조론에서 최초 원인은 신이다. 역사적으로 결정론은 원자론을 주장한 데모크리투스와 카르페 디엠을 말한 에피쿠로스로 거슬러 올라간다. 동양에서는 하늘이 모든 것을 결정한다는 천명사상天命思想과 운명론 그리고 카르마karma로 대표된다.

결정론은 '반드시 그렇게 되어야 하고 그것이 아닐 가능성이 없는' 필연주의다. 필연주의인 결정론은 첫째, 강한 결정론Hard Determinism으로 불리는 절대적 결정론이 있다. 절대적 결정론은 세상 모든 것은 인과법칙에 의해서 진행되며 신神도 최초 창조 이외에는 자유롭지 않다는 관점이다. 모든 것은 결정된 것의 진행이라고 주장한 라플라스P. Laplace, 1749~1827가 강한 결정론을 대표한다. 둘째, 약한 결정론Soft Determinism으로 불리는 상대적 결정론이 있다. 상대적 결정론은 인과법칙이 작용하기는 하지만 조건과 상황에 따라서 결정되는 방법과 결과가 다르다. 약한 결정론은 자유의지와 결정론이 양립할 수 있으므로 양립론Compatibilism이다. 가령 '닫힌 방에 있는'(조건) 어떤 사람이 '나는 오늘 나가지 않겠다'(자유의지)를 선택하는 경우에는 결정론과 자유의지가 동시에 성립할 수 있다. 결정론을 부정하는 모순 관계는 비결정론Indeterminism이다.

비결정론은 '알 수 없다'는 불가지론Agnosticism과 자유의지Free will로 나뉜다. 원래 불가지론은 신의 존재에 대한 인식 불가능성을 이야기하는 것이지만 비결정론의 속성이 있다. 한편 자유의지free will는 자기 바깥의 것들로부터 간섭과 영향을 받지 않고 존재 스스로 선택하고 생각하고 행동한다는 관점이자 이론이다. 결정론과 비결정론은 신과 우주 자연을 모두 포함하지만 대체로 인간에 한정하여 논의하는 것이 보통이다. 그런데 인간이 자신의 행위, 생각, 욕망, 의지 등을 자기가 결정한다는 것은 자기결정론Self-determination이므로 자유의지에 가깝고 일반적인 결정론과 다르다. 결정론이라고 해서 항상 예측가능성predictability이 있는 것은 아니다. 그런데 결정론은 상대적이므로 범주와 층위에 따라서 해석되어야 한다. 가령 세상이 신의 뜻대로 실현되는 것이라면 신의 관점에서는 자유의지이지만 인간의 관점에서는 결정론이다. 이것을 결정론의 상대성이라고 할 수 있다.

뉴턴역학·고전역학은 원인과 결과를 과학적으로 설명하는 결정론의 과학적 근거가 되었다. 뉴턴역학은 결정론의 원인과 결과를 시간의 관계로 설명하며 열역학은 형태나 위상의 관계로 설명한다. 이와 달리 양자역학은, 불확정성의 원리Uncertainty principle에 의하여 운동을 예측하는 확률적 결정론이다. 철학과 논리학에서는 귀납추론으로 결정론을 이해한다. 반면 기독교적 결정론은 '인간의 구원이 신에 의하여 예정되어 있다'는 예정설predestination, 豫定說이고 불교의 결정론은 '인과因果와 연기緣起가 순환 반복된다'는 연기설緣起說이다. 그밖에, 인간의 관점에서 주어진 길을 간다는 운명론 또한, 결정론이다. 윤리, 도덕, 법률 등에서 결정론은 자유의지를 부정하는 것으로 이해된다. 이 영역에서는 인간에게 자유의지가 있어야만 법, 윤리, 도덕의 주체가 될 수 있으므로 결정론을 타당하다고 보지 않는다.

참고문헌 Pierre-Simon Laplace, *The System of the World* 2 vols, translated by J. Pound, London : Richard Phillips, 1809.

참조 나비효과·카오스이론, 뉴턴역학·고전역학, 라플라스의 악마, 불확정성의 원리, 빅뱅이론/우주팽창이론, 양자역학, 운명론, 인과율·인과법칙, 인식론, 자유의지, 충분근거율, 카르마, 타자, 필연·우연

철학
Philosophy | 哲学

'나는 왜 사는 것인가? 100만 년 후에 나는 어떻게 되어 있을까?' 고요한 밤, 청년 K는 자기 존재에 관한 질문을 거듭했다. 그래서 아리스토텔레스는 인간을 '무엇인가 알고 싶어 하는 존재'로 규정한 것이다. 그런데 소크라테스^{Socrates}가 말한 것처럼 거의 모든 인간은 무엇을 알고 무엇을 모르는지 모른다. 그 모르는 것을 묻고 답하며 문제를 제기하고 해결하는 것이 바로 철학이다. 가령, '나는 누구인가?', '내가 존재한다는 것은 무엇을 말하는가?', '세상과 우주는 어떻게 하여 생겨났을까?', '천사와 악마는 있을까?', '사랑과 증오는 같은 것인가?', '시간과 공간은 영원한가?', '우주 바깥에는 무엇이 있을까?, '신은 존재하는가?', '가치 있는 것은 무엇인가?', '진리란 무엇인가?', '무엇이 아름다운 것인가?', '영혼이 있는가?', '정신과 육체는 무슨 관계인가?', '나는 내 뜻대로 행동할 수 있는가?', '내 언행은 윤리적인가?' 등이 바로 철학의 주제다.

철학은 '지혜^{지식}'인 그리스어 sophia와 '좋아한다'인 그리스어 phil이 결합한 명사로 '지혜를 좋아하는 것'이다. 지혜를 좋아하는 철학^{philosophy}은 신화를 좋아하는 philomythos의 상대적인 개념이다. 철학은 신비한 이야기로 세상을 이해하는 것과 달리 지혜로 세상을 이해하는 방법이다. 한자어 철학^{哲學}은 무엇을 밝고 분명하게 하는 학문이다. 또한, 철학은 인간이 알고 싶어 하고 또 알아야 하는 세상의 모든 것에 관한 학문이자 지식이다. 한마디로 철학은 근원적인 물음을 묻고 답하는 제1의 학문이다. 이런 이유 때문에 고대에 자연과학과 철학은 하나였다. 특히 고대 그리스에서는 우주와 만물의 근원에 관한 탐구가 활발했다. 이것을 고대 자연철학^{自然哲學}이라고 하는데 중세와 근대를 거치면서 자연과학과 철학이 분리되었다. 또한, 철학의 범주와 개념은 시대적으로 다르고 지역과 민족에 따라서 다르며 종교와 이념에 따라서 다르다. 철학을 이해하는 방법 중의 한 가지는 이론철학^{理論哲學}과 실천철학^{實踐哲學}을 구분하는 것이다.

이론철학은 지식과 지혜에 관한 철학이다. 이론철학의 가장 중요한 영역은 본질을 탐구하는 형이상학이다. 가령 경험론, 이성론, 관념론, 이기론^{理氣論}에 대한 플라톤, 아리스토텔레스, 데카르트, 칸트, 주자^{朱子}, 왕양명^{王陽明} 등의 학설이 형이상학에 해당한다. 존재론, 우주생성론, 신학^{神學}도 형이상학이다. 이처럼 형이상학은 존재의 근거, 존재의 영역, 존재의 방법, 존재물음 등을 다룬다. 형이상학의 주제는 신, 우주생성, 자유의지, 결정론, 최초 원인, 최후 결과, 인과법칙, 필연성과 우연성과 같은 양상^{modality}, 시간과 공간, 마음과 육체, 정체성, 상호관련성, 관념론 등이다. 한편 형이상학을 포함한 여러 주제를 사유하고 분석하는 것이 인식론^{epistemology}이고 그 인식의 논리적 타당성을 따지는 것이 논리학^{logic}이며 이것을 합하여 이론철학이라고 한다.

실천철학은 구체적인 문제를 철학적으로 사유하고 이를 바탕으로 현실에서 실천하는 것이다. 실천철학은 일상생활인 법, 경제, 기술 등과 관계가 있으며 실천철학의 가장 중요한 영역은 도덕철학 또는 윤리학이다. 인간의 양심에 관한 도덕과 달리 윤리는 개인이 규칙과 규범을 의식하거나 실천하는 것이고 윤리학은 이 실천의 규범에 관한 철학이다. 윤리가 개인을 넘어서서 사회의 규범으로 확산된 것은 사회철학이고 국가의 규범에 적용된 것은 법철학이다. 이처럼 구체적이고 현실적인 철학은 가치와 규범이 필요하다. 그래서 정언명제로 표현되는 당위^{sollen}, 진리^{truth}, 목적^{purpose}, 의무^{duty}, 책임^{responsibility} 등에 관한 영역을 가치철학^{Axiology}이라고 한다. 가치에 관한 판단은 진선미^{眞善美}로 표현될 수 있다. 미^{아름다움}에 관한 미학과 예술론이 바로 실천철학이자 가치철학이다. 한편 그람시는 현실 변혁을 목표로 하는 마르크스주의를 실천철학으로 명명했다.

철학은 종교나 과학과 상치相馳되는 면도 있으나 궁극적으로는 하나로 수렴된다. 그렇다면 '철학이 과연 필요한 것이며 또 좋은 기능을 하는가'라는 의문이 제기될 수 있다. 철학은 인간에게 필요한 것이면서 자연스러운 것이다. 왜냐하면, 모든 것이 철학이기 때문이다. 그리고 모든 사람들은 태어날 때부터 '철학 하는 사람'이다. 자기가 자기를 포함하여 타자와 세상 모든 것에 대하여 생각하는 그것이 바로 철학의 기능이며 목적이다. 그런 점에서 모든 사람은 철학자學者는 아닐지 모르지만 '철학 하는 사람' 또는 '철학적인 사람'인 것은 분명하다. 이런 이유 때문에 철학은 가장 오래된 학문이며 가장 중요한 학문이다. 그러나 현실을 사는 '나'의 철학과 달리 철학에 대한 학문인 철학학哲學學, science of philosophy도 철학이라고 한다. 수많은 철학자와 철학이 철학사哲學史를 형성한다.

참고문헌 Aristoteles, *Metaphysics*.

참조 경험론/경험주의, 관념론, 미학·예술철학, 순수이성, 유물론, 윤리·윤리학, 이기론〔주희〕, 이성, 이성론/합리주의, 인식론, 정언명제, 존재·존재자, 존재론, 판단력비판─미(美)란 무엇인가?, 학문, 현존재 다자인, 형이상학

아리스토텔레스

Aristoteles | 亜里士多德

'아리스토텔레스는 철학자인가 과학자인가?' 사실, 이 물음은 무의미하다. 왜냐하면, 아리스토텔레스^{Aristoteles, BCE 384~BCE 322}는 철학자인 동시에 과학자이고 또 예술이론가이자 정치학자이기 때문이다. 실제로 아리스토텔레스는 철학, 수사학, 생물학, 수학, 물리학, 지구과학, 정치학, 윤리학, 논리학, 분류학, 예술론, 국가론 등 여러 영역에서 많은 업적을 남겼다. 그래서 그는 모든 학문의 시조로 추앙받기도 한다. 고대 그리스 자연철학의 대표적 학자인 아리스토텔레스는 서양과 이슬람 세계에서 모두 학문의 태두泰斗로 불린다. 아리스토텔레스는 BCE 384년 그리스 북쪽 마케도니아의 스타게이로스^{Stageiros}에서 태어났다. 유복한 유년기와 소년기를 마케도니아에서 보낸 후, BCE 367년 아테네로 가서 20여 년간 플라톤의 아카데미아^{Academia}에서 공부했다. 그는 플라톤이 죽고 마케도니아에 대한 감정이 악화되자 BCE 348년 아테네를 떠났다.

아리스토텔레스는 현재 터키의 아소스^{Assos}로 갔는데 이때 피티아스^{Pythias}와 결혼했다. 그다음 정착한 레스보스섬에서 동물원과 식물원을 만들고 학교를 개설하여 연구와 강의를 병행했다. 그리고 3년간 레스보스섬^{Lesbos}에서 머물다가 마케도니아 왕가에 초빙되어 알렉산더^{Alexsander}를 가르쳤다. 훗날 알렉산더대왕은 아리스토텔레스의 연구를 도와주고자 정복지의 동식물을 그에게 보냈다고 한다. BCE 335년 다시 아테네로 돌아온 아리스토텔레스는 아폴론 신전의 한 편에 학교 리세움^{Lyceum}을 창립하고 거닐면서 토론하는 소요학파逍遙學派 즉 페리파토스학파^{Peripatos}를 창설했다. BCE 323년 알렉산더대왕이 죽고 반마케도니아 정서가 생기자 BCE 322년 어머니의 고향 에우보이아Euboia로 옮겨가 그곳에서 타계했다. 아리스토텔레스는 마케도니아 출신의 그리스인으로 철학, 논리학, 예술, 교육, 자연과학, 수학, 기하학 등 여러 영역에 큰 업적을 남긴 인류의 위대한 스승이다.

아리스토텔레스의 스승인 플라톤은 현실은 이데아Idea, 觀念의 그림자에 불과하다고 보았다. 플라톤에 의하면 현실은 현상이고 진리는 현실을 초월한 곳에 있다. 그 초월적 세계의 이데아가 현현되거나 모방되어 현실이 된 것이다. 그러므로 플라톤에 의하면 초월적 세계의 이데아가 본질이다. 아리스토텔레스는 플라톤 철학의 관념론을 계승하면서도 현실주의와 유물론적 입장을 접목했다. 그의 학문을 관류하는 것은 질료와 형상, 시원과 목적의 이론이다. 그는 신체와 영혼의 관계도 질료와 형상으로 설명한다. 가능성을 가지고 있는 바탕인 질료matter, 質料가 현실에서 형상form, 形象으로 드러나서 존재가 되는 것이다. 존재를 구성하는 것은 뜨겁고 건조한 성질을 지닌 불fire, 차갑고 건조한 성질을 지닌 흙earth, 뜨겁고 축축한 성질을 지닌 공기air, 차갑고 습한 성질을 지닌 물water의 4원소라고 보았다.

아리스토텔레스는 고유의 형식논리formal logic를 전개했다. 그가 제시한 형식논리의 삼단논법Syllogism은 다음과 같다. '모든 사람은 죽는다. 소크라테스는 사람이다. 그러므로 소크라테스는 죽는다.' 이 삼단논법은 연역deduction 추론이다. 이 논리적 추론에서 중요한 것은 표준화된 정언명제다. 그는 명제proposition의 논리화를 위하여 대당사각형을 만들고, 반대와 모순 관계를 설정했다. 그런 점에서 아리스토텔레스의 형식논리는 이성론에 근거한다. 훗날 그의 제자들은 아리스토텔레스의 논리학을 연구와 논증의 도구라는 뜻에서 『오르가논Organon』으로 명명했다. 그는 현실과 물질 그리고 감각을 중시했기 때문에 유물론과 경험론도 인정했다. 그런 그의 경험론은 생물학에서 빛난다. 그는 에게해의 레스보스에서 동물과 식물을 관찰하고 연구했다. 그는 경험적 연구를 바탕으로 생물분류

체계를 세웠으며『동물발생론Generation of Animals』을 집필하여 동물학의 기초를 놓았다.

아리스토텔레스에 의하면 생물을 포함한 모든 존재는 어떤 목적을 가지고 있다. 그는 이를 바탕으로 형이상학과 형이하학을 나누었다. 아울러 아리스토텔레스는 지구를 중심으로 태양을 비롯한 별들이 운행한다고 보는 천동설을 지지했다. 왜냐하면, 이미 움직이는 기동자起動者가 다른 것을 움직이게 한다고 생각했고 그 최초 원인을 신으로 상정했기 때문이다. 한편『니코마코스 윤리학Nicomachean Ethics』에서 도덕적 행동, 고상한 덕성, 적당한 중용golden mean을 목표로 하였으며『정치학Politics』에서 과두정치와 민주주의를 절충하고 자유시민 공동체를 지향했다. 그리스 비극에 관한『시학Poetica』은 예술론의 시원이다. 이런 그의 사상과 학문은 기독교국가와 이슬람국가를 포함한 여러 나라에 지대한 영향을 미쳤다. 아리스토텔레스의 학문은 중세를 거치면서 아리스토텔레스주의Aristotelianism로 정리되었다.

참고문헌 Aristoteles, *Metaphysics*.

참조 관념론, 경험론/경험주의, 논리·논리학, 대당사각형, 비극, 유물론, 윤리·윤리학, 이데아, 이성, 이성론/합리주의, 인식론, 정언명제, 존재·존재자, 존재론, 천동설, 철학, 학문, 형이상학

논리 · 논리학

Logic | 逻辑

인간은 항상 '왜 그럴까?' '어떻게 하여 이렇게 되었을까?' '그 결과는 무엇일까?' 등을 생각한다. 이런 생각으로부터 인간의 지능이 발달했고 인류의 지식이 축적되었다. 이 생각의 타당한 형식과 규칙을 논리라고 한다. 그리고 '논리적'이라는 것은 이치에 맞는 올바른 판단과 추론을 말한다. 논리論理의 어원은 '이성적으로 계산하고 판단하여 말하는' 로고스logos다. 간단히 말하면 논리는 생각하고 추론하는 원리와 법칙이다. 또한, 논리는 지성/오성understanding과 이성reasoning이 만든 논리적 언어와 기호이다. 이 과정에서 타당하고 건전한 추론inference과 논증argumentation이 수반되어야 한다. 한편 논리학論理學은 어떤 대상의 현상과 실체를 분석, 판단, 논증, 추론하여 결론을 도출하는 것에 관한 학문이다. 논리학이 중요한 것은 올바른 생각의 근거일 뿐만 아니라, 생각의 형식과 규칙을 연구하는 학문이며, 모든 학문의 기초이기 때문이다.

논리학을 체계화한 것은 아리스토텔레스인데 그는 논리적 추론을 위하여 범주category, 개념concept, 정의definition가 중요하다고 주장했다. 그리고 ① 실체實體, substance, ② 양量, quantity, ③ 질質, quality, ④ 관계關係, relation, ⑤ 장소場所, place, ⑥ 시간時間, time, ⑦ 위치位置, position, ⑧ 상태狀態, condition, ⑨ 능동能動, action, ⑩ 피동被動, passivity 등 10개의 범주를 나누고 상위의 유개념類概念과 하위의 종개념種概念을 비교하여 체계를 세웠다. 그다음, 개념의 적용 대상인 외연外延과 대상의 성질인 내포內包를 바탕으로 대상을 정의한다. 이 정의를 바탕으로 명제proposition, 命題를 만든 다음 타당한 형식의 추론을 하여 결론을 도출한다. 또한, 아리스토텔레스는 형식에 근거한 삼단논법Syllogism을 창안했으며 특수한 전제[이미 확인된 진리]에서 특수한 결론을[새로운 진리] 내는 연역추론과 특수한 전제에서 일반적 결론을 내는 귀납추론을 형식화했다.

개념, 범주, 판단, 추론, 결론으로 구성된 아리스토텔레스의 논리학을 형식논리라고 한다. 형식논리Formal logic, 形式論理는 참과 거짓진위을 판단하기 위하여 내용을 배제하고 형식과 과정의 논리를 추구하는 논리학이다. 그런데 형식논리에는 명제논리Propositional logic, 命題論理와 술어논리Predicate logic, 述語論理가 있다. 첫째, 명제논리는 내용은 문제 삼지 않고 문장으로 구성된 명제와 명제의 관계를 논하는 논리다. 둘째, 술어논리는 명제논리를 확산시켜 주어와 술어를 구분하고 양화量化하여 분석하는 논리다. 이 논리 추론의 원칙은 A=A인 동일률Law of identity, 同一律, A≠non A인 모순율Law of contradiction, 矛盾律, A is either B or non-B인 배중률Law of Excluded Middle, 排中律, 라이프니츠G. Leibniz가 말한 충분근거율/충족이유율Principle of sufficient reason, 充足理由律 등이 있다.

기호논리Symbolic logic, 記號論理는 상징기호를 사용하여 수학적으로 논증하고 연산하는 논리학의 일종으로 명제논리와 술어논리를 포함한다. 기호논리는 기호를 수학적으로 표시하는 것을 강조하여 수리논리Mathematical logic, 數理論理라고 명명되기도 한다. 양상논리Modal logic, 樣相論理는 명제논리에 필연성과 가능성을 더해서 시제時制나 당위當爲와 같은 여러 가지 변화 양상을 표현하는 논리다. 그 외에도 컴퓨터의 논리적 특성을 강조하는 컴퓨터논리, 철학적 의미를 강조하는 철학적 논리, 형식논리가 아닌 비형식논리Informal logic 등 여러 가지의 논리가 있다. 비형식논리의 대표적인 것은 일상 언어를 다루는 분석철학이다. 한편 헤겔은 자연, 역사, 인간, 사회는 정반합의 과정을 거쳐서 절대정신으로 나아간다는 변증법적 논리학을 정초했다. 근대에 들어서서 사유의 형식과 규칙에 관한 일반논리학이 인식론과 결합했으며 경험적 귀납추론보다 이성적 연역추론을 중심으로 발전했다.

독일의 수리논리학자 프레게G. Frege, 1848~1925는 『개념표기법Begriffsschrift』1879에서

인공언어artificial language를 사용하여 현대 기호논리학과 언어철학에 크게 기여했다. 프레게의 개념표기법은 수학 공식처럼 기호로 표기하고 증명하는 논리학이다. 한편 힐베르트D. Hilbert는 러셀의 이발사의 역설을 이용하여 논리학을 발전시켰기 때문에 힐베르트까지의 논리를 고전논리라고 하고, 프레게 이후의 논리를 비고전논리 또는 현대논리라고 한다. 현대논리에는 참과 거짓의 이치논리二値論理를 넘어선 삼치논리와 다치논리多値論理가 있으며, 개념과 범주가 불분명하고 애매모호한 상황에 관한 퍼지논리Fuzzy logic가 있다. 현대논리는 특히 컴퓨터과학, 인공지능AI, 알고리즘algorithm, 디지털 회로 설계, 데이터베이스, 오토마타automaton, 自動機械, 복잡계이론 등에서 중요하다. 한편 논리 추론에서는 잘못된 사유인 오류error, 誤謬 제거도 중요하다.

참고문헌 Aristoteles, *Organon*.

참조 개념, 귀납 · 연역 · 귀추, 내포 · 외연, 논증 · 추론, 대당사각형, 동일률 · 모순율 · 배중률, 명제, 범주, 변증법, 분석명제 · 종합명제, 순수이성, 술어논리, 양상논리, 유비추론, 정언명제, 지성 · 오성, 충분근거율, 학문

지향성[현상학]

Intentionality | 意向性

식탁 위에 빨강 사과가 놓여 있었다. 이것을 본 K는 '저것은 빨강 사과다'고 인식하는 동시에 '저 사과는 맛이 있다'고 판단했다. 빨강 사과에 관한 생각은 '저것은 무엇일까?'→'저것은 빨강 사과다'→'이전의 경험으로 보아 사과는 맛이 있다'→'그러므로 저 빨강 사과는 맛이 있을 것이다'와 같은 순서로 진행된다. 거의 동시에 일어난 인식과 판단이므로 동시성simultaneity이 작동되었다고 볼 수 있다. 하지만 가장 처음 일어난 일은 '저것은 무엇일까'라는 의문이다. 그런데 '저것'이 '무엇'보다 먼저 인지된다. 이것이 인식의 주체인 자기가 대상인 '저것'을 보고 '빨강 사과'라고 묻고 답하는 의식의 흐름이다. 그런데 인간은 언제나 '무엇'에 대하여 생각한다. '무엇'에 해당하는 대상object이 없으면 생각할 수 없다. 이처럼 인간의 생각과 판단은 '무엇object에 대한of, about' 생각의식이다.

인간에게 아무것도 생각하지 않는 시간은 없다. 인간은 사건, 현상, 사물 등 의식意識의 대상이 있으므로 생각하고 판단하고 욕망하는 것이다. 그래서 의식은 항상 '무엇대상'을 향해 있다. 현상학에서는 이것을 의식의 지향성intentionality, 指向性이라고 한다. 지향성은 의식이 (세계로 열려 있으면서) 무엇을 지향하는conscious of something' 상대적 방향성이다. 한편 인간은 '무엇에 대한 지향'을 통하여 자기 존재를 인식한다. 그런데 타자他者 역시 의식의 지향성을 가지고 있으므로 상호주관성intersubjectivity을 형성하는 것이다. 지향성의 어원은 '얻다', '목표하다'라는 뜻의 라틴어 intentio이고, 그 반대는 '바깥으로 뻗친다'는 extensio다. 처음으로 마음의 지향을 설명한 사람은 브렌타노Franz Brentano, 1838~1917다. 브렌타노는 의식에 존재하는 대상과 현실에 존재하는 대상을 나눈 중세 스콜라철학자 안셀무스Anselm of Canterbury, 1033~1109의 이론에 주목했다.

브렌타노는 의식에는 반드시 대상이 있다는 것과 무엇을 지향한다는 것을 기술심리학Descriptive psychology으로 설명했다. 그러니까 그는 마음에는 현실에 존재하지 않는 '무엇'이 재현된 '지향적 (비)존재intentional inexistence'가 가능하다고 보았다. 이것을 현상학의 지향성으로 발전시킨 것은 후설이다. 후설E. Husserl, 1859~1938은 마음에 존재하는 형상을 현상phenomenon이라고 명명했다. 후설이 정초한 현상학現象學은 의식의 구조를 체계적이고 과학적으로 분석하여 본질을 밝히려는 사유의 방법이다. 후설이 말하는 현상은 경험이 마음에 맺힌 형상形象이다. 그런데 마음의 현상은 대상에 '대한of' 생각이므로 지향성을 가지고 있다. 이때의 지향성은 무엇을 향한 방향성directedness이다. 그러므로 마음이 무엇을 지향하는 순간 판단, 감정, 의지, 표상, 욕구가 작동하게 된다. 후설은 지향성을 마음nous에서 기원한 노에시스와 노에마로 설명한다.

노에시스Noesis는 마음에 실재real하는 '무엇에 관한 생각'이다. 또한, 생각하는 행위는 의미를 부여하거나 판단하는 등 여러 가지 작용을 한다. 가령 '빨강 사과는 맛있을 것이다'라는 판단은 대상을 분석하고 이해하는 생각 그 자체다. 반면 노에마Noema는 '생각하는 무엇'이므로 의식 안에 존재하는 대상對象이자 관념ideal이다. 노에마의 핵심noematic core은 생각하는 행위를 통하여 대상에 의미를 부여하는 것이다. 그런데 노에시스와 노에마는 분리되지 않고 상호작용한다. 이처럼 생각은 '무엇을 향한 지향성'이므로 지향의 주체는 자기 자신이고, 지향의 대상은 '무엇'이며, 지향의 방법은 의식 활동이다. 따라서 자아의 의식과 의식의 대상은 분리될 수 없다. 하지만 생각/의식의 방향이 없을 수도 있다. 이것을 '의식하지 않는다'는 뜻에서 무의식적 지향 또는 공허 지향이라고 한다. 예를 들면, 무아지경無我之境, trance과 같은 것이 무의식적 지향이다.

의식의 지향성은 '존재'에 의미를 부여하는 것이다. 가령 사과存在를 보는 순간 의식은 '맛있는 사과'라는 판단을 거쳐서 사과에 어머니의 사랑이라는 의미를 부여한다. 그리하여 과거의 사과와 현재의 사과와 미래의 사과 사이에 시간성과 통일성이 생긴다. 실재하지 않는 초월적 존재에 대한 지향성도 가능하다. 가령 하나님이나 영혼과 같은 초월적 대상 역시 의식의 지향성에서는 존재의 성격을 가진다. 따라서 지향성은 객관적이거나 초월적인 것을 주관적으로 재구성한다. 이처럼 지향성을 통한 의미해석, 의미부여, 의미통일, 의미생성 등의 과정에서 내적 시간 질서가 생성되어 의식을 통일한다. 그런 점에서 실존주의로 발전한 현상학은 주관적 관념론이다. 한편 후설을 비판적으로 계승한 하이데거는 지향을 마음씀 또는 고려/우려sorge, care로 보면서 개시성erschlossenheit으로 재개념화했고, 사르트르는 지향의식을 무nothingness로 보았다.

참고문헌 Edmund Husserl, *Logical Investigations*(1900), translated by Findlay, J. N., London : Routledge, 1973.

참조 관념론, 대상론, 마이농의 정글, 무의식, 본질, 시간, 실존주의, 의식, 자아, 존재·존재자, 존재론, 존재론적 해석학, 지각우선의 지각현상학, 초월(칸트), 타자, 현상학적 환원, 현상학, 현재·과거·미래, 현존재 다자인

인과율·인과법칙

Law of Causality | 因果关系

'할아버지를 죽이자. 그래야 내가 존재하지 않을 수 있다.' 이렇게 생각한 P 는 과거 여행을 기획했다. 그러려면 빛의 속도보다 빠르게 여행하여 과거로 돌 아가야 한다. 과연 그 결과는 어떻게 되었을까? P는 할아버지를 죽이지 못했다, 할아버지가 존재하지 않으면 내가 태어날 수 없고, 내가 존재하지 않으면 나는 할아버지를 죽일 수 없기 때문이다. 이것을 할아버지의 역설^{Grandfather's paradox}이 라고 한다. 할아버지의 역설은 원인^{할아버지}과 결과^나 즉, 인과^{因果}에 관한 문제다. 인과는 원인과 결과의 필연적인 관계를 말한다. 인과에는 하나의 원인이 하나 의 결과가 되는 것, 하나의 원인이 여러 개의 결과가 되는 것, 여러 개의 원인이 하나의 결과가 되는 것 등이 있다. 그리고 인과의 1:1 대응이 아니라 우연성을 수반한 확률론적^{probabilistic} 인과가 될 수도 있다. 또한, 원인이 전혀 다른 결과가 되기도 하고 원인에 내포한 것이 결과로 드러나기도 한다.

인과율^{Law of Causality, 因果律} 또는 인과법칙은 원인과 결과에 관한 법칙성을 강조 하는 논리학의 개념이고, 인과론^{Theory of Causality, 因果論}은 원인과 결과를 강조하는 이론이며, 인과관계^{Causal Relationship, 因果關係}는 원인과 결과의 관계를 강조하는 개 념이고, 인과성^{Causality, 因果性}은 시공간을 넘어서는 인과의 특질이다. 대체로 인과 율은 A가 원인이 되어서 B라는 결과가 생겼고, B가 원인이 되어서 C라는 결과 가 생겼다는 선형적^{lineal} 진행 법칙을 말한다. 이것은 A에 이미 B가 내재해 있으 며 B는 A가 없으면 생기지 않는다는 것을 의미한다. 그러므로 원인 A는 B의 필 요조건이고 B는 A의 충분조건이다. 또한, 인과율은 어떤 결과^B가 있다면 거기에는 반드시 원인이 있다는 뜻도 함의한다. 이처럼 대부분 사건과 현상은 어떤 원인이 작용하고 진행된 결과다. 이런 인과율은 '만약 무엇이라면, 어떻다$^{\text{If then, so}}$'와 같이 인과적 조건명제의 형태로 표기될 수 있다.

아리스토텔레스는 인과율을 '왜 그럴까?$^{\text{why question}}$'로 '설명'한다. 그는 『자연학』에서 ① 어떤 것을 형성하는 질료 원인$^{\text{causa materialis}}$ ② 어떤 것의 본질인 형상 원인$^{\text{causa formalis}}$ ③ 어떤 것의 변화와 운동인 작용 원인$^{\text{causa efficiens}}$ ④ 어떤 것의 목표와 목적인 목적 원인$^{\text{causa finalis}}$으로 나누었다. 원래 아리스토텔레스는 사물, 사건, 현상에 대한 '설명^{αἰτία}'을 한 것이다. 그런데 인과율에서는 아리스토텔레스의 설명을 근거^{ground}와 원인^{cause}으로 간주한다. 한편 라이프니츠는 결과로부터 원인을 도출하는 충분근거율/충족이유율$^{\text{Principle of Sufficient Reason}}$을 정립했다. '어떤 것이 그렇게 된 것은 충분한 이유가 있다'는 것이다. 이 인과과정에는 필연성^{necessity}과 보편타당성$^{\text{universal validity}}$이 작동한다. 한편 경험주의자 흄$^{\text{D. Hume}}$은, 인과율은 반복된 경험에 따른 기대와 상상이라고 말했다.

브라흐만과 힌두교에서 인과율의 종교적 개념인 카르마^{Karma}는 어떤 행위는 어떤 결과를 낳고 그 결과가 원인이 되어 또 다른 결과를 낳는 인과관계를 말한다. 인과율이 생기는 이치를 연기론緣起論이라고 한다. 불교에서 인과율의 인과因果는 첫째, 시간적 선형^{lineal} 인과인데 예를 들면 달걀이 있어서 닭이 있거나, 닭이 있어서 달걀이 있는 것이다. 둘째, 상호의존적 인과의 예를 들면 달걀이 없으면 닭이 없고 닭이 없으면 달걀이 없는 것이다. 만약 달걀과 닭을 서로 다른 시간의 순서로 보면 이시인과異時因果이고 상호의존 관계로 보면 동시인과同時因果이다. 한편 불교에서 인연因緣의 인은 직접적인 원인이고 연은 원인을 가능케 하는 간접적인 원인이다. 우주 만물은 모두 인과법칙의 결과이며 선인선과善因善果이고 악인악과惡因惡果다. 그러므로 힌두교와 불교에서는 선한 삶을 살면서 악업惡業을 쌓지 않는 것을 중요시한다.

과학적 인과율은 원인이 있으면 반드시 결과가 있고, 결과는 원인 없이 생기지 않는다는 인과성causality, 因果性의 자연법칙이다. 그런데 과학적 인과율은, 할아버지의 역설에서 보았듯이, 시간이 앞으로 진행하는 시공간spacetime을 전제로 한다. 이것이 운동, 에너지, 힘, 속도, 중력 등에 관한 뉴턴역학의 핵심이다. 뉴턴역학은 입자의 위치와 속도를 알면 운동의 방향과 결과를 알 수 있다는 결정론決定論이고 기계론적 세계관이다. 뉴턴역학 이후 상대성이론, 양자역학, 현대역학에서는 빛의 속도보다 빠르게 시간을 거슬러 가서 과거로 돌아가는 것은 인과관계의 모순이므로 불가능한 것으로 본다. 하지만 다중우주multiple universe를 가정한다면 시간을 거스르는 인과도 가능할 수 있다. 인과율은 인과를 인식하는 방법이라는 점에서 인식론이고 실체substance의 변화를 추구한다는 점에서 존재론이다.

참고문헌 Aristoteles, *Physics, Metaphysics*.

참조 개연성, 결정론, 과학주의, 나비효과·카오스이론, 뉴턴역학·고전역학, 라플라스의 악마, 물리주의, 불확정성의 원리, 시간, 시공간, 양자역학, 일반상대성이론, 자유의지, 카르마, 특수상대성이론, 필연·우연

프래그머티즘/실용주의
Pragmatism | 实用主义

'신이 있을까?' 어려운 문제다. 하지만 인간은 신의 문제를 외면할 수 없다. 어려운 '신'의 문제를 현실에 대입한 학파가 있었다. 그 학파는 1870년대 미국에서 출현한 실용주의다. 실용주의자들은 '신이 존재하는가'를 묻기보다 '신은 나에게 행복을 줄 수 있는가'를 물어야 한다고 주장했다. 그리고 그들은 '신이 나와 무슨 관계이며, 신은 나에게 무슨 영향을 미치는가'에 관하여 물었다. 이 것을 실용적 물음pragmatic inquiry이라고 한다. 이처럼 실용주의자들은 초현실적이고, 관념적이며, 추상적인 철학적 주제를 배격하고 부정했다. 또한, 형이상학과 관념적 주제는 구체적으로 어떤 의미가 있는지 밝히기 어렵다. 그러므로 구체적이고, 실제적이며, 사실적이고, 실용적인 주제가 중요하다. 실용주의는 실제적 효과practical effects와 실용성utility을 가장 중요하게 여긴다. 그런 의미에서 실용주의는 시대와 지역을 넘어서 항상 존재했다고 할 수 있다.

하지만 일반적인 의미에서 실용주의는 1870년대 미국에서 출현하여 전개된 철학과 사회학의 사조로 구체적인 생각과 과학적인 방법으로 실제 효용성을 추구하는 인식론이자 실천철학을 의미한다. 실용주의자들은 진리나 윤리는 고정된 것이 아니라 변하고 만들어지는 것으로 간주한다. 실용주의자들은 현실적이고 실현 가능한 범위 안에서 목적을 달성하고자 한다. 그런 점에서 '실용주의는 보편적 진리나 원리는 존재하지 않는다'는 상대주의Relativism이다. 실용주의의 어원은 고대 그리스어 행동act과 행위를 의미하는 prâgma다. 이 단어가 의미하듯이 실용주의는 관념적ideal인 것을 배격하고 실제 행동과 행위를 통한 문제 해결을 목표로 한다. 가령 A가 B를 때렸다면 때린 행위^{결과}를 문제의 핵심으로 놓는 것이다. 그리고 원인을 규명한 다음 이에 대한 해결방법을 찾는다. 그러므로 실용주의는 실제적인 결과와 실용적 가치를 추구한다.

실용주의를 창안하고 발전시킨 사람은 퍼스^{Charles Sanders Peirce, 1839~1914}다. 미국 하버드대학 철학 교수였던 퍼스는 '철학은 어떤 개념을 명확하게 밝히는 것'으로 보았다. 그는 '개념 대상의 실제적 효과를 고려하라^{Consider the practical effects of the objects of your conception}'고 권고한다. 이 문장에서 효과는 결과다. 퍼스의 실용주의를 발전시킨 사람은 심리학자이자 철학자인 윌리엄 제임스^{William James, 1842~1910}다. 분트와 함께 심리학의 창시자로 알려진 제임스는 인간 의식을 강물 또는 사슬에 비유하여 '의식의 흐름^{Stream of Consciousness}'이라는 개념을 정초했다. 제임스는 1890년 『심리학 원리^{The Principles of Psychology}』를 발표하였고 1907년 실용주의의 명저 『프래그머티즘^{Pragmatism, a New Name for Some Old Ways of Thinking}』을 출간했다. 이 책에서 제임스는 '실용적이고 효용적인 것은 무엇이든 가치와 의미가 있다'고 주장했다. 이것은 실용적인 것이 진리이고 효용적인 것이 가치라는 뜻이다. 실용주의에서 말하는 실제적인 효과는 경험주의와 연결되어 있다.

실용주의를 교육학에 접목한 학자는 존 듀이^{John Dewey, 1859~1952}다. 듀이는 '인간의 생각은 곧 탐구'라고 하면서 생각을 도구로 간주했다. 가령, 사랑이라는 (생각은) 사랑하는 경험을 통해서 그 가치와 의미가 밝혀진다. 이것은 중국의 덩샤오핑이 말한 '검은 고양이든 흰 고양이든 쥐를 잘 잡는 고양이가 좋은 고양이다^{黑猫白猫抓住老鼠就是好猫}'에서 가장 잘 드러난다. 실용주의의 효용성과 실용성은 과정에서 나온다. 듀이에 의하면 교육은 학습자의 끊임없는 변화와 발전이다. 따라서 학습자는 탐구, 분석, 관찰, 실험, 경험을 통하여 주체적으로 자기를 계발해야 한다. 이를 위해서 실용주의자들은 실험과 관찰을 강조한 실험주의^{Experimentalism}, 이론과 관념을 도구로 삼아야 한다는 도구주의^{Instrumentalism}, 실제적 기능을 우선하는 기능주의^{Functionalism}, 귀납적 경험을 바탕으로 하는 경험주의

^{Empiricism} 등을 도입하였다.

　실증주의에서는 이론과 생각은 진리가 아니고 실용에서 진리가 스스로 드러난다고 본다. 그러니까 현실에서 부딪히는 문제에 의문을 가지고, 가설을 제시한 다음, 실험과 관찰로 증명하는 과정이 중요하다. 그리고 실용주의에서 진리는 실제 생활에서 효용성이 있는 가치를 의미한다. 역사적으로 볼 때 실용주의는 현실의 어려운 환경을 극복하고 구체적인 지식을 구축하던 청교도의 전통과 오귀스트 콩트^{A. Comte}의 실증주의로부터 영향을 받은 것으로 볼 수 있다. 시카고대학을 중심으로 형성된 실증주의학파는 미국의 교육, 사회, 철학, 정치, 경제 등에 지대한 영향을 미쳤고, 실증에 바탕을 둔 실용주의는 미국의 학문과 사회를 이끌어가는 원동력이 되었다. 이렇게 볼 때 실용주의는 '공허한 관념을 추구하지 말고 실용적 가치로 세상을 바꾸자'라는 태도로 요약할 수 있다.

참고문헌 John Dewey, *Experience & Education*, New York : Kappa Delta Pi, 1938.

참조 공리주의, 관념론, 경험론/경험주의, 논리실증주의, 논증·추론, 유물론, 의식의 흐름, 이성론/합리주의, 인식론, 철학, 행동주의·파블로프의 개

가능세계

Possible World | 可能世界

'히틀러가 제2차 세계대전에서 승리했다면, 세상은 어떻게 되었을까?' 역사교사의 질문에 P는 이렇게 답했다. '만약 그랬다면, 유대인학살은 정당한 것으로 기록되었을 것이고 영국, 미국, 프랑스, 중국 등 연합국이 나쁜 나라로 기록되었을 것이다.' 이런 대화는 충분히 '가능하다.' 그런데 그 가능성은 과거완료 시제이므로 조건문[f]으로 표기된다. '패배한 히틀러'에서 보듯이 현실에서는 단하나의 사실이 인과관계에 따라 전개된다. 그런데 다른 가정을 해 볼 수도 있다. '승리한 히틀러'가 가능한 것이다. 이처럼 모든 것은 가능성이 있으며 그 가능성의 세계를 가능세계라고 한다. 현실 세계도 사실은 가능세계 중 하나가 '실현된' 것이다. 가능세계란 첫째, 가능할 수도 있는 실재를 말하며 둘째, 다양한 가능성을 가진 가능개체의 집합으로 그 집합은 현실 세계[Actual world]와 다른 가능세계[W]의 사실이다. 그런데 가능세계는 현실과 다르기 때문에 반사실적 조건문 反事實的條件文의 형태로 표시된다.

가능세계를 정립한 것은 라이프니츠[G.W. Leibniz]다. 그는 '신은 이 세상을 가장 최선으로 창조했다'고 주장하면서 신은 여러 가능성 중의 하나를 선택했다고 보았다. 그는 시계의 동시성[simultaneity]처럼 가능한 세계들도 동시성이 있다고 생각했다. 이런 라이프니츠의 가능세계를 논리적으로 해석한 것은 크립키[S. Kripke]다. 크립키는 가능세계의 의미를 논리적으로 증명했다. 크립키가 수립한 가능세계 의미론에 의하면 문장의 의미가 참이 되려면 가능세계에서 그 문장이 참인가가 증명되어야 한다. 가령 '히틀러가 승리하는 것이 가능하다'($\Diamond p$)는 '가능세계에서는 히틀러가 승리하는 것이 가능하다'라는 의미이고, 이 문장은 가능하기 때문에 참이다. 이처럼 어떤 조건에서 참이므로 그 의미가 참이 되는 것이다. 이런 의미론을 양상의미론 또는 진리조건 의미론truth-conditional Semantics이라고 한다. 한편 크립키는 형이상학의 법칙이 성립하지 않는 불가능세계impossible world도 정립한 바 있다.

가능세계가 실재한다고 주장한 사람은 데이빗 루이스D. Lewis와 스톨네이커R. Stalnaker다. 여기서 실재actual는 현실에 실재한다는 것이 아니고 가능하다는 뜻이다. 루이스는 서로 다른 시공간spacetime에 서로 다른 세계가 실재하고 있으며 인간의 현실 세계와 다른 가능세계가 존재한다고 주장했다. 현실 세계에 실현된 것은 아니지만 논리적으로 실체entity가 있다는 것이다. 그리고 그것은 양상에 따른 실재real의 가능성이 있다는 뜻이다. 생김새나 모습이라는 의미의 양상은 가능성-불가능설, 현존재-비존재, 필연성-우연성을 말한다. 이런 양상을 다루는 논리를 양상논리modal logic라고 한다. 양상논리는 일반적인 명제논리에 양상을 더한 논리다. 가령 양상논리는 '히틀러는 제2차 세계대전에서 승리했다'처럼 현실 세계의 사실이 아닌 문장에, 하나의 양상인 가능성과 우연성을 부여하는 논리다.

가능세계의 개체를 가능개체possible object라고 한다. 가령 '히틀러가 제2차 세계대전에서 승리했다'는 문장은 히틀러가 가능세계에 가능개체로 존재한다는 의미다. 물론 이것은 사실이 아니다. 승리한 히틀러는 실현되지는 않았으나 가능성이 있는 가능세계에서는 가능할 수도 있다. 루이스는 가능세계의 가능개체가 실재한다고 주장했는데 이것을 가능실재론Possible Realism이라고 한다. 가령 '패배한 히틀러'는 현실 세계에 실재하는 개체이고 '승리한 히틀러'는 가능세계에 실재하는 개체이다. 전자는 현실주의Actualism 또는 현실적 리얼리즘Actual Realism이고 후자는 가능실재 또는 양상적 리얼리즘Modal Realism이다. 여기서 말하는 양상실재는 가능성, 우연성, 필연성, (현실)비존재 등을 다루는 양상논리에 근거한다. 루이스와 같은 양상실재론자들에게 '승리한 히틀러'가 실재가 되는 것은 '현실'에 대한 상대성 때문이다. '패배한 히틀러'는 인간에게 현실 세계이지만 그 상대역인 '승리한 히틀러'는 가능세계의 인간에게 사실이다.

상대역counterpart은 현실 세계의 '패배한 히틀러'가 존재하는 것과 동일하게 가능세계에서는 '승리한 히틀러'가 존재한다. 하지만 두 히틀러는 같은 히틀러가 아니고 '유사한' 히틀러다. 따라서 상대역 관계R는 동시성과 함께 상호 유사성similarity이 있다. 루이스는 이런 형이상학적 사유와 양상논리를 바탕으로 '각기 다른 양상의 가능세계에 가능개체가 존재하며, 그것은 분명한 사실'이라고 주장했다. 그러니까 가능세계의 가능개체에게는 승리한 히틀러가 있는 세계가 현실 세계이다. 한편 루이스의 사유가 비판받는 것은 가능세계론을 근거로 무수히 많은 우주가 동시에 존재한다고 했기 때문이다. 무한할 정도의 많은 우주를 상정하는 것은 여러모로 비현실적이다. 특히 그의 다중우주 개념은 자연과학에서 말하는 다중우주multiverse가 아닌, 무한한 복수성plurality의 다중우주론이다. 그래서 루이스의 가능세계론은 언어와 형이상학에서만 가능한 것으로 알려져 있다.

참고문헌 David Lewis, *On the Plurality of Worlds*, Oxford & New York : Basil Blackwell, 1986.

참조 공간, 논리실증주의, 리얼리즘/실재론〔철학〕, 물리주의, 보편논쟁, 사실, 시간, 시공간, 양상논리, 양상실재, 인과율·인과법칙, 존재·존재자, 존재론, 진리의미론〔타르스키〕, 필연·우연, 허구, 히틀러

양상논리

Modal Logic | 模态逻辑

'히틀러는 제2차 세계대전에서 승리했을 수 있다.' 이 문장은 현실 세계에서 패배한 히틀러를 달리 표현한 것이다. 즉, '히틀러는 제2차 세계대전에서 패배했다'라는 사실과 다른 가능성을 표현한 것이다. 만약 그랬다면 세상은 지금과는 상당히 다른 양상이 되었을 것이다. 여기서 말하는 양상$^{modality, 樣相}$은 모양이나 상태라는 의미이며 가능-불가능, 현존재-비존재, 필연-우연, 윤리 도덕 같은 당위나 법, 시간과 시제 등을 표현한다. 이런 양상을 표현하고 그 논리적 진위를 판단하는 논리를 양상논리라고 한다. 양상논리는 참과 거짓을 다루는 명제논리를 확장하여 양상인 필연, 가능, 우연, 허용, 당위, 시제 등을 표현하는 논리다. 특히 양상논리는 일반적인 명제논리와 1차 논리가 다루지 못하는 다양한 양상을 다룰 수 있으므로 중요하다. 양상논리는 아리스토텔레스가 처음 제시한 바 있으며 다치논리$^{many-valued logic}$로 분류된다.

1차 논리$^{first-order logic}$란 술어논리의 일종으로 원소에만 한정 기호를 가할 수 있고, 술어에는 한정 기호를 가할 수 없는 논리다. 가령 '빛은 직진한다'가 명제논리라면 '모든 우주에서 빛은 직진한다'는 1차 논리이다. 이런 1차 논리의 연결사인 연언(∧), 선언(∨), 조건(→), 부정(~, ㄱ)은 진리함수적$^{truth-functional}$이다. 반면 양상논리는 진리함수적이 아니다. 양상논리가 필요한 것은 명제논리와 술어논리가 표현하지 못하는 양상을 표현할 수 있기 때문이다. 가령, 명제논리에서 '빛은 직진한다'는 일반적으로 참이다. 하지만 '만약 블랙홀과 같은 강력한 중력이 작용한다면, 빛은 직진하지 않는다'. 따라서 가능성의 양상을 표현한 '빛은 직진할 가능성이 있다'는 참이지만 '빛은 필연적으로 직진한다'는 거짓이다. 이처럼 가능성과 필연성을 포함한 여러 양상을 통해서 다양한 논리 추론을 할 수 있다.

철학자 루이스$^{D.\ Lewis}$는 중요한 양상인 가능세계$^{possible\ world}$를 통하여 양상논리를 체계화하였다. 가능세계란 첫째, 가능할 수도 있는 실재를 말하며 둘째, 다양한 가능성을 가진 가능개체의 집합을 의미한다. 가능세계는 현실 세계와 다르기 때문에 반사실적 조건문^{反事實的條件文}의 형태로 표시되며 가능세계에서 가능한 것들은 실체^{entity}로 여겨진다. 양상논리는 몇 가지로 구분되는데 첫째, 진리^{alethic} 양상논리는 필연과 가능성을 다룬다. 가령 '히틀러는 전쟁에서 승리할 수 있었다'와 같은 것이다. 둘째, 인식^{epistemic} 양상논리에서는 인식과 지식을 다룬다. 가령, '히틀러는 자신이 패망할 것을 안다'와 같은 것이다. 셋째, 당위^{deontic} 양상논리는 법률, 도덕, 윤리와 같은 것을 다룬다. 가령, '히틀러는 유대인을 학살하면 안 된다'와 같은 것이다. 넷째, 시제^{tense} 양상논리에서는 과거, 현재, 미래와 같은 시제를 다룬다. 가령, '히틀러는 1945년 제2차 세계대전에서 패배했다'와 같은 것이다.

양상논리에는 필연 규칙과 분배 공리의 두 가지 요소가 있다. 필연 규칙이란 '만약 p라면 p인 것이 필연적이다$(p→□p→¬◇¬p)$'로 필연을 표시한다. 분배 공리는 '만약 p라면 q인 것이 필연적이라면' 그것은 '필연적으로 p라면 필연적으로 q다$(□(p→q) → (□p→□q))$'로 분배를 표시한다. 양상논리에는 여러 가지 체계가 있다. 첫째, 체계 K는 명제논리와 1차 논리에 필연 규칙과 분배 공리를 포함한 것이다. 둘째, 체계 T는 체계 K인 명제논리, 1차 논리, 필연 규칙, 분배 공리에 필연성인 공리 M 즉 'p가 필연적이라면 p이다$(□p→p)$'로 표시한 것이다. 셋째, 체계 S4는 KK논제라고도 하는데 체계 T에 'p가 필연적이라면 p는 필연적으로 필연적이다'$(□p→□□p)$라는 4번 공리를 더한 것이다. 넷째, 체계 B는 체계 T에, 'p라면 p는 필연적으로 가능하다$(p→□◇p)$'는 의미의 공리 B를 더한 것이다. 다섯째, 체계 S5는 체계 T에 5번 공리인 'p가 가능하다면, p가 가능하다는 것은 필연적이다($\diamond p \rightarrow \square \diamond p$)'를 더한 것이다.

양상논리는 가능세계 의미론과 관계가 있다. 크립키$^{\text{S. Kripke}}$가 수립한 가능세계 의미론은 '가능세계에서 가능한' 집합이다. 가능세계는 서로 고립된 우주이기 때문에 의미의 참과 거짓은 그 세계에서만 성립한다. 따라서 가능세계 의미론은 상대적이다. 그런데 가능세계 의미론은 '어떤 명제의 진리는 상대적 조건에 따른다'는 진리조건의미론$^{\text{Truth-conditional Semantics}}$에 속한다. 가령 '히틀러는 전쟁에서 승리했다'는 어떤 가능세계의 주어 히틀러를 의미하며, 술어 '승리했다'는 '가능세계에서 승리했다'는 의미이다. 이를 통하여 '적어도 하나의 가능세계에서 P는 참이다($\diamond p$)'와 '가능세계가 가능한, 적어도 하나의 가능세계에서 P는 참이다($\diamond\diamond P$)'를 구분할 수 있다. 이처럼 가능세계의 양상논리를 통하여 (현실세계의 실재와 같은) 가능세계의 실재가 존재한다는 양상실재$^{\text{Modal Realism}}$를 생각할 수 있게 되었다.

참고문헌 Saul Kripke, *Naming and Necessity*, Harvard University Press, 1980.

참조 가능세계, 논리·논리학, 명제, 보편논쟁, 술어논리, 리얼리즘/실재론(철학), 양상실재, 인식론, 정언명제, 진리의미론(타르스키), 필연·우연, 현재·과거·미래, 히틀러

필연·우연
Necessity · Contingence | 必然 · 偶然

1909년 10월 26일, 하얼빈^{哈尔滨}역에 총성이 울려 퍼졌다. 조선인 안중근이 일본인 이토 히로부미^{伊藤博文}를 저격한 것이다. 이토 히로부미가 사망한 이 사건은 세계의 주목을 받았다. 이토는 일본의 초대총리였으며, 청일전쟁을 승리로 이끈 일본인의 영웅이다. 반면 한국인에게 이토는 조선을 식민지로 만든 원수^{怨讐}다. 그래서 이 사건을 보는 관점이 서로 다르다. 이토의 측면에서 보면 예상하지 못했던 상황에서 우연히 총탄에 맞아 죽은 것이다. 반면 안중근의 측면에서 보면 기획한 그대로, 즉 필연적인 이유로 이토를 죽인 것이다. 이 사건은 '필연과 우연은 무엇인가'라는 철학의 중요한 주제로 바꾸어 생각해 볼 수 있다. 일반적인 의미에서 필연은 '어떤 것이 반드시 그렇게 될 수밖에 없으므로 그것이 아닐 가능성은 없다(~◇~p)'는 뜻이고 우연은 '어떤 가능한 것(◇p)이 인과관계가 없이 일어났다'는 뜻이다.

필연은 우연을 통해서 실현된다. 가령 이토 히로부미가 예상치 못했던 곳에서 총탄에 맞아 죽은 것은 우연이지만 반드시 총을 쏘아야 했던 안중근의 필연은 실현된 것이다. 그러므로 우연은 우연처럼 보이는 필연이다. 그래서 절대적 필연과 상대적 필연 그리고 절대적 우연과 상대적 우연으로 나눌 수 있다. 이렇게 볼 때 필연과 우연은 잠재적 가능성^{possibility}이 실현되는 양상이다. 그런데 필연은 가능성 전체가 실현된 것이고 우연은 가능성의 부분이 실현된 것이다. 필연은 '사람은 죽는다'의 주어 '사람'에 '죽는다'는 술어가 함의되어 있는 분석명제다. 가령, 필연이고 참인 '사람은 죽는다'의 모순 관계인 '사람은 죽지 않는다'

는 항상 거짓이다. 필연과 유사한 개념은 '마땅히 그래야 한다'는 당연當然과 '그 럴듯하다'는 개연蓋然이다. 반면 우연은 '이토 히로부미가 죽었다'에서 보듯이 경험으로 표시되는 종합명제綜合命題다.

일반적으로 필연과 우연은 다음 몇 가지로 분류된다. 첫째, 인과관계가 성립하는 사실적 필연과 인과관계가 불확실한 사실적 우연이 있다. 현실 세계에서 원인과 결과가 결정론적으로 진행되는 것이 사실적 필연이고, 이 중 하나의 사건에 한정한 것이 사실적 우연이다. 둘째, 형이상학적 필연은 '나는 생각한다. 그러므로 존재한다'와 같이 생각하는 존재의 형이상학적 필연이다. 반면 '나는 지금 여기에 존재한다'는 형이상학적 우연이다. 셋째, 인식론적 필연은 판단에 의한 필연이다. 가령, '나는 지금 여기에 있으므로, 저기에 없다'와 같은 것이다. 반면 '저기에 없는 나'는 인식론적 우연이다. 넷째, 윤리 도덕적 필연은 당위성을 가진 진리alethic적 필연이다. '사람은 사람을 죽이면 안 된다'는 윤리 도덕적 필연이고, '철수는 사람을 죽였다'는 윤리 도덕적 우연이다. 그 외에 '빛은 직진한다'와 같은 자연과학의 법칙적 필연이 있다.

필연과 우연은 인과율 또는 인과관계와 연결되어 있다. 인과율因果律에서 필연은 다른 가능성이 없이 결과에 이른 인과율이며, 우연은 여러 가능성 중 인과적 과정이 없이 결과에 이른 것이다. 우연은 참과 거짓의 문제가 아니라 최소한 가능성이 실현된 결과다. 그런 점에서 필연과 우연은 반대가 아니라 상대적인 개념이고, 그 상대성은 가능성可能性으로 표시된다. 그러니까 필연은 항상 가능성이 실현되는 것이고 우연은 가능성이 항상 실현되는 것은 아니다. 따라서 우연은 참일 수도 있고 거짓일 수도 있다. 하지만 우연은 불가능성을 배제하기 때문에 최소한의 하나 이상 실현되는 것이다. 그러므로 'P의 가능성'은 'P가 아닐 필연은 아니다($\Diamond p \rightarrow \sim \Box \sim p$)'로 표시되는데 그 의미는 'P가 가능하다'는 뜻이다. 필연의 특질 또는 성질을 필연성必然性이라고 하고 우연의 특질 또는 성질을 우연성偶然性이라고 한다.

고대의 원자론자 데모크리투스Democritus는 '모든 것은 필연이며, 하나의 필연에서 생겼다'라고 보았다. 라이프니츠 역시 모든 것은 필연의 작용이고 결과이며 우연은 인식되지 못한 필연이라고 설명했다. 그는 논리가 함의된 필연적 필연성과 경험에서 보이는 우연적 필연성을 나누었다. 반면 경험주의자 흄은 필연을 습관적으로 연결한 주관적 표상으로 보았다. 한편 헤겔은 근거와 조건이 내재한 것을 절대적 필연, 우연에 매개된 필연을 상대적 필연으로 간주했다. 인류 보편의 역사를 상정한 헤겔에게 자유는 필연적 진리다. 헤겔의 관점에서 필연과 우연은 상대적이면서 변증법적 관계다. 한편 동양의 이기철학理氣哲學에서 자연스러운 이치를 소이연所以然이라고 하고, 그 도덕적 이치가 당연하다는 것을 소당연所當然이라고 한다. 그러므로 본질과 같은 이理가 자연스럽게 발현되는 것이 소이연이고, 이가 필연적으로 그렇게 되는 것이 소당연이다. 필연을 강조하면 결정론이 되고 우연을 강조하면 불가지론이 된다.

참고문헌 Gottfried W. Leibniz, *Nouveaux essais sur l'entendement humain*(1765), *New Essays on Human Understanding*, Cambridge University Press, 1896.

참조 가능세계, 개연성, 결정론, 경험론/경험주의, 귀납·연역·귀추, 논리실증주의, 변증법, 본질, 분석명제·종합명제, 사실, 양상논리, 양상실재, 이기론(주희), 인과율·인과법칙, 인식론, 충분근거율, 형이상학

수양론
Theory of Moral Cultivation | 修养论

'군자는 세 가지를 두려워한다. 천명을 두려워하고 대인을 두려워하고 성인의 말씀을 두려워한다. 소인은 천명을 알지 못하므로 두려워하지 않고 대인을 우습게 알며 성인 말씀도 업신여긴다.'[1] 이 말은 『논어論語』「계씨」에 나온다. 한편 '군자가 무엇이냐'고 묻는 자로子路의 물음에 공자는 '경敬으로 자기를 수양하는 사람修己以敬'『논어(論語)』「헌문」이라고 답했다. 그러니까 군자君子는 첫째, 끊임없이 수양하는 사람이며 둘째, 수양의 결과로 닦아진 인격적인 인간이다. 이후 한자문화권에서 군자를 이상적인 인간으로 간주하였다. 그렇다면 소인도 군자가 될 수 있을까? 소인이나 범인이 군자가 되려면 마음과 몸을 갈고 닦는 부단한 수양이 필요하다. 이것을 공자는 수기치인修己治人의 도덕 수양론修養論으로 함축했고 수양론은 이기론, 심성론과 함께 유학, 특히 성리학의 바탕이 되었다.

일반적인 의미의 수양은 심신을 단련하여 성품, 지식, 도덕을 갈고 닦는 것이다. 유학의 수양론은 자기 자신을 갈고닦는 수기修己와 이를 바탕으로 다른 사람을 대하는 치인治人이며 하늘과 자연의 이치에 따르는 것이다. 하늘과 자연의 진리를 추구하는 진지眞知는 부단한 수양을 통하여 군자가 되는 것을 넘어서서 완성된 인간인 성인成人과 거룩한 인간인 성인聖人이 되는 과정이다. 그러자면 먼저 격물치지格物致知하여 세상의 이치를 알아야 한다. 격물치지하자면 정성스러운 뜻과 올바른 마음인 성의정심誠意正心이 필요하다. 그러므로 성의정심으로 격물

---

1   孔子曰 君子 有三畏 畏天命 畏大人 畏聖人之言 小人 不知天命 而不畏也 狎大人 侮聖人之言.

치지하는 것이 수양의 방법이다. 수양과 수신의 궁극적인 목표는 모든 사람이 어질고 평화롭게 사는 대동세상이다. 이처럼 유학의 목표인 이상사회는 자기의 수양과 수신에서 시작한다. 그런데 선진先秦 유학의 태두인 공자와 맹자는 수양의 과정과 목표를 강조할 뿐 아니라 한편으로는 충신忠臣이나 효제孝悌와 같은 수양의 결과도 중시했다.

맹자는 성선설性善說에서 수양으로 선한 본성을 발현할 수 있다고 주장했다. 공자의 수기치인과 맹자의 성선설에서 발전한 수양론은 송명이학宋明理學 중 성리학의 핵심주제다. 성리학에서는 인간을 포함한 모든 것에는 존재 원리인 이理와 운동의 동력인 기氣가 있는데 본체本體인 이와 쓰임用의 기가 어우러져서 만물이 생성하는 것으로 본다. 이것을 주희는 성즉리性卽理로 표현한 다음 '이기理氣는 불상잡不相雜이고 불상리不相離'하다고 설명했다. 하지만 항상 선한 이와 달리, 기는 선할 수도 있고 악할 수도 있다. 그러므로 인간은 원래 착한 본연지성本然之性을 가지고 있지만, 기질지성氣質之性으로 인하여 다른 인간이 되는 것이다. 유학에서 수양의 방법은 하늘이 부여한 선한 천성을 잘 살리는 것이고 수양의 목적은 도덕적 주체가 되는 것이다.

수양의 기준은 삼강오륜과 같은 강상윤리綱常倫理다. 『대학大學』「팔조목八條目」인 격물格物 치지致知 성의誠意 정심正心 수신修身 제가齊家 치국治國 평천하平天下의 기본원리가 바로 격물치지다. 그래서 경건한 성의정심誠意正心의 자세로 진지하게 연구하는 격물치지格物致知가 가장 중요하다. 여기서 격格은 '도달한다至'이지만 '궁리를 통하여 사물의 본성을 아는 것에 이른다'는 학學을 포함한다. 수양의 출발은 명명덕明明德이다. 주자朱子는 명명덕을 '허령불매虛靈不昧한 인간과 세상이 이치를 갖추어具衆理 만사에 응하는 것應萬事者'으로 보았다. 만사에 응하려면 수양을 통하여 사물의 이치를 알아야 한다. 반면 『중용中庸』에서는 삼달덕三達德인 지知, 인仁, 용勇을 수양의 방법과 목적으로 제시하고 있다. 한마디로 수양론은 격물치지와 성의정심 하면서 공부하는 도덕론이자 실천론이다.

주자는 '1물一物에 1태극一太極'인 사사물물事事物物의 이치를 궁구하는 것이 곧 나를 궁구하는 궁리진성窮理盡性이라고 말했다. 그래서 주자는 수양의 구체적인 방법을 거경궁리居敬窮理로 정리하고 인욕은 사욕이므로 존천리멸인욕存天理滅人慾해야 한다고 주장했다. 또한, 주자는 『근사록近思錄』에서 의리를 판단하고자 한다면 깊이 공경하는 자세의 경敬이 필요하다고 보았다. 이것이 명천리멸인욕明天理滅人慾이고 하늘의 이치가 인간과 상통한다는 천인합일天人合一과 성즉리性卽理의 원리다. 이렇게 볼 때 수양은 천명과 천리를 알고 인간의 사적 욕심을 억제해야 가능하다. 그러므로 수양론은 세상의 존재를 밝힌 이기론과 심성론을 바탕으로 하고, 인간의 마음인 인심의 계발 가능성을 전제로 하여 성립하는 공부론이다. 반면 양명학陽明學의 왕수인은 지행합일知行合一과 양지양능치양지良知良能致良知를 강조하여 수양론을 심화시켰다.

참고문헌 朱子, 『近思錄』.

참조 거경궁리, 격물치지, 군자불기, 마음, 성리학, 성선설, 성악설, 성즉리, 심즉리, 양지양능치양지, 위기지학 위인지학, 이기론(주희), 인심도심, 존재론, 중용지도, 지행합일, 천명사상

공리주의
Utilitarianism | 效益主義

공리주의자 스튜어드 밀은 다음과 같이 말했다. '만족한 돼지가 되는 것보다 불만족한 인간이 되는 것이 낫다; 만족한 바보보다 불만족한 소크라테스가 낫다.'[1] 이 문장에서 '돼지'는 어리석은 사람을 가리키고 '인간'은 현명한 사람을 가리킨다. 밀이 '너 자신을 알라', '자기가 모른다는 것을 알면 지혜로운 사람이다'라고 한 소크라테스를 인용한 것은 '만족이란 무엇인가', '인간은 만족을 위해서 사는 존재인가'에 답하기 위해서다. 밀이 말하는 만족satisfaction은 쾌락/기쁨pleasure, 행복happiness, 편안함comfort, 평안peace, 이익benefit과 유사한 개념이다. 밀에 의하면 인간은 기쁨을 추구하고 고통을 피하려는 속성이 있다. 어떤 행위가 타인에게 해를 주지 않는다면, 그것은 윤리적이고 도덕적인 선일 가능성이 크다. 밀에 의하면 행위자 자신의 기쁨을 추구하는 것은 이기적이므로 선이 아니다.

공리주의의 관점에서는 인간의 언행이 타인들에게 기쁨을 주고, 법과 관습에 어긋나지 않으면 좋은 것이다. 이로부터 '무엇이 좋은 것인가'라는 가치론axiology과 '인간은 어떤 언행을 해야 하는가'라는 실천론이 대두한다. 가치 있는 것을 실천해야 한다는 공리주의는 '최대다수의 최대행복'으로 요약된다. 사전적인 의미에서 공리주의功利主義는 공리성utility, 효용성, 효율성을 최우선하는 사상이다. 공리주의에는 다음 두 가지가 있다. 첫째, 협의의 공리주의는 18C 영국에서 태동한 일련의 공리주의 철학과 이론을 말하며 둘째, 광의의 공리주의는 시

---

1   "It is better to be a human being dissatisfied than a pig satisfied; better to be Socrates dissatisfied than a fool satisfied."

대와 지역을 넘어서 효용성을 우선하는 보편적 이념을 말한다. 공리주의는 고대 그리스의 에피쿠로스가 말한 쾌락주의로 거슬러 올라간다. 정신적 기쁨/쾌락을 주장한 것은 에피쿠로스Epicurus, BCE 341~BCE 270경다. 고대 그리스의 에피쿠로스는 기쁘고 행복하면서 고통과 슬픔이 없는 상태인 정신적 기쁨/쾌락을 제창했다.

공리주의를 정초한 제레미 벤담J. Bentham, 1748~1842은 공리성에 기초하여 원형감옥panopticon을 상상했다. 그가 고안한 원형감옥은 가장 적은 노력으로 최대의 효과를 내는 감옥이다. 이 감옥에는 효율성, 효용성, 편리성을 의미하는 공리성이 실현되어 있다. 하지만 벤담은 감각적 공리주의보다 정신적 공리주의를 우위에 두면서 '돈의 양이 커지면 행복은 감소한다'고 보았다. 한편 스튜어드 밀J. S. Mill, 1806~1876은, 사회는 공리성에 바탕을 두는 공리주의 사회가 바람직하다고 말하면서 '최대다수의 최대행복'을 주장했다. 그리고 밀은 국가와 사회의 기능은 다수에게 행복을 주는 것이라고 보았다. 그러므로 다수를 행복하게 하는 것은 선이고, 불행하게 하는 것은 악이다. 또한, 밀은 개인적 공리성과 사회적 공리성이 일치할 수 있다고 생각하는 한편 사회는 공리주의에 따라서 움직여야 하며 사회복지 또한, 공리주의의 틀에서 설계되어야 한다고 믿었다.

공리주의Utilitarianism는, 라틴어 '효용 또는 기쁨uti'이 공리성/효용성utility과 '효용성을 추구하는 사람utilitarian'으로 확장된 후 다시 사상적 가치가ism 부여된 개념이다. 공리주의는 목표와 결과를 중시하는 결과주의Consequentialism의 성격이 있다. 공리주의에 의하면 거짓말일지라도 결과적으로 선하고 유용하다면 좋은 것이다. 여기서 공리적 동기動機로 환원하는 동시에 윤리적 판단의 기준도 효용성/공리성utility이어야 한다는 명제가 성립한다. 공정성, 평등성, 절차의 합법성 등을 강조하는 공리주의는 최소의 비용으로 최대의 효과를 내는 경제성을 중요하게 여긴다. 그렇다면 그 공리성을 어떻게 측정할 수 있을까? 이에 대하여 벤담은 양적 측정이 가능하다는 양적quantity 공리주의를 내세운 것과 달리, 밀은 공리의 의미가 중요하다는 질적^{quality} 공리주의를 내세웠다.

공리주의는 행위 공리주의^{Act Utilitarianism}, 규칙 공리주의^{Rule Utilitarianism}, 보편공리주의^{General Utilitarianism}로 나뉜다. 한편 공리주의와 상대적인 개념인 부정 공리주의^{Negative Utilitarianism}는 '최대다수의 최소고통'이라는 또 다른 공리성을 토대로 한다. 이 논리는 다수를 위해서 소수는 희생될 수 있다는 의미도 포함한다. 이런 이유 때문에 공리주의는 그 효율성에도 불구하고 많은 비판을 받고 있다. 왜냐하면, 공리주의가 목표로 하는 개인과 사회의 공동선共同善은 존재하기 어려우며, 정의와 쾌락도 개인과 개인, 개인과 사회, 사회와 국가가 일치하는 것이 아니기 때문이다. 역사적으로 볼 때 공리주의는 계몽주의와 합리주의의 계보를 잇고 있다. 그리고 공리주의는 다수결의 원칙과 대의정치에 영향을 미쳐 민주주의 발전에 이바지했으며, 평등한 분배의 실현을 주장하여 사회주의 태동에 일조했고, 자유주의와 실용주의^{Pragmatism}에도 영향을 미쳤다.

참고문헌 John Stuart Mill, *Utilitarianism*(1863), Buffalo : Prometheus Books, 1987.

참조 계몽주의/계몽의 시대, 교훈주의, 논리실증주의, 산업혁명, 원형감옥, 윤리·윤리학, 이성, 이성론/합리주의, 철학, 카르페 디엠, 쾌락주의의 역설, 표현의 자유, 프래그머티즘/실용주의

인문학

Humanities | 人文学

어느 날 페트라르카는 산에 올랐다. 그는 산에서 아우구스투스의 『고백록』 10장을 읽었다. 거기에는 이렇게 적혀 있었다. '인간은 산 정상에 올라 아름다운 광경에 넋을 잃고, 풍랑이 이는 바다를 바라보면서, 굽이치며 흘러가는 강물을 바라보면서, 세상을 휘몰아치는 큰 대양을 바라보면서, 밤하늘을 가로지르는 별들의 운행을 바라보면서 넋을 잃지만, 정작 인간 내면에 대해서는 진지하게 생각하지 않는다.' 이 대목을 읽은 그는 자기 내면을 응시하기 시작했다.[1] 인간 내면에 대한 응시, 이것이 페트라르카를 인문주의자로 만든 계기였다. 이탈리아의 아레초^{Arezzo}에서 태어난 페트라르카^{F. Petrarca, 1304~1374}는 '최초의 르네상스인이자 최초의 인문주의자'로 불린다. 그는 1342년 이탈리아어로 쓴 서정시집 『칸초니에레^{Canzoniere}』를 발표하여 인간의 세속적인 사랑을 노래했다. 그가 활동했던 르네상스 시대는 중세의 신중심주의에서 벗어나 인간을 탐구한 인간의 시대였다.

르네상스는 '다시^{re} 태어나는^{nascere} 고전' 그리고 '고전주의의 부활과 재생'이라는 뜻이다. 르네상스 운동은 '인간은 무엇인가', '인생은 무엇인가'와 같은 존

---

1   Francesco Petrarca, "The Ascent of Mount Ventoux", Familiares 4.1, translated by Morris Bishop, 1336.
    I closed the book, angry with myself that I should still be admiring earthly things who might long ago
    have learned from even the pagan philosophers that nothing is wonderful but the soul, which, when
    great itself, finds nothing great outside itself. Then, in truth, I was satisfied that I had seen enough of the
    mountain; I turned my inward eye upon myself, and from that time not a syllable fell from my lips until
    we reached the bottom again.

재론적인 물음을 제기하면서 신과 분리된 인간을 중요하게 여겼다. 특히 고대 그리스와 로마의 고전을 재생하고 부흥한 결과 철학, 문학, 수사학, 예술이 발달하는 한편 과학과 인간에 대한 이해가 깊어졌다. 이런 역사적 상황에서 인간을 중시하고, 인문을 부흥하며, 인간을 주인으로 하는 휴머니즘이 잉태되었으며 휴머니즘을 추구하는 휴머니스트 또는 후마니스타[Humanista, humanist]들이 생겨났다. 후마니스타가 추구하는 후마니타스[Humanitas, humanity] 즉 인문주의/인본주의는 당시 대학에서 가르치던 고전의 언어학과 철학을 의미하는 것이었다. 당시 세속적인 것을 가르치는 후마니스타[Humanista]는 기독교 정전[canon]과 교리를 가르치는 캐노니스타[Connonista]와 법을 가르치는 레기스타[Legista]의 상대적인 개념이었다.

라틴어 인문학/후마니타스[Humanitas]는 인간의 본성, 문화와 문명, 친절을 의미한다. 그러므로 후마니타스는 교양 있는 시민이 갖추어야 할 덕목인 문학, 역사, 철학, 예술을 잘 아는 사람인 동시에 그들이 추구하는 인간학이라는 두 가지 의미가 있다. 후마니타스는 고대 그리스의 파이데이아를 계승한 것이다. 고대 아테네를 비롯한 도시국가에서는 귀족들의 시민교육을 파이데이아[paideia]라고 했다. 파이데이아는 문법, 수사학, 논리의 세 과목, 그리고 산수, 기하학, 천문학, 음악의 그다음 네 과목을 비롯하여 의학, 자연과학, 체육 등 시민교육의 과목으로 구성되었다. 파이데이아에서 유래한 르네상스의 인문학은 이런 과목과 더불어 문학, 미술, 언어학, 역사, 철학을 통하여 인문주의를 실현하고자 했다. 이렇게 볼 때 인문학은 문명인이 가져야 하는 지식과 윤리인 교양[Liberal Arts]을 교육하는 것에서 출발했음을 알 수 있다.

르네상스 이후 근대에 이르러 인문학과 자연과학이 분리되었다. 하지만 자연과학의 상징적 저서인 뉴턴의 『프린키피아; 자연철학의 수학적 원리[Mathematical Principles of Natural Philosophy]』1687에서 보듯이, 자연과학은 오랫동안 고대 인문학의 전통을 잃지 않고 있었다. 하지만 근대 자연과학이 과학적으로 인간과 자연을 설명하는 것에 반하여 인문학은 가치, 의미, 정신으로 인간과 자연을 설명하면서 차츰 분화되었다. 20세기 중반에 인문학은 또다시 인문학과 사회학으로 갈라졌다. 이리하여 인문학은 문학, 역사, 철학, 예술을 중심으로 하는 협의의 의미로 쓰이기 시작했다. 하지만 광의의 인문학은 인간에 대한 학문과 인간이 생각하고 사유하고 향유하는 모든 영역을 망라한다. 한마디로 인문학은 인간을 이해하고 인간이 축적한 문화를 연구하며 인간과 자연, 인간과 신, 인간과 생물 등 인간과 타자의 관계를 설명하는 종합적 인간학Human study, 人間學이다.

인문학과 유사한 인문과학人文科學은 인문정신을 강조하면서 문학, 역사, 철학을 중심으로 인간과 자연을 이해하려는 학문wissenschaft이다. 인문학과 인문과학은 약간 다르다. 하지만 인문과학과 인문학의 바탕은 휴머니즘/인문주의이기 때문에 근본적으로는 다르지 않다. 인문학은 부정적인 인간성humanity을 순화하려는 목표를 중요하게 여겼다. 그런데 인문학의 이념인 휴머니즘Humanism은 인간적 가치를 중심으로 하는 것이므로 자연주의Naturalism, 자연과학natural science, 동물주의Animalism, 생물주의Biologism 등과 상이하다. 한자문화권에서 인문학은 문인文人 즉 지식을 가진 군자君子의 교양과 덕목을 말한다. 일찍이 송宋의 정이程頤는 '천문은 하늘의 이치이고 인문은 인간의 도리다天文天之理也人文人之道也'라고 하여 우주 자연에 관한 천문학과 인간에 관한 인문학을 대비한 바 있다.

참고문헌 Francesco Petrarca, "The Ascent of Mount Ventoux", *Familiares*, translated by Morris Bishop, 1336.

참조 르네상스, 문학, 역사, 이성, 예술, 자연주의, 정신, 존재론, 철학, 학문, 헤브라이즘, 헬레니즘, 휴머니즘/인문주의, 학문

이성

Reason | 理智

하인즈 딜레마^{Heinz dilemma}로 유명한 하인즈는 결국 약을 훔쳤다. 그리고 훔친 약을 병든 아내에게 주고 자신은 자수했다. 약을 훔치던 중 주인과 싸우다가 주인을 죽이는 범죄를 저지른 것이다. 그러자 사람들은 이렇게 말했다. '그렇게 이성적이고 지혜로운 하인즈가 살인자가 되다니!' 하지만 이렇게 말하는 사람도 있었다. '사랑하는 아내를 살리는 길은 그것밖에 없었으므로 하인즈의 행위는 이해할 수 있다.' 이 상황은 '지성인 하인즈가 살인했으나 그의 행위는 어쩔 수 없었다'는 것으로 요약할 수 있다. 이 두 상반되는 평가는 '이 사건을 감정적으로는 이해할 수 있지만, 이성적으로는 동의하지는 않는다'는 것이다. 하나의 사건을 두고 각기 다른 견해를 보이는 이유는 인간의 인식이 각기 다르기 때문이다. 그중 이성, 지성/오성, 감성은 인식의 기본이면서 서로 연결된 상대적인 개념이다.

첫째, 이성^{reason, 理性}은 원칙과 사실에 근거하여 생각하고 인식하는 능력이자 추상적 개념을 구성하는 원리다. 또한, 이성은 선악^{善惡}, 미추^{美醜}, 진위^{眞僞}를 추론하고 판단하는 기능이며 도덕과 법의 준거다. 둘째, 지성^{intellect, 知性}은 대상을 구별하거나 유사한 점을 인식하는 능력이다. 또한, 지성은 지각한 것을 정리하고 통일하는 기능이며 감각기관을 통하여 주어진 감정을 통하여 표상을 구성하는 능력이다. 지성과 같은 개념으로 사용되는 오성^{understanding, 悟性}은 대상을 이해하여 깨우치는 것을 강조하는 개념이다. 오성은 사고의 능력이라는 점에서 이성과 유사하고 대상을 구성한다는 점에서 지성과 유사하다. 셋째, 감성^{sensibility, 感性}

은 인간이 오감五感을 통하여 얻은 감각을 대하는 능력이나 기능이다. 또한, 감성은, 대상을 이해하고 통일하는 지성과 생각하고 판단하는 이성의 소재가 된다. 이 중 감각적 능력인 감성과 다른 세 가지 능력인 이성, 오성, 지성은 상대적이다.

이성 중심의 철학을 정초한 데카르트는, '생각한다, 그러므로 나는 존재한다 Cogito ergo sum'에서 인간은 생각하기 때문에 존재한다고 선언했다. 데카르트는 생각을 토대로 자기가 누구인가를 인지한 다음 그 생각을 통하여 세계를 구성한 것이다. 데카르트가 쓴 라틴어 코기토cogito는 그리스어 마음, 지성, 이성을 의미하는 누스nous와 유사한 개념이다. 하지만 생각 자체가 이성인 것은 아니다. 왜냐하면, 이성은 생각 자체라기보다 생각하는 원리이고 생각을 반성하고 제어하는 방법이기 때문이다. 일찍이 플라톤은 코기토의 어원인 누스를, 이데아를 직관하는 능력으로 간주한 것과 달리 아리스토텔레스는 누스를 감각sensory perception과 다른 합리적인 생각으로 간주했다. 누스nous, 코기토cogito, 로고스logos가 라틴어 이성reason의 어원ratio인 '균형 있게 비교한다'는 의미와 결합하여 '균형 있게 생각하고 판단하는 능력인 이성'으로 발전한 것이다.

이성을 체계화하고 지성, 감성과 함께 삼분한 것은 칸트다. 칸트I. Kant는 고차원적 사고능력이자 개념화의 능력인 이성, 범주화의 능력인 지성, 대상을 받아들이는 능력인 감성을 대비했다. 이 중 구체적인 시간과 공간에서 감지된 것을 수동적으로 받아들이는 감성은 인식의 출발점이다. 또한, 대상을 구성하는 제한적 능력인 지성과 달리 이성은 원리에 해당하는 무제한의 능력이다. 하지만 흄은 '이성은 감성의 노예'라고 비판하고 경험의 절대성을 주장했다. 경험이 후험적a posteriori인 것에 반하여 이성은 선험적a priori이다. 경험주의자들은, 처음 태어난 인간의 의식은 백지인 타불라 라사tabula rasa였는데 경험이 그 백지를 채운다고 함으로써 경험의 중요성을 강조했다. 이를 인정한 칸트는 올바르게 인식하는 순수이성과 도덕법칙을 만들고 지키는 실천이성을 비판적으로 재인식하고자 노력했다. 칸트의 이성론은 독일어 Vernunft가 가진 통찰적 인식이라는 의미로 쓰이기도 한다.

한편 칸트는 플라톤의 이데아에 해당하는 물자체ding an sich를 상정하고 감각, 경험, 주관의 영향을 받는 이성만으로 알 수 없는 본질을 누메논noumenon이라고 했다. 누메논은 '생각하는 마음'인 누스의 명사형이다. 그러므로 선험적이고 초월적인 이성은 종합적인 추론이자 합법칙적 사고思考 능력인 셈이다. 합리적rational이라는 것은 구별, 인식, 판단, 실천이 이성적이라는 뜻이다. 반면 이성과 상대적인 개념인 믿음faith은 말씀과 권위에 근거한 인식이고 감정emotion은 감각과 주관에 근거한 인식이다. 한편 이성은 논리와 사실에 근거하는 보편적 진리이면서 추론의 방법이기도 하다. 계산하고 비교하고 판단하고 이해하는 방법인 이성은 추론reasoning을 거쳐서 진위를 판정한다. 이성적 추론에는 사실로부터 또 다른 사실을 밝히는 연역추론, 특수한 사실로 일반적인 사실을 유도하는 귀납추론, 어떤 현상에 대하여 최선의 사실을 추측하는 귀추추론 등이 있다.

참고문헌 John Veitch, *The Method, Meditations and Selections from the Principles of René Descartes* (7th ed.), Edinburgh : William Blackwood and Sons, 1880.

참조 감성, 감정·정서, 경험론/경험주의, 관념론, 귀납·연역·귀추, 데카르트의 악마, 물자체, 순수이성, 심신일원론(스피노자), 이성론/합리주의, 이성은 감성의 노예, 인식론, 지성·오성, 타불라 라사

의식

Consciousness | 意识

'아직 의식이 있다!'라는 문장과 『역사와 계급의식』에 나오는 의식은 무슨 차이가 있을까? 첫째, '아직 의식이 있다!'의 의식은 어떤 대상에 대하여 느끼고 생각하는 상태를 의미한다. 이때의 의식은 의학과 생리학에서 말하는 '뇌와 신경이 작용한다'는 개념이다. 둘째, 『역사와 계급의식』의 의식은 현실에 대한 견해나 주체적인 의견이라는 뜻이다. 이때의 의식은 물질과 대비되는 객관적 실천의 근거이다. 한자어 의식意識은 불교에서 오감을 '알고 분별하는 것'을 의식이라고 한 것에서 유래했다. 이 오감은 눈으로 보는 안식眼識, 귀로 듣는 이식耳識, 코로 냄새 맡는 비식鼻識, 혀로 맛보는 설식舌識, 신체로 촉감을 느끼는 신식身識이다. 이런 오감을 식識, vijnana-skandha하는 것 즉, 어떤 것을 알거나 느끼면서 그 의미를 부여하는 것이 바로 의식意識이다. 한편 철학의 의식은 '생각하다cognate'에 가까운 개념이다.

의식은 라틴어 '함께com 안다scire'의 일인칭 남성 주격 명사형이다. '함께 안다'는 것은 ① 다른 사람과 아는 것이 같은 것과 ② 자기와 자기 생각이 일치하는 것이라는 두 가지 의미가 있다. 광의의 의식은 마음의 안과 바깥의 어떤 것을 인지하고 있는 상태를 말한다. 협의의 의식은 자기에 대한 자기의식self-consciousness을 가진 현존재Dasein의 상태를 말한다. 의식과 유사한 인식/인지cognition, 認識는 이해하고 판별하고 기억하는 등 깨달아서 아는 방법이다. 의식과 인식의 근거는 이성이다. 이성reason, 理性은 원칙과 사실에 근거하여 생각하고 인식하는 능력이자 추상적 개념을 구성하는 원리다. 깨닫는 원리인 이성과 외부의 자극과 변화를 느끼는 감성을 바탕으로 하고, 깨우치는 방법인 인식이 작동하여 지각한 상태가 바로 의식이다. 하지만 의식은 생각과 감각 즉 지각知覺이 작동되는 상태라는 점에서 구체적이다.

　의식은 '어떤 것에 관한 생각'이라는 점에서 시간과 공간 속에서 실현된다. 가령, '빨간 사과'에 대한 어떤 생각이나 '나 자신에 관한 반성'과 같은 생각은 시간과 공간의 좌표에서 실행되는 특수하고도 구체적인 상태다. 그런 점에서 의식은 생각의 원리인 이성의 보편적 능력과 다르다. 그런데 의식은 정지하는 것이 아니고 물처럼 흘러간다. 물처럼 흘러가는 의식을 말한 것은 심리학자 제임스W. James다. 제임스는 의식을 강물 또는 사슬에 비유하여 '의식의 흐름Stream of Consciousness'이라는 개념을 창안했다. 그러니까 인간의 마음에는 물처럼 흘러가는 생각, 심상, 회상, 기억, 감정 등의 흐름이 있다는 것이다. 의식은 흘러가면서도 '무엇에 대한 의식'이라는 지향성of을 가진다. 그래서 인간은 언제나 '무엇'에 대하여 느끼고 생각한다. 이렇게 짜인 의식의 층위는 감각과 경험, 실재하는 의식, 반성과 성찰 등이다.

　인간은 사건, 현상, 사물 등 의식意識의 대상이 있으므로 생각하고 판단하고 욕망하는 것이다. 인간의 생각과 판단은 '무엇object에 대한of, about' 의식이다. 그래서 의식은 '무엇에 대한conscious of something' 지향성intentionality, 指向性을 가진다. 의식의 생각 자체를 강조한 것은 데카르트다. 데카르트는 '생각한다, 그러므로 나는 존재한다Cogito ergo sum'는 생각의 방법론을 제기하면서 '인간은 생각하기 때문에 존재한다'고 선언했다. 데카르트는 생각을 토대로 자기가 누구인가를 확립한 다음 그 생각을 통하여 세계를 구성한다고 보았다. 이것을 볼프C. Wolff는 '생각하고 있다고 생각한다'라고 규정하고 '생각하는 것'을 독일어 의식bewusstsein으로 번역하는 한편 표상이 의식 속에서 통일된다고 보았다. 한편 심리학에서는 객관적이고 과학적인 관점에서 의식을 연구하기 시작했다. 심리학의 의식은 자극이 있으면 그에 대응하는 감각이 있다는 수동적인 의식이다.

의학, 생물학, 신경과학에서는 의식을 깨어 있는 상태이자 자극에 대한 정신의 반응으로 여긴다. 따라서 신경망이 작동하고 있으면서 무엇에 반응하는 상태를 '의식이 있는 상태'라고 한다. 이때의 의식은 뇌의 망상체reticular formation가 작동하는 상태다. 의식이 있는 경우에는 뇌가 활성화되어 있어서 뇌파의 유형과 진폭이 빠르고 불규칙하다. 반면 수면 상태의 뇌는 의식이 있기는 하지만 뇌파의 진폭이 느리고 불규칙하다. 뇌가 깨어 있어서 무엇을 느끼고 아는 것이 의식이고, 잠재한 기억과 지식이 전의식pre-consciousness, 前意識이며, 마음속에 내재하지만 드러나지 않거나 자각自覺되지 않는 것은 무의식unconsciousness, 無意識이고, 알지 못하는 의식은 잠재의식subconsciousness, 潛在意識이다. 한편 인간이 만드는 인공지능AI은 의식과 감정을 가진 이성적 존재이며 좀비zombi는 존재이기는 하지만 의식과 감정이 없는 단순한 형체다.

참고문헌 William James, *The Principles of Psychology*(1890), Dover Publications, 1950.

참조 감각, 감성, 감정·정서, 기억, 마음, 무의식, 상상, 순수이성, 에피스테메, 유식사상, 의식의 흐름, 이성, 이성론/합리주의, 이성은 감성의 노예, 인공지능 AI, 인식론, 지성·오성, 지향성(현상학), 튜링테스트, 현존재 다자인

지성·오성
Intellect · Understanding | 知性 · 悟性

'L은 지적이면서도 이해심이 많은 P를 사랑했다. 그런데 P는 가슴이 뜨겁지는 않았고 열정도 없었다. 그래서 L은 P와의 결혼을 망설이게 되었다.' 이 문장에서 지적이라는 것은 지능이 높다는 것이고 이해심이라는 것은 타자에 대한 이해를 잘한다는 것이다. 이런 인물형을 일반적으로 지성인知性人이라고 한다. 인간의 특별한 능력이자 덕목인 지성은 이성 및 감성과 함께 사용되는 개념이다. 왜냐하면, 이 말에 의미를 부여한 칸트 이전에는 지성이 이성이나 논리와 혼용되어 사용되고 있었기 때문이다. 그러므로 칸트가 사용한 독일어 '앞에 서 있다verstand'가 '이해한다verstehen'의 명사형인 것에서 보듯이 지성은 '앞에 있는' 것을 이해하는 지적인 행위다. 이해하는 능력understanding과 지능intelligence이 결합하고 그 위에 정리하고 통일하는 능력을 더하여 지성intellect, 知性이 된 것이다.

지성은 외부로부터 지각된 것을 통일하여 새롭게 인식하는 능력이나 기능이다. 지능이 지적인 능력에 가까운 개념이라면 지성은 이해의 능력에 가까운 개념이다. 칸트는 지성verstand을 생각하는 능력das Vermögen zu denken으로 간주하고 그 생각은 '무엇을 상상'하는 것을 통하여 작동되는 것으로 보았다. 하지만 이성도 생각하는 능력이다. 이성은 대상과 다른 것의 차이를 구별하고 그 대상의 특질을 이해하는 능력이다. 또한, 이성vernunft, reason, 理性은 원칙과 사실에 근거하여 생각하고 인식하는 능력으로 선악, 미추, 진위를 추리하고 판단하는 도덕과 법의 원리다. 이처럼 생각하는 능력인 이성과 달리 이해하는 능력인 지성은 감각–지각–인식을 거쳐서 발휘되는 능력이다. 하지만 지성이 주로 이해하고 통일하는 능력인 것에 비해서 이성은 생각하고 반성하는 능력이므로 차이가 있다. 그런데 감각 – 지각 – 인식의 과정 중 첫 번째인 감각은 감성과 관련되어 있다.

　모든 사람은 무엇이 주어졌을 때 '저것은 무엇일까'라고 생각한 다음, 눈으로 보거나 만지는 등의 감각을 통해서 대상을 이해한다. 이 과정에서 감성이 작동한다. 감성sensibility, 感性은 인간이 오감五感을 통하여 얻은 감각을 대하는 능력과 기능이다. 그리고 감성은, 대상을 이해하고 통일하는 오성과 대상을 생각하고 인식하는 지성의 소재가 된다. 그러므로 경험적 감각을 기반으로 하는 감성과, 생각하는 지각을 기반으로 하는 이성과, 이해를 기반으로 하는 지성은 서로 상보적이면서 대립적인 개념이다. 그런데 지성과 이성은 이해understanding라는 능력을 공유하고 있다. 즉, 이해하고 통일하는 지성과 이해하고 분석하는 이성은 모두 이해의 과정을 거친다. 그리고 감각, 지각, 인식, 의식은 모두 이해와 관련되어 있다. 그러므로 지성은 이성과 같이 인간의 고차원적 능력이지만 감성과 경험을 바탕으로 한다는 한계가 있다.

　지성과 오성은 지각知覺을 전제로 한다. 지각이란 다른 것과의 차이를 구별하고 대상의 특질을 이해하는 것이다. 칸트철학에서 지성과 오성은 같은 개념이지만 일반적으로 지성intellect, 知性은 대상을 구별하거나 유사한 점을 인식하는 능력인 동시에 지각한 것을 정리하고 통일하는 기능이다. 대체로 지성은 감각과 감정을 통하여 표상을 구성하므로 시간과 공간의 성격이 있다. 반면 오성understanding, 悟性은 대상을 이해하고 깨우쳐서 아는 능력인데, 사고思考의 능력이라는 점에서 이성과 유사하고 대상을 구성한다는 점에서 지성과 유사하다. 지성은 대상을 지각하고 이해하는 능력이지만 구체적인 시공간에 한정된다. 그것은 어떤 대상 자체가 시간과 공간의 영역에 있기 때문이다. 그래서 칸트는, 지성은 인간의 제한적 능력, 이성은 무제한의 능력으로 보았다. 하지만 지성과 오성을 구분하지 않는 경우가 많다.

　오랜 역사 속에서 지성, 오성, 이성의 개념은 변했다. 플라톤은 마음을 의미하는 누스^{nous}에 이 세 개념이 복합된 것으로 쓴 바 있다. 아울러 우주의 원리라는 의미의 로고스^{logos}까지 섞여서 개념이 복잡해졌다. 이후 데카르트는 신의 광명으로 깨우치는 오성^{intellectus}을 가장 높은 것으로 보고, 지성^{mēns}을 영혼의 상위 활동으로 보았으며, 이성^{ratio}을 분석하고 종합하는 인식으로 보았다. 데카르트에게 라틴어 지성^{mēns}은 마음의 논리를 말한다. 그런데 칸트가 이성을 중심 개념으로 놓고, 이성을 무제한의 인식능력이자 도덕과 법의 원리로 설정하면서 지성의 개념이 바뀌게 되었다. 가령 지성은 'S라면 P다'의 가언명제에서 P에 해당하는 명제이다. 그러니까 'S라면'이라는 조건인 감성과 감각을 통한 이해와 각성이 바로 지성인 것이다. 이처럼 지성은 주어진 감각을 종합하고 통일하면서 지식을 정돈하는 고차원적 사고 작용이다.

참고문헌 Theodor Lipps, "Zur Einfühlung", *Psychologische Untersuchungen* Vol 2, edited by Theodor Lipps, Leipzig : Wilhelm Engelmann, 1913.

참조 감각, 감성, 개념, 공간, 논리·논리학, 마음, 분석명제·종합명제, 순수이성, 시간, 시공간, 이성, 이성론/합리주의, 이성은 감성의 노예, 인식론, 지각, 초월(칸트)

범주

Category | 范疇

'이 사과는 저 배보다 맛있다.' 이 문장은 타당할까? 문법적으로 틀린 것은 없지만 타당한 것은 아니다. 왜냐하면, 종류를 기준으로 한다면 사과는 사과와 비교해야 하고 배는 배와 비교해야 하기 때문이다. 그렇다고 해서 '이 문장은 타당성이 없다'고 할 수도 없다. 왜냐하면, 과일을 기준으로 한다면 사과와 배를 비교하는 것은 타당하기 때문이다. 이처럼 분류하고 종합할 때는 논리적 기준과 원칙이 있어야 한다. 그래서 오래전부터 사람들은 논리적 기준을 설정했는데 그것을 범주範疇라고 한다. 범주는 같은 성질을 가진 부류나 범위를 말하는 보편적이고 기본적인 유개념類概念이다. 서구어 범주categoria는 라틴어 속성을 분류class of predicables하는 것에서 유래했고, 한자어 범주範疇는 오행을 바탕으로 하여 세상을 설명한 『상서尙書』의 홍범구주洪範九疇에서 유래했다. 고대 그리스의 아리스토텔레스는 자연 세계의 동식물을 분류하면서 최초로 범주의 틀을 세웠다.

아리스토텔레스는 『범주Category』에서,[1] '이것은 ~이다'라는 문장의 술어predicate, ~에 해당하는 것을 범주로 간주하고 범주 분류의 기준을 10개로 제시했다. 그것은 ① 실체substance ② 양quantity ③ 질quality ④ 관계relation ⑤ 시간time ⑥ 장소place ⑦ 위치position ⑧ 상태state ⑨ 능동action ⑩ 수동affection이다. 가령 '여기 있는 이 빨간 사과는 저기 있는 노란 배보다 맛있다'는 각각 '여기(공간), 있는(위치), 빨간(질), 사과(실체), 맛있다(상태)' 등을 나타낸다. 그런데 사과는 복수가 아니므로 양(하나)을 내

---

1   Aristotle, "Categories", *The Complete Works of Aristotle* vol 2, translated by J. L. Ackrill, Princeton : Princeton University Press, 2014.

포하며 여기는 지금이라는 시간(지금)을 함의한다. 또한, '맛있다'는 사과의 '능동'이고 그 맛을 느끼는 사람은 '수동'이다. 따라서 이 한 문장에 분류의 범주가 모두 포함된 것이다. 아리스토텔레스는 실체, 양, 질, 관계를 기본의 일차 범주로, 나머지를 이차 범주로 설정했다. 근대 초기에 데카르트는 실체, 상태, 관계로 삼분하여 범주를 설정했다.

칸트I. Kant는 아리스토텔레스의 범주설정을 발전시켜 12가지 범주로 나누면서 인간에게는 경험 이전의a priori 이성적 능력이 있어서 어떤 것이라도 12가지 범주로 분류하고 개념을 정의하게 되어 있다고 보았다. 그래서 칸트는 판단표와 범주표를 만들고, 범주를 수학적 범주와 역동적 범주로 나누었다. 첫째, 수학적 범주를 단일성unity, 복수성plurality, 전체성totality에 관한 ① 양적 범주와 실재성reality, 부정성negation, 한계성limitation에 관한 ② 질적 범주로 나누고 둘째, 역동적 범주가 내재된 실체와 우연한 존재inherence and subsistence, 인과성과 종속causality and dependence, 상호성community에 관한 ③ 관계relation로 나누고 가능성possibility, 존재existence, 필연성necessity에 관한 ④ 양상modality으로 나누었다. 칸트의 범주표는 ① 양에 대한 전칭판단, 특칭판단, 단칭판단 ② 질에 대한 긍정판단, 부정판단, 무한판단 ③ 관계에 대한 정언판단, 가언판단, 선언판단 ④ 양상에 대한 개연판단, 실연판단, 필연판단의 판단표와 대체로 상응한다.

범주는 존재하는 것being을 분류하고 비교하여 그 존재자의 속성, 특질, 관계, 의미를 이해하기 위한 분류다. 그 분류를 통해서 개념을 정의할 수 있다. 그런데 현실에 실제로 존재하는 사과와 배만이 아니라 용龍과 봉황鳳凰 같은 것들도 현실에는 없더라도 '존재하는 것'으로 범주설정에 포함한다. 이런 범주설정과 분류를 통하여 그 존재의 본질을 알 수 있고, 각 존재의 차이를 구별할 수 있으며, 존재들의 관계를 설정할 수 있다. 그러므로 범주를 설정하고 분류하고 그 개념을 정의하는 것은 철학을 포함한 모든 영역에서 대단히 중요하다. 사과를 예로 들면, 각기 다른 수많은 사과의 속성과 특질을 종합하고 보편화하여 '사과란 무엇이다'와 같은 존재론적 본질을 추출할 수 있다. 그리고 배, 자두와 비교함으로써 과일이라는 상위집합의 범주를 확정하는 한편, 이들의 상호관계를 설정할 수 있다.

범주설정은 논리학과 철학의 주요한 과제로 끊임없이 논의되고 있다. 범주설정이 중요한 것은 아리스토텔레스와 칸트가 말한 것처럼 세상을 이해하기 위해서다. 세상을 이해하고자 할 때 '범주설정이 논리적이고 과학적인가, 그리고 경험적 귀납인가 선험적 연역인가'가 중요하다. 그런데 범주는 집단group이나 집합set과 다르다. 집단은 관계를 기준으로 분류하는 것이고, 집합은 원소를 기준으로 분류하는 것이며, 범주는 일반적이고 보편적인 원리다. 따라서 범주 분류를 할 때 같은 층위를 비교하고 같은 층위에서 성질과 범위範圍를 설정하는 원칙을 지켜야 한다. 하지만 라일Gilbert Ryle은 범주론을 형이상학이 아닌 언어의 문제로 간주하면서 불확실한 오류가 많으므로 범주의 실수category mistake가 빈번하다고 비판했다. 한편 비트겐슈타인은 언어의 명료하지 못한 표현 때문에 범주설정과 개념 정의가 불가능하다고 단언했다.

참고문헌 Aristotle, "Categories", *The Complete Works of Aristotle* vol 2, translated by J.L. Ackrill, Princeton : Princeton University Press, 2014.

참조 개념, 공간, 귀납·연역·귀추, 논리·논리학, 논증·추론, 무한, 시간, 언어게임, 정언명제, 존재·존재자, 존재론, 표현, 철학

직지인심 견성성불
Direct Pointing to the Heart and Realizing Truth Becoming Buddha |
直指人心 見性成佛

선사禪師 K는 나직한 음성으로 다음과 같이 말했다. '이 세상은 모두 허상이다. 꽃이 아름답다고 하여도 허상이고, 물이 흐른다고 하여도 허상이다. 허상이라고 말하는 나도 허상이고 듣는 여러분도 허상이다. 그렇다면 진리나 본질은 어디 있을까? 나의 마음과 여러분의 마음에 있다. 우리는 우매하여 이것을 보지 못하고 알지 못한 채 번뇌와 망상에 빠져 있다. 번뇌와 망상에서 벗어나려면 탐진치貪瞋癡 삼독을 제거하고 청정한 마음을 직관하도록 해야 한다.' 선사의 말은 세상 모든 것은 허상이고 본질과 진리는 마음속에 있다는 것이다. 그러므로 마음을 알아야 하는데, 마음을 알고 마음이 청정무구한 진리임을 아는 방법은 두 가지다. 그것은 첫째, 경經 율律 논論을 학습하여 각성에 이르는 교教의 길과 둘째, 깊은 생각을 통하여 각성에 이르는 선禪의 길이 있다. 두 번째 길인 선의 방법 중 가장 중요한 것이 직지인심견성성불이다.

직지인심견성성불直指人心見性成佛은 '마음을 직시하여 부처의 본성을 보고 부처와 같은 존재가 된다'는 뜻이다. 그렇다면 부처의 본성은 무엇일까? 부처는 불佛 또는 불타浮陀다. 불/불타는 산스크리트어 '깨우친 존재'나 '깨우침'을 의미하는 붓다buddha이다. 그런데 '부처와 같은 존재가 되는 것'인 성불成佛의 '불佛'은 이미 마음속에 있으므로 마음을 직관하는 수양이 필요하다. 수양의 방법 중 가장 중요한 것이 선이다. 선에는 ①마음을 편안하게 하여 안심安心한 상태와 무념무상의 경지에서 청정한 자유에 이르는 묵조선黙照禪과 ②주어진 화두話頭를 깊고 치열하게 고구하여 궁극의 지경에 이르는 간화선看話禪이 있다. 직지인심견성성불은 선의 방법인 직지直指를 통하여 선의 결과인 성불成佛에 이르는 것을 함축한 개념이다. 특히 '직지'는 묵조선 중 무심선無心禪에서 강조하는 선의 방법이다.

그렇다면 어떻게 직지인심하고 견성성불하여 깨우칠 것인가? 마음을 직지하여 깨우치는 요체는 성불이지만 중요한 것은 견성見性의 과정과 내용이다. 견성의 과정과 내용을 대표하는 표현 중의 하나가 색즉시공공즉시색色卽是空空卽是色이다. 이것을 평이하게 해석하면 '있는 것은 곧 없는 것이고 없는 것은 곧 있는 것이다'이다. 또한, 밝으면서 어둡고, 살아 있지만 죽은 것이며, 깨끗하지도 않고 더럽지도 않은 것이다. 그 양면적인 현상이 공이고 그 공空은 곧 만滿이다. 이것은 형식논리로는 모순이지만 인도의 불교학자 나가르주나龍樹의 중도론中道論에 의하면 모순이 아니다. 삼라만상은 모두 상대적인 것으로 관계하기 때문에 '있으면서 없고 없으면서 있는 것'이 가능하다. 그런데 그 진리는 마음에 있다. 그렇다면 마음속에 '있으면서 없고 없으면서 있는 것'을 깨우치면 무엇을 얻을 수 있을까?

깨우침으로써 얻는 것은 자기 자신을 포함한 삼라만상 모두가 일시적인 현상이라는 진리다. 인간의 모든 번뇌煩惱와 망상妄想은 마음에서 생기는 것이므로 마음을 잘 다스려서 분별심을 없애고, 청정한 본래의 마음을 찾아야 한다. 특히 일시적인 자기와 우주적 본질이 하나였음을 알아야 한다. 이것은 '자기가 없으면서 있는 것'이지만 본질과 자기가 하나라는 것도 의미한다. 즉, '나는 없다無我'는 무한한 시공간에서 보면 '없지만' 현실에서 보면 '있는' 것이다. 그 존재하는 현재의 '나'는 색즉시공공즉시색을 이해함과 동시에 자기는 사라져 없어지고 우주적 본질로 통합된다. 이것이 보편적 원리인 범brahman, 梵과 개별적 실체인 아atman, 我가 하나라는 범아일여梵我一如다. 그리고 교외별전敎外別傳과 불립문자로 표현되는 심즉불心卽佛이다. 그렇다면 직지인심견성성불의 방법은 무엇일까?

교종에서는 경전을 학습하고 이론을 공부하여 점차 깨우치는 점수漸修을 위주로 한다. 선종에서는 깊이 생각하고 명상하여 마음의 본질을 보고 단번에 깨우치는 돈오頓悟를 위주로 한다. 교종과 선종 모두 계정해戒定慧 삼학수행과 보시普施 지계持戒 인욕忍辱 정진精進 선정禪定 지혜智慧의 6바라밀六波羅蜜 실천을 권장한다. 선의 요체인 직지는 마음을 직관直觀하고 관조觀照하는 선禪을 말한다. 마음에 모든 진리가 있기 때문에 마음을 직관해야 하지만, 직관의 근거 또한 마음이다. '마음을 직지하는 것'은 대승불교 1대 조사인 보리달마Bodhidharma, 菩提达摩의 이입사행론二入四行論을 발전시킨 것이다. 달마를 이은 6대 조사 혜능慧能은『육조단경六祖壇經』에서 '본래 성품이 곧 부처이며 본성 바깥에 부처가 있는 것이 아니다本性是佛離性無別佛'라고 정리했다. 혜능의 남종선은 중국, 한국, 일본에 큰 영향을 미쳤는데 남종선에서 중요하게 여기는 선정의 핵심이 직지인심견성성불이다.

참고문헌 惠能,『六祖壇經』.

참조 공/수냐타, 교외별전, 마음, 본질, 브라흐만, 색즉시공, 석가모니, 선, 아치아견아만아애의 4번뇌, 아트만, 유식사상, 의식, 자아, 적멸의 니르바나, 정신, 제법무상, 중관사상, 직관

아 프리오리/선험·후험

a priori · a posteriori | 先验与后验

칸트가 아인슈타인을 만난다면 이렇게 물을 것이다. '당신은 어떻게 빛이 직진하지 않는 것을 알았소?' 칸트는 '경험에 의하지 않고 진리를 알 수 있을까'를 물은 것이다. 감각/지각에 의해서 주어지고 반성에 의해서 확인된 것을 경험적 사실이라고 한다. 가령, '물은 위에서 아래로 흐른다'처럼 관찰과 실험을 통해서 알 수 있는 것이 경험적 사실이다. 그런데 아인슈타인은 경험하지 않고서 우주의 물리현상을 정확하게 예측했다. 그렇다면 학습과 경험이 아닌 '무엇'이 있어야만 한다. 그 '무엇'은 선험종합 판단을 가능케 하는 순수이성과 순수지성이다. 이를 위하여 칸트는 선험先驗과 후험後驗이라는 개념을 고안했다. 그리고 선험을, 초월超越인 트란첸덴탈/트란(스)첸덴탈transzendental과 구분하여 아 프리오리로 명명했다.[1] 칸트에게 선험은 '경험에 선행하는' 인식능력과 근원에 관한 개념이고, 초월은 '경험에 선행하면서 경험적 인식을 가능하게 하는' 인식원리이면서 초월적 관념론을 구성하는 개념이다.

칸트I. Kant가 말한 선험은 '앞(priori)+으로부터(a)'라는 뜻이다. 라틴어 'a'는 '~으로부터'라는 의미(from)이고 'priori'는 경험의 '전/앞'을 의미하는 라틴어 여격dative이면서 탈격ablative으로 격변화한 어휘다. 따라서 선험인 아 프리오리는 '경

---

[1] 한국에서는 a priori를 선험적, 선천적, 아 프리오리, 선차적, 선행적 등으로 번역하고, transcendental을 초월적, 초월론적, 선험적, 선험론적으로 번역한다. 번역의 문제는 칸트철학을 이해하는 관점의 차이이자 핵심이기 때문에 논란이 많다. 학계에서 합의될 때까지 잠정적으로 a priori를 선험적, transcendental을 초월적으로 사용한다. 일본에서는 주로 아 프리오리(a priori)를 アプリオリ로 쓰고 있으며 중국에서는 주로 선험(先验)으로 쓰고 있다.

험 이전의'라는 뜻이다. 이것이 인간의 인식능력과 결합하여 '인간이 경험 이전에 알 수 있는 지식'이라는 의미로 쓰이게 되었다. 한편 후험은 '뒤(priori)+로부터(a)'라는 뜻이다. 이 말은 자연스럽게 '인간이 경험한 이후에 알 수 있는 지식'이라는 의미로 쓰이게 되었다. 그런데 선험과 후험은 관형어 기능을 하여 '선험적 지식, 선험적 판단' 또는 '후험적 지식, 후험적 판단'과 같이 쓰인다. 경험 대신 후험으로 쓰는 것은 칸트가 선험의 상대어로 후험ᵃ ᵖᵒˢᵗᵉʳⁱᵒʳⁱ을 썼기 때문이다. 칸트가 이렇게 구분한 이유는 '인간은 무엇을 알 수 있는가?' 그리고 '인간은 어떻게 판단을 한 다음 어떻게 행동하는 것이 윤리적인가'를 설명하기 위해서였다.

칸트가 기준으로 삼은 경험은 감각적 경험이다. 그렇다면 경험 이전의 선험적 지식은 어디에서 오는 것인가? 칸트가 말하는 선험의 이데아ⁱᵈᵉᵃ는 형이상학의 세계를 근거로 하는 연역적 지식이고, 후험의 현상계는 형이하학의 세계를 근거로 하는 귀납적 지식이다. 그런데 이데아의 세계에는 선험적, 초월적, 보편적, 필연적, 인과적 진리가 있고, 현상계의 현실에는 경험적, 현실적, 개별적, 우연적, 무작위적 사실이 있다. 그래서 인간의 선험적, 후험적 인식능력이 지식과 판단을 가능케 하는 것이다. 현실에서 살고 있는 인간은 확실한 경험의 지식을 토대로 세상을 이해하는 것이 보통이다. 하지만 경험을 통일하고 반성하는 능력은 경험이 아니다. 가령, A라는 경험과 C라는 경험은 각기 다르지만, 시간 순서로 정렬되는데 이것은 인간에게 선험적 능력인 순수이성과 이해의 능력인 순수지성이 있기 때문이다.

그렇다면 칸트가 말한 경험 이전의ᵃ ᵖʳⁱᵒʳⁱ 선험종합 인식능력과 그 인식원리는 무엇인가? 이에 대하여 칸트는 12가지 범주를 제시했다. 칸트는 단일성ᵘⁿⁱᵗʸ, 복수성ᵖˡᵘʳᵃˡⁱᵗʸ, 전체성ᵗᵒᵗᵃˡⁱᵗʸ에 관한 ① 양적 범주, 실재성ʳᵉᵃˡⁱᵗʸ, 부정성ⁿᵉᵍᵃᵗⁱᵒⁿ, 한계성ˡⁱᵐⁱᵗᵃᵗⁱᵒⁿ에 관한 ② 질적 범주, 실체와 존재ⁱⁿʰᵉʳᵉⁿᶜᵉ ᵃⁿᵈ ˢᵘᵇˢⁱˢᵗᵉⁿᶜᵉ, 인과성과 종속ᶜᵃᵘˢᵃˡⁱᵗʸ ᵃⁿᵈ ᵈᵉᵖᵉⁿᵈᵉⁿᶜᵉ, 상호성ᶜᵒᵐᵐᵘⁿⁱᵗʸ에 관한 ③ 관계ʳᵉˡᵃᵗⁱᵒⁿ 범주, 가능성ᵖᵒˢˢⁱᵇⁱˡⁱᵗʸ, 존재ᵉˣⁱˢᵗᵉⁿᶜᵉ, 필연성ⁿᵉᶜᵉˢˢⁱᵗʸ에 관한 ④ 양상ᵐᵒᵈᵃˡⁱᵗʸ 범주로 나누었다. 범주와 더불어 선험종합

인식에 필요한 것은 공간과 시간을 표상하는 직관, 원인과 결과의 인과성causality, 종합하는 상상, 개념을 통일하는 통각apperception, 統覺이다. 하지만 칸트는 이성의 독단과 경험의 가치를 인정했다. 그래서 그는 '지식은 경험으로부터 출발하지 만, 경험 이전의 선험적 능력과 원리가 있으므로 선험종합 판단이 가능하다'라 고 한 것이다.

선험적 지식은 진리를 함의한 선천적 지식이다. 가령 '총각은 결혼하지 않은 사람이다'에서 주어인 총각을 분석하면 '결혼하지 않은 사람'이 함의되어 있으 므로 이성으로 연역하여 진리를 알 수 있다. 또한, '7+5=12'처럼 경험과는 무관 한 진리는 선험적 지식이다. 반면 후험적 지식은 현실의 경험을 통해서 얻은 지 식이다. 가령, '사과는 땅으로 떨어진다'에서 사과는 '떨어진다'와 관계가 없지 만, 사과가 땅에 떨어지는 것을 경험鄰ᄇ하여 진리를 알 수 있다. 또한, '떨어진 사과는 맛이 없다'는 우연한 사실이지만 경험을 통해서 확인할 수 있는 후험적 지식이다. 칸트의 선험적·후험적 인식능력은 또 다른 인식능력인 분석·종합 과 결합하여 네 가지의 인식 체계로 나뉜다. 첫째, 선험적 분석 둘째, 선험적 종 합 셋째, 후험적 분석 넷째, 후험적 종합이다. 이 중 칸트가 가장 중요하게 여겼 던 것은 선험적 종합synthetic a priori 지식이다.

참고문헌 Immanuel Kant, *Critique of Pure Reason*, translated by and edited by Paul Guyer and Allan W. Wood, Cambridge University Press, 1997.

참조 감각, 감성, 경험론/경험주의, 관념론, 물자체, 범주, 분석명제·종합명제, 순수이성, 실천이성, 이성, 이성론/합리주의, 이성은 감성의 노예, 인식론, 지각, 지성·오성, 타불라 라사, 판단력비판—미(美)란 무엇인가?

개념

Concept | 槪念

사람들은 무엇을 대하면 다음과 같이 생각한다. '저것은 무엇일까?' 또는 '그것은 ~일 것이다', '이것은 ~이 아닐 것이다'에서 보듯이 생각은 어떤 것을 향해 있다. 그 생각의 자료나 대상을 개념이라고 한다. 가령 '저 책상 위에 있는 빨강 사과는 잘 익었을까'라는 생각은 책상이라는 공간 위에 놓인 빨강 사과의 질을 평가하는 질문이다. 이 문장에는 '저, 책상, 위, 있는, 빨강, 사과, 잘, 익다' 등의 여러 개념이 나열되어 있다. 따라서 두뇌는 수많은 계산과 비교를 한 다음, '아마 그 사과는 잘 익었을 것이고 맛있을 것이다'라고 판단한다. 이처럼 인간은 개념을 중심으로 사고하고 행동한다. 사전적인 의미에서 개념은 어떤 대상에 대한 일반적 지식이며, 원 개념에서 생성된 파생개념은 개념을 확장하여 만든 새로운 개념이고, 철학적 의미에서 개념은 어떤 대상의 공통적 요소를 종합하여 보편적이고 추상적으로 만든 생각과 판단의 근거다.

개념의 어원은 라틴어 '인지하여 무엇을 받아들인다concipio'의 명사형인 생각conceptus이다. 그런데 생각은 '무엇에 관한 생각'이다. '이것은 ~이다'라는 생각에서 술어predicate에 해당하는 사과가 바로 개념이다. 그래서 토마스 아퀴나스는 개념을 생각의 지향intentio이라고 했고, 현상학자 후설은 의식의 지향성intentionality, 指向性이라고 했다. 보편적 생각인 개념은 의식이 지향하는 대상을 비교하고 분석하는 형성과정을 거친다. 가령, '사과'라는 개념의 형성과정은 다른 과일과 비교하여 사과의 특질을 모아서 간추리고, 다시 '사과란 무엇인가'라는 반성적 물음을 한 다음, 사과의 관념idea을 만들고, 마지막으로 '사과'라는 단어와 개념을 만든다. 따라서 개념은 개체의 본질을 추상화한 보편적 표상이다. 그런데 관념Idea, 觀念이 마음의 추상적인 생각인 것과 달리 개념은 그 관념의 보편적이고 일반적인 생각이다. 또한, 개념은 생각하는 최소한의 의미소sememe, 意味素다.

개념을 기호로 표기한 것이 용어 또는 단어다. 그런데 '사과'라는 단어에는 실제 사과가 존재하지 않는다. 왜냐하면, '사과'는 상징기호이기 때문이다. 기호와 달리 개념은 본질, 원리, 보편을 토대로 하여 범주category를 설정하고 그 범주에 속하는 원소를 집합set한 것이다. 범주를 분류하고 종합할 때 유개념類概念을 구분해야 하고 서로 다른 종을 구별하는 층위hierarchy를 지켜야 한다. 한편 개념 정의definition, 定義는 그 의미를 밝히는 것이다. 가령 사과라는 단어는 '사과나무의 열매'로 정의된다. 그러므로 (생각의) 대상-관념-개념-단어의 순서를 거쳐서 그 대상이 무엇인가를 정의할 수 있다. 하지만 순서가 바뀌거나 반대가 될 수도 있다. 개념 정의는 첫째, '과일은 사과, 배, 귤, 수박 등을 말한다'처럼 외연적 정의와 둘째, '과일은 나무나 초본에 달리는 것으로, 사람이 먹을 수 있는 열매'처럼 내포적 정의가 있다.

그렇다면 인간의 생각과 개념은 무엇을 근거로 하는가? 인간은 어떤 사건을 보고 '누가, 언제, 어디서, 어떻게, 능동적/수동적으로, 무엇을, 하여서, 어떤 결과가 되었다'라고 사고思考한다. 이것을 생각의 범주 또는 사고思考의 근간개념이라고 하는데 범주에는 시간, 공간, 주체, 상태, 분량, 정도, 양상, 관계, 능동, 수동 등이 있다. 사고의 근간개념이란 자연스럽게 그렇게 생각하게 되어 있는 사고의 기본원리다. 이 기본원리는 첫째, 선천적으로 또는 선험적으로 주어진 이성의 능력이라고 보는 견해가 있다. 이성적 개념은 삼각형이나 직선直線처럼 경험하기 이전에 알 수 있는, 선험적 능력으로 만든 개념이다. 둘째, 감각과 상상을 통해서 얻은 경험의 축적으로 보는 견해가 있다. 경험적 개념은 봉황鳳凰처럼 상상을 통하거나 사과처럼 감각을 토대로 한다. 그리고 비교comparison, 반성reflection, 추상화abstraction의 단계를 거쳐서 얻은 개념이다.

칸트는 경험과 이성을 결합하여 개념을 설명하면서 인간에게는 선험적 개념 a priori 능력이 있으므로 속성과 특질을 인지하여 개념을 만들 수 있다고 말했다. 그런데 근본개념인 범주가 있다고 하더라도 대상 또는 자료가 없으면 생각할 수 없다. 그래서 사람들은 생각의 자료인 개념을 토대로 판단하는 것이다. 가령 사과를 보고 '이것은 사과다'라고 판단한다면 그것은 이전의 경험을 통하여 사과라는 보편 개념을 알고 있으므로 가능한 것이다. 한편 사과와 같은 구체적 개념이 아니라 자유나 사랑과 같은 추상적 개념도 가능하다. 추상적 개념에서 보듯이 개념은 마음이 생각하는 표상representation, 表象이기도 하다. 인간은 보편적 일반화인 동시에 분석의 대상인 개념을 상상하고 추론하면서 지식을 얻는다. 따라서 개념을 분명히 하는 것은 매우 중요하며 개념이 바뀌면 제도와 법이 바뀌고 사회와 문화가 바뀐다.

참고문헌 Immanuel Kant, *Critique of Pure Reason*, translated by and edited by Paul Guyer and Allan W. Wood, Cambridge University Press, 1997.

참조 감각, 감성, 경험론/경험주의, 관념론, 논리, 범주, 분석명제·종합명제, 아 프리오리/선험·후험, 의식, 이성, 이성론/합리주의, 인식론, 존재·존재자, 존재론, 지각, 지향성(현상학), 직관, 표상

초월[칸트]

Transcendence | 超越

'그는 속세를 초월했다'와 '그는 의식을 초월했다'에서 초월超越은 같은 의미일까 다른 의미일까? '속세를 초월했다'의 초월은 일상적으로 쓰는 '무엇을 넘어섰다'는 뜻이다. 반면 '의식을 초월했다'는 '주관적 의식과 경험을 넘어서 객관적이 되었다'는 뜻으로 칸트철학의 핵심개념 중 하나다. 이것은 '의식의 주관을 초월했다'→'의식이 객관적이 되었다'→'대상을 인식하는 방법이 객관적이다'의 과정을 거친 인식론이자 존재론이다. 칸트는 초월의 원리와 방법을 트란(스)첸덴탈transcendental이라고 명명했다. 초월적, 선험적, 초월론적, 초험적 등 여러 가지 의미로 쓰이는 트란(스)첸덴탈은 경험과 관계하지 않는 인식의 원리인 동시에 그 원리가 적용되는 과정이다. 칸트가 이 특이한 개념을 사용한 이유는 '인간은 무엇을 어떻게 알 수 있는가?' 그리고 '인간은 경험하지 않고 종합적인 판단을 할 수 있는가'를 밝히기 위해서였다.

그러므로 칸트의 트란(스)첸덴탈은 일반적 초월인 '무엇을 넘어서다'는 뜻도 아니고, 신학적 의미인 '현실적 존재를 넘어서는 신'도 아니며, 스콜라철학에서 말하는 '신이나 영혼과 같은 관념적 보편자'도 아니다. 칸트는 일반적인 초월과 형이상학적 초월을 새롭게 정의하여 트란(스)첸덴탈로 명명했다. 칸트에 의하여 새롭게 정의된 트란(스)첸덴탈은 '경험에 선행하면서 경험적 인식을 가능하게 하는 원리'다. 또한, 트란(스)첸덴탈은 '경험과 직접 관계되지 않는' 그리고 '경험적 기원을 갖지 않는 선험적' 인식이다. 그러므로 선험종합a priori synthetic 판단은 의식의 트란(스)첸덴탈에 의해서 가능한 것이다. 물론 트란(스)첸덴탈은

'무엇을 넘어서 있는 것처럼 선행한다'는 의미도 포함되어 있다. 이처럼 트란 (스)첸덴탈은 경험을 넘어선다는 의미의 '초험적transcendent, 超驗的' 또는 경험 이전 인 '선험적a priori, 先驗的'과 다르지만 때로는 혼용되기도 한다.

이를 바탕으로 칸트는 다시 '주관적인 인간의 마음과 객관적인 대상이 어떤 관계인가'를 묻는다. 주관적인 마음은 ②표상과 ①마음과 ③실재(대상)를 연결 한다. 칸트는 주관적인 마음이 대상을 객관적으로 인식하고, 대상에 머무르지 않고 대상을 넘어서 대상을 객관화하는 인식능력이 있다고 보고, 그것을 트란 (스)첸덴탈로 설명한다. 그러므로 칸트에게 ①'경험에 선행하는'은 경험과 관 계없는 것이 아니라 경험을 가능하게 하는 인식능력이다. 그래서 칸트는 '경험 의 앞에 있는 선험'의 아 프리오리a priori와 다른 트란(스)첸덴탈transcendental의 개념 을 만들고, 그것이 경험의 이전이면서 경험을 넘어서는 인식의 원리라고 설명 한 것이다. 그 선험적 인식의 원리는 범주를 바탕으로 한다. 범주는 같은 성질 을 가진 부류와 범위를 말하는 보편적이고 기본적인 유개념類概念이며 대상표상 을 인식하는 기본 틀이다.

칸트I. Kant는 인간에게는 경험 이전의a priori 이성과 지성의 능력이 있어서 어떤 것이라도 12가지의 판단과 범주의 틀에 따른다고 보았다. 칸트는 ①양적 범주 로 단일성unity, 복수성plurality, 전체성totality ②질적 범주로 실재성reality, 부정성negation, 한계성limitation ③관계relation 범주로 실체/속성inherence and subsistence, 원인/결과causality and dependence, 상호성community ④양상modality 범주로 가능성possibility, 존재existence, 필연 성necessity으로 나누었다. 범주는 존재하는 것being을 분류하고 비교하여 그 존재 자의 속성, 특질, 관계, 의미를 이해하는 근간 개념이다. 인간에게는 이런 범주 인식의 틀이 있으므로 어떤 대상이라도 이 범주에 따라서 판단하고 인식할 수 있다. 범주는 개별 존재자를 분류하는 근간 개념이라는 점에서 존재의 범주이 기도 하다. 그러니까 칸트가 말한 트란(스)첸덴탈은 '경험에 선행하면서' 범주 에 따라 인식하는 원리를 말하는 것이다. 그런 점에서 트란(스)첸덴탈은 이성과 지성의 조건이다.

범주 이외에 선험종합 인식에 필요한 것은 공간과 시간을 표상하는 직관, 종합하는 상상, 개념을 통일하는 통각apperception, 統覺이다. 인간은 이런 원리에 의해서 인식의 대상이 객관적이고 타당한 실재임을 알 수 있다. 그러므로 객관의 실재성과 타당성은 대상에 있는 것이 아니라 대상을 초월하여 마음에 있는 것이다. 이처럼 트란(스)첸덴탈은 존재하는 것이 어떻게 존재하는가를 설명하는 존재론이고, 존재하는 것에 대한 인식론이다. 그러니까 '경험에 선행하면서 경험적 인식을 가능하게 하는 것'은 순수지성과 순수이성의 조건 때문이다. 그 조건은 경험 이전부터 가지고 있는 범주의 능력, 직관 능력, 상상과 통각 능력이다. 그것은 대상과 경험을 넘어 있으므로 초월적/선험적이고, 그래서 칸트의 철학을 초월철학 또는 선험철학 또는 초월론적 철학Transzendental-Philosophie으로 부른다.

참고문헌 Immanuel Kant, *Critique of Pure Reason*, translated by and edited by Paul Guyer and Allan W. Wood, Cambridge University Press, 1997.

참조 감성, 관념론, 경험론/경험주의, 물자체, 분석명제·종합명제, 순수이성, 실천이성, 아 프리오리/선험·후험, 의식, 이성론/합리주의, 이성은 감성의 노예, 인식론, 존재·존재자, 존재론, 지성·오성, 타불라 라사, 판단력비판—미(美)란 무엇인가?

논증 · 추론
Reasoning · Inference | 论证 · 推理

'①스위스의 백조는 하얀색이다. ②브라질의 백조는 하얀색이다. ③이집트의 백조는 하얀색이다. 그러므로 백조는 하얀색이다.' 전제 ①, ②, ③이 모두 타당하기 때문에 '백조白鳥는 하얀색이다'는 참인 것처럼 보인다. 하지만 이 논증은 거짓이다. 이 논증이 틀렸다는 증거는 호주에서 발견된 검은 백조다. '검은 백조black white swan, 黑白鳥'는 백조가 함의하고 있는 '하얀 새'를 부정하기 때문에 이율배반의 오류다. 이 오류는 세상의 모든 백조를 경험하지 않고서 '백조白鳥'라는 기표를 만들었기 때문에 생긴 것이다. 백조는 총각總角과 마찬가지로 개념 자체에 진리가 함의되어 있는 분석명제다. 그런데 분석명제인 '백조는 모두 하얀 새다'는 거짓이다. 이처럼 귀납논증은 틀릴 수 있는 논증일 수 있으므로 타당한 논증이라고 하지 않고 비교적 건전한 논증이라고 한다. 백조 논증이 참이 되기 위해서는 세상의 모든 백조를 논증해야 한다. 그렇다면 논증이란 무엇인가?

추론은 논리적으로 생각하는 것이고 논증은 논리적으로 증명하는 것이다. 그러므로 논증을 하려면 증명이 가능한 명제가 있어야 한다. 앞 문장에서 명제는 '백조는 하얀 새다'라는 결론이 증명하고자 하는 명제다. 그리고 ①, ②, ③은 결론을 증명하는 논거다. 그러니까 논증은 주장과 결론이 타당하다는 것을 논거를 들어서 밝히고 다른 사람들을 설득하는 논리적 과정이다. 논증reasoning, 論證과 추론inference, 推論은 둘 다 논리적인 생각인 추리推理지만 그 의미는 약간 다르다. 논증은 결론의 진위를 논리적으로 증명하는 것이라면 추론은 결론이 전제되지 않은 논리적 사유다. 하지만 논증과 추론 모두 논리적 사고이기 때문에 명확하게 분리되는 것은 아니다. 논증과 유사한 개념으로, 입증하는 증명proof, demonstration, 논증적 논쟁argument, 논증과 추론을 결합한 추리reasoning, inference, 推理 등이 있다.

일반적으로 묘사, 설명, 서사, 논증을 글의 네 가지 형식이라고 한다. 첫째, 묘사description, 描寫는 어떤 것을 언어나 그림으로 표현하는 것이다. 가령 백조의 모양이나 동작을 표현하는 것이 묘사다. 둘째, 설명explanation, 說明은 어떤 것을 이해하기 쉽게 표현하는 것이다. 가령 '백조는 오리과 기러기목의 새로 강과 호수 등 물가에서 사는 날개 길이 약 60cm의 새'라고 기술하는 것이 설명이다. 셋째, 서사narration, 敍事는 주로 사건, 상황, 인물을 시간과 공간에 따라서 이야기처럼 표현하는 것이다. 가령, '여인으로 변한 백조의 옷을 감춘 사냥꾼이 그 여인과 결혼했으나 몇 년 후 백조는 옷을 찾아 사라졌다'는 차이코프스키의 〈백조의 호수〉 줄거리가 바로 서사다. 이와 달리 넷째, 논증reasoning, 論證은 결론을 제시하고 이것이 참이라는 것을, 논리적 절차와 타당한 증거를 들어 주장하는 것이다. 논증과 유사한 논쟁argument은 논리적으로 참과 거짓을 다투는 것이다.

논증의 어원은 라틴어 '생각ratio하다 또는 계산하다'인 라틴어 reor다. 그러니까 계산하고, 생각하고, 비교하면서 무엇을 판단하는 것이 추론이다. 이것이 증명과 논쟁을 의미하는 라틴어 argumentum로 전이되었다. 그런데 증명하는 것은 타당한 전제와 절차가 있어야 한다. 그러므로 논증 과정에서 판단, 추리, 유추, 증명 등의 여러 절차가 수행된다. 이런 논리 추론에는 ① 연역추론(논증) ② 귀납추론(논증) ③ 유비추론(논증) ④ 귀추추론(논증) 등이 있다. 귀납추론(논증)bottom-up logic, 歸納推論은 귀납적 일반화inductive generalization를 통하여 특수한 것으로부터 일반적인 결론을 도출하는 추론이다. 유비추론은 이것source과 저것target의 관계를 연결하는 추론이므로 이것과 저것의 관계유사성relational similarity이 중요하다. 반면 귀추추론abductive inference, 歸趨推論은 주어진 조건과 상황에서 가장 간단하면서도 설득력이 있는 추론이다. 논리학에서 형식적 타당성은 연역추론(논증)

에서만 가능하다고 본다.

연역추론top-down logic, 演繹推論은 알고 있는 사실전제로부터 결론을 추출하는 것이며 명제 간의 관계로 논리적 타당성을 밝히는 추론이다. 연역추론은 일반적 명제를 대전제major premise로 하고, 특수한 사실에 관한 명제를 소전제minor premise로 하여 특수한 결론을 낸다. 예를 들어, '모든 사람은 죽는다'는 명제를 대전제로 하고 '소크라테스는 사람이다'는 특수한 사실을 소전제로 하여 필연적 결론인 '소크라테스는 죽는다'는 결론을 도출한다. 연역추론에서는 대전제와 소전제가 참이고 추론의 형식이 옳다면 결론은 반드시 참이다. 그러므로 연역추론을 타당성validity이 있는 건전한sound 추론이라고 한다. 논리학에서는 연역추론만 추론으로 인정하는 관점도 있다. 논리형식에 문제가 있거나 전제의 내용에 문제가 있는 추론은 오류다. 이런 논리적 절차의 형식적 타당성에 주목하는 것이 형식논리formal logic다.

참조 경험론/경험주의, 귀납·연역·귀추, 기만적 유비추론, 기표·기의, 논리·논리학, 동일률·모순율·배중률, 명제, 묘사, 분석명제·종합명제, 사실, 이성, 이성론/합리주의, 충분근거율

미학국가/미적 상태[실러]

Aesthetic State | 美学国家

실러는 장편소설 『군도*The Robbers*』에서 의적義賊을 통하여 사회개혁의 의지를 질풍노도와 같은 필치로 표현했다. 실러J.F. Schiller, 1759~1805는 보헤미아 숲에서 혁명을 꿈꾸는 형과 현실에 순응하는 동생을 대비하면서 '인간의 본질이 무엇이어야 하는가'를 묻는다. 이 작품에서 실러는 순수하고 낭만적인 인간상을 꿈꾸었다. 실러가 제시한 새로운 인간상은 예술교육을 통하여 총체성을 회복한 전인全人이다. 전인이 되기 위해서는 도덕적 심성을 가지고 완전한 자유를 누리는 미적 상태가 가능해야 한다. 그래서 실러는 미美가 절대적 기준이 되는 미학국가Aesthetic State 또는 미적 상태aesthetic state를 상상했다. 실러가 상상한 미학국가는 이성과 감성이 조화된 미학교육을 통하여 도달한 도덕적이고 자유로운 이상사회다. 실러가 미학국가를 상상한 이유는 1789년 일어난 프랑스대혁명 때문이다.

실러는 '프랑스대혁명은 봉건사회가 근대사회로 이행하는 올바른 방향'으로 간주했지만, 인간의 야만적 본성이 그대로 드러났다고 결론지었다. 그는 인간성의 위기를 예술과 교육을 통해서 극복할 수 있다고 믿으면서, 사회개혁의 방법으로 미학교육을 꼽았다. 그것은 미학교육을 통해서 아폴론적인 이성과 디오니소스적 감성이 균형을 이룰 수 있다고 믿었기 때문이다. 실러에 의하면 미학은 예술이론일 뿐 아니라 사회개혁과 국가건설의 정치적 원리다. 이런 생각을 바탕으로 실러는 계몽주의와 칸트철학을 수용하는 동시에 비판하면서 이성과 감성, 정신과 육체, 마음과 감각의 균형을 추구했다. 아이러니한 것은 실러의 미학 이론이 예술을 위한 예술 즉, 순수예술의 토대가 되는 동시에 사회개혁과 국가건설의 진보적 열망을 담고 있다는 점이다. 이런 의도를 가지고 쓴 실러의 『미학편지Aesthetic Letters』1794는 완전한 자유와 고결한 도덕이 가능한 미학국가를 최종 목표로 삼고 있다.

감각을 공유하는 미적공동체인 미학국가美學國家는 감각과 이성이 조화된 총체성을 회복한 사람들이 사는 사회다. 이 미학국가는 미학교육을 통하여 품성을 도야해야만 도달할 수 있는 이상세계다. 따라서 미학국가는 현실의 정치체제가 아니고 미적인 상태美的狀態를 말한다. 그가 말하는 미적 상태는 자유롭고 도덕적이면서 아름다움을 즐기는 고상한 정신이다. 이를 위하여 실러는 인간의 본성을 감각충동, 도덕충동, 유희충동으로 나누고 도덕충동을 중요한 가치로 설정했다. 그가 말하는 도덕충동은 도덕이라는 형식form으로 드러나며, 진리와 정의를 추구하는 강렬한 욕망이다. 사람들이 감각충동을 제어하고 총체적인 인간성을 회복하려면 도덕교육이 필요하다. 그 도덕교육이 바로 미학교육이다. 그런데 칸트가 실천이성비판에서 도덕을 보편적이고 선험적인 것으로 보고 이성으로 고양될 수 있다고 본 것과 달리 실러는 이성만이 아니라 인간의 의지와 애호愛好가 있어야 고결한 도덕이 가능한 것으로 보았다.

실러에 의하면 인간의 진정한 자유는 미를 통해서만 성취One achieves freedom only through the path of beauty[1]가 가능하다. 아울러 미를 통해서만 도덕적 품성을 기를 수 있다. 그러므로 자유, 미아름다움, 도덕은 상호의존적이다. 그런 점에서 실러가 말하는 자유는 도덕을 동반한 미적 자유aesthetic freedom인 동시에 유희충동이 발현되는 원천이다. 여기서 놀이하는 인간이 대두하는데 실러는 가상schein, 허구으로 놀이와 유희충동을 설명한다. 그는 동물이나 신에게는 가상의 세계가 없으며 인간만이 가상을 창조하여 그 가상으로 놀이를 한다고 생각했다. 그래서 인간의 놀이는 단순한 놀이가 아니고 창의적이면서 도덕적인 놀이다. 그것은 아폴론

---

1   Friedrich von Schiller, *Aesthetical and Philosophical Essays* Vol.2, edited by Nathan Haskell Dole, Boston, Mass.: Francis A. Niccolls & Comp, 1902, p.7.

적 이성과 디오니소스적 감성이 합일하는 놀이욕망 또는 유희충동이 만든 새로운 세계다. 이처럼 인간은 가상의 놀이를 통하여 예술을 향유하면서 도덕적으로 행동해야만 총체적 전인이 될 수 있다.

실러의 미학국가美學國家 또는 미적 국가 또는 미학공동체美學共同體는 플라톤의 철학국가哲學國家로 거슬러 올라간다. 플라톤의 철학국가는 철학적으로 각성한 사람들이 조화롭게 공동체를 이룬 공화제 국가다. 반면 실러의 미학국가는 형식적 도덕충동과 감성적 감각충동과 놀이하는 유희충동이 조화된 이상국가다. 세 충동이 균형과 조화를 이루면 진정한 미적 진리인 삶의 형식이 완성되고 전인이 탄생한다. 미학국가는 이런 존재들의 집합체이다. 하지만 이 가상의 미학국가는 현실에 있는 것이 아니라 인간의 마음에 있다. 여기서 인간을 미적으로 교육해야 한다는 미학교육으로 환원한다. 그러니까 실러의 미학은 순수한 미를 통해서 사회를 개혁할 수 있고, 목적 없는 예술을 통해서 도덕적 국가를 건설할 수 있다는 것이다. 이 지점에서 예술과 정치가 만나고 미학과 사회가 만난다.

참고문헌 Friedrich von Schiller, *Letters Upon The Aesthetic Education of Man*, translated by Reginal Snell, New York : Mineola, 2004.

참조 감성, 관념론, 교훈주의, 낭만적 숭고, 무목적의 목적, 미/아름다움, 미학·예술철학, 바움가르텐의 진선미, 실천이성, 예술지상주의, 유희충동, 이데아, 이성, 이성론/합리주의, 판단력비판─미(美)란 무엇인가?, 프랑스대혁명, 해석학적 미학

재현

Representation | 再現 · 表象

지금까지 '최후의 만찬'을 주제로 많은 화가가 작품을 남겼다. 그중에서 레오나드로 다빈치의 〈최후의 만찬〉[1497]은 여러 면에서 명작으로 꼽힌다. 그것은 예수의 신성성과 인간성을 균형 있게 담아내면서 마지막 만찬의 종교적 의미와 사실적 상황을 특별하게 그렸기 때문이다. 〈최후의 만찬〉은 '예수 그리스도가 십자가에서 죽기 전날, 열두 제자와 함께 만찬을 나누었다'는 성경의 기록을 그림으로 재현한 것이다. 여기서 말하는 재현再現은 어떤 것을 그대로 보여주는 행위와 그 행위의 결과를 말한다. 사전적인 의미에서 재현은 '원래의 것을 모방하거나 다시 표현한다'는 뜻이고 라틴어 재현은 '보여주다, 전시하다[repraesentātiō]'가 '다시 보여주다'로 확장된 것이다. 플라톤과 아리스토텔레스는 재현을 중요한 개념으로 설정했는데 그 이유는 '재현이 이데아[idea, 본질/진리]가 다시 보여주는 미메시스[mimesis]'이기 때문이다.

재현은 다시 보여주는 것이면서 본질을 추구하는 것이다. 따라서 '모방[미메시스]하여 본질을 유사하게 재현한다'라고 할 때, 모방은 행위자의 행위를 강조하는 개념이고 재현은 본질을 강조하는 개념이다. 플라톤은 이데아의 세계를 직접 추구하는 철학자, 이데아의 세계를 간접 추구하는 목수, 이데아의 그림자를 묘사하는 예술가를 나누었다. 그리고 예술가는 본질인 이데아를 직접 추구하지 않고, 현실에 1차 모방된 것을 다시 모방하는 2차 모방자이거나 3차 모방자로 규정했다. 그러나 그의 제자 아리스토텔레스는 예술가의 예술적 모방도 본질을 추구할 수 있다고 하여 예술적 재현의 가치를 인정했다. 그러니까 플라톤은 미메시스를 기술적 재현으로 간주했으나 아리스토텔레스는 미메시스를 예술적 재현으로 간주했다는 점에서 차이가 있다. 예술에서 재현은 단순한 복제나 모방이 아니라 효용성과 가치가 있는 창의적 모방이다.

예술가들은 모방의 대상을 재창조하고 재생산하고자 노력한다. 그런데 예술가가 원래의 것을 다시 보여주더라도 그것은 단순한 복사나 복제가 아니다. 이 과정에서 예술가의 상상력이 발휘된다. 예술가는 상상력을 통해서 새롭게 보여주는 낯설게하기unfamilialization를 하는 것이고, 낯설게 보이기 때문에 사람들은 새로운 감동을 느낄 수 있다. 문예사조에서는 새롭게 재현하는 것을 리얼리즘Realism 또는 자연주의라고 한다. 리얼리즘의 라틴어 어원인 realis는 '물건, 실재'라는 뜻이고 비현실, 가상假象, 관념, 상상과 반대되는 말이다. 그러니까 리얼리즘은 사실, 실재, 실제, 현실을 정확하게 묘사하는 창작방법론이자 표현된 결과를 의미하는 것이면서 그 표현의 방식에 개연성蓋然性이 있다는 뜻이다. '그럴듯한' 개연성이란 사실/실재와 유사하면서 창의적으로 재현하는 것이다.

철학에서 재현은 본질과 실재를 추구하는 (철학적) 리얼리즘을 말한다. 철학에서 리얼리즘은 '현실은 본질의 그림자'로 보는 전통적 형이상학에 근거하여, 현실 너머의 본질을 실재라고 전제하고 그 실재를 추구하는 철학적 방법이다. 그런데 본질을 추구하려면 먼저 의식에 비친 형상을 넘어서야 한다. 의식 또는 마음에 재현된 것은 표상表象이다. 철학에서 표상은 '마음의 앞에 세워서vorstellung' 재현된 심상心想이다. 주체가 대상을 인식할 때 먼저 마음에 재현된 표상을 인식하고, 시간과 공간의 질서를 부여하며, 가치를 부여한다. 그런데 지각한 것만이 아니라, 상상한 것이나, 과거를 재생한 표상도 있다. 따라서 마음에 재현되는 표상과 현실에 재현되는 모방으로 나뉜다. 반면 소박실재론이나 유물론에서는, 현실이 객관적으로 반영된 것을 표상이라고 한다. 한편 재현은 '원래의 것을 그대로 다시 보여주는 것이 아니고, 상상이나 상징으로 보여준다'는 점에서 언어와 기호도 재현으로 볼 수 있다.

재현이 대상을 수동적으로 보여주는 것이라면 표현은 능동적으로 대상을 보여주는 것이다. 하지만 재현 역시 단순한 복제가 아니라 의미 구성을 거친 표현이다. 표현express은 '바깥으로 표출한다'는 뜻과 더불어 '예술가/표현자가 자기 내면의 사상과 감정을 주관적으로 나타낸다'는 뜻이 담겨 있다. 표현 그 자체를 중시하는 문예사조를 표현주의Expressionism라고 한다. 한편 핀란드의 예술이론가 아리오 히른Yrio Hirn, 1870~1952은 기쁨을 고양하고 고통을 약화하는 '내면의 표출 충동이 곧 예술'이라고 보았다. 이처럼 재현은 모방, 복사, 복제, 묘사, 모사, 재생산, 재창조, 표상과 유사한 개념이면서 '다시 표현하는 것'을 말한다. 다시 표현하는 것을 넘어서 창의적으로 표현하는 것을 예술적 재현이라고 한다. 재현의 행위와 과정을 위주로 하는 예술이 재현예술representation art이다.

참고문헌 Yrio Hirn, *The Origins of Art : A Psychological and Social Inquiry*, New York : The Macmillan Co., 1900.

참조 감성, 감정·정서, 개연성, 기표·기의, 디에게시스, 리얼리즘〔예술〕, 리얼리즘/실재론〔철학〕, 모방론, 묘사, 미메시스〔아리스토텔레스〕, 미메시스〔아우어바흐〕, 미메시스〔플라톤〕, 상상, 시인추방론, 예술, 표현

이데아
Idea | 想法

'사과는 무엇일까?' 누가 이런 질문을 한다면 '사과의 본질'을 묻는 것으로 이해할 것이다. 이 질문에 대하여, '맛있는 과일의 한 종류'라든가 '쌍떡잎식물 장미목 장미과 낙엽교목 식물인 사과나무의 열매'와 같은 개념으로 설명할 수 있다. 그런데 이 설명은 경험을 통해서 얻은 지식이다. 그러므로 경험과 교육이 없다면 사과가 무엇인지 설명하기 어렵다. 그런데 플라톤은 경험으로 알 수 없는 본질이 있다고 가정하고 그것을 이데아^{idea}라고 명명했다. 플라톤은 이상국가를 상정한 다음, 그 이상국가에서는 변하지 않는 본질을 존중해야 한다고 말했다. 플라톤은 침대를 예로 들어 현상과 본질을 구분한다. 목수는 본질의 침대를 모방하여 현실의 침대를 만든다. 그 침대는 본질이 아니지만, 침대의 보편적 특성은 공유하고 있다. 그것은 목수가 본질인 이데아의 침대를 직접 모방했기 때문이다. 그렇다면 플라톤이 말하는 이데아는 무엇인가?

일반적으로 이데아는 이성으로 얻을 수 있는 이념 또는 생각이다. 플라톤은 이데아를 현실이 아닌 관념의 세계에 있는 본질 또는 실재實在로 간주했다. 현상/현실과 달리 이데아인 본질은 변화하지 않는다. 그래서 플라톤은 본질의 이데아를 보편자, 현실의 존재를 개별자로 보았다. 플라톤 시대의 이데아는 원형^{archetype}이라는 뜻이었고 그 이전의 고대 그리스어에서 이데아는 개념^{notion} 또는 양식^{form}, 형식^{pattern}이라는 뜻이었다. 이것은 고대 그리스어 '본다$^{eídō, see}$'는 뜻의 이데아^{idéa}가 '보는 대상의 형식'으로 바뀐 것이다. 이와 마찬가지로 산스크리트어를 포함한 인도유럽어족에서 '보는 행위'가 변하여 이데아^{idéa}가 되었다. 그러니까 플라톤은 '본질을 보아야 한다'는 정언명령의 철학적 개념을 이데아로 명명한 것이다. 플라톤이 말한 이데아는 곧 '신의 생각God's idea'이므로 선good한 것이며 신이 변하지 않는 것처럼 신의 이데아생각도 변하지 않는다.

신의 세계에 있는 이데아는 본질과 실재이고 인간의 현실에 있는 것은 현상과 허상이다. 그러므로 현실의 인간이 신의 세계를 보려면 마음, 이성, 지성intellect을 잘 작동시켜야 한다. 그런데 신의 생각이나 신이 만든 본질/실재를 직접 볼 수 없으므로 인간은 깊은 생각을 하면서 보아야 한다. 이처럼 '마음으로 신의 세계에 있는 본질/실재를 보는 것'이 바로 이데아이고 그 이데아는 마음에 있는 것이므로 관념觀念이다. 그래서 동아시아에서 이데아를 불교의 용어인 관찰사념觀察思念 즉, '마음의 표상을 응시하면서 깊이 생각한다'는 관념으로 번역한 것이다. 이렇게 하여 본래 '무엇을 본다'는 고대 그리스어가 '신의 세계에 있는 본질과 실재를 본다'를 거쳐서 '마음속에 있는 본질과 실재를 깊이 생각한다'에 이르렀다. 그래서 '마음의 본질과 실재'를 이데아라고 하는 것이다.

이데아는 마음의 표상이기 때문에 추상적이다. 그 추상적 이데아는 언어로 표기될 수 있다. 가령 '사과'라는 단어는 추상적 상징기호다. 이 세상의 사과는 색깔과 형태가 모두 다르다. 그런데 사람들은 사과의 보편적 특질을 상징기호인 '사과'라고 한다. 그 보편자가 바로 본질/실재다. 그 본질/실재는 인간의 마음을 통해서만 인식된다. 그러므로 인간은 마음의 표상을 관찰하고 사념하면서 본질/실재를 알 수 있다. 하지만 그것은 신의 세계 또는 초월적 세계에 있는 본질/실재가 아니고 (단지 인간이 생각을 통하여 얻은) 관념일 뿐이다. 그러므로 플라톤 철학에서 이데아는 첫째, 영원히 불변하는 본질/실재인 동시에 둘째, 그 이데아idea를 보고 생각하는 관념觀念이다. 이런 플라톤의 이데아론은 파르메니데스Parmenides의 영원불변한 진리론aletheia의 영향을 받은 것이다. 반면 아리스토텔레스는 보편자를 유類개념으로 간주하면서 '실재하는 것은 개별자인 우시아ousia'라고 보았다.

철학에서 이데아는 존재의 근본을 인식하는 원리다. 가령 인간은 이데아의 사과를 통하여 세상과 사과의 관계를 인식할 수 있다. 그렇다면 존재의 근본인 '이데아를 의식하는 능력은 생래적인 것인가? 아니면 경험적인 것인가?' 이성주의자 데카르트는 '이데아에 관한 능력은 생래적이고 선험적인 것'으로 간주했다. 반면 로크와 같은 경험주의자들은 감각을 통해서 얻은 경험이 반성을 거쳐서 이데아를 얻는 것으로 간주했다. 한편 이데아 이론인 관념론Idealism은 관념 즉, 마음이 보는 것에 관한 이론이다. 그러므로 관념론觀念論은 객관적 외부세계의 존재 여부와 상관없이 '마음이 외부세계를 인식하고 판단하는 최초 근원이자 최종 결과'라는 관점을 말한다. 관념론은 본질적 근거와 원인인 '물자체thing in itself'를 강조한 칸트의 초월론적/선험적 관념론Transcendental Idealism에 이르러 정점을 이루었다.

참고문헌 Platon, *Republic* Book X.

참조 개념, 경험론/경험주의, 관념론, 모방론, 물자체, 미메시스, 본질, 사실, 순수이성, 아 프리오리/선험·후험, 이성, 이성론/합리주의, 인식론, 존재론, 지성·오성, 초월(칸트), 형이상학

직관

Intuition | 直觉

어느 날 소년 K는 처마 밑에서 떨고 있는 새 두 마리를 보았다. 새들은 비에 젖은 몸을 파들파들 떨고 있었다. 소년은 자기도 모르게 눈물을 흘렸다. 소년이 떨고 있는 새를 보고 측은지심을 느낀 것은 논리나 지식과는 관계가 없다. 새를 보는 순간 '저 새는 어미를 잃고 갈 곳도 없고 잘 곳도 모르는 어린 새다'라고 판단한 것이다. 그렇다면 이 판단은 무엇일까? 이것은 직관이다. 직관直觀은 다른 것을 매개하지 않고 대상을 직접 파악하는 순간적 인식이다. 반면 직관과 유사한 직감直感은 눈, 코, 귀 등의 감관기관을 통하여 외부의 감각을 인식하는 것이고, 사유思惟는 대상을 분석하고 반성하여 얻는 인식이다. 한편 직관은 무의식적이고 본능적 인식이며 이성적 추론이나 분석적 지각이 작동하기 이전의 직접적 인식이다. 하지만 직관은 추론, 관찰, 이성, 경험이 순간적이고 압축적으로 작동하므로 무의식처럼 보일 뿐이다.

직관은 직접 획득한 지식이지만 증명하기는 어렵다. 하지만 '직관은 지식의 기초'로 보는 관점이 있다. 이 관점은 '감각을 포함하는 직관은 현상이고 그 직관 너머에 본질이 있다'는 것에 근거한다. 대표적으로 플라톤과 데카르트가 이 관점을 취한다. 반면 베르그송H. Bergson처럼 '직관은 직접 획득한 지식이므로 정확한 지식'으로 보는 관점이 있다. 그런데 직관은 사유와 반성을 하지 않고 순간적으로 판단하여 얻은 지식이기 때문에 다른 사람과 공감할 수 없다. 그런 점에서 직관은 개인적 체험이고 순간적 경험이다. 따라서 직관은 다른 인식 과정과 관계되지 않는 '그 자체의 독자적sui generis' 인식이면서 '독특하고 고유한' 인식이다. 그래서 직관은 그 자체로 의미가 부여되고 충족되면서 순간적으로 전체를 파악하기 때문에 특별한 인식으로 여겨진다. 이런 직관과 반대되는 사유는 생각과 분석을 위주로 한다.

직관의 어원은 중세 라틴어 즉각적 인지intuitio에서 유래했는데 즉각적 인지란 순간적으로 '안in을 보는tueri' 인식이다. 이 즉각적 인지를 진리로 간주하는 것은 인식과 대상이 일치하기 때문이다. 직관은 인식의 주체와 대상의 객체가 순간적으로 일치하는 지식이지만 참과 거짓을 알 수 없다. 직관이 진리가 되려면 조건에 맞아야 한다. 가령 '저 새는 갈 곳 없는 불쌍한 새다'라고 '믿는 경우에 한해서if and only if' 이 문장은 진리가 된다. 그렇게 믿지 않으면 진리가 되지 않는다는 점에서 직관은 주관적 인식이다. 이 주관적 인식은 경험에 근거하기 때문에 경험적 직관이라고 한다. 경험적 직관과 대비되는 것은 본질적 직관이다. 경험과 독립하여 순간적으로 인식하는 본질적 직관은 인간의 고차원적 인식능력이다. 가령, 사람은 누구나 '사각형은 둥글다'는 틀렸고, '사각형은 네 개의 선분으로 구성되었다'는 맞는다는 것을 직관적으로 인식한다.

본질적 직관은 필연적 진리necessary truth로 여겨진다. 가령 '7+5=12'는 설명이 필요 없다. 그 자체로 진리이기 때문이다. 이것은 'p가 아닌 것이 아니면, 그것은 p다(if not−not−p, then p)'로 표시될 수 있다. 이처럼 기하학과 수학의 공리는 그 자체로 자명한self evident 진리이므로 증명하지 않아도 되는 진리다. 이런 자명하고 필연적인 진리는 자연스러운 것이기는 하지만 그것으로 충분한 것은 아니다. 왜냐하면, 직관적으로 진리를 알 수 있더라도 논리적인 설명이 불가능하기 때문이다. 한편 양심에 관한 도덕적 판단 역시 직관인 경우가 많다. 가령, '떨고 있는 새를 괴롭히는 것은 옳지 않다'라든가 '가난한 사람을 도와주는 것은 좋은 일이다'는 누구나 알고 있다. 또한, 종교적 믿음, 철학적 통찰, 본능적 반응, 반성적 성찰도 직관인 경우가 많다.

칸트는 직관을 지각perception과 같은 감각으로 얻은 정보로 간주했다. 가령 시간과 공간에 대한 인식은 지각이 직접 관계한다. 이 직관은 선험적이고 초월적이다. 칸트가 나눈 12개의 범주도 선험적 직관을 토대로 한다. 한편 현상학에서는 현상학적 환원과 본질직관wesensschau을 중요하게 여긴다. 본질직관은 경험 이전의 선험적a priori 순수직관이므로 이성적 인식이 아니다. 직관은 논리에도 적용되는데, 사람들은 '이 사람은 죽었다. 이 사람은 살아 있다(p or ~p)'와 같은 배중률排中律을 보는 순간 모순임을 알아차린다. 한편 기독교에서 말하는 신의 이성적 직관은 신의 섭리를 말한다. 이슬람교에서 선지자는 하나님의 뜻을 직관적으로 알 수 있다고 한다. 한편 불교에서 말하는 '마음을 직시하여 부처의 본성을 보고 부처와 같은 존재가 된다直指人心見性成佛' 역시 직관이고 '산은 산이다'라고 한 도가道家의 사유 역시 직관이다.

참고문헌 Edmund Husserl, *Ideas Pertaining to a Pure Phenomenology and to a Phenomenological Philosophy–Second Book : Studies in the Phenomenology of Constitution*, translated by R. Rojcewicz and A. Schuwer, Dordrecht : Kluwer, 1989.

참조 감각, 감성, 경험론/경험주의, 마음, 분석명제·종합명제, 아 프리오리/선험·후험, 의식, 이성, 이성론/합리주의, 이성은 감성의 노예, 인식론, 지성·오성, 직지인심 견성성불, 타불라 라사, 판단력비판—미(美)란 무엇인가?, 현상학적 환원

시간[베르그송]

Time | 时间(亨利·柏格森)

고대 그리스의 제논은 이렇게 말했다. '날아가고 있는 화살은 정지해 있다.' 당연히 틀린 말이다. 그렇다면 제논은 왜 이런 말을 했을까? 그의 주장은 이렇다. 'A에서 출발한 화살은 B를 통과한다. 그 B 지점에서 화살은 정지한 것과 마찬가지다. 그다음 C를 지나갈 때도 정지한 것과 같다. 그러니까 화살은 A B C D의 지점에 각각 정지한 것이다. 그러므로 화살은 모든 지점에서 정지한 것이다.' 이것을 화살의 역설Arrow paradox 또는 제논의 역설Zeno's paradoxes이라고 한다. 그렇다면 제논의 주장에 무슨 문제가 있을까? 베르그송은 제논의 역설을 이렇게 비판한다. '날아가는 화살은 운동의 연속이기 때문에 나눌 수 없다. 그러므로 제논은 틀렸다.' 여기서 베르그송의 시간관을 엿볼 수 있다. 베르그송의 시간은 공간을 배제한 순수시간으로 어느 한순간도 끊어지지 않고 지속하면서 연장되는 흐름이다.

베르그송Henri Bergson, 1859~1941은 특유의 시간관을 정초했는데, 그것이 직관으로만 알 수 있는 지속durée, duration의 시간이다. 사실 '시간이란 무엇인가'는 답하기 어려운 물음이다. 하지만 모든 사람은 '지금 시간이 흐르고 있다'는 것을 본능적이고 직관적으로 느낀다. 일반적으로 시간은 '어떤 시각時刻에서 어떤 시각까지의 사이이고 과거, 현재, 미래가 연속되는 것이며 질량이나 중력과 같이 물리량을 측정하는 단위'이다. 가령 지구가 공전하는 시간은 1년이고, 오전 10시부터 그 이튿날 오전 10시까지를 하루라고 한다. 메소포타미아인들이 발명한 수학적 시간이 더 정교해진 것은 근대였다. 뉴턴을 비롯한 과학자와 수학자들은 시간의 절대성을 주장하면서 정교하고 정확한 시간관념을 완성했다. 그들은 절대시간과 절대공간에서 모든 것은 인과론과 결정론으로 설명될 수 있다고 믿었다.

베르그송은 뉴턴으로 대표되는 근대의 기계 시간이 아닌 인간의 시간이 필요하다고 생각했다. 그는 먼저 공간과 시간을 분리했다. 공간을 제거한 시간을 순수시간이라고 하고, 그 순수시간의 흐름을 순수지속이라고 한다. 이 순수시간과 순수지속에서 보면 현실의 시간은 공간과 연결된 인과론적 기계 시간이다. 그는 '공간과 연결된 시간'을 비판하고 기계론적 인식을 부정했다. 베르그송에 의하면 인간은 A의 지점에서 D의 지점으로 이동한 운동을 시간이라고 오인한다는 것이다. 그런데 시간은 정지되지 않고 연속되는 것flowing is not broken by succession of photographs이므로 '시간은 정지하면서 흐른다'가 되기 때문에 모순이다. 이에 대하여 베르그송의 철학을 계승하고 발전시킨 들뢰즈는 영화의 장면처럼 정지하지 않는 시간의 흐름에서 공간을 제거해야만 베르그송의 시간을 이해할 수 있다고 말한 바 있다. 또한, 시간의 순수지속은 측정불가능이고 다양한 혼합이며 능동적인 시간이다.

시간과 공간을 분리할 수 있을까? '시간, 공간, 운동, 물질을 분리할 수 없다'는 유물론의 비판이 있고 '베르그송 또한 전통적인 시간에서 벗어나지 못했다'는 하이데거의 지적이 있다. 하지만 베르그송이 공간을 배제한 마음의 순수시간을 생각했다는 점은 의미가 있다. 기계 시간과 수학 시간이 과거, 현재, 미래로 구분되는 현실의 실재 시간인 것에 반하여 순수지속과 순수시간은 흐르면서 연장되는 마음의 시간이다. 또한, 기계 시간은 양quantity인 것에 반하여 순수시간은 질quality이다. 과거, 현재, 미래가 분할되지 않는 것처럼 인간의 정신/의식 역시 분할되지 않는다. 그러므로 인간에게는 (기계 시간과 다른) 마음의 시간, 의식의 시간, 정신의 시간이 있다. 이 마음의 시간에서 과거는 인간의 몸신체, 의식, 기억 속에 내재한다. 베르그송에 의하면 현재는 과거를 재생하면서 다양하고 새롭게 창조되고 진화한다.

베르그송은 '시간의 정수는 흘러가는 것the essence of time is that it goes by'[1]이며, '그 흐름flow은 단 한 번도 정지하지 않는다'고 단언했다. 또한, 시간은 흘러가면서 물질, 운동, 공간 등을 받아들이기도 하고, 상호침투하기도 하는데, 그 순수지속의 시간에 모든 것이 내재immanent하고 이질적인 것들이 공존co-existence한다. 그래서 베르그송은 시간의 순수지속을 창조적 진화라고 설명한다. 창조적 진화는 지속의 시간 속에서 다양한 형태로 자유롭게 창조되는 생명과 물질의 변화다. 순수지속의 창조적 진화는 '인간의 의식이 역동적이고 창조적으로 변화하고 생성한다'는 뜻이다. 여기서 (시간) 의식의 흐름이 기억의 문제로 옮겨간다. 과거와 현재는 현재의 시점에서 통합되면서 흐르듯이, 과거에 축적된 기억은 새로운 의식을 생성하면서 지속하는 것이다. 의식의 창조적 진화과정에서 생기는 역동성과 다양성 때문에 생의 약동élan vital이 일어난다.

참고문헌 Henri Bergson, *Matter and Memory*, translated by N.M. Paul and W.S. Palmer, Mineola : Dover Books, 2004.

참조 결정론, 공간, 기억, 내재의 평면, 다양성[베르그송], 순수지속, 시간, 시공간, 이성, 자유의지, 존재·존재자, 존재론, 존재론적 해석학, 직관, 진화, 집단기억, 창조적 진화, 현재·과거·미래, 현존재 다자인

---

1   Henri Bergson, *Matter and Memory*, translated by N. M. Paul and W.S. Palmer, Mineola : Dover Books, 2004, p.177.

상대시간 · 상대공간
Relative Time · Relative Space | 相対时间和相对空間

어떤 사람들은 이렇게 생각한다. '시간이 너무 빨리 흐른다.' 아마도 이런 느낌은 아주 즐겁거나 너무 바빠서 정신이 없을 때 드는 생각일 것이다. 또 어떤 사람들은 이렇게 생각한다. '시간이 너무 늦게 흐른다.' 아마도 이런 느낌은 아주 고통스러운 시간을 보내거나 너무 지루할 때 드는 생각일 것이다. 시간만 그런 것이 아니다. 공간도 마찬가지다. 어떤 때는 가까운 거리감을 느끼는가 하면 어떤 때는 먼 거리감을 느낀다. 또한, 사람들은 어떤 장소를 아주 넓은 곳으로 기억하거나 좁고 답답한 곳으로 기억한다. 이처럼 인간의 마음속에는 시간과 공간이 실제와 다르게 기억된다. 왜 이런 현상이 벌어지는 것일까? 그것은 인간이 주관적으로 지각하고 기억하기 때문이다. 또 다른 이유는 사람마다 기준과 느낌이 다르고 집단과 문화의 가치가 다르기 때문이다. 인간의 주관과 사회적 기준은 상대적이다.

이런 이유 때문에 같은 장소의 같은 시간에 있던 A는 '아름답고 즐거운 곳에서 보낸 시간이 아주 빨랐다'고 생각하고, B는 '지루하고 불편한 곳에서 보낸 시간이 아주 길었다'고 생각하는 것이다. 이것은 두 사람의 감정, 의지, 상황, 지각 등이 다르기 때문에 생기는 차이다. 그렇다면 A와 B가 같은 수학적 시간과 같은 기하학적 공간에 있었다는 것을 어떻게 증명할 수 있을까? 그것은 데카르트의 좌표계와 뉴턴의 절대시간으로 알 수 있다. 데카르트는 좌표로 $[x, y, z]$ 절대공간을 표시했으며, 뉴턴은 언제 어디서나 같은 시간으로 $[t]$ 절대시간을 설정했다. 데카르트 좌표와 뉴턴의 절대시간으로 A와 B가 같은 공간에서 같은 시간을 보냈다는 사실을 입증할 수 있다. 이 시간과 공간을 절대시간과 절대공간이라고 한다. 사람들은 주관적으로는 상대시간과 상대공간에서 산다고 생각하지만, 객관적으로는 절대시간과 절대공간에서 산다고 생각한다.

절대시간은 '시간은, 관측자와 물질을 포함한 다른 것의 영향을 받지 않고 규칙적으로 흐른다'는 수학적 시간이고 절대공간은 '공간은, 관측자와 물질을 포함한 다른 것의 영향을 받지 않는 균일한 구조다'는 기하학적 공간이다. 이와 대비되는 상대시간은 '시간은 관측자와 상황에 따라서 상대적이다'는 것이고 상대공간은 '공간은 관측자와 상황에 따라서 상대적이다'는 것이다. 한편 인식적 상대론은 '주관적 인식에 따라서 시간과 공간이 상대적'이라는 개념이고, 과학적 상대론은 '시간과 공간은 좌표계coordinate system, 座標系와 기준계/기준틀frame of reference, 基準系에 따라서 상대적'이라는 개념이다. 인식적 상대론이 주관적인 감정, 의지, 상황, 기분 등에 의한 상대적 시간과 공간인 것과 달리 과학적 상대론은 객관적이고 보편적인 시공간이 관측자, 위치, 시점, 중력 등에 의하여 달라지는 상대적 시간과 공간이다.

시간과 공간의 과학적 상대론은 갈릴레오가 처음으로 체계화했다. 갈릴레오는 코페르니쿠스의 지동설을 지지하면서 '같은 속도일 때의 물리 원리는 같다'라고 말하고 '지구는 등속운동을 하므로 정지한 것과 같은 물리 원리가 적용된다'고 주장했다. 그리고 '갈릴레오의 배'로 명명된 실험을 통하여 배 안의 속도와 배 바깥의 속도가 다르다는 것을 근거로 상대성이론을 제기했다. 갈릴레오의 상대성이론은 뉴턴으로 계승되었다. 한편 아인슈타인은 1905년 등속으로 움직이는 물체의 상대적인 시간과 공간에 대한 특수상대성이론을 체계화했고, 1916년 속도가 다른 물체의 상대적인 시간과 공간에 대한 일반상대성이론을 체계화했다. 아인슈타인은 '움직이는 관측자에게 (시간이 늦는) 시간지연time dilation이 있다'는 것과 '움직이는 관측자에게 공간이 짧아지는 길이수축length contraction에 의해서 공간이 휘어진다'는 상대성이론을 완성하고 이것을 4차원으로 연결하여 시공간^{spacetime}으로 명명했다.

뉴턴역학이 토대하고 있는 절대시간과 절대공간은 '시간과 공간은 어떤 것으로부터도 영향을 받지 않는다'는 것이다. 또한, 그것은 '언제 어디서나 누구에게도 동일한 시간과 동일한 공간이 있다'는 것이다. 뉴턴은 절대시간과 절대공간을 주장했으나 뉴턴 자신도 갈릴레오의 상대성을 받아들여서 시간과 공간의 상대성을 인정했다. 그러나 뉴턴의 상대성은 절대성 안에서의 상대성이다. 반면 아인슈타인의 상대성은 '시간과 공간은 절대적이지 않다'는 것이 핵심이다. 아이러니하게도 아인슈타인의 상대성이론은 뉴턴의 절대성과 중력이론을 토대로 한다. 아인슈타인은 '중력이 아주 큰 물체 주변에서 시공간이 휘어진다'는 것을 입증하는 한편 '빛의 속도를 기준틀^{frame of reference}로 하여 관측하면 시간 지연과 길이수축이 생긴다'는 시공간의 상대성이론은 완성했다. 그러니까 아인슈타인은 뉴턴이라는 '거인의 어깨에 올라가서' 세상을 보았기 때문에 멀리 볼 수 있었다.

참고문헌 Isaac Newton, *Principia; Philosophiæ Naturalis Principia Mathematica*, 1687.

참조 결정론, 공간, 뉴턴역학·고전역학, 물리주의, 시간, 시공간, 시간(베르그송), 양자역학, 인식론, 일반상대성이론, 만유인력·중력, 지동설/태양중심설, 천동설, 특수상대성이론

객관 · 객관성

Object · Objectivity | 客观 · 客观性

'나는 그의 견해가 객관적이라고 생각한다.' 이 생각은 문제가 있다. 왜냐하면, '그의 견해가 객관적'이라고 주장하는 '나'의 견해는 주관적이기 때문이다. 하지만 주체인 '나'가 객체인 '그'의 생각을 객관적이라고 판단한 것 자체는 논리적으로 타당하다. 사전적인 의미에서 주관은 자기의 견해와 관점이고 객관은 다른 사람의 견해와 관점이다. 사람마다 다른 주관적 감정, 생각, 의식, 의지, 상상을 제거해야만 객관적 사실과 객관적 진리를 알 수 있다. 객관이 중요한 이유는 사실reality과 진리truth의 객관성 때문이다. 일반적인 의미에서 객관object은 보편타당한 사실, 진리, 견해, 판단이며 그것은 합리적이라는 증거가 있어야 한다. 한편 '객관적objective'이라는 것은 자기 생각과 감정을 배제한 것이고, 객관성objectivity이라는 것은 객관적인 것의 성질이며, 객관주의Objectivism는 객관을 바탕으로 하는 이념이다.

과학에서 객관은 증명이 가능한 사실이다. 대체로 과학적 객관은 실험과 관찰에 따라서 얻어진 사실/진리다. 가령 '모든 물체는 낙하한다. 그것은 중력이 작용하기 때문이다', '빛은 직진한다', '힘은 질량과 속도를 곱한 것이다($f = ma$)' 처럼 부정할 수 없는 분명한 사실이 객관이다. 이런 객관적 사실에는 개인의 감정, 생각, 사상, 상상, 이념, 의지, 편견 등이 개입하지 않는 가치중립적 사실이다. 이를 바탕으로 뉴턴이 확립한 기계적 객관성mechanical objectivity은 자연상태의 과학적 객관을 말한다. 하지만 과학적 객관 역시 절대적인 것은 아니며 조건에 따라서 상대적이다. 가령 '빛은 직진한다'는 객관적 사실은 '빛은 직진하지 않는다'

는 아인슈타인의 일반상대성이론에서 부정되었다. 따라서 과학적 객관은 조건과 방법에 따라서 달라지는 상대성이 있다.

철학에서 객관은 의식 주관의 상대적 개념이며 의식과 상관없이 존재하는 실체다. 일찍이 플라톤은 객관적으로 존재하는 진리를 이데아^{idea}로 간주했다. 플라톤은 현실을 현상계의 가상으로 보고 관념의 세계에 있는 객관적인 진리를 추구했다. 감각 세계의 사실과 진리는 주관적인 의식의 산물이기 때문에 객관적 사실/진리가 아니다. 여기서 객관은 영원히 변치 않는 절대적인 이데아다. 가령 '삼각형은 세 변으로 구성된 도형이다'는 부정할 수 없는 객관적 진리다. 그런데 플라톤이 말한 철학적 객관성은 긍정할 수도 없고 부정할 수도 없으며 인식할 수도 없다. 왜냐하면, 의식과 관계없이 사실/진리가 존재한다면 인간은 그것을 의식하거나 표현할 수 없기 때문이다. 그래서 버클리$^{G.\ Berkeley}$는 지각할 수 있는 것만이 객관적이라는 경험주의적 객관론을 주장했다. 그는 '객관적인 것은 경험 때문에 확립된다'고 믿었다.

객관은 주관이 인식하는 대상이다. 서구어에서 객관의 어원은 주관인 자아가 (의식 안에) '던져버린 표상'이라는 뜻의 라틴어 오부젝툼^{obiectum}이고 한자어에서 객관은 주관의 상대적인 개념으로 주객主客을 형성한다. 원래 객관은 의식 내면에 던져서 표상된 것이었다. 이 객관이 데카르트와 로크를 거치면서 의식 바깥의 인식 대상으로 설정되었고, 이것이 다시 주관적 자아가 인식하는 객관적 대상으로 바뀌었다. 그리고 칸트와 피히테를 통하여 근대적 자아가 확립되면서 주관적 자아가 객관적 대상을 인식하게 된 것이다. 이렇게 하여 주관과 객관이 분리되고 주관적 자아가 아닌 모든 것을 객관적 대상으로 인식하기 시작했다. 그리고 수학, 기하학, 과학을 토대로 자연, 심리, 사회, 역사 등 모든 것을 객관적 대상^{object}으로 인식하고 분석할 수 있게 되었다. 근대의 합리주의, 실증주의, 과학, 기술, 법, 제도 등은 객관을 토대로 한다.

사회학에서 객관은 있는 그대로의 사실 즉 객관세계이고 윤리와 도덕에서 객관은 합의된 가치와 규범이다. 과학적 객관과 달리 사회적 객관은 다수가 공정하다고 생각하거나 합리적이라고 생각하는 것이다. 한편 의식과 독립적인 객관은 유물론의 근거가 된다. 유물론은 객관적인 실재론實在論인 동시에 '모든 것은 물리적'이라는 물리주의Physicalism에 가깝다. 반면 형이상학적 객관주의인 관념론에서는 마음이 실재를 구성하기 때문에 의식 바깥의 객관은 없다. 마음의 보편타당한 주관이 곧 객관이다. 따라서 '모든 것은 인간의 마음에 근거한다'는 관념론에서 보면 객관은 주관이 구성하는 대상이다. 객관타당성objective validity이란 인식 주체의 주관이 개입하지 않으면서 타당성이 인정되는 가치중립적 타당성이다. 객관과 유사한 객체客體는 객관의 존재론적 개념이다. 한마디로 객관은 나, 주관, 주체의 대상이자 타자이다.

참고문헌 Johann G. Fichte, *Foundations of Transcendental Philosophy*(1798), translated by and edited by Daniel Breazeale, NY : Cornell University Press, 1992.

참조 경험론/경험주의, 관념론, 리얼리즘/실재론〔철학〕, 마음, 물리주의, 사실, 실증주의, 유물론, 의식, 이성론/합리주의, 일반상대성이론, 자아, 자아와 비아, 주관·주관성, 주체·주체성

신뢰성
Reliability | 可靠性

고장난 저울로 무게를 측정하면 어떻게 될까? 가령 200g에서 시작하는 저울이 있다고 가정해 보자. 1kg의 물체는 1.2kg, 2kg의 물체는 2.2kg, 3kg의 물체는 3.2kg로 측정될 것이다. 하지만 이 저울은 신뢰할 수 있는 저울이다. 비록 틀리기는 했지만, 이 저울은 일정하게 측정하기 때문에 신뢰할 수 있는 것이다. 그런데 이 저울은 신뢰성reliability, 信賴性은 있으나 타당성validity, 妥當性은 없는 저울이다. 여기서 말하는 신뢰성은 '일관되고consistent 예측가능predictive하며 균일uniform하기 때문에 믿을 수 있다'라는 뜻이다. 사전적인 의미에서 신뢰성은 믿고 의지할 수 있는 성질이라는 뜻이다. '신뢰하다rely'의 어원은 라틴어 '단단히 묶는다religo'이므로 신뢰는 주체와 대상이 긴밀하게 묶여 있는 관계를 의미하고 한자어에서는 '믿고 의지信賴한다'이다. 이렇듯 신뢰는 사실 여부가 아니라 믿음에 관한 개념이다.

신뢰는 믿고 의지하는 것이고, 신뢰성은 믿고 의지할 수 있는 성질이며, 신뢰도는 신뢰의 정도다. 이중 신뢰성을 다른 말로 풀면 '믿을 수 있음believability, trustworthy' 또는 '믿을 수 있는reliable, credible 것'이다. 가령 '그 사람은 믿을 수 있는 사람이다'는 것은 '그 사람은 내가 기대하고 예측하는 결과로 반응한다'는 뜻이다. 그런데 신뢰성은 '믿을 수 있음'만을 나타낼 뿐이고 그 믿음이 타당한지 또는 사실인지는 관계가 없다. 많은 경우 신뢰성이 타당성을 포함하지만, 신뢰성만으로 타당성을 판정하기는 어렵다. 반면 타당하거나 참인 경우에는 신뢰성과 신뢰도는 높아진다. 따라서 타당하면 신뢰할 수 있으므로 타당성은 신뢰성의 부분집합이다. 신뢰성과 타당성의 문제는 과학, 기술, 의학, 약학, 경제, 언론 등 모든 영역에서 대단히 중요하다. 왜냐하면, 신뢰성과 타당성이 확보되지 못하면 어떤 것도 할 수 없기 때문이다.

실험과 측정의 신뢰성은 '측정의 과정, 측정의 방법, 측정의 결과가 일정해야 한다'는 조건이 있다. 이 조건에서 얻은 측정결과가 타당한 것인지는 알 수 없지만, 이 세 요인이 갖추어졌다면 신뢰성을 확보할 수 있다. 반대로 측정의 과정과 측정의 방법이 잘못되면 기대하는 측정의 결과를 얻을 수 없고 신뢰성도 확보할 수 없다. 신뢰성의 지수인 신뢰도信賴度 검증 방법은 첫째, 동일한 측정 내용을 동일한 대상에게 반복적으로 측정하는 재시험법test retest method 둘째, 동일한 측정 내용을 다른 방법으로 측정한 다음 비교하는 복수양식법multiple form method 셋째, 동일한 측정 내용을 반으로 나누어서 상관관계를 비교·분석하는 반분측정법split half method 등이 많이 쓰인다. 신뢰도에 관한 측정을 할 때는 안정성과 일관성이 확보되어야 하고 관찰변량과 오차변량이 적을수록 좋다.

기대를 충족하고 믿음을 보장하는 신뢰성은 일관성consistency, 정확성accuracy, 안정성stability, 명료성clarity, 확실성certainty, 신빙성credibility, 예측가능성predictability, 의존성dependability, 정직성probity 등과 관계가 있다. 이 중 의존성은 측정의 방법과 절차 그리고 결과에 근거할 수 있는 확실성이다. 그러나 신뢰성은 타당성, 필연성, 효용성, 보편성, 객관성 등을 가지고 있지는 않다. 신뢰는 할 수 있지만 타당하지 않거나 효용성이 없거나 객관성이 없는 경우가 있다. 한편 신뢰성에서 '믿을 수 있는'의 주체와 '믿을 수 있는' 대상의 상관성co-relativeness이 중요하다. 신뢰하는 것은 주체이고 그 신뢰의 대상은 객체이다. 그렇다면 유사하게 쓰이는 신뢰성reliability, 信賴性과 신빙성credibility, 信憑性의 차이는 무엇인가? 신뢰성은 사실이나 참의 여부와 관계없이 안정된 일관성을 말하는 인식론적 개념이고, 신빙성은 정확한 사실을 의미하는 존재론적 개념이다.

신뢰성은 객관적인 것에 근거해야 하지만 주관적인 것에도 근거할 수 있다.

가령 '나는 그 사람을 신뢰한다'고 할 때 신뢰의 근거가 과학적이거나 논리적인 것이 아니다. 이때의 신뢰성은 사실이나 윤리와는 상관없는 주관적 판단에 근거한 신뢰성이다. 따라서 위 문장은, '나'와 '그 사람'은 서로 공감하는 공동체 의식이 있고, 상호호혜적인 관계이며, 동질성이 있다는 뜻이다. 이 신뢰성은 심리적이고 정서적인 신뢰성이다. 주체인 '나'는 객체인 '그 사람'에 대한 믿음과 기대가 강하기 때문에 주체와 객체의 상관관계는 정비례한다. 따라서 철학, 문학, 예술, 사회학에서 신뢰성은 과학, 기술, 의학 등에서 말하는 정확성과 달리 개연성probability에 가깝다. 이처럼 인간관계의 신뢰성은 협조와 공감을 바탕으로 하는 사회적 관계의 기대와 믿음이다. 신뢰, 신뢰도, 신뢰성 등은 영역에 따라서 다른 상대적 개념이다.

참고문헌 Niklas Luhmann, *Vertrauen : Ein Mechanismus der Reduktion sozialer Komplexität*(1968), Trust and Power, Chichester : Wiley, 1979.

참조 개연성, 객관·객관성, 애매성, 의식, 이성, 이성론/합리주의, 인식론, 존재론, 주관·주관성, 주체·주체성

진리의미론[타르스키]

Semantic Theory of Truth | 跳到搜索 | 真理的语义理论

'눈은 희다.' 이 문장은 진리일까? 물리학에서 보면 '눈은 희다'는 참도 아니고 거짓도 아니다. 왜냐하면, 빛의 흰 속성이 눈에 반사되면서 사람들이 흰 것으로 느끼기 때문이다. 따라서 인간의 감각에 근거하고 있는 '눈은 희다'는 그 자체로 증명될 수 없는 명제이므로 참과 거짓을 논증해 보아야 한다. '눈은 희다'가 참이 되기 위해서는 조건이 필요하다. 그 조건은 '실제로 눈이 희다'일 때다. 어떤 이유에서든지 '눈이 희지 않을 때'는 '눈은 희다'가 참일 수 없다. 가령, 눈을 처음 본 인도왕자의 눈에 흰 눈이 아닌 검은 눈이 보였다면 인도 왕자에게 '눈은 희다'는 참이 아니다. 이런 이유 때문에 평범한 사실이나 명확한 진리로 보이는 것도 명제와 조건을 점검해야만 참과 거짓을 알 수 있다. 이것을 해결하는 방법 중의 한 가지가 '사실에 대응하는 것이 진리다'라는 진리대응론 correspondence theory of truth이다.

진리대응론은 아리스토텔레스 이후 중요한 진리론으로 인정받았다. 이 전통적 진리관인 규약 T(convention truth)를 새롭게 정리한 사람은 폴란드의 타르스키다. 그는 1933년 「형식언어의 진리개념The concept of truth in formalized languages」이라는 제목의 논문을 발표하여 의미론적 진리를 새롭게 해석했다. 타르스키Alfred Tarski, 1901~1983는 '눈은 희다'라는 문장의 진위를 판정하려면 '진리 조건을 점검해야 한다'고 주장했다. 그를 위해서 먼저 논리적인 통사구조로 바꾸어야 한다. 그는 이것을 필요하고 충분한 조건이라고 했다. 가령 "눈은 흰색일 때만이, 오로지 그때만이if and only if '눈은 희다'는 참이다"로 표현되어야 한다. 이것은 두 문장이 복합된 이중문이기 때문에 타르스키는 진리문장들T-sentences로 명명했다. 그리고 이 진리모식T-schema을 의미론적 진리로 분류했다.

스키마schema는 심리학에서 정보를 통합하고 조직화하는 인식의 틀이면서 의미를 조직화하는 인지개념이다. 반면 타르스키가 말하는 진리 스키마는 '진리를 인식하고 틀에 맞는 형식으로 표현해야만 진리가 되는 논리의 모식'이다. 이 진리모식에서 인간의 인식과 언어적 표현이 진리를 가능케 하는 조건이다. 그래서 타르스키는 '인식과 표현이 정확한 형식언어에서만 의미론적으로 진리를 판단할 수 있다'고 본 것이다. 또한, 타르스키는 형식언어의 의미 구성 층위를 고려했다. 가령 "눈은 흴 때만이 오로지 그때만이if and only if '눈은 희다'는 참이다"는 'L; 눈은 희다'와 'L1; "눈은 흴 때만이 '눈은 희다'는 참이다"'의 두 문장이므로 그 층위가 다르다.[1] 이런 이유 때문에 진리는 조건적 의미론truth conditional meaning theory으로 표시되고 판단되어야 한다.

타르스키는 진리의 조건을 통사론의 차원에서 대상언어와 메타언어로 구분했다. 가령 'L; 눈은 희다'는 사물과 사건을 직접 표현하는 대상언어object language이고 'L1; "눈은 흴 때만이 '눈은 희다'는 참이다"'는 대상언어L를 상위 층위에서 설명한 메타언어metalanguage다. 이것은 '이 문장은 대상언어 O에서 참이다'라는 메타언어M다.[2] 이렇게 대상언어와 메타언어를 나눔으로써 '크레타인은 거짓말쟁이라고 말한 크레타인'이 역설이 되지 않을 수 있음을 밝혔다. 이것은 '크레타인은 거짓말쟁이다'와 "'크레타인은 거짓말쟁이다'라고 크레타인이 말했다"로 구성된 두 개의 문장이다. 이렇게 나누면 자기 참조self-reference를 피하는 한편

---

1   The sentence "snow is white" is true if, and only if, snow is not white (or perhaps : snow, in fact, is not white).
    Alfred Tarski, "The Concept of Truth in Formalized Languages"(1935), *Logic, Semantics, Metamathematics*, Indianapolis : Hackett 1983, 2nd edition.

2   그런데 언어등급의 방법 즉 L0, L1, L2, L3, L4~Ln에서 등급마다 참, 거짓이 설정되어야 하는 문제가 생긴다.

층위가 구분되므로 '크레타인은 거짓말쟁이'가 역설이 되지 않는다. 타르스키는 이에 근거하여 의미의 불확정성^{undefinability}을 정리^{theorem}했다. 타르스키의 결론은 '산수의 진리는 산수로 입증할 수 없다^{arithmetical truth cannot be defined in arithmetic}'는 것이다.

타르스키의 진리의미론은 전통적인 대응이론과 의미축소이론^{deflationary theory}을 동시에 적용한 진리론이다. 타르스키는 이런 논리적 진리의미론이 현실의 경험과학에 적용될 수 있는지^{applicability of semantics to the methodology of empirical science} 고민했다. 데이비슨에 의해서 자연언어에까지 적용된 타르스키의 진리론은 다음과 같이 정리되었다. ① 원초적 진술^{primitive statement} A는 필요충분조건^{iff}인 경우 참이다. ② ¬A는 필요충분조건으로 A가 참이 아닐 때 참이다. ③ A∧B는 필요충분조건으로 A와 B가 동시에 참인 경우에 참이다. ④ A∨B는 필요충분조건으로 A가 참이거나 B가 참일 때 그리고 A와 B가 동시에 참인 경우에 참이다. ⑤ ∀x(Fx)는 필요충분조건으로 모든 대상 x에 대하여 Fx가 참인 경우에 참이다. ⑥ ∃x(Fx)는 필요충분조건으로 어떤 대상 x에 대하여 Fx가 참인 경우에 참이다. 또한, 진리는 항상 특정 언어라는 조건에서 의미를 추정할 수 있다.

참고문헌 Alfred Tarski, "The Concept of Truth in Formalized Languages"(1935), *Logic, Semantics, Metamathematics*, Indianapolis : Hackett 1983.

참조 경험론/경험주의, 논리·논리학, 메타언어·대상언어, 사실, 역설, 이발사의 역설, 이성론/합리주의, 재현, 충분근거율, 표현, 형이상학

주관 · 주관성
Subject · Subjectivity | 主观 · 主观性

'그는 너무 주관적이고 자기 주체성이 강하다.' 누군가 이런 말을 했다면, 이 문장에서 주관과 주체는 무엇일까? 여기서 말하는 주관은 자신의 고유한 견해나 관점이면서 '다른 사람이 볼 때 논리나 이치에 맞지 않는다'는 뜻이다. 하지만 이 문장 역시 문제가 있다. 왜냐하면, 그의 견해를 주관적이라고 주장하는 나의 견해 역시 주관적이기 때문이다. 사람들은 모두 각기 다른 감정, 생각, 의식, 의지, 믿음을 가지고 있다. 그것이 모두 다르기 때문에 주관적일 수밖에 없다. 일반적으로 주관과 주체는 개별적인 의식과 정신을 의미한다. 그런데 주관subject, 主觀은 개인/집단의 특수한 사실, 진리, 견해, 판단이므로 객관적인 증거가 없으며 증명할 수도 없다. 그럼에도 불구하고 주관과 객관을 나누는 이유는 객관적 사실reality과 객관적 진리truth 때문이다. 하지만 주관을 통해서만이 객관적 사실과 진리를 알 수 있다.

주관은 라틴어 '의식의 기저에 놓여 있는subiectus'이라는 뜻이었다. 그러니까 의식의 기저가 바로 주관이다. 중세까지 자아는 근대적 의미의 독립된 자아가 아니고 신의 영역 안에 놓인 종속적 자아였다. 주관과 상대적인 객관 또한 의식 안에 던져진 표상表象을 의미했다. 근대에 이르러 개인과 자아가 확립되었고, 그를 바탕으로 주관과 주체가 다시 정립되었다. 근대의 자아는 생각하는 자아이며 자족적인 자아이다. 이 자아가 세상을 구성하고 주관을 형성한다. 근대 이성론이 정립한 주관은 개인/집단의 고유한 견해와 관점이고, 주관성subjectivity은 주관적인 것의 성질이며, '주관적subjective'은 주관적인 것을 수식하는 개념이고, 주관주의Subjectivism는 주관을 바탕으로 하는 이념이다. 주관이 인식론적 개념인 것과 달리 주체subject는 존재론적 개념인데, 주체성主體性은 한 존재가 가진 개별성個別性, individuality, 독립성independence, 정체성identity, 正體性에 가깝다.

주관과 주체는 자기 또는 '나'의 의식과 관계가 있다. 데카르트, 칸트, 피히테를 거치면서 자기의식이 확립되었다. 데카르트는 생각하는cogito 존재를 설정하였으나 주관과 객관이 분리되지 않는 의식 내의 자기 존재였을 뿐이다. 마음을 중시한 칸트는 이성적 존재를 설정하여 근대적 자아의 기틀을 놓았다. 특히 칸트는 감각과 지각을 통하여 얻은 경험들을 통일하고 종합하는 것이 바로 주관/주체라고 보았다. 이후 피히테는 자아自我와 비아非我를 구분하고 자아의 주관적 의식이 비아인 객관적 사실을 인식할 수 있다고 보았다. 이 의식이 바로 '나'의 내면이고 주관과 주체의 근거다. 이런 과정을 거쳐 근대적 자아가 탄생했으며 의식 외부의 객관적 사실을 인식하게 되었다. 이렇게 하여 주관과 객관이 분리되고, 주관성과 객관성이 정립되었으며, 근대적 자아와 객관적 사실을 인식할 수 있었다.

경험론에서는 (객관적이고 보편적인 사실은 없으므로) 상대적이고 주관적인 것을 사실로 간주한다. 낭만주의자들은 '근대적 자아 또는 자유로운 주체가 가진 고유한 감성이 자발적으로 발휘되는 것이 중요하다'라고 보면서 주체와 개성을 중시했다. 또한, 실존주의자들은 '무엇이 개인의 의식을 형성하는가'라고 묻고 '의식의 주체'라고 답하여 개인의 주관성을 강조했다. 이 주관성은 자의식을 가진 자기 정체성과 상통한다. 또한, 실존주의에서 주관성은 실존하는 인간의 고유한 의식이다. 심리학을 포함한 사회학에서 주관과 주관성은 주체인 자기가 가진 생각, 감정, 이념, 의식, 의지를 바탕으로 한 고유한 견해다. 인간이 사는 사회는 고유한 개인들이 모인 주관적 주체의 모임이다. 따라서 주관적 개인은 주관적 타자를 존중하고 서로 소통하면서 사회를 구성한다. 그런 점에서 개인은 사회적 관계를 통하여 자신의 주관성을 형성하는 한편 타자와 함께 상호주관성^{inter-subjectivity}을 구성한다.

주관은 객관적 사실과 객관적 진리를 인식하는 주체의 견해이므로 객관을 전제로 하거나 객관과의 상호성에서 성립하는 개념이다. 그러므로 주관은 객관의 상대적 개념이며 (상대성 안에서 의식이 형성하는) 고유한 생각이다. 과학과 수학의 영역에서 주관은 개인적인 견해이면서 증명할 수 없는 주장을 의미한다. 가령 '태양이 지구를 돈다'는 견해는 객관적 사실과 배치되는 주관적 주장이다. 또한, '빛은 직진한다'는 뉴턴역학에서 객관적 사실이었지만 '빛은 중력에 의해서 직진하지 않을 수도 있다'는 아인슈타인의 상대성이론에 의해서 부정되었다. 한편 어떤 사실은 확률로만 표시될 수 있다는 불확정성의 원리에서 보면 객관적 사실과 객관적 진리는 존재하지 않는다. 모든 것은 상대적이다. 이후 객관과 주관의 문제는 조건과 상황을 전제로 하는 상대적인 개념으로 바뀌었다.

참고문헌 Johann G. Fichte, *Foundations of Transcendental Philosophy*(1798), translated by and edited by Daniel Breazeale, NY : Cornell University Press, 1992.

참조 개성, 객관·객관성, 경험론/경험주의, 낭만주의, 불확정성의 원리, 사실, 실존주의, 이성론/합리주의, 일반상대성이론, 자아, 자아와 비아, 정체성, 존재론, 주체·주체성

본질
Essence | 本质

호기심 많은 어린이는 새로운 것을 보면 '이것은 무엇일까'라고 묻는다. 그리고 '어떤 용도인지, 먹을 수 있는 것인지, 나에게 유익한 것인지' 등을 따져본다. 철학자 역시 '이것은 무엇일까'라고 묻는다. 철학자의 물음은 용도나 기능을 묻는 것이 아니라 '무엇의 본질'을 묻는 것이다. 가령 '삼각형은 무엇일까'는 삼각형을 삼각형으로 만들어주는 본질을 묻는 것이다. 본질은 사물이나 현상을 성립하도록 하는 근본적인 성질 또는 원래 가지고 있는 사물이나 현상의 성질이다. 또한, 본질은 '무엇의 무엇임whatness, quiddity' 또는 '무엇에서 없으면 안 되는 것'이다. 가령 '삼각형에서 이것이 없으면 삼각형이 아닌 근본적이고 보편적인 것'이 바로 본질이다. 이에 대한 답은 두 가지인데 첫째, 삼각형의 정의는 '세 개의 선분으로 둘러싸인 평면 도형'이고 둘째, 삼각형의 본질은 '세 개의 선분으로 둘러싸인 도형'이다. 평면은 속성이고 본질은 아니다.

본질은 존재나 사태의 근원이고 필연이므로 본질이 없으면 정체성과 주체성도 없다. 본질essence의 어원은 라틴어 '어떤 것의 존재'인 에센시아essentia다. 이것은 그리스어 '존재' 오우시아pusia에서 유래하여 그 후 여러 가지로 분화했다. 몇 가지 개념을 비교하면, ① 본질本質은 그것이 없으면 안 되는 핵심이고 ② 실체substance, 實體는 그것을 구성하는 것이며 ③ 실재reality, 實在는 인식과 독립하여 존재하는 것이다. 본질은 시간과 공간의 영향을 거의 받지 않는다. 그런 점에서 본질은 존재의 근원에 더 가깝지만, 존재의 양상을 통하여 근원을 유추할 수 있으므로 먼저 존재의 양상을 살펴볼 필요가 있다. 첫째, 존재의 양상은 속성sosein이

드러난 것이다. 본질은 속성에 의해서 구성되는데 가령 삼각형의 속성은 선線, 분分, 3, 평면, 도형 등이다. 본질은 이 속성들이 조건에 맞게 실현될 가능성이 있어야 한다.

용은 인간의 마음에만 존재한다. 여기서 다시 '실체가 없는 것을 존재하도록 하는 것은 무엇일까'라는 문제가 발생한다. 그것이 본질의 두 번째 조건인 존재의 근원이다. 둘째, 존재의 근원은 본질이 갖추어야 하는 속성을 가지고 있으면서 불변하는 것이다. 이에 대하여 플라톤은 실재와 현상을 나눈 다음, 실재를 영원히 불변하는 관념의 세계에 있는 '무엇의 이데아'라고 했다. 플라톤에게 본질은 관념의 이데아idea다. 이데아는 우연한 것이 아니라 필연이고 불변하는 본질이다. 반면 아리스토텔레스는, 현실의 개체entity에도 본질이 편재하는 것으로 보았다. 가령 개개의 삼각형은 편재하는 삼각형이고 그 삼각형을 가능하게 하는 원형 즉 형상form은 삼각형의 본질이다. 고대 그리스어 형상인 에이도스eidos는 우연히 일회적으로 존재하는 것이 아닌, 언제나 일관되게 존재하는 근원이자 원리다.

일관되게 존재하는 형상인 본질은 다른 것에 의존하지 않고 스스로 존재하는 실체substance다. 본질의 실체는 보편적 본질과 개별적 본질로 나뉜다. 한편 과학에서 최초 원인인 우주생성은 빅뱅Big bang과 우주팽창이다. 반면 종교에서는 본질을 전혀 다르게 설명한다. 도교에서는 원래 우주의 도道가 있고 이 도가 다양하게 분화하고 조화하면서 세상의 모든 것이 생긴 것으로 본다. 기독교에서는 계획과 목적을 가진 설계자 신이 세상 만물을 창조한 것으로 본다. 따라서 신은 본질이면서 실체이고 최초 원인이다. 그런데 '최초 원인 또는 최초 일자to hen, 一者는 어떻게 생겨났으며 어떤 본질을 가지고 있는가'는 풀리지 않는 문제로 남아 있다. 또한, '빅뱅 이전은 무엇이고 신은 과연 스스로 존재하는가?' 역시 문제다. 그러니까 본질은 존재하는 것의 근거에 대한 물음이고 답이다. 그것을 제일철학이라고 한다.

제일철학에서는 최초 근원과 아울러 '무엇이 그것을 무엇으로 만드는가'를 묻는다. 달리 말하면 무엇의 근본적인 성질을 찾는 것이다. 가령 삼각형의 고유한 특질 즉, 삼각형의 본질을 '세 개의 선분으로 둘러싸인 평면 도형'으로 정의하는 것과 동시에 '왜 삼각형이 있는 것인가'를 묻는다. '있음'과 '없음'은 '삼각형의 있음'과 '삼각형의 없음'이라는 상대성의 관계다. 그런데 상대적인 관점에서 보면 '세 개의 선분으로 둘러싸인 평면 도형'은 본질이 아니다. 가령 지구의 어느 공간에 삼각형을 그린다면 실제 삼각형은 평면도 아니고 내각의 합이 180도도 아니며 직선도 아니다. 이처럼 본질은 상대적이다. 이 문제는 불교의 '있음이 곧 없음'이라는 공空의 중관사상으로 어느 정도 해결할 수 있다. '고정불변의 근원과 원리가 있다'고 가정하는 것은 본질주의Essentialism다.

참고문헌 Aristoteles, *Aristotelis Metaphysica*, edited by Werner Jaeger, Oxford Classical Texts, Oxford University Press, 1957.

참조 공/수냐타, 리얼리즘/실재론〔철학, 물자체, 본질주의, 사실, 실재계, 실재의 사막, 영원불변한 세상, 유물론, 이데아, 인식론, 일반상대성이론, 존재·존재자, 존재론, 현존재 다자인, 형이상학

물리주의

Physicalism | 物理主义

만약 누군가 이렇게 말한다면 어떤 생각이 들까? '너는 기계다. 너의 몸은 분자로 구성된 구조물이고 그 구조에서 의식과 감정이 나온다. 고귀한 영혼이나 신비한 것은 없다. 만약 그런 것이 있다면 그 역시 물리적 작용일 뿐이다.' 이것은 간단히 말해서 인간은 물리 화학적 구조물이며 그 구조가 정신을 결정한다는 뜻이다. 이와 같은 물리주의는 모든 것을 물리적으로 설명하려는 과학적 태도이자 철학적 사상이다. 여기서 '물리적'은 물질의 성질을 넘어서는 물리작용을 말한다. 가령 물^{H2O}은 수소 분자 2개와 산소 분자 1개로 구성된 물질의 성질이고 물이 아래로 흐르는 것은 중력과 같은 물리작용 때문이다. 그러므로 물리적인 것은 원자, 원소, 분자, 세포, 기관, 물체, 자연 등의 물리법칙과 중력, 전자기력, 열 등의 물리적 작용을 합한 것이다. 이 관점에 의하면 모든 것은 물리적으로 해석할 수 있고 예측할 수 있다.

물리주의에 의하면 영혼이나 신은 없다. 다만 '정교하고 환원적인 물리작용인가 느슨하고 비환원적인 물리작용인가'만 물을 수 있을 뿐이다. 가령 '나는 지금 커피를 마시고 싶다'는 생각은 뇌신경에서 작용하는 세포들이 결정한 물리작용이다. 만약 커피를 마셨다면 그것은 물리적 인과법칙이 실행된 것이다. 그렇다면 인간의 자유의지는 없다는 것인가? 이에 대하여 물리주의자들은 '독립된 의지나 의식은 없으며 있다고 해도 물리작용에 수반^{supervenience}하는 것'이라고 답한다. 그리고 거의 모든 것은 물리적인 작용이라고 단언한다. 그렇다면 물리주의는 어떤 사상적 계보에서 탄생하였는가? 일찍이 라플라스$^{P.\ Laplace,}$

1749~1827는 '우주에 있는 모든 원자의 정확한 위치와 운동량을 알고 있는 존재가 있다면, 과거와 현재의 모든 현상을 설명해주고 미래까지 예측할 수 있다'고 말하고 이런 존재를 악마라고 명명했다.

그 이후 '물질만이 유일하다'는 유물론 사상이 유행하게 되었다. 고대로부터 존재했던 유물론은 고전역학이 완성되면서 더욱 확고한 이론으로 자리 잡았다. 그런데 존재에 관한 관점인 유물론은 '모든 것은 물질'이라는 전제하에 사상, 감정, 정신, 의지를 물질작용으로 간주하는 철학적 일원론Philosophical Monism이다. 유물론은 (물질, 사건, 현상, 감정, 생각 등은 물질로 귀결되는) 물질 환원주의Reductionism의 태도를 보인다. 아울러 '원자와 같은 가장 작은 입자들이 모든 것을 결정한다'는 결정론적 입장에 가깝다. 이런 유물론과 달리 물리주의는 형이상학적 논제이면서 과학적 실증의 영역이다. 물리주의를 주장한 것은 노이라트Otto Neurath, 1882~1945와 프레게G. Frege를 비롯한 논리실증주의자들이다. 이들은 과학으로 모든 것을 검증하고자 했으며 물리학을 중심으로 통일과학을 수립하고자 했다.

이와 유사하게 생각한 러셀은 세상을 원자사실atomic fact과 원자명제atomic proposition로 설명했고, 비트겐슈타인은 '세상은 언어로 구성되어 있다'고 단언하면서 논리적 원자주의Logical Atomism를 표방했다. 그 후 심리철학자들은 마음과 몸mind-body의 관계를 물리주의로 이해하기 시작했다. 그들은 '세상은 과학과 경험으로 검증할 수 있고 그 경험과 명제의 총합이 세상'이라고 보았다. 특히 김재권은 심신인과론을 토대로 '마음과 몸을 두 개로 보는 것은 문제가 있다'[1]로 시작하는 『물리주의』에서 마음, 정신, 의식 그리고 감정까지도 물리작용이라고 주장했다. 또한, 김재권에 의하면 세상의 모든 일은 '실체/대상[x], 속성[P], 시간[t]이 동시성 속에서 일어난 일[x, P, t]'로 구성된 물리적 사건이다. 한편 콰인Willard Quine, 1908~2000은 물리주의의 입장에서 '과학이 곧 철학'이라고 주장했다. 그리고

---

1   Jaegwon Kim, *Physicalism, or Something Near Enough*, Princeton University Press, 2005, p.7.

콰인은 전통적으로 철학의 중심이었던 형이상학과 관념론의 허구를 통렬하게 비판했다.

물리주의에서는 '정신적 현상mental phenomenon이 아무리 신비하고 복잡하다고 하더라도 물리적 현상physical phenomenon으로 설명할 수 있다'고 본다. 이처럼 모든 것을 물리적인 것으로 설명하는 물리주의는 많은 비판을 받고 있다. 이에 대하여 물리주의자들은 '인간의 의지, 신념, 소망, 감정 등은 물리적 작용일 뿐'이라고 재차 강변한다. 물리주의는 전통적인 관념론, 형이상학, 창발론Emergentism, 생물학 등과 논쟁하면서 '세상의 실체도 하나이고, 본질도 하나'라는 물리절대주의로 발전했다. 그리고 심신인과론을 넘어서 심신동일론mind-body identity theory 같은 과감한 이론을 제안했다. 이것은 개별 존재를 물리적으로 설명하려는 개별자동일론token theory, '같은 유類에는 같은 물리법칙이 적용된다'는 유형동일론type theory을 넘어서 물리적 구조와 조건이 같으면 동일자라는 이론이다.

참고문헌 Jaegwon Kim, *Physicalism, or Something Near Enough*, Princeton University Press, 2005.

참조 감각, 감정·정서, 결정론, 과학주의, 관념론, 논리·논리학, 논리실증주의, 만유인력·중력, 명제, 본질, 사건〔김재권〕, 사건〔데이비슨〕, 사실, 심신이원론, 심신일원론〔스피노자〕, 유물론, 자유의지, 지각, 형이상학

사건[김재권]
Event | 事件

사람들은 다음 문장을 잘 안다. '브루투스가 시저를 칼로 찔러 죽였다^{Brutus} $^{killed\ Caesar\ by\ stabbing\ him\ with\ a\ knife}$.' 이것은 하나의 사건일까 두 개의 사건일까? 심리 철학자 김재권은 '찌른 사건'과 '죽인 사건'은 다르다고 말한다. 그가 이것을 두 개의 사건으로 본 이유는 다음과 같이 두 개의 문장으로 나눌 수 있기 때문이다. '① 브루투스가 시저를 칼로 찔렀다$^{Brutus\ stabbed\ Caesar}$.' '② 브루투스가 시저를 죽였다$^{Brutus\ killed\ Caesar}$.' 그의 주장은 '찌른 사건'이 '죽인 사건'을 수반^{supervenience}하고 상호 인과관계가 성립하지만, 사건을 구성하는 속성이 다르기 때문에 두 개의 사건이라는 것이다. 김재권$^{Jaegwon\ KIM}$은 사건을 '실체/대상[x], 속성[P], 시간[t]이 동시에 일어난 일[x, P, t]'로 정의했다. 그리고 사건을 구성하는 속성[1]의 획득이나 상실로 인하여 실체가 변화한 것으로 보았다. 한 번 구성된 사건은 '시저가 브루투스의 칼에 찔려 죽었다'처럼 속성예화를 통하여 다른 사건으로 기술될 수 있다.

번개처럼$^{a\ flash\ of\ lightning}$ 단 한 번 발생한 사건은 위의 두 문장에서 보는 것 같은 개별^{token} 사건이다. 이 개별사건은 상위 유형사건의 부분집합이다. 그러니까 브루투스가 시저를 죽인 개별 살인사건은 '살인사건 – 칼로 찔러 죽인 살인사건 – 브루투스가 시저를 칼로 찔러 죽인 살인사건'으로 위계가 성립하는 유형^{type}

---

1 이때의 속성은 첫째 모양, 색깔, 양태 등을 의미하는 물리적 속성(P)과 둘째 예화 구성의 속성인 [x, P, t]를 말하는 것으로 두 가지 의미로 쓰인다. 그리고 이 속성은 사건을 구성하는 속성과 사건이 구성하는 속성으로 나눌 수 있다.

사건에 속한다. 반복이 가능한 유형사건에는 범주와 층위가 있는데 가령 '살인사건', '칼로 찔러 죽인 살인사건' 등이 유형사건이다. 김재권은 분해할 수 없는 가장 작은 단위를 개별사건으로 보기 때문에 '브루투스가 시저를 칼로 찔러 죽였다'는 '①브루투스가 시저를 칼로 찔렀다'와 '②브루투스가 시저를 죽였다'로 분해되는 두 개의 개별사건이 되는 것이다.[2] 개별사건의 동일성은 개별자동일성, 유형사건의 동일성은 유형동일성이라고 한다. 그렇다면 이런 통사론적 사건의 논리적 근거는 무엇인가?

김재권의 사건이론에 의하면 사건은 두 가지 논리적 조건을 충족시켜야 한다. 첫째, 사건의 존재성 조건existence condition은 [x, P, t]가 구성될 때 그 사건이 존재하는 것이다. 가령 '그런 사건이 있었느냐'라고 묻고 '그런 사건이 있었다'라고 답하여 존재를 확인하는 것이다. 둘째, 사건의 동일성 조건identity condition은 'x=y, P=Q, t=t1일 때 그때만이(iff) [x, P, t]=[y, Q. t1]임'을 확인하는 것이다. 가령 '그 사건이 그 사건과 다른 사건이냐'라고 묻고 '그 사건은 같은 사건이다'라고 답하여 동일성을 확인하는 것이다. 존재성 조건에서 보면, '브루투스가 시저를 칼로 찔러 죽였다'는 'BCE 44년 로마(t)[3]에서 '브루투스가 시저를(x)' '칼로 찔러 죽인 사건(P)'의 속성으로 구성되기 때문에 존재성 조건을 충족하고 있다. 그리고 동일성의 측면에서 보면, '찌른 사건'과 '죽인 사건'은 사건을 구성하는 속성이 다르고 예화도 다르기 때문에 동일성 조건이 충족되지 않는 두 개의 개별사건이 되는 것이다.

사건이론의 또 다른 이론가 데이비슨은 김재권을 반박하면서 '찌른 사건'과 '죽인 사건'을 분리되지 않는 하나의 사건으로 본다. 그의 주장은 찔렀기 때문에 죽은 인과관계가 성립하므로 나눌 수 없는 하나의 사건이라는 것이다. 더구나 다른 사람이 시저를 죽였거나 브루투스가 찌르기는 했지만 다른 원인으로

2   Jaegwon Kim, *Supervenience and Mind*, Cambridge University Press, 1993, p.44.
3   사건 구성의 요건인 시간(t)은 공간과 분리되지 않으므로 시공간(spacetime)의 성격이 있다.

죽는 것은 상식으로도 맞지 않기 때문에 '찔러 죽인' 하나의 사건이다. 그는 이 것을 통사와 서술의 문제로 간주한다. 이에 대하여 김재권은 '①브루투스가 시 저를 칼로 찔렀다'와 '②브루투스가 시저를 죽였다'는 'x=y, P=Q, t=t1일 때 그 때만이(iff) [x, P, t]=[y, Q. t1] 같은 사건이다'의 조건을 충족하지 못한다고 재차 반 박했다. 속성 P와 속성 Q가 다를 뿐 아니라 찔러 죽인 인과관계가 성립하더라 도 물리적 속성으로 볼 때 다른 사건이라는 것이다. 이렇게 주장하는 김재권의 사건이론은 물리주의에 근거하고 있다. 물리주의Physicalism는 세상의 모든 것은 물리적으로 구성되어 있으며 '정신이나 의식 역시 물리적으로 설명할 수 있다' 는 관점이다.

물리주의에서 사건은 하나의 속성이 하나의 시공간에서 단 한 번 일어난 사 실이다. 또한, 물리주의에서 사건은 물리적인 기능이므로 물리적으로 설명할 수 있다. 김재권에 의하면 이런 물리적 사건은 물론이고 정신적 사건 역시 물리 적 설명이 가능하다. '브루투스는 내일 시저를 칼로 찔러 죽이겠다고 생각했다' 는 정신적 사건까지 물리주의로 환원할 수는 없을지 모르지만 '정신사건도 물 리적으로 설명은 가능하다'는 것이다. 그런데 물리적 속성property은 원소처럼 기 능하기 때문에 속성을 예화exemplification하면 다양한 사건이 있을 수 있다. 사건이 구성하는 속성예화의 예로 '브루투스가 시저를 칼로 찔러 죽였다'를 다르게 예 화하면 '브루투스가 시저의 심장을 칼로 찔러 죽였다', '브루투스가 시저를 아 주 빠르게 칼로 찔러 죽였다', '시저는 브루투스에 의해서 죽었다' 등 다양하게 사건을 기술할 수 있다.

참고문헌 Jaegwon Kim, *Philosophy of Mind*, Westview Press, 1996; Jaegwon Kim, "Supervenience and Mind", Cambridge University Press, 1993.

참조 가능세계, 동일성, 물리주의, 본질, 사건(소설), 사건(데이비슨), 사실, 실체, 심신이 원론, 심신일원론(스피노자), 인과율·인과법칙, 정신사건

동일성

Identity | 同一性

'철수는 철수다' 또는 '사과는 사과다'와 같은 문장이 의미가 있을까? 철수는 철수니까 철수, 사과는 사과니까 사과라고 하는 것이므로 일상 언어에서는 의미가 없다. 그런데 철수가 영희 아버지라면 '철수는 영희 아버지다'로 바꾸어서 같은 사람을 다르게 표현할 수 있다. 이것을 다시 '철수가 사과를 먹었다'와 '영희 아버지가 사과를 먹었다'로 바꾸어 비교하면 간단한 문제가 아니라는 것을 알 수 있다. 이 두 문장은 통사적으로 주어가 다르기 때문에 두 개의 다른 문장이다. 이처럼 다른 문장이 어떻게 같은 의미를 가질까? 이것을 설명해주는 개념이 동일성이다. 동일성은 성질과 특성이 같은 것이다. '같은 것'이 되기 위해서는 다른 것이 필요하다. 가령 다른 것 같지만 사실은 '같은 나'를 표현하면서 '나는 곧 나'라고 한다면 그것이 곧 동일한 '나'다. 자기가 자기 자신과 분명히 같은 존재인 동일성을 자기동일성이라고 한다.

동일성은 두 개 이상에 내재하는 성질과 형상이 같은 것이며 동일성은 같음sameness, 구별불가능성indiscernibility, 단일성unity, 대치가능성subsitutivity, 등의 특징이 있다. 동일성은 상대적인 개념인 차이성을 통하여 확인할 수 있다. 이론적으로 '같은 시간과 같은 공간에서 같은 것이 존재한다'라면 그것은 동일한 것이다. 그런데 차이가 없고 구별 불가능하면서 완전히 같은 것이 존재할 수 있을까? 이 문제는 형이상학과 상대성이론의 문제이다. 현실에서 완전히 같은 동일성이 시간과 공간에 상관없이 유지되는 것은 불가능하다. 첫째, 형이상학적으로 보면 플라톤이 가정한 이데아idea처럼 시간이나 공간에 영향을 받지 않으면서 동일성을 유지하는 것은 관념의 동일성뿐이다. 둘째, 상대성이론에서 보아도 동일성이 성립하기 쉽지 않다. 시공간^{spacetime}은 상대적이며 인식의 주체도 상대적이므로 동일성은 불가능하다.

논리학에서 동일성을 의미하는 동일률은 긍정판단이다. 동일률^{Law of Identity, 同一律}은 'A는 A다' 또는 A=A, A≡A, A⊂A(부분 동일) 등으로 표시되며 '모든 대상은 그 자체와 같다'는 형식논리다. 논리적으로는 'x가 가진 모든 속성을 y가 가질 때 x=y'의 동일성이 성립하고 그 동일성이 동일률의 근거다. 그러므로 동일률은 내용과 표현이 같은 것 즉, 의미와 지시대상이 같은 것이다. 가령 '철수는 철수다(A=A)'는 자명한 진술이다. 그런데 '철수는 사람이다(A⊂A)'는 외연과 층위를 따진 다음에 동일률이라는 것을 알 수 있다. 또한, 동일률은 논리 추론을 할 때 어기지 않아야 하는 원칙을 강조하는 개념이다. 특히 한 번 사용한 개념과 판단은 이후에도 똑같이 적용해야 한다. 그래서 아리스토텔레스는 동일률을 추론과 사유의 첫 번째 원리로 설정한 것이다. 동일률은 모순율, 배중률과 함께 논리 추론의 기본원리다.

자기동일성^{sameness of self}은 철학만이 아니라 심리학과 정신분석학에서도 중요하다. '자기의 자기임'은 다음 질문으로 바꾸어 물을 수 있다. '지금의 너는 20년 전의 너와 같은 사람이며, 20년 후의 너와 같은 사람일까?' 가령, 테세우스의 배^{Ship of Theseus}는 다음 질문으로 우리를 곤란하게 만든다. '테세우스의 배 모든 부분이 다른 것으로 교체되었다면 그 배를 테세우스의 배라고 할 수 있을 것인가?' 이것은 변화와 동일을 묻는 것이다. 이렇게 하여 동일성의 문제는 정체성의 문제 그리고 시공간^{spacetime}의 문제가 된다. 그런데 시간은 항상 흘러가고 현실도 변하기 때문에 동일성이 유지되기 어렵다. 그리고 고전역학에서 인정되는 동시성^{simultaneity} 역시 상대성이론에서는 부정된다. 하지만 앞에서 본 것처럼 '과거의 나는 여전히 나이며 미래의 나도 여전히 나다'라는 정체성 인식에서는 시간과 공간을 넘어서는 내적 동일성^{inner sameness}이 존재한다.

이런 문제를 해결하기 위하여 절대동일성과 상대동일성으로 나누기도 한다. 시간, 공간, 관점, 주체를 고정하거나 동일성을 인정하는 것이 절대동일성이다. 가령 신은 본질이자 속성이면서 자기가 자기를 규정하는 절대동일성을 가진 존재다. 반면 시간, 공간, 관점, 주체의 상대성을 인정하는 동일성이 상대동일성이다. 모든 것은 상대적이라는 상대성이론과 인식상대론에서 보면 동일성은 우연한 동일성 또는 일시적 동일성contingent identity일 뿐이다. 동일성은 시간과 공간의 일치를 포함하기 때문에 복잡한 개념이다. 동일성을 부정하는 비동일성은 다름, 구별 가능, 대치 가능 등이며 '동일하지 않은 것만 말할 뿐, 어떻게 다른가'는 말하지 않는다. 동일성은 속성property의 공유다. 가령 A는 B와 같은 속성을 가지고 있으며 모두 C에 속한다면 A와 B는 동일성을 가지고 있다. 이 속성의 공유로 동일성을 나눌 때 양적 동일성과 질적 동일성을 구분할 수 있다.

참고문헌 *Ideas and Identities : The Life and Work of Erik Erikson*, edited by Robert S. Wallerstein & Leo Goldberger, IUP, 1998.

참조 공간, 동일률·모순율·배중률, 리얼리즘/실재론[철학], 물리주의, 본질, 시간, 시공간, 실체, 심신이원론, 심신일원론[스피노자], 이데아, 자아, 자기 정체성, 충분근거율, 프레게의 퍼즐

사건[데이비슨]

Event | 事件

'브루투스가 칼로 시저를 찔러 죽인 사건'은 하나의 사건일까? 아니면 두 개의 사건일까? 사건이론가 데이비슨은 하나의 사건이라고 주장한다. 이 사건은 다음 행위로 구성되어 있다. '① 브루투스가 시저를 칼로 찔렀다. ② 브루투스가 시저를 죽였다.' 데이비슨은 이 사건은 '두 개의 행위처럼 기술할 수는 있지만, 사건은 하나다'라고 주장한다. 그의 주장은 '브루투스가 칼로 찔렀기 때문에 시저가 죽었다'는 것이다. 데이비슨의 이 주장은 김재권의 사건이론을 비판하는 과정에서 나왔다. 김재권Jaegwon KIM은 사건을 '실체/대상[x], 속성[P], 시간[t]이 동시성 속에서 일어난 일[x, P, t]'로 정의했다. 데이비슨 역시 사건은 반복되지 않고 사건 전후로 상황이 달라지며 사건의 존재론적 의미와 정체성이 있다고 말한다. 그런데 데이비슨은 김재권이 말한 사건의 속성예화와 달리 '사건의 원인과 결과가 같다면 하나의 사건'이라고 말한다.

'BCE 44년 로마'에서 '브루투스가 시저를(x)' '칼로 찔러 죽인(P)' 사건이 존재하기 때문에 존재론적 조건을 충족한다. 데이비슨은 이 조건을 바탕으로 찌른 것과 죽은 것이 연속되는 하나로 본다. 이것이 원인과 결과의 연속성을 강조하는 ① 인과기준causal criterion이다. 인과기준과 아울러 데이비슨은 '동시에 두 가지 사건이 같은 시공간에서 일어날 수 있는가'라고 반문한 다음 '물리적으로 불가능'이라고 답한다. 이것이 ② 시공간 기준spatiotemporal criterion이다. 이를 근거로 데이비슨은 '찌른 것과 죽는 것은 이어지는 하나의 인과로 보아야 한다'라고 말한다. 반면 원인과 결과가 다르다면 두 개의 사건일 수 있다. 즉, 브루투스가 찌르기는 찔렀는데 시저가 다른 원인으로 죽었다면 그것은 다른 사건이다. 이처럼 사건에는 인과율Law of Causality, 因果律이 작용한다. 그리고 그 인과율은 사건의 외연에서 분명해진다.

인과율은 A가 원인이 되어서 B라는 결과가 생겼고, B가 원인이 되어서 C라는 결과가 생겼다는 선형적lineal 진행 법칙을 말한다. 이것은 'A 안에 이미 B가 내재해 있으며 B는 A가 없으면 생기지 않는다'는 것을 의미한다. 데이비슨의 사건이론에서는 원인과 결과가 선형적으로 이어지고 있으며, 서로 의존적이고, 필요조건이면서 충분조건이라면 그것은 개별사건이다. 개별사건의 개별token은 지시, 상징, 기호, 사례를 의미하는 고대 영어 tācen에서 유래했다. 그러므로 개별사건은 의미론적으로 하나의 사건임을 명시한다. 하지만 통사론적으로 하나의 사건은 다르게 기술될 수 있다. 가령, '브루투스는 칼로 시저를 찌른 다음 죽기를 기다렸다, 시저는 믿었던 브루투스에 의하여 살해당했다' 등 여러 가지로 묘사할 수는 있지만, 그것은 모두 브루투스가 시저를 칼로 찔러 죽인 하나의 사건을 다르게 표현한 것이다.

데이비슨에 의하면 하나의 사건에 수반supervenience되는 여러 현상이 있다. 그 현상을 다양하게 기술하고 묘사할 수 있으므로 사건의 존재와 사건의 기술은 다른 층위다. 그러므로 '찌른 것과 죽은 것은 동일성에 근거한 인과인가'라는 동일성을 점검해 보아야 한다. 동일성이 성립하는 조건은 동일률Law of Identity, 同一律이다. 동일률은 내용과 표현이 동일한 것 즉, 의미와 지시대상이 동일한 것이다. 가령 '브루투스는 브루투스다A=A'는 동일성을 가진 진술이다. 그런데 '브루투스는 시저다'는 지시와 대상이 맞지 않으며 동일률을 어긴 틀린 진술이다. 이에 대하여 김재권은 찌른 것과 죽은 것은 동일성identity이 없다는 것을 근거로 다른 사건으로 본 것과 달리 데이비슨은 찌른 것과 죽은 것은 동일 사건인데 다르게 표현한 것으로 보았다. 그런데 이 살인사건은 '브루투스가 시저를 칼로 찔러 죽이려고 한다'처럼 정신사건도 되고 '브루투스는 시저를 칼로 찔러 죽였다'처럼 물리사건도 된다.

데이비슨은 '①브루투스가 시저를 칼로 찔렀다'는 '②브루투스가 시저를 칼로 찔러 죽였다'와 같은 의미로 간주한다. 그 이유는 데이비슨이 물리주의적 일원론에 근거하기 때문이다. 물리주의는 모든 것을 물리적으로 설명하려는 과학적 태도이자 철학적 사상이다. 데이비슨 사건이론의 핵심은 '하나의 사건은 물리사건도 될 수 있고 정신사건도 될 수 있다'는 것이다. 하지만 그는 정신사건과 물리사건을 구분한다. 그리고 정신은 물리에 수반되지만, 정신과 물리, 정신과 정신 사이에는 법칙이 없는 것으로 본다. 그러나 상호 인과는 작용한다. 이것이 비환원적 물리주의Non-reductive Physicalism의 무법칙적 일원론Anomalous Monism이다. 따라서 정신사건과 물리사건은 인과적으로 상호작용하면서 엄격한 결정론strict deterministic laws에 지배받는다. 하지만 '정신사건은 무법칙이기 때문에 예측할 수 없다'는 것[1]이다.

참고문헌 Donald Davidson, "Mental Events", *Experience and Theory*, edited by Foster and Swanson, London : Duckworth. 1970.

참조 결정론, 공간, 동일성, 무법칙적 일원론, 물리주의, 사건[김재권], 사건[소설], 시간, 시공간, 심리철학, 심신이원론, 심신일원론[스피노자], 인과율·인과법칙, 자연주의[예술], 정신사건

---

1   Donald Davidson, "Mental Events," Experience and Theory, edited by Foster and Swanson, London : Duckworth. 1970, pp.137~138.

정신사건

Mental Event | 心理事件

정신사건은 마음에서 일어난 사건이다. 가령 '커피를 마시고 싶다'든가 '여행을 가고 싶다'라는 것은 현실의 실제세계가 아닌 마음의 정신사건이다. 정신사건의 의미를 분석한 데이비슨D. Davidson에 의하면 정신사건은 믿음, 의도, 욕망, 희망, 지각, 인식, 기억, 생각, 느낌, 감정, 결심, 각성 등이 구성한 사건[1]이다. 이런 정신사건의 특징은 '현실에 실재하지 않으며 시공간 위치spatiotemporal location를 점유하지 않는다'는 점이다. 하지만 가능세계possible world의 정신사건 역시 실제세계actual world의 실제사건과 마찬가지로 사건이라고 할 수 있다. 정신사건의 상대적 개념인 물리사건은 일반적인 의미의 모든 사건이다. 물리사건과 달리 정신사건은 주관적인 마음 안에서 일어나는 추상적 사건이다. 따라서 정신사건에서는 시공간의 변화, 에너지의 흐름 등을 추정하기 어렵고 인과관계가 규칙적이지 않다.

예를 들어보자. 정신사건인 '커피를 마시고 싶다. 그래서 커피를 마셨다'라면 인과관계가 성립한다. 반면 '[정신사건] 커피를 마시고 싶다. [물리사건] 그러나 차를 마셨다'는 인과관계가 성립하지 않는다. 이처럼 정신사건은 인과관계가 있을 수도 있고 없을 수도 있지만, 물리적 사건[2]과의 관계에서 인과가 결정된다. 데이비슨에게 정신사건은 인과가 가능할 수도 있는 자율적 사건이다. 반

---

1   Donald Davidson, "Mental Events," reprinted in *Essays on Actions and Events*, edited by In L. Foster and J. W. Swanson, Oxford : Clarendon Press, 1980, p.208.

2   Ibid., p.222.

면 김재권에게 정신사건은 물리사건에 수반$^{supervenience, 隨伴}$되거나 의존하고 있는 속성이다. 그러니까 정신 상태는 곧 물리적 두뇌상태이고, 정신속성은 곧 물리속성이며, 정신사건은 곧 물리사건이라는 것이다. 많은 지지를 받는 김재권의 정신사건과 정신인과는 자유의지와 도덕적 책임을 방기하는 문제점이 있다. 반면 데이비슨의 정신사건은 끓는 주전자의 하얀 김처럼 물리사건의 부수현상^{epiphenomenon}이라는 문제점이 있다.

심리철학자 김재권$^{Jaegwon KIM}$은 사건을 '실체/대상[x], 속성[P], 시간[t]이 동시에 일어난 일[x, P, t]'로 정의하면서 사건 전후의 상황이 변화하는 것으로 규정했다. 이 사건의 존재성 조건$^{existence condition}$의 정의[x, P, t]는 정신사건에도 적용된다. 한편 정신사건을 체계화한 심리철학자 데이비슨은 '정신적 사건과 물리적 사건은 같은 것이고, 두 사건 간에는 인과관계가 성립하며, 그 인과관계는 엄격한 결정론이지만, 정신적 사건에는 법칙이 없고 예측할 수도 없다[3]'고 주장했다. 이것은 개별사건$^{token event}$을 전제로 하는 이론이다. 그런데 데이비슨은 실체 일원론의 입장을 취하면서도 정신속성과 물리속성을 구분하는 속성이원론을 지지한다. 데이비슨이 '정신적 사건과 물리적 사건의 속성이 다르다'라고 한 것은 정신의 자율성을 지키고 정신과 물리의 인과관계를 해명하기 위해서였다.

데카르트가 정신과 육체^{물질}의 이원론인 심신이원론을 주장한 이래 정신과 물질^{물리}의 관계에 대한 수많은 논의가 있었다. 그중 데이비슨은 『정신적 사건$^{mental events}$』에서 정신속성이 물리속성으로 환원될 수는 있어도 법칙은 없다고 단언했다. 이 말은 '정신에는 자율적이고 고유한 영역이 있으며, 물리적 효력을 가지는 정신인과가 가능하다'는 뜻이다. 이것을 비환원적 물리주의$^{Non-reductive Physicalism}$라고 한다. 비환원적이란 '정신은 물리로 환원될 수 없다'는 것이고, 물

---

3   Ibid., pp.209 · 207~224.
    정신적 사건을 줄여서 정신사건, 물리적 사건을 줄여서 물리사건으로 쓴다. 정신적 사건은 정신의
    사건이므로 줄여서 정신사건으로 쓰더라도 의미는 훼손되지 않는다.

리주의는 정신과 물리물질, 몸과 마음은 근본적으로 물리적이라는 것이다. 이것을 데이비슨은 무법칙적 일원론Anomalous Monism, AM이라고 명명했다. 무법칙적 일원론은 '정신과 물리는 하나의 실체지만 정신사건과 정신인과에는 법칙이 없다'는 의미다. 아울러 데이비슨은 정신사건을 술어로 표시되는 언어적 기술記述로 간주한다.

한편 김재권은 실체일원론만이 아니라 속성일원론도 지지하므로 감각질qualia을 제외한 '거의 충분히near enough 모든 것은 물리로 환원[4]할 수 있다고 본다. 김재권은 '정신은 곧 물리다'라는 환원적 물리주의Reductive Physicalism와 폐쇄된[5] 물리계의 입장을 지지한다. 이것은 유형사건type event을 전제로 하는 이론이다. 그런 점에서 김재권은 심신동일론자다. 정신을 뇌신경의 작동으로 보는 심신동일성이론에서 정신사건은 곧 물리사건이다. 그런데 정신사건은 명제적 태도propositional attitude이기 때문에 경험과 무관한 마음을 표현한다. 주어(S)와 술어(P) 사이에 특정한 것(A)을 삽입하면 명제적 태도가 된다. 가령 정신사건은 '나는 커피를(A) 먹고 싶다'처럼 마음의 내면을 표현한다. 김재권에게 정신사건은 기능적으로만 작동되거나 물리사건과 충돌하는 과잉결정의 상황에서는 제거되어야 할 부차적 요소다.

참고문헌 Jaegwon KIM, *Physicalism, or Something Near Enough*, Princeton University Press, 2005.

참조 무법칙적 일원론, 물리사건, 물리주의, 사건[소설], 사건[김재권], 사건[데이비슨], 시간, 시공간, 심신이원론, 심신일원론[스피노자], 인과율·인과법칙, 자유의지, 정신

---

4   Jaegwon KIM, *Physicalism, or Something Near Enough,* Princeton University Press, 2005, p.174.
5   Jaegwon KIM, *Philosophy of Mind*, Westview Press, 1998, p.147.

심신이원론

Mind-Body Dualism | 身心二元论

마음과 몸은 하나일까? 아니면 둘일까? 이 문제를 깊이 사유한 데카르트는 몸과 마음을 두 개의 실체로 간주했다. 데카르트의 실체이원론에서 몸은 물질이고 마음은 정신이다. 그리고 그는 물질의 특징은 연장res extensa, 延長, 정신의 특징은 사유res cogitans, 思惟라고 규정했다. 데카르트가 말한 핵심은 인간의 신체는 자연법칙이 관장하는 영역이고, 인간의 정신은 신이나 초월적 힘이 관장하는 영역이라는 것이다. 데카르트가 심신이원론을 제기한 이후, 공간을 차지하는 물질인 몸과 공간을 차지하지 않는 비물질인 마음의 연결이 어려운 문제로 대두했다. 이에 대하여 데카르트를 비롯한 심신이원론자들은 심신의 소통과 인과causation의 문제를 상호작용론interactionism으로 설명한다. 심신은 두 개의 실체라는 관점에는 첫째, 심신의 실체이원론 둘째, 심신의 속성이원론 셋째, 심신의 술어이원론 등이 있다.

데카르트가 말한 첫 번째 이원론인 심신이원론은 마음과 몸은 각기 다른 실체라는 실체이원론Substance Dualism이다. 실체substance는 그 자체로 존재하는 독립적인 것이므로 실체이원론은 각각 독립적인 존재가 된다. 심신의 소통 문제에 대하여, 데카르트는 머리 부분에 있는 송과선pineal gland이 몸의 지각을 마음에 전달하는 것으로 보았다. 그러나 이 설명은 논리도 부족하고 과학적 증거도 없으므로 정설이 되지 못했다. 하지만 데카르트의 심신이원론은 몸/신체를 마음/정신에서 독립시킨 다음 기계적으로 이해했다는 의미가 있다. 데카르트의 심신 실체이원론과 달리 라이프니츠Leibniz는 심신평행론Parallelism을 제기했다. 그는 마음과 몸의 각기 다른 실체와 속성이 발현하면서 평행하는 것으로 이해했다. 이 관점 역시 마음과 몸의 연결이 문제가 되는데 이에 대해서 라이프니츠는 예정조화론으로 설명했다.

두 번째 이원론인 속성이원론Property Dualism은 심신의 실체는 하나지만 속성은 다르다는 관점이다. 속성은 실체substance나 개체entity의 본질적 성질이기 때문에 그 속성이 없으면 실체도 없다. 심신일원론자인 스피노자B. Spinoza는 실체일원론의 입장에서 속성이원론의 기초를 놓았다. 이후 속성이원론은 '물질이 완전하게 구성되면 정신이 창발한다'는 창발유물론과 '정신은 물질에 수반하면서 현상한다'는 수반현상론Epiphenomenalism 등으로 분화되었다. 수반현상론은 마음과 몸을 다른 것으로 보지만 마음은 몸에 수반되는 현상이라는 관점이다. 또 다른 속성이원론인 비환원적 물리주의Non-reductive Physicalism는 정신과 물리의 인과가 성립할 수 있으나 엄격한 법칙이 있는 것은 아니라는 이론이다. 비환원적 물리주의를 지지하는 심리철학자 데이비슨은 정신은 물리로 환원되지 않을 수도 있음을 특별히 강조한다.

세 번째 심신이원론인 술어이원론Predicate Dualism은 '정신상태의 술어와 물리상태의 술어는 통사적으로 같을 수 없다'는 이론이다. 아울러 술어이원론은 '실체와 속성은 같은 범주에 속하지만 정신상태의 술어는 물리상태의 술어로 환원되지 않는 것'으로 본다. 가령 '나는 왕서방을 죽이고 싶다'는 정신 상태는 '나는 왕서방을 죽였다'는 물리상태로 환원되지 않는다. 이처럼 같은 사건이 물리적으로 기술되면 물리사건이고[1] 정신적으로 기술되면 정신사건이다. 따라서, 같은 사건도 기술하기에 따라서 정신사건도 될 수 있고 물리사건도 될 수 있다. 이처럼 표현되는 방법이 술어predicate이기 때문에 술어이원론이라고 한다. 그런

---

1 But if m falls under a physical law, it has a physical description, which is to say it is a physical event.
   Donald Davidson, edited by In L. Foster and J. W. Swanson, *Essays on Actions and Events*, Clarendon Press, 1970, p.221.

데 술어로 표현되는 정신사건과 정신 상태는 무법칙적이고 물리적 통제를 받지 않는다. 이것을 정신과 물리의 무법칙적 일원론Anomalous Monism이라고 한다. 이상 살펴본 이런 여러 심신이원론은 물리주의적 심신일원론이 등장하면서 새로운 전기를 맞게 되었다.

물리주의적 심신일원론에 의하면 모든 것은 물리적으로 설명할 수 있다. 영혼과 기적은 없으며 과학적이고 물리적인 것이 유일한 실체이며 속성이다. 이렇게 하여 플라톤에서 시작된 본질과 현상, 정신과 물질, 마음과 몸을 나누는 이원론은 물리주의적 일원론Physical Monism으로 통합되었다. 하지만 물리주의적 일원론은 해결해야 할 문제점이 있다. 가령 인간이 자유의지가 없는 물리적인 존재라면 범죄나 도덕 역시 물리적으로 설명되어야 한다. 또한, 감각질qualia의 미묘한 영역을 물리적으로 설명하기도 어렵다. 이런 이유 때문에 물리주의 일원론자 김재권은 '완전히'가 아닌 '거의 충분히near enough[2]라고 표현하면서 물리적 일원론의 관점에 서 있다. 그리고 대부분 종교에서는 정신과 물리를 구분하고 신의 초월적 능력과 인간의 고상한 존재를 인정하는 심신이원론의 입장을 취하고 있다.

참고문헌 Donald Davidson, *Essays on Actions and Events*, edited by In L. Foster and J. W. Swanson, Clarendon Press, 1970.

참조 과학주의, 리얼리즘/실재론(철학), 마음, 무법칙적 일원론, 물리주의, 심신일원론(스피노자), 의식, 인간(신체), 자유의지, 정신사건, 존재론, 형이상학

---

[2]   Jaegwon KIM, *Physicalism, or Something Near Enough*, Princeton University Press, 2005, p.174.

미메시스[플라톤]

Mimesis | 模拟

'뮤즈여, 나에게 그 용사의 이야기를 해다오. 명성이 자자한 트로이를 함락시킨 후 멀고 먼 곳을 여행한 그 대단한 용사의 이야기를.'[1] 이것은 호머의 『오디세이아』 첫 부분이다. 여기서 '나'는 호머이므로 『오디세이아』를 쓴 '나' 호머가 트로이전쟁에 관한 이야기를 듣고 나서 쓴 이야기다. 그런데 이야기가 전개되면서 다양한 인물이 등장한 다음 이야기는 저자/화자의 시점으로부터 등장인물의 시점으로 옮겨간다. 바로 이것 때문에 호머는 소크라테스와 플라톤의 비판을 받는다. 플라톤은 『국가Republic』 3권[392c~394d][2]에서 '저자 호머는 모방자가 아니라 화자의 입장에서 일관되게 이야기를 이끌어갔어야 한다'고 비판한다. 호머가 비판받은 이유는 작중 인물이 서술하는 모방의 미메시스 때문이다. 일반적으로 미메시스mimesis는 모방으로 알려져 있지만, 고대 그리스에서는 약간 다른 의미로 쓰였다.

플라톤은 『국가』 3권에서 서술의 방법lexis을 다음 세 가지로 나누었다. 첫째, 순수 디에게시스haple diegesis는 시인/작가의 목소리로 서술하는 것이고 둘째, 미

---

1   ἄνδρα μοι ἔννεπε, μοῦσα, πολύτροπον, ὃς μάλα πολλὰ πλάγχθη, ἐπεὶ Τροίης ἱερὸν πτολίεθρον ἔπερσεν :

Tell me, O Muse, of that many-sided hero who traveled far and wide after he had sacked the famous town of Troy.

Homer, Odyssey, translated by Samuel Butler, 1900.

2   [394d] "What I meant then was just this, that we must reach a decision whether we are to suffer our poets to narrate as imitators or in part as imitators and in part not, and what sort of things in each case, or not allow them to imitate at all."

메시스를 통한 디에게시스diegesis dia mimeseos는 드라마에서 보듯이 작중 인물이 서술하는 것이고 셋째, 위의 두 양식을 조합한 것diegesis di' amphoteron은 작가의 서술과 작중 인물의 서술이 혼합된 형식이다. 소크라테스와 플라톤은 둘째 미메시스를 통한 디에게시스를 '미메시스의 요소가 있는 디에게시스'로 규정하고 있다. 이렇게 서술방법을 분류한 플라톤은 미메시스를 작중 인물이 사건과 상황을 자기 관점에서 모방하여 서술하는 것으로 보았다. 그런데 시간이 가면서 작중 인물의 직접서술인 미메시스가 무엇을 직접 서술한다는 의미로 쓰이면서 모방이 된 것이다. 20세기에 미메시스는 보여주기showing, 디에게시스는 말하기telling로 이해되고 있다.

『국가』에서 디에게시스와 미메시스를 다룬 이유는 이야기의 내용보다 이야기를 서술하는 방법이 중요하기 때문이다. 소크라테스와 플라톤은 진리를 기반으로 한 이상국가를 제시하면서 이데아idea인 진리를 교육하고 유지하기 위해서는 올바른 서술방법이 필요하다고 생각했다.[3] 그래서 반원형 극장에서 공연되는 비극이나 희극과 같은 드라마를 경계했다. 그것은 드라마가 인간의 마음을 유혹하고 타락하도록 하는 미메시스의 서술이기 때문이다. 이상국가의 수호자guard 교육에는 이야기를 정제하여 교훈적인 목소리로 서술하는 것이 필요하다. 그러니까 철학과 도덕을 가진 작가가 교훈적으로 서술해야만 독자들이 올바른 철학과 도덕을 가질 수 있다. 더구나 작중 인물의 서술은 이데아idea의 그림자인 현상을 모방하여 서술하는 것이기 때문에 위험하다. 따라서 작중 인물이 직접 서술하게 하는 시인예술가은 이상국가에서 추방되어야 한다.

소크라테스와 플라톤이 호머를 비판한 이유는 작가가 정제된 내용을 서술하는 디에게시스만이 아니라 작중 인물이 서술하는 미메시스를 혼합하여 서술했기 때문이다. 그리고 호머를 시인이면서 서술자author-narrator라고 한 것은 『오디세

---

3   Platon, *Republic*, 377.

이아』가 6각운hexameter의 서사시epic이면서 플롯mythos을 가진 이야기이기 때문이다. 그런데 『일리아스』와 『오디세이아』는 허구적인 신화myth를 서술하는 방식인 뮈토스Mytos다. 그러니까 플라톤은 뮈토스처럼 현상을 모방하는 시인의 서술은 올바른 서술방법이 아니라고 본 것이다. 아울러 플라톤은 '윤리적이고 도덕적이면서 이데아의 진리로 세상을 살아야 하는 사람들을 혼란스럽게 만들면 안 된다'고 주장했다. 그래서 플라톤은 디에게시스와 미메시스가 혼합된 호머의 서사시는 진리가 아닌 세속적 감정을 유혹하는 혼란스러운 이야기라고 폄하했다.

이처럼 플라톤은 미메시스를 배척하고 작가가 정제하여 진리를 들려주는 디에게시스를 윤리적인 스토리텔링으로 간주했다. 이런 관점에서 보면, 디에게시스는 동종서술homodiegesis이고 디에게시스와 미메시스가 혼합된 양식은 이종서술heterodiegisis이다. 동종서술은 시인이 곧 서술자이고, 이종서술은 시인과 서술자가 다른 것이다. 플라톤에 의하면 시인이 전지적 시점에서 정제된 윤리적 서술을 하는 디에게시스가 올바른 서술방법이다. 반면 미메시스는 텍스트 외부 인물이 이야기작품 속에 들어오기 때문에 위험하다. 그래서 플라톤은 『일리아스』 첫 부분을 다시 쓰면서 '작가는 자기 말로 전지적 서술을 해야 한다'고 주장한 것이다. 하지만 플라톤의 제자 아리스토텔레스는 모방본능과 연결하여 미메시스에 의미와 가치를 부여했다. 아리스토텔레스는 '모방의 미메시스에도 교훈과 진리가 표현될 수 있다'고 보았다.

참고문헌 Platon, *Republic*.

참조 교훈주의, 내러티브, 리얼리즘/실재론〔철학〕, 리얼리즘〔예술〕, 모방론, 미메시스〔아리스토텔레스〕, 미메시스〔아우어바흐〕, 보여주기와 말하기, 서사, 서사시, 소설, 스토리·이야기, 시인추방론, 시점, 재현, 표현, 플롯, 화자/서술자

영혼

Soul | 灵魂

영혼이 있을까? 영혼이 있다면 영혼은 무엇인가? 영혼은 의식과 정신의 원리인 동시에 육체를 지배하는 근원이면서 육체가 소멸해도 존재하는 것으로 간주되는 대상이다. 따라서 영혼은 존재일 수도 있고, 현상일 수도 있으며, 가상일 수도 있다. 하지만 영혼은 현실을 넘어서는 초현실이거나 현실이 아닌 비현실적인 개념이다. 한마디로 영혼은 알 수도 없고, 접촉할 수도 없는 불가사의한 무엇이다. 그러나 많은 사람은 영혼이 있다고 믿는다. 이에 대하여 에드워드 타일러E. Tylor는 이렇게 분석했다. '원시시대의 인간에게는 이해할 수 없는 여러 가지 일이 많았다. 그중에서도 특히 꿈은 이상한 현상이었고 죽음은 두려운 미래였다. 의식이 시간과 공간을 여행하는 꿈을 보고 육체와 분리된 특별한 것이 있다고 믿게 되었고 죽음 이후에도 계속되는 존재가 있을 것으로 기대하게 되었다. 이런 생각이 체계화되어 점차 종교로 발전했다.'

고대인에게 영혼은 육체에 깃들어 있기도 하고, 육체와 분리되기도 하는 특별한 대상인 동시에 시간과 공간을 초월하는 특이한 현상이었다. 이런 영혼관은 동물과 식물을 포함한 모든 존재로 확장되어 애니미즘Animism으로 발전했다. 애니미즘에서는 인간, 물고기, 새, 골짜기, 지하, 하늘, 조상, 바위, 강, 바다에도 영혼이 있는 것으로 본다. 한편 아트만과 브라흐만을 가정한 고대 인도의 사상가들과 혼백 개념을 상상한 고대 중국의 사상가들이 체계적인 영혼관을 완성했다. 고대 중국에서 영혼은 신령스러운 혼백魂魄인데 혼魂은 양을 상징하면서 육체와 분리되어도 존재하는 신성한 존재이고 백魄은 음을 상징하면서 육체의 형체를 이루고 육체와 분리되지 않는 신령스러운 존재다. 혼은 하늘로 날아가기 때문에 사람이 죽으면 초혼招魂으로 혼이 돌아오라는 예식을 한 것이다. 반면 백은 땅으로 가기 때문에 땅에도 제사를 지냈다.

영혼의 영어 어원은 고대 영어에서 생명, 정신, 존재를 의미하는 sāwol이고 라틴어에서 정신, 마음, 바람, 숨을 의미하는 남성명사 ánīmus와 여성명사 ánīma인데 이것은 모두 생명과 관계가 있다. 더 거슬러 올라가면 그리스어에서 숨결을 의미하는 psyche에 가 닿는다. 이렇게 볼 때 영혼은 어떤 물체에 숨결을 불어넣어서 생명력을 가지게 하는 원리나 힘이었음을 알 수 있다. 그리고 그리스인들은 육체와 정신을 이원적으로 보면서 정신의 초시공간적인 존재를 영혼으로 가정했다. 한편 소크라테스와 플라톤은 초현실적 존재가 있다고 전제한 다음 육체와 정신영혼을 이원적으로 이해했으며 아리스토텔레스는 육체와 정신영혼은 분리되지 않는 것으로 보았다. 플라톤의 초월적 존재는 기독교에 접목되어서 영혼 개념이 확립된 이후 기독교는 초현실적 정신과 성령holy spirit의 교리를 완성했다.

기독교, 유대교, 이슬람교 등 아브라함계통 종교에서는, 인간의 영혼은 구원과 은혜의 대상이고 사후의 영혼은 심판의 대상이며, 신이 영생불멸하는 영혼을 관장한다고 여긴다. 불교에서 영혼은 카르마karma에 의하여 윤회하는데, 니르바나의 열반에 이르면 무상無常한 무아無我가 되어서 소멸한다. 이런 불교의 영혼관은 힌두교의 개별 존재인 아트만과 일반 존재인 브라흐만의 영향을 받은 것이다. 샤머니즘을 비롯한 대부분 종교에서는, 영혼을 실재하는 것으로 간주한다. 종교에서 영혼은 신기한 현상, 전지전능한 신에 대한 믿음, 영생과 영혼 불멸에 대한 희망, 죽음에 대한 공포, 사후세계에 대한 불안 등에서 생긴 개념이다. 특히 육체에서 생기는 여러 가지 욕망과 고통은, 영혼을 가정함으로써 위안을 받고 사후세계를 기대할 수 있다. 그리고 영혼은 불가사의하고 신비한 것으로 표현되면서 더욱 중요한 개념이 되었다.

영혼에 대하여 칸트는 이렇게 말했다. '영혼의 존재는 증명할 수 없다. 그러나 영혼은 최고선을 실천하는 도덕적 근거이므로 영원불멸immortality of the soul[1]하다.' 그러니까 칸트에게 영혼은 불멸이어야만 최고선이 가능하므로 영혼은 당위적으로 존재해야 하는 정언명제인 것이다. 그런데 영혼은 유사한 개념과 혼동되는 경우가 많으므로 구별할 필요가 있다. 첫째, 마음mind은 지성적이고 이성적인 의식을 말하는 동시에 감정의 활동인 파토스pathos를 포함한다. 둘째, 정신spirit은 사유, 추론, 판단, 반성을 수행하는데 객관적이고 보편적인 로고스logos의 특징이 있다. 셋째, 의식consciousness은 마음 안과 바깥의 어떤 것을 인지하는 상태이며 자기에 대한 자기의식self-consciousness을 가진 현존재Dasein의 상태이다. 반면 영혼은 초현실적 가상이므로 과학과 논리에서는 인정하지 않는다.

참고문헌 Edward Burnett Tylor, *Primitive Culture*(1871), Cambridge University Press, 2010; Immanuel Kant, *Critique of Practical Reason*, translated by Thomas Kingsmill Abbott, Dover Philosophical Classics, 2004.

참조 감정·정서, 브라흐만, 마음, 물리주의, 심신이원론, 심신일원론(스피노자), 아트만, 애니미즘, 윤회사상, 의식, 인간(신체), 정신, 정언명제, 제행무상, 초월(칸트), 카르마, 현존재 다자인

---

[1] "[the summum bonum] can only be found in a progress in infinitum towards that perfect accordance, and on the principles of pure practical reason it is necessary to assume such a practical progress as the real object of our will. Now, this endless progress is only possible on the supposition of an endless duration of the existence and personality of the same rational being (which is called the immortality of the soul). The summum bonum, then, practically is only possible on the supposition of the immortality of the soul; consequently this immortality, being inseparably connected with the moral law, is a postulate of pure practical reason."

Immanuel Kant, *Critique of Practical Reason*, translated by Thomas Kingsmill Abbott, Dover Philosophical Classics, 2004, p.96.

정신
Spirit | 精神

'정신일도하사불성精神一到何事不成', 이 말은『주자어류朱子語類』에 나온다. 남송의 주자朱子는 '정신을 모으면 어떤 일도 할 수 있다'는 뜻으로 이 고사성어를 썼다. 여기서 정신은 강인하고 고결한 의지를 말한다. 한편 루쉰은『아큐정전阿Q正傳』에서 정신승리법이라는 특이한 기법을 구사했다. 주인공 아큐가 깡패들에게 얻어맞은 후, '나는 아들한테 맞은 것과 같다. 그러나 아들과 같은 놈들과 싸울 필요가 없다. 나는 정신적으로 패배하지 않았다'고 자위하는 대목이 나온다. 여기서 정신은 주체적 자기인식을 말한다. 일반적으로 정신은 마음, 의식, 의지, 생각 등이 형성하는 내면의 상태다. 협의의 정신은 개인의 심리상태나 주관적 의식이고 광의의 정신은 신이나 사회, 역사, 집단이 가진 통일된 의식이거나 영적인 힘이다. 정신은 인간 고유의 사고思考라는 의미에서 강인한 의지와 고상한 목표라는 뜻으로 쓰이기도 한다.

정신의 어원은 숨결을 의미하는 라틴어 spīritus다. 라틴어에 영향을 미친 그리스어에서는 숨결과 정신을 의미하는 pneuma와 숨결과 영혼을 의미하는 psykhē가 함께 쓰였다. 이것이 아브라함계 종교에서 신의 정신이라는 뜻으로 쓰이면서 성령Holy Spirit, Holy Ghost의 개념이 첨가되었다. 이때의 성령은 신의 성스러운 정신Spiritus Sanctus 즉, 신의 이성이다. 기독교 성경「창세기」2장 7절에 '여호와 하나님이 땅의 흙으로 사람을 지으시고 생기를 그 코에 불어 넣으시니 사람이 생령生靈이 되니라'. 성령인 '하나님이 숨결을 불어넣어 사람이 정신을 가진 생령이 되었다'는 것이다. 그래서 정신, 마음, 바람, 숨을 의미하는 남성형 명사

ánĭmus와 여성형 명사 ánĭma가 정신으로 번역되기도 한다. 이런 이유 때문에 정신은 영적인 영혼을 의미하는 경우가 많으며 성령, 영혼, 마음과 구별되지 않는 때도 있다.

한자문화권에서 정신은 『춘추』와 『여씨춘추呂氏春秋』에 나오는데[1] 강인하고 올바른 의지, 깨끗한 기운인 정기精氣의 신성, 강한 활력, 주체적 의식, 굽히지 않는 기개 등으로 쓰였다. 동서양에서 쓰이는 정신의 개념을 정의해 보면 첫째, 한 개인이 가진 의지, 사상, 의식 둘째, 민족정신과 시대정신에서 보듯이 집단과 시대를 관류하는 공통이념 셋째, 성령에서 보듯이 전지전능한 신의 말씀과 뜻 logos 넷째, 인간과 동물이 가진 마음의 정신mind 다섯째, 천사나 악마와 같은 현실초월적이고 영적인 힘soul 등이다. 이 중 정신과 유사하게 쓰이는 마음mind은 지성적이고 이성적이지만 감정의 의식인 파토스pathos를 포함하는 개념이고, 의식 consciousness은 마음 안과 바깥의 어떤 것을 인지하는 상태이며, 영혼soul은 의식과 정신의 원리인 동시에 육체를 지배하는 실체이고 육체가 소멸해도 존재하는 것이다.

철학과 심리학에서 정신은 육체와 상대적인 개념으로 쓰인다. 고대 그리스에서 '정신은 곧 물질의 작용'이라는 유물론이 제기되었으나 현실초월적인 관념의 세계를 의미하기도 했다. 데카르트는 정신과 물질, 마음과 몸을 나누고 정신을 실체substance로 간주했다. 데카르트의 개념 정의에 의하면 물질인 육체는 연장의 속성이 있고 비물질인 정신은 사유의 속성이 있다. 하지만 데카르트는 몸과 마음의 소통을 논리적으로 설명하지 못했다. 이후 정신과 육체를 하나로 보는 일원론과 둘로 보는 이원론이 계속하여 대립했다. 한편 스피노자가 말한 '하나의 실체가 정신과 물질의 이원적 속성으로 드러난다'는 관점도 많은 지지를 받는다. 칸트와 피히테는 정신을 자아의 근원적 활동으로 보았고 헤겔은 세

---

1   『春秋』,『呂氏春秋』, 聖人察陰陽之宜辨萬物之利 以便生故精神安乎形而年壽得長焉.

계를 관통하는 근원적 실재로 보았다.

정신상태^{mental state}의 정신은 마음과 의식의 상태이고, 절대정신^{Absolute spirit}의 정신은 자유를 향해 나가는 신의 뜻이다. 반면 정신병^{mental illness, psychopathy}이나 정신분열증^{schizophrenia}의 정신은 의학적 개념이다. 이 경우의 정신은 두뇌의 작용인 물리적 정신이다. 물리적 관점에서 보면 개인적이고 주관적인 마음과 달리, 정신은 보편적이고 객관적인 속성이 있다. 가령 민족정신은 그 민족이 공통적으로 가지는 유형적 의식이다. 이처럼 정신은 개인을 넘어서고 객관적이고 논리적인 로고스^{logos}의 성격도 있다. 거의 모든 종교와 신비주의에서는 정신의 독립적 실체를 인정하지만, 현대 과학에서는 정신의 독립적 실체를 인정하지 않는다. 정신과 물질^{육체}은 하나의 실체가 다른 속성으로 나타나는 것으로 본다. 특히 과학에서 정신은 물질로 구성되었거나 물리의 작용이라는 관점이 우세하다.

참고문헌 『春秋』.

참조 감정·정서, 관념론, 리얼리즘/실재론〔철학〕, 마음, 무의식, 물리주의, 심신이원론, 심신일원론〔스피노자〕, 아트만, 영혼, 유물론, 의식, 인공지능 AI, 자아, 정신분석, 정신분열증, 정신사건, 주관·주관성

사실

Fact | 事実

사실은 현실에서 실제로 있었던 사건이나 어떤 것의 실제 상태다. 그런데 '그날 철수는 슬퍼서 울고 있었다'라고 말한다면 이것이 과연 사실일까? 이 문장은 '①그날 철수는 슬펐다'와 '②그날 철수는 울었다'로 나눌 수 있다. 이 중에서 '②그날 철수는 울었다'는 검증 가능한 객관적 사실이다. 반면 '①그날 철수는 슬펐다'는 관찰을 바탕으로 한 주관적 사실이다. 더구나 주어인 '철수가' 슬펐다는 것인지 철수를 본 사람이 '철수는 슬펐다'로 판단한 것인지 알 수가 없다. 그런 점에서 사실은 관점과 인식의 문제임을 알 수 있다. 가령, '철수는 영희 오른쪽에 서 있다'에서 '오른쪽에 서 있는 철수'는 상태를 기술한 객관적 사실이다. 그런데 관찰의 기준인 '영희'가 없다면 '오른쪽에 서 있는 철수'는 사실이 아니다. 만약 철수 오른쪽에 영자가 서 있고 영자를 기준으로 하면 '철수는 오른쪽에 서 있다'는 거짓이다.

이처럼 사실은 조건과 기준을 설정한 다음 실제와 사실을 기술해야만 사실이 된다. 그런데 이와 다른 사실도 있다. 가령 사실인 '5+7=12'는 조건과 기준이 필요하지 않다. 시간과 시제도 필요하지 않다. 이런 기능적 사실functorial fact은 일반적인 의미에서 진리truth다. 이런 진리는 실험과 관찰 이전의 선험적a priori 사실이다. 선험적 사실은 이론이나 추론을 통해서 알 수 있는 사실이고, 경험적a posteriori 사실은 관찰과 검증을 통해서 알 수 있는 사실이다. 따라서 현실의 경험적 사실은 시간과 공간을 전제로 한다. 그런데 경험적 사실과 선험적 사실은 사실의 의미를 묘사하는 의미론, 사실의 존재 여부에 관한 존재론, 사실을 인식하

고 인지하는 인식론 등 여러 영역과 관련되어 있고 형이상학과 사건이론에서
도 중요하다.

사실의 어원은 라틴어 '행위^{deed} 또는 행해진^{factum}'이고 사실의 반대는 허구,
환상, 환영, 상상, 거짓, 가상, 가능 등이다. 그런데 '철수가 상상을 했다'에서 상
상하는 행위 자체는 사실이다. 따라서 사실은 존재론의 문제이면서 인식론의
문제다. 첫째, 존재론에서 사실은 어떤 시간과 공간에서, 어떤 주체나 대상이,
어떤 사건이나 상태로 존재한 것을 말한다. 존재론적 사실은 사건^{event}과 상태
^{state}로 나눌 수 있다. 먼저 사실적 사건은 김재권$^{Jaegwon\ KIM}$의 사건이론을 참조할
수 있다. 그는 사건을 '실체/대상^{object}, 속성^{Property}, 시간^{time}이 동시에 일어난 일$^{x,\ P,}$
^{t}'로 정의했다. 이것을 사건의 존재성 조건이라고 한다. 이 조건을 충족하는 것
이 사실적 사건이다. 상태적 사실 역시 이 조건을 충족하는 사실이다. 사건적
사실과 상태적 사실은 일반적으로 '누가^{who}, 언제^{when}, 어디서^{where}, 무엇을^{what}, 어
떻게^{how}, 왜^{why}'의 육하원칙$^{Five\ Ws\ and\ How}$으로 기술된다.

둘째 인식론에서 사실은 사건과 상태를 인식하는 것을 말한다. 사실에 대한
관점은 주관적 관점과 객관적 관점이 있다. 주관적 사실은 앞에서 본 것처럼
'①그날 철수는 슬펐다'와 같이 검증 불가능한 사실이다. 객관적 사실은 '②그
날 철수는 울었다'와 같이 검증 가능한 사실이다. 누가 보아도 '철수가 울었다'
는 사실이다. 객관적 사실은 실험과 관찰로 증명할 수 있다. 객관적 검증은 사
실 판정에서 대단히 중요하다. 가령 과학에서 가설^{hypothesis}과 이론^{theory}은 검증되
지 않는 것이면 사실로 보지 않는다. 객관적 사실은 주관적 인식과 상관없이 인
식 바깥에 존재하거나 실재하는 사실이다. 이 객관적 사실은 과학기술만이 아
니라 법과 역사에서도 준거로 삼는 사실이다. 또한, 객관적 사실은 지식의 근거
이며 역사의 대상이다. 반면 예술적 사실은 개연성^{probability}을 기준으로 한다.

일상에서 말하는 사실은 객관적 사실이다. 그런데 사실과 사실의 가능성은
다르다. 가능성을 가진 잠재적 사실은 현실에서 실현되어야만 사실이다. 사

실에는 일시적이고 우연적인 사실과 항상적이고 필연적인 사실이 있다. 가령 '②그날 철수는 울었다'는 일시적contingent 사실이고 '5+7=12'는 필연적necessary 사실이다. 이렇게 볼 때 사실은 진리와 달리 가치중립적임을 알 수 있다. 한편 타르스키A. Tarski가 말한 진리대응론correspondence theory of truth에서는 '사실에 대응하는 것이 진리다'라고 말한다. 그러니까 진리는 사실을 근거로 성립하는 것이며 사실에 대응하는 것을 넘어서서 어떤 가치와 의미가 부여되는 것이다. 한편 실재론Realism에서 보듯이 실재real도 사실로 간주되는 경우가 있지만, 실재는 인식과 독립하여 존재하는 형이상학적 개념이므로 현실적 개념인 사실과 다르다.

참고문헌 Jaegwon Kim, *Philosophy of Mind*, Westview Press, 1996.

참조 개연성, 객관·객관성, 공간, 기능주의, 리얼리즘/실재론[철학], 본질, 사건, 사건[데이비슨], 시간, 시공간, 신뢰성, 아 프리오리/선험·후험, 인식론, 주관·주관성, 진리의 미론[타르스키], 필연·우연, 형이상학

지각

Perception | 知覺

지각은 ①무엇을 아는 과정 ②감각을 통해서 얻은 자료로 무엇을 이해하는 것 ③기억에 저장되어 알고 있는 상태 등을 의미한다. 지각은 감각과 연결되어 있지만, 감각과 지각은 다르다. 감각感覺은 사람을 포함한 생물이 감각기관을 통하여 느끼는 저차원의 객관적 기능이고, 지각知覺은 사람이 감각기관을 통하여 수용한 정보를 해석하고 의미를 부여하는 고차원의 주관적 기능이다. 감각과 지각 모두 신경계에서 일어나는 자극stimuli과 반응response의 과정을 거친다. 지각이 주관적인 것은 자기 스스로 판단하고 실행하는 주체적 행위이기 때문이다. 그런데 같은 지각이라고 하더라도 문화와 경험에 따라서 지각의 내용은 다르다. 가령, 얼음을 처음 본 열대지방 사람들은 얼음을 지각할 수 없다. 얼음이 무엇인지 모르기 때문이다. 그러므로 지각은 주관적 판단과 아울러 문화와 경험으로 구성된다.

지각의 어원은 라틴어 '무엇을 통해서per'와 '잡다, 이해하다capiō'는 의미의 percipio다. 그러니까 지각은 '감각과 생각을 통해서 무엇을 이해하는 것'이다. 그런데 지각은 처음부터 능동적으로 이해하는 것이 아니라 주어진 것을 수동적으로 받아들인 다음에 능동적으로 이해하는 것이다. 앞에서 말한 것처럼 지각은 인식의 주체가 작용하기 때문에 주관적인 면이 있다. 이 주관성은 선택적 지각으로 증명된다. 예를 들어, 사람이 많이 모여 있더라도 자기 가족은 쉽게 찾아낸다. 그리고 게슈탈트심리학에서 보듯이 마음이 대상을 규정한다. 이렇게 볼 수도 있고 저렇게 볼 수도 있는 것이다. 그 이유는 의식과 마찬가지로 지각도 무엇을 지향intention하고 있기 때문이다. 이것을 기대지각perceptual expectancy이라고 한다. 사람들은 외부 감각을 그대로 받아들이지 않고 보고 싶은 것을 보고, 듣고 싶은 것을 듣는다. 이 과정에서 기대치에 대한 동기motivation 즉, 기대지각이 작용한다.

자기의 마음과 세계의 대상을 구분해야만 지각할 수 있다. 그러니까 인식의 주체인 '나'와 '내가 느끼거나 인식하는 대상'이 분리되어 있어야 한다.[1] 따라서 '지각한다'는 것은 대상이 촉발한 느낌인 동시에 객관적인 감각을 바탕으로 '그것이 무엇인가를 아는 능동적인 의식'이다. 그러니까 지각에는 주관적인 판단과 능동적인 사고가 동시에 작동한다. 한편 인간이 무엇을 지각할 때는 의식과 인식이 동반한다. 의식consciousness, 意識은 '지각하고 있는 상태'를 강조하는 개념이고 인식recognition, 認識은 '다시 생각하고 반성하는 것'을 강조하는 개념이다. 대체로 인간은 수동적으로 받아들인 감각을 주관적으로 인지하고 능동적으로 해석한다. 가령, 자기 손으로 뺨을 찌르면 '찔렀다'는 지각과 '찔렸다'는 지각이 동시에 작동하면서 지각이 형성된다. 이 과정에서 '무엇을 느끼거나 알고 있는 상태'인 의식이 생긴다.

지각은 주로 인간의 지각을 말한다. 지각의 과정은 정보처리와 유사하다. 생물의 경우, 말초 신경세포의 돌기가 무엇을 느끼면 전기가 일어나고 그 전기가 뇌와 척수의 중추신경central nerve, 中樞神經에 전달되면 감각적 흥분이 일어난다. 그 흥분을 분석한 결과가 지각이다. 가령, 뺨을 맞은 사람은 '아프다' 또는 '내가 잘못해서 맞았다'는 판단을 한다. 외부에서 입력된 정보를 해석하는 지각의 종류에는 다음 몇 가지가 있다. 지각은 첫째, 유사성, 근접성, 차이, 형태 등의 범주에 따라 분류classification하고 구별grouping한다. 둘째, 지각은 이전의 경험과 일치

---

1   지각은 마음이 마음 바깥의 대상을 인지하는 것이다. 그런데 '자기의 마음(subject) – 표상 또는 관념 – 세계의 대상(object)'의 층위에서 마음은 표상 또는 관념을 통해서 대상을 지각한다. 이때의 표상 또는 관념은 외부의 대상이 마음에 영상으로 재현된 것이다.

constancy하는 것을 찾아낸다. 이때 크기, 모양, 색상, 질, 양 등의 범주 분류가 작동한다. 셋째, 지각은 새로 입력된 정보를 이전의 자료와 비교contrast한다. 이때 역시 범주 분류가 작동한다. 이 과정은 거의 자동으로 수행되지만, 목적은 개입하지 않는다.

인지의 층위는 감각-지각-인식(인지)-사고-의지로 나눌 수 있다. 맨 왼쪽의 감각은 수동적이고 객관적이며 맨 오른쪽의 의지는 능동적이고 주관적이다. 그리고 이 모든 층위에 '지각하고 있는 상태'인 의식이 작용한다. 대체로 지각은 자극stimuli과 반응response의 학습을 거쳐 경험으로 축적된다. 그래서 경험론에서는 내면화한 감각과 지각을 지식知識으로 간주한다. 경험주의자 버클리G. Berkeley는 '외적 지각perception인 감각sensation과 내적 지각인 반성reflection을 통해서 지식을 얻고 그것을 반복, 비교, 결합하는 인지작용을 통하여 의식이 통일된다'고 보았다. 한편 현상학자 메를로퐁티M. Merleau-Ponty는 '의식이 무엇을 지향한다는 것은 무엇을 지각하는 것이고 그 지각과 지향은 다를 수 있다'고 주장했다. 메를로퐁티에 의하면 '모든 의식은 지각하는 의식이다All consciousness is perceptual consciousness' 한편 인공지능AI이나 초인간도 지각할 수 있지만, 그 지각은 인간의 지각과는 다르다.

참조 감각, 감정·정서, 객관·객관성, 경험론/경험주의, 기억, 망각, 범주, 의식, 이성론/합리주의, 인공지능 AI, 인식론, 주관·주관성, 지각우선의 지각현상학, 지향성〔현상학〕

충분근거율

Principle of Sufficient Reason | 充足理由律

세상의 모든 일은 이유 없이 일어나지 않는다. 그뿐 아니라 세상의 모든 존재도 근거가 있어야 한다. 그런데 사람들은 종종 '나는 그것을 이해할 수 없다'고 말한다. 이해가 안 되는 것은 자기의 이해력이 부족하거나 '아직 밝혀지지 않은 부분이 많다'는 뜻이다. 모든 것에 근거와 이유가 있다는 것을 충분근거율 또는 충족이유율이라고 한다. 충분근거율은 세상의 모든 것은 충분한 이유와 원인이 있다는 인식의 방법이다. 충분근거의 이유는 어떤 사건이 일어나는 이유, 사실이 사실인 이유, 어떤 것이 존재해야 하는 이유, 무엇을 그렇게 생각하는 이유, 무엇이 생기는 이유, 서로 관계하는 이유 등이다. 충분근거율은 라이프니츠가 체계화한 것으로 알려졌다. 라이프니츠는 단자론과 신 존재 증명 과정에서 충분한 근거라는 의미의 독일어 grunde라고 썼다. 하지만, 고대 그리스와 인도에서도 이미 원인과 이유에 대한 논의가 있었다.

영미 철학에서는 이 개념을 이유에 가까운 reason으로 번역하여 충족의 이유라는 의미로 쓴다. 그러니까 충분근거율充分根據律은 라이프니츠가 체계화한 근거 중심 개념이고, 충족이유율은 라이프니츠의 개념을 존중하면서 원인과 결과의 인과율을 강조한 개념이다. 이처럼 개념을 약간 다르게 사용하게 된 이유는 인간이 무엇을 생각할 때 논리적이고 체계적인 근거도 중요하고 원인과 이유도 중요하기 때문이다. 이 두 가지 표현의 공통점은 (충족이유라고 하든 충분근거라고 하든) 사고思考의 규칙을 강조하면서 그 '사고의 규칙을 지키지 않으면 사실/진리를 알 수 없다'는 것이다. 일반적인 사고의 규칙에는 같은 것을 같은 것으로 간주하는 동일률, 모호한 중간 영역을 없애는 배중률, 모순을 피하는 근거인 모순율이 있다. 여기에 라이프니츠가 충분근거율을 추가하여 4가지 사고의 규칙으로 정착되었다.

라이프니츠의 개념에 따른 충분근거율은 그렇게 판단하는 논리적 근거가 충분할 뿐 아니라 충족하는 이유가 있다는 인식의 방법이다. 또한, 충분근거율은 '원인이나 결정적 근거가 없이 아무것도 일어나지 않는다'[1]는 것인 동시에 '그렇게 되어야 하는 충분한 근거와 다른 것이 되지 않아야 하는 충분한 근거가 있어야 한다'는 사고의 규칙이다. 그러므로 '그렇게 될 수밖에 없다. 그런 결과는 당연하다. 다른 결과가 나오는 것은 잘못된 것이다. 분명히 이유가 있을 것이다'와 같은 생각은 모두 충분근거율과 충족이유율을 의미하는 것들이다. 가령 사과는 사과가 되어야 하는 근거와 이유가 있고, 사과가 포도가 되지 않아야 하는 근거와 이유가 있는 것이다. 그러므로 원인이 있으면 결과가 있는 것이고, 그 결과는 원인이 결정한 것이다. 그것이 합리적인 사고의 원리이자 과정이다. 따라서 라이프니츠는 존재, 변화, 사건, 인식 모두 충분근거율에 근거하는 것으로 보았다.

라이프니츠의 충분근거율은 세상의 모든 것은 이미 결정되어 있으며 그 결정의 법칙은 인과율과 결정론Determinism이면서 '세상의 모든 것들은 필연적 법칙에 따라 순서대로 일어나기 때문에 의지와는 무관하다'는 숙명론이다. 그런데 충분근거율로 추론할 때는 인과법칙과 보편타당성universal validity을 고려해야 한다. 라이프니츠는 충분근거율을 존재 증명의 원리로 이용했는데, 신도 이유가 있기 때문에 존재한다는 것과 신神도 이유 없이 어떤 일을 하지 않는다는 것을 포함한다. 그런 점에서 충분근거율은 무엇이 성립하는 충분한 조건인 충분조건sufficient condition이면서 무엇이 성립하는 데 필요한 조건인 필요조건necessary condition

---

1   Ohne dass es eine Ursache oder wenigstens einen bestimmenden Grund gibt.

G.W. Leibniz : Theodizee, §44; zit. nach der dt.-frz. Suhrkamp-Ausgabe 1999, S. 273.

까지 포함한다. 한편 쇼펜하우어는 충족이유율을 생성의 이유^{reason of becoming}, 인식의 이유^{reason of knowing}, 존재의 이유^{reason of being}, 행위의 이유^{reason of acting}로 나누었고 해밀턴^{W. Hamilton}은 충족이유의 법칙^{Law of Sufficient Reason}을 주장했다.

일찍이 플라톤은 '발생하는 모든 것은 반드시 원인이 있기 때문에 발생한다'라고 말했고 데카르트는 '무에서는 아무것도 생겨나지 않는다'고 말했으며 인도철학에서는 상당히 정교한 인과법칙을 말한 바 있다. 충분근거율이 많은 지지를 받는 까닭은 직관적 사고와 상식적 이해에 부합하기 때문이다. 하지만 충분근거율 자체의 충분한 근거가 없고, 설명 역시 무한 반복 후퇴하는 아그리파의 트릴렘마^{Agrippan trilemma}라는 난점이 있으며, '무엇이 그렇게 되지 않아야 할 근거 역시 없다'는 점에서 충분근거율은 결함이 있는 추론으로 비판받는다. 한편, 고대 인도철학에서 생각한 아무 원인이 없이 일어나는 무기업^{無起業}이나, 이유는 있겠지만 양자역학의 불확정성 역시 충분근거율이 완전하지 않다는 것을 보여준다. 그렇지만, 충분근거율/충족이유율은 무엇인가 설명이 필요하고 또 어떻게 하든 이해해야 하는 근거와 이유라는 점에서 중요한 추론이다.

참고문헌 Arthur Schopenhauer, *On The Fourfold Root of the Principle of Sufficient Reason*, translated by E. Payne, Open Court Publishing Company, 1997.

참조 결정론, 귀납·연역·귀추, 논리·논리학, 동일률·모순율·배중률, 딜레마, 분석명제·종합명제, 불확정성의 원리, 명제, 인과율·인과법칙, 인식론, 존재론, 필연·우연

권태 [하이데거]

Weariness | 倦怠

사람들은 늘 이렇게 느낀다. '심심하다. 그리고 따분하다.' 그래서 사람들은 권태 즉 지루함과 외로움에서 벗어나기 위해서 무엇에 몰두한다. 왜 사람들은 권태를 느낄까? 권태는 어떤 일이나 상태가 시들하여 게을러지거나 싫증을 느끼는 것이다. 느낌은 감각, 본능, 자극에 대한 반응 등이 작동하는 저차원의 능력이고, 느낌feeling과 대비되는 생각은 지각, 의식, 인식, 분석 등이 작동하는 고차원의 능력이다. 권태와 불안 같은 저차원의 느낌은 고차원의 생각보다 중요할 수도 있다. 누구도 주목하지 않았던 느낌과 기분을 철학의 주제로 설정한 것은 하이데거다. 하이데거에 의하면 기분stimmung은 단순한 느낌이 아니라 중요한 느낌이고 인간 존재의 근본 구조다. 그래서 하이데거는 『시간과 존재』에서 기분을 분석하고 『형이상학』에서 권태를 분석한 다음, 기분과 권태가 현존재의 실재라고 규정했다.

하이데거에 의하면 현존재의 근본 기분인 권태는 다음 세 가지가 있다. 첫째, 어떤 것 때문에 생기는von 권태다. 예를 들어 기차 시간을 착각하여 네 시간이나 일찍 도착했을 때 갑자기 권태가 몰려온다. 이때 사람들은 시간 자체가 권태로 바뀌면서 무료하게 시간 보내기(시간 죽이기)를 한다. 이 말은 권태를 피하고자 세속의 분주함에 빠지는 것은 존재를 망각한 것과 같다는 뜻이다. 둘째, 어떤 것을 하면서bei, an 느끼는 권태다. 사람을 초대하여 연회를 하고, 웃고 떠들면서 재미있는 시간을 보내더라도 권태는 사라지지 않는다. 그 이유는 권태는 현존재가 가진 근본 구조이기 때문이다. 셋째, 아무 이유도 없이 '그냥 지루한einem langweilig'

권태다. 하이데거는 이 세 번째 권태가 중요하다고 강조한다. 그 이유는 권태가 스스로 자기를 드러내면서 현존재의 존재론적 의미를 알려주기 때문이다.

인생은 권태스러울 수밖에 없다. 왜냐하면, 산다는 것은 무한한 시간을 걸어가는 나그네의 여정이기 때문이다. 그리고 사람은 불안할 수밖에 없다. 왜냐하면, 죽음의 그림자가 자기 곁에 바짝 다가와 있기 때문이다. 하지만 권태와 불안을 느끼는 순간이 존재의 의미를 깨우치는 순간이다. 현존재는 이 순간을 통해서 자신이 고독한 개별자라는 사실을 깊이 인식하고, 자기 존재를 걱정하고 염려sorge하며, 고유한 존재로 살아야 한다는 명령을 받아들인다. 사람들은 바쁘게 살거나 무엇에 몰두할 때는 권태를 못 느낀다. 하지만 그런 사람은 존재의 의미도 못 느낀다. 그 사람은 존재물음도 하지 않고, 존재의 의미도 찾지 않는 세속적 세인이다. 따라서, 하이데거에 의하면, 불안과 권태는 현존재에게 존재 의미를 찾아주는 열쇠다. 한마디로 권태는 우연한 것이 아닌 근원적인 것이고 그 근원에서 그리워했던 고향에 대한 향수가 피어오른다.

현존재는 권태 속에서 죽음의 시간에 내던져진 인간의 운명을 이해할 수 있다. 그 깨우침의 순간 '나는 현재 거기에 실존하고 있는 고독하고 고유한 존재'라는 사실이 선명하게 드러난다. 그리고 인간이 사는 거기da는 본래적 존재sein의 실존인 불안과 권태가 있는 곳이다. 한편 불안과 권태는 세계를 세계로 개시하도록 한다. 본래 존재하던 세계가 권태를 통하여 (새로 시작되면서) 자기 자신이 시간적 존재임이 드러난다. 이처럼 권태와 불안은 형이상학을 이해하는 유일한 존재인 인간에게 근본적인 실존이다. 그러므로 세계는 곧 권태와 불안으로 구성된 시간이다. 세계 내 존재인 인간은 권태와 불안 속에서 고독하게 살면서 고유한 자기 존재를 책임져야 하는 열린 존재다. 그런 점에서 죽음이 드리우는 불안과 함께 권태는 세속적이고 퇴락한 비본래적 실존에서 벗어나 고독하고 고유한 본래적 실존을 가능케 하는 중요한 기분이다.

일반적으로 기분에는 불안, 권태 기쁨, 슬픔, 분노, 공포, 열망, 허무, 한가, 여유, 초조, 주저, 애수, 사랑, 증오 등이 있다. 기분과 유사한 개념은 다음과 같다. ① 감정emotion, 感情은 인간의 내적 외적 자극으로 인하여 마음이 움직이는 것이고, ② 정서情緒는 단기간에 걸쳐 강하게 계속되는 감정이며, ③ 정취情趣는 약하게 오래 계속되는 고상한 감정이다. 반면 ④ 기분mood, 氣分은 약하고 길게 지속되는 감정 상태의 일종이다. 권태는 감정이면서 기분인데, 기분에 더 가깝다. 권태는 느끼고자 해서 느껴지는 것이 아니다. 반면 느끼기 싫다고 해서 느껴지지 않는 것도 아니다. 하이데거가 권태를 존재의 기본구조로 본 이유는 권태의 기능 때문이다. 그것은 지루하고 심심하고 따분한 권태야말로 인간 존재의 본질이 드러나는 곳이라는 뜻이다. 지루하고 심심하다는 것은 권태가 시간이라는 사실을 말해준다.

참고문헌 Martin Heidegger, *Introduction to Metaphysics*, translated by Gregory Fried and Richard Polt, New Haven : Yale University Press, 2000.

참조 내던져진 존재, 불안(하이데거), 시간(하이데거), 실존, 실존주의, 존재(하이데거), 존재·존재자, 존재론, 존재론적 해석학, 죽음, 죽음(하이데거), 죽음에 이르는 병, 죽음의 공포, 하이데거, 존재와 시간(하이데거), 현존재 다자인

있다 · 있음[파르메니데스]

Being · Beingness | 有

'무엇이 있다'를 모르는 사람은 없을 것이다. 이 문장에서 '무엇'은 대상인 주어이고 '있다'는 술어다. 가령 '책상 위에 사과가 있다'에서 '있다'는 '어느 시간 어느 공간에 실제로 존재한다'와 같은 뜻이다. '있다', '있는 것', '있음'을 깊이 사유한 사람은 고대 그리스의 파르메니데스다. 고대 그리스인들은 '세상과 사물은 왜 생겼을까'를 생각하고, '세상과 사물의 원인은 무엇인가'를 분석했다. 특히 파르메니데스는 존재와 본질을 생각했다. 인간은 '있다'는 상태를 보고 '있는 것'을 확신한다. 그리고 그것을 '있음'이라고 한다. '있다, 있는 것, 있음'의 의미를 살펴보면, ① '있다be'는 있는 상태이며, '없는 것이 아닌' 것이다. ② '있는 것being'은 어느 시간과 공간에 실제로 존재하는 개별 존재자이다. 역시 상태를 의미한다. ③ '있음beingness'은 '있다'와 '있는 것'의 근원이다. '있음'은 상태를 의미할 수도 있고 원리를 의미할 수도 있다.

파르메니데스의 존재론은 이렇다. 세상과 우주에 존재하는 모든 것은 완전한 하나The One이고 영원히, 둥근 원처럼, 같은 시간에 존재하고 있다. 이를 전제로 그는 다음과 같이 말했다. '있는 것은 있는 것이고, 있지 않은 것은 있지 않은 것이다.' '있지 않은 것은 생각할 수도 없고, 표현할 수도 없으며, 이름을 붙일 수도 없다.' 당연한 것 같은 이 말을 왜 했을까? 엘리아학파를 창시한 것으로 알려진 파르메니데스의 철학시 「자연에 대하여On Nature」에 답이 있다. 디에게시스와 미메시스로 구성된 이 시에서 파르메니데스는 진리의 길과 의견의 길을 나누었다. 진리의 길은 '있다'의 길이고 의견의 길은 '있지 않다'의 길이다. 정의의 길이자 진리의 길은 '있는 것은 있는 것이고ἣ μὲν ὅπως ἔστιν τε καὶ ὡς οὐκ ἔστι μὴ εἶναι, 있지 않은 것은 있지 않은 것ἣ δ' ὡς οὐκ ἔστιν τε καὶ ὡς χρεών ἐστι μὴ εἶναι'이다. 그러므로 유한한 인간은 일시적인 의견을 길을 버리고 영원한 진리의 길 즉, '있음'의 길을 택해야 한다.

파르메니데스에 의하면 (인간이 지각하는) 현실에 있는 것은 환영이나 망상illusion이다. 가령 현실의 사과는 일시적으로 있는 것처럼 보일 뿐, 실제로 있는 것이 아니다. 실제로 있는 것은 인간의 이성으로 알 수 있는 본질 즉, 진리의 세계다. 그래서 파르메니데스는 감각과 경험으로 얻은 것은 유한하고 사멸하는 존재인 인간의 의견일 뿐, 무한하고 본질인 진리가 아니라고 단언한 것이다. 진리인 '있음'인 우주 자연에는 생성becoming과 소멸도 없고 변화와 운동도 없다. 그런데 '있는 것'은 생각할 수 있다. 따라서 존재와 사유는 같다. 그리고 있음의 길은 믿을 수 있고 설득이 가능한 진리aletheia의 길이다. 「자연에 관하여」에서 파르메니데스를 가르친 것은 인간을 만든 여신이다. 여신의 가르침에는 진리와 정의의 '있음'의 길을 의미하는 ἐστί'(esti)와 '있다'를 의미하는 ἐστῖν(estin)이 나온다. 동사 ἐστῖν(estin)은 3인칭 단수의 객관적 서술에 쓰인다. 여기서 '있다'와 '이다'에 대한 논란이 생겼다.

고대 그리스어 ἐστῖν(estin)은 '있다'도 될 수 있고 '이다'도 될 수 있다. 그래서 '있다'는 존재이고 '이다'는 본질로 보면서 두 가지 의미를 가지는 것으로 간주한다. 한편 「자연에 관하여」에서 '있다ἐστῖν'의 주어를 길로 보는 견해와 구체적 대상object이나 대명사it, that로 보는 견해로 나뉜다. 첫째, '있다ἐστῖν'의 주어를 '있는 것'으로 보면 '있는 것은 있다'가 되어 동어반복이다. '있다ἐστῖν'의 주어를 '있는 것'으로 보는 견해는 존재적 의미를 중요하게 여기는 관점이다. 둘째, '있다ἐστῖν'의 주어를 '있는 것'이 아닌 술어의 대상으로 보면 '(진리를 찾아가는) 길이 있다'처럼 어떤 존재 의미를 분명히 해주는 것이어서 주어와 술어가 조화한다. 주어가 자연, 길, 세상, 그것 등이라면 주어와 술어의 문법적 타당성이 확보되기 때문에 상당한 지지를 받는 해석이다. 그러나 존재론적 의미가 약화되는 문제점이 생긴다.

파르메니데스가 '없다'로 쓰지 않고 '있지 않다'로 쓴 것은 배중률을 위배하기 때문이다. '않+있다 οὐκ ἔστιν, not is'는 '있지 않다'인데 '있다'와 모순 관계여서 하나가 참이면 하나는 거짓이다. '있는 것은 있는 것이고, 없는 것은 없는 것이다'를 강조하는 파르메니데스의 논증에서 반대 개념인 '있다'와 '없다'로 쓰면 모호한 표현이 된다. 한편 ἔστιν을 '이다'로 보는 술어적 의미와 '그렇다'로 보는 진리적 의미도 많은 지지를 받는다. 그런데 '이다'는 술어적 의미만이 아니라 '무엇이다'이므로 존재적 의미로 해석할 수 있다. 파르메니데스는 '있다'를 근거로 존재자인 '있는 것'과 존재인 '있음'의 의미를 사유하여, 형이상학과 존재론의 토대를 놓았다. 현상계의 현실에서 보이는 변화, 생성, 소멸, 죽음, 운동은 모두 인간의 감각이 만든 허상이다. 따라서 인간은 허상을 버리고 진리의 길을 가야 한다. 그 길은 본질과 존재를 알게 하는 이성의 길이다.

참고문헌 Παρμενίδης, *Fragments of Parmenides*.

참조 공/수냐타, 공간, 동일률·모순율·배중률, 무극이태극, 무한, 본질, 상대시간·상대공간, 시간, 시공간, 실체, 없다·없음, 영원, 영원불변한 세상(파르메니데스), 의식, 인식론, 일반상대성이론, 제행무상

없다 · 없음 [파르메니데스]

Nothing · Nothingness | 无

'무엇이 없다'를 모르는 사람은 없을 것이다. 이 문장에서 '무엇'은 주어이고 '없다'는 술어다. 가령 '책상 위에 사과가 없다'에서 '없다'는 '없는 존재'를 의미한다. 어딘가 이상한 것 같다. 그렇다. '있다'와 '없다'를 깊이 생각한 사람은 고대 그리스의 파르메니데스다. 주의할 점은 파르메니데스가 순환론적 오류를 범하고 있다는 사실이다. 그는 '있다'를 설명하기 위해서 '없다'를 가정했다. 의미론적으로 보면, '없다'는 '없는 것이 있다'이다. 그래서 그는 '있지 않다'를 '않+있다ούκ ἔστιν, not is'라고 했다. 결국, '없다'는 '없는 것이 있다'이므로 '있는 것'이 되는 이율배반이다. 하지만 그는 '없다 · 없음'은 생각할 수도 없고, 말할 수도 없으며, 이름을 붙일 수도 없다고 단언했다. 왜냐하면 '없다'의 길은 정의도 아니고 진리도 아니기 때문이다. 이처럼 파르메니데스는 '있지 않다'인 '없다'로 진리인 '있다'를 강조하고자 했던 것이다.

파르메니데스는 철학시 「자연에 관하여On Nature」에서 다음과 같이 말했다. '있는 것은 있는 것이고, 있지 않은 것은 있지 않은 것이다.' '있지 않은 것은 생각할 수도 없고, 표현할 수도 없으며, 이름을 붙일 수도 없다.' 이렇게 말하는 파르메니데스는 '있지 않다' 즉 '없다'를 가정하고 '없다'가 무엇인지 설명한다. 다른 방법이 없기 때문에 '있다'를 통해서 '없다'를 설명하고 '없다'를 통해서 '있다'를 설명하는 과정에서 순환론적 오류가 발생한다. 오류임에도 불구하고 '없다'와 '없음'을 가정한 것은 '있다'의 길이 진리이고 정의라는 것을 알려주기 위해서였다. 진리의 길인 ① '있다'는 있는 상태이자 '없는 것이 아닌' 것이고

②'있는 것'은 어느 시간과 공간에 실제로 존재하는 존재자이며 ③'있음'은 '있다'의 원리이자 근원이다. 그런 점에서 철학시 「자연에 관하여」는 '있는' 존재와 인식의 시원적 사상으로 알려진 중요한 사유다.

인간은 눈에 보이고, 귀에 들리고, 손에 잡히는 감각의 세계를 실제로 간주한다. 파르메니데스에 의하면 이것은 인간의 잘못된 의견이다. 가령 '사과가 있고, 꽃이 있으며, 강물이 흐르는 것'이라고 생각한다. 이것은 일시적이고 죽을 수밖에 없는 인간이 잠시 느끼는 가상illusion이다. 이 길은 정의의 길도 아니고 진리의 길도 아닌 헛된 의견doxa의 길이다. 이것이 「자연에 관하여」의 핵심이자 여신이 말하기 방법의 수사법Diegesis으로 설명한 이야기mythos다. 또한, 이것은 죽어야 하는 존재 인간이 '현상들이 실재한다'고 믿는 의견일 뿐이다. 여신의 설교를 빌어서 말하는 파르메니데스에 의하면, 이런 표면적 현상은 실재하지 않는 가상이다. 즉 없는 것이다. 그러므로 이 길은 진리에서 탈락한다. 이처럼 파르메니데스가 있음인 진리를 추론하는 방법은 명제 중 하나를 부정하고 하나를 긍정하는 선언논증이다.

우주 자연의 모든 것은 하나The One다. 그 하나는 완전하고 동일하며, 분리할 수 없고, 둥근 원처럼, 같은 시간, 같은 공간에 영원히 존재하고 있다. 진리인 하나는 자연에서 여럿으로 보일 수 있으므로 인간은 이성으로 분별해야 한다. 이와 반대인 '있지 않음'에 대해서 파르메니데스는 '없는 것에서는 아무 것도 나오지 않는다ex nihilo nihil fit'로 정리했다. '있지 않다'인 없음은 필연적이고 절대적이다. 그런데 없는 것이 있는 것처럼 보이는 것은 밤의 기만적인 가상 때문이다. 그런데도 두 머리를 가진 인간은 낮의 진리와 밤의 어둠을 구분하지 못한다. 그리하여 인간은 '생성과 소멸이 있고 변화와 운동이 있다'는 잘못된 의견을 주장한다. 거듭 강조하는 것처럼 없음에서는 무엇이 나올 수 없다. 결론적으로 파르메니데스는 '있는 것은 있는 것이고ἡ μὲν ὅπως ἔστιν τε καὶ ὡς οὐκ ἔστι μὴ εἶναι, 있지 않은 것은 있지 않은 것ἡ δ' ὡς οὐκ ἔστιν τε καὶ ὡς χρεών ἐστι μὴ εἶναι'이라고 말한다.

파르메니데스의 논증에 의하면 '있는 것'과 반대인 '없는 것'은 처음부터 성립하지 않는다. 그리고 '없음'인 '있지 않은 것'은 논리적으로도 성립하지 않는다. 왜냐하면 '있지 않음'이 성립하지 않음으로, '있지 않음'의 개별 형태인 '있지 않은 것'은 더욱더 성립하지 않는 것이다. 이처럼 '있지 않다'인 '없다'는 존재불가능, 사유불가능, 인식불가능, 분별불가능, 명명불가능이다. 그러나 파르메니데스는 '없다'와 '없음'도 탐구해야 한다고 주장했다. 왜냐하면 '없다'를 통해서 '있다'를 알 수 있고 '없음'을 통해서 '있음'을 알 수 있기 때문이다. 이처럼 파르메니데스는 상대적인 있음과 없음이 아니라 절대적인 있음과 없음을 가정하고 이성으로 진리, 정의, 실재를 찾아야 한다는 교훈주의를 펼쳤다. 파르메니데스의 영원불변한 존재는 헤라클레이토스^{Heraclitus}의 변화하는 존재와 대비되는 개념이다.

참고문헌 Παρμενίδης, *Fragments of Parmenides*.

참조 공/수냐타, 공간, 무극이태극, 무한, 본질, 상대시간·상대공간, 시간, 시공간, 실재, 실체, 영원, 영원불변한 세상〔파르메니데스〕, 의식, 이다·있다 있다·있음〔파르메니데스〕, 인식론, 일반상대성이론, 제행무상

소박실재론 · 직접실재론

Naive Realism | 素朴实在论

'눈에 보이는 것은 실재인가 아닌가?' 사람들은 눈에 보이는 것은 실재라고 믿는다. 가령 책상 위에 놓인 사과를 보는 사람은 그 사과가 '지금 여기에 실재한다'고 생각한다. 언뜻 생각하면, (관찰자이자 인식의 주체인 인간이 없어도) 사물이 실재하는 것처럼 보인다. 그런데 이것이 간단한 문제가 아니라는 것을, 다음과 같이 생각해 보면 알 수 있다. 상식적인 의미에서 실재는 관찰자인 인간의 의식과 관계없이 독립적으로 존재하는 것이다. 그래서 우리는 '저 별은 지구로부터 100만 광년 떨어진 곳에 있다. 즉 별은 지금 실재한다'고 말한다. 사실 그 별은 이미 초신성이 되어 없어졌는데도, 100만 광년 동안 인간의 눈에 보일 뿐이다. 그래도 그 별이 실재한다고 말할 수 있을까? 이 의문은 보는 사람에 따라서 즉 주체에 따라서 실재가 아닐 수도 있음을 알려준다. 여기서 생긴 것이 '인식의 주체와 인식되는 대상'의 관계다.

주체와 대상의 관계에서 처음 등장한 것이 소박실재론이다. 소박실재론은 보이는 것이 곧 실재라는 소박한 관점이다. 그리고 소박실재론은 인간의 의식과 독립하여 사물이 실재하고 그 실재하는 것을 주체가 직접 인식하고 경험할 수 있다는 이론이다. 소박실재론이면서 직접direct 인식한다는 것을 강조하는 것이 직접실재론이다. 내가 보고, 내가 듣고, 내가 만지는 그것이 실재한다는 생각은 매우 상식적이다. 그래서 소박실재론과 직접실재론에서는 감각적 확신을 믿는다. 그러나 100만 광년 떨어진 별에서 보았듯이 소박한 상식에는 문제가 있다. 하나 더 예를 들면, 접시에 담긴 젓가락은 실제와 다르게 꺾여 보인다. 이 두 가지 예를 보면 보는 것과 실재는 다르다는 것을 알 수 있다. 이처럼 감각을 믿을 수 없다. 한마디로 불확실한 감각과 지각을 근거로 사물의 실재와 인식의 정확성을 주장하는 소박실재론은 위험하다.

소박실재론과 반대되는 것에는 표상실재론과 관념론이 있다. 첫째, 표상실재론은 주체와 대상 사이에는 표상이 있어서 주체는 표상을 매개로 실재하는 사물을 인식한다는 관점이고 둘째, 관념론은 사물은 실재하는 것이 아니고 인간의 의식이 구성한다는 관점이다. 관념론은 인간의 마음에서 대상이 구성되거나 대상이 존재하는 것으로 본다. 관념론은 현실 세계의 실재를 부정하므로, 소박실재론과 대비되는 개념이 아니다. 소박실재론(직접실재론)과 대비되는 개념은 표상실재론 또는 간접실재론이다. 표상실재론이 생긴 이유는 (100만 광년 떨어진 별과 같이) 실재에 대한 회의가 생겼고(회의주의), 그런 회의와 반성은 새로운 실재론을 낳게 했기 때문이다. 간단히 말하면 표상실재론은 외부 세계의 실재를 직접 지각할 수 없고 감각기관이 전해준 표상을 지각한다는 이론이다. 바꾸어 말하면 주체는 대상을 직접 인식하지 못한다는 이론이다.

표상은 재생, 회상, 상상, 추론, 개념의 작용을 거쳐서 마음에 나타난 심상이다. 객관적으로 존재하는 의식 외부의 실재가 마음에 표상되면 주체는 이 표상을 해석하고 이해한다. 이것을 도식으로 표현하면 다음과 같다. 표상은 '①인식의 주체↔②표상(x)↔③객관적 대상'의 상호작용 가운데 놓인 기호다. X의 자리에 오는 것이 표상이다. 표상의 x에는 심상^{image}, 관념^{idea}, 개념^{concept}, 언어, 기호, 감각자료$^{sense\ data}$ 등이 올 수 있다. 이처럼 인식의 주체는 표상이라는 매개를 통해서만 인식한다. 반면 소박실재론은 인식의 주체가 직접 객관적 대상을 인식하는 것으로 간주한다. 이것을 도식으로 표현하면 다음과 같다. '①인식의 주체 ↔ ②객관적 대상.' 여기에는 표상과 같은 매개가 없다. 그 대신 직관적이고 객관적이다. 대상이 그대로 인식된다는 것은 그대로 복사된다는 것과 같다. 이것을 모사설$^{copy\ theory}$이라고 한다.

한편 퍼트넘[H. Putnam, 1926~2016]은 '① 주체↔② 표상↔③ 대상'의 그림을 해체하고 '① 주체 ↔ ② 대상'처럼 주체가 직접 대상을 직접 인식한다고 단언했다. 이것이 직접실재론의 일종인 자연적 실재론[natural realism]이다. 이 도식에서 ② 표상은 단순 모사일 뿐이다. 퍼트넘은 심신이원론을 주장한 데카르트의 근대적 세계관을 비판하는 한편 김재권으로 대표되는 물리주의를 부정한다. 그리고 표상인 감각자료[sense data, 감각소여]를 설정할 필요가 없다고 재차 강조한다. 퍼트넘의 주장은 소박실재론과 유사하지만 소박실재론을 부정한 간접실재론을 다시 부정하여 얻은 결과이므로 소박실재론과 다르다. 퍼트넘은 자연적 실재론을 통하여 건강한 일상성과 자연적 친숙성을 회복하고자 한다. 이 두 실재론과 유사한 과학적 실재론은 (눈에 보이는 것과 상관없이) 실험과 관찰로 검증 가능한 대상이 독립적으로 존재한다는 이론이다.

참고문헌 Hilary Putnam, *Representation and Reality*, Massachusetts : MIT Press, 1988.

참조 감각, 관념론, 리얼리즘(예술), 리얼리즘/실재론(철학), 마야 환영, 물리주의, 물자체, 반영론, 보편논쟁, 본질, 브라흐만, 사실, 실재, 아트만, 이성, 인식, 인식론, 재현, 진리, 철학, 표상, 현상

테세우스의 배

Ship of Theseus | 忒修斯之船

테세우스의 역설로 알려진 배 이야기는 이렇다. '테세우스와 아테네의 젊은
이들이 크레타에서 타고 온 배는 노가 30개였는데, 아테네인들은 이 배를 데메
트리우스 팔레레우스^{BCE 350~280경} 시대까지 보존했다. 그들은 썩은 판자를 떼어
내고 튼튼한 목재로 바꾸었다. 그런데 이 배를 두고 철학자들은 다음과 같은 논
리적 문제를 제기했다. 이 배는 (원래의 배와) 같은 배인가, 같은 배가 아닌가?'[1]
간단해 보이지만 존재와 인식에 관한 매우 어려운 문제다. 이 문제의 어려움은
본질, 실체, 존재, 지속, 인식, 정체성, 동일성 등이 복잡하게 얽혀 있기 때문이다.
이 문제의 핵심은 '무엇이 본질이고 그 본질이 어떻게 지속되는가'이다. 본질의
지속은 정체성/동일성^{identity}과 고유성^{authenticity}이 유지되어 원래의 아우라^{aura}를
잃지 않은 상태다. 그렇다면 테세우스의 배의 고유한 본질은 무엇일까?

테세우스가 크레타 크노소스^{Knossos} 궁전 지하의 괴물 미노타우로스를 처치
한 다음 개선장군처럼 귀환할 때 탔던 배가 바로 테세우스의 배다. 그러니까 괴
물을 처치하지 못했거나, 테세우스가 다른 일로 그 배를 탔다면 그것은 테세우
스의 배가 아니다. 사람들은, 시간이 흘러 배의 판자가 썩어서 하나를 교체했더
라도 본질은 유지된다고 생각할 수 있다. 더 시간이 흐르면 마지막 판자만 남

---

1 "The ship wherein Theseus and the youth of Athens returned had thirty oars, and was preserved by the
   Athenians down even to the time of Demetrius Phalereus, for they took away the old planks as they
   decayed, putting in new and stronger timber in their place, insomuch that this ship became a standing
   example among the philosophers, for the logical question of things that grow; one side holding that the
   ship remained the same, and the other contending that it was not the same." *Plutarch* (Vita Thesei, 22–23)

을 것이다. 그래도 테세우스의 배일까? 홉스^{T. Hobbes}는 이 문제를 비틀어서 다음과 같이 재구성했다. '원래 배의 판자를 (썩지 않았다고 가정하고) 하나씩 모아 다시 조립했다면 새 판자로 조립한 원래의 배^{배1}와 원래의 배의 판자로 조립한 배^{배2} 중 어떤 것이 테세우스의 배인가?' 가능한 추론은 다음과 같다. ① 배1이 테세우스의 배다. ② 배2가 테세우스의 배다. ③ 배1과 배2 모두 테세우스의 배다. ④ 배1과 배2 모두 테세우스의 배가 아니다.

테세우스의 배의 동일성은 다시 본질 문제로 환원한다. 본질은 근본적인 성질 즉 '무엇의 무엇임^{whatness, quiddity}' 또는 '무엇에서 없으면 안 되는 것'이다. 본질은 존재와 사태의 근원이고 필연이므로 본질이 유지되지 않았다면 동일한 것이 아니다. 같음^{sameness}인 동일성은 두 개 이상에 내재하는 시공간의 양^{quantity}과 질^{quality}의 같음^{sameness}, 단일성^{unity}, 통일성^{uniformity}, 대치가능성^{subsitutivity}, 지속성^{persistency}, 구별불가능성^{indiscernibility} 등의 특징이 있다. 같음은 A=A로 표시되고, 같지 않은 것 또는 다름^{difference}은 A≠A로 표시된다. 그런데 A=A로 표시되는 배의 같음 즉 동일성은 시공간과 인식에 따라서 상대적일 수밖에 없다.² 왜냐하면, 조건에 의하여 같음과 다름이 결정되기 때문이다. 시간이 흐르면서 형태가 달라진 테세우스의 배는 다음 몇 가지 관점에서 생각해 볼 수 있다.

첫째, 구조주의^{Structuralism}의 관점에서 보면 구조의 어느 정도까지 유지되는가의 문제로 바뀐다. 이것은 전체집합과 부분집합의 원소로 측정할 수도 있다. 둘째, 본질주의^{Essentialism}의 관점에서 보면, 테세우스의 배의 본질이 무엇인가에서 시작하여 '본질을 유지하고 있는가'로 나간다. 테세우스의 배의 본질은 ① 괴물을 처치하고 개선할 때 테세우스가 탔던 배, ② 아테네 사람들이 항구에 세워두고 기념한 배, ③ 30개의 노가 달린 나무로 만든 배다. 따라서 테세우스의 배는 이런 본질을 유지하는 정도에 따라서 다르게 판정될 수 있다. 셋째, 다발론^{bundle}

---

2   초시간적이고 초공간적으로 불변하는 절대적 동일성은 플라톤의 이데아(idea), 파르메니데스의 하나(to hen), 자유자재한 신 이외에는 없고 경험 세계에는 상대적 동일성만 있다.

theory의 관점에서 보면, 모든 성질/속성이 그대로 유지되어야 테세우스의 배라고 할 수 있다. 속성을 원자로 표기하면 원자론Atomism의 문제가 된다. 경험론자 흄의 이론인 다발론은 속성의 전체집합을 말하므로 하나의 속성이라도 바뀌면 그것은 테세우스의 배가 아니다.

테세우스의 배에 대한 근원적인 물음은 정체성/동일성identity과 고유성authenticity이 훼손되지 않았는가의 문제다. 이에 대해서는 루이스D. Lewis와 사이더T. Sider의 이론을 참조할 만하다. 넷째, 이들이 말한 동일성 인내주의Endurantism의 관점에서 보면, 모든 시간에 실재하는 사물배의 삼차원적x·y·z 동일성이 가능하다. 인내주의의 관점에서 보면 테세우스의 배는 어느 시간이든지 동일하게 실재하는 정체성을 가진다. 다섯째, 동일성 지속주의Perdurantism의 관점에서 보면, 테세우스의 배는 (변하지 않았더라도) 시간에 따라서 다른 정체성을 가진다. 인내주의와 지속주의는 데카르트 좌표x, y, z의 절대공간에 시간을 결합한 4차원의 시공간spacetime(x, y, x, t)으로 동일성을 판정하는 방법이다. 헤라클레이토스가 말한 '모든 것은 변화한다'는 관점에서 보면 동일성과 고유성은 유지될 수 없다.

참고문헌 Theodore Sider, *Four-Dimensionalism Oxford : An Ontology of Persistence and Time*, Oxford University Press, 2001.

참조 공간, 구조주의, 동일성, 동일률·모순율·배중률, 리얼리즘/실재론(철학), 물리주의, 본질, 본질주의, 속성, 시간, 시공간, 실재, 실체, 역설, 이데아, 자기 정체성, 존재·존재자

프레게의 퍼즐

Frege's Puzzle | 弗雷格难题

프레게는 다음과 같은 수수께끼를 냈다. '어떤 마을에서는 금성을 아침별이라고 하고 어떤 마을에서는 금성을 저녁별이라고 한다. 그런데 금성^{Venus} = 아침별^{Phosphorus} = 저녁별^{Hesperus}이므로 세 개의 이름은 동일한 대상을 가리킨다. 그렇다면 아침별과 저녁별은 어떻게 다른가?' 그 답은 같은 대상이 다른 이름을 가지고 있다는 점이다. 같은 것을 다르게 부른다면, 그것은 같은 것인가 다른 것인가? 언뜻 보면 아주 쉽고 간단한 문제처럼 보이지만 대단히 중요하고 어려운 문제다. 이것이 수학자 프레게$^{G. Frege, 1838~1925}$가 낸 언어철학의 수수께끼다. 프레게의 퍼즐은 지시와 의미가 다르다는 것을 밝힌 언어철학의 수수께끼다. 이 퍼즐에는 '무엇이 같은 것이고 무엇이 다른 것인가'를 설명한 다음 '그러므로 진리 또는 참은 이런 것이다'를 해명하고자 하는 목적이 내포되어 있다.

금성을 아침별이라고 부르는 것과 저녁별이라고 부르는 것에는 큰 차이가 있다. 아침별은 아침에 반짝이는 별이고 저녁별은 저녁에 반짝이는 별이다. 따라서 같은 금성이지만 의미는 다르다. 프레게가 이 수수께끼를 낸 것은 의미와 지시는 연결되어 있다는 전통적 의미론을 반박하기 위해서였다. 그리고 의미는 개별 단어가 아닌 문장의 맥락 속에 있다는 것을 주장하기 위해서였다. 수학자였던 프레게는 문장 역시 객관적 정확성이 전제되어야, 의사소통이 가능하고, 정확한 이해도 가능하다고 보았다. 그의 생각은 당시 유행하던 심리학적 방법이 아닌 논리학적 방법이 필요하다는 것이었다. 이를 위하여 이름인 고유명$^{proper name}$과 대상^{object}의 관계를 새롭게 설정한 프레게는 1892년 "의미와 지시^{Über}

Sinn und Bedeutung"에서 지시하는 대상과 의미하는 것이 다를 수 있음을 수수께끼로 설명했다.[1]

프레게의 첫 번째 퍼즐은 동일성 수수께끼다. 동일성은 두 개 이상에 내재하는 성질과 형상이 같은 것이며 동일성에는 같음sameness, 구별불가능성indiscernibility, 단일성unity, 대치가능성subsitutivity 등의 특징이 있다. 가령 'a=a, 아침별=아침별'이 동일성을 표시하는 방법이다. 이것은 별다른 가치가 없다. 왜냐하면 새로운 지식과 정보를 제공하지 못하기 때문이다. 이것은 (칸트의 개념으로 표현하면) 경험하지 않아도 알 수 있는a priori 직관적 지식이다. 반면 'a=b, 아침별=저녁별'로 동일성을 표시하면 새로운 가치를 표시할 수 있다. 왜냐하면 새로운 지식과 정보를 제공하기 때문이다. 아침별과 저녁별은 모두 금성이므로 진리가치truth value는 같다. 하지만 아침별과 저녁별로 인식하는 것이므로 의미는 다르다. 이것을 (칸트의 개념으로 표현하면) 경험한 후에 알 수 있는a posteriori 경험적 지식이다. 한마디로 인지의미cognitive significance가 다르다.

프레게의 두 번째 퍼즐은 명제태도propositional attitude 수수께끼다. 명제태도는 어떤 명제에 대한 태도를 말한다. 그 명제태도를 통하여 그 명제가 참인지 거짓인지 판정할 수 있다. 그 진위판정은 올바른 지식을 얻기 위해서 필요하다. 여기서 말하는 지식은 정당화된 객관적 믿음이다. 상당수의 지식은 명제태도에 의해서 결정된다. 명제태도는 '(나는 명제 P를) 믿는다, 희망한다, 발견했다, 알고 있다, 생각한다'로 표시된다. 그렇다면 명제태도가 작용하는 명제의 '진리가치를 지키면서salva veritate' 동일한 것으로 교체할 수 있을까? 동일성 교체가능 원칙

---

1   Die Gründe, die dafür zu sprechen scheinen, sind folgende : a = a und a = b sind offenbar Sätze von verschiedenem Erkenntniswert : a = a gilt a priori und ist nach Kant analytisch zu nennen, während Sätze von der Form a = b oft sehr wertvolle Erweiterungen unserer Erkenntnis enthalten und a priori nicht immer zu begründen sind.

Gottlob Frege, "Über Sinn und Bedeutung", *Zeitschrift für Philosophie und philosophische Kritik* NF 100, 1892, pp.25~50.

principle of identity substitution에 의해서 교체한다면, 다음 수수께끼를 어떻게 설명해야 하는가? '나는 아침별이 아침에 반짝인다고 믿는다. 아침별은 저녁별이다. 그러므로 나는 저녁별이 아침에 반짝인다고 믿는다.' 이상하다.

그러나 첫 번째 동일성 퍼즐과 마찬가지로 의미하는 것과 지시하는 것을 분리하면 해결할 수 있다. 앞에서 살펴본 것처럼 'a=a'는 새로운 것을 알려주지 못하지만 'a=b'는 새로운 것을 알려준다. 이것은 굉장한 발견이다. 예를 들어 『지킬박사와 하이드씨』[1886]를 보자. 인품이 훌륭하고 착한 지킬박사[a]가 사실은 사악하고 무서운 하이드 씨[b]임을 아는 것은 간단한 발견이 아니다. 이처럼 이미 알았던 것을 새롭게 발견하는 것도 새로운 지식 못지않은 의미가 있다. 이 발견은 대상과 개념을 분리함으로써 가능하다. 프레게는 분리된 대상인 고유명사에 또 다른 의미가 있다는 간접지시론Mediated reference theory을 주장했다. 그러니까 지시하는 이름고유명사는 실재하는 외부세계이기는 하지만, 이름 자체에는 다른 의미가 내재한다는 것이다. 러셀은 프레게의 이론을 바탕으로 고유명은 기술구일 뿐이라는 기술이론을 제기했다.

참고문헌 Gottlob Frege, "Über Sinn und Bedeutung", *Zeitschrift für Philosophie und philosophische Kritik* NF 100, 1892, pp.25~50.

참조 개념, 개념과 대상(프레게), 객관·객관성, 고유명, 관념론, 기술이론(러셀), 논리·논리학, 논리실증주의, 동일성, 명제, 술어논리, 의미, 이발사의 역설, 인공지능 AI, 인식, 주관·주관성, 중국어 방, 진리의미론(타르스키)

감각질

Qualia | 感质

다음과 같은 사고실험을 해 보자. 2050년 어느 날, 세 명이 이름난 와인 로마네꽁띠$^{Romanee-Conti}$를 마시기 위하여 식탁에 앉았다. P와 Q는 인간이고 AI-KIM5409401411313은 인공지능이다. 드디어 P는 비싼 고급 와인의 코르크를 열고 시음을 위하여 약간씩 잔에 따랐다. 잔을 들어 향기를 맡은 P는 풀향기와 체리 향기가 난다고 말했고, Q는 아몬드 향기가 난다고 말했으며, AI-KIM은 산미와 딸기향이 난다고 말했다. 물리적 자료인 와인의 맛을 서로 다르게 느낀 것이다. 같은 감각자료를 가지고 다른 감각반응을 보인 것을 어떻게 설명하면 좋을까? 감각자료$^{sense\ data}$는 '① 인식의 주체 ↔ ② 감각자료^x ↔ ③ 객관적 대상'에서 보듯이 어떤 것이 의식에 주어진 감각의 자료이다. 그런데 똑같이 주어진 감각자료에 대한 생생한 느낌$^{raw\ feels}$은 모두 다르다. 이것은 감각의 질이 다르기 때문이다.

감각질은 감각을 통해서 개인적으로 느끼는 주관적인 특질이다. 감각질의 어원은 라틴어 '~와 같은$^{what\ kind\ of}$'인 quālis다. 감각은 경험을 전제로 하여 의식에 주어진다. 그런데 감각질은 시각, 청각, 미각, 후각, 촉각 등에 대한 마음속의 느낌과 기분이기 때문에 설명하기 어렵다. 그리고 감각질은 객관적인 대상이 주관적인 느낌으로 바뀌면서 생기는 미묘한 감정이다. 감각적 특질은 심리철학, 유물론, 물리주의, 인공지능, 로봇공학, 존재론, 인식론 등에서 특히 중요하다. 감각질의 핵심은 '어떤 것에 대한 물리적 정보를 알면 그 정보를 객관화시켜서 전달할 수 있는가'의 문제다. 바꾸어 말하면 '정신을 물리로 설명할 수 있는가'이다. 심리철학의 물리주의자들은 정신을 물질로 설명할 수 있다고 본다. 정신사건, 정신상태, 정신속성을 포함한 마음의 모든 것을 물리적 정보로 객관화하는 것이 과연 가능할까?

감각질을 설명할 수 있으면 '감각과 정신은 물질의 작용'이라는 것이 밝혀진다. 세상의 모든 것을 물리적으로 환원하려는 라플라스의 시도 이래 인간 존재에 관한 주제는 과학과 철학에서 큰 논쟁을 유발했다. 유물론과 물리주의에 비판적인 철학자들은 '감각질은 물론이고 인간의 정신은 물리적 정보로 환원될 수 없다'고 주장한다. 일반적인 감각질에 특별한 의미를 부여한 것은 루이스다. 루이스C. Lewis는 1929년, '어떤 감각 대상은 보편적일 수 있지만 그에 대한 경험인 감각질은 직관적이고 주관적이기 때문에 개인에게는 오류일 수 없다'고 말했다. 반면 데넷D. Dennett은 감각질의 특성을 설명불가ineffable, 내재적intrinsic, 개인적private, 직접적directly인 것으로 보았다. 한편 차머스D. Chalmers는 감각질은 어려운 문제hard problem이지만 정신상태는 뇌의 물리적 체계에 의해서 발생하는 것으로 본다.

감각질과 관계된 연구가 많이 있었는데 특히 중국어 방과 같은 상태의 철학적 좀비, 색채과학자 메리의 방, 반대로 인지되는 역전감각질, 박쥐 사고실험 등이 유명하다. 이 중 박쥐 사고실험에서 보여준 감각질 문제는 인간의 근본적인 감각체계를 밝혔다. 네이글T. Nagel은 『박쥐가 된다는 것은 무엇과 같은 것일까?』에서 음파로 지각하는 박쥐와 음파로 지각하지 않는 인간은 서로 소통할 수 없음을 논증했다. 아무리 과학적으로 박쥐의 감각을 분석하고 설명한다고 해도 인간은 박쥐의 감각적 특질을 결코 알 수 없다는 것이다. 실제로 감각적 특질은 종마다 다르고, 개체마다 다르며, 상황마다 다르다. 또한 와인의 예에서 보듯이 인간은 인공지능의 감각질을 알 수 없고 인공지능은 인간의 감각질을 알 수 없다. 결론은 이렇다. '감각질은 물리적 정보로 환원될 수 없으며, 주관적이고 직관적이기 때문에 소통 불가능한 영역이다.'

반면 물리주의자들은 감각질의 정보를 물리적으로 환원할 수 있으며, (지금은 그렇지 못하더라도) '머지않아서 감각질을 포함한 모든 것을 물리적으로 해명할 수 있다'고 본다. 이에 대해서는 기능적 환원주의의 입장인 김재권의 이론을 참조할 수 있다. 김재권은 '마음과 몸을 두 개로 보는 것은 문제가 있다'[1]로 시작하는 『물리주의』에서 마음, 정신, 의식 그리고 감정까지도 물리작용이라는 심신인과론을 주장했다. 그리고 감각질을 인과가 없는 부수현상epiphenomenon으로 간주했다. 그러니까 김재권의 이론은 모든 것은 '거의 충분히near enough 물리적인 것으로 환원할 수 있고 설명할 수 있다'는 것이다. 감각질을 둘러싸고 심신이원론과 심신일원론의 치열한 논쟁이 벌어지고 있지만, 정작 물리학자를 포함한 과학자들은 감각질을 중요한 문제로 생각하지 않는다. '감각질도 물리적으로 설명할 수 있다'고 믿기 때문이다.

참고문헌 Thomas Nagel, "What Is it Like to Be a Bat?", *Philosophical Review*(1974), pp.435~450; Jaegwon KIM, *Physicalism, or Something Near Enough*, Princeton University Press, 2005.

참조 감각, 감정, 라플라스의 악마, 마음, 무법칙적 일원론, 물리사건, 물리주의, 사건(김재권), 심신이원론, 심신일원론(스피노자), 유물론, 의식, 인공지능 AI, 인과율·인과법칙, 자유의지, 정신, 정신사건, 중국어 방, 지각

---

1   Jaegwon Kim, Physicalism, or Something Near Enough, Princeton University Press, 2005, p.7.

대상론[마이농]

Meinongian Theory of Object | 対象理论

대상론은 마이농이 정립한 이론이다. 마이농이 대상론을 새로운 학이라고 주장한 이유는 존재와 실재의 개념을 새롭게 보았기 때문이다. 아주 간단하게 말하면 마이농은 존재의 개념을 확장하여 의식이 지향하는 대상 즉, 인간이 생각할 수 있는 모든 것은 존재의 기능을 한다고 주장했다. 마이농에 의하면 둥근 사각형, 황금산, 유니콘, 페가수스, 셜록 홈스가 살았던 베이커 거리처럼 실재하는 것이나 실재하지 않는 것들 모두 존재하는 것으로 볼 수 있다. 아니 존재하는 것으로 보아야 한다. 그러나 이것은 상식에 맞지 않는다. 마이농은 존재를 ① 존재^{Sein}, ② 상존재 조자인^{Sosein}, ③ 함께하는 존재^{Mitsein}으로 나누었다. 그리고 ① 존재를 ⓐ 실존^{Existenz}, ⓑ 존립^{Bestand}, ⓒ 초존재^{Aussersein}로 나누고 ② 상존재 조자인을 ⓐWassein, ⓑWiesein, ⓒMitsein으로 나눈 다음, 다시 Mitsein을 분리했다.[1]

마이농$^{A.\ Meinong,\ 1853~1920}$은 유니콘과 페가수스에도 존재의미를 부여했는데 마이농이 그런 생각을 한 것은 존재를 새롭게 정의하기 위해서였다. 그가 새롭게 정의한 존재의 개념은 대상^{Object}이다. 대상은 의식이 지향하는 것이다. 마이농이 대상에 의미를 부여한 근거는 현상학과 심리학이다. 마이농은 비엔나대학 시절의 스승 브렌타노의 의식의 지향대상에 주목했다. 이를 토대로 정립한 대상론對象論은 존재하는 것과 '존재하지 않는 것' 모두 존재로 간주하는 마이농의 이론이다. 마이농은 마음의 작용을 심리학으로 이해하고 의식의 지향을 현상

[1] Alexius Meinong, "Über Gegenstandstheorie", edited by A. Meinong, *Untersuchungen zur Gegenstandstheorie und Psychologie*, Leipzig : Barth, 1904, pp.1~51.

학으로 해석한다. 그 다음 어떤 것 즉, 존재는 인간 의식의 지향 대상이기 때문에 의미가 생기는 것으로 보았다. 그러므로 철학연구 역시 존재론에서 대상론으로 바뀌어야 한다. 왜냐하면 대상 안에 존재가 있고 대상을 통해서 의미가 생성되기 때문이다.

마이농은 플라톤 이후 서구 철학이 존재론을 중심으로 했으며 존재론 중에서도 '실재를 선호하는 편견the prejudice in favor of the real'을 가지고 있다고 비판했다. 하지만 의식이 지향하지 않는 존재는 의미가 없다. 그리고 의미 있는 것은 의식이 지향하는 존재 즉 대상이다. 그 대상은 특징을 가진 개별 대상만이 아니라 그 종species과 류 전체다. 가령 수많은 개체인 사과 하나하나를 인식의 대상으로 하는 한편 사과의 류 전체를 인식의 대상으로 삼아야 한다. 그리고 인간의 의식은 외부 감각을 통해서 얻는 직접 실재만이 아니라 내부 상상을 통한 가능 실재도 지향한다. 그러니까 인간은 없는 것 즉, 존재하지 않는 것도 생각하고 '없는 존재Nichtsein'까지 존재 의미를 부여할 수 있다. 마이농은 '없는 존재라도 대상으로 기능하기 때문에 객관적Nichtseinsobjectiv'[2]일 수 있다고 본다. 이처럼 마이농은 전통적 존재론을 넘어서 실재하지 않는 것도 존재론의 대상에 포함했다.

마이농은 실재하지 않는 대상도 무차별의 원리Law of Indifference에 따라서 실재하는 대상과 똑같이 대해야 한다고 믿었다. 이렇게 하여 마이농의 황금산이 존재하게 된 것이다. 물론 황금산이 존재하지 않는다는 것을 마이농도 알고 있다. 그러나 '황금산은 존재한다'에서 보듯이 존립 개념이 성립한다. 그래서 마이농은 황금산이 존재하지 않는다는 것을 논증하려면 황금산의 존재를 인정해야 한다는 선소여성을 주장했다. 여기에서 더 나아간 마이농은 존재하거나 존재하지 않거나, 가능하거나 가능하지 않거나, 모든 의식의 대상을 차별 없이 존

---

2   Alexius Meinong, "The Theory of Objects"(Über Gegenstandstheorie, 1904), translated by I. Levi, D.B. Terrell, and R. Chisholm, *In Realism and the Background of Phenomenology*, *edited by Roderick Chisholm*, New York : Free press, 1960, p.84.

재하는 것으로 간주하는 초존재Aussersein 개념을 제시한다. 순수대상pure object인 초존재는 현존재 다자인Dasein과 상존재 조자인Sosein을 넘어서는 보편적 존재개념이다. 그런데 그 모든 것을 모두 존재라고 한다면 무의미한 마이농의 정글Meinong's Jungle이 되지 않을까?

마이농은 이에 대한 답으로 존재와 존립을 분리한다. 첫 번째 존재는 실재하는 존재sein, exist이고 두 번째 존재는 실재하지는 않지만 존립entstehen, subsist하는 대상 존재다. 책상은 실재하는 존재이고 황금산은 실재하지 않으면서 존립하는 대상 존재다. 그렇다면 없는 '황금산이 있다'고 한 모순을 어떻게 설명할 수 있을까? 마이농은 논리 추론의 법칙인 모순율, 동일률, 배중률 등은 실재하는 대상에만 해당하고 실재하지 않는 대상에는 해당되지 않는다고 반박한다. 예를 들면 '황금산이 있다'와 '황금산은 없다'는 모순관계가 아니라 동시에 가능하다는 것이다. 이렇게 하여 마이농은 실재하지 않는 것을 사유의 대상으로 만들고 대상에 존재 의미를 부여했다. 그의 대상론은 존재에 관한 새로운 과학을 수립하고자 하는 논리학이면서 인식론이다. 그의 대상론은 양상논리와 가능세계possible world 이론으로 발전했다.

참고문헌 Alexius Meinong, *On Assumptions*(Über Annahmen, 1902), translated by James Heanue, Berkeley : University of California Press, 1983; Alexius Meinong, "The Theory of Objects"(Über Gegenstandstheorie, 1904), translated by I. Levi, D.B. Terrell, and R. Chisholm, *In Realism and the Background of Phenomenology*, edited by Roderick Chisholm, New York : Free press, 1960, pp.76~117.

참조 가능세계, 기술이론(러셀), 마이농의 정글, 상존재 조자인(마이농), 의식, 자아, 존재·존재자, 존재론, 존재론적 해석학, 지향성, 현상학, 현재·과거·미래, 현존재 다자인

마이농의 정글

Meinong's Jungle | 迈农的丛林

둥근사각형이 있을까? 없다. 황금산이 있을까? 없다. 둥근사각형과 황금산이 없다는 것은 아주 평범한 상식이다. 만약 둥근사각형이 있다면 둥근오각형, 둥근육각형, 둥근칠각형······둥근n각형도 있을 것이다. 만약 황금산이 있다면 다이아몬드산, 니켈산, 철산, 수소산, n산도 있을 것이다. 무수히 많은 둥근사각형과 셀 수 없이 많은 산이 있을 것이다. 그리고 상상을 통한 무한한 존재들이 가능하다. 그런데 이 이상한 질문을 하면서 존재에 대하여 새로운 이론을 제기한 사람이 있다. 그는 오스트리아의 철학자 마이농[A. Meinong, 1853~1920]이다. 마이농은 존재를 ① 존재[Sein], ② 상존재 조자인[Sosein], ③ 함께하는 존재[Mitsein]으로 나누었다. 그리고 ① 존재를 ⓐ 실존[Existenz], ⓑ 존립[Bestand], ⓒ 초존재[Aussersein]로 나누고 ② 상존재 조자인을 ⓐ Wassein, ⓑ Wiesein, ⓒ Mitsein으로 나눈 다음, 다시 Mitsein을 분리했다.[1]

마이농의 주장에 의하면 무수히 많은 존재가 성립할 수 있다. 너무나 많아서 셀 수도 없다. 물론 마이농도 실재하는 존재와 실재하지 않는 존재를 나누기는 했으나, 그가 존재로 간주하는 존재의 대상은 정글 속의 생물처럼 많다. 이것이 바로 마이농의 정글이다. 마이농의 정글은 의식의 지향 대상을 모두 존재로 간주하는 마이농의 존재론을 비판하는 개념이다. 마이농의 정글에 의미를 부여한 것은 로틀리[R. Routley]다. 로틀리에 의하면[1980] 정글 속의 생물들이 나름대로 생

---

[1] Alexius Meinong, "Über Gegenstandstheorie", edited by A. Meinong, *Untersuchungen zur Gegenstandstheorie und Psychologie*, Leipzig : Barth, 1904, pp.1~51.

태의 질서를 갖추고 있는 것처럼 마이농의 존재론 역시 무질서한 무한존재가 아니라 풍부한 사유의 보물창고다. 로틀리 이외에도 상당수의 마이농주의자 Meinongian들이 있지만 마이농의 존재론은 상식과 직관에 맞지 않기 때문에 많은 비판을 받는다. 하지만 마이농의 정글이 존재론과 의미론 그리고 분석철학에 기여했다는 긍정적 평가도 많다.

마이농의 정글을 이해하기 위해서는 마이농이 걸어온 길을 살펴볼 필요가 있다. 마이농은 오스트리아제국의 렘베르크Lemberg, 현재 우크라이나의 Lviv에서 귀족의 후예로 태어났다. 1868년 비엔나의 김나지움에 다닌 후, 1970년 비엔나대학에 입학하여 경제학을 전공했다. 하지만 곧 철학으로 전공을 바꾸어 브렌타노의 제자가 되었다. 잘 알려진 것처럼 브렌타노F. Brentano는 의식에는 반드시 대상이 있다는 것과 그 의식은 무엇을 지향한다고 주장했다. 이것이 의식의 지향성intentionality이다. 지향성은 의식이 (세계로 열려 있으면서) 무엇을 지향하는conscious of something' 상대적 방향성이다. '인간의 의식→지향 대상'의 방향성을 가진다는 것은 지향 대상에 의미를 부여한다는 뜻이다. 마이농은 지향성 이론 중에서 지향의 대상에 주목했다. 그 지향의 대상은 실재하지 않는 것까지 포함한다.

의식의 지향 대상은 무수히 많다. 가령 책상, 물, 사과와 같은 구체적 대상도 있고 사랑, 죽음, 영혼과 같은 추상적 대상도 있다. 그래서 마이농은 1902년 "가정에 대하여Über Annahmen"에서 현실에 존재하지 않는 대상도 생각할 수 있지 않을까'라고 가정을 해 보았다. 그 가정 중의 하나가 둥근사각형과 황금산이다. 마이농은 실재하지 않는 둥근사각형과 황금산이 개념으로 성립한다는 사실을 밝혀냈다. 그리고 그는 실재하지 않는 개념도 (혼란스럽기는 하지만) 존재 의미를 가진다는 사실도 알아냈다. 그런데 둥근사각형을, '둥근사각형은 둥글다'로 바꾸면 존재가 되고 '이것은 둥근사각형이다'로 바꾸면 대상이 된다. 그리고 둥근사각형은 모순율을 위배하지만, 문장에서는 주어가 될 수 있다. 그리고 주어인 존재는 의식의 대상이기도 하다. 그는 이런 생각을 "대상론The Theory of Objects"1904

으로 정리했다. 마이농에 의해서 실재론이 대상론으로 바뀌고 인식론이 의미론으로 바뀌었다.

브렌타노의 사상을 발전시킨 마이농은 존재를 둘로 나눈다. 첫 번째 존재는 실재하는 존재[sein, exist]이고 두 번째 존재는 실재하지는 않지만 존립[entstehen, subsist]은 가능한 대상 존재다. 예를 들면 책상은 실재하는 존재이고 둥근사각형은 실재하지 않지만 존립은 가능한 대상 존재다. 존립이란 실재하지 않더라도 존재 개념은 성립한다는 뜻이다. 마이농은 존립하는 허구적 존재를 통틀어 '그렇고 그렇게 존재하는' 상존재[Sosein]로 명명했다. 상존재 조자인은 현실에 실재하는 다자인 현존재[Dasein]의 상대적 개념이다. 이런 특별한 마이농의 존재이론은 (허황한 개념이므로) 오컴의 면도날로 잘라내야 한다는 비판에 직면했다. 특히 러셀은 주어인 황금산을 'x는 황금으로 만들어진 산이다'와 같은 기술구의 술어로 만든 다음 존재를 부정하는 러셀의 사막[Russell's dessert]으로 마이농의 정글을 비판한 바 있다.

참고문헌 Richard Sylvan(Routley), *Exploring Meinong's Jungle and Beyond*, Ridgeview Pub Co., 1980; Alexius Meinong, "The Theory of Objects"(Über Gegenstandstheorie, 1904), translated by I. Levi, D.B. Terrell, and R. Chisholm, *In Realism and the Background of Phenomenology, edited by Roderick Chisholm*, New York : Free press, 1960.

참조 가능세계, 기술이론(러셀), 상존재 조자인(마이농), 의식, 자아, 존재·존재자, 존재론, 존재론적 해석학, 지각우선의 지각현상학, 지향성, 직관, 초월(칸트), 현재·과거·미래, 현존재 다자인

게티어 문제

Gettier Problem | 葛梯尔问题

게티어[E. Gettier]는 1963년에 중요한 글을 발표했다. 게티어 문제로 불리는 짧은 글에서 그는 이렇게 물었다. '정당화된 참된 믿음은 지식인가?[Is Justified True Belief Knowledge?]' 평범해 보이는 그의 문제제기는 큰 반향을 불러 일으켰고 수많은 철학자들이 논쟁에 뛰어들었다. 이른바 게티어 문제는 '지식은 정당화된 참된 믿음'이라는 전통적 지식이론을 반박한 것이다. 그의 문제제기는 지식이론만이 아니라 인식론의 근본을 흔들었다. 그리고 '지식이란 무엇인가'를 통하여 진리이론과 인식론을 새롭게 정의하도록 했다. 그런데 그의 문제제기는 게티어의 정의라고 하지 않고 게티어 문제로 불린다. 왜냐하면, 게티어가 전통적 지식이론 즉, '지식은 정당화된 참된 믿음[JBT]이라는 정의'가 불완전하다고 논증했을 뿐 지식의 정의를 내리지는 않았기 때문이다. 그렇다면 지식에 관한 전통적 정의는 왜 불완전한 정의일까?

먼저 지식에 관한 전통적 정의를 살펴보기로 하자. 플라톤은 『테아테이투스[Theaetetus]』에서 스승 소크라테스가 문답법을 통하여 지식을 정의하는 과정을 기록했다. 소크라테스-플라톤의 정의에 따르면 지식은 지각과 믿음을 넘어서는 '논리적[logos] 근거를 가진 참된 믿음'이다. 이 문맥에서 로고스는 논리적이면서 정당한 근거와 정당한 과정을 거친 생각을 말한다. 그러니까 지식은 정당화된 참된 믿음[justified true belief]이라는 것이다. 이 정의[JTB]는 지식이론이면서 인식론이기 때문에 대단히 중요하다. 그리고 소크라테스-플라톤의 지식에 대한 정의는 2천년 이상 권위 있는 지식이론 또는 인식론으로 인정받았다. 그런데 게티어는 이 정의가 불완전하다고 비판하고 나섰다. 일설에 의하면 이 3쪽의 에세이는 교수가 되기 위한 업적 제출을 위하여 게티어가 평소 생각했던 것을 짤막한 글로 정리한 것이라고 한다.

게티어는 논문 첫머리에서 주어진 명제에 대한 필요조건과 충분조건을 점검해 볼 때 전통적 지식이론은 불완전하다고 비판한다. 그리고 '①P는 참이다(P is true) ②인식 주체(S)는 P를 믿는다. ③인식주체가 P를 믿는 것은 정당화되었다' 일 때 단지 그럴 때(iff)만이 '인식주체는 P를 아는 것이다(S know that P)'[1]라고 썼다. 이어서 치좀R. Chisholm과 에이어A.J. Ayer의 논리를 열거한 다음 전통적 지식이론에는 정당화justification 문제가 불완전하다고 지적했다. 게티어가 치좀과 에이어를 비판하면서 사실은 전통적 인식론의 근본적인 문제를 파헤친 것이다. 이어서 케티어는 정당화된 참된 믿음의 반대 사례 두 개를 제시한다. 그가 제시한 반대사례 1Case I 은 다음과 같다. 스미스와 존스는 같은 회사에 응시했다. 스미스는 '존스가 취직할 것이며 존스는 10개의 동전을 가지고 있다. 그러므로 취직한 사람은 10개의 동전을 가지고 있다'라고 믿는다. 이것은 전통적 인식론에서 말하는 정당화된 참된 믿음이다.

그런데 존스가 아닌 스미스가 취직되었다. 어떻게 된 것일까? 사실은 스미스 자신도 동전 10개를 가지고 있었다. 하지만 스미스는 그런 사실을 몰랐다. 여하튼 '취직한 사람은 10개의 동전을 가지고 있다'는 정당화된 믿음이다. 그리고 스미스 자신도 동전 10개를 가지고 있었으므로 그의 믿음 역시 정당화된 믿음이다. 하지만 근거 없는 믿음이다. 따라서 스미스 사례는 정당화된 참된 믿음이라도 불완전하다는 것을 보여준다. 게티어는 이어서 반대사례 2Case II 를 제시한다. 스미스는 존스가 포드차를 가지고 있다고 믿는다. 그리고 스미스는 브라운이 바르셀로나에 있다고 믿는다. 그런데 '존스가 포드차를 가지고 있거나 브라

---

[1]   Edmund L. Gettier, "Is Justified True Belief Knowledge?", *Analysis*, Vol.23, 1963, pp.121~123.

운은 바르셀로나에 있다'는 명제는 참이었다. 왜냐하면 존스가 포드차를 가지고 있는 것은 거짓이지만 브라운은 우연히 바르셀로나에 있었으므로 이 선언명제는 참이기 때문이다.

반대사례 2는 둘 중의 하나만 참이면 그 명제가 참이 되는 선언명제다. 우연이지만 브라운은 바르셀로나에 있었으므로 위의 진술은 참이다. 우연이 참이 된 것이다. 게티어는 이 두 가지 반대사례를 근거로 정당화된 참된 믿음일지라도 지식의 충분조건을 충족하지 못한다고 말한다. 이 말은 전통적 지식이론이 필요조건은 충족하지만 충분조건은 충족하지 못한다는 뜻이다. 바꾸어 말하면 '지식의 정당화에는 필요충분조건이 충족되어야 한다'는 것이다. 게티어 이전에 러셀은 고장난 시계로 이 문제를 제기한 바 있다. 오후 2시에 고장난 시계를 본 사람이 '오후 2시'라고 인식하는 것은, 정당하지 않은 사실에 근거한 거짓 믿음false belief이다. 우연과 행운에 의한 믿음은 정당한 지식이 아니라는 것이 러셀, 마이농, 게티어의 주장이다. 이후 게티어 문제를 보완하여 정당한 지식을 정의하기 위한 다양한 노력이 전개되었다.

참고문헌 Edmund L. Gettier, "Is Justified True Belief Knowledge?", *Analysis* Vol.23, 1963, pp.121~123.

참조 감각, 게티어 문제 해결, 게티어 문제 해결 불가능, 경험론/경험주의, 의미, 의미론, 이데아, 이성, 이성론/합리주의, 인식, 인식론, 자연화된 인식론, 지식, 진리, 진리의미론 (타르스키), 필연·우연

게티어 문제 해결

Gettier Problem Solving | 葛梯尔问题解决

게티어 문제는 철학계의 난제 중 하나다. 게티어가 발표한 「정당화된 참된 믿음은 지식인가?」[1963]의 핵심은 정당화된 참된 믿음[JTB]이라도 지식이 아닐 수 있다는 것이다. 게티어는 1963년에 발표한 3쪽의 짧은 글에서 전통적 지식이론을 반박한다. 그가 제시한 반대사례 ①은 동전 사례다. 스미스의 예상과 달리 자신이 취직된 후에 알게 된 사실은 자신도 동전 10개를 가지고 있었다는 사실이다. 스미스의 정당한 믿음은 참으로 판명되었지만, 그의 믿음은 잘못된 근거를 바탕으로 한 것이었다. 반대사례 ②는 선언명제이므로 둘 중의 하나만 참이면 그 명제는 참인 사례다. '존스는 포드차를 소유하고 있다'와 '브라운은 바르셀로나에 있다' 중 하나가 우연히 참이었으므로 이 선언진술은 참이다. 게티어는 반대사례를 통해서 전통적 지식이론의 불완전성을 입증했다. 이후 철학자들이 게티어 문제제기에 대하여 여러 가지 입장을 표명했다.

철학자들의 입장은, 게티어 문제제기를 받아들여 새로운 회의주의를 인정하는 태도, 제4의 조건을 첨가하여 완전한 지식이론을 만들려는 시도, 정당화의 개념을 다시 설정하는 방법 등으로 나뉘었다. 한편 게티어 문제를 둘러싼 논쟁은 다음과 같다. 첫째, 게티어의 문제제기가 타당한가? 둘째, 게티어 문제제기가 타당하다면 어떻게 그 문제를 해결할 수 있을까? 셋째, 게티어 문제 해결이 불가능하다면 왜 그런가? 만약 이런 문제를 해결하지 못한다면, 지식의 정의는 물론이고 인간의 인식 역시 불완전할 뿐 아니라 근원적인 사고능력까지 흔들릴 것이다. 그렇다면 철학자들은 어떻게 게티어 문제를 해결하고자 했을까? 해결해야 하는 논리식은 다음과 같다. '①P는 참이다(P is true) ②인식주체(S)는 P를 믿는다. 그리고 ③인식주체가 P를 믿는 것은 정당화되었다'일 때 단지 그럴 때[iii]만이 '인식주체는 P를 아는 것이다.(S know that P)'

첫째, 인과적 지식이론은 믿음이 지식이 되기 위해서는 내적 믿음과 외적 진리 사이에 인과적 관계가 있어야 한다는 것이다. 골드만[A. Goldman]이 제기한 인과적 지식이론은 게티어의 문제를 다음과 같이 해결하고자 한다. 게티어는 반례 2, '존스가 포드차를 가지고 있거나 브라운은 바르셀로나에 있다'에서 '존스가 포드차를 가지고 있는 것'은 거짓이지만 '브라운은 바르셀로나에 있는 것'은 우연한 참이므로 선언명제는 참이라고 했다. 정당화되지 못한 사실과 우연에 근거했지만 참 지식이 된 것이다. 이에 대하여 골드만은 인과적 관계를 명시하여 해결하고자 한다. 그래서 첨가된 조건 ④는 'S의 믿음 P를 참으로 만드는 믿음과 사실은 인과적 관계를 맺고 있어야 한다'이다. 하지만 가짜 헛간을 진짜로 인식한다면 인과적 조건은 성립하지만 잘못된 근거이므로 골드만의 인과적 지식이론은 게티어 문제를 해결한 것이 아니다.

둘째, 거짓 전제 제거는 전제에서 거짓을 제거하여 정당성을 확보하는 방법이다. 거짓 전제 제거는 추가 조건을 제시하여 해결하고자 한다. 게티어 문제는 정당화 때문에 제기된 것이므로, ④'S의 믿음 P가 거짓 전제에 의존하지 않는 정당한 조건에서만 S는 P를 안다'라는 조건을 첨가할 필요가 있다. 하만[G. Harman] 등이 제기한 이 방법 즉 정당화조건을 삽입하여 그 조건에서만 지식을 정의하는 이 방법은 상당히 유효한 것처럼 보인다. 그런데 다음과 같은 반대 논증을 방어할 수 없다. S가 보는 해바라기 꽃은 홀로그램이었고, 그 뒤에 진짜 해바라기 꽃이 있을 때 S가 보는 해바라기 꽃에 대한 믿음은 정당한 조건이라는 것이다. S는 홀로그램을 보고 진짜 해바라기 꽃이라고 믿었으므로 정당화조건을 충족했으나 참인 지식은 아니다. 인과적 지식이론과 거짓 전제 제거는 모두 정당화는 되었지만 올바른 지식이 되지는 못한다.

셋째, 민감성 원리는 반사실적 조건을 첨가하여 믿음조건을 정리한 것이다. 노직R. Nozick과 드레츠키F. Dretske는 이렇게 가정했다. 'P가 거짓이었다면(가정), S는 가정법 조건을 바탕으로 P라고 믿지 않을 것이다'라는 조건을 추가하여 신빙성reliability을 확보하고자 한 것이다. 이에 대하여 암스트롱D. Armstrong은 아무리 민감한 반사실적 조건을 첨가하더라도 믿음조건을 해결할 수 없다고 반박했다. 신빙론자Reliabilist 암스트롱은 재판에서 유죄로 판명된 딸이 무죄임을 믿는 아버지의 믿음을 사례로 들어 반사실적 조건은 게티어 문제를 해결할 수 없다고 주장했다. 한편 소사F. Sosa는 신빙성 있는 인식적 덕(인식적 합리성)으로 얻은 참된 믿음을 추가하면 된다고 했으나 역시 게티어 문제를 해결하지 못했다. 한편 자그제프스키L. Zagzebski를 비롯한 여러 철학자는 '게티어 문제는 해결되지 않을 것'으로 전망했다.

참고문헌 Alvin Goldman, "A Causal Theory of Knowing", *The Journal of Philosophy* v.64, 1967, pp.357~372.

참조 게티어 문제, 게티어 문제 해결 불가능, 경험론/경험주의, 의미, 의미론, 이데아, 이성, 이성론/합리주의, 인식, 인식론, 자연화된 인식론, 지식, 진리, 진리의미론(타르스키), 필연·우연

내재주의

Internalism | 内在论

사람들은 이런 말을 자주 한다. '내가 생각하기에 이것은 분명히 옳다.' 이 문장에서 '옳음'은 정당하고 타당한 것이고 '생각'은 의식 내부에서 비판과 반성을 거쳤다는 뜻이며 '나'는 인식의 주체라는 뜻이다. 그런데 세상에는 자신이 확실하다고 믿는 사실일지라도 정당하지도 않고 타당하지도 않은 정보가 많다. 그렇다면 인식주체S는 왜 그 생각이 옳다고 생각했을까? 아마도 그렇게 믿을 만한 근거와 이유가 있기 때문일 것이다. 문제는 다른 사람들이 '나의 생각'에 동의하지 않거나 '나의 생각'이 객관적 사실이 아닌 것으로 판명될 때 생긴다. 이 문제를 다루는 영역 중의 하나가 인식론과 지식이론이다. 인식론에서는 인식의 정당성이 마음 안에서 결정되는지, 아니면 마음 바깥에서 결정되는지에 대하여 오랫동안 논쟁해 왔다. 특히 1970년대 이후 인식 내재주의와 인식 외재주의에 대한 다양한 논의가 전개되었다.

내재주의와 외재주의는 1963년 게티어가 발표한 정당화된 참된 믿음JTB에 대한 비판에서 촉발되었다. 인식 정당화란 '인식은 정당한 인식의 목표와 정당한 인식의 절차를 가지고 객관타당한 진리를 추구해야 한다'는 당위론이다. 잘 알려진 것처럼 전통적 지식이론은 정당화justification, 진리truth, 믿음belief의 세 요소로 구성된다. 그런데 게티어는 정당하기는 하지만 타당하지는 않은 지식이 있다고 선언하면서 정당화의 의미를 새롭게 바라보아야 한다고 주장했다. 이로부터 정당화를 둘러싼 논란이 시작되었고, '인식 정당화는 인간의 마음 안에서 결정된다'는 내재주의와 '인식 정당화는 마음 바깥의 환경이 결정한다'는 외재주의로 분화했다. 정당화라는 개념을 쓰지는 않았지만 인식을 마음 안의 작용으로 보는 내재주의 이론은 소크라테스와 플라톤에서 시작하여 데카르트의 코기토^{cogito}에 이르는 오랜 전통이 있다.

인식 내재주의는 어떤 것의 근거와 토대를 마음 안에서 찾으려는 인식론인데 논리식으로는 '인식주체(S)에 x가 내재한다는 것은 x가 인식주체의 마음 안에 있다는 것이다'가 된다. 반면 인식 외재주의는 '어떤 것의 근거와 토대는 마음 바깥에 있다'는 관점인데 논리식으로는 '인식주체(S)에 x가 외재한다는 것은 x가 인식주체의 마음 안에 있지 않다는 것이다'가 된다. 내재주의 지식이론은 '지식은 마음 안에서 정당화된 참된 믿음이다'로 표현할 수 있다. 여기서 파생되는 두 가지 과제는 '첫째, 마음이란 무엇인가 둘째, 마음은 왜 생각하고 판단하는가'이다. 먼저 마음이 생각하고 판단하는 이유를 살펴보자. 마음은 정당한 지식과 올바른 인식을 위하여 생각하고 반성한다. 그 인식의 목표는 정당한 지식을 추구하고 거짓 지식을 피하기 위해서다. 따라서 인식주체는 인식적 책임$^{epistemic\ responsibility}$을 져야 한다.

두 번째 문제 '마음은 왜 생각하고 판단하는가'는 어렵고 복잡하다. 사전적 의미에서 마음은 사람이 가진 본래의 성격과 품성, 사람이 어떤 대상에 대하여 느끼거나 생각하는 작용과 태도, 사람의 생각, 감정, 기억이 일어나거나 자리 잡는 공간이다. 그렇다면 마음은 어디에 있는가? 가슴에 있다고 생각하기 쉽지만 사실 마음은 정신 즉 뇌의 작용이라는 것이 밝혀졌다. 이렇게 볼 때 마음에 내재한다는 것은 정신 상태를 의미한다. 따라서 내재주의는 정신이 반성하고 비판하는 내성^{內省}을 기준으로 한다. 마음 안에서 일어나는 정신작용이 인간 인식을 결정할 때, 인식의 목적과 인식의 책임이 정합성을 가지고 작동할 수 있다. 따라서 어떤 것이 옳다는 생각은 의식 내부의 신경작용이므로 의식 내부에서 정당화의 근거를 찾아야 한다. 여기서 발전한 개념이 증거주의다. 펠드만$^{R.\ Feldman}$이 주장한 증거주의^{Evidentialism}는 '의식 내부에 인식 정당성의 증거가 있어야 한다'는 이론이다.

1967년 골드만A. Goldman은 '인식주체의 믿음과 사실이 인과적으로 연결될 때 인식 정당성이 확보된다'는 외재주의 입장을 취했다. 이어 1973년 암스트롱D.M. Amstrong은 정당성을 내부의 신념과 외부의 사실이 정합적인 것으로 보았다. 이런 외재주의 이론을 통해서 내재주의가 새롭게 정의되었다. 그후 옳은 신념의 근거가 마음 안에 있고, 믿을 만한 내적 증거가 있으면 인식 정당화가 확보된다는 내재주의와 옳은 신념의 근거는 마음 밖에 있고, 믿을만한 신빙성 있는 과정을 거쳤으면 인식 정당화가 확보된다는 외재주의가 인식론의 두 주류로 정착되었다. 내재주의를 논리식으로 만든 것은 반주어다. 반주어L. Bonjour는 'S의 믿음 A를 정당화하기 위해 S는 다른 믿음들과 정합적이어야 한다'는 강한 내재주의 입장Doxastic Presumption을 취했다. 이와 달리 정당화는 약한 근거로도 가능하다는 약한 내재주의 입장이 있다.

참고문헌 Edmund L. Gettier, "Is Justified True Belief Knowledge?", *Analysis* Vol.23, 1963, pp.121~123; Laurence Bonjour, "Externalist Theories of Empirical Knowledge", *Midwest Studies in Philosophy* Vol.5, 1980, pp.53~73; Alvin Goldman, "What is Justified Belief?", *Justification and Knowledge*, 1979, pp.1~23.

참조 감각, 게티어 문제, 게티어 문제 해결, 게티어 문제 해결 불가능, 경험론/경험주의, 귀납 · 연역 · 귀추, 본질, 에피스테메, 의미, 이데아, 이성, 이성론/합리주의, 인식, 인식론, 자연화된 인식론, 진리

외재주의
Externalism | 外在论

사람들은 이런 말을 자주 한다. '네 생각은 옳지 않다. 여기 신빙성 있는 지표가 있다.' 여기서 '신빙성 있는 지표'는 객관적이고 타당한 자료가 있다는 뜻이다. 이것을 근거로 화자는 '네 생각은 옳지 않다'고 했으며, 그 이유는 '네 마음이 판단한 것'이기 때문이라고 말한다. 인간의 마음은 주관적이고 감성적이다. 그러므로 마음을 판단의 근거로 하는 것은 위험하다. 반대로 마음 바깥의 사실이나 환경을 바탕으로 옳고 그름을 판단해야 한다. 이런 태도를 외재주의라고 한다. 인식 외재주의는 어떤 것의 근거와 토대는 마음 외부에 있다는 관점인데 논리식으로는 '인식주체(S)에 x가 외재한다는 것은 x는 인식주체의 마음 안에 있지 않다는 것이다'이다. 반면 인식 내재주의는 어떤 것의 근거와 토대는 의식 내부에 있다는 관점인데 논리식으로는 '인식주체(S)에 x가 내재한다는 것은 x는 인식주체의 마음 안에 있다는 것이다'이다.

인식 외재주의와 인식 내재주의는 1963년 게티어의 전통적 인식론 비판으로부터 생성된 개념이다. 이후 인식 정당성을 중심으로 골드만, 암스트롱, 반 주어를 비롯한 많은 학자가 논쟁에 참여했다. 그 논쟁의 핵심은 '인식 정당화 justification는 인간 의식 내부에서 결정된다'는 내재주의와 '인식 정당화는 의식 외부의 환경이 결정한다'는 외재주의다. 이 문제는 이미 소크라테스와 플라톤에서 시작하여 데카르트에 의해서 코기토 cogito로 정리되었고 이후 (과학의 발전에 따라서) 물리주의에 이르기까지 많은 논란이 있었다. 2000년대 들어 인공지능 AI과 로봇공학이 발달함에 따라서 정신은 물질이 결정하는 것이고, 의식 외부에서 내부 신경을 조작하여 인식이 바뀔 수 있다는 외재주의가 힘을 얻고 있다. 과연 인간의 인식을 결정하는 것은 무엇이며, 그 결정 과정에서 인식 정당성은 어떻게 확보되는 것인가?

인식의 목적은 올바른 지식을 추구하고 올바르지 않은 지식을 피하는 것이다. 이 목적을 추구하기 위해서는 인식의 정당성이 확보되어야 한다. 인식정당화는, 정당한 인식의 목표와 정당한 인식의 절차를 가지고 객관 타당한 진리를 추구할 때 확보된다. 그런데 게티어는 정당하지만 타당하지 않은 지식의 사례를 보여주면서 정당화의 의미를 새롭게 바라보아야 한다고 주문했다. 이 논쟁에서 촉발된 외재주의는 마음 외적인 것이 인식에 영향을 미친다고 보는 인식론의 견해다. 또한 인식 외재주의는 어떤 것의 근거와 토대는 의식 외부에 있다는 관점인데 논리식으로는 '인식주체(S)에 x가 외재한다는 것은 x는 인식주체의 마음 안에 있지 않다는 것이다'가 된다. 이것을 지식이론으로 바꾸면 다음과 같다. '지식은 마음 바깥에서 정당화된 참된 믿음이다.' 간단히 말하면 인식과 지식 정당화의 근거가 마음 바깥에 있다는 뜻이다.

퍼트남H. Putnam은 외재주의의 중요한 이론을 정립했다. 그는 프레게의 지시이론에 근거하여 쌍둥이 지구 사고실험을 한 다음, '의미 있는 지식은 마음 바깥에서 결정된다'는 의미론적 외재주의를 주장했다. 퍼트남의 쌍둥이 지구 가설에 의하면, 지구에서는 물을 H_2O로 쓰고 쌍둥이 지구에서는 XYZ로 쓴다고 하더라도 지시 대상은 같은 물이다. 따라서 진리는 실제 사용의 맥락 즉 의식 외부에 의해서 결정된다. 아울러 퍼트남은 (꿈속에서, 나는 꿈속에 있는가'와 같은 질문이 성립하지 않듯이) '외부세계를 알고 있는 나는 통 속의 뇌(BIV)가 아니다'라고 하면서 의미 외재주의를 정립했다. 그런데 내부 의식이 외부 세계에 의해서 결정된다면, 도덕과 윤리 그리고 자유의지의 문제를 어떻게 설명해야 할까? 이처럼 외재주의는 인식주체의 인식적 책임을 물을 수 없고 능동적 인지능력을 설명할 수 없는 문제점이 생긴다.[1]

골드만A. Goldman은 외재주의를 체계적으로 설명했다. 그는 논문 "무엇이 정당화된 믿음인가?"에서 외재주의에 근거한 신빙론을 제시했다. 골드만에 의하면 인식 정당성은 마음 바깥에서 결정된다. 골드만의 신빙론은 '만약 인식주체 S가 신빙성 있는 인지 형성 과정의 어떤 시점t에서 명제 P를 믿는다면 인식주체가 명제 P를 믿는 것은 정당화된 것이다'[2]로 정리할 수 있다. 그러니까 신빙론은 진리 확보의 과정이 믿음을 정당화한다는 견해다. 그래서 골드만의 신빙론을 과정 신빙론이라고 한다. 이때 과정은 경험론적 과정이면서 자연주의적 인식을 말한다. 그런데 골드만은 과정의 신빙성이 진리를 보증하지 않는다는 비판을 받은 후, 규칙 신빙론rule reliabilism을 제시했다. 규칙 신빙론은 '정상세계에서 신빙성 있는 규칙을 지켜야 한다'는 이론이다. 하지만 그의 신빙론은 일반화가 어렵다는 비판을 받는다.

참고문헌 Laurence BonJour, "Externalist Theories of Empirical Knowledge", *Midwest Studies in Philosophy* Vol.5, 1980, pp.53~73; Alvin Goldman, "What is Justified Belief?", *Justification and Knowledge*, 1979, pp.1~23.

참조 감각, 게티어 문제, 게티어 문제 해결, 게티어 문제 해결 불가능, 경험론/경험주의, 귀납 · 연역 · 귀추, 의미, 이데아, 이성, 이성론/합리주의, 인식, 인식론, 자연화된 인식론, 진리, 통 속의 뇌

---

1 이 문제를 해결하기 위하여 믿음의 근거는 내재주의에서 찾고 믿음의 정당성은 외재주의에서 찾는 방법이 필요하다. 그래야만 자유의지와 결정론이 공존하고 조화할 수 있다.

2 If S's believing p at t results from a reliable cognitive belief-forming process, then S's belief in p at t is justified.

Alvin Goldman, "What is Justified Belief?", *Justification and Knowledge*, 1979, p.12.

신빙론

Reliabilism | 可靠主義

사람들은 누구나 올바른 지식을 추구한다. 전통적 지식이론에서는 올바른 지식을 줄여서 정당화된 참된 지식^{JTB}이라고 부른다. 전통적 지식이론은 '① S 는 P라는 믿음을 가진다(믿음 조건) ② P는 참이다(진리 조건) ③ S가 P에 대하여 가진 믿음은 정당하다(정당화 조건)'라는 세 가지 조건으로 구성되어 있다. 1963 년, 게티어는 전통적 지식이론에 문제가 있다고 생각하고, 사례를 들어 전통적 지식이론이 틀렸음을 논증했다. 이후 학자들은 정당화된 참된 지식에 새로운 조건을 첨가하거나 정당화 개념을 바꾸어 올바른 지식을 다시 정의하기 시작했다. 그중 골드만^{A. Goldman}은 세 가지 조건 중 정당화 조건을 신빙성 조건으로 대치하여 새롭게 지식을 정의했다. 그의 지식이론은 다음과 같다. '① S는 P라는 믿음을 가진다(믿음 조건). ② P는 참이다(진리 조건). ③S가 P에 대하여 가진 믿음은 신빙성을 근거로 한다(신빙성 조건).'

지식은 참된 믿음과 근거를 가져야 한다는 램지^{F.P. Ramsey}의 견해를 받아들인 골드만은 1967년 인과이론을 발표했고 1979년 신빙론을 완성했다. 골드만의 신빙론은 올바른 지식은, 내적 믿음과 외적 사실이 인과적으로 연결되어 있으면서 인식의 정당한 절차와 과정을 거친 지식이라는 이론이다. 골드만의 신빙론은 사실과 진리 연관성을 중시하기 때문에 외재주의로 분류된다. 신빙론에는 과정 신빙론, 규칙 신빙론, 덕 신빙론 등이 있다. 이 세 신빙론은 신빙성을 변항 x로 만들고 거기에 과정, 규칙, 덕을 대입하여 다음과 같은 논리식으로 표현할 수 있다. '① S는 P라는 믿음을 가진다(믿음 조건). ② P는 참이다(진리 조건).

③ S가 P에 대하여 가진 믿음은 x(과정, 규칙, 덕)의 신빙성을 근거로 한다(신빙성 조건).' 골드만의 신빙론 중 과정 신빙론은 '믿음은 믿음 형성과정의 신빙성을 근거로 한다.(신빙성 조건)'에 해당한다.

골드만에 의하면 올바른 지식은 정당화된 참된 믿음이 아니라 신빙성이 있는 참된 믿음이다. 그러니까 골드만은 믿음 조건과 진리 조건은 그대로 두고 정당화 조건을 신빙성 조건으로 교체하여 올바른 지식의 필요조건과 충분조건을 충족하고자 했던 것이다. 우리는 골드만이 사전적 의미의 신빙성이 아니라 인식론적 개념의 신빙성을 새롭게 정의했다는 점에 주목할 필요가 있다. 그의 신빙성은 인식의 정당한 절차를 말한다. 인식의 정당한 절차에는 앞에서 살펴본 ①내적 믿음과 외적 사실의 인과적 연결과 ②의식 외부에 경험적 근거를 가진 정당한 절차를 전제로 한다. 그러므로 신빙론에서는 지식을 '신빙성 있는reliable 참된 지식RTB'으로 간주한다. 골드만은 외부세계의 경험을 조건으로 하는 한편 신빙성 있는 지식 형성 과정reliable belief-forming process[1]을 추구한다.

간단히 말하면 골드만의 신빙론은 경험론과 과학에 기초한 자연주의적 인식론에 가깝다. 인식론에서 기초 또는 토대가 중요한 것은 다른 것으로부터 영향을 받지 않고, 다른 것을 정당화해주는 인식의 근원적 토대가 필요하기 때문이다. 골드만이 회의론을 피하면서 올바른 지식을 얻는 방법으로 제시한 것이 인과적 연결이다. '믿음과 사실은 적절한 인과적 방법으로 연결되어야causally connected in an appropriate way 한다'에서 말하는 인과적 방법은 자연주의의 경험적 인과를 의미한다. 그래서 골드만은 인과의 과정을 지각, 기억, 추론, 내성이거나 어느 정도의 원인과 결과가 연결되는 것으로 간주한다. 이 약화된 기준에서는 정당화되지 않거나 증거가 없더라도 지식으로 인정받을 수 있다. 가령 잊어버

---

[1] If S's believing p at t results from a reliable cognitive belief-forming process, then S's belief in p at t is justified.
    Alvin Goldman, "What is Justified Belief?", *Justification and Knowledge*, 1979, p.12.

린 지식이거나 설명하지 못하는 어린이의 추론도 정당한 지식이라는 것이다. 골드만의 과정 신빙론은 신빙성의 단일기준이 명료하기 때문에 많은 지지를 받는다.

인식 정당화의 충분조건을 논리식으로 다시 표현하면 다음과 같다. '인식주체(S)의 믿음(P)이 신빙성 있는 과정의 결과인 경우에서만(iff) 정당화된 믿음을 가진 것이다.' 이처럼 신빙론의 핵심은 지식에 이르는 인과적 과정의 신빙성이다. 한편 골드만의 신빙론은 외재주의적 기초론이라는 점에서 규범적이다. 그리고 인지과정의 경험과학적 태도를 취한다는 점에서 인식론과 심리학을 결합한 것이다. 이것을 강조하고자 골드만은, 신빙론을 새로운 인식학Epidemics으로 명명할 것을 제안한다. 골드만의 과정 신빙론은 전통적 인식론을 극복하고, 게티어 문제를 해결하면서, 인식 정당성과 지식이론을 새롭게 정립했다는 의미가 있다. 하지만 과정 신빙론은 여러 가지 비판에 직면했다. 그 비판은 인과적 연결이 분명하지만 잘못된 인식인 헛간 착시의 오류, 천리안의 오류, 악령의 개입 오류, 일반화의 오류 등이다.

참고문헌 Laurence BonJour, "Externalist Theories of Empirical Knowledge", *Midwest Studies in Philosophy* Vol.5, 1980, pp.53~73; Alvin Goldman, "A Causal Theory of Knowing"; *The Journal of Philosophy* v. 64, 1967, pp. 357~372; Alvin Goldman, "What is Justified Belief?", *Justification and Knowledge*, 1979, pp.1~23.

참조 게티어 문제, 게티어 문제 해결, 게티어 문제 해결 불가능, 경험론/경험주의, 귀납·연역·귀추, 물리주의, 에피스테메, 의미, 인식, 인식론, 자연화된 인식론, 지식, 진리, 통속의 뇌

인식 정당화

Epistemic Justification | 认知正当化

분명히 맞는 것으로 확신한 자기 생각이 틀렸을 때, 누구나 당황한다. 틀린 생각은 근거나 추론에 오류가 있는 것이다. 사람들은 무수히 많은 사고思考의 오류를 범한다. 그래서 이렇게 다짐한다. '정확한 근거를 가지고 정확하게 추론하겠다.' 이것을 줄이면 인식 정당화가 된다. 인식 정당화認識正當化는 인간의 인식이 (어떤 근거에 의해서) 정당하다고 인정되는 과정이다. 사전적 의미에서 인식은 무엇을 분별하고 판단하는 것이고 정당화는 어떤 것에 근거하여 정당하게 만드는 것이다. 인식 정당화를 거쳐서 인식 정당성이 확보된다. 그런데 인식 정당성이 확보되었더라도 불확실하거나 불명확한 때가 있다. 이에 대하여 게티어는 1963년, 전통적으로 인정받던 인식 정당화에 문제가 있음을 지적했다. 이것을 게티어 문제라고 한다. 게티어 문제에서 가장 논란이 되는 것은 정당화justification, 正當化 또는 정당성이다.

정당화에는 인식론적 정당화, 법적 정당화, 도덕적 정당화, 실용적 정당화 등이 있다. 법적으로는 정당하더라도 도덕적으로는 정당하지 않은 사례가 있고, 도덕적으로 정당하더라도 실용적으로는 정당하지 않은 사례도 있다. 이런 여러 영역에서 정당화의 기초가 되는 것은 인식 정당화다. 인식 정당화는 인식론과 지식이론의 중요한 주제인데, 그 이유는 정당화는 규범norm 및 기준과 연결되어 있기 때문이다. 정당한 것은 규범에 맞고 규범에 맞는 것은 정당하다. 그런데 규범 역시 토대의 규범이 필요하기 때문에 무한 후퇴infinite regress의 문제가 발생한다. 한편 정당화에 대한 이론은, 정당성의 근거와 기초를 설정하려는 토대주의Foundationalism, 믿음과 사실의 일치를 설정하려는 정합론Coherentism, 상호 의존성이 무한히 진행된다는 무한론Infinitism, 어떻게 하더라도 진리에 이를 수 없다는 회의론Skepticism 등이 제기되었다.

이들 개념은 잠시 접어두고 인식 정당화는 왜 필요한 것인가를 살펴보자. 인식의 목적은 올바른 지식을 얻고 거짓 지식을 피하는 것이다. 인식의 목적을 진화론적 생존과 번영으로 보는 견해도 있지만, 도덕적 의무를 위한 것으로 보는 견해도 있다. 하여간 올바른 지식을 가지지 못하면 생존에 여러 가지 문제가 생기는 것은 분명하다. 이런 문제 때문에 인식론과 지식이론이 철학의 가장 중요한 영역으로 인정받는 것이다. 전통적으로 지식은 세 가지 요건으로 구성된다. 소크라테스, 플라톤, 아리스토텔레스를 거치면서 확립되었고 20세기까지 인정받던 지식의 세 조건은 정당화justification 조건, 진리truth 조건, 믿음belief 조건이다. 정당화의 논리식은 다음과 같다. '①P가 참이고, ②인식주체 S가 명제 P를 믿으며, ③인식주체 S가 명제 P를 믿는 것은 정당성이 있다.'[1]

정당화는 인식주체(S)의 믿음(B)과 명제의 사실(P) 사이에 놓여 있다. 그러니까 믿음이 사실에 일치하는 근거, 이유 등 객관 타당성이 있는 것을 정당화된 믿음이라고 한다. 이에 대하여 참된 지식 습득에 정당화가 필요하지 않다는 견해도 있지만, 정당화가 필요하다는 견해가 더 많은 지지를 받는다. 왜냐하면 정당화를 통하여 올바른 지식을 보증warrant할 수 있고, 사고의 합리성을 인정받으며, 진리 개연성probability을 높일 수 있기 때문이다. 사람들은 인식 정당화를 통하여 객관적 지식을 획득할 수 있고, 세상에 대한 올바른 관점을 가질 수 있으며 지혜, 용기, 정직, 관용, 이해, 분석, 창의성 등을 증진할 수 있다. 정당화의 역할에는 ①인식주체의 인식론적 책무epistemic responsibility를 강조하는 규범적 역할

---

1   게티어는 정당화, 진리, 믿음의 필요조건을 충족했더라도 올바른 지식이 아닐 수 있음을 논증했다. 이 문제의 핵심은 정당화에 있는 것으로 생각한 철학자들은 정당화의 요건을 강화하거나 보조 전제를 만들어 해결하고자 노력했다. 지금까지 밝혀진 것은 명확하고, 후퇴하지 않으며, 패퇴하지 않고(undefeatable), 영원한 진리인 지식은 없다는 것이다.

normative role과 ② 객관적이고 자연스러운 정당화 기술을 강조하는 기술적 역할 descriptive role이 있다.

인식 정당화의 가장 중요한 두 가지 이론은 증거론과 신빙론이다. 첫째, 증거론Evidentialism은 증거에 의하여 인식 정당성이 결정된다는 이론이다. 논리식으로는 다음과 같다. '인식주체 S가 증거 E를 근거로 명제 P를 믿는 것은 정당성이 있다.' 증거론은 전통적 인식론으로 알려져 있고 내재주의적 이다. 그 이유는 선험적 규범이 기타 경험과학의 근거가 되는 한편 규범과 선험 자체가 인식의 토대를 이루기 때문이다. 둘째, 신빙론Reliabilism은 믿음 형성과정의 신빙성에 의하여 정당성이 결정된다는 이론이다. 논리식으로는 다음과 같다. '인식주체 S가 믿음 형성과정의 신빙성을 근거로 명제 P를 믿는 것은 정당성이 있다.' 신빙론은 자연주의적 인식론으로 알려져 있고 외재주의적이다. 그 이유는 자연과학의 규칙을 지키는 기계적 과정에 근거하고 있기 때문이다.

참고문헌 Edmund L. Gettier, "Is Justified True Belief Knowledge?", *Analysis* Vol.23, 1963, pp.121~123; Linda Zagzebski, "The Inescapability of Gettier Problems", *The Philosophical Quarterly* Vol.44, No.174, Jan. 1994, pp.65~73.

참조 게티어 문제, 게티어 문제 해결, 게티어 문제 해결 불가능, 경험론/경험주의, 귀납·연역·귀추, 신빙론, 실재론, 외재주의, 의미, 이데아, 이성, 이성론/합리주의, 인식, 인식론, 자연화된 인식론, 증거론, 진리, 통 속의 뇌

증거론

Evidentialism | 证据主义

영화에는 살인자로 지목된 용의자를 심문하는 장면이 자주 나온다. 그때 용의자는 이렇게 반문한다. '증거가 있습니까?' 증거가 없으면 아무리 의심이 들어도 용의자를 처벌할 수 없다. 정확한 증거는 범죄를 입증하는 필요조건이다. 그런데 인식론에서는 증거를 약간 다른 의미로 쓴다. 인식론에서는 증거를 올바른 지식을 얻기 위한 필요충분조건으로 간주한다. 증거에 근거한 증거론 Evidentialism은 증거에 의하여 인식 정당성이 결정된다는 이론이다. 그렇다면 인식의 목적은 무엇이고 인식 정당성은 왜 필요한가? 인식의 목적은 올바른 지식을 얻고 거짓 지식을 피하는 것이다. 만약 올바른 지식이 아닌 거짓 지식을 믿으면 생존에 큰 문제가 생긴다. 거짓 지식에 의존하면 위험에 처할 수도 있고 큰 손해가 날 수도 있다. 그래서 사람들은 올바른 지식을 추구하는데, 그 올바른 지식은 정당한 인식에서 얻을 수 있다.

객관적 인식이나 정확한 인식이라고 하지 않고 정당한 인식이라고 한 것은 이유가 있다. 코끼리 묘사하기처럼 객관적인 것 같지만 주관적인 인식이 있고, 고장난 저울처럼 정확하기는 하지만 틀린 지식도 있다. 그래서 객관타당하면서 정확하고 명료한 인식을 정당한 인식으로 간주하는 것이다. 정당한 인식은 소크라테스 이래 오랫동안 인식론의 원칙이었다. 이른바 전통적 인식론은 세 가지 조건에 근거하고 있다. 그것은 정당화justification 조건, 진리truth 조건, 믿음belief 조건이다. 세 조건을 충족한 인식과 그 인식을 통한 지식은 정당한 것으로 인정받았다. 그런데 1963년 게티어는 정당화 조건에 문제가 있음을 밝혔다. 게티어의 문제제기 이후에 벌어진 인식 정당화 논쟁은 정당화가 근거하는 증거론에 문제가 있다는 비판과 증거론은 문제가 없다는 옹호로 나뉘었다.

증거론의 논리식은 '인식주체 S는 증거 E를 근거로 명제 P를 믿는다'이다. 이 것은 명제^{P}와 증거^{E}가 일치할 때 인식주체의 명제에 대한 태도가 인식론적으로 정당하다는 뜻이다. 증거는 인식주체의 믿음^{belief}과 객관적 사실^{Fact} 또는 진리^{true} 사이에 놓여 있다. 그러니까 증거가 참된 진리와 인식 정당성을 보증한다는 뜻 이다. 이를 통하여 진리 조건과 믿음 조건을 지지하는 정당화 조건의 근거가 증 거라는 것이 분명해졌다. 그런데 증거론에 문제가 있음을 밝힌 게티어 논증 이 후 골드만을 비롯하여 신빙론으로 일컬어지는 학자들이 등장했다. 신빙론자들 은 참된 진리를 보증하는 것은 믿음 형성과정이라고 주장했다. 그러면서 믿음 과 사실의 관계는 인과적이면서 기계적이고 자연과학적인 것이라고 주장했다. 신빙론자들은 증거만으로는 정당한 인식을 보증할 수 없다고 단언한다.

신빙론자가 보기에 증거론은, 답은 맞았지만 풀이과정이 틀린 수학문제와 같다. 증거론에 대한 비판은 콰인에 의하여 정점에 이른다. 콰인에 의하면 선험 적 규범성에 근거하는 인식론이 다른 학문 특히, 경험과학에 근거를 제공한다 는 전통적 인식론은 잘못된 것이다. 또한 콰인$^{W.V.O. Quine}$은 '데카르트를 비롯한 증거주의 인식론자들은 안락의자에 앉아서 사유하는 오류를 범했다'고 비난했 다. 신빙론자 골드만이나 자연화된 인식론을 주장한 콰인의 말에 의하면 증거 가 중요하지 않은 것은 아니지만, 증거만으로 인식 정당화가 보증되지 않는다. 따라서 인과적 조건과 믿음 형성과정으로 인식 정당화를 보증해야 한다. 이에 대한 증거론자들의 반론은 믿음과 사실의 인과조건은 인식 정당성의 조건이 아니라 믿음의 조건이라는 것이다. 그러므로 증거가 있다면 틀린 추론으로 볼 수 없다고 반박한다.

증거론의 의미와 증거론에 대한 비판은 선험적 규범성에 있다. 반면 신빙론 이 증거론을 비판하는 근거는 경험적 사실성에 있다. 그런데 증거론은 사례마다 다른 인식적 편파성epidemic partiality, 도덕의 문제를 일으키는 도덕적 침해moral encroachment, 객관적 사실보다 유리한 것을 믿는 유익한 믿음beneficial belief 등의 문제가 있다. 이보다 더 큰 문제는 증거론의 근거는 무한 후퇴infinite regress를 야기한다는 점이다. 증거는 그 증거를 지지하는 또 다른 증거를 필요로 한다. 그렇게 되면 무한히 후퇴하여 회의주의와 유사한 문제를 일으킨다. 하지만 증거론은 규범을 기준으로 좋은 믿음과 나쁜 믿음을 분별하고, 참된 믿음을 얻기에 가장 안정된 방법으로 알려져 있다. 또한 증거론은 모든 것을 정초하는 근거와 이유이므로 경험과학을 가능케 한다는 의미도 있다. 아울러 증거론은 데카르트에서 보듯이 인식주체의 반성을 통해서 내재적 인식을 강화하는 장점이 있다.

참고문헌 William K. Clifford, "The Ethics of Belief", *Contemporary Review* 29, 1877.

참조 감각, 게티어 문제, 게티어 문제 해결, 게티어 문제 해결 불가능, 경험론/경험주의, 귀납·연역·귀추, 물리주의, 의미, 이데아, 이성, 이성론/합리주의, 인식, 인식론, 자연화된 인식론, 진리, 통 속의 뇌

회의주의

Skepticism | 怀疑论

'이 세상에 진리는 없다.' '무엇이 사실인지 알 수 없다.' '아무 것도 믿을 수 없다.' 지식/진리를 정당화하기 어렵다는 것이다. 이와 같은 태도를 회의주의라고 한다. 회의주의는 어떤 것을 알 수 없다고 하거나 알더라도 불확실하다고 믿는 인식의 태도다. 회의주의는 지식의 일반적 정의인 정당화된 참된 믿음 justified true belief 중 정당화에서 발생한다. 회의주의의 핵심은 의심이다. 사람들은 공연히 의심하는 것이 아니라 확실한 지식을 얻기 위해서 의심한다. 여기서 파생되는 문제가 회의주의, 회의론, 회의적 방법론 등이다. 이념理念인 회의주의와 견해인 회의론을 고려하여 정의하면 다음과 같다. 회의주의懷疑主義는 확실한 지식을 가지는 것이 어렵다고 생각하는 이념이고, 회의론은 확실한 지식을 가지는 것이 어렵다고 생각하는 견해이며, 회의적 방법론은 의심과 비판을 통하여 확실한 지식과 믿음을 찾아가는 방법이다.

회의주의의 어원은 고대 그리스어 '생각하고 묻는다skeptikós'이다. 그러니까 회의는 어떤 것에 대하여 생각한 다음 그것이 타당하고 정당한 것인가에 대하여 비판적으로 물어보는 인식의 방법이다. 일반적인 것에 대한 회의적 태도를 일반적 회의주의라고 하고 인간의 사고에 관한 회의적 태도를 인식적 회의주의epistemic skepticism라고 한다. 사실 의심과 비판은 언제 어디서나 필요하다. 그리고 인간은 누구나 회의주의적 경향이 있다. 그러나 회의주의는 인식의 방법과 정도로서의 회의를 말하는 것이 아니라, 회의적 태도를 취하는 인식론의 신념을 말하는 것이다. 그런 점에서 소크라테스, 플라톤, 노자, 장자, 데카르트, 흄, 니체를 회의주의자라고 할 수 있다. 고대 그리스의 피론Pyrrhon, BCE 360?~BCE 270?은 마음의 평온인 아타락시아Ataraxia를 위해서 지식의 독선에 빠지지 않아야 한다고 말한 초기 회의주의자다.

피론의 회의주의는 대립하는 두 명제의 타당성을 성급하게 추정하지 않는 판단중지를 권장했다. 판단을 중지하는 에포케epoche를 통해서 마음의 평안과 행복을 얻을 수 있다. 따라서 이들은 회의주의자이기는 하지만 회의의 목적이 평안이기 때문에 방법적 회의주의자로 볼 수 있다. 거의 동시대이면서 오래 지속된 아카데미 회의주의는 플라톤의 아카데미학파의 인식적 태도였다. 아카데미학파의 아르케실라우스는 참과 거짓을 판정하는 절대적 기준은 없고 상대적 기준만 있다고 보았다. 아카데미 회의주의Academic skeptics는 진정한 지식의 가능성을 부정했다. 인간 인식의 한계 때문에 진정한 진리에 도달하기 어렵다는 것이다. 그렇다면 세상에는 아무런 규범이 없다는 것일까? 그것은 아니다. 이들도 상대적 규범은 인정했다. 비슷한 시기에 노자老子는 어떤 것의 기준과 규범을 부정하여 회의주의적 태도를 취했다.

섹스투스 엠피리쿠스Sextus Empiricus, 200?~250?는 피론주의와 아카데미 회의주의를 분석하고 기록하면서 인식의 독단을 경계해야 한다고 주장했다. 회의주의는 계몽주의 시대에 다시 등장했다. 몽테뉴M. Montaigne는 지식의 독단을 경계하고 비판적 사고를 중시하면서 회의주의 철학서인 『수상록Essais』1580을 남겼다. 데카르트R. Descartes는 회의적 방법론으로 진리를 찾고자 한 철학자다. 그는 내가 지금 생각하고 있다는 것 이외의 모든 것을 의심하는 태도를 가져야 한다고 말했다. 그리고 인식의 주체인 자아ego를 중심으로 회의와 비판을 해야한다고 말했다. 데카르트에 의하면 의심할 수 없는 코기토cogito, 생각하는 자아를 근거로 명석판명한 진리를 찾을 수 있다. 인식의 최종 근거인 코기토로 세상과 신을 사유했던 그가 회의주의의 방법론을 택한 것은 심신이원론자로서 정신과 물질을 연결하는 타당한 방법을 찾아야 했기 때문이었다.

회의주의를 중요한 인식방법으로 삼은 것은 흄이다. 경험주의자 흄은 실험과 관찰에 의한 경험이 지식/진리의 근거라고 단언했다. 그런 점에서 이성주의자 칸트와 비교되는데, 흄D. Hume은 경험을 토대로 하면서도 경험주의의 불확실성을 잘 알고 있었다. 경험주의자들은 감각적 경험이 확실하다고 하지만 경험의 방법인 귀납논증은 불완전한 논증이다. 가령, '백조는 희다'라는 확실한 경험적 논증은 검은 백조로 인하여 부정될 수 있다. 따라서 경험주의자 역시 회의주의적 태도를 취할 수밖에 없다. 데카르트의 이성주의와 흄의 경험주의를 비판적으로 통합한 칸트 역시 회의주의적 방법을 이용했다. 역사적으로 회의주의는 독단이나 권위를 부정하는 방법으로 쓰이기도 했다. 한편 회의주의는 참된 지식을 알 수 없다는 불가지론의 성격이 있지만 냉소주의나 허무주의는 아니다.

참고문헌 René Descartes, *Meditations on First Philosophy*(1641), translated by Cottingham, J., Cambridge University Press, 1996.

참조 관념론, 경험론/경험주의, 과학주의, 귀납·연역·귀추, 데카르트의 악마, 분석명제·종합명제, 불확정성의 원리, 소크라테스의 문답법, 이성론/합리주의, 인식 정당화, 인식론, 정언명제, 허무주의, 형이상학

경험주의의 독단[콰인]

Dogmas of Empiricism | 经验论教条

20세기의 가장 문제적인 철학자 중의 한 사람인 콰인은 이렇게 말했다. '나는 호머의 시에 나오는 신이 거짓이라고 생각한다. 하지만 보이지 않는 전자기파가 실재한다는 것은 믿는다.' 이것은 호머의 『일리아스』나 『오딧세이』에 나오는 신들은 허구임이 분명하다는 것이면서, '비록 보이지는 않지만 전자기파는 사실이라는 것을 믿는다'는 뜻이다. 신도 보이지 않고 전자기파도 보이지 않는다. 그러나 '보이지는 않더라도 과학적으로 사실을 입증할 수 있다면 그것은 존재한다'는 것이다. 이 글에서 볼 수 있는 콰인의 생각은 경험할 수 있고 증명할 수 있는 것이 사실이며 그런 사실이 곧 올바른 지식이다. 콰인이 두 개를 비교한 이유는 '인간의 지식은 어떻게 얻어지는 것인가'의 인식론을 새롭게 설계하기 위해서였다. 콰인은 올바른 지식을 얻는 방법은 자연화된 인식론naturalized epistemology이라고 주장했다.

콰인W.V. Quine, 1908~2000의 자연화된 인식론은 그가 정초한 경험주의의 독단과 함께 설명될 필요가 있다. 경험주의의 독단은 같은 경험주의 계보인 논리실증주의를 비판하면서 나온 개념이다. 1932년 하버드대학에서 박사학위를 마친 콰인은 유럽으로 건너가서 폴란드의 타르스키와 비엔나의 논리실증주의자들을 만났다. 그가 만난 논리실증주의자들은 '객관적인 관찰과 실험에 의해서 논리적으로 검증된 과학적인 지식만이 의미를 가진다'고 믿고 있었다. 또한 논리실증주의에서는 신념, 감정, 감탄 등 주관적인 요소를 배제하고 객관적으로 검증가능성verifiability과 반증가능성falsifiability이 있는 것만을 지식과 진리로 간주한다.

그리고 그들은 세상은 논리와 상응하는 구조로 믿었고 경험과 명제의 총합을 세상으로 보았다. 논리실증주의자들의 근거는 분석명제와 종합명제를 구분하는 것이다.

논리실증주의자들에 의하면 경험과학에 의해서 입증되는 종합명제와 달리 분석명제는 그 자체로 진리인 철학의 주제이다. 철학은 과학과는 다르며 검증하지 않고서도 가능한 분석명제의 영역에서 빛을 발한다. 그러니까 철학은 과학 너머에 있는 제일철학이다. 콰인은 이 관점을 비판하면서 '총각은 결혼하지 않은 남성이다'를 예로 든다. 이 명제의 주어인 총각^{S}을 분석하면 결혼하지 않은 남성이라는 술어^{P}를 포함하고 있다는 것을 알 수 있다. 그래서 이 분석명제는 참인 명제다. 그런데 콰인은 '분석명제는 순환적이고 동어반복이며 사실은 동의어를 달리 표현한 것이므로 진위를 그 자체로 판단할 수 없다'고 주장했다. 콰인에 의하면 총각은 결혼하지 않은 남성이고, 결혼하지 않은 남성은 총각이라는 분석은 상호의존적이고 동어반복이므로 의미가 순환된다. 만약 순환의 모순에서 벗어난다면, 분석명제는 경험에 의해서 입증되는 종합명제와 차이가 없다. 그렇다면 콰인은 왜 경험주의를 독단이라고 했을까?

칸트는 인간 이성은 경험을 무시하는 독단이 있다고 선언했다. 그리고 이성은 경험하지 않은 것을 판단하려는 경향이 있는데 그것을 선험적 능력^{reine} $^{Vernunft,\ a\ priori}$이라고 한다. 이것이 바로 이성의 독단이다. 콰인은 칸트의 이성의 독단에 상응하는 경험의 독단을 제기하고, 경험제일주의의 문제점을 비판한 것이다. 하지만 콰인은 경험의 독단을 말하면서도 근본적으로 경험과학을 토대로 하는 인식론 즉 자연화된 인식론을 주장했다. 자연화된 인식론은 자연과학적 과정과 방법을 통한 인식이다. 그 인식은 부분적인 것이 아니고 전체적인 것이다. 콰인은 인식을 인지과학과 거의 동일한 것으로 보고, 자극과 반응의 관계 (S-R)나 컴퓨터 공학의 인지과정에 비유한다. 콰인은 경험으로 논증이 가능한 인식, 실험과 관찰이 만드는 이론, 그리고 감각정보를 이론개념으로 만드는 인식방법을 중요하게 여긴다.

콰인은 경험의 독단을 말하면서 입증전체주의^{Confirmation holism}가 필요하다고 보았다. 이것은 개별 문장과 사실로는 진위를 판단할 수가 없기 때문에 전체적으로 이해해야 한다는 관점이다. 지식은 자연화된 인식과 경험을 통해서 검증되어야 한다. 그런데 분석명제는 경험과 무관하기 때문에 판단할 수가 없다. 가령 총각과 미혼 남성은 문맥에 따라서 그 의미가 달라지기 때문에 즉, 번역의 미확정성^{indeterminancy} 때문에 과학적으로 분석하고 인식하지 않으면 어떤 의미인지 알 수가 없다. 콰인의 경험주의의 두 독단은 첫째, 논리실증주의자들이 분석명제와 종합명제를 구분하지 않는 근거인 경험주의의 독단을 비판한 것이다. 둘째, 흄과 로크 그리고 카르납이 모든 것을 감각경험으로 환원할 수 있다고 주장한 경험적 환원주의를 비판한 것이다. 콰인의 결론은 분석과 종합의 경계는 없으며 경험주의만이 진리라는 것이다.

참고문헌 Jaegwon Kim, *Physicalism, or Something Near Enough*, Princeton University Press, 2005.

참조 검증주의, 경험론/경험주의, 논리실증주의, 분석과 종합의 경계(콰인), 분석명제·종합명제, 분석성의 독단(콰인), 이성론/이성주의, 인식론, 자연적 인식론, 자연주의(철학), 필연·우연, 환원주의의 독단(콰인), 형이상학

자연적 인식론
Naturalistic Epistemology | 自然的认识论

비슷한 것 같은 자연적 인식론naturalistic epistemology과 자연화된 인식론naturalized epistemology은 다르다. 둘 다 자연과학의 방법과 지식을 인식론에 접목하는 공통점이 있다. 하지만, 자연적 인식론은 자연과학의 방법을 인식의 원리로 삼는 일반이론이고 자연화된 인식론은 자연과학의 방법을 인식의 본질로 삼는 콰인의 특수이론이다. 이를 위해서 자연, 인식, 자연화, 자연과학의 개념을 살펴볼 필요가 있다. 먼저 자연自然은 스스로 존재하거나 저절로 이루어지는 것이면서 인위적 작용이 가해지지 않은 원래의 상태다. 인식認識은 사물을 분별하고 판단하여 얻은 지식과 그 지식을 얻는 과정이고 인식론認識論은 인식과 인지에 관한 학문이다. 자연화自然化는 인위적인 것에서 자연적인 것으로 변화하는 과정을 강조하는 개념이고 자연과학自然科學은 자연의 현상을 실험과 관찰의 방법으로 연구하는 학문이다.

자연적 인식론은 인위적 작용이 가해지지 않고 스스로 존재하는 것을 그 존재 원리에 따라 인식하는 방법이다. 고대의 자연적 인식론자로는 아리스토텔레스Aristoteles와 노자老子를 꼽을 수 있다. 하지만 노자는 무위자연에 따르는 현자로 보는 것이 좋을 것 같다. 반면 아리스토텔레스는 자연에 존재하는 것을 분석하면서 범주를 나눈 자연과학자였다. 그는 범주에 따라 자연적 존재를 논리적으로 해석했다. 그런 점에서 그의 범주론 중 자연에 존재하는 것을 대상으로 한 것을 자연적 인식론이라고 할 수 있다. 또한 아리스토텔레스는 보편적인 진리나 법칙 발견을 목적으로 체계적인 지식을 추구했기 때문에 철학자인 동시에 자연과학자로 간주된다. 아리스토텔레스는 인식 목적을 가지고 있었으며 그의 인식방법은 과학적이고 자연적이었다. 물론 고대 자연철학 시대의 거의 모든 철학자는 자연적 인식론자로 볼 수 있다.

자연적 인식론의 정초를 놓은 사람은 과학철학자 토머스 쿤이다. 토마스 쿤^{T.} Kuhn은 뉴턴의 고전역학과 아인슈타인의 상대성이론을 비교하면서 인식의 변화는 그 시대의 정치, 사회, 종교의 영향을 받는다고 분석했다. 그리고 인식은 고정된 것이 아니므로 새로운 지식이 생기면 인식의 방법과 내용도 변한다고 말했다. 가령, 고전역학은 정당한 지식이지만 상대성이론에서 보면 부분적으로 정당한 지식일 뿐이다. 쿤은 코페르니쿠스와 갈릴레오의 혁명을 예로 들면서 인식은 혁명적인 방법으로 진화한다고 주장했다. 쿤은 자신을 인식론자로 생각하지 않았지만 그의 사상이 자연적 인식론인 것은 분명하다. 자연적 인식론을 새롭게 해석한 것은 콰인이다. 콰인^{W.V.O. Quine}은 인식을 인지과학과 거의 동일한 것으로 보고, 자극과 반응의 관계(S-R)와 컴퓨터 공학의 인지과정에 비유한다. 그래서 콰인은, '인식론은 인지심리학의 한 분야여야 한다'[1]고 말했다.

콰인은 경험으로 논증 가능한 지식, 관찰이 확증한 사실, 논증의 신빙성 있는 과정 등을 중요하게 여긴다. 이것을 콰인의 용어로 자연화된 인식론^{naturalized} epistemology이라고 하는데, 그는 (분석적, 선험적, 필연적, 규범적, 자율적인) 전통적 인식론을 비판하면서 자연과학적 인식론을 제안했다. 대다수 과학자가 취하는 입장인 자연과학적 인식론은, 지식은 의식 내부에서 얻어지는 것이라는 내재주의^{Internalism}와 지식은 인식 외부에서 실험 관찰과 같은 과정으로 얻어지는 것이라는 외재주의^{Externalism}로 나뉜다. 그런데 자연화된 인식론은 경험과학의 귀납추론에 근거하고 있기 때문에 개별 사실이 경험으로 귀납되는 순환성 문제^{circularity} problem가 대두한다. 그럼에도 불구하고 콰인은 인간의 지식 축적은 선험적^{a priori} 사

---

1   W.V.O. Quine, "Epistemology Naturalized," in *Naturalizing Epistemology* 25, p.82.

유가 아닌 언어적 의미와 과학적 경험ᵃ ᵖᵒˢᵗᵉʳⁱᵒʳⁱ에 의해서만 가능하다고 주장했다.

콰인의 자연화된 인식론은 믿음 형성과정의 신빙성ʳᵉˡⁱᵃᵇⁱˡⁱᵗʸ을 강조하는 개념이다. 콰인의 자연화된 인식론을 비판하면서 새로운 자연적 인식론을 주장한 것은 골드만이다. 골드만ᴬ· ᴳᵒˡᵈᵐᵃⁿ은 콰인의 자연화된 인식론이 지나치게 경험과학에 경도되었다고 비판하고, 인식론이 경험과학의 방법을 인용할 수는 있지만, 과학이 될 수는 없다고 생각했다. 골드만은, 인식 정당성ᵉᵖⁱˢᵗᵉᵐⁱᶜ ʲᵘˢᵗⁱᶠⁱᶜᵃᵗⁱᵒⁿ에 대한 믿음은 심리학의 영역이라고 생각했다. 콰인의 초기 자연화된 인식론은 선험적 규범성을 강조하는 전통적 인식론을 대체하는 성격이 있다. 이것을 강한 자연화된 인식론이라고 한다. 반면 골드만의 자연적 인식론은 선험적 규범성을 인정하면서 과학과 심리학의 방법론을 도입하는 약한 자연적 인식론이라고 한다. 인식의 목적이 정확한 지식을 얻고 틀린 지식을 피하는 것이므로 거의 모든 인식론은 경험과학의 성격이 있다.

참고문헌 W.V.O. Quine, "Epistemology Naturalized," in *Naturalizing Epistemology* 25; Alvin Goldman, "What is Justified Belief?", *Justification and Knowledge*, 1979, pp.1~23.

참조 검증주의, 경험론/경험주의, 논리실증주의, 명제, 분석과 종합의 경계(콰인), 분석명제·종합명제, 분석성의 독단(콰인), 이성론/이성주의, 자연주의(철학), 필연·우연, 환원주의의 독단(콰인), 형이상학

분석성의 독단[콰인]

Dogma of Analyticity | 分析性教条

콰인은 칸트와 흄과 라이프니츠를 예로 들어 카르납으로 대표되는 논리실증주의의 독단을 비판했다. 칸트가 이성의 독단을 경계한 것과 같이 콰인은 경험의 독단을 경계했다. 그리고 칸트가 이성의 독단을 비판하면서 이성 중심의 사유로 환원한 것처럼 콰인도 경험의 독단을 비판하면서 경험 중심의 사유로 환원했다. 콰인이 데카르트, 칸트, 흄, 라이프니츠, 카르납을 비판한 근거[1]는 분석명제의 불완전성이다. 여기서 말하는 분석명제란 선험적 규범성, 또는 필연적 토대를 가진 명제다. 그렇다면 콰인이 "경험주의의 두 가지 독단"에서 말한 분석 또는 분석적인 것의 의미는 무엇일까? 사전적인 의미에서 분석은 원래의 것을 풀어서 개별적인 요소와 성질로 나누어 설명하는 것이다. 철학적 의미에서 분석은 개념과 문장을 단순하고 명료하게 표현하면서 그 의미를 설명하는 것이다.

'분석'의 개념 자체에 사실과 현상을 해석하는 분석철학의 원리가 담겨 있다. 콰인이 말한 분석적인 것analytic은 분석진술analytic statement과 분석명제analytic proposition의 특징이다. 분석진술은, 부정하면 모순이 되고, 주어에 의미가 담겨 있으며, 사실과 무관한 진술이다. 더 간단히 말하면 분석적인 것은 그 자체로 설명되는 참이다. 예를 들면 ① '총각은 결혼하지 않은 남자다'라는 문장은 그 자체로 참이며, 주어인 총각에 의미가 담겨 있다. 그리고 이 문장을 부정하면 문제가 생긴다. 가령, '총각은 결혼한 남자다'는 모순이고 거짓이다. 콰인은 이 문장의 분

---

1   W.V. Quine, "TWO DOGMAS OF EMPIRICISM", *The Philosophical Review* Vol.60, No.1, Jan, 1951, p.20.

석성을 다른 문장으로 바꾸어 설명한다. ②'결혼하지 않은 남자가 아닌 사람은 결혼했다'에서 '결혼하지 않은 남자'는 총각과 동의어이므로 이 문장은 ③'총각이 아닌 사람은 결혼했다'가 된다. 이 세 문장을 비교하면서 콰인은 분석성의 문제를 비판한다.

콰인이 제기한 문제는 '분석성의 근거가 무엇이냐'는 것이다. 이어서 콰인은 ②와 ③을 예로 들어, 분석성은 동의어synonym의 동의성synonymy에 근거하는 성질이라고 설명한다. 동의어는 형태는 다르지만 똑같은 의미를 가진 단어다. 그러므로 동의어는 진리가치truth value에 변화가 없어야 한다. 이 말은 동일한 의미를 지니면서 모든 문맥에서 대치가능해야 한다는 뜻이다. 이것을 동의어의 대치가능성interchangeability이라고 한다. 과연 그런 단어가 얼마나 있을까? 콰인은 대치가능성이 간단한 문제가 아님을 프레게의 퍼즐로 설명한다. 콰인은 프레게를 인용하여 아침별과 저녁별은 모두 금성을 가리키는 것이므로 지시reference 대상은 같지만, 의미meaning는 다를 수 있다고 부연한다.[2] 이어 스캇Scott과 웨이벌리의 저자the author of Waverley 역시 같은 사람을 지시하지만 의미는 다르다고 비교한다.

콰인이 프레게를 인용하면서 설명한 핵심은 분석성이 근거한 동의성이 불분명하다는 것이다. 그렇다면 동의어는 무엇에 근거하고 있을까? 다시 말하면 '총각=결혼하지 않은 남자, 아침별=저녁별, 스캇=웨이벌리의 저자' 등이 왜 동의어로 쓰일 수 있는 것인가? 콰인에 의하면 동의성은 필연성에 근거한다. 그러니까 '총각은 필연적으로 결혼하지 않은 남자다'이다. 필연성은 '필연적으로 P라면, p다. 필연적으로 P라면, q다'와 같은 형식이다. 이것은 '필연적으로 총각은 결혼하지 않은 남자다'로 바꿀 수 있다. 필연은 어떤 것이 반드시 그렇게 될 수밖에 없음이다. 그렇다면 필연성은 무엇에 근거하고 있을까? 필연성이 근거하고 있는 것은 분석성이다. 이것은 '필연적으로 총각은 결혼하지 않은 남

---

2   W.V. Quine, op. cit. p.21.

자다'를 분석해 보니까 필연적임을 알 수 있다는 뜻이다. 필연성에는 선험성을 포함하므로, 경험하지 않아도 알 수 있는 것이 필연성이다.

콰인이 말하는 분석의 의미는, 정의를 정의하는 과정에서 확인된다. 정의 definition, 定義는 어떤 말과 사물의 뜻을 분명하게 밝히는 것이다. 사전편찬자가 총각을 정의하여 '결혼하지 않은 남자'로 썼다면[3] 그 정의는 이미 쓰이고 있는 것을 일반화한 것이다. 이 말은 원래 필연적이거나 선험적인 것은 없다는 뜻이다. 지금까지 말한 것을 정리하면 이렇다. 분석성은 동의성에 근거하고 동의성은 필연성에 근거하며 필연성은 분석성에 근거한다. 이것이 콰인이 말하는 분석성의 순환성이다. 분석성은 선험적 규범성에 근거하는 것이 아니라, 동의성과 필연성의 순환에 근거하기 때문에 모호하고 또 정의 불가능하다. 콰인이 보여준 것은 분석과 종합의 구분은 무의미하다는 것이다. 구분한다고 하더라도 그것은 인식론적 기준epistemological criterion에 의한 분석과 종합의 구분일 뿐 근본적인 구분은 불가능하다.

참고문헌 W.V. Quine, "TWO DOGMAS OF EMPIRICISM", *The Philosophical Review* Vol.60, No.1, Jan, 1951, pp.20~43.

참조 검증주의, 경험론/경험주의, 논리실증주의, 명제, 분석과 종합의 경계(콰인), 분석명제·종합명제, 이성론/이성주의, 자연적 인식론, 자연주의(철학), 자연화된 인식론(콰인), 필연·우연, 환원주의의 독단(콰인), 형이상학

---

3   W.V. Quine, op. cit. p.24.

분석과 종합[콰인]

Analytic and Synthetic ┃ 分析和综合

'분석과 종합의 경계는 흐려졌다.'[1] 이 선언은 잘 알려진 것처럼 분석철학자 콰인이 한 말이다. 문장은 단순하지만 의미는 복잡하다. 콰인은 유명한 논문, "경험주의의 두 가지 독단" 서론에서 분석적인 것과 종합적인 것을 설명한다. 여기서 말하는 분석적인 것은 사변적 형이상학speculative metaphysics이고 종합적인 것은 경험적 자연과학natural science이다.[2] 콰인은 결론에서 역시 형이상학인 존재론의 문제ontological question와 자연과학은 같은 것이라고[3] 말한다. 그의 비판은 카르납의 논리실증주의를 향해 있다. 하지만 비판의 핵심은 플라톤에서 시작하여 데카르트를 거쳐 칸트로 계승되는 서양의 형이상학과 이성론이다. 그러니까 카르납과 흄을 비판하면서 사실은 카르납과 흄을 계승하고 있는 셈이다. 이렇게 볼 때 콰인의 최종 결론은 경험주의에 근거한 유물론과 물리주의의 승리 선언이라고 할 수 있다.

콰인은 분석적인 것과 분석성analyticity의 정의를 묻는다. '도대체 분석성이란 무엇인가?' 분석성 즉, 분석적인 것은 원래의 것을 풀어서 개별적인 요소와 성질로 나누는 것이다. 콰인은 '총각은 결혼하지 않은 남자다'를 예문으로 설정하고 진리치truth value를 다시 정의하는 방법으로 분석성을 분석한다. 그리고 분석성은 동의성에 근거하고, 동의성은 필연성에 근거하며, 필연성은 다시 분석성

---

1   W.V. Quine, "TWO DOGMAS OF EMPIRICISM", *The Philosophical Review* Vol.60, No.1, Jan, 1951, p.20.

2   Ibid.

3   Ibid., p.43.

에 근거한다는 사실을 논증했다. 따라서 분석성, 동의성, 필연성은 순환적 정의이므로 불명확하고 불완전한 개념이다. 잘 알려진 것처럼 칸트는 분석명제와 종합명제를 구분하고 분석명제에 근거한 이성의 독단을 비판했다. 일반적으로 분석명제分析命題는 주어에 술어predicate가 포함된 명제이며 논리적 규칙에 따라서 참과 거짓이 판명되지만, 경험과는 무관한 명제다.

분석명제와 달리 종합명제綜合命題는 주어와 술어를 결합해야 성립하는 명제이며 경험에 따라서 판명되는 우연적이고 비논리적인 명제다. 콰인은 분석명제를 사실이 아닌 의미meaning에 관한 것, 종합명제를 사실fact에 관한 것으로 간주한다.[4] 이것은 분석명제는 명제 자체에 내재한 의미만으로 참과 거짓이 판정된다는 뜻이다. 더 간단하게 말하면, 분석명제는 이성적인 것이고 종합명제는 경험적인 것이다. 예를 들면 '총각은 결혼하지 않은 남자다'는 분석명제, '철수는 결혼하지 않은 남자다'는 종합명제다. 후자인 종합명제는 '결혼하지 않은 남자는 총각'이라는 단어의 동의성synonymy도 알아야 하고 '철수는 결혼하지 않았다'는 사실도 알아야 한다. 이처럼 종합명제는 주어와 술어, 외연과 내포를 모두 알아야 하는 명제다. 이에 근거하여 콰인은 분석적인 것을 이론진술, 종합적인 것을 관찰진술로 명명했다.

콰인은 논리실증주의자들의 검증주의 의미론이 모든 명제를 감각자료로 환원하려 한다고 비판한다. 이런 경험적 환원주의는 개별 용어와 진술로 결정되는데, 콰인에 의하면 중요한 것은 용어와 진술이 아니라 이론 전체다. 왜냐하면 의미는 그리고 참과 거짓의 판정은, 전체에 의해서 결정되기 때문이다. 이것을 입증전체론Confirmation holism이라고 한다. 입증전체론에서는 (최소 단위일지라도) 의미는 개별 용어나 진술이 아니라, 그 진술이 속한 전체집합 즉 이론 전체에서 결정된다. 이론진술은 논리법칙, 자연법칙, 수학과 기하학, 과학이론 등이고 관

---

4   Ibid., p.21.

찰진술은 대상에 관한 것, 일상적 진술, 관찰명제, 감각 설명 등이다. 이론진술 즉 분석적인 것은 근본 법칙이면서 핵심적이고 전체 역장$^{\text{field of force}}$의 중심에 놓인다.[5] 반면 관찰진술 즉 종합적인 것은 가장자리에 놓인 감각 경험의 현장이다.

코페르니쿠스가 천동설 이론의 이상을 관찰한 후, 그 관찰을 근거로 많은 중간 이론이 수정되었고 마침내 지동설 이론으로 바뀌었다. 이처럼 분석적이고 필연적이라고 믿었던 이론은 바뀔 수 있다. 부분에 문제가 생기면 전체를 조정하여 균형을 맞추어야 한다. 그런데 이론진술과 관찰진술의 경계를 알 수 없다. 왜냐하면, 하나의 이론이 성립하기까지 천체과학, 물리학, 기하학 등의 이론이 동원되었기 때문이다. 그러니까 여기까지는 관찰진술이고 여기서부터는 이론진술이라고 말하기가 쉽지 않다. 따라서 분석적인 것과 종합적인 것의 기준이 다르다고 할 수는 없다. 다르다고 믿는 것은 인식론적 기준$^{\text{epistemological criterion}}$에 의한 판단일 뿐이다. 이것은 '호머의 신을 믿을 것인가? 물리적 사실을 믿을 것인가'에 관한 실용주의적 선택의 문제다. 따라서 분석과 종합의 경계는 없고 오로지 경험과학에 근거한 사실만 있을 뿐이다.

참고문헌 W.V. Quine, "TWO DOGMAS OF EMPIRICISM", *The Philosophical Review* Vol.60, No.1, Jan, 1951, pp.20~43.

참조 검증주의, 경험론/경험주의, 논리실증주의, 명제, 분석명제 · 종합명제, 분석성의 독단(콰인), 이성론/이성주의, 자연적 인식론, 자연주의(철학), 자연화된 인식론(콰인), 필연 · 우연, 환원주의의 독단(콰인), 형이상학

---

5   Ibid., p.40.

자연화된 인식론[콰인]

Naturalized Epistemology | 自然化认识论

'철학자가 안락의자에 앉아서 생각하는 것은 아무 의미가 없다.' 이렇게 선언한 것은 분석철학자 콰인이다. 이 문장은 이렇게 번역할 수 있다. '데카르트의 인식론은 틀렸다.' 콰인이 지칭한 것은 이성론자 데카르트만이 아니고 경험론자 흄도 포함한다. 그리고 플라톤, 아리스토텔레스, 칸트, 로크, 라이프니츠, 그리고 콰인 자신이 지지했던 카르납을 포함한 논리실증주의자까지 포함한다. 그러니까 콰인이 틀린 인식론이라고 지목한 것은 전통적 인식론traditional epistemology, TE 전체다. 전통적 인식론에 대한 비판에 이어 콰인은 이렇게 말했다. '이제 인식론은 심리학이나 자연과학의 한 부분이 되어야 한다.'[1] 이것이 콰인이 주장한 자연화된 인식론이다. 자연화된 인식론Naturalized Epistemology, NE은 자연과학적 방법으로 지식을 획득해야 한다는 콰인의 인식론이다.

그렇다면 콰인은 전통적 인식론의 어떤 점을 비판한 것일까? 비판의 핵심은 선험적 규범성이다. 그가 보기에 전통적 인식론은 경험 이전의 선험적a priori 규범을 인식의 원리로 삼는다. 그리고 지나치게 사변적이고 관념적이다. 전통적 지식이론의 원리는 정당화된 참된 믿음justified true belief, JTB이다. 하지만 올바른 지식은 그런 선험적 규범으로 얻어질 수 없다. 아니 정당화justification될 수 없다. 그래서 콰인은, '지식은 사실을 과학적으로 탐구하는 것에서 얻어질 수 있다'고 생각한다. 이것은 관찰 및 감각경험에 근거한 자연과학적 인식론이 올바른 지

---

1   Epistemology, or something like it, falls into place as a chapter of psychology and hence of natural science. W.V.O. Quine, "Epistemology Naturalized," in *Naturalizing Epistemology* 25, p.82.

식을 얻는 방법이라는 뜻이다. 아울러 콰인은 선험적 분석명제와 경험적 종합명제를 구분할 수 없다고 보았다. 가령 '총각은 결혼하지 않은 남자다'라는 명제는 선험적 분석명제 같지만, 사실은 경험을 귀납적으로 일반화한 경험적 종합명제다.

콰인은 이론문장과 관찰문장을 나눈다. 관찰문장은 관찰과 감각경험에 근거한 문장이고, 이론문장은 경험이 축적되어 지식으로 인정된 문장이다. 처음에 주변의 관찰문장이었던 것이 시간이 흐르면서 핵심의 이론문장으로 바뀐다. 그리하여 규범으로 인정된다. 한편 이론문장은 경험과 가장 먼 거리에 있다. 가령 아인슈타인의 $E=mc^2$ 공식은 과학자들이 관찰하고 실험한 경험적 지식을 고도로 추상화한 이론문장이다. 일단 이론문장이 지식으로 확립되면 규범성을 갖게 되고, 선험적으로 인식하는 기준이 된다. 따라서 추상화된 이론문장도 원래는 관찰문장이었다. 그러므로 통합된 인식방법이 필요하다. 그 인식론은 인식 전체론Holism 즉, 총체적 인식론일 뿐이다. 그리고 인간의 지식 축적은 선험적 사유가 아닌 언어적 의미와 과학적 경험에 의해서만 가능하다. 이런 콰인의 자연화된 인식론은 믿음 형성과정의 신빙성reliability[2]을 강조하는 개념이다.

콰인은 논리실증주의를 비판했지만 검증주의 원리 자체는 동의한다. 검증주의를 인정하는 것이 (흄처럼) 회의주의에 빠지지 않는 방법이었다. 그러니까 지식 정당화를 위해서는 과학적이고 신빙성이 있는 인식이 필요하다는 것이다. 한마디로 콰인의 자연화된 인식론은 '정신적인 것을 포함한 모든 것은 과학과 경험으로 환원할 수 있다'는 이론이다. 이렇게 되면 인식론은 관찰과 실험으로 입증 가능한 인지심리학과 다름없다. 이런 콰인의 자연주의 철학은 정신과 물질, 몸과 마음은 결국 물질로 환원한다는 유물론과 물리주의의 성격을 띠게 된다. 이 때문에 콰인은 많은 비판을 받았다. 그 비판의 핵심은 규범과 원리가 없

---

2   지식 형성 과정의 신빙성이 중요하다는 신빙론은 규범적 증거를 중시하는 증거론(Evidentialism) 그리고 무한후퇴(infinite regress)를 피하는 토대주의(Foundationalism)와 반대의 위치에 놓인다.

다면 지식을 판단할 수 없다는 것이다. 비판적 관점에서 보면 콰인의 자연화된 인식론은 세계의 현상을 기술할 뿐, 가치를 판정할 기준이 없으므로 현상 기술 description에 머물 수밖에 없다.

콰인의 자연화된 인식론은 인식의 가치평가가 가능한 규범주의를 부정한 인식론이다. 이에 대하여 치좀R.M. Chisholm, 김재권, 골드만을 중심으로 인식의 토대와 규범이 필요하다는 주장이 제기되었다. 특히 김재권은 콰인에게 '기준이 되는 규범이 없다면 입력된 감각을 어떻게 해석하고 평가할 것인가'[3]라고 묻는다. 이후 콰인은 강한 자연화된 인식론에서 후퇴하여 자연과학적 방법과 자연과학적 내용을 수용하는 약한 자연화된 인식론으로 선회했다. 전자는 전통적 인식론을 대체하는 자연화된 인식론이고 후자는 자연과학적 방법을 인정하는 협력적 자연주의 인식론이다. 이렇게 하여 콰인의 강한 자연화된 인식론은 철회되었지만, 콰인의 사상은 분석철학과 실용주의에 지대한 영향을 미쳤다. 특히 콰인으로 인하여 선험적 규범성에 근거한 전통적 인식론이 약화되었고 철학과 자연과학의 경계가 흐려졌다.

참고문헌 W.V.O. Quine, "Epistemology Naturalized," *Naturalizing Epistemology* 25; Jaegwon Kim, "What Is "Naturalized Epistemology?"", *Philosophical Perspectives* Vol.2, *Epistemology*, Ridgeview Publishing Company, 1988.

참조 검증주의, 경험론/경험주의, 논리실증주의, 분석과 종합의 경계(콰인), 분석명제·종합명제, 분석성의 독단(콰인), 자연적 인식론, 자연주의(철학), 천동설, 프래그머티즘/실용주의, 필연·우연, 환원주의의 독단(콰인), 형이상학, 회의주의

---

3   Jaegwon Kim, "What Is "Naturalized Epistemology?"", *Philosophical Perspectives* Vol.2, *Epistemology*, Ridgeview Publishing Company, 1988, p.400.

기술이론[러셀]

Descriptivist Theory | 描写主义者理论

'황금의 산이 있을까?' 없다. 그런데 '황금산이 있다'고 주장하는 철학자가 있다. 그는 오스트리아의 마이농^{A. Meinong}이다. 그가 말한 것은 '황금산은 있을 수 있다'는 황금산의 존재 가능성이다. 왜 이런 이상한 주장을 하게 되었을까? 마이농에 의하면 '황금산이 없다'고 말하는 주어의 '황금산'은 존재를 가정하는 문장이다. 그러니까 '황금산이 있는 것은, 없다' 즉, '있는 황금산'이라는 것이다. 이것을 팽창된 존재론 또는 가능세계 존재론이라고 한다. 이 주장이 잘못되었음을 밝힌 사람은 수학자, 철학자, 논리학자인 러셀이다. 러셀은 '황금산'을 '황금으로 만들어진 산'으로 묘사하여 기술했다. 이것을 기술구라고 한다. 러셀^{B. Russell, 1872~1970}은 기술구를 이용하여 존재론을 새롭게 해석했다. 러셀이 말한 기술이론은 고유명을 포함한 기술 대상의 실제 존재는 없으며 단지 사태를 기술하는 것임을 주장하는 이론이다.

언어철학의 문을 연 러셀은 1905년 유명한 논문 "지시에 관하여^{On Denoting}"에서 지시이론을 비판한 다음 존재에 대한 새로운 해석을 시도했다. 그러면서 러셀은 자신의 기술이론이 파르메니데스와 플라톤 이후 서양 존재론에 일대 혁명을 일으켰다고 주장했다. 데카르트가 인식의 주체인 자아를 통하여 존재론을 새롭게 해석했고, 하이데거가 존재자가 아닌 존재의 문제에 주목하여 존재론을 새롭게 정립한 반면, 러셀은 언어철학으로 존재와 인식의 문제를 새롭게 정립했다. 그는 프레게의 논리학을 받아들이는 한편 지시와 대상의 문제를 프레게와 다른 관점에서 이해했다. 프레게는 뜻^{sinn}과 지시체^{Bedeutung}를 분리하여,

지시하는 것과 의미하는 것이 다르다는 것을 보여주었다. 그러니까 프레게는 대상과 개념을 분리하고 진리치의 차이를 해명하는 한편 존재하지 않는 것에 대한 기술은 무의미한 것으로 간주했다.

러셀은 '황금산'과 같은 지칭구denoting phrases를 축약된 한정기술definite description로 표기한다. 러셀은 주어를, 주어에 대하여 진술하는 술어로 바꾸어 한정했다. 가령 황금산은 '황금으로 만들어진 산'으로 바꾸고 주어의 자리에는 '어떤 x'를 놓는다. 그러면 '어떤 x는 황금으로 만들어진 산이다'로 한정기술할 수 있다. 러셀은 먼저 '주어+술어'의 언어구조에 문제가 있다고 주장한다. 가령 '황금산은 없다'에서 황금산은 주어이고 어떤 존재를 지시하는 것처럼 보인다. 그러나 황금산이 없으므로 황금산은 주어가 될 수 없다. 그래서 '어떤 x는 산이고 황금이다'로 바꾸어 쓰는 것이다. 이 문장에서 x의 존재를 만족하는 어떤 것(c)이 있다면 황금산(y)은 존재한다. 그런데 황금으로 만들어진 산(y)의 존재를 만족하는 c는 없다. 그러므로 '황금산은 존재하지 않는다'.(참) 이렇게 주어를 술어의 기술구로 만들면 문제를 해결할 수 있다.

러셀이 기술이론의 예로 든 것은 프랑스왕 명제다. '현재 프랑스왕은 대머리다'와 '현재 프랑스왕은 대머리가 아니다'가 모두 거짓인 문제도 해결할 수 있다. '~이다'(A형식)와 '~아니다'(O형식)는 모순관계이므로 반드시 하나는 참, 하나는 거짓이어야 한다. 러셀의 설명은 다음과 같다. '어떤 x가 존재한다. 그 x는 현재 프랑스왕이다. 프랑스왕은 최소 하나 존재한다. 프랑스왕은 최대 하나 존재한다. 그 x는 대머리다. 그러므로 현재 프랑스왕은 대머리다.' 이것을 논리식으로 쓰면 다음과 같다. $\exists x)(Kx \,\& \, \forall y(Ky \supset y=x) \,\& \, Bx)$. 이 논리식에는 이상한 점이 없다. 이 문제를 해결할 수 있는 기술이론에서는 주어인 '현재 프랑스왕'을 술어의 위치로 보내서 '어떤 x가 있다면, 그 x는 현재 프랑스왕이며, 그 x는 대머리다'로 기술한다. 하지만 현재 프랑스왕이 없으므로 이 두 문장은 참은 아니다. 여기서 러셀이 강조하는 것은 존재의 유일성uniqueness과 실재존재existence다.

그렇다면 유일한 고유명은 실제로 존재하는 것인가? 예를 들어보자. '스캇Scotta은 웨이벌리Waverly의 저자(b)이다'에서, 웨이벌리의 저자는 스캇이므로 이 문장은 다시 기술하면 '스캇(a)은 스캇(a)이다'가 된다. 새로운 정보를 알려주지 않는 무의미한 문장이다. 한편 '지시체는 같더라도 기술이 다르면 의미있다'고 한 프레게의 이론을 인용한 러셀은 동일률에 따라서 대체성substitutivity이 무의미하다고 비판한다. 따라서 고유명proper name 역시 위장되고 축약된 기술구일 뿐이다. 그런 기술구는 존재를 지시하는 것이 아니라 사태를 설명할 뿐이다. 한편 러셀은 지칭어구 또는 기술구는 그 자체로 의미가 있는 것이 아니라 맥락에서 의미를 가진다고 보았다. 러셀 기술이론의 의미는 동일한 구조처럼 보이는 두 문장이 논리적 형식이나 구조가 다를 수 있다는 것을 명료하게 밝혔다는 점이다. 러셀의 기술이론은 콰인의 존재론과 분석철학에서 인용되었다.

참고문헌 Bertrand Russell, "On Denoting", *Mind* Vol.14, No.56, Oct., 1905, pp.479~493.

참조 가능세계, 개념, 개념과 대상[프레게], 논리실증주의, 동일성, 마이농의 정글, 명제, 분석철학, 술어논리, 언어철학, 의미, 자연화된 인식론[콰인], 존재론[콰인], 존재론적 개입[콰인], 진리의미론[타르스키], 프레게의 퍼즐

존재론적 개입[콰인]

Ontological Commitment ｜ 本体论的承诺

콰인이 말한 존재론적 개입은 어떤 존재의 실체를 인정하고 그 존재와 상호 관계를 맺는 것이다. 그리고 이론에 근거하여 어떤 존재가 어떤 사태라고 하는 사실을 논리적으로 분석하는 것이다. 여기서 중요한 것은 언어로 표현된 주장 이다. 그런데 존재론적 개입은 존재 자체에 대한 의견이 아니고 존재에 대한 언어적 주장이다. 존재를 주장한다는 것은 '그 존재가 있다'는 뜻이다. 다시 말하면 그 존재를 긍정하는 주체의 언어적 표현이다. 콰인은 말word과 대상object의 관계를 분석하면서 대상인 존재being, existence를 긍정하는 언어적 주장을 존재론적 개입으로 명명했다. 콰인은 사변적이고 관념적인 전통적 존재론을 거부하고 과학적 존재론을 수립했다. 그가 정립한 존재론적 개입은 어떤 대상의 존재를 가정하고 이론에 근거하여 존재를 주장하는 콰인의 존재론이다. 콰인이 생각하는 과학적 존재론은 그의 자연화된 인식론Naturalized Epistemology에 근거한다.

전통적 존재론이 존재의 의미, 존재의 범주, 존재의 본질과 같은 형이상학적 주제를 중심으로 한 것과 달리 콰인의 존재론은 존재를 구성하는 논리, 존재사태 기술, 존재를 표현하는 언어, 존재를 양화하는 방법 등 논리적인 주제를 중심으로 한다. 콰인의 존재론은 과학적으로 해석되는 논리적 존재론이며 언어로 해석되는 언어적 존재론이다. 그의 존재론에서 가장 중요한 것이 존재론에 개입하는 것이다. 주의할 점은 존재 자체에 개입하는 것이 아니라는 점이다. 존재론에 개입하는 것은 자신이 가진 존재에 관한 이론 틀이다. 예를 들어보자. 숲속에서 토끼가 뛰어가는 것을 보고, '토끼!'라고 외쳤다면 이 단일발화는 '토끼가 있다'처럼 형식문장으로 만들 수 있다. 이 발화의 주체는 토끼의 존재를 주장하는 즉, 토끼의 있음^{beingness}을 긍정한 것이다. 이것은 토끼의 존재를 긍정하는 한 인간의 존재론이다.

존재론적 개입은 콰인이 1948년에 발표한 "존재하는 것에 관하여^{On what there is}"에서 체계화되었다. 이 논문을 비롯한 일련의 글에서, 콰인은 '(세상에) 무엇이 있는가' 그리고 '인간은 어떻게 그것을 알 수 있는가'를 물었다. 이에 대한 답으로 '과학적 존재 이론을 선택할 것'을 제시한다. 그러므로 어떤 대상을 이해한다는 것은 존재이론을 선택하는 것에서 출발한다. 그리고 그 존재이론에 근거하여 대상 존재를 있다고 주장하거나 없다고 부정한다. 사실 물리적 존재와 수리적 존재만 인정하는 콰인이 이런 논리적 과정을 거치는 것은, 존재를 과학적으로 정립하려는 것이다. 아울러 '페가수스'나 '영혼'처럼 인정할 수 없는 대상을 과학적으로 부정하려는 것[1]이다. 콰인은 존재 인정과 존재 부정의 과학적 기준을 제시했는데 그것이 존재 양화^{existential quantification}의 기준이다. 그 기준을 충족하는 것은 속박 변항^{bound variables}이다.

콰인이 논리적으로 설정한 존재론적 개입은 속박 변수 또는 속박 변항을 통해서만이 가능하다. 속박 변항을 이용하면 고유명사나 이름만으로 존재 주장을 하는 오류를 피할 수 있다. 이 점을 강조한 콰인은 존재론적 개입에 관해서 '존재하는 것은 속박 변수의 값이다^{to be is to be the value of a variables}'라고 선언했다. 이 말은 속박 변수의 정의역에 속하는 것들이 존재한다는 뜻이다. 정의역^{domain of definition}은 주어진 함수에 대해 그 함수가 정의되는 모든 수의 집합을 말한다. 그러니까 이론이 정의하는 영역안에 있는 존재자는 존재한다는 것이다. 그런데 그 존재자가 직접적으로 정의되기도 하지만 간접적으로 정의되기도 한다. ① 명시적^{explicit} 존재론적 개입은 '토끼가 있다'처럼 직접 존재 주장을 하는 것이

---

1   Willard V. Quine, "On What There Is", *The Review of Metaphysics* Vol.2, No.5, Philosophy Education Society, 1948, p.22.

고 ②묵시적implicit 존재론적 개입은 '토끼는 갈색이다'처럼 속성을 말하면서 존재 주장을 함의하는 것이다.

존재론적 개입은 존재에 관한 긍정과 부정뿐만 아니라, 이론의 긍정과 부정도 속박한다. 예를 들어보자. 하이젠베르크W. Heisenberg의 불확정성의 원리 Uncertainty principle 이론을 믿고, '물질을 구성하는 가장 작은 단위 입자인 전자의 위치 x와 속도인 운동량 p를 동시에 알 수 없다'는 문장을 믿는다면, 그는 이 과학이론에 존재론적으로 개입한 것이다. 불확정성의 이론은 추상적이고 수리적인 존재자를 가정하지만, 이보다 나은 과학이론을 제시하지 못하는 한 이론이나 존재론적 개입은 바뀌지 않는다. 존재론적 개입의 반대 개념은 관념론적 개입이다. 관념론적 개입Ideological commitment은 물리적 존재가 아닌 관념적 존재를 인정하는 것이다. 관념론적 개입에서는 신화적 존재 페가수스를 (시공간에는 존재하지 않지만) 마음에 존재하는 것으로 간주한다. 이런 존재에 대한 콰인의 입장은 존재론적 비개입이다.

참고문헌 Willard Van Orman Quine, *Word and Object*, MIT Press, 1960; Willard V. Quine, "On What There Is", *The Review of Metaphysics* Vol.2, No.5, Philosophy Education Society, 1948, pp.21~38.

참조 개념, 개념과 대상(프레게), 게티어 문제, 기술이론(러셀), 논리실증주의, 동일성, 마이농의 정글, 명제, 분석철학, 술어논리, 언어철학, 의미, 인식정당화, 자연화된 인식론(콰인), 존재론(콰인), 진리의미론(타르스키), 프레게의 퍼즐

존재론[콰인]
Ontology | 本体论

콰인은 이렇게 말한다. 존재에 대한 불필요한 가정을 하지 말아야 한다. 무슨 말일까? 존재하지 않는 것을 존재한다고 말하지 않아야 한다는 것이다. 불필요한 가정은 없는 것을 있는 것으로 가정하는 것이다. 가령 페가수스Pegasus는 현실공간에 존재하지 않으며 '페가수스'란 단어만 시공간적 의미를 가진다.[1] 그런데 페가수스라는 이름도 있고, 페가수스는 포세이돈과 메두사 사이에서 태어난 날개 달린 말이라고 알려져 있으며, 신화와 역사에도 그 이름이 등장한다. 그렇다면 페가수스는 존재하는 것인가? 콰인에 의하면 페가수스는 존재하지 않는 것이고 사람들의 상상이 낳은 편리한 허구convenient fiction다. 콰인의 존재론에서 페가수스는 존재하지 않는다. 일반적으로 존재론은 존재하는 개체 즉 존재자에 관한 학문이다. 그런데 존재론은 플라톤 이래로 존재의 본질을 중요하게 여겼기 때문에 형이상학으로 분류되었다.

콰인의 존재론은 형이상학을 배격한 물리적이고 논리적인 존재론이다. 콰인이 존재로 간주하는 것들은 시공간에 실재하면서 논리적인 검증 가능한 실체다. 자신을 유물론자이면서 경험론자로 명명하는 콰인에게 허구적 존재는 존재가 아니다. 존재를 검증할 수 없기 때문에 존재를 논하는 것은 무의미하다. 이런 점에서 콰인은 논리실증주의의 검증이론을 받아들였다고 볼 수 있다. 문제는 플라톤의 수염 우화가 말해주듯이 '무엇이 없다'는 것을 입증하는 것이 쉽

---

1   Willard V. Quine, "On What There Is", *The Review of Metaphysics* Vol.2, No.5, Philosophy Education Society, 1948, p.23.

지 않다는 것이다. 가령 'A가 없다'라고 하면 먼저 A의 존재를 가정해야 한다. 그러므로 'A가 없다'는 'A가 있다'를 부정하는 것 즉 'A가 있는 것이 아니다'가 된다. 일단 A의 존재를 인정해야 A의 존재를 부정할 수 있다. 이 가정을 페가수스에 적용해 보면 다음과 같다. '페가수스는 없다'는 '페가수스가 있는 것이 아니다'가 되면서 페가수스의 존재를 가정해야 한다.

페가수스는 빈 이름empty name이다. 페가수스라는 이름은 있지만 페가수스의 시공간 실체성actuality은 없다. 이런 것을 비존재의 존재라고 한다. 콰인은 페가수스와 같은 빈 이름의 존재 즉 비존재의 존재를 부정한다. 그는 비존재를 부정하기 위하여 프레게의 지시이론과 러셀의 기술이론을 인용한다. 프레게는 지시하는 것과 의미하는 것이 틀릴 수 있음을 보여주었고, 러셀은 존재로 간주되던 주어를 술어로 기술하여 허구적 존재를 밝혀냈다. 콰인은 이 방법을 인용하여 '어떤 x가 있고, 그 어떤 x는 페가수스이며, 그 x는 날개 달린 말이다'로 기술하여 x를 실재하는 주어 존재에서 제외했다. 이것은 페가수스를 묘사하는 술어로 배치하여 존재 실체를 인정하지 않는 효과를 낸다. 세상에는 날개 달린 말이 없으므로 x는 존재하지 않는 것이고 그 x는 페가수스라는 이름을 가졌을 뿐이다.

콰인의 존재론은 경험과학과 유물론에 근거하고 있다. 하지만 콰인이 인정하는 존재자는 시공간을 점유하는 물리적 존재, 양자처럼 과학적으로 존재를 입증할 수 있는 보이지 않는 존재, 시공간을 점유하지는 않지만 존재가정에 문제가 없는 수리적 존재 등이다. 그래서 콰인은 자연화된 인식론Naturalized epistemology과 존재론적 환원주의 입장을 취한다. 콰인에게 환원은 경험과학으로 환원하는 것이다. 이 말은 존재와 인식은 감각이나 과학으로 검증할 수 있어야 한다는 뜻이다. 그래서 콰인은 존재론적 환원주의Ontological reductionism의 태도를 취한다. 이럴 경우 존재자는 본질과 규범이 아닌 변화하는 물리적 현실에 토대한다. 간단히 말하면 존재자는 여러 가지의 존재값을 가진다. 그 존재값은 기호로 표시된다. 왜냐하면 콰인의 존재론은 존재의 본질과 사태에는 개입하지 않고,

기호로 표시된 존재에만 개입하기 때문이다.

콰인에게 존재론은 언어적 존재다. 가령 '무엇이 존재하는가'가 아니라 '무엇이 존재한다고 말하는가'가 중요하다. 여기서 지시와 지칭의 문제가 생겼고, 다시 외부를 지시하는 외재주의와 내부를 지시하는 내재주의로 나뉘었다. 그래서 내재주의Intentionalism에서는 '인간은 이성적 동물'로 지칭하고 외재주의Extentionalism에서는 '인간은 두 발 달린 동물'로 지칭한다. 그리고 인간에 존재론적으로 개입한다. 콰인의 존재론적 개입은 어떤 존재의 실체를 인정하고 그 존재와 상호관계를 맺는 것이다. 존재론적 개입의 과정은 존재를 속박하여 존재자가 존재한다는 것을 입증하는 과정이다. 아울러 범주category와 영역domain을 정하고, 그 정의역 안에 존재자가 속한다는 것을 논리적으로 입증하는 과정이다. 이것이 콰인이 말하는 속박변항을 이용한 존재론적 개입이다. 한마디로 콰인의 존재론은 자연과학적 존재론이다.

참고문헌 Willard Van Orman Quine, *Word and Object*, MIT Press, 1960; Willard V. Quine, "On What There Is", *The Review of Metaphysics* Vol.2, No.5, Philosophy Education Society, 1948, pp.21~38.

참조 개념, 개념과 대상[프레게], 게티어 문제, 기술이론[러셀], 논리실증주의, 마이농의 정글, 명제, 분석철학, 술어논리, 언어철학, 의미, 인식정당화, 자연화된 인식론[콰인], 존재론[콰인], 존재자, 존재론적 개입 과정[콰인], 진리의미론[타르스키], 프레게의 퍼즐

분석철학

Analytic Philosophy | 分析哲学

　분석철학은 언어를 분석하여 인간과 세계를 논리적으로 이해하려는 철학이다. 분석철학은 언어를 분석하고 언어의 의미를 다루지만 언어철학과는 다르다. 어느 시대나 존재하는 언어철학은 언어의 기능과 본질을 연구하는 것이고, 1920년대 시작된 분석철학은 분석적인 방법으로 언어의 기능과 본질을 연구하여 논리적으로 인간과 세계를 이해하려는 것이다. 분석철학은 경험론을 중시하는 영미철학의 계보라는 점에서 이성론을 중시하는 대륙철학Continental philosophy과는 대조적이다. 하지만 분석철학은 유럽대륙의 논리실증주의와 프레게의 논리학에서 출발했다. 프레게G. Frege는 언어를 기호로 표기하는 방법을 고안했다. 그리고 프레게는 일상언어를 명료한 논리구조로 만들 수 있다고 생각했다. 프레게의 진리함수적 논리학을 언어에 적용한 비트겐슈타인은 언어의 통일된 본질을 밝히고자 노력했다.

　비트겐슈타인L. Wittgenstein은 철학의 임무는 언어를 비판하는 것이라고 말했다. 또한 그는 언어의 한계가 곧 의식의 한계라고 단언하고 철학은 진리를 탐구하는 것이 아니라[1] 언어적 혼돈을 제거하고 문제를 해결하는 것이라고 주장했다. 한편 논리실증주의자들은 언어와 세계의 관계를 과학적으로 재구성했다. 특히 카르납은 전통적 형이상학을 무의미한 명제로 간주했다. 이런 견해를 수

1　분석철학은 헤겔과 하이데거로 대표되는 관념론이나 정신철학에 대한 비판의 성격이 있다. 분석철학의 관점에서는 절대정신(絶對精神)이나 존재/존재자와 같은 관념적 명제는 논리적 오류(logical fallacy)이므로 무의미하다.

용하여 분석철학의 토대를 놓은 것은 러셀이다. 러셀^{B. Russell}은 프레게의 논리주의^{Logicism}, 비트겐슈타인의 언어분석, 논리실증주의의 검증이론, 무어^{G. E. Moore,} ^{1873~1958}의 언어논리 등을 토대로 기호논리학 체계를 수립했다. 그 기호논리학의 가장 중요한 주제가 바로 언어다. 그래서 분석철학과 언어철학이 동의어처럼 쓰이기도 하고, 러셀의 영향을 받은 계보를 분석철학으로 부르는 것이다.

분석철학은 검증 가능한 사실만을 형식논리로 분석하고 그 밖의 것들은 무의미한^{meaningless} 것으로 간주한다. 분석철학자들은 버클리^{George Berkeley}가 말한, "존재하는 것은 인식되는 것이다^{Esse est Percipi}"에 기초하여 인식되고 표현된 결과인 언어를 분석하고자 하는 것이다. 그러므로 형이상학, 윤리학, 미학, 신학, 신념과 감정, 감탄 등은 분석 대상이 아니다. 따라서 "영혼은 불멸하는가?"나 "신은 존재하는가?"와 같은 물음은 무의미한 것이다. 물론 분석철학자들도 형이상학적 명제도 가치가 없는 것이 아니라고 말한다. 분석철학에서 의미 있는 것은 감각적 상식에 근거한 것 또는 과학적으로 입증 가능성이 있는 것이다. 그러므로 분석철학은 검증된 과학과 경험의 표현인 언어와 기호의 구조를 비판하고 분석하여 명료하게 한다. 그런 점에서 분석철학은 분석, 검증, 실증, 실용, 과학, 경험을 중시한다.

인간이 사용하는 일상언어는 애매하고 모호하여 여러 가지 오해와 모순이 생긴다. 그러므로 애매한 일상언어^{ordinary language}를 논리적이고 과학적인 인공언어^{artificial language} 또는 이상언어^{Ideal language}로 바꾸어야만 비판도 가능하고 분석도 가능하다. 분석철학에서 볼 때 모든 지식은 관찰과 실험을 통하여 과학적으로 검증될 수 있다. 검증 결과는 언어와 기호로 표현되므로 그렇게 표현된 것을 분석하고 논리화하는 것이 필요하다. 분석하고 논리화한다는 것은 러셀이 말한 원자사실과 원자명제에서 출발해야 한다는 뜻이다. 그런 점에서 그의 제자 비트겐슈타인이 말한 "세상은 언어로 구성되어 있다"는 주장은 분석철학의 상징어로 간주된다. 분석철학의 목표는 언어 중에서도 표층과 심층이 일치하는 이상적인 인공언어ㅅㅜ言語로 지식/진리를 검증하는 것이다.

1940년대 이후 분석철학은 다양하게 분화되어 영미철학의 주류를 이루었지만 언어분석의 원리는 유지하고 있다. 특히 언어의 의미론을 새롭게 해석한 콰인과 그의 계보 그리고 가능세계 의미론을 수립한 크립키S. Kripke 등은 분석철학을 발전시킨 철학자들이다. 일반적으로 분석철학에서는 명제의 언어구조를 분석하고 비판하여 논리적인 요소를 추출한 다음 합리적인 명제들의 집합을 만들면 어떤 지식/진리가 완성되는 것으로 간주한다. 이렇게 하면 사실, 인식, 지식/진리가 일치한다. 분석철학의 관점에서 보면, 세상은 실제 사건과 사실의 총체이며, 그 총체인 세상은 과학적이고 논리적인 언어로 짜인 구조물이다. 따라서 분석철학은 과학적 분석방법으로 언어를 분석하여 인간과 세계를 해석하려는 것이 최종 목표다. 일반적으로 분석철학자들은 철학은 세계관을 수립하는 것이 아니라고 주장하면서 전통적인 형이상학과 관념론을 배격한다.

참고문헌 Ludwig Wittgenstein, *Philosophical Investigations*, Blackwell Publishing, 1953.

참조 검증주의, 게임이론, 그림이론(비트겐슈타인), 논리실증주의, 말할 수 없으면 침묵하라, 맥락주의 컨텍스츄얼리즘, 보편문법, 의미, 의미론, 이성, 이성론/합리주의, 진리의미론(타르스키), 프레게의 퍼즐

빈이름/실체 없는 이름
Empty Name | 空名

빈이름은 어떤 것의 이름은 있지만 실체가 없는 것을 일컫는 분석철학의 개념이다. 원래 이름은 존재하는 지시대상을 기호로 표시한 것이고 모든 이름은 의미를 가지고 있다. 그런데 지시대상이 있고, 그 지시대상에 고유명사를 부여했지만, 실체가 없는 이름이 있다. 이것이 바로 빈이름이고 'n이 존재하지 않는다'가 참인 것이 빈이름이다. 가령 날개 달린 말 페가수스나 영혼이 빈이름이다. 빈이름은 존재론과 인식론에서 대단히 중요하다. 하지만 여러 가지 문제를 야기한다. 빈이름이 왜 문제가 되는 것일까? 빈이름의 문제는 '세상에 무엇이 있는가?', 그리고 '있는 것을 어떻게 알 수 있는가?', '이름이 있는 것은 어떤 의미를 가지는가?' 등의 문제다. 언어적 동물인 인간은 어떤 대상에 이름을 부여한다. 주체가 대상을 지향하고 지시하면 의미가 생기고 의미를 통해서 상호주관성이 작동된다. 이름은 고유명사로 표기된다.

분석철학의 관점에서 존재는 ① 현실에 실재하는 것(시공간에 존재하는 물질적인 것), ② 현실에 실재하지는 않지만 과학적으로 증명 가능한 것(시공간에 존재하지 않는 수, 색깔, 중력, 양자 등), ③ 실체도 없고 증명할 수도 없는 마음속의 어떤 것(관념의 창조물)으로 나눌 수 있다. 빈이름은 상상과 허구가 부여한 것과 플라톤의 실재론처럼 초현실적 존재로 나뉜다. 경험론에 토대한 분석철학에서는 현실에 실재하는 것과 실재하지는 않지만 과학적으로 증명 가능한 것만 실체로 간주한다. 빈이름은 ③ 실재하지도 않고 증명할 수도 없는 존재가 의미를 가지는 것 때문에 논란이 된다. 빈이름에 대한 견해는 세 가지가 있다. 빈이름은 첫째, 가상일이고 실체도 없고 의미도 없다는 견해 둘째, 가상이 아니고 실체도 있으며 의미도 있다는 견해 셋째, 추상적 실체이므로 그 추상의 층위에 따라 의미를 가진다는 견해다.

직접지시론에서는 지시와 대상이 대응하면서 의미를 가지는 것으로 본다. 그런데 페가수스와 영혼처럼 대상이 없는 것을 지시하고 그것에 이름을 부여하기도 한다. 프레게G. Frege는 "의미와 지시"에서 '오디세우스는 깊은 잠이 든 채로 이타카 해변에 도착했다'를 분석하면서, 신화적 인물 오디세우스가 지시대상인지 아닌지를 물었다. 직접지시론에 의하면 오디세우스는 실체가 없기 때문에 지시대상이 아니다. 그러나 사람들은 오디세우스가 누구인지 알고 있으며 지시대상이 존재한다고 생각한다. 오디세우스라는 이름은 실체가 없지만 지시대상도 있고 의미도 있다. 여기서 생기는 문제는 빈이름인 오디세우스와 실제 이름인 아리스토텔레스의 존재론적 차이다. 이 문제는 빈이름의 존재와 실제 이름의 존재를 논하는 진리조건 의미를 분리하여 이해할 수 있다. 러셀은 이 문제를 간접지시론인 기술이론으로 해결하고자 했다.

러셀에 의하면 빈이름은 가짜 대상pseudo-objects[1]이자 위장된 기술구descriptions이므로 빈이름을 기술구로 바꾸면 해결할 수 있다. 가령 '어떤 x가 있고, 그 어떤 x는 날개 달린 말이다'로 바꾸면 빈이름이 주어실체에서 술어로 바뀐다. 그런데 '날개 달린 말 = 페가수스'는 없으므로 실체가 없는 빈이름이라는 것이 드러나고 거짓임이 밝혀진다. 콰인은 역시 빈이름은 편리한 허구convenient fiction일 뿐 의미도 없고 존재도 없는 것으로 간주했다. 한편 크립키S. Kripke는 지시와 논항으로 구성된 직접지시는 논항이 비어 있으면 의미하지 않는 것으로 간주했다. 크립키는 이를 근거로 빈이름은 의미 없는 것으로 정리했다. 여기에는 문제가 있다. '페가수스는 존재하지 않는다'에서 페가수스를 부정하려면 존재를 긍정한 다

---

1   Bertrand Russell, *Introduction to Mathematical Philosophy*, London : George Allen & Unwin, 1919, p.48.

음 부정해야 하는 문제가 생긴다. 그러면 '존재하는 페가수스는 존재하지 않는다'가 되어서 모순이 된다.

빈이름에 대하여 가장 특이한 주장을 한 철학자는 마이농이다. 마이농^A. Meinong^은 대상론^Theory of Object^에서 의식의 지향 대상은 모두 존재하는 것으로 가정하는 한편 그 대상 존재는 모두 의미 있는 것으로 보았다. 마이농은 빈이름은 의미도 있고 존립한다고 생각하는 한편 황금산, 둥근사각형도 존재한다고 주장했다. 이렇듯 빈이름은 존재론에서 비존재의 존재로 논의되었고 분석철학에서는 언어 의미론으로 논의되었다. 한편 '페가수스는 존재하지 않는다'의 '페가수스'는 존재론적으로 거짓이지만 '~는 존재하지 않는다'는 의미론적으로 참이다. 이 문제는 문장 구성 성분에 의해서 의미를 파악하는 합성성^compositionality^의 통사론과도 관계한다. 빈이름 또는 허구는 존재론, 인식론, 의미론, 대상론에서 해결하기 어려운 문제이지만 예술을 포함한 다른 영역에서는 실용성과 가치 있는 표현으로 간주한다.

참고문헌 Gottlob Frege, "Über Sinn und Bedeutung", *Zeitschrift für Philosophie und philosophische Kritik* NF 100, 1892, pp.25~50; Bertrand Russell, *Introduction to Mathematical Philosophy*, London : George Allen & Unwin, 1919.

참조 개념, 개념과 대상(프레게), 기술이론(러셀), 논리실증주의, 대상론(마이농), 마이농의 정글, 명제, 분석철학, 술어논리, 의미, 인식정당화, 자연화된 인식론(콰인), 존재론(콰인), 존재자, 존재론적 개입 과정(콰인), 진리의미론(타르스키), 프레게의 퍼즐

상존재 조자인[마이농]

Sosein | 如在

홈스^{S. Holmes}는 유명한 탐정이다. 그런데 홈스는 코난 도일^{A.C. Doyle}이 그린 허구적 인물이다. 사람들은 그의 존재를 잘 알고 있다. 실재하지 않는 존재에 의미를 부여한 것은 오스트리아의 철학자 마이농이다. 마이농은 독일어 본질^{wesen} 개념에 근거하여 '그렇고 그렇게 존재하는' 상존재 조자인^{Sosein}을 설정했다. 상존재 조자인은 실재하지는 않지만 존립하는 존재이며 현실에 실재하는 다자인 현존재^{Dasein}의 상대적 개념이다. 브렌타노의 사상을 발전시킨 마이농은 있음/존재의 범주를 셋으로 나눈다. 마이농은 본래적 의미의 있음^{존재}을 첫째, 존재^{Sein} 둘째, 상존재 조자인^{Sosein} 셋째, 공동존재^{Mitsein}로 나누었다. 그리고 존재^{Sein}를 ① 존재/실존^{Existenz}, ② 존립^{Bestand}, ③ 초존재^{Aussersein}로 나누고, 상존재 조자인을 ①Wassein^{본질존재}, ②Wiesein^{존재방식}, ③Mitsein^{공동존재}로 나눈 다음, 다시 Mitsein^{공동존재}를 분리했다.¹

상존재 조자인은 어떤 방식으로든 존재하는 존재의 양식 즉, 그렇고 그렇게 존재하는 그런 것^{suchness}이다. 그렇다면 마이농은 어떻게 하여 상존재 조자인을 생각할 수 있었을까? 원래 상존재 조자인은 독일어 본질^{wesen}이다. 여기서 말하는 본질은 어떤 것이 존재하기 위해서 반드시 있어야 하는 것을 말한다. 이 말은 상존재 조자인은 존재의 본질에 관하여 문제가 되는^{quidditas} 특별한 양태의 존재라는 뜻이다. 그러니까 상존재 조자인은 스스로 자족하는 존재라는 뜻과 존

---

1   Alexius Meinong, "Über Gegenstandstheorie", edited by A. Meinong, *Untersuchungen zur Gegenstandstheorie und Psychologie*, Leipzig : Barth, 1904, pp.1~51.

재의 본질이라는 두 가지 의미를 가지고 있다. 또한, 상존재는 실제로 확인할 수는 없지만 어떤 방법이든지 '있다고 여겨지는 그런 존재'다. 마이농의 존재론은 '있는 것은 사유할 수 있다'는 파르메니데스의 존재론과 상통한다. 그러니까 생각의 대상은 존재하든지 존립한다. 존립은 존재의 형식 이전에 존재를 가정한 개념이다.

존립이란 실재하지 않더라도 존재 개념은 성립한다는 뜻이다. 가령 개별 존재자Seinende는 실재하는 상태로 존재sein, exist하거나 실재하지 않는 상태로 존립bestehen, subsist한다. 마이농은 존립하는 존재being와 실재 존재existence를 나누고, 존립 존재는 실재하지 않아도 존재하는 것으로 본다. 비엔나대학의 스승 브렌타노로부터 심리학과 현상학의 영향을 받은 마이농은 의식의 지향성intentionality을 중요하게 여겼다. 의식의 지향 대상은 실재하는 것도 있고 실재하지 않는 것도 있으며, 구체적인 것도 있고 추상적인 것도 있다. 마이농은 실재하지 않는 존재에도 가치를 부여했다. 그리고 존재자인 개별자들이 모여 존재를 형성하는 것으로 간주했다. 이때 존재/실존existence은 존립subsistence을 포함하고 비존립non-subsistence은 비존재non-existence를 포함한다. 비존재를 포함하는 비존립은 존재개념이다.

플라톤 이래 서양 존재론은 주로 실재하는 존재를 선호prejudice in favour of the real했다. 그런데 전통적 존재론에서 상상의 존재는 모두 허구로 간주되기 때문에 존재 의미를 부여받지 못한다. 반면 마이농은 상상과 가능을 통해서 상존재를 정립하고 상존재 조자인에도 의미를 부여했다. 한편 마이농은 "가정에 대하여Über Annahmen"1902에서 객관 존재를 변항으로 배치하여 'A는 B다'로 표현한다. 마이농이 말하는 객관 존재Objektiv Sosein는 실재하는 존재와 실재하지 않는 비존재non-existence를 포함하는 상위 존재다. 마이농은 존재의 양상을 (층위 없이 열거하면) 실재 존재sein와 허구 존재로 나누고 허구존재를 수數처럼 존립하는 존재entstehen, 불가능하지만 존재 개념으로 볼 수 있는 초존재Aussersein, 기하도형과 같이 그렇고 그런 상존재 조자인, 연결되면서 함께 있는 공동존재 등으로 설명한다. '그렇고 그렇게 존재하는' 상존재는 존재이면서 존립하는 것이다.

허구적 존재, 초존재, 공동존재 등은 상존재를 가정하는 개념이다. 그런 점에서 상존재相存在는 가능 존재다. 하지만 상존재는 둥근사각형에서 보듯이 모순율을 어기는 불가능한 대상이고 불완전한 대상이다. 그러나 개념은 성립한다는 의미에서 존립하는 상존재로 가정하는 것이다. 마이농의 존재론은 인식론과 의미론의 가치를 부여받으면서 대상론Theory of Object으로 발전했고 이후 분석철학, 언어철학, 다치논리학에 큰 영향을 미쳤다. 마이농은 시공간을 점유하는 물리적 존재나 플라톤의 관념적 존재만 존재하는 것이 아니라 허구나 상상의 존재도 존재하는 것으로 가정하고 그에 의미를 부여했다. 이런 마이농의 존재 설정은 수학의 다양체론과 칸토르의 초한집합을 가능케 했고 존재론의 다양화에 기여했다. 이처럼 마이농의 상존재 조자인은 허구적 존재이고, 추상적 존재이지만 존재론에 새로운 이정표를 놓았다는 의미가 있다.

참고문헌 Alexius Meinong, "Über Gegenstandstheorie", edited by A. Meinong, *Untersuchungen zur Gegenstandstheorie und Psychologie*, Leipzig : Barth, 1904, pp.1~51; Alexius Meinong, *On Assumptions*(Über Annahmen, 1902), translated by James Heanue, Berkeley : University of California Press, 1983.

참조 가능세계, 개념, 관념론, 기술이론[러셀], 대상론[마이농], 마이농의 정글, 본질, 분석철학, 상상, 의미, 의식, 자아, 존재·존재자, 존재론, 존재론[마이농], 지향성, 초월[칸트], 타자, 허구, 현상

개념과 대상[프레게]
Concept and Object | 概念与对象

'소크라테스는 철학자다', 소크라테스는 플라톤의 스승이다', '소크라테스는 크산티페의 남편이다'는 어떻게 다른가? 같은 대상인 소크라테스를 다른 개념 으로 표현하고 있다. 이것을 분석한 글이 프레게의 논문 "개념과 대상에 관하 여Über Begriff und Gegenstand"1892다. 사전적인 의미에서 개념槪念은 어떤 대상에 대한 일반적 지식이며, 철학적 의미에서 개념은 어떤 대상의 공통적 요소를 종합하 여 보편적이고 추상적으로 만든 생각과 판단의 근거다. 그러므로 일반적인 의 미의 개념은 대상과 일치한다. 이것이 아리스토텔레스 이후 가장 많은 지지를 받았던 학설이다. 그런데 프레게는 앞의 세 문장이 보여주듯이 지시하는 대상 은 같지만 함축하고 있는 개념은 다르다는 것을 근거로 대상이 곧 개념이라는 종래의 관점을 반박했다. 프레게에 의하면 개념과 대상은 다르다. 프레게는 먼 저 고유명사는 주어라고 강조한다.

프레게에 의하면 '소크라테스'와 같은 고유명사는 항상 주어이고 술어의 자 리에 놓일 수 없다. '소크라테스는 철학자다'는 '( )는 철학자다'의 구조이고 ( )에 놓이는 것이 주어다. 주어는 개념이 가리키는 대상이다. 그러므로 주어 는 대상이고 술어는 개념이다. ( )의 자리에 놓일 수 있는 대상은 플라톤, 칸 트, 흄, 러셀, 주자朱子, 김재권 등이다. ( )에 놓일 수 없는 대상은 알렉산더대왕, 나폴레옹, 진시황 등이다. 그런데 이 대상들은 함수의 치역range, 值域을 형성한다. 그리고 참, 거짓에 대한 진리치truth value를 판정한다. 한편 ( )는 소크라테스나 나폴레옹과 같은 고유명사로 채워져야 한다. 따라서 함수(x)는 '완전하지 못한'

독립변수이면서 '채워질 필요가 있는' 변항이다.[1] (　)의 치역은 x의 외연extention이고 술어는 내연intention이다. 프레게가 생각한 개념과 대상은 수학의 함수와 독립변수에 해당한다.

　　프레게는 수학을 논리로 생각했다. 프레게는 논리주의Logicism를 언어에 대입한 다음 일상어의 애매성을 논리적 문장구조로 밝히려 했던 것이다. 그러면서 주어인 대상과 술어인 개념을 분리하고 대상과 개념의 관계를 함수로 보았다. 함수는 $y=f(x)$에서 보듯이 변수 x의 값에 따라 결정되는 y를 말한다. 함수에서 개념은 주어인 대상에 의해서 의미가 결정된다. 프레게가 말한 개념과 대상 구분을 위하여 '①소크라테스는 소크라테스다($a=a$)'라는 문장을 생각해 보자. 그리고 '②소크라테스는 크산티페의 남편이다($a=b$)'와 비교해 보자. '①소크라테스는 소크라테스다($a=a$)'는 동어반복이므로 새로운 지식을 알려주지 않는다. 반면 '②소크라테스는 크산티페의 남편이다($a=b$)'는 새로운 지식을 알려주는 다른 개념이다. 이것은 개념과 대상을 구별함으로써 얻어진 지식이다. 그렇다면 '모든 철학자는 현명하다'에서 주어는 무엇일까?

　　'모든 철학자는 현명하다'의 주어는 '철학자'일 것 같다. 그런데 프레게는 고유명이 아닌 '철학자'를 술어로 간주한다. 대상이 아닌 개념이라는 뜻이다. 프레게가 주어의 자리에 있는 '철학자'를 개념으로 본 것은 다음과 같은 이유 때문이다. 이 명제는 '모든 철학자는 현명한 사람이다'이고 이때 '모든' '~이다'는 '바로 다름 아닌 ~이다'인 전칭긍정명제다. 따라서 '모든 철학자는 현명하다'는 문장은 '철학자인 사람은 누구든 바로 다름 아닌 현명한 사람이다'로 바꿀 수 있다. 이것을 다시 '어떤 사람이 철학자라면, 그 사람은 바로 다름 아닌 현명한 사람이다'로 바꿀 수 있다. 이 문장에서 철학자는 술어의 위치에 놓인다. 그리고 주어의 자리에는 대상 x가 놓인다. 이것을 논리식으로 바꾸면 '모든 x에 대

1　　Gottlob Frege, "Über Begriff und Gegenstand", *Vierteljahresschrift für wissenschaftliche Philosophie 16*, 1892, pp.192~205.

하여, x가 철학자라면, 그 x는 현명하다'가 된다. ((모든 x는 철학자이다) x는 현명하다)이므로 개념명사 철학자는 주어가 아닌 술어다.

'소크라테스는 철학자다'에서 소크라테스는 완전한 고유명사이고 '~는 철학자다'는 불완전한 개념명사다. 불완전한 개념명사에 완전한 고유명사가 채워짐으로써 참과 거짓을 판정할 수 있는 의미 있는 문장이 된다. 함수의 자리에 또 다른 함수가 들어가는 이런 형식을 이계함수^{second level function}라고 한다. 일계함수/일계개념을 이계함수/이계개념으로 바꿀 때 '모든, 어떤, 0' 등의 양화사^{quantifier}가 중요한 기능을 한다. 일상언어는 다의적이고 애매하기 때문에 의사소통에 문제가 생길 수 있다. 그러므로 객관적이고 논리적인 형식언어로 바꾸어야 한다. 이를 위하여 개인적이고 주관적인 관념을 배제하고 공공적이고 객관적인 개념으로 표기할 필요가 있다. 그래서 프레게는 "개념표기법"에서 언어를 논리적이고 체계적인 기호로 표기하고자 했던 것이다. 이렇게 하여 프레게는 논리학과 수학에 새로운 이론을 수립할 수 있었다.

참고문헌 Gottlob Frege, "Über Begriff und Gegenstand", *Vierteljahresschrift für wissenschaftliche Philosophie* 16, 1892, pp.192~205.

참조 개념, 객관·객관성, 관념론, 내포·외연, 논리·논리학, 동일성, 명제, 분석철학, 술어논리, 애매성, 의미, 의미론, 이발사의 역설, 진리의미론(타르스키), 프레게의 퍼즐

이다 · 있다
Be Exist | 有

존재를 표현하는 동사에는 '이다'와 '있다'를 비롯하여 '존재한다', '현존한다', '실존한다', '실체가 있다', '실재한다' 등이 있다. 이것은 모두 존재를 나타내는 술어 즉 존재 술어다. 존재 술어는 존재인 주어를 설명하는 동사다. 대체로 존재 술어는 주어인 존재의 있음과 없음을 나타낸다. 존재의 사전적 정의는 첫째, (시공간으로 표시되는) 현실에 객관적으로 실재하는 것 둘째, 현실과 독립하여 객관적으로 실재하는 것이다.[1] 여기에는 시공간 속에 있는 물질적 물리적 존재, 수나 색깔과 같은 원리적 존재, 마음이 구성하는 허구적 존재, 가능 세계에 존재할 수 있는 가능 존재, 현실과 현상의 본질 존재 등 여러 가지가 있다. '이다', '있다'와 같은 존재 술어는 어떤 존재든지 그 존재가 그 진리조건에서 존재함을 표시한다. 존재 술어는 그 자체로는 의미가 없고, 긍정과 부정을 지시하고 판정하는 문법적 기능만 한다.

존재 술어 be와 exist의 라틴어 동사원형은 sum이다. 고대 인도유럽어 '존재한다'의 h₁ésmi가 고대 그리스어 eimí를 거쳐 라틴어 sum이 된 것이다. 라틴어 현재형 부정사 sum에는 '생성한다, 가지고 있다'의 의미도 있다. 이 sum이 '이다'와 '있다'의 두 갈래로 변화한 것이다. 두 동사 모두 존재 즉 '있는 것'을 말한다. 한편 존재existence의 라틴어는 '바깥에ex 위치한다sistere'이다. 이것이 ex(s)ist가 되어 '존재한다'로 바뀌었다. 여기서 ex는 바깥의 현상으로 말한다. 이에 상대

---

1   현실에 객관적으로 실재하는 것은 검증 가능한 객관이고 현실과 독립하여 객관적으로 실재하는 것은 검증 불가능한 주관적이거나 관념적 객관이다. 일반적으로 객관은 검증 가능한 실재다.

적인 '안'은 인간의 내면과 존재의 본질이라는 두 가지 의미를 가지고 있다. 그러니까 '존재한다exist'는 현실에서 실제로 존재한다는 의미에 가깝다. 한편 be는 존재 술어로 쓰이는 한편 주어와 술어를 연결하는 계사copular, 繫辭의 기능을 한다. 이렇게 볼 때 '이다is'와 '있다exist'는 같은 의미로 쓰일 수 있고, 실제로 같은 의미로 쓰였다.

계사인 '이다'의 원형 be 동사는 '존재한다'는 의미와 함께 '무엇을 무엇으로 연결한다'는 문법적 기능을 한다. '이다'는 주어와 술어를 연결하는 계사의 기능을 하는 동시에 존재를 표시한다. 가령 '신화에 나오는 페가수스는 하늘을 나는 말이다Pegasus is a flying horse of Greek mythology'의 '이다is'는 ① '페가수스가 있다'(존재 술어), ② '페가수스는 하늘을 나는 말이다'(판단의 계사), ③ '페가수스는 신화에 등장한다'(존재의 양태)를 함의한다. 이처럼 '이다be'는 긍부정 판단의 계사인 동시에 존재를 나타내는 술어다. 존재를 의미하는 be 동사는 'There are (x)'로 표시된다. 괄호에 들어가는 x는 명사이고 존재다. 이것을 명제형식으로 표현하면 'S는 P다(S is P)'가 된다. S 자리에는 언제나 주어가 위치하고 P 자리에는 언제나 술어가 위치한다. 이 문장에서 '이다is'는 주어와 술어를 연결하면서 주어의 존재를 확정해준다.

'있다'를 의미하는 exist 동사는 '(x) exists'로 표시된다. 괄호에 들어가는 x는 명사이고 주어이며 존재이다. 이것을 명제형식으로 표현하면 'S는 있다(S exists)'가 된다. S는 언제나 주어이고 존재이다. 이처럼 술어 '있다'는 주어인 존재를 확정한다. 가령 '그리스 신화에 페가수스가 있다Pegasus exists in Greek mythology'의 '있다exist'는 '페가수스가 있다'(존재 술어)는 '있다'를 긍정한다. '있다'는 '이다'보다 더 직접적으로 존재를 지시한다. 그리고 존재의 양태를 함의한다. '이다'의 명사형은 있음being, beingness이고 '있다'의 명사형은 존재existence이다. 있음과 존재 모두 '존재한다'는 양태를 의미하지만 있음은 있는 그 자체를 강조하고, 존재는 있음의 양태를 강조한다. 한자어에서 있음은 유有와 재在다. 유와 재는 존재만이 아니라 소속, 생성, 변화 등을 함의한다.

'이다'의 부정은 '아니다'이고 '있다'의 부정은 '없다'이다. '아니다'는 '이다'와 마찬가지로 주어와 술어를 연결하는 계사다. 따라서 '아니다' 자체는 의미가 없고 주어인 존재를 부정하는 문법적 기능만 한다. '있다exist'의 반대 개념은 '없다'이고 모순 개념은 '있지 않다not exist'이다. 그렇다면 '이다'와 '있다'의 명사형은 무엇일까? '이다'의 명사형은 '(무엇)임being'이므로 그 부정은 '무엇이 아님non-being'이다. 그리고 '있다'의 명사형은 '있음existence'이므로 그 부정은 '있음이 아님non-existence'이다. '이다'와 '있다'가 다르듯이 '무엇이 아님non-being'과 '있음이 아님non-existence'은 다르다. 그러나 두 개념 모두 '존재하지 않음'을 의미한다. 한자어에서 '존재하지 않음' 또는 '없음'은 무無다. 그런데 유는 무의 상대적인 개념이고 존재는 존재하는 상태라는 점에서 존재하지 않음의 상대적인 개념이다.

참고문헌 Martin Heidegger, *Sein und Zeit*, Tübingen : Max Niemeyer Verlag, 1927.

참조 공간, 본질, 시간, 시간(하이데거), 실존, 실존주의, 없다·없음(파르메니데스), 있다·있음(파르메니데스), 존재(하이데거), 존재(개념), 존재·존재자, 존재론, 하이데거, 존재와 시간(하이데거), 현존재 다자인, 형이상학

존재[하이데거]

Being Sein | 存有

존재^{being}와 실존^{existence}은 같은가? 유물론과 자연과학에서는 존재와 실존을 같은 것으로 본다. 관념론에서는 존재/실존의 근본 원리와 성질을 본질^{essence}이라고 하고 존재/실존을 현실의 실재, 본질을 초월적 실재로 간주한다. 신학에서는 존재/실존의 근원 즉 신을 본질로 본다. 하지만 일반적 개념에서 존재와 실존은 다르다. 존재는 있음과 있음의 원리이고 실존은 구체적이고 실제적으로 의미 있게 존재하는 것이다. 그리고 실존은 현실의 시공간에서 구체적이고 객관적으로 존재하는 것이다. 존재와 실존은 유사하기 때문에 구별하지 않고 쓰는 경우가 많다. 그러므로 존재, 실존은 물론이고 본질, 실체, 실재, 현존, 존유, 어떤 것, 무엇임^{whatness}, 유^有, 재^在 등 존재에 관한 개념은 전제 조건과 층위에 따라서 쓸 수밖에 없다. 존재, 본질, 실존을 구분하고 실존^{existenz}에 새로운 의미를 부여한 것은 하이데거다.

실존철학에서 실존^{實存}은 존재 스스로 의미를 부여하여 얻은 인간의 본질이다. 하이데거^{M. Heidegger}는 서구의 존재론을 해체하고 존재자와 초월자가 아닌 존재 자체를 존재론의 중심에 놓았다. 하이데거에 의하면 존재는 존재자의 존재다. 그러니까 보편으로서의 존재나 본질로서의 존재가 아니라 실존으로서의 존재다. 개별 존재자의 실존을 근거로 존재가 있다. 그러니까 '존재는 존재자를 존재자로 규정하는 그것'이다. 가령 사과를 보고 '이것은 사과다'라고 생각하는데, '이것은 무엇이다'의 '무엇'이 바로 존재다. '이것은 무엇이다'에서 무엇을 선술어라고 한다. 선술어^{先述語}는 주어를 설명하는 술어이면서 경험 이전에 존재하는 선험적 술어다. 따라서 선술어를 파악해야만 주어인 존재를 이해할 수 있다. 그러므로 '존재자인 이 사과는 무엇인가'를 묻기 이전에 '존재인 사과는 무엇인가'를 알아야 한다.

인간은 항상 존재의 근원을 사유한다. 실제 존재하는 것과 존재의 근원은 다르다. 하이데거에 의하면 실제 존재하는 것은 존재자seiende이고 그 존재자의 근원은 존재sein다. 그러니까 존재는 존재자가 존재하도록 하는 근원이고 본질이다. 존재에 대한 사유는 고대 자연철학 시대에 시작되었다. 고대인들은 자연, 인간, 하늘, 죽음이 무엇인지 알고 싶었다. 그리고 눈에 보이는 존재자를 연구하면서 그 존재자의 보편을 존재라고 믿었다. 플라톤은 현실 초월적 본질인 이데아를 존재로 간주했고, 아리스토텔레스는 보편적 존재자를 존재로 간주했다. 이후 서구철학은 존재의 보편과 본질을 추구했으나 존재 자체에 대해서는 생각하지 못했다. 하이데거는 『존재와 시간』1927에서, 서구의 전통적 존재론에서 존재자는 본질이자 실체인 우시아ousia였다고 비판했다. 하이데거의 관점에서 보면, 우시아는 존재가 아닌 존재자다.

하이데거는 그리스어 우시아와 라틴어 에센시아essentia가 아닌 엑시스텐시아exsisténtia를 중심에 놓았다. 엑시스텐시아인 실존은 시간 속에서 존재한다. 하이데거에 의하면 현존재는 시간을 떠나서 생각할 수 없고 시간은 실존을 떠나서 생각할 수 없다. 왜냐하면, 처음부터 현존재는 시간에 던져졌기被投 때문이다. 그러므로 현존재는 시간의 지평에서 죽음을 인지하고 선구先驅하면서 (시간적으로) 생기geschehen한다. 현존재가 세계-내에서 끊임없이 생기하는 것이 존재의 역사다. 현재의 시간에 실존하는 현존재Dasein는 탄생-생존-죽음의 시간 속에서 존재한다. 그러므로 현존재인 인간이 자기 존재의 본질을 알려면 시간을 이해해야 하고, 시간에 얹혀 있는 자신을 이해해야 하며, 이를 통하여 본래적 실존의 가능성을 받아들여야 한다. 하이데거에게 존재의 본질은 시간, 특히 죽음을 향한 시간이다.

하이데거가 비판한 데카르트는 '나는 생각한다. 그러므로 존재한다$^{cogito\ ergo}$ ^{sum}'라고 말하면서 생각이 세상을 구성하는 것으로 보았다. 이것을 하이데거는 '나는 존재한다. 그러므로 생각한다'로 바꾸어 존재자의 존재 근거와 존재의미를 우선했다. 그리고 이렇게 물었다. '존재한다면 어떻게 존재하는가?' 존재^{being}로 있음^{beingness}인 존재는 '어떤 시간에 존재'하는 것이다. 존재는 시간 속에서 스스로 존재하고 시간 속에서 드러난다. 하이데거 존재론의 토대는 스스로 자기 존재가 드러나는 현상학적 존재론과 존재의 역사와 존재의 의미를 해석하는 해석학이다. 하이데거에게 존재와 시간은 존재를 이해하는 사유의 길이었고, 고독하고 불안한 길을 가는 실존 자체였다. 한마디로 존재자의 가능 근거가 존재이고, 존재의 가능 근거가 시간이다. 이런 형이상학적 존재의 특성을 존재자성^{seiendheit}이라고 한다.

참고문헌 Martin Heidegger, *Sein und Zeit*, Tübingen : Max Niemeyer Verlag, 1927.

참조 내던져진 존재, 본질, 불안(하이데거), 시간, 시간(하이데거), 실재, 실존, 실존주의, 양심(하이데거), 이데아, 존재(개념), 존재·존재자, 존재론, 죽음(하이데거), 죽음에 이르는 병, 하이데거, 존재와 시간(하이데거), 현존재 다자인, 형이상학

인문학 개념어 사전 총목록